中国年鉴精品工程
High Quality Project of China's Yearbook

# 伊通年鉴

## 2023 YITONG YEARBOOK

伊通满族自治县地方志编纂委员会办公室 编

方志出版社
Publishing House of Local Records

图书在版编目(CIP)数据

伊通年鉴. 2023 / 伊通满族自治县地方志编纂委员会办公室编. —北京：方志出版社，2023.12
ISBN 978-7-5144-6033-9

Ⅰ. ①伊… Ⅱ. ①伊… Ⅲ. ①伊通满族自治县-2023-年鉴 Ⅳ. ①Z523.44

中国国家版本馆CIP数据核字(2023)第253163号

责任编辑：李　静
责任校对：张玉霞
责任印刷：梅中英
出 版 者：方志出版社
地　　址：北京市朝阳区潘家园东里9号(国家方志馆4层)
邮　　编：100021
网　　址：http://www.zgfzcb.cn
发　　行：方志出版社图书营销中心(010-67110500)
印　　刷：长春容大印务有限公司
开　　本：880毫米×1230毫米　1/16
印　　张：22.25
字　　数：765千字
版　　次：2023年12月第1版
印　　次：2023年12月第1次印刷
定　　价：368.00元

# 编辑说明

一、《伊通年鉴》是由伊通满族自治县人民政府办公室主管，伊通满族自治县地方志编纂委员会办公室编纂出版的系统记述伊通满族自治县自然、政治、经济、文化、社会等方面情况的年度资料性文献。2012年创刊，本卷为第12卷。

二、《伊通年鉴(2023)》以马克思列宁主义、毛泽东思想、邓小平理论、“三个代表”重要思想、科学发展观、习近平新时代中国特色社会主义思想为指导，坚持辩证唯物主义和历史唯物主义的立场、观点和方法。旨在全面、客观记述2022年伊通满族自治县经济、政治、文化、社会和生态文明建设取得的重大成就，突出反映伊通满族自治县全面实施“12131415”发展战略，全面建设社会主义现代化新伊通的新举措、新进展、新成效，充分体现时代特征、伊通特色和年度特点。

三、《伊通年鉴(2023)》记述时限为2022年1月1日至2022年12月31日。为保持内容资料的完整性、延续性，部分图文资料根据需要适当上溯或下延。正文中“伊通”指“伊通满族自治县”。

四、《伊通年鉴(2023)》结构采用类目、分目、条目3个层次，卷首设专题图片、特载、专记、大事记，卷末附有人物 荣誉、附录、文献、统计资料、索引，正文设县情概览、中国共产党伊通满族自治县委员会、伊通满族自治县人民代表大会、伊通满族自治县人民政府、中国人民政治协商会议伊通满族自治县委员会、中国共产党伊通满族自治县纪律检查委员会 伊通满族自治县监察委员会、群众团体、法治、军事、经济管理、农业、工业 建筑业、商贸服务业、旅游业、金融业、开放合作、交通、水利、城市建设、乡村振兴、生态环境、自然保护区、科学技术、教育、文化、卫生健康、体育、社会生活、应急管理、乡镇 街道30个类目，下设237个分目，1447个条目。选用图片174幅、表格50个。

五、《伊通年鉴(2023)》在保持原有框架相对稳定基础上，为体现伊通满族自治县进入新时代的新发展、新变化，对部分内容进行审慎调整和充实。为反映伊通满族自治县年度特点及地域特色，增设“乡村振兴”1个类目，新增“黄牛产业”“伊通烧鸽子”“乡村旅游”“园林城市创建”等30余个分目。

六、《伊通年鉴(2023)》所用数字用法、标点符号用法分别采用国家标准《出版物上数字用法》(GB/T 15835-2011)、《标点符号用法》(GB/T 15834-2011)，计量单位采用国家技术监督局1993年12月发布的《量和单位》系列国家标准。所载资料由全县各机关、企事业单位及驻伊通单位提供，书中所用数据、资料均经供稿单位审核。所用统计资料由伊通统计局提供。因供稿单位统计口径不同，个别数据与统计资料数据不尽一致，应用时以统计资料为准。

七、《伊通年鉴(2023)》配备书前目录及书后索引双重检索系统。索引采用内容分析法，款目按汉语拼音字母顺序排列。

# 伊通年鉴编纂委员会

**主　　任**　叶永兴

**副 主 任**　刘怀辉　刘霄雷　郭立强　牛　杨

**委员单位**　伊通满族自治县委办公室

伊通满族自治县人民政府办公室

伊通满族自治县委宣传部

伊通满族自治县发展和改革局

伊通满族自治县工业和信息化局

伊通满族自治县财政局

伊通满族自治县文化广播电视和旅游局

伊通满族自治县统计局

伊通满族自治县政务服务和数字化建设局

伊通满族自治县融媒体中心

伊通满族自治县地方志编纂委员会办公室

# 《伊通年鉴(2023)》编纂人员

**主　　编**　牛　杨

**副 主 编**　都淑艳

**执行副主编**　刘百玲　王智慧

**编　　辑**　牛　杨　刘春茹　陈海波　姜宏英　杨国言

王　源　范亮亮

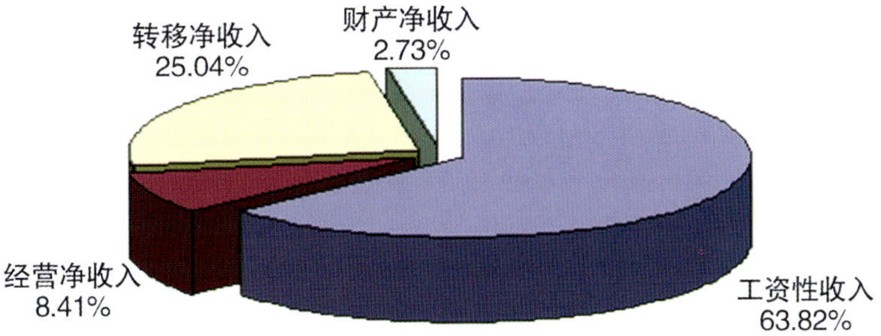


2022 年伊通满族自治县城镇常住居民人均可支配收入构成

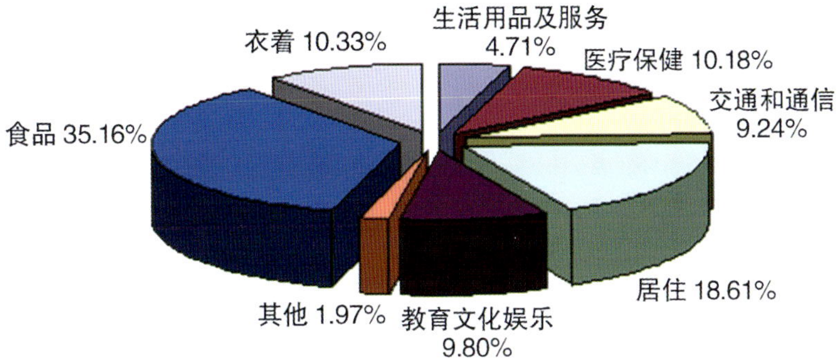


2022 年伊通满族自治县城镇常住居民消费支出构成

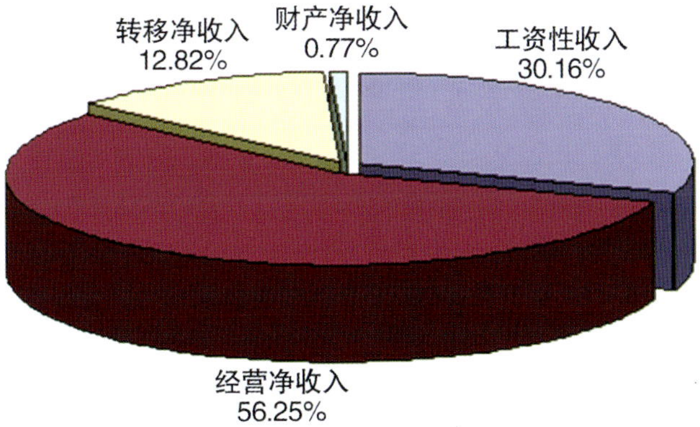


2022 年伊通满族自治县农村常住居民人均可支配收入构成

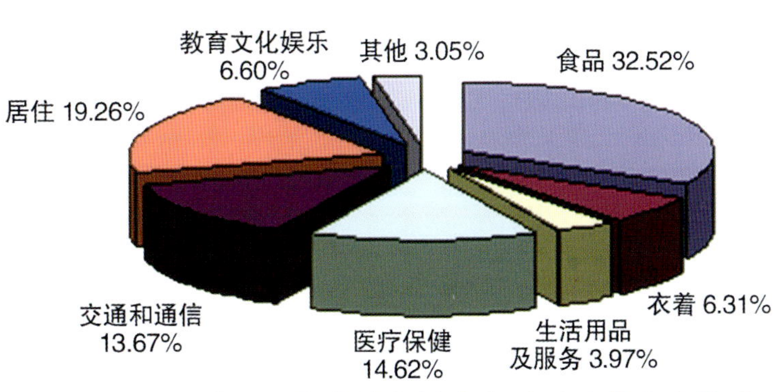


2022 年伊通满族自治县农村常住居民消费支出构成

# 印象伊通

伊通满族自治县位于吉林省中南部，境内七座火山排布似北斗七星，故有“七星福地”之称。交通区位优越，距省会长春最近17.2千米。伊通是农业大县，2019年11月被确定为国家农产品质量安全县、全国农村土地承包经营权确权登记颁证典型地区、全国农村创业创新典型县、全国县域数字农业农村发展先进县。依托省级经济开发区，打造城北新区和长伊、景台、新兴3个开发区片区，经济发展稳健向好。伊通河穿境而过，7座大桥横跨其上。境内有国家AAAA级旅游景区——满族博物馆、省AAAAA级旅游景区——世外桃源生态旅游区。“伊通烧鸽子”是“吉林省十大特色美食”之一。满族珍珠球入选国家级非物质文化遗产名录。

▲伊通县城俯瞰　　（关　春　摄于2019年9月5日）

▲ 伊通依托县、乡、村三级“河长+民间河长+护河志愿者”模式，打造河畅、水清、岸绿、景美的生态环境。图为城区内伊通河畔风光
（老　树 摄于2022年10月15日）

▲“伊通大米”2016年获国家商标局核准地理标志证明商标

（隋国民 摄于2022年9月10日）

▲烧鸽子是伊通特色美食之一，被中国旅游协会评为首届中国金牌旅游小吃，获吉林省文化和旅游厅“礼遇吉林”吉林省旅游商品大赛金奖

（王智慧 摄于2021年11月17日）

▲ 伊通境内散布16座火山，其中较大的7座火山分布似北斗七星形状，又名“七星山”。图为“七星山”航拍图
（于金有 摄于2013年8月2日）

# 年 度 视 点

2022年，伊通满族自治县统筹推进新冠疫情防控和经济社会发展，县委八届九次全体会议、县八届人大二次会议、县政协八届二次会议胜利召开，汽车零部件产业园、农产品精深加工产业园、黄牛现代产业园、立新汽车配件产业园等54个5000万元以上项目开复工建设，总投资141.31亿元，年度完成投资33.2亿元。成功申创国家级农业现代化示范区、“吉林省园林城市”，获全国科普示范县称号，实现伊通全面振兴、经济高质量发展，打造社会主义现代化新伊通。

▲ 2022年1月7日，伊通满族艺术团获“第九届全国先进基层文艺院团”称号。图为艺术团在吉林省桃李梅大剧院表演满族神话歌舞二人转《荷花棒槌》现场 （李 雪 摄）

▲ 2022年1月30日，二道镇石场村举办第六届农民“村晚”。图为石场村村民表演晚会开场舞

（荆少华 摄）

▲ 2022年，伊通重点推进项目——伊通河右岸河漫滩治理与水环境保护工程施工现场

（王 权 摄于2022年4月17日）

▲ 2022年6月1日，伊通满族自治县“云招商”项目推介会在县融媒体指挥中心通过“屏对屏”形式召开

（沈鸿升 摄）

▲ 2022年8月6日，伊通满族自治县第三届“伊鹿高鸽”消夏美食节在县体育馆运动场开幕 （张起铭 摄）

▲ 2022年9月20日，伊通科协在莫里青乡举办“喜迎二十大，科普向未来”活动 （伊通科协 供图）

▲ 2022年9月28日，“喜迎二十大·奋进新征程”庆祝中华人民共和国成立七十三周年文艺演出在县委党校举办（荆少华 摄）

▲ 2022年5月25日，伊通镇前范村使用“北斗”智能导航插秧机作业　（沈鸿升 摄）

▲ 2022年10月27日，伊通满族自治县委在县政府综合楼召开传达党的二十大精神会议　（沈鸿升 摄）

▲ 马鞍山镇北岗子村是“文明经济”黏豆包项目制作地。图为2022年12月17日村民在北岗子村文明户李晓静家中制作黏豆包
（伊通融媒体中心 供图）

▲ 2022年8月18日，福安大桥建成通车，该项目为伊通十大民生实事项目之一
（辛敬华 摄于2022年12月25日）

# 非凡十年·活力伊通

新时代十年，伊通坚持聚焦发展、转型升级，彰显发展活力。地区生产总值由2013年的74.43亿元增长到2022年的106.26亿元。项目数量、投资规模、科技含量实现快速发展。伊通经济开发区晋升省级开发区，县域经济综合实力跃升至全省第22名，农作物年产量稳定在12.5亿千克，最高年产量突破15亿千克，全县规模养殖场193家。先后被评为全国特色旅游名县、全国农村创业创新典型县、全国电子商务进农村综合示范县。

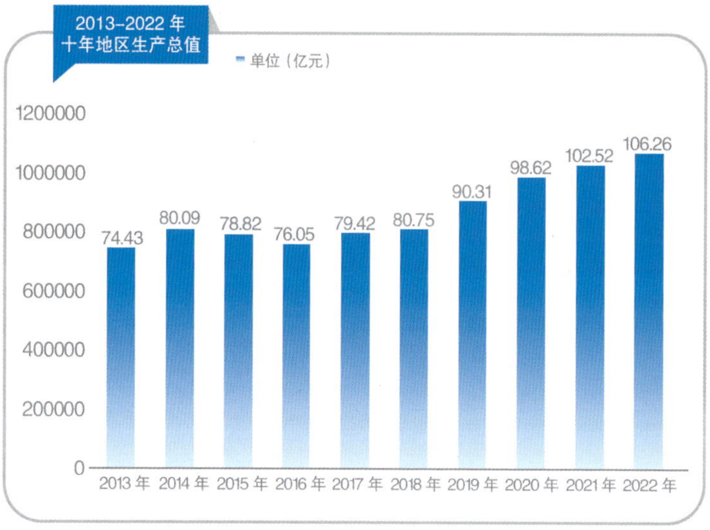

▲2022年，吉林钰兴机械制造有限公司被认定为省级“专精特新”企业。图为工作人员调试出口设备——刨滚切机组
（隋国民 摄于2015年2月21日）

▲ 2018年，伊通满族自治县被评为全国特色旅游名县。图为游客游览以侵出式玄武岩享誉国内外的伊通大孤山
（孙铁石 摄于2016年6月2日）

▲2022年，伊通有县级电商公共物流配送中心1个，电商企业发展到81家。图为绿科物流电子商务仓储集配园区　（辛敬华　摄于2022年1月3日）

▲石油开发是伊通经济支柱产业之一。2022年，利雅得能源公司提产扩能，产值实现125.3亿元。图为钻井作业现场　（王　远　摄于2018年8月12日）

▲ 伊通物流电商加速提质，村屯通达率100%。2016年，伊通满族自治县被确定为全国电子商务进农村综合示范县。图为全县服务站2019年工作会议在电商大厦会议室举办

（邵珠峰　摄于2019年3月10日）

▲ 2017年，伊通镇二道村被农业农村部评为全国农村创业创新园区。图为二道村百合基地

（商万有　摄于2019年7月21日）

▲ 国家AAAA级旅游景点——伊通满族博物馆。图为游客参观清十二帝展区
（王　远　摄于2019年8月26日）

▲ 伊通持续提升城市品质，投资7亿元新建道路7条。2021年10月30日，横跨伊通河的乌苏大桥主体完工
（费俊琪　摄）

▲ 2014年1月26日，乡村大集上农民置办年货。图为伊通河源镇大集 （郭旭东 摄）

▲ 2017年10月1日，辽长铁路途经伊通的客运列车正式开通，结束了伊通不通客运火车的历史 （郭旭东 摄）

▲ 伊通人民大桥　　（关　春　摄于2018年8月26日）

▲ 改造后的伊通市场一角　　（王智慧　摄于2020年9月16日）

▲“四好农村路”莫里青乡路段 （王 远 摄于2019年7月29日）

▲2021年1月16日，伊通第一书记组团代言扶贫产品年货大集在欧亚商超启动 （赵东星 摄）

▲ 2021年，叶马线被评为省级十佳最美农村路。图为马鞍山镇至靠山镇路段

（摄于2021年8月27日 伊通交通局 供图）

▲ 长伊公路，依家屯至伊通镇路段 （王 野 摄于2022年6月22日）

▲ 伊通围绕保障和改善民生，实施城镇化建设和城中村改造，推进回迁楼建设，改善居民生活环境。图为天源热力回迁小区 （王　远 摄于2022年7月8日）

▲ 2022年，伊通持续加大老旧小区改造力度，人居环境显著改善。图为口袋公园

（王　远 摄于2022年8月2日）

▲ 2022年11月28日，伊通获“省级园林城市”称号。图为伊通中华西路两侧绿化

（伊通园林管理中心 供图）

# 非凡十年·生态伊通

新时代十年，伊通始终坚持生态优先、绿色发展，美丽家园宜居自然。深入践行“两山”理念，推进“绿色伊通”工程。大气环境不断改善，平均空气质量优良天数比例连续多年为90%以上。县域水质全部达标，星光出境断面水质均值达到Ⅲ类。2020年至2022年，空气质量优良率、森林覆盖率、伊通河出境断面水质创新高。矿山整治不断加强，先后被评为全省工矿废弃地复绿示范区试点县、全国绿色矿业发展示范区。

▲伊通河生态护坡 （王智慧 摄于2017年7月21日）

▲ 伊通生态环境持续改善，吸引成群小天鹅在伊通河畔栖息　　（杨　明　摄于2019年3月29日）

▲ 玉米秸秆打包离田　　（关　春　摄于2020年2月20日）

▲ 伊通河源省级自然保护区内国家二级保护动物——苍鹭
（关 春 摄于2020年5月25日）

▲伊通镇二道村百合基地　　（关　春　摄于2020年7月21日）

▲ 2021年9月4日，大孤山镇孟家村黑土地保护性耕作作业现场　　（沈鸿升 摄）

▲ 长伊片区污水处理厂建成投入使用　　（摄于2021年4月15日 伊通发改局 供图）

▲ 华大生物质热电联产项目。图为厂区全景　　（费俊琪 摄于2021年6月5日）

▲ 伊溪湿地公园　　（王振良 摄于2021年8月18日）

▲ 吉林伊通河源省级自然保护区　　（辛敬华 摄于2021年9月2日）

▲ 春季大孤山 （杨诗昊 摄于2022年5月25日）

▲ 伊通镇前范村蟹稻公园　　（王智慧 摄于2022年9月12日）

▲ 伊溪湿地公园花海（王智慧 摄于2022年9月25日）

# 目　录

## 特　载



## 专　记



## 大事记



## 县情概览

## 中国共产党
## 伊通满族自治县委员会

## 伊通满族自治县人民代表大会

## 伊通满族自治县人民政府

## 中国人民政治协商会议 伊通满族自治县委员会



## 中国共产党伊通满族自治县纪律检查委员会 伊通满族自治县监察委员会



## 群众团体

## 法　治

## 军　事

## 经济管理

## 农 业

## 工业　建筑业

## 商贸服务业

## 旅 游 业

## 金融业



## 开放合作

## 交 通



## 水 利



## 城市建设

## 乡村振兴



## 生态环境

## 自然保护区



## 科 学 技 术

# 教　育

## 文　化

## 卫生健康

# 体　育



# 社会生活

# 应急管理

## 乡镇　街道

## 人物　荣誉



## 附　录



## 文　献



## 统计资料



## 索　引

# 特　载

## 凝心聚力　共绘蓝图<br>在新征程上谱写高质量发展新篇章

中国共产党伊通满族自治县第八次代表大会报告（节选）

2021年9月28日

### 县七次党代会以来的工作回顾

七次党代会以来，县委全面贯彻党的十九大和十九届二中、三中、四中、五中全会精神，坚决落实省市决策部署，团结带领全县党员干部和广大群众，较好地完成了上次党代会确定的目标任务，解决了很多长期以来想要解决而没有解决的难题，为伊通社会主义现代化建设创造了良好的环境和条件。

**（一）坚持把推动高质量发展作为第一要务，用新理念推动开创新局面**。五年来，我们在求变图强道路上进行深入探索，在“三地一城”定位基础上，科学分析、准确把握省、市发展战略与产业布局调整带来的新契机，形成了实践性更强的“31345”总体发展布局，有力指导和推动了各项事业的全面进步。制发《关于制定国民经济和社会发展第十四个五年规划和二〇三五年远景目标的建议》，为未来发展提供了科学指引。开发区“1+4”格局日益完善，承载力显著增强，被评为绿色产业示范区。连续开展软环境民主评议，营商环境持续优化。创新提出引进“总部经济”，发展乡镇“飞地经济”，大力开展招商引资，五年谋划实施重点项目316个，其中亿元以上项目96个，增强了经济发展后劲，县域经济综合实力从28名晋升到22名，被确定为国家农产品质量安全县、国家全域旅游示范区创建单位、全国县域数字农业农村发展先进县。

**（二）坚持把落实重大决策部署作为政治责任，在攻坚克难中取得丰硕成果**。深入学习贯彻习近平总书记视察吉林视察四平重要讲话重要指示精神，牢记“四个一定要”殷切嘱托，落实“藏粮于地、藏粮于技”要求，为国家粮食安全作出了伊通贡献。脱贫攻坚战全面胜利，两不愁三保障问题得到彻底解决，全面小康的质量更高、成色更足。污染防治攻坚战效果明显，农村垃圾、污水、畜禽粪污收集处理体系建成运行，农药化肥用量连年减少。非法采矿全部取缔，伊通河左岸河漫滩湿地工程4个月顺利竣工。2020年空气质量优良率、森林覆盖率、星光出境断面水质均创历史最高。防范化解重大风险攻坚战扎实推进，金融运行稳健有序，政府债务风险总体可控，应急处置能力逐步提升，应对旱涝灾害以及极端天气的措施更加安全有效。扫黑除恶、矛盾纠纷排查、信访积案化解取得显著成效，五年未发生重大事故，发展根基更加稳固。

**（三）坚持把全面深化改革开放作为动力之源，为发展集聚更强动能势能**。党政机构改革全面完成，机构职能体系更加成熟。纪检监察体制改革成效显著，城市管理综合执法改革、公车改革、机关事务管理改革多点突破，“放管服”“最多跑一次”改革不断深化，在全省率先实现县级城市房产和土地两证合一。与义乌、浦江积极开展对口合作，组织干部考察学习和挂职锻炼，拓宽了视野、更新了观念。出台《关于落实“一主六双”战略推进高质量发展的实施方案》，与省级发展战略契合度进一步提高。开发区成功晋级，实现了几届班子的目标，形成了更科学、更有力的产业支撑框架。

**（四）坚持把以人民为中心理念作为工作指针，让发展成果惠及人民群众**。实施农村集中供水和改造提升工程，让20万农村人口喝上放心水，根本上破解了长期困扰伊通的历史问题。落实常态化疫情防控措施，保护了群众生命安全和身体健康。成功举办30周年县庆活动，全国首场满族歌舞《古州希音》亮相中央民族剧院。食品药品监管持续加强，义务教育基本均衡发展通过国家验收，基本公共服务供给日益丰富。围绕群众“急难愁盼”，滚动谋划实施民生工程，民生支出占比保持在85%以上。圆满完成第七次人口普查。“七五”普法任务如期收官。

**（五）坚持把建管结合两手抓作为基本路径，使城乡面貌发生根本性改变**。统筹推进城市扩容提质和美丽乡村建设，不通火车的历史彻底结束，长伊中线即将开通，库伦大路全线贯通，老旧小区改造有力有效，城区环境不断优化，公共空间更有品质，服务设施更加完善，城市功能显著增强，顺利通过省级卫生城验收。农村人居环境整治“五清、一绿、两改”目标基本实现，伊通被评为全省“文明村屯、干净人家”创建先进县。农村公路总里程达1600公里，路网路况全面改善，被评为省级“四好农村公路”示范县，完成了从突出短板到相对优势的转变。

**（六）坚持把全面从严治党作为根本抓手，将新时期党建伟大工程向纵深推进**。把抓好党建作为最大政绩，强化创新理论武装，习近平新时代中国特色社会主义思想进一步入脑入心。“两学一做”学习教育、“不忘初心、牢记使命”主题教育、党史学习教育等深入开展、成效明显。意识形态工作开创新局面，新时代文明实践试点考核全省排名第一。干部“育选管用”机制不断健全，选人用人导向更加鲜明，人才生态不断优化。上下贯通、执行有力的组织体系进一步建强，各领域党组织的组织力和政治功能明显提升。着力做好各级巡视巡察整改“后半篇文章”，七届县委巡察实现全覆盖，“三不”体制机制逐步健全完善。

### 正确认识发展的形势与条件

从外部环境看，影响伊通发展的形势与格局发生重大变化。一是迎来动力转换机遇期。过去伊通的发展主要靠内生性增长方式来完成，缺乏国家和省级大战略的牵引带动。加上自身发展基础弱，优势转化受到多方面制约，很难融入大的发展格局。省委、省政府“一主六双”高质量发展战略的实施，开启了全省传统行政区形态型格局向现代都市圈功能型格局转变的新进程。作为长春的后花园，700多万人口的长春都市圈对伊通的辐射引领作用，将历史性地凸显出来。深度融入长春，重塑伊通行政区域价值，不仅是全省布局的需要，更为重要的是将使伊通步入由内生性经济增长转为外生性经济增长的全新发展阶段。二是迎来空间布局重构加速期。“一主六双”高质量发展战略，进一步明确了全省发展的空间布局，这是制定伊通未来发展规划的总遵循。同时，随着公主岭划归长春管理，伊通成为四平嵌入长春的唯一桥头堡、最紧密连接点，区域特殊性更加突显，并且在四平“北融南开”的发展战略部署下，伊通同时受到长春与四平两市更强有力的辐射带动，成为长平一体化协同发展最具潜力和活力的焦点区域，需要在全省总体布局和四平发展布局中重新定位。三是迎来结构调整窗口期。从产业选择看，伊通发展特色农业优势明显，但受土地面积、地形地貌的制约，伊通境内有两个保护区，生态要求高，发展智能制造和“高精尖”产业是努力方向，但短期内很难形成集群集聚态势。与周边区域比，伊通发展服务业独具优势，伊通毗邻长春主导区，是长春都市圈的腹地，伊通和长春最根本的关系是服务关系，我们有把伊通打造成为长春提供休闲度假、健康养老、培训会展、职业教育等特殊功能卫星城的条件。必须全方位推进国家全域旅游示范区建设，围绕七星山、伊通河做好文章，发挥好中国火山温泉之乡和伊通美食烧鸽子的品牌拉动效应，建立具有伊通特色和较高水准的“吃住行游购娱”现代旅游服务体系，把伊通与长春的连接空间打造成现代服务业聚集区，把三产打造成伊通核心支柱产业，带动伊通与长春加快融合，并在长平一体化协同发展中加速崛起。

从内在因素看，伊通高质量发展的内在条件也发生了重大变化。一是区位优势进一步强化。伊通是吉林省南部四市十六县进入长春的重要门户和通道，铁路、高速的建成通车，特别是长伊中线建设，直接打开了伊通与长春城市连接的快速通道。未来，长春与伊通城市轨道交通等还要实现对接，伊通区位节点作用将更加凸显。二是产业承接能力进一步夯实。开发区成功晋升为省级开发区，形成了与伊通未来发展需要相适应的四个片区合理分布格局，建成了2平方公里起步区。随着污水处理厂等基础设施的完善，承载能力显著提升，为生产力科学布局、生产要素加速集聚、先进制造等产业发展打下了良好基础。三是资源优势进一步释放。伊通资源丰富，但过去没有实现资源优势由隐性向显性的转化。近年来，随着封山育林、伊通河改造、火山温泉开发等，伊通的生态、火山、特色农业等正从资源优势向经济优势加速转化，将成为今后伊通发展的重要支撑。四是特色文化优势进一步彰显。近几年，满族文化、红色文化、饮食文化等文化产业得到长足发展，作为吉林省唯一的满族自治县，特色文化的吸引力、知名度日益增强。五是综合服务功能进一步提升。伊通的城镇化正在加速推进，随着体制机制改革不断深入，城乡基础设施建设持续完善，公共服务质量稳步提升，伊通发展的软硬环境将更加优化。

内外环境、条件的变化，使伊通步入到全新的发展阶段。船到中流，不进则退。必须调整发展思路，对伊通未来五年发展进行系统深度谋划和全面全方位的布局。

## 今后五年重点工作任务

未来五年，是伊通产业转型升级的转折期、高质量发展的攻坚期、弯道超车的机遇期，必须增强信心，在压力下奋起、在挑战中奋斗、在担当中奋进。

未来五年全县工作的指导思想是：全面贯彻落实习近平新时代中国特色社会主义思想，不断增强“四个意识”、坚定“四个自信”、做到“两个维护”，以党的建设为引领，以高质量发展为主题，以改革创新为动力，坚持稳中求进工作主基调，坚持以人民为中心，坚持把项目作为根本抓手，一张蓝图绘到底，不断完善拓展“31345”总体布局，紧紧锁定一个方向目标，准确把握“四个关系”，全力抓好“五大行动”，推动发展质量与速度、动能与效益同步提升，谱写伊通社会主义现代化建设崭新篇章。

未来五年全县工作的发展目标是：立足高质量发展，把伊通建成四平东部发展新的增长极、长平一体化协同发展先行区，打造成长春经济圈内宜居宜业最美小城、吉林省中南部与长春联动发展的产业集聚枢纽。

经济发展完成新跨越。农业现代化水平显著提升，工业实现提质增量，现代服务业成为县域经济主要增长极，完成产业结构重塑与优化，经济总量翻一番，县域综合实力争取进入全省第一梯队。

改革创新迈出新步伐。制约经济社会高质量发展的问题在改革中得到有效破解，开发区改革取得重大进展，营商环境得到根本性改善，人才、资金等生产要素集聚能力明显提升，成为全省最具发展活力县区。

城乡发展实现新突破。城市建设更规范、管理更智能，城乡基础设施、公共服务一体化发展格局基本形成，产业融合、产城融合、城乡融合加速推进，发展差距明显缩小。

生态文明开创新局面。山水林田湖草一体化保护和修复机制基本形成，生态环境优势持续扩大，让伊通天蓝水碧山青，成为长春城市生态屏障。

社会保障达到新高度。多层次社会保障体系更加完善，发展安全保障更加有力，社会治理水平全面提高，教育现代化和医疗卫生规范化、标准化、信息化建设取得长足进步，人民群众安居乐业，幸福指数明显提升。

未来五年全县工作的原则要求是：通过“四个坚持”，准确把握“四个关系”，解决好发展中的四个重大问题，从根本上避免产业出现低质同构化趋势。

**一是坚持规划先行，解决好规划与建设的关系。**规划是发展的先导，要建立更加科学完善的规划体系，细化发展蓝图，规范工作实践。重点完善提升以生态保护规划、城乡建设规划为核心内容的国土空间利用规划，强化刚性执行，保证城乡发展和城市建设科学高效、有力有序；优化改进产业发展规划，着力强化开发区产业集聚和项目载体功能，充分考虑各片区位置、资源、周边产业集群的特征，明确区域主导产业，形成各片区既有鲜明特色，又相互联系、相互支撑、相互协作的新格局。

**二是坚持全面统筹，解决好发展与安全的关系。**强化安全发展思维，统筹好发展这个“第一要务”与安全这个“头等大事”。把安全作为发展的根基，加强风险科学预判和有效防范，推进社会管理现代化，营造良好经济秩序、和谐社会关系和浓厚法治氛围，为发展提供坚实支撑。把发展作为安全的保障，强化物质基础，以系统观念统筹固根基、扬优势、补短板、强弱项，以发展推动解决遗留和新生问题、矛盾和风险，实现更高质量、更有效率、更加公平、更可持续、更为安全的发展。

**三是坚持绿色发展，解决好开发与保护的关系。**把生态文明建设摆在更加重要位置，坚持修复与保护同步，统筹抓好城乡绿化和大气、水环境以及面源污染治理，严厉打击破坏生态环境行为，巩固扩大伊通绿色生态优势。坚持不以牺牲环境为代价获取短期快速低质发展，为如期实现碳达峰和碳中和目标贡献伊通力量，推动生态优势加快转化为生态效益、发展优势，把“绿水青山”变成“金山银山”。

**四是坚持共建共享，解决好民生与经济的关系。**把改善民生作为发展经济的根本目标，坚持量力而行、尽力而为的原则，在发展经济的基础上最大限度改善民生，努力实现良性循环。通过经济建设夯实民生改善基础，有效增加产品供给，满足群众生活需要，真正让经济发展成果更多、更好、更公平地惠及全体人民。实施重大民生工程，改善生产生活环境，扎实做好民生实事，为经济发展营造稳定社会环境。做强做优民生产业，打造新的经济增长点，通过改善民生增强经济发展动力。引导人民群众树立共建共享美好生活的理念，激发人民群众生产生活的积极性和创造性，为实现伊通高质量发展凝聚人心、汇聚力量。

未来五年全县工作的核心任务是：始终紧扣“融入长春”这一方向目标，在长春新的区域功能分工、产业集群分工、都市圈体系分工中发挥主动性和自身优势，实施“一体化对接战略”。

1.**发展思路一体化对接**。打破行政区划思维束缚，在发展和建设上，以《长春都市圈规划》作为上位规划，全面编制落实《长春都市圈规划》专项规划，积极构建协调发展机制，跟踪对接长春都市圈建设的各项战略、政策和措施，与长春都市圈同频共振、协同发展。

2.**产业发展一体化对接**。围绕长春都市圈市场需求，推动农业多元化发展，将农业农村的生产生活打造成现代服务业新业态，大力发展都市田园体验经济。抓住省产业空间布局调整和长春产业外溢契机，整合汽车配件供应链，做优医药健康产业，做大绿色食品加工业，更紧密地融入长春工业体系。以旅游产业为切入点，加快全域旅游建设，带动健康养老、民俗美食、智慧物流同步发展，在错位发展中对长春现代服务业部分功能进行承接和必要补充。

3.**城镇功能一体化对接**。依据功能定位和各乡镇资源禀赋、产业基础，谋划建设具有核心竞争力的产业基地和发展平台，打造产业集聚型、生态宜居型、民俗文化型等特色小镇，让小镇经济融入都市经济，让小镇文化成为都市文化的重要组成部分。

4.**基础设施一体化对接**。加快交通网络对接，发展以轨道交通为主、常规公交为辅的公共交通体系，畅通与长春的联系。强化清洁能源建设和基础设施保障。加强水利基础设施建设，完善水利防灾减灾体系，推进水资源开发利用。加快信息基础设施建设，积极融入以“数字长春”建设为引领的信息网络安全保障体系，推动实现城市内部、交通沿线、旅游景区、生态监控等基础信息网络整体覆盖。

5.**基本公共服务一体化对接**。积极谋划职业教育合作，打造蓝领技工培训教育基地，推动教育事业一体化发展。协同推进公共卫生服务网络体系建设，促进医疗卫生资源深度对接。共同打造文化品牌，联合推动文化事业发展，借力提升现代公共文化服务水平。加强公共就业服务合作，完善社会保障制度，让公共服务更高效便捷，社会保障更有力。

6.**生态建设一体化对接**。以伊通河为重点，推动绿水长廊建设，携手打造河湖生态系统、湿地保护系统，提升生态承载力。深化大气污染联防联控，不断加强流域水污染防治，联合开展区域环境监管。深化资源综合利用合作，践行绿色低碳发展理念，构建一体化循环经济体系。

7.**社会管理一体化对接**。加强市场管理合作，统一市场监管执法，共建信用信息体系。推进安全管理合作，开展社会治安联动、食品药品联查和道路交通联管。加深城市管理合作，深化政府政务互通协作，加快构建同城交通服务体系，实现流动人口管理和服务无缝平行对接。

未来五年全县工作的具体任务是：集中精力抓好五大行动，推动各项重点工作互促共进。

**一是产业提质增效行动**。把产业提升作为推动高质量发展的核心任务，深化供给侧结构性改革，激发潜力，增强动力。要优化产业结构和布局，未来五年，以争当全省现代农业排头兵为目标，改进农业结构，提升发展水平；加快支柱产业形成，着力抓好汽车配套产业，以增量提升总量；突出抓好现代服务业，实施“产值倍增”和“优化提升”计划；强化开发区带动和示范作用，发挥长伊片区工业集聚功能，景台、新兴片区的窗口纽带作用，形成同步共进的良好局面。明年要集中精力抓好产业布局规划调整完善。要提升发展质量和水平，对准市场需求，推动传统农业向都市农业转变，将优质农产品品牌化，促进农业生产和农村发展向产业链更高端迈进。稳定现有工业基础，着力引进龙头企业，实现产业总量与质量的同步提升。推动服务业向系统性、完整性、可持续性方向发展，从强化生产、生活、生态三项服务功能入手，着力抓好全生命周期、全时空、全产业链“三全”服务。充分发挥火山温泉城、长春母亲河、省内唯一满族自治县三个服务业发展上的绝对优势，坚持服务长春、精准发力、成龙配套、循环上升、共建共享。着力畅通县内微循环、优化长春小循环、融入东北中循环、对标国内大循环、放眼世界外循环，全力打造伊通火山温泉品牌，以“特、聚、大、快”为目标，大力发展温泉经济、夜经济和网红经济，打造一批温泉民宿、湖畔民宿、田园民宿典型，一年引爆、两年见效、三年成型。实施休闲旅游、健康养生、文化体育、农业服务、商贸物流、互联网经济和整体提升七个行动计划，力争“十四五”末走在全省前列，十年内成为服务业强县。明年要加速推进大孤山火山温泉国际旅游度假区等一批服务业项目建设。要强化要素保障和供给，引进一批产业链核心企业和上下游配套企业，落地一批有支撑性作用的大项目好项目，培育一批“专精特新”中小企业，形成相互补充、竞相发展的良好格局，实现产业链高质量衔接、产业生态深度融合。抓好开发区建设，持之以恒优化营商环境，解决好产业发展和项目建设中资金、土地、人才等关键性问题，建立科学完善、务实管用的考核评价机制，确保目标如期实现。

**二是乡村振兴强基行动**。把乡村振兴作为推动高质量发展的关键领域，加快推进农业高质高效、农村宜居宜业、农民富裕富足。加快推动产业兴旺。严格落实耕地保护制度，推进黑土地保护工程，全面加强现代农业“三大体系”建设，坚持良田、良种、良技相结合，夯实农业发展基础。促进规范化、规模化养殖，打造营城子镇黄牛国家级现代农业产业园区。依托山水林田资源和良好数字农业基础，积极发展休闲农业、生态循环农业和乡村旅游。推进伊通大米等农产品品牌化，让高附加值的优质农产品全面打入长春、进入全国市场。管好脱贫产业项目，保证持续稳定发挥作用，对乡村产业振兴形成更有力带动。加快推动生态宜居。实施乡村建设行动，重点推进农村公路三年改造提升计划，逐步实现户户通，促进城乡公共服务均等化。深入实施农村人居环境整治工程，开展5个乡镇政府所在地集中整治，建设50个人居环境整治试点村，打造长春都市圈最幸福田园生活示范区。加快新型城镇化进程，稳步推进重点镇、中心村建设，扎实推进“千村示范”创建，吸引产业集聚和人口集中。加快推动乡风文明。坚持教育引导、实践养成、制度保障三管齐下，持续加强社会公德、家庭美德和个人品德建设，推进诚信建设，强化农民的社会责任意识、规则意识、集体意识、主人翁意识。加强农村文化资源建设，激活农村文化市场活力，让更多农民群众共享精神文明成果。加快推动治理有效。引导各类组织和个人积极有序参与农村发展事务，发挥各类主体在乡村治理中的作用。加强农村法治建设，开展突出治安问题专项整治，健全基本公共法律服务体系，创建和谐平安的生活环境。加快推动共同富裕。全面落实强农、惠农、富农政策，培养造就新型农民，提升自主增收能力。拓展收入来源，多渠道提高经营性收入，增加工资性收入，拉动财产性收入。营造良好的创业氛围，降低创业门槛，让农村成为创业的热土、收获财富和事业的乐土。

**三是改革创新攻坚行动**。改革创新是高质量发展的根本动力和主要路径，必须持续推进关键领域改革。要以开发区改革为重点，推行企业化运营、扁平化管理，促进职、责、权统一，推进开发区建设规范化、管理精细化、队伍专业化。加快改善软硬件环境，解决好体制机制改革、土地调整、开发区扩容等重大问题和突出难点。要以人才发展体制机制改革为突破点，坚持问题导向和需求导向，突出针对性、实用性、实效性，优化完善人才政策，高标准制定人才发展规划，建立起高效引才、精准育才、科学用才机制，形成“不为所有、但求所用”的高层次人才群体和“四面八方、共建伊通”的各类人才集聚体系，为转型发展提供强有力支撑。要以农村集体产权制度改革为关键点，拓展改革成果，推进承包土地经营权抵押融资，积极争取探索农村集体建设用地、宅基地入市试点，把土地资源转化为推动产业发展的有效动力。建立更科学的乡镇管理机制和财税体制，收放结合，激发乡村发展活力。要以深化“放管服”改革为发力点，推动政务服务标准化、规范化、便利化，营造公平透明、可预期的营商环境，把伊通的优质服务打造成省内“知名品牌”，成为发展的最优动力。

**四是民生保障提升行动**。坚持以人民为中心的发展思想，实现高质量发展与改善民生良性互动。把生态环境作为最普惠的民生，坚持治理、修复与保护同步，加快废弃矿坑绿化和科学利用，加强火山群国家级保护区和伊通河源省级自然保护区管理。明年重点抓好伊通河治理五期工程和右岸河漫滩湿地建设，努力描绘青山、碧水、蓝天交相辉映的美丽画卷，打造伊通最亮丽的名片。把生活环境作为最直接的民生，坚持建管并重，城市重心向北延伸，不断优化城市发展空间。全面加快城区改造步伐，实现精细化管理，持续提升群众生活满意度。明年要重点推动高速出口改造、乌苏大街贯通、县城“三馆两中心”建设，让群众尽早受益。把社会事业作为最重要的民生，建立与经济发展相适应的最低工资标准调整机制，落实就业优先政策，完善创业机制，以创业带动就业。大力发展教育事业，力争在高等教育引入上实现突破，明年重点推进一中扩建工程。健全医疗卫生体系和制度，加快推进县医院的搬迁改造，努力为人民群众提供全方位卫生和健康服务。实施全面参保计划，构建多层次、多元化保障体系，形成稳定严密有力的社会保障网。积极应对人口老龄化，着力降低生育、养育、教育成本，促进养老事业和康养产业协调发展。把社会治理作为最基础的民生，坚持“政治引领、法治保障、德治教化、自治强基、智治支撑”，形成相互补充、相互作用的治理体系。常态化开展扫黑除恶专项斗争，持续提升安全监管和应急处突能力，不断完善信访制度，大力发展民族团结进步事业，加强社会调解和公共法律服务，全面提升社会治理现代化水平。

**五是思想文化铸魂行动**。以习近平新时代中国特色社会主义思想凝聚共识，推动“文化伊通”建设，全面提升发展软实力。要提高社会文明程度，以社会主义核心价值观引领文化建设，倡导与新时代相适应的思想观念、文明风尚和行为规范，加强爱国主义、集体主义、社会主义教育，以新时代文明实践试点为载体，开展好群众性精神文明创建活动，培树淳厚民风、优良家风，提高公民的道德水准、文明素养。要强化公共文化服务，牢牢把握社会主义先进文化前进方向，抓好融媒体中心建设，用好网络媒体终端，推进城乡公共文化服务体系一体化建设，更好地满足群众精神文化需求。依托满族博物馆平台和满族珍珠球的国家级非遗知名度，开展好文化交流活动，争取国家级论坛研讨和民族体育赛事承办权，把伊通带入更大发展格局。要传承发展优秀民族文化，做好历史文化遗迹的发掘保存和优良民风民俗的传承保护，顺应市场需求，推进民族文化与旅游产业的融合，让满族文化成为伊通的特色标志，成为县域经济血脉重要元素。要大力弘扬红色文化，开展好“红色引领、思想铸魂”行动，收集整理红色事迹，打造红色景点，形成红色文化产业链条，让红色基因代代传承，成为在新的时代条件下，团结一心聚力伊通发展的凝心石和动力源。

全面加强新时代党的建设

高质量党建推动高质量发展。要大力弘扬伟大建党精神，一以贯之全面从严加强党的建设，把各级党组织建设得更加坚强，把各级干部队伍建设得更加过硬。

**一要不断加强思想政治建设，为高质量发展固根铸魂**。思想政治建设是党的基础性根本性建设。要强化政治忠诚教育、强化党的创新理论武装、强化意识形态工作，使各级党组织和广大党员干部思想高度统一、政治绝对忠诚，确保实现党的全面领导。深入实施习近平新时代中国特色社会主义思想教育培训计划，持续抓好习近平总书记视察吉林视察四平重要讲话重要指示精神的学习教育，健全常态化学习、系统化培训、实效化考评、标准化保障“四项机制”，促使党员干部学思用贯通、知信行统一；不断完善党委领导体制机制，规范落实党内政治生活、民主集中制和请示报告等制度，进一步增强党内生活严肃性实效性，推动政治生态持续向善向好；全面落实《党委（党组）意识形态工作责任制实施办法》，在明责、确责、履责、问责上下更大功夫，牢牢把握意识形态工作主动权，确保意识形态领域绝对安全。加强载体和阵地建设，打通宣传群众、教育群众、关心群众、服务群众“最后一公里”；巩固党史学习教育成果，深化“传承红色基因、赓续红色血脉”思想铸魂行动，把全县红色资源和廉政教育资源深度挖掘出来、有效保护起来、充分利用起来，教育引导党员干部坚定信仰信念信心，凝聚团结奋进力量。

**二要不断加强组织队伍建设，为高质量发展夯基聚力**。组织和队伍，是推动各项事业发展的根本保障。要深入贯彻新时代党的组织路线，突出问题导向，抓住关键环节，采取有效措施，进一步把广大党员、干部和各方面人才有效组织起来，把党的组织优势巩固好、发展好、发挥好。突出加强基层党组织这个执政基础，聚焦组织覆盖的空白点和作用发挥的薄弱点，优化组织设置，强化组织功能，实现有形覆盖和有效覆盖质量“双提升”。聚焦简政放权、网络治理、物业治理、民生服务等重点工作，强化职能发挥、领导统筹、党建引领、方式创新，构建形成共建共治共享城乡基层治理新格局。聚焦做实做好“人、钱、治”三篇文章，健全党员干部教育培训体系机制，实施“村级集体经济巩固提升”计划，落实好新时代吉林党支部标准体系、“五化”规范体系等工作任务，确保各领域党组织全面进步、全面过硬；突出加强干部队伍这个中坚力量，不断优化“育选管用”各项工作，努力打造堪当新时代伊通振兴发展重任的高素质干部人才队伍。着力提高干部考察质量，切实把干部的忠诚考准、干净考严、担当考实，真正让在急难险重任务面前敢打敢拼、善作善成的干部得到重用，让不想做事、不干实事、不敢担事、不善成事以及弄虚作假、拉关系找门路的干部没市场、受惩戒。深化“青苗培育计划”，为振兴发展培养储备接续力量。坚持严管厚爱，落实完善激励干部担当作为的各项政策措施，坚决杜绝出现劣币驱逐良币现象，让干部干事更有热情激情、更有闯劲拼劲、更加安心放心。

**三要不断加强纪律作风建设，为高质量发展保驾护航**。纪律作风建设是增强发展动力、优化发展环境的内在要求。要拿出恒心和韧劲，继续在常和长、严和实、深和细上下功夫，持之以恒纠治“四风”，坚定不移惩治腐败，推动全县各级党组织和党员干部纪律更严、作风更好。突出加强对习近平总书记重要讲话和重要指示批示精神、党中央重大决策部署、省市县委工作要求贯彻落实情况的监督检查，看任务分工、看落实举措、看落实效果，严肃查处空泛表态、应景造势、只喊口号、敷衍塞责、出工不出力等问题；加强对各级“一把手”和重点岗位的监督检查，动态调整权力清单、责任清单、负面清单，形成决策科学、执行坚决、监督有力的权力运行机制；锲而不舍落实中央八项规定及其实施细则精神，加大查处问责和通报曝光力度，对形式主义、官僚主义反复出现、普遍发生的问题，从制度机制上查明原因、精准施治；坚持无禁区、全覆盖、“零容忍”，重遏制、强高压、长震慑，一体推进不敢腐、不能腐、不想腐，精准有力惩治腐败，营造风清气正的良好政治生态。

（县委办公室）

# 中共伊通满族自治县委关于全面贯彻党的二十大精神加快推进伊通社会主义现代化建设的实施意见

（2022年11月25日中国共产党伊通满族自治县第八届委员会第九次全体会议通过）

中共伊通满族自治县委八届九次全体会议高举习近平新时代中国特色社会主义思想伟大旗帜，全面贯彻党的二十大精神，按照中央和省、市委部署要求，结合伊通实际，提出如下实施意见。

**一、聚焦凝心聚力，全面学习贯彻党的二十大精神**

把学习贯彻党的二十大精神作为当前和今后一个时期的首要政治任务和头等大事，紧扣习近平总书记提出“五个牢牢把握”的指示要求和党中央提出“九个深刻领会”的具体要求，在深学细悟笃行中凝聚起勇担新使命、奋进新征程、创造新辉煌的强大力量。

**（一）深刻认识党的二十大的重大意义**。党的二十大是在全党全国各族人民迈上全面建设社会主义现代化国家新征程、向第二个百年奋斗目标进军的关键时期召开的一次十分重要的大会，是一次高举旗帜、凝聚力量、团结奋进的大会。习近平总书记所作的报告，科学分析了国际国内形势，提出了党的二十大主题，回顾总结了过去五年的工作和新时代十年的伟大变革，阐述了开辟马克思主义中国化时代化新境界、中国式现代化的特色和本质要求等重大问题，对全面建设社会主义现代化国家、全面推进中华民族伟大复兴进行了战略谋划，对统筹推进“五位一体”总体布局、协调推进“四个全面”战略布局作出了全面部署，为新时代新征程党和国家事业发展、实现第二个百年奋斗目标指明了前进方向、确立了行动指南，是夺取中国特色社会主义新胜利的政治宣言和行动纲领，是马克思主义的纲领性文献。全县各级党组织和广大党员干部要深刻认识党的二十大的重大意义，把思想和行动统一到党的二十大精神上来，把智慧和力量凝聚到落实党的二十大确定的目标任务上来，坚持不懈用习近平新时代中国特色社会主义思想凝心铸魂、鼓舞斗志，以新担当新作为在新的赶考路上向历史和人民交出新的优异答卷。

**（二）坚定自觉拥护“两个确立”**。党确立习近平同志党中央的核心、全党的核心地位，确立习近平新时代中国特色社会主义思想的指导地位，是党在新时代取得的重大政治成果，是应对百年变局、战胜风险挑战，实现中华民族伟大复兴伟业的根本保证。习近平总书记的掌舵领航、习近平新时代中国特色社会主义思想的科学指引，是全党全军全国各族人民奋进新征程、建功新时代的信心所在、底气所在、力量所在。习近平总书记全票当选中共中央总书记、国家主席、中央军委主席，更是党心所向、民心所盼、众望所归。习近平总书记指引的方向就是我们党前进的方向、奋斗的方向、胜利的方向，习近平总书记指明的道路就是国家富强之路、民族复兴之路、人民幸福之路。全县各级党组织和广大党员干部要深刻领悟“两个确立”的决定性意义，增强“四个意识”、坚定“四个自信”、做到“两个维护”，时时忠诚核心、事事紧跟核心、处处维护核心，做到党中央提倡的坚决响应、党中央决定的坚决照办、党中央禁止的坚决不做，坚定不移在思想上行动上同以习近平同志为核心的党中央保持高度一致。

**（三）全面领悟党的二十大的核心要义**。党的二十大精神内涵丰富、博大精深，既有政治上的高瞻远瞩和理论上的深邃思考，也有目标上的科学设定和工作上的战略部署，相互联系、有机统一。全面领会贯彻党的二十大精神内涵，必须牢牢把握过去五年工作和新时代十年伟大变革的重大意义，坚定历史自信、增强历史主动，沿着习近平总书记指引的方向奋勇前行；牢牢把握习近平新时代中国特色社会主义思想的世界观和方法论，知其言更知其义、知其然更知其所以然，让党的创新理论在伊通大地焕发出真理力量和实践伟力；牢牢把握以中国式现代化全面推进中华民族伟大复兴的使命任务，不忘初心、锐意进取，奋力谱写全面建设社会主义现代化新伊通绚丽篇章；牢牢把握以伟大自我革命引领伟大社会革命的重要要求，永葆“赶考”的清醒和坚定，持之以恒推进全面从严治党，确保党永远不变质、不变色、不变味；牢牢把握团结奋斗的时代要求，树牢群众观点、贯彻群众路线，发扬斗争精神、增强斗争本领，心往一处想、劲往一处使，汇聚起振兴发展的磅礴力量。全县各级党组织和广大党员干部要迅速兴起、持续保持学习宣传贯彻热潮，对党的二十大部署的目标任务逐项梳理、细化措施，制定时间表、路线图，扎扎实实向前推进，一步一个脚印把党的二十大精神化作伊通全面振兴的火热实践。

## 二、聚焦使命任务，加快推进伊通社会主义现代化建设

**（一）面临形势**。放眼国际，百年变局和世纪疫情相互叠加，新一轮科技革命和产业变革深入发展，国际力量对比深刻调整，世界经济复苏乏力，局部冲突和动荡频发，全球性问题加剧，世界进入新的动荡变革期。纵观国内，发展不平衡不充分问题相互掣肘，外部打压遏制可能升级，各种“黑天鹅”“灰犀牛”事件随时可能发生，我国发展进入战略机遇和风险挑战并存，不确定、难预料因素增多的时期。审视自身，通过近几年的接续奋斗，我县经济社会发展取得一系列成就，搭上了新一轮东北振兴、省“一主六双”高质量发展战略、长平一体化协同发展的快车，发展舞台之广阔前所未有、发展机遇之难得前所未有。我们要站在接续“两个一百年”奋斗目标、统筹“两个大局”的战略高度，因势而谋、应势而动、顺势而为，以高质量发展赢得优势、赢得主动、赢得未来。

**（二）总体要求**。当前和今后一个时期，以中国式现代化引领伊通社会主义现代化建设的总体要求是：高举中国特色社会主义伟大旗帜，坚持以习近平新时代中国特色社会主义思想为指导，全面贯彻党的二十大精神，忠实践行习近平总书记视察吉林视察四平重要讲话重要指示精神，完整准确全面贯彻新发展理念，加快构建新发展格局，按照省“一主六双”高质量发展战略和市“三三九一”战略要求，坚决落实“12131415”发展思路，围绕推动高质量发展、创造高品质生活、实现高效能治理、维护高水平安全，加快建设现代化经济体系、民生保障体系、社会治理体系、安全防范体系，实现经济行稳致远、社会安定和谐、人民安居乐业，推动伊通全面振兴取得新突破，谱写伊通现代化建设崭新篇章。

**（三）战略安排**。党的二十大明确了党和国家事业的前进方向，确定了新时代新征程党的中心任务，县委八届六次全会提出的“12131415”发展思路与党的二十大精神契合相通。在新时代新征程上，我们要分“两步走”：从现在起到2035年，基本建成社会主义现代化新伊通；到21世纪中叶，与全面建成社会主义现代化强国同步，全面建成社会主义现代化新伊通。未来五年，锚定“服务长春、融入长春”核心任务，聚力把伊通建成四平东部发展新的增长极、长平一体化协同发展先行区，打造成长春经济圈内宜居宜业最美小城、吉林省中南部与长春联动发展的产业集聚枢纽，坚持靠党建领航、规划引领、项目说话、工程推进、生态取胜、群众检阅，推动经济发展完成新跨越、改革创新迈出新步伐、城乡发展实现新突破、生态文明开创新局面、社会保障达到新高度，努力实现经济质量和总量“双提升”、三次产业结构和产业内部结构“双改善”、项目数量和投资总量“双倍增”、财政收入和城乡居民收入“双增长”的“四双成果”。

## 三、聚焦高质量发展，加快构建新发展格局

有效对接省市高质量发展战略部署和战术安排，把加快产业融合、城乡融合、区域融合发展作为发力点，围绕打造吉林省中南部重要产业集聚枢纽，常态化、专班化、机制化扩投资、引企业、聚资源、落项目。

**（一）突出夯实项目根基**。坚持把招商作为头等大事、把项目落地作为根本评价标准，不断夯实经济增长“基本盘”。加强项目储备和建设，着力打好建链、补链、强链“组合拳”，围绕“两新一重”、民生保障、4类县城等领域，尤其是抢抓国家支持基础设施建设重大机遇，精心谋划储备一批5000万元以上新开工项目，不断厚积发展新动力。加快推动悦如火山温泉博览园、宇昊建材产业园、汽车零部件产业园、农产品精深加工产业园、黄牛现代产业园、第一中学改扩建、县医院异地新建等重点项目建设。紧盯国家、省稳定经济大盘一揽子政策和债券资金投入方向，加强与省、市部门对接，积极争取中央预算内投资和地方政府专项债券，为项目实施提供资金保障。拓宽招商引资路径。积极探索招商引资新方法，围绕“四链两端”、汽车零部件制造、特色资源、满族文化等领域实施精准招商，将域外的项目“引进来”、把包装的项目“推出去”，以社会有效投资推动释放经济发展活力，确保明年固定资产投资同比增长10%以上。

责任领导：县委常委、副县长

责任部门：发改局、开发区、自然资源局、财政局、商务局、农业农村局、工信局、文广旅局、教育局、卫健局、投控集团

**（二）加快产业提质升级**。坚持把发展经济的着力点放在实体经济上，以“链长制”为抓手推动重点产业链延链补链强链，推动传统优势产业由粗加工、中间品环节向制成品、品牌构建延伸，向研发、设计、制造、物流体系等环节逐步拓展，加快县域支柱产业转型升级。围绕培育“四上”企业，突出抓好“催生、育苗、助长、增优”四个环节，深入挖掘各行业潜力企业，全方位全过程对企业升规入统提供服务指导，提高“四上”企业对经济发展的贡献率。围绕储备“专精特新”企业，将创新能力强、研发能力高的企业全部纳入培育库，引

导亚泰伊通水泥、吉兴矿业、立新汽车配件等企业着眼高端“缝隙市场”,专注“拳头”产品的研发和生产,向科技“小巨人”企业梯次攀登。围绕加快长伊两地汽车产业深度融合发展,推动汽车零部件产业建设,以企业发展带动产业提升。围绕抢抓发展“六新产业”、建设“四新设施”重大机遇,大力培育前景好、潜力大、后劲足的战略性新兴产业,提高企业产品市场竞争能力。围绕特色园区发展,高标准推进开发区建设,完善提升基础设施,紧盯特色优势产业,布局一批“硬核”项目。高标准打造产业园区,推进汽车零部件产业园、农产品精深加工产业园、科技创新产业孵化园区建设,推动园区“提质、扩容、增效”,让园区成为引领经济发展主阵地。实施产业链“备胎计划”,提升域内配套能力,增强发展韧性。

责任领导:县委常委、副县长

责任部门:发改局、开发区、自然资源局、商务局、农业农村局、工信局、文广旅局、住建局、交通局、执法大队、投控集团

**(三)充分挖掘服务业潜力**。统筹实施“服务业攻坚三年行动”,推动服务业同先进制造业、现代农业深度融合,全面提升商贸、医养、旅游、餐饮等生活服务业水平,加快推进长春周边重要的物流集散中转地、绿色生态养老养生休闲综合体、职教职业园区建设,实现服务业结构优化、动能增强、质效提升。加速释放消费引领带动作用,锚定重点时段,抢抓市场机遇,打造“满族风情美食街区”“满族不夜街”,繁荣城市夜经济。持续开展发放消费券、购房补贴、会展等系列消费活动,畅通消费渠道和环节。狠抓消费供给,健全消费业态,大力发展网红经济、流量经济等新兴消费业态,谋划建设电商产业基地,扶持、鼓励电商企业建设电商交易平台,激活新的消费。发挥政府投资撬动作用,扩大民间资本投资规模,加快形成需求牵引供给、供给创造需求的发展态势。实施物流基地园区建设行动,推进农副产品冷链物流仓储集散中心建设,构建现代化物流体系,打造长春周边重要物流集散地。推进“全域旅游示范区”建设,重点依托区位、资源、民族“三大”独特优势,构建集田园风光、温泉养生、萨满文化、冰雪娱乐、乡村生态等功能于一体的休闲度假旅游综合体,创建生态冰雪与火山温泉相融合的“冰火”旅游热点,打造中国火山冰雪温泉之乡。

责任领导:县委常委、副县长

责任部门:发改局、开发区、文广旅局、住建局、民宗局、水利局、交通局、自然资源局、商务局、市监局、农业农村局

**(四)激发改革创新活力**。持续实施“放管服”“最多跑一次”“无证明城市”改革,推进行政执法备案智能管理改革,推动营商环境迈向全省一流。深化开发区改革、国有公司改革,推动投控集团、乡建集团等县属国有企业做强做大。拓展面向长春的开放空间,积极吸引社会各类资本投入到基础设施建设中,不断提升开发区建设速度和档次,加快与长春深度融合,利用区位优势,引进长春外溢企业来开发区建设项目。主动承接发达地区产业转移项目,加强与义乌、浦江合作,探索共建区域特色产业园区,引导地区产业转移、产业链平移。

责任领导:宁文斌

责任部门:县委深化改革领导小组各成员单位

## 四、聚焦乡村振兴,加速推动农业农村现代化

坚持和完善“1346”现代农业发展思路,锚定“5+50+3+3+1”目标任务,加快创建国家农业现代化示范区,着力增强乡村生产供应保证、生活安居宜业、生态治理保护、文化传承弘扬、基层治理共治“五大功能”,为乡村全面振兴夯实发展根基。

**(一)全方位夯实粮食安全根基**。坚持粮食安全党政同责,牢牢把握粮食安全主动权。落实最严格的耕地保护制度,守住188万亩耕地红线,不断加强农田水利设施建设,坚决遏制耕地“非农化”、基本农田“非粮化”。深入实施“藏粮于地、藏粮于技”战略,加快推广保护性耕作技术,积极探索半山区黑土地保护模式,大规模开展高标准农田建设,让伊通的黑土地多产粮、产好粮,助力全省“千亿斤粮食”产能提升工程的加快实施。强化农业科技和装备支撑,引导种子生产企业与省内科研院所合作研发,发展智慧农业,通过农业科技创新释放更多生产力。健全种粮农民受益保障机制,落实好粮食最低收购价政策,及时兑现耕地地力保护补贴、种粮农民一次性补贴、生产者补贴等惠农补贴,提高种粮农民积极性。

责任领导:宁文斌、刘敬涛

责任部门:农业农村局、自然资源局、水利局、林业局、财政局、投控集团、各乡镇(街道)

**(二)高标准打造国家农业现代化示范区**。推动黄牛全产业链耦合生态循环发展,深入实施“秸秆变肉”暨千万头肉牛建设工程,加快推进黄牛现代农业产业融合示范园建设,聚力打造全国肉牛产业高质量发展示范县。推动特色果蔬多功能集群化发展,依托伊通铠绎特种果品现代农业产业园,打造以“一村一品”示范村镇等为基础的“绿色果蔬种植基地+休闲农场+观光采摘+农事教育+满族民俗文化+民宿餐饮”绿色果蔬产业集群。围绕伊通温泉热能发展温泉设施农业,建设温泉日光温室园区,种植反季节蔬菜、瓜果等农产

品，打造长春“菜篮子”生产供应基地。利用“半小时经济圈”区位优势，以服务长春为核心，发展特色农业、健康、旅游、物流配送等多种产业形态，打造“农旅+销服”一体的产城融合型都市农业发展模式。

责任领导：宁文斌、刘敬涛

责任部门：农业农村局、文广旅局、市监局、商务局、各乡镇(街道)

**(三)巩固拓展脱贫攻坚成果**。牢牢守住不发生规模性返贫底线，推动脱贫攻坚与乡村振兴有效衔接。持续走访排查，针对困难群众，“一户一策”制定帮扶措施，及时消除返贫风险隐患。坚持“四个不摘”，加强教育、医疗、住房、安全饮水等政策落实。加强产业和就业帮扶，让农民更多分享产业增值收益，增强其内生发展动力。对脱贫人口就业、收入、产业扶贫项目运转、专项资金使用等情况进行监测和评估，进一步推进各项政策落实。

责任领导：宁文斌、刘敬涛

责任部门：乡村振兴局、财政局、教育局、卫健局、水利局、住建局、人社局、民政局、各乡镇(街道)

**(四)建设宜居宜业和美乡村**。围绕强设施、优服务、美环境，加快补齐农村基础设施和基本公共服务短板。开展乡村建设行动，科学编制村庄规划，扎实推进农村公路三年改造提升计划，深入实施路面加宽、提档升级、连接成网、打通断头路“四项工程”，持续打造精品廊道、精品环线。提升乡村公共文化服务，发挥好村文化广场、农家书屋作用，促进农村精神文明建设。加大村庄公共环境整治力度，持续抓好“五项”清洁、清理“十堆”、治理“八乱”，确保村庄干净整洁有序。

责任领导：宁文斌、刘敬涛

责任部门：乡村振兴局、县委宣传部、农业农村局、自然资源局、交通局、住建局、环境局、文广旅局、水利局、各乡镇(街道)

## 五、聚焦科教人才，积蓄创新发展动能

坚持人才是第一资源、创新是第一动力，实施新时代科教兴县、人才兴县战略，为伊通发展提供动力和支撑。

**(一)以人民为中心发展教育**。落实立德树人根本任务，推进学前教育普及普惠发展、义务教育优质均衡发展、普通高中教育特色多样发展、民办教育规范有序发展、特殊教育延伸融合发展，加快建设高质量教育体系。着眼改善办学条件，紧盯第一中学改扩建项目，加快实施进度，促进第二小学综合楼建设项目和职教中心实训楼建设项目尽早完工投入使用，加快推进幼儿园和农村中小学校舍、操场维修改造等建设项目。不断强化师资力量，招聘特岗教师、事业编教师，充实教师数量。加强教师培训培养，积极推进“三段四横五纵”教学管理新模式，提高教学质量。持续推进控辍保学，实现从“动态清零”转向“常态清零”，确保各级各类教育资助资金发放到位。积极谋划职业教育合作，打造蓝领技工培训教育基地，推动教育事业一体化发展。大力引进高等教育，推动长春工业大学人文信息学院新校区项目尽早落地，促进伊通教育更高质量、更加多元、更全覆盖。

责任领导：县委常委、副县长　副县长

责任部门：教育局、开发区

**(二)以创新为动能推动发展**。坚持数字产业化、产业数字化，加快推进5G基站和网络建设，推动数字经济与实体经济深度融合。构建智慧治理体系，不断完善底座功能，实现大数据在城市运行、政务服务、社会治理等领域的智能化应用，推进卫生等领域公共基础设施数字化、智能化升级，大力建设“数字政府”。强化乡村数字管理，有效提升伊通智慧化监管能力，打造政府统一管理的“城乡一体、一网通管”的综合管理平台。激发创业创新活力，加大对“双创”企业支持力度，围绕政策、资金、技术、项目、人才等方面，健全体系、完善机制。

责任领导：县委常委、副县长

责任部门：政数局、人社局、商务局、工信局、卫健局、执法大队、公安局、住建局、各乡镇(街道)

**(三)以人才为基础筑牢根基**。发挥毗邻长春优势，以企业需求为导向，加强校院地、校院企合作，柔性引进院士专家团队，为企业科技创新、市场开拓搭建高端平台，形成人才集聚效应。充分发挥“人才编制池”作用，深入实施“实用人才回引+招录”行动，全面做好引才、育才、留才工作，加快改变急需紧缺人才不足现状。深化人才发展体制机制改革，坚持问题导向和需求导向，突出针对性、实用性、实效性，优化完善人才政策，高标准制定人才发展规划，建立起高效引才、精准育才、科学用才机制。广泛开展职业技能培训，加大技能人才实训基地建设力度，坚持以项目、以产业带动人才培养，建设一支知识型、技能型、创新型劳动者大军。大力创建“高校毕业生创业就业孵化园”，在高校毕业生中培养造就一批具有创新精神和创业能力的带头人、生力军，打造创业新引擎。

责任领导：王菲

责任部门：县委组织部、人社局、农业农村局、工信局、发改局、教育局

## 六、聚焦生态建设，厚植绿色发展底色

贯彻习近平生态文明思想，落实生态强县建设要求，持续加强生态环境保护和治理，实现人与自然和谐

发展。

**(一)筑牢生态安全屏障**。严格落实"河长制""路长制""林长制""田长制",统筹推进中小河流治理、固体废弃物污染防治,扎实推进伊通河重点段治理、伊通河右岸河漫滩湿地、门屯河、三星河城市防洪综合治理等项目建设,切实加强生态环境保护和修复。深入实施第三个十年"绿美伊通"行动计划,巩固提升"三北"防护林建设成果,完善自然保护地、生态保护红线监管制度,推进生态系统质量和稳定性全面提升。

责任领导:刘敬涛

责任部门:环境局、水利局、自然资源局、林业局、农业农村局、执法大队、各乡镇(街道)

**(二)强化环境污染防治**。持续深入打好蓝天、碧水、净土保卫战和督察整改攻坚战,加强大气、水体、土地污染空间一体化立体精准防治,开展综合施策、全域治理。持续加强大气污染防治,重点抓好秸秆禁烧、燃煤污染治理、柴油货车污染防治、城市扬尘管控、重污染天气应对等工作,力争实现全年空气优良天数达到90%以上目标。坚持精准、科学、可持续治理水体、流域污染,加强重点流域污染防治、水源地保护及河滨带生态修复项目建设,大力推广农药减量控害和化肥减量增效技术模式,从源头降低面源污染的发生发展,全域消除劣Ⅴ类水体,推动全域水质不断改善。深入打好农业农村污染治理攻坚战,推进受污染耕地安全利用,抓好农村垃圾、污水、畜禽粪污处理等工作,持续巩固改善土壤环境质量。扎实开展农村厕所革命、村庄清洁行动,统筹农村生活污水、生活垃圾、黑臭水体、村容村貌治理一体推进,积极探索开展农村生活垃圾源头分类减量,激发村民整治环境卫生的主动意识,全力打造干净整洁村庄。

责任领导:刘敬涛

责任部门:环境局、水利局、自然资源局、林业局、农业农村局、执法大队、各乡镇(街道)

**(三)推动绿色低碳发展**。紧抓"十四五"碳达峰机遇,科学有序实现"双碳"目标,建立清洁低碳高效安全的能源生产和消费体系。加大绿色产业发展力度,推进重点行业和重要领域绿色化改造,鼓励市场主体加大技术创新力度,进一步淘汰落后产能和生产工艺,着力发展清洁能源。积极推进光伏、华大生物质等项目建设,力争在光伏、生物质等清洁能源发展上取得新成效,从技术、源头、根本上减少污染物排放。加强生态文明宣传教育,推动形成勤俭节约、绿色低碳、文明健康的生活方式和消费方式。

责任领导:刘敬涛

责任部门:环境局、发改局、工信局、住建局、自然资源局、林业局、各乡镇(街道)

## 七、聚焦公平正义,全力推动民主法治建设

不断加强社会主义民主法治建设,凝聚社会各界力量,推动实现党的领导、人民当家作主、依法治国有机统一,巩固发展民主团结、生动活泼、安定和谐的政治局面。

**(一)发展全过程人民民主**。坚持和完善人民代表大会制度,支持人大及其常委会依法行使立法权、监督权、决定权和任免权,支持和保证人民通过人民代表大会统一行使国家权力,加强对"一府一委两院"工作监督和法律监督。强化人大代表履职平台建设,完善民情民意收集处理机制,丰富联系内容和形式,保持党同人民群众的血肉联系。加强人民政协专门协商机构建设,完善民主监督和委员联系界别群众制度,健全专题协商、对口协商、界别协商、提案办理协商等机制,推进协商民主广泛多层制度化发展,最大限度凝聚共识、积聚力量。积极发展基层民主,全面落实村级事务"四议两公开"制度,健全企事业单位民主管理制度,保障人民的知情权、参与权、表达权、监督权。

责任领导:宁文斌

责任部门:人大办、政协办

**(二)完善大统战工作格局**。围绕民主和团结两大主题,巩固和发展最广泛的爱国统一战线,健全完善协调联动机制,探索推进乡镇(街道)设置专职"统战委员",凝聚推动发展的强大合力。支持民主党派、工商联和无党派人士更好地参政议政、发挥作用、履行职能。深化民族宗教服务管理,广泛开展爱国主义、集体主义、社会主义教育活动,推动构筑共建共治共享共情的"嵌入式"社会结构。加速政企沟通、助企纾困等平台建设,进一步细化交往规范、优化服务环境、净化政商生态。深化工会、共青团、妇联等群团组织改革和建设,扩大组织覆盖、工作覆盖,把各自联系的群众紧紧团结在党的周围。

责任领导:赵云安

责任部门:县委统战部、工商联、总工会、团县委、妇联

**(三)建设高水平法治伊通**。深入贯彻习近平法治思想,加快建设更高水平法治伊通。全面推进科学立法,围绕城市建设与管理、环境保护和历史文化保护等重点领域,突出供热、城市交通等重点事项开展立法,以良法促进发展。加强法治政府建设,坚持依法治县、依法行政、依法执政同步推进,开展法治政府建设示范创建活动,落实"谁执法、谁普法"责任制。持续推进"八五"普法,加大对习近平法治思想、《宪法》《民法典》的学习宣传,深入普及与人民群众切身利益密切相关

的法律知识，让群众听得懂、记得住、用得上，真正帮助基层和群众解决法律方面的实际问题。突出抓好“关键少数”学法用法和全民普法守法，坚持法治教育和道德教育相结合，持续提升公民法治素养，培育全社会办事依法、遇事找法、解决问题用法、化解矛盾靠法的法治环境。

责任领导：邹天永

责任部门：县委政法委、人大办、司法局

## 八、聚焦文化铸魂，不断增强文化自信自强

坚持马克思主义在意识形态领域指导地位的根本制度，以社会主义核心价值观为引领，举旗帜、聚民心、育新人、兴文化、展形象，不断推进文化自信自强，提升伊通文化软实力。

**（一）守好意识形态主阵地**。牢牢掌握党对意识形态领导权，全面落实意识形态工作责任制，不断增强党的领导力。建立健全用党的创新理论武装全党、教育人民、指导实践、推动工作的机制，巩固壮大奋进新时代主流思想舆论。坚持党管宣传、党管意识形态、党管媒体，加强全媒体传播体系建设，塑造主流舆论宣传新格局，推动习近平新时代中国特色社会主义思想更加深入人心。加强网络意识形态阵地建设，建立健全网络综合治理体系，推进依法治网，打造风清气正的网络空间。

责任领导：孙大太

责任部门：县委宣传部、网信中心、融媒体中心

**（二）汇聚社会文明正能量**。广泛践行社会主义核心价值观，弘扬以伟大建党精神为源头的中国共产党人精神谱系，深化爱国主义、集体主义、社会主义教育，培养建设社会主义现代化新伊通可堪重任之才。推动理想信念教育常态化制度化，持续开展“四史”宣传教育，引导群众知史爱党、知史爱国。深入推进新时代公民道德建设，加强家庭家教家风建设，加强和改进未成年人思想道德建设，推动文明水平整体提升。深化拓展新时代精神文明实践活动，扎实推进“同心工程”“中华好家风一体化建设”，广泛开展“伊通好人”等先进典型选树工作，做实做大“文明经济”，提升新时代实践文明学院影响力和知名度，引领全社会见贤思齐、崇德向善。

责任领导：孙大太

责任部门：县委宣传部、县委党校

**（三）推动文化事业大繁荣**。坚持以人民为中心的创作导向，以“驿路文化”传承发展为切入点，充分挖掘独具伊通特色的民族文化、红色文化、非遗文化等资源，推出更多精品力作。深挖红色资源，激发红色文化源头活水，拓展延伸“红色旅游+”新模式，加快推进红色文化资源开发利用。加强艺术人才队伍建设，培养引进中青年优秀文艺骨干，推动城市文脉薪火相传。大力实施文化惠民工程，加快推进“三馆两中心”、七星全民健身中心和村级文化馆服务点、图书馆分馆等文化基础设施建设，做好农家书屋建设管理和试用工作，拓展群众文化活动，满足群众精神文化生活需求。加快文旅数字化建设，推动旅游产业、文创产品、文体场馆数字化升级。坚持以文塑旅、以旅彰文，打造一批有人文价值、人文底蕴的“伊通风景”。

责任领导：孙大太

责任部门：县委宣传部、文广旅局

## 九、聚焦共建共享，积极营造和谐稳定社会环境

坚定不移贯彻总体国家安全观，开展风险隐患大排查、社会治安大整顿行动，坚决防范和化解各类风险，为经济社会发展营造和谐稳定环境。

**（一）强化重点领域安全**。统筹发展和安全，坚决维护国家粮食安全、生态安全、能源安全、产业安全，服务建设更高水平的平安中国。深入开展反颠覆、反渗透斗争，加强动态管控，强化情报搜集，严厉打击危害政治安全行为。深入开展无邪教乡镇、村创建活动，推进“全能神”等邪教专项整治工作，坚决遏制县内非法宗教活动和邪教组织滋扰破坏活动。提高防范化解重大风险能力，积极稳妥化解金融、房地产、政府债务等领域风险，牢牢守住不发生系统性风险底线。全面加强国家安全教育，增强全民国家安全意识和素养，筑牢国家安全人民防线。完善“双拥”工作机制，强化军地统筹协调配合，深入落实军人军属优待措施，巩固发展军政军民团结。

责任领导：邹天永

责任部门：县委政法委、县纪委监委、司法局、公安局、工信局、人社局、政数局、应急局、金融办、各乡镇（街道）

**（二）完善社会治理体系**。健全共建共治共享的社会治理制度，完善网格化管理、精细化服务、信息化支撑的城乡基层治理扁平化指挥体系，推动社会治理重心向基层下移。积极打造乡村治理“伊通模式”，推广“一群六带”创建成果，实施“1661”工程，完善政治、自治、德治、法治、智治、善治“六治”全面发展的乡村治理体系，创建各领域乡村治理示范村，全面提升村级组织执行力、凝聚力、组织力、号召力、服务力。健全“1887”基层治理防控体系和小区“三长”AB岗工作机制，确保“平时为民、战时为兵”一键切换更加顺畅，小区治理和疫情防控工作不断档、力量不减弱。坚持和发展新时代“枫桥经验”，开展矛盾纠纷大化解行动，严格落实“三级书记抓信访”责任体系，全面加强“共享法庭+无讼乡村”建设，充分发挥“啄木鸟小分队”作用，构建矛

盾纠纷多元化解体系,让小事不出屯、大事不出村、矛盾不成讼成为常态长效。加强社会治安综合治理,开展社会治安大整顿行动,常态化开展扫黑除恶专项斗争,依法严惩群众反映强烈的各类违法犯罪活动,有效降低“民转刑”“刑转命”案件发生。

责任领导:王菲、邹天永

责任部门:县委组织部、县委政法委、法院、检察院、司法局、公安局、信访局、各乡镇(街道)

**(三)提高公共安全水平**。坚持安全第一、预防为主,推动公共安全治理模式向事前预防转型。落实安全生产责任和管理制度,强化非煤矿山、危险化学品、消防安全、道路运输等重点领域监管,坚决遏制重特大安全事故。健全完善风险监测预警体系和应急物资储备体系,加强消防救援队伍和应急管理专家队伍建设,提升防范能力和灾害事故应对能力。加强和改进食品药品安全监管,全力推进食品安全治理体系和治理能力现代化。加强基层应急救援能力建设,完善乡镇(街道)、村(社区)等基层组织应急管理体系,提升防灾减灾救灾和重大突发公共事件处置保障能力。

责任领导:县委常委、副县长

责任部门:应急局、自然资源局、交通局、市监局、农业农村局、水利局、气象局、各乡镇(街道)

## 十、聚焦共同富裕,持续保障和改善民生

始终坚持以人民为中心的发展思想,尽力而为、量力而行,切实解决民生问题,持续提升民生福祉,坚决实现好、维护好、发展好广大人民最根本利益,不断提高群众获得感、幸福感。

**(一)不断拓宽就业增收渠道**。坚持把稳就业、保就业放在首位,完善公共就业服务体系,不断扩大就业容量、优化就业结构、提升就业质量。充分利用返乡创业平台,多渠道支持灵活就业,统筹做好高校毕业生、退役军人、农村劳动力转移等重点群体就业工作,分类帮扶、精细援助、跟踪服务,确保“零就业”家庭“动态清零”。实施城乡居民收入“十年倍增”计划,完善按要素分配政策制度,充分利用住房、土地、金融资产等途径,增加居民财产性收入。健全工资合理增长机制,稳步提高劳动报酬在初次分配中的比重,不断提高低收入群体收入,扩大中等收入群体规模,加快形成“橄榄型”收入分配结构。完善再分配机制,加大税收、社保、转移支付等调节力度和精准性,合理调节过高收入,取缔非法收入。充分发挥捐赠、慈善等第三次分配作用,使收入更公平、更合理。

责任领导:县委常委、副县长

责任部门:人社局、住建局、退役军人事务局、农业农村局、教育局、各乡镇(街道)

**(二)不断健全社会保障体系**。实施全民参保计划,构建多层次、多元化保障体系,形成稳定严密有力的社会保障网。探索建立政府救助与慈善帮扶衔接机制,加快构建协同高效的综合救助格局。稳步提高社会救助标准,积极推动社会救助服务向移动端延伸。加强基层关爱服务体系建设,加快发展服务类社会救助,推动形成具有伊通特色的“物质+服务”的救助方式。进一步做好孤弃儿童和事实无人抚养儿童保障工作,深入开展农村留守儿童关爱保护和困境儿童保障工作。坚持“房住不炒”定位,规范房地产市场秩序,健全租购并举住房制度,有序发展保障性租赁住房。高质量改造老旧小区,高标准整治自建房、危旧房,持续改善群众居住条件。

责任领导:艾四化

责任部门:民政局、医保局、住建局、教育局、各乡镇(街道)

**(三)不断推动城乡更加宜居宜业**。坚持规划先行,加快“多规合一”,推动国土空间和公共空间高效协同利用,努力把伊通建设成为长春都市圈内最具活力和吸引力的创业之都、宜居之城、幸福之地。加深与长春城市管理合作,深化政府政务互通协作,加快构建同城交通服务体系,实现流动人口管理和服务无缝平行对接,推动城市中心向北延伸,不断优化城市发展空间。深入实施城市更新行动,高标准做好绿化净化亮化工作,建好各类公共服务设施,启动城市出入口改造提升、将军路、学府路、滨河北路等基础设施建设工程,利用城市缝隙空间,规划建设城市“口袋公园”,巩固省级园林城创建成果,努力争创国家级园林城,不断提升百姓舒适度和幸福感。推动产城融合发展、联动发展,统筹抓好“一毛街”改造提升和伊通河两岸产业带、生态带、文化带建设,加快形成支撑城市发展的现代产业体系。以生态建设引领城市发展模式转变,加大伊通河200里城区段的开发和保护力度,扎实推进生态健身广场、右岸河漫滩湿地等重点项目建设,建设城市绿色生活圈。把城市现代化与文化记忆延续有机结合,将满族文化、红色文化、风土文明等特色元素融入城市,加强对空间立体性、平面协调性、风貌整体性、文脉延续性等引领管控,形成当代城市记忆。加强宣传引导,激发城市居民建设家园的主动性、爱护家园的自觉性,构建城市共治共管、共建共享新格局。依托“智慧伊通”平台,加快“智慧城市”建设步伐,统筹推进智慧水务、智慧排水系统、智慧停车场等重点任务,构建现代化基础设施体系,全面提升城市综合承载能力,促进市政公用设施提档升级、公共服务设施提标扩面。

责任领导:姚宏宇

责任部门：住建局、水利局、交通局、执法大队、政数局

**（四）不断完善医疗健康体系**。深化医疗、医保、医药“三医”改革联动，组建省、市、县三级医疗联合体，加强与吉大一院联合办院，开展临床带教、远程诊疗、业务指导，全力构建优质高效的整合型医疗卫生服务体系，保证群众看得起病、看得好病。推进紧密型县域医共体建设，通过整合县域医疗资源，促进优质医疗资源下沉，提高基层医疗服务能力。高标准建好县人民医院、大孤山镇卫生院、应急隔离场所，谋划推进传染病医院、应急指挥中心等项目建设，更好满足城乡百姓的就医需求。加大卫生专业技术人员补充力度，吸引更多优秀人才来我县执业，为加快推动全县卫生健康事业优质高效发展助力。积极应对人口老龄化，着力降低生育、养育、教育成本，落实三孩生育及配套政策。鼓励在现有幼儿园条件许可的情况下，增设托班，提供婴幼儿照护服务。开展助老服务行动，加快老龄事业和产业发展，统筹推进社区养老服务和康养项目建设，建设多功能的社区综合养老服务中心或嵌入式养老服务设施，优化城乡养老服务供给。加快发展老年学校和老年活动中心，让辖区老年人迈出家门就有学习活动场所。加快打造“10分钟社区老年助餐服务圈”，保证老年人在家门口吃上暖心饭。持之以恒开展好疫情防控工作，坚定不移执行“外防输入、内防反弹”总策略和“动态清零”总方针，精准落实中央进一步优化防控工作“二十条”措施和省“三十二条”措施，建立健全多点触发监测预警和应急处置机制，完善分级、分层、分流的重大疫情救治体系，兜牢医疗服务保障底线，坚决巩固住疫情防控工作成果。深入开展爱国卫生运动，积极开展好全民健身运动，推进全民健身中心建设，推动群众生活方式更加文明健康。

责任领导：县委常委、副县长　副县长

责任部门：卫健局、民政局

## 十一、聚焦全面从严，深入推进新时代党的建设

深入贯彻落实新时代党的建设总要求和新时代党的组织路线，坚定不移推进全面从严治党，把各级党组织建设得更加坚强有力，为全面建设社会主义现代化新伊通提供坚强政治保证。

**（一）锤炼绝对忠诚的政治品格**。把党的政治建设摆在首位，坚决维护党中央权威和集中统一领导，严明政治纪律和政治规矩，不断提升政治判断力、政治领悟力、政治执行力。严格落实总揽全局、协调各方的党的领导制度体系，完善党中央重大决策部署落实机制，不折不扣贯彻落实党中央和省委、市委决策部署，确保在政治立场、政治方向、政治原则、政治道路上同以习近平同志为核心的党中央保持高度一致。用足、用好批评和自我批评这一武器，敢于红脸出汗、自我革新，增强党内政治生活的政治性、时代性、原则性和战斗性。纵深实施党的创新理论“铸魂赋能”工程，将习近平新时代中国特色社会主义思想和党的二十大精神作为党员、干部和公务员教育培训的首课主课必修课，开展多形式、全覆盖大培训，确保党的二十大精神在党员干部心中生根发芽、在伊通大地开花结果。以“传承红色基因、赓续红色血脉”为重点，持续推动党性教育，用好用活本地教育资源，规划精品“研学专线”，打造各具特色、各有侧重、互为补充的“基层课堂”，将政治忠诚教育、理想信念教育、宗旨作风教育融为一体、融入工作。

责任领导：宁文斌、王菲、孙大太

责任部门：县委组织部、县委宣传部、县委党校

**（二）打造堪当重任的干部队伍**。深入落实省委“强基培苗工程”（“314151”工程）和市委新时代干部队伍建设“四项工程”，大力实施“青圃育林”工程，着力打造“六个更加”的高素质干部队伍。坚持把政治标准放在首位，坚持凭实绩论英雄、靠实干定优劣、以德才用干部，大力选拔能干事、愿干事、干成事的闯将、猛将和干将，坚决调整不担当、不作为、不实干的干部。加强干部能力建设，注重在重点工作中磨砺干部，增强干部推动高质量发展本领、服务群众本领、化解风险本领。常态化选派年轻干部跨城乡、跨领域互派锻炼，丰富工作经历，锤炼过硬作风。坚持以“高素质专业化”为导向，加强“一把手”、新任职领导干部、中青年干部培训。做深做实跟踪考察工作，建立干部平时考核工作档案，考真考实考准干部在急难险重工作中的现实表现。坚持严管厚爱结合、激励约束并重，推动落实《推进领导干部能上能下若干规定》，完善干部考核评价、谈心谈话、容错纠错、免责澄清等机制，让干部有奋斗激情、无后顾之忧，形成能者上、优者奖、庸者下、劣者汰的良好局面。

责任领导：王菲

责任部门：县委组织部

**（三）建设坚强有力的基层堡垒**。坚持大抓基层的鲜明导向，完善落实县乡统揽有力的领导体系、乡镇（街道）清晰高效的权责体系、村（社区）统一规范的标准体系，让组织覆盖更加有形有效，让组织建设更加有力有为。持续落实“基层建设年”活动要求，以新时代吉林党支部标准体系（BTX）建设为统领，统筹推进城市、农村、“两新”等领域党建工作，为基层减负松绑，让基层工作提质增效，更好地将组织优势转化为治理效能。围绕稳防控、优物业、强治理、促服务，深入开展“五星级”小区创建，抓实机关干部“双报到、双服务、双

评价”工作，增强居民自治功能，让党建工作与基层治理衔接更紧密、互动更充分。深度发掘一批特色产业村，扶持建设一批集体经济项目，树立表彰一批发展典型、振兴标杆，推动村级集体经济持续发展壮大。打造“第一书记”电商品牌，成立“新就业群体关爱联盟”，建好“红色孵化器”，助力“两新”组织加快发展。加强和改进党员特别是流动党员教育管理工作，严肃稳妥处置不合格党员，保持党员队伍先进性和纯洁性。

责任领导：王菲

责任部门：县委组织部、机关工委、各乡镇（街道）

**（四）提振干事创业的优良作风**。巩固“作风建设年”成果，从严落实中央八项规定及其实施细则精神，持续深化纠治“四风”，加大查处问责和通报曝光力度。大力发扬“严新细实”干事新风，按照工作项目化、项目目标化、目标节点化、节点责任化、责任机制化的模式高效率推动工作。走好新时代党的群众路线，坚持密切联系群众，大兴调查研究之风，聚焦基层和群众“急难愁盼”，常态化开展“我为群众办实事”活动，真正解难题、出实招、见实效。

责任领导：王菲、刘列军

责任部门：县委组织部、县纪委监委、机关工委、各乡镇（街道）

**（五）保持高压震慑的反腐态势**。坚持以严的主基调正风肃纪，以“零容忍”的态度反腐惩恶，开展制度机制大完善行动，形成一体推进不敢腐、不能腐、不想腐的制度体系，推动政治生态持续向上向好。切实强化政治监督，以党内监督为主导，促进各类监督贯通协调，紧盯“关键少数”，重点抓好对“一把手”和领导班子落实全面从严治党责任、履职用权等情况的监督。聚焦乡村振兴、黑土地保护、疫情防控、国有资产清查等重点工作，严肃查处做选择、搞变通、打折扣等行为，坚决查处教育医疗、养老社保、生态环保、食药安全等民生领域的腐败和不正之风，精准查处新型腐败、隐性腐败和基层“蝇贪”微腐败，彻底割除毒瘤、清除毒源、肃清流毒。做实以案促改、以案促治，推动“三不腐”同时发力、同向发力、综合发力，全面打赢反腐败斗争攻坚战、持久战。统筹标本兼治，重视红色教育、家风教育和廉政教育有机结合，始终树立廉洁自律意识，清白做人、干净做事，形成纠治并举和教育引导紧密结合的良性循环，筑牢拒腐防变堤坝，营造风清气正的政治生态和干事创业的良好环境。

责任领导：刘列军

责任部门：县纪委监委

全县各级党组织和广大党员干部要更加紧密地团结在以习近平同志为核心的党中央周围，高举习近平新时代中国特色社会主义思想伟大旗帜，深入学习贯彻党的二十大精神，坚定信心、笃行不怠，踔厉奋发、勇毅前行，在加快推进伊通社会主义现代化建设新征程上作出新的更大贡献。

（县委办公室）

# 锚定目标勇作为 踔厉奋发启新程

## ——吉林省伊通满族自治县高质量发展纪实

"郡县治，天下安。"习近平总书记把县域治理最大的特点形象地概括为既"接天线"又"接地气"。作为国民经济的基本单元，县域活则全盘活，县域稳则全局稳。

近年来，伊通县委、县政府以习近平新时代中国特色社会主义思想为指导，全面贯彻党的十九大精神，深入落实党中央"五位一体"总体布局和"四个全面"战略布局，按照省、市各项部署要求，团结带领全县广大党员和干部群众，开拓创新、锐意进取，用不懈耕耘绘就一幅幅经济和社会各项事业竞相发展的生动画面。

### 魅力伊通：青山绿水起壮歌

吉林省四平市伊通满族自治县位于省会长春市南部。伊通之名源于伊通河，发源于境内哈达岭山脉青顶山北麓，系满语音译，意为宏大、汹涌之河。勤劳智慧的伊通儿女，也没有辜负伊通这个地名满语音译中"强壮""粗犷"的美好意蕴，沐浴着新时代的灿烂阳光、骀荡春风，共同创造精彩的生活。

伊通东牵长白山，北望松江水，依峻岭、揽丘陵，生态良好，区位优越，民族众多。辖区面积2527平方公里，常住人口33.2万人，有满、汉、回、朝、蒙等27个民族，其中满族人口11.3万人，占人口总数的34.11%。这里是满族的重要发祥地之一，是省内唯一的满族自治县，域内伊通火山群是国家级自然景观保护区，有16座火山，其中7座火山分布状如北斗七星，加之山川秀美，物产丰饶，历史上人才辈出，素有"七星福地"之称。

这里交通区位优越，伊通东南与磐石市毗连，南与辽源市为邻，东、北、西三面均与长春市接壤，是吉林省中南部4个地区、16个县（市）进入长春的重要通道，长春市的南大门。县城距长春市区25分钟车程，北部景台片区距长春市南出口仅8.6公里，是距离省会最近、接受长春现代化都市圈辐射带动最直接的县。在吉林省"一主六双"高质量发展战略中，伊通处于环长春四辽吉松工业走廊、长辽梅通白延医药健康产业走廊、长通白延吉长避暑休闲冰雪旅游大环线、中西部粮食安全产业带、长春四平一体化协同发展等战略布局的关键节点，随着长春南扩、伊通北融，与长春的联系将更加紧密，人流、物流、资金流进一步集聚，是最具潜力和活力的焦点区域。

生态文明建设，关系人民福祉，关乎永续发展。

近年来，伊通县委、县政府深入学习贯彻落实习近平生态文明思想和视察吉林视察四平重要讲话、重要指示精神，树牢"绿水青山就是金山银山"的理念，着力构建人与自然和谐发展现代化建设新格局，以建设生态强县为目标，突出对环境的监管和整治，全力打好污染防治攻坚战。同时，以深入推进各级生态环保督察整改为契机，进一步补齐全县生态环境及基础设施短板，全县生态环境质量持续改善。2021年，全省县域经济考核生态环境指标综合得分进入全省前十名。

按照吉林省委全面建设生态强省的决定，伊通县委、县政府制定出台了《关于深入贯彻落实习近平生态文明思想，全面建设生态强县的实施意见》及具体实施方案，提出了全面贯彻新发展理念、推动绿色低碳发展，推进无废城市建设，加快美丽乡村建设，加强生态环境保护和修复，切实维护生态安全，严格环境执法，环境质量不断提升。

伊通注重发挥人文历史、自然景观、交通区位、民族政策等优势，通过多年的开发建设，形成了众多的旅游景区(点)，是国家全域旅游示范区创建单位。有3个建设项目列入全国优秀旅游项目名录，多次荣获省、市“十佳”住宿、美食经营单位称号。国际性的满族学术文化研讨会在此举办，相继推出民俗风情、休闲度假、冰雪娱乐、康体养生、乡村生态等旅游系列产品。以“火山温泉养生度假、乡村旅游(农家乐)、民俗文化体验和民族美食品尝”四大特色旅游基地为载体，以建设东北地区新的休闲度假旅游胜地为目标，努力实现旅游经济增长方式重大转变，推动旅游发展步入高质量、高效益的绿色协调增长之路。

**奋发进取：县域经济频突破**

经济发展是一切发展的基础。

伊通能有今天的发展局面，最根本的得益于几届县委、县政府班子在打基础、利长远工作上的持续努力。党的十八大，是伊通加快发展的新起点，党的十九大之后，实现重大转折，全县上下在县委的坚强领导下，“十三五”期间，抢抓机遇、求变图强，着力破除长期制约性短板，克服新冠疫情等因素带来的不利影响，呈现持续向上良好态势，在全省县域综合考评排名前进6位，较好地完成了县第七次党代会提出的目标任务，实现了质与量的同步转变提升，县域经济发展不断实现新突破。

在经济发展上，坚持把项目建设作为最重要的抓手，“十三五”期间谋划实施重点项目316个，其中，亿元以上项目96个，并创新性提出和发展了乡镇“飞地经济”，有效激发乡镇发展活力，极大提升了县域经济后劲和综合实力，用优异成绩为“十四五”规划发展提供动力。

伊通新一届县委班子汲取历届县委、县政府成功经验，深入调研、集思广益，紧紧抓住吉林省实施“一主六双”高质量发展战略的重大契机，紧密契合四平市“三三九一”发展战略，深入结合发展阶段性特征，形成了方向更加明确、内涵更加丰富、体系更加完善、实践性更强的总体发展构架——“12131415”发展思路，有力指导和推动了各项事业的全面进步。

在产业布局上，2020年，经省政府批准，伊通经济开发区成功晋升为省级开发区，在持续有力推动下，开发区基础设施渐趋完善，投资环境日益向好，开创形成了全新的“1+4”开发区发展新格局，同时进一步明确产业定位，助力企业集约规模化发展，为实现产业提质增效创造了良好条件。

抓好项目实施，大力争取项目资金，同时积极推动更多项目进入国家、省、市储备库。为加快重点项目建设，深化企业投资项目改革，通过深入对接义乌市、浦江县，开展对口合作等有效措施，全力以赴推动项目建设实现新突破。抓好招商引资，围绕主导产业，全方位、多元化开展产业链招商，着力“延链、补链、强链”培育产业集群。不定期组织开展招商引资业务培训，有效落实各级干部联系拜访规模企业等工作措施，加强信息收集，广泛捕捉招商机遇，开创了招商引资工作新局面。

结合“放管服”和“最多跑一次”改革，实行企业投资项目容缺受理、并联审批，最大限度提高审批效率。对政务服务大厅进行改造升级，实现现代化办公和“一窗受理、一网通办”的行政审批新模式。全面加强规划设计、土地收储、设施配套等前期工作，有效缩短了重大项目落地时间。强化项目服务中心建设，配齐配强队伍，抓好就业对接和“银政企保”对接，更好地帮助企业降低生产运营成本，解决融资难题。开展“百名干部助百企”“企业服务周”“优质服务进商户”等活动，落实县级领导包保和部门“一把手”任项目秘书制度，确保问题及时发现迅速解决，为企业提供高效优质服务。

**真抓实干：初心如火暖民生**

国以民为上，民以生为先。

伊通县委、县政府深入践行以人民为中心的发展思想，围绕群众最关心、最迫切、最现实的利益问题，谋划实施民生工程，民生支出占比保持在85%以上。全面落实共享发展理念，让发展成果更直接、广泛地惠及人民群众，持续补齐民生短板，群众幸福感不断提升。

着力推动高质量发展与民生改善良性互动循环，在保障基本民生的前提下，突出抓好就业、教育、医疗等领域民生改善，让人民群众更充分享受发展成果。实施就业优先政策，加大创业支持力度。持续推进技能培训进小区、进社区，五年来，完成农民工转农技工培训近5000人。围绕增强防洪排涝能力，优化生态环境，加强河道清理整治，大力开展植树造林，特别是在废弃矿坑绿化和科学利用上，进行了积极探索，形成了宝贵经验，实现了良好的生态效果和社会效应。把生活环境作为最直接的民生，深入实施农村环境整治五年提升行动，启动乡村道路改造提升三年行动，有计划开展了城区改造，城乡面貌持续改观。路网路况全面改善，农村公路总里程达1600公里，被评为省级“四好农村公路”示范县。坚持把社会事业作为最重要的民生，围绕扩大办学规模，提升教学条件，计划投资9000余万元，推动伊通满族自治县第一中学改扩建，全县增加教育用地18万多平方米；队伍建设呈现新面貌，多渠道补充教师1735人，严格教师考核评估机制，干部教师队伍整体素质大幅度提高。围绕打通交通堵点，消除安全隐患，投资3100万元，完成高速口主体改造。围绕改善就医环境，化解医疗供需矛盾，计划投资11.38亿元，实施伊通满族自治县第一人民医院异地新建。围绕带动扩大就业规模，增加群众收入，计划投资4.91亿元，打造农产品精深加工产业园、计划投资3.37亿元，打造黄牛养殖产业园和计划投资10.85亿元，打造汽车零部件产业园。坚持把基层治理作为最基础的民生，全方位推进“法治伊通”建设，积极发展民族团结进步事业，完善社会矛盾排查化解机制，广泛开展精神文明创建活动，人民群众安全感、获得感、幸福感不断增强。

### 破题攻坚：特色产业辟新路

近年来，伊通县委、县政府坚持走靠党建领航、规划引领、项目说话、工程推进、生态取胜、群众检阅的新时代高质量发展之路，努力实现经济质量和总量“双提升”、三次产业结构和产业内部结构“双改善”、项目数量和投资总量“双倍增”、财政收入和城乡居民收入“双增长”的“四双成果”。

坚决落实吉林省委、省政府“秸秆变肉”暨千万头肉牛建设工程部署要求，推动肉牛产业成为支撑乡村振兴的优势产业。2021年全县肉牛养殖量达到59.5万头、增长18.9%。积极抢抓国家和省政策机遇，努力争取黄牛产业强镇项目，建成5000头黄牛规模养殖示范区。加大债券申报力度，打造营城子镇黄牛现代产业园，建成后黄牛养殖量可达2万头。

围绕科学处理、有效利用秸秆和粪污资源，利用“粮改饲”项目资金，每吨青贮饲料补贴60元，持续增加青贮玉米优质饲料供给。深化秸秆发酵、膨化、柔丝加工等技术应用，示范推广“秸秆+蛋白草+菌酶制剂”技术，推进秸秆黄储饲料化利用。2021年，培育秸秆饲料化生产新型经营主体56家，补贴饲料机械148万元，秸秆饲料化利用率达到38%。同时，紧盯“两废结合”环节，抓好粪污资源化利用。175个规模养殖场全部配套建设粪污处理设施，建设散养畜禽粪污收集点600处、畜禽粪污处理中心4个，配备收集转运机械设备158台（套）。实行“散养户每日清运+乡镇定期清运”机制，依托粪污处理中心加工生产有机肥，粪污处理中心无法消纳的，采取“两废结合、田间堆沤”模式就近还田，2021年，全县畜禽粪污资源化利用率达到95.7%。

在产业突破上，从促进提质增效出发，以创建国家现代农业示范区、争当全省现代农业排头兵为目标，全面加强黑土地保护和农业基础设施建设。目前，伊通高标准农田建设率已超过40%，有力地保证了粮食高产稳产。强力推动农产品品牌化，伊通大米、伊通烧鸽子等带有地域特色的农产品品牌已带动了当地稻米种植加工销售、民族特色餐饮行业的加快发展。将现代服务业作为未来一个时期的产业发展方向，把旅游业作为核心性支柱产业打造，推动独特的火山温泉、满族元素、红色文化、特色饮食等优质资源在旅游产业催动下深入融合，带动现代服务业加速发展、规范发展，形成新的发展优势，把伊通打造成省内服务业强县。

### 党建引领：干群同心共奋进

长期以来，伊通坚持以党的建设统领各项工作，在推动经济社会高质量发展的同时，也交上了一份优异的“党建答卷”。

坚决做到“两个维护”，锻造忠诚之师。打造风清气正政治生态，严明政治纪律政治规矩，不折不扣落实党中央重大决策部署，在思想上、行动上同以习近平同志为核心的党中央保持高度一致。围绕廉洁自律和履职用权情况强化日常监督，严肃整治脱贫攻坚“绊脚石”，严惩黑恶势力“保护伞”，严查民生领域“微腐败”，拉近党心民心。累计开展7轮常规巡察、4次专项巡察，对全县69家单位党组织开展“政治体检”，实现党委一届任期内巡察全覆盖。

坚守初心使命，打牢信仰之基。广泛深入开展“不忘初心、牢记使命”主题教育、党史学习教育，打破以往“关门学习”的形式，把理论学习研讨交流搬到工作现场、田间地头，现场答疑解惑。广泛深入开展党的创新理论宣讲活动，推动党员干部强化宗旨意识，牢牢站稳政治立场，坚守正确的政绩观，为党工作，服务人民。

坚持严选实管并举，提升队伍素养。以政治更加忠诚、思想更加解放、能力更加出众、作风更加硬朗、做事更加细致、行为更加自律“六个更加”为标准，持之以恒抓干部队伍建设。牢牢把住选人用人关口，把政治标准挺在前面，突出在事业一线甄别干部，常态化跟踪考核了解干部在完成全县中心工作和重点任务时的政治站位、工作状态、担当精神、能力素养等情况，并建立实绩档案。深化对干部日常工作管理，从不同层面、不同角度综合考量干部思想工作情况，及时发现和解决问题，促使干部不断加强学习、改进工作方法、提升工作效能，在实践历练中不断成熟、加快成长。

坚定干部创业决心，凝聚强大合力。建立县委主要领导和组织部部长定期“回访”新调整任职干部制度，通过调研座谈的方式，实际了解干部的思想动态和工作情况，引导干部把组织的关爱、领导的关心化作履职尽责的行动，增强队伍战斗力。

凡是过往，皆为序章。梦想的笔触，等待崭新的精彩书写。

如今，伊通正立足高质量发展，朝着“成为四平东部发展新的增长极、长平一体化协同发展先行区，打造长春经济圈内宜居宜业最美小城、吉林省中南部与长春联动发展的产业集聚枢纽”宏伟目标阔步前行。

（县委宣传部）

# 肉牛产业健康发展伊通模式示范引领实践报告

在实施“秸秆变肉”暨千万头肉牛建成工程中，伊通不断在肉牛产业健康发展上深入探索实践，进一步重视农业高新科技的引进与研发，从问题导向、需求导向出发，重点在促进“产、学、研、发”合作方面下功夫，加强与省内和国内一些大学及农业科技研究机构保持联系，充分发挥本地资源优势，逐步形成了良好应用前景、巨大商业价值、可操作、可复制的伊通模式。

## 一、伊通模式概念

伊通模式主要是通过加快高新技术成果转化，以菌酶协同发酵饲料技术为基础，将微生物、动物、植物和营养等科学有机结合起来，构建了菌酶协同生物发酵自主供应体系，推动优化生产模式，推动产业升级，实现健康养殖。通过采取创设“一区两站五品”，发挥高新技术产品属地化“五高”优势，对比传统饲喂实现“一增两降”，形成“一二三”多元化实践效果。因其操作简便、效果明显，养殖企业、场主、农户普遍认可，应用于生产积极性很高，被称为伊通模式。

## 二、伊通模式技术规程

**(一)产品生产**。自主站生产车间生产的产品一般分为液体饲料和固体发酵饲料两部分。如果生产液态生物饲料，一般生产周期为3天，每个周期产量为2000公斤可以满足2万头牛3天饮水需求，达到改良水质、降低臭味的效果；如果生产多维多矿核心料包，一般一天可以生产加工3吨，一条多维多矿核心料包生产线能够满足10万头牛全年饲喂添加量；如果生产菌酶协同发酵玉米秸秆饲料(属于固体发酵饲料)，可以在一条生产流水线上完成秸秆粉碎揉丝、除土除杂、上料输送、菌酶调质、出料输送、挤压成型、自动包装发酵全部工序。日加工量能达到30吨(每包40公斤)，在满足自用的同时，还能补充供应互助站带动周边散户。也可以采取茎穗兼收田间直接作业的方式，每台机器日收割100亩左右，现场加工菌酶协同生物发酵秸秆饲料包330吨，秸秆不落地、不带土，品质更好。

**(二)产品使用**。对于秸秆发酵剂使用。只需要在秸秆饲料加工过程中，喷淋该产品稀释液后打包储藏即可。对于粪污处理剂，只需在清粪过程中掺混使用即可。有机硒肽蛋白营养液，菌酶多维生物精华素，多维多矿核心料包直接饲喂即可。

## 三、伊通模式运行

伊通模式在推广上采取“一区两站”模式，组织管理采取类集团化管理方式，即牛公社组织模式，基本可以满足不同区域、不同规模养殖场(户)的不同需求。

“一区”是指养殖社区模式，主要理念是把乡村振兴落实到一手抓乡村生产型微观主体建设，一手抓乡村营销型市场经营。主要体现在盘活乡村种养资源方面。针对规模养殖场企业占比少、养殖小、散户多，有些区域养殖户不集中的实际情况，经过探索实践形成将小、散养殖户根据所辐射供应的肉牛数量采取灵活方式，打破村屯行政边界观念，以不低于500头牛为宜，以设置牧业小区的理念，在不改变牛相关产权和庭院养殖环境的前提下，创智性设立养殖社区。

“两站”是指在养殖社区内，对大型规模养殖场设立生物营养饲料自助站；对小散户以社区内不低于500头牛为服务对象设立生物营养饲料互助站。养殖社区对自助站和互助站赋予社区功能、科技功能、服务功能“三位一体”类集团化管理功能。让自助站形成规模化生产能力；让互助站实现散户不散的运营管理效果。

自助站：适用对象主要为规模较大的养殖企业或养殖场，同时面向养殖社区提供一定内容的服务。市场运营模式，由投资人建立标准化生物营养齐全的生物饲料生产车间，

互助站：主要是针对养殖社区养殖散户多，有些区域养殖户不集中的实际情况，经过对养殖社区试验示范引领，正在整县制推进菌酶协同发酵自配饲料互助服务站模式。互助站建立的基础是家用发酵罐和微型秸秆饲料加工设备，直接安置在互助站由村级集体经济组织或者养殖户负责生产加工配送日常管理工作，并且实行谁投资谁受益机制。这也是最具特色的模式，特别适用于养殖户分散地区，为了使这种模式能够得到普及推广，我们完成了两项技术攻关：

家用发酵罐制造技术研发。通过大量实验和不断改进，研发出实用性强、操作简便的家用发酵罐，将标准化液态饲料生产工艺融为一体，通过一个发酵罐完成所有生产环节，并且可以用同一个罐发酵生产不同

类型液体饲料，实现“一罐多用”，产品品质和使用效果得到充分保证。

菌酶协同发酵技术改良。自助站一般通过使用菌酶协同秸秆发酵饲料一体化生产流水线一站式完成，而互助站基本使用的是微型秸秆饲料加工装备，在养殖社区内，不仅实现互助站能够自主加工秸秆发酵饲料，而且还可以让养殖小散户来料加工，收取加工费，同时也可以以物换物，真正实现就地取材就地加工，因材适用的乡村振兴模式。另外，针对小散养殖户习惯于干草加凉水的饲喂习惯，我们改良升级了菌酶协同发酵制剂及生产工艺，让这样的小散户直接在互助站就可加工生产，且在干草上直接喷淋饲喂，利用牛是反刍动物特性，采用体内发酵，提升生物营养吸收转化率，效果明显。

类集团化管理方式（牛公社模式），是养牛人之间自主传、帮、带的社群之家。主要依托中国农业大学张日俊教授团队生物营养科技成果转化技术，集结省畜牧兽医研究院、省农业科学院、对接省畜牧局等政府职能部门，为全体社员不断提供养殖前沿技术、及时传递政府“三农”政策、引导社员科学饲养、创新乡村振兴的产业、产品、市场、营销、收益，要让乡村微型经济主体也要实现种养殖标准化、市场化、农村美景化、农民股份化、职业化等乡村自我循环渠道体系，强化养殖社区自助站和互助站等资源开发、利用、整合、协调、调度等能力，形成聚合力、号召力和行动力。尤其是针对养殖场户服务资源“碎片化”和“难找、难查、难用”等问题，牛公社在养殖社区设立社员之家，不仅打造“牛公社云上平台”，还为养殖社区提供“一站式+一键式”科技服务功能。使养殖社区有类集团化组织结构的集体归属感。

## 四、伊通模式效益发挥

伊通模式将微生物、动物、植物、营养等科学有机结合起来，将生物营养高新技术转化为产品成果，应用于畜牧生产实际的探索性实践，其应用价值归结起来三个方面：转变一个观念，解决两个难题，实现三个效益，概括为“一二三”效果。

**（一）转变一个观念**。伊通模式与传统养殖方式相比，基本没有改变管理方式，主要是在饲料优化与粪污处理上做文章，而且简便易操作，投入产出比高，这也是模式能够被顺畅推广，特别是养殖散户接受和使用的根本原因。但从效果上看，远远高于使用者预期，原来看似难以解决的饲喂习惯变革问题、粪污自行消化处理问题都迎刃而解。最为重要的是，能够实实在在增收，对使用者触动很大，经常会有电话来咨询新研发出的技术和产品，从传统的保守思想转变为开始具有强烈的科技意识和需求。伊通模式是一次畜牧养殖技术的探索与变革，也是一次对农民思想意识的洗礼与更新，用事实带动引导群众形成相信科学、依靠科技的新发展观念，虽“润物无声”，但影响深远。

**（二）解决两个难题**。一是在养殖过程药物使用把控难题。以伊通为例，无论是育肥牛还是繁殖母牛的饲养，主要以圈养方式为主，这也是畜牧养殖业发展的方向，因为养殖密度大，所以防病用药比较难以把控，特别是胃肠道疾病方面，因为缺乏运动量，饲料单一，牲畜患胃肠道疾病的概率大幅度提升，胀气、消化不良等问题比较突出，这也是圈养模式必须要破解的难题，是生产环节中的一个“短板”。特别是对于长时间饲养的育肥牛和能繁母牛，随着圈养时间的延长，牛的消化道疾病和免疫力下降问题更为突出，产仔率和成活率也会下降，需要用药物进行治疗或干预。伊通模式最大优势在于对饲料品质的优化、对消化道功能的改善、对个体免疫力的提升，一些圈养中出现的常见问题，几乎都可以在不借助药物治疗干预的情况下，通过生物营养科学饲喂的方式解决，极大程度降低药物使用量。二是秸秆转化利用水平不高难题。目前，玉米秸秆转化利用主要是肥料化、燃料化、基料化、原料化和饲料化“五化”路径，我省启动实施“秸秆变肉”暨千万头肉牛项目工程，极大推动促进了玉米秸秆饲料化转化率，常用的方法主要是对玉米秸秆的青、黄贮，但因为青、黄贮饲料酸性大，适口性差，而且饲料营养牲畜吸收率低，长期使用单一饲料，还会造成营养失衡，引起牲畜患病和免疫力低下等问题，更重要的是，普通方法青、黄贮饲料，对保存条件要求比较高，保存周期比较短。相比之下，菌酶协同发酵玉米秸秆饲料几乎完美地解决了以上问题，并且我们通过技术攻关，解决了饲料加工中对秸秆水分要求高的问题。一般青、黄贮技术要求秸秆水分要控制在55%左右，否则开春后即使妥善保管，也会酸性增加，且从内部发生霉变影响使用。而生产菌酶协同生物发酵玉米秸秆饲料，秸秆在35%水分左右都可以加工打包，几乎在秋收之后一直到春天，可以全天候生产加工，这对于实现秸秆禁烧具有积极推动作用。

**（三）实现三个效益**。一是经济效益。采取伊通模式养牛，与传统养殖方式对比，通过将精、粗饲料原料采用生物营养方式加工投喂，综合促生长缩短饲养周期、提高产仔率和成活率等多方面，每头牛每年可以增收1200元—1500元。如果建立互助站，通过直接销售成品饲料、秸秆来料加工、秸秆原料换饲料、秸秆饲料代贮等方式，以供应1000头牛计算，互助站年盈利约10万元，养殖户每头牛每年可节约成本800元—1200元。以伊通为例，按照50万头牛存栏量，如果全部采用伊通模式喂饲，效益非常可观，可以额外增收10亿元左右。二是生态效益。从伊通乃至全省情况来看，肉牛规模化养殖所占比例不足10%，规模以下牧场以及小散户散养占到90%以上，无论是规模化养殖还是散养，粪污的无味无害化处理都是难题，规模以上养殖场可以通过专门设备来实现，但设备购入以及运行成本比较高，而一般散养形式根本不具备安装能力和条件，集中化处理运输也是突出问题，特别是气味影响，很难解决，甚至引发邻里矛盾。采取伊通模式进行饲养，问题能够得到很好地解决。在河源镇榆树村郝晓亮家庭牧场、伊丹镇于春涛牧场、大孤山镇孟家村胡永岩家等跟踪观察实验，伊通模式喂养下，因为牛的消化功能持续改善，饲料消化吸收率提高，一般可以达到81%，牛的粪便气味明显变淡，而且成型，便于收集。在配合粪污处理剂，基本没有味道，经过十几天的堆沤发酵，直接转移至田边作为肥料使用，整个流程有效改变了养殖户及周边居住环境，既减少了土地化肥用量，降低了种植成本，又有利于土壤修复，把整个养殖链变成增收链。三是社会效益。可以分为三个层面。首先是对国家"科技强国"重大战略部署的具体实践。而这个"强"的落脚点在国家粮食安全保障上，通过科技成果的高效转化利用来强化这个保障。习近平总书记多次强调"要把中国人的饭碗端在自己手上"，国家也在大力发展"三农事业"。伊通模式最直接的联系是肉铺子，降低肉类成本，提高供应量和品质，省政府提出的"秸秆变肉"工程，也是从国家战略需要和吉林发展实际提出的。往上游溯源，伊通模式可以通过菌酶协同发酵的方式，将秸秆转化为优质生物饲料，实现"以草节粮"；将玉米、豆粕等发酵饲喂，可以降低粮食饲喂量；将多维多矿实施自配饲料，还能直接减少养殖中对粮食的消耗量，直接影响"粮袋子"。向下游延伸，通过生物降解技术，实现粪污无害高效利用，实现秸秆过腹增值还田，降低化肥施用量同时，更好地保护黑土地这一珍稀资源。目前来看，伊通模式在与无公害蔬菜种植结合上具有很大的研究探索空间，所以又关系到"菜篮子"，具有巨大科研实践价值。其次能够从多维度助力乡村振兴发展。伊通模式解决的是产业支撑问题，解决的是乡村环境问题，通过一个模式，把发展生产与保护环境之间的矛盾有效调和，从更深层次讲，也有助于从根本上解决农村留不住人的问题，在"秸秆变肉"暨千万头肉牛项目工程的引领下，伊通有多位外出务工人员返乡养牛，而且取得了很好的经济效益。伊通模式对上符合国家和省政策导向，向下符合发展实际和群众需求，具有良好发展前景、能够帮助农户实现持续稳定收入，是推动实现乡村产业振兴的有效路径，也是农村实现安居乐业的有力依托。最后，为基层组织建设和基层治理提供助力。可以通过集体创办、党员领办养殖社区创建、村民互助站的方式，增强基层组织、党员干部领富带富能力，把养殖群众发动团结起来，提高基层组织的号召力和组织力。

## 五、伊通模式的外延发展

主要围绕伊通模式的适用范围和与重点工作衔接上进行实践性探索，主要包括以下三个方面：

一是推动科技产品应用范围的拓展。伊通模式研究主要是以肉牛养殖为主体，在技术与模式都已经成熟的基础上，开展了羊、鹿、猪、禽等畜禽养殖的实验数据积累与分析，目前生产性能表现亮眼，从猪肉、蛋类产品品质检测结果，看效果比较明显，正常饲养情况下检测无农药、抗生素、重金属残留，使用30天后，达到富有机硒肉、蛋标准。正在积极探索区域内畜禽养殖，通过差异化使用产品，实现全覆盖模式，扩大养殖受益面，同时解决个别区域因养殖户分散而造成设备利用率低的问题。

二是推动模式应用与具体工作的衔接。将伊通模式的推进与促进脱贫攻坚与乡村振兴有效衔接，利用模式投入产出比高、收入稳定的特点，在河源镇、马鞍山镇谋划推动了分红项目，争取470万元乡村振兴专项扶贫基金，将菌酶协同发酵秸秆生物饲料项目落地实施。将伊通模式的推进同强化基层组织建设和基层治理能力有效结合，大力推动村集体、党员领办创办养殖社区、村民互助站的方式，增强基层组织、党员干部领富带富能力，把养殖群众发动团结起来，提高基层组织的号召力和组织力。令人可喜的是，伊通模式已经辐射到松原市和公主岭等兄弟县区市养殖场户前来学习考察交流推广指导，也收到很好的效果。

三是推动养殖单链向种养全链延伸。加大粪污处理剂推广力度，将发酵降解后无味无害粪肥应用与绿色种植。在马鞍山镇繁盛牧业小区进行了实验性探索，建立了种植养殖、粗饲料加工、酿酒、粪污处理循环发展产业链。牧业小区存栏牛1200头，种植玉米、高粱作物110公顷，大棚果树、蔬菜60公顷，粮食用于酿酒，酒糟喂牛（采取菌酶协同发酵技术），牛粪秸秆残留用于发酵有机肥（使用粪污处理剂），有机肥再用于种植需要，形成了良性循环。

## 六、伊通模式的推行经验

伊通模式从实证比对数据采集示范引领启动到产品深度研发，再到形成全链条推广体系，只用了短短的一年半时间，得益于以下三个方面：

一是高位运作推动。从选择合作对象开始，就直接锁定最前沿科技成果，选择与中国农业大学张日俊教授团队进行对接，这是取得良好成效的基础。在实验与模式探索中，及时向省市部门汇报，得到了大力支持。2021年8月20日伊通模式实证数据采集报告上报到省肉牛办，2021年9月6日省畜牧业管理局张国华局长第一次来到河源镇、马鞍山镇、伊丹镇实证数据采集牛场，现场考察指导工作，此后20余次深入现场跟踪推进。2021年11月18日，韩俊省长亲自到实践场地考察，给予充分肯定，并提出明确意见要求。2022年10月13日，韩福春副省长带领相关专家深入应用示范饲喂场点，现场了解情况，推动解决问题。韩俊省长、韩福春副省长、胡斌市长都先后对伊通模式作出重要批示，各级领导的关心与支持是伊通模式快速形成推进的根本动力。县级层面，坚持把菌酶协同饲料生物发酵技术应用与推广作为重中之重的工作，成立专门工作领导小组，由县委副书记宁文斌、县政府副县长刘敬涛任组长，党政同抓，确保了各项任务部署迅速落实，不打折扣。

二是高效工作机制。与科研团队始终保持密切联系，将支持落实在具体行动上。合作组建培训讲师队伍。选取一批20人了解情况、技术过硬、有培训经验的畜牧兽医师和农技推广学校讲师，先进行系统化培训，然后由培训讲师深入乡镇开展培训，对选定的养殖场和示范户进行蹲点式跟踪指导，确保技术不走样，并记录技术应用效果，丰富实验数据。同时，引导示范户发挥传帮带作用，不断辐射周边养殖户，使技术迅速推广，形成应用规模。开展全覆盖式技术服务。利用本地各类人才建立专家团队，结合实际，从专业角度分析和推荐养殖场主或农户选择合适模式，上门帮助安装设备，并建立15个微信群，覆盖全县所有采取伊通模式的养殖户，畅通线上与线下两条途径，保证问题有人解，疑惑有人答，而且通过群内经验交流与分享，集思广益，积极参与技术攻与推广方式改进工作，使伊通模式不断成熟，与实际生产需要高度契合。强化政策支持与责任落实。资金方面，县政府配套地方资金100万元，专项用于菌酶协同发酵技术推广，形成政府资金引导拉动效应。审批方面，相关部门对菌酶协同饲料生物发酵技术应用项目，采取领办、代办制度，简化流程，缩短时限。推广方面，将模式推广列入对各乡镇府的绩效考核，增强工作动力，保证推广工作在各乡镇有序有力展开。督导方面，组成督查组按照时间节点及时深入模式推广现场进行实地督导，并跟踪督办，对工作进展情况进行季度排名并全县通报，对连续排名后三位的乡镇领导进行约谈，确保压力传导到位，责任落实到位，要求执行到位。积极为推广营造良好氛围。发挥新闻媒体引导推动作用，成立专门的宣传采编队伍，丰富报道内容，创新报道形式，及时跟进伊通模式推广动态，积极宣传好典型、好范例，让更多养殖场主和农户通过政府引领和宣传引导，更深入了解伊通模式、认可伊通模式、主动选择伊通模式。

三是高度市场化运作。在抓好政府引导宣传的同时，着力通过市场化的方式去促进模式推广。坚持从市场需求出发设计伊通模式，产品研发上，把立足点放在不改变养殖习惯的前提下，达到稳定增收目的，保证群众接受度，便于后期模式推广；模式设计上，把科技成果转化与市场需求对接，根据养殖场主和农户实际生产需要，反复调研与完善，形成了养殖社区“一区两站”类集团化管理运营模式，便于市场化推进。坚持用市场化的方式去推广伊通模式，由政府搭桥，促成科研组与吉林省绿秀牧业开发有限公司达成合作，发挥标杆带动作用的同时，运用市场化运作方式，推广科技转化产品和伊通模式，形成了政府引导、企业主导的推广模式体系，在推广上相互补充作用，达到了相互促进的实际效果。

伊通模式的推广普及体现的是健康养殖产业集中度提升。通过成立15个乡镇养殖社区核心平台化科技示范引领，争取在两年时间内实现养殖社区“一区两站”模式对伊通县养殖领域全覆盖，从而使全县畜牧业劳动生产率提高，畜禽改良和生产效率提高，资源转化率提高，市场优质优品以及规模效应的话语权提高，伊通“秸秆生物饲料自主化应用”模式得到普及，伊通生物营养养殖品牌效应实现。

（县委办公室）

# 大事记

## 1月

4日，伊通第一人民医院设计规划情况汇报专题会议在县政府召开。会议研究确定待建县第一人民医院新址、周边地块、医院外观设计。

24日，伊通县委副书记、县长叶永兴到河源镇对文旅资源开发工作进行调研。

## 2月

9日，伊通2022年县域经济发展工作会议在县政府综合楼召开。会议要求，紧盯“服务长春、融入长春”这一核心任务，突出项目引领、农业率先、转型升级、城乡协调、普惠共享、改革创新6个方面，推动伊通全面振兴取得新进展，以优异成绩迎接党的二十大胜利召开。

16日，伊通2022年“春风行动”启动仪式暨现场招聘会在县人力资源市场举行。15家招聘单位提供就业岗位600个，发放春风卡等宣传材料1200余份，60余名农民工与江苏、大连用工企业签约。

18日，中国共产党伊通满族自治县第八届纪律检查委员会第二次全体会议召开。县委常委、纪委书记、监委主任刘列军代表中共伊通满族自治县第八届纪律检查委员会常务委员会作题为《自觉运用党的百年奋斗历史经验，坚定稳妥推动纪检监察工作高质量发展，为伊通社会主义现代化建设提供坚强保障》的工作报告。会议审议通过县纪委常委会工作报告；表决通过县纪委八届二次全会公报。

## 3月

1日，全国病死猪无害化处理与保险联动机制建设试点县名单公示，伊通入选吉林省唯一“病死猪无害化处理与保险联动”试点县。

23日，吉林省委书记景俊海到伊通实地检查新冠疫情防控工作，看望慰问奋战在一线的广大干部群众。

是日，伊通伊丹镇火红村被四平市文化和旅游局评为非物质文化遗产特色村。

## 4月

3日，伊通民族医院44名医护人员组成医疗救治支援队到长春市支援新冠疫情医疗救治工作。

6日，吉林省伊通满族艺术团有限公司被中共中央宣传部、文化和旅游部、国家广播电视总局评为第九届全国服务农民、服务基层文化建设先进集体。

8日，伊通成立专项工作领导小组和技术指导服务小组，对大型养殖场和养殖企业开展“大清洗、大消毒”专项行动。

## 5月

12日，国际护士节当日，伊通县政府在八旗广场为因新冠疫情推迟婚期的医护工作者举办“‘护’你一生‘士’为卿喜”集体婚礼。

22日，伊通镇政府在前范村召开水稻机械有序抛秧现场会，副县长刘敬涛及县农业农村局、各乡镇（街道）主要领导、基层农技推广人员、水稻种植区村书记、经营主体、水稻种植大户及农业农村局相关负责人观摩水稻机械有序抛秧田间作业演示活动。水稻机械有序抛秧，促进秧苗返青快，分蘖多，增产增收增效，具有推广价值。

## 6月

1日，伊通“云招商”项目推介会在县融媒体中心通过“屏对屏”形式召开。深圳市吉林伊通商会，长春市伊通商会代表在分会场参加活动。推介会，线上签约长春工业大学人文信息学院新校区项目、现场签约黄牛现代农业产业园建设项目、安格斯牛养殖繁育项目、罗普特东北总部大厦项目。

6日，伊通被确定为吉林省

2022年第一批肉牛基础母牛扩群增量项目县,伊通成为吉林省6个肉牛生产大县之一。

28日,伊通开设"河湖生态课"。通过组织各级河长到校园开展"共筑家乡那湾绿水长廊"主题活动,培养"小河长",推动全社会形成爱河护河氛围。

30日,全省水稻机械有序抛秧现场会在伊通镇前范村召开。省农业农村厅一级巡视员张永林,伊通县委书记孙立阳及全省各县(市)农业农村部门、农机推广单位负责人及农民种植合作社、种粮大户代表等参加会议。伊通12家水稻种植合作社购买20台(套)有序抛秧机械设备。

## 7月

3日,伊通高速公路出口改建项目完工通车,进入试运营阶段。该项目于2022年6月开工建设,总投资3846万元,建设道路1.39千米。环岛一处,环岛半径0.07千米,占地面积6.2公顷,绿化面积2.47公顷。

3日至4日,伊通河源镇举办第四届"六月六·虫王节"非遗文化活动。

4日,中国共产党伊通满族自治县第八届委员会第六次全体会议召开。会议通过《中共伊通满族自治县委关于深入贯彻落实省第十二次党代会精神的实施意见》《县委八届六次全体会议决议》。

5日,由伊通县委、县政府主办吉林·伊通经济开发区产业发展招商推介会在长春举行。长春市、公主岭市等地企业家、专家学者、行业领军人物,有投资意向企业家及知名商协会、行业协会代表等受邀参加推介会。

13日,伊通举行2022年度公租房选房抽号仪式。提供公租房房源40套,现场抽取39套,随即办理入住手续。

21日,全国工商联法律部权益处处长秦宏伟等到伊通就工商联发展、基层法律服务工作和民营企业发展情况进行调研。县委统战部、县工商联等相关部门负责人参加活动。秦宏伟强调伊通工商联要加强和促进商会规范化建设,培育一批产业集群,帮助民营企业破解资金、技术、用工等方面存在的问题。

30日,吉南、辽北、蒙东六市名优特产品展销会在四平市金融街大厦拉开帷幕。伊通22家商家展出四大类别70余件农副产品。

## 8月

3日,伊通城市公共服务类招商推介会在长春举行。中铁、中交、中青等省内外知名企业家及对伊通有投资意向企业家受邀参加推介会。域内外企业家代表和与会嘉宾围绕伊通城市公共服务项目提出意见建议。

是日,吉林省政协民宗委主任程铭就少数民族传统技艺传承到伊通进行调研。调研组一行到马鞍山镇文化站、县满族博物馆,了解满族传统手工编织、手工剪纸传统技艺传承情况。

5日,长春工业大学与伊通合作共建新时代文明实践学院成立,成为吉林省首家校地共建的新时代文明实践学院,成立当日举行首场培训。

6日,伊通2022年第三届"伊鹿高鸽"消夏美食节(啤酒节)在县体育馆运动场开幕。活动期间,举办"满乡好声音"歌手大赛、"魅力舞者和谐伊通"广场舞大赛、"逐梦青春伊路有你"街舞大赛等文体活动,至8月末结束。

12日,伊通启动玉米绿色高质高效飞防作业,伊通飞防大队联盟19架植保无人机开展玉米大斑病、灰斑病飞防作业。

18日,伊通城区福安街(永宁东路至伊通河北岸)建成通车,全长333.71米。

是日,伊通城区福安大桥(福安街跨伊通河北岸)建成通车,全长172米。

23日,伊通"文明经济"志愿服务项目入选2022年度全国学雷锋志愿服务"四个100"先进典型名单。

26日,伊通八届人大常委会第六次会议在县政府召开。会议通过人事任免等事项。

## 9月

3日,四平市市长、市新冠疫情防控领导小组组长胡斌到伊通检查指导新冠疫情防控工作并召开调度会。会议要求聚焦重点、优化流程、以快制快,从严从紧从细从速落实各项新冠疫情防控措施。

是日,吉林省首个畜牧业发展促进中心在伊通永盛街道成立。畜牧业发展中心主要职责是:促进畜牧业绿色、高质量发展;抓好重大动物疫病防控,维护公共卫生安全;加强动物卫生监督,保障畜牧产品质量安全。

5日,伊通马鞍山镇(大樱桃生产)被国家评定为"一村一品"示范镇。

7日,伊通西苇河口至伊通县委党校段防洪薄弱环节治理工程开工建设,工程投入资金4912.92万元。

14日,伊通总工会开展"关爱职工·夏送清凉"活动,为在高温下工作的一线环卫工人和外卖员送去防暑物资。

15日,中国共产主义青年团伊通委员会联合大爱同行公益团队开展"圆梦大学"活动。资助贫困学生25人,分发助学金8万元。

22日,吉林省委副书记、省长

韩俊到伊通对秋收准备等工作调研。到马鞍山镇农村物流中心，了解农村物流等情况。韩俊强调整合“客运+货运”资源，依托当地汽车站和公交客运班线，完善县、乡、村三级物流节点网络，探索农批对接、直供直销等物流服务新模式，畅通农产品进城和工业品下乡双向流通渠道。调研中，察看“四好农村路”创建情况。

## 10月

10日，伊通新兴乡与中国农业科学院特产研究所签署战略合作协议。双方将在三元杂交肉用鹿项目建议、项目申请、项目进行、有关综合配套技术开发、新技术培训等方面开展合作，实现资源共享、优势互补、共同发展。

11日，伊通河重点段三期右岸河漫滩治理与水环境保护工程项目开工建设。项目投资1.49亿元，新建湿地面积38.55公顷。

21日，吉林省副省长刘凯、四平市市长胡斌到伊通政务服务中心调研。要求政务服务中心营造快捷、高效、规范、透明营商环境和政务服务体系。

## 11月

6日，伊通城区明珠大街（南起库仑大路北至赤赫路）建成通车，全长0.35千米。

8日，伊通城区乌苏大街北段（南起伊通河北至九开公路）建成通车，全长0.98千米。

10日，伊通城区宝捷大街（南起库仑大路北至人民大路）建成通车，全长0.79千米。

是日，伊通城区叶赫西路（东起乌苏大街西至满洲大街）建成通车，全长0.51千米。

11日，伊通举办高素质农民培训班。培训班分13期，培训426人，学习内容有黑土地保护、肉牛养殖技术、农机手培训等。

14日，伊通“两新”党委首建的独立“暖新驿站”正式揭牌，“暖新驿站”内设有饮水机、充电宝、微波炉、雨衣雨伞、应急药箱、书籍报刊等设备，免费供外卖员、快递员、环卫工人等群体休息使用。为县城内新业态新就业群体提供“一站式”便民服务。

23日，吉林省农业农村厅认定伊通满族自治县为2022年省级休闲农业示范县。

是日，伊通满族自治县被吉林省住房和城乡建设厅评为吉林省园林城市。

24日，伊通举办吉林省“国培计划（2022）”“一校对一校”帮扶项目（G2001）培训。

25日，中国共产党伊通满族自治县第八届委员会第九次全体会议召开。会议听取县委书记孙立阳作报告，审议通过《中共伊通满族自治县委关于全面贯彻党的二十大精神　加快推进伊通社会主义现代化建设的实施意见（草案）》。

是日，伊通在县政府综合楼召开学习贯彻党的二十大精神县委宣讲团动员会。县委宣讲团成员，各基层理论宣讲团部门负责人参加会议。会议要求，整体把握、全面吃透突出重点、抓住关键，将宣讲着力点放在“七个聚焦”上。

## 12月

5日，吉林省绿秀牧业开发有限公司引进中国农业大学张日俊教授团队研究的“菌酶协同发酵秸秆生物饲料技术”，改变传统饲喂习惯，加快秸秆利用方式变革。在全县4个乡镇、15个村屯推广实行自主生产加工配送饲料，取代外购饲料，节约成本20%。

9日，伊通供电中心和伊通供电公司合并，组建伊通国网供电公司。

15日，伊通农业技术推广总站获黑土地玉米秸秆全量直接还田地力提升技术集成与示范一等奖暨全国农牧渔业丰收奖。

28日，伊通河水利风景区被吉林省水利厅评为省级水利风景区。

28日至29日，伊通满族自治县第八届人民代表大会第二次会议在县委党校召开。县委副书记、县长叶永兴作《政府工作报告》。补选李刚为伊通满族自治县第八届人民代表大会常务委员会副主任，杨宇、张艳文、郑良、赵希睿为伊通满族自治县第八届人民代表大会常务委员会委员。

是日，政协伊通满族自治县第八届委员会第二次会议在县委党校召开。县政协主席张亚冰作《政协伊通满族自治县第八届委员会常务委员会工作报告》。县政协副主席马书贤作《政协伊通满族自治县第八届委员会常务委员会关于八届一次会议以来提案工作情况的报告》。会议审议通过县政协八届二次会议决议。选举产生政协伊通满族自治县第八届委员会副主席1名、常务委员5名。

30日，伊通众联牧业有限公司、伊通嘉悦生态农业科技开发有限公司、吉林省七星农业生产资料有限公司3家企业被吉林省农业农村厅评为省级农业产业化龙头企业。

是日，伊通骏丰粮食收储运输有限公司、伊通小君养殖场2家企业被四平市评为市级农业产业化龙头企业。

31日，伊通露美生态旅游乐园有限公司、伊通聚成现代农业发展专业合作社2家企业被吉林省农业农村厅评定为省级休闲农业和乡村旅游四星级示范企业。

（刘春茹　陈海波　姜宏英）

# 县情概览

## 建置区划

**【位置面积】** 伊通满族自治县位于吉林省中部，北纬43°3′—43°38′，东经124°49′—125°46′，伊通河上游，省会长春市南。东与长春市双阳区、东南与磐石市接壤，南接东丰、东辽二县，西南与梨树县为邻，西北与公主岭市接界，北与长春市郊区毗连。东西长76.5千米，南北宽66千米，面积2527.13平方千米，约占四平地区面积1.41万平方千米的17.9%；约占吉林省总面积18.74万平方千米的1.35%。

**【建置沿革】** 伊通，古称一秃、伊敦、伊屯，系满语音译，源于伊通河名，意为宏大、汹涌之河。

伊通为古肃慎国之一部；西汉，伊通属辽东郡。晋代，伊通属挹娄；南北朝时属勿吉白山部；隋属高句丽。唐灭高句丽，设渤海国，分五京十五府六十二州，伊通属中京显德府荣州。辽灭渤海国建东丹国，伊通属人皇王辉发部。明初，废元行省制，于东北设奴儿干都司，伊通分属奴儿干都司之塔山卫、勒克山卫、呼兰山卫、乌尔坚山卫、伊敦河卫、雅哈河卫、乌苏卫、穆苏河卫、呼鲁河卫等。明末，海西女真崛起，形成叶赫、哈达、辉发、乌拉四部，伊通大部属叶赫部，东南一隅属辉发部。后金天命四年（1619年）灭叶赫，伊通全境尽归建州女真所属。顺治十年（1653年），设宁古塔昂邦章京，分辖今吉林省等地区。康熙元年（1662年），改称宁古塔将军。康熙二十年（1681年），修筑京师至吉林驿道，伊通地当盛京至吉林之中，设蒙古霍罗、叶赫、赫尔苏、阿勒坦额墨勒、伊巴丹5处驿站。雍正六年（1728年），伊通设镶黄、正黄二旗公署，隶属永吉厅。嘉庆十九年（1814年），设伊通河分防巡检，隶属吉林厅。光绪八年（1882年），建伊通州，属吉林府。同时建磨盘山分防巡检，隶属伊通州。光绪十三年（1887年），撤磨盘山分防巡检，改设分州，隶属伊通州。光绪二十八年（1902年），磨盘山分州从伊通州划出，设磐石县，隶属伊通州。光绪二十九年（1903年），设赫尔苏分州，隶属伊通州。宣统元年（1909年），伊通州升为直隶州。

民国2年（1913年）3月，撤州建县，称伊通县，隶属长春道，设县公署，置县知事。民国18年（1929年）2月，县公署改称县政府，县知事改称县长。民国20年（1931年）"九一八"事变后，日本侵略者占领东北，伊通县沦陷。民国34年（1945年）"八一五"东北光复，中国共产党收复伊通，建立通阳县民主联合政府。民国35年（1946年）3月15日，撤销通阳县，恢复伊通县和双阳县。民国36年（1947年）10月1日，伊通县解放，县政府迁回伊通县城，隶属吉林省。1956年11月，伊通县为公主岭专员公署所辖。1958年，为四平专员公署所辖。1983年8月，为四平市所辖。1985年2月，为公主岭市所辖，同年12月复归四平市所辖。

1988年8月30日，经国务院批准，撤销伊通县，设立伊通满族自治县，隶属四平市。

**【行政区划】** 2022年，伊通满族自治县辖12个镇、3个乡、2个街道办事处，10个城市社区，10个居民委员会。187个行政村，187个村民委员会。41个居民小组，1557个村民小组，1189个自然屯。

（孟立业）

表1　　2022年伊通满族自治县行政区划一览表

| 乡镇（街） | 政府驻地 | 村委数量（个） | 村（居）民委员会名称（驻地、自然屯） |
|---|---|---|---|
| 伊通镇 | 伊通镇 | 23 | 五四6、星光3、建国6、前桥5、长安7、永新5、新德4、关家4、北岭8、兴隆4、二道5、前范5、后范4、任家5、西宋5、跃进3、小营城子5、利民7、东新9、头道3、新立7、新四3、东尖9 |

续表1

| 乡镇(街) | 政府驻地 | 村委数量(个) | 村(居)民委员会名称(驻地、自然屯) |
| --- | --- | --- | --- |
| 营城子镇 | 营城街 | 14 | 营城子村(东城山)4、红塔(河夹信子)5、杂木(团山子)6、四间(四间房)10、小桥子(车家店)6、平安(石头顶子)7、太平(兴隆泉)7、横河(杜家屯)8、新家(新家六队)8、新宏(后新屯)6、向前(青咀子)4、打草(二道岭子)5、后柳(后柳大屯)5、砂古(砂古屯)3 |
| 二道镇 | 宏明村 | 10 | 宏明(大唐屯)3、黑顶子(黑顶屯)5、石场(三合屯)9、福安(洼坑屯)4、万德(万德屯)7、石门(马家店屯)4、二道5、中心(中心屯)3、后山(后山屯)3、黄家(黄家屯)5 |
| 西苇镇 | 六马架 | 8 | 西苇(六马架)8、红光(民主)10、腰苇(腰苇)7、长泡子(刘家大院)7、蛤蚂塘(蛤蚂塘)10、孤山河(狼洞沟)9、碱场村(八家屯)7、椽子沟8 |
| 景台镇 | 景家台 | 17 | 赵家(赵家屯)6、锦山(人门洞)8、五台子(五台子街)3、倡盛(西河北)6、秀山(河家屯)5、富山(后二道蛤塘)6、大榆树(大榆树屯)6、范家(后魏家屯)11、石灰(石灰窑子)9、景台(景家台)5、东方红(双庙子)11、房身村(房身沟)3、永久(大成号)7、核桃背(孙家台)9、立新(于家沟)5、绿化(毯子房)10、姚家(姚家屯)4 |
| 河源镇 | 河源街 | 12 | 大湾(本屯)3、板石(街里)7、榆树(大草皮沟)3、大酱(本屯)5、吉祥(龙王岗)6、保南(本屯)11、联合(黄粉房)7、地局子(本屯)7、德胜(本屯)5、流沙(本屯)4、大桥(本屯)5、红星(次芽顶子)3 |
| 伊丹镇 | 伊丹村 | 12 | 伊丹10、大岭5、马场5、东升5、毯子10、新民6、车家6、西岭8、曹家6、六家5、心合8、火红6 |
| 小孤山镇 | 小孤山街 | 13 | 张家岗子9、宏大(邱家屯)8、唐家(东小街)6、新华(张环屯)7、二龙(沟瓦房)8、山河(冯家屯)7、先锋(上头道沟)6、拉腰子7、西大有(后高家屯)8、东大有(围子屯)6、路家(陆家烧锅)13、街东8、街西11 |
| 大孤山镇 | 大孤山街 | 17 | 大孤山(八家子)6、大榆树6、杏木8、大桥6、升礼6、河南7、柴家5、欢欣岭6、聂家11、杨树5、何家4、山西8、新建5、万福德7、孟家6、陈家4、刘家5 |
| 马鞍山镇 | 马鞍山街 | 13 | 东风(新立屯)5、北岗子5、马鞍山(东程屯)7、前进4、新发(吴家油坊)4、街里6、幸福(后学坊)4、铁炉7、岗阳4、富强9、新风村5、新农村4、友联(东高家)5 |
| 靠山镇 | 靠山村 | 9 | 护山(张屯)6、姜家(姜家烧锅)8、下沟4、庄家7、周户6、河沿8、九龙8、太平11、靠山14 |
| 莫里青乡 | 刘家屯 | 7 | 刘家(刘家)5、老虎沟村(丁家沟)7、施家(司家油房)3、劳动(两姓屯)6、莫里(杨木屯)6、兴宏(新立屯)4、八家子(天增号屯)7 |
| 三道乡 | 三道村 | 11 | 西李(西李九队)7、东李(东李屯)4、城子(城子屯)6、曹家(老冯家屯)7、胜利(马家屯)5、七一(贾家岗子)5、瓦盆(王家屯)6、后瓦(段家屯)5、太安(陈家屯)3、三道(二道岗子)9、前瓦(前瓦房沟)11 |
| 新兴乡 | 新兴街 | 8 | 新兴(新兴街道)8、远大(丛家屯)6、永胜(腰徐家屯)5、前城子(前程屯)7、朝阳(前烧锅)5、灯塔(吴家屯)3、闫家(西阎屯)7、巩固(前甘屯)11 |
| 黄岭子镇 | 孙大院 | 7 | 黄岭子(孙家大院)11、迎风(毛家屯)10、和平(后刘屯)13、保家7、杨家8、蟒丈(范家窝堡)8、烧锅7 |
| 永宁街道 | 中华路 | 3 | 庆阳社区、永宁社区、永青社区、康泰社区、福康社区、福庆社区、邵家4、永青6、河北5 |
| 永盛街道 | 宝捷大街 | 3 | 福宁社区、正阳社区、福安社区、庆德社区、庆德18、沈家7、东宋3 |
| 合计 | | 187 | 12个镇、3个乡、2个街道、10个城市社区、1个国有农场改革社区、187个村、1189个自然屯。 |

(伊通满族自治县民政局)

# 自然环境

【地质】 伊通满族自治县属柴达木—华北板块，华北陆块北部陆缘造山带，哈兰达岭—英额岭新元古代—古生代叠覆造山亚带。位于放牛沟残留早古生代弧盆系，下二台—江域残留早古生代增生楔北及西保安—青龙村新元古代残留构造岩片之上。

古生界奥陶系分布在景家台东南陈家屯—双庙子、大黑山南陡山头子—陈家沟和五台子街东南尹家沟—放牛沟铁矿、二道沟、新家一带；中生界在赵家屯附近有少量分布，厚度大于609.7米。新生界南西—北东向分布在莫里青乡后铁炉屯。第四系下更新统大孤山组(Q1d)分布在大孤山镇，厚度在30米左右。全新统(Q4)分布在伊通河河漫滩及阶地上，上部为灰黄色、灰褐色亚黏土、砂土，厚3米至12米；下部为黄褐色砂砾石层，厚2米至10米。

华夏式构造呈狭长槽地沿北东方向斜贯伊通县西北。依兰—伊通拗褶西枝断裂。依兰—伊通拗褶带东枝断裂。

营城子—安石冲断带。该带走向西南，由大体等距离(6千米至8千米)出现5条冲断层或糜棱岩化带及断层之间地质体组成。

【地形】 伊通满族自治县地处长白山西部边缘地带。东南部和西北部分属吉林哈达岭余脉和大黑山脉，多为连绵起伏低山丘陵，占全县总面积60.8%。境内最高点为河源镇青顶子山，海拔611米。中部、西部为伊通河与东辽河冲积平原和侵蚀台地，地势大致由南向北倾斜，境内按成因和形态可分构造剥蚀低山、剥蚀丘陵、波状台地、山前倾斜台地、河谷平原、火山地貌6种类型。

西北部大黑山区　包括景台、黄岭子2个乡(镇)全部和马鞍山、莫里青、靠山3个乡(镇)北半部，占全县总面积24.5%。为剥蚀丘陵，山体起伏较小，较为平缓，为二级夷平面，山顶呈圆状，山间谷地较发育，有大小不等的河谷平原。

东南部吉林哈达岭山区　包括西苇、营城子、河源、二道4个镇全部，伊丹镇东部，伊通镇南半部，大孤山镇南部边缘，占全县总面积36.3%。地势由东南向西北倾斜。大部为剥蚀丘陵，山体起伏较小，多为二级夷平面，山顶呈浑圆状，山坡平缓，山谷相间分布。

中部伊舒地堑平原区　在南北两侧山地之间，是一片斜贯西南—东北，长50余千米，宽10千米至20千米平原，面积约占全县38.1%，是伊舒地堑平原一部分，称伊通地堑平原。伊通地堑平原构造比较复杂，大致分为波状台地、河谷平原和火山地貌。

剥蚀低山分布在北部大黑山、东部碾子山和东南部青顶山一带，面积41平方千米。海拔高度500米至611米，相对高差221米至313米。多陡坡峻岭。

剥蚀丘陵分布在南北两侧山区。风化厚度1米至30米，海拔高度275米至500米，相对高差50米至150米。山体起伏较小，大部分丘陵较平缓，山顶呈浑圆状，山间谷地较发育。

波状台地分布在地堑平原中，台地面呈波状起伏，坡度甚小。在西南部小孤山镇、三道乡一带台地后缘冲沟较发育，并出现一些陡坎。台地海拔高度223米至270米，相对高差10米至20米。

山前倾斜台地属剥蚀堆积地形，分布在山间沟谷坡角地带和较大河谷上游部分地段，其后部与丘陵相接。海拔高度280米至340米，相对高差10米至20米。河谷平原分布在伊通河、孤山河、伊丹河等河流河谷中，包括一级阶地和二级阶地全部面积。一级阶地沿河床两侧分布，标高219米至229米，低于二级阶地0.5米至1米。县城坐落在一级阶地上。

【山脉】 伊通满族自治县为半山区，有大黑山脉、吉林哈达岭山脉和火山群。

大黑山脉　为长白山最西一道山脉，东北—西南走向。海拔300米以上山峰9座，主峰大黑山，海拔583米，为县境西北部最高峰。

吉林哈达岭山脉　地势由东南向西北倾斜，山脉支脉多呈南北走向。海拔400米以上山峰25座，主峰青顶子山，海拔611米，为全县最高峰，位于河源镇南部，伊通与磐石两县交界处，山体倾角13度至30度，相对高差221米至313米，切割较深，沟谷发育，多陡坡峻岭。

【火山群】 在县境中西部地堑平原上，伊通至舒兰断裂带南端，散布16座火山，组成伊通火山群，呈两列分布，西南—东北走向。北列有横头山、横小山、马鞍山、莫里青山、馒头山、北尖山、南尖山、北蔡山、南蔡山和万宝山10座火山；南列有东尖山、西尖山、团山子、东小山、大孤山和小孤山6座火山。海拔高度225米至430米，相对高差15米至150米不等。分布方向与断裂方向一致，即东北—西南走向。经地质学家考察，伊通火山群各火山锥体，主要是由地下喷溢和倾出岩浆冷却堆积形成。形成时间为地质年代第三纪中新世，距今有数百万年至二三千万年之久。喷出地面熔岩分布多局限火山通道附近几十米至几百米之内，没有大面积火山碎屑或熔岩，火山机制主要为火山穹丘。多数火山锥体柱状节理发育好，形态独特，形成复杂扇状或伞状组合。各火山没有明显火山口，山体呈圆锥形。火山岩石组成以碱性橄榄玄武岩为主。

在伊通火山群中，东尖山、西尖山、马鞍山、小孤山、莫里青山、大孤山、北尖山7座火山分布似北斗七星（大熊星座）形状，得名“七星山”，故有“七星宝地”“七星落地”之称。大孤山为七星山之首，满语名阿勒坦额墨勒（意为金色的马鞍子），海拔高度413米，距今870万年。早期是岩浆喷溢形成火山基座，后期岩浆浸出形成穹丘主体，柱状节理发育千姿百态，粗细各异玄武岩柱构成独特火山地质景观。其山有4峰，姿态各异。东北峰玄武岩柱体横截面多呈四边形，直径多在10厘米至30厘米之间，直立产出，参差不齐，形态似塔，构成奇特“塔林”，称“塔林峰”。中有“石炮”“石炕”等天然景观；东南峰浑圆，极似一只大龟，称为“龟峰”。巨龟伸头探东，故称“金龟望日”；西北峰状如巨象，称为“象峰”；西南峰峰顶开阔，可容千人伫立。过去曾建有道教庙宇青云观，故称“青云峰”。西尖山构造奇特，满语名西勒富善岗，位于县城西北4千米处。山体呈圆锥形，平地拔起。岩石为粗玄岩和碱性橄榄玄武岩2种。柱状节理非常发育，柱体截面多呈五边形或六边形。直立产出，根根石柱从上到下，火山整体呈“伞骨”“大厦”式，造型雄伟壮观，可与美国怀俄明州“魔鬼之塔”相媲美。

**【河流】** 伊通满族自治县境内有大小河流128条，分属松花江和辽河两大水系，跨东辽河、饮马河、辉发河3个流域。东辽河流域有孤山河、杨树河、东李河等12条河流及直接流入二龙山水库小支流等；饮马河流域有伊通河及其支流伊丹河、干沟子河等24条主要河流及其他小支流等。此外还包括东南部饮马河支流黄泥河等；辉发河流域有大沙河，流经河源镇黑石村一带。

伊通河　松花江水系饮马河左侧一级支流，从南至北纵贯伊通中部。伊通河发源于伊通满族自治县河源镇青顶子山北麓。出源后流经营城子镇、伊通镇、马鞍山镇，在马鞍山镇幸福村出境进入长春市郊区注入新立城水库。伊通河在伊通境内河长80.4千米，流域面积1596平方千米（含饮马河流域面积15平方千米），河道平均坡降3‰。

新凯河　伊通河中游左侧最大支流，发源于景台镇大黑山北麓青山村小放牛沟。出源后向北流，过景台镇后流入公主岭市响水镇。在响水镇纳右侧支流响水河、左侧支流平洋河，在范家屯镇东盛家村纳右侧支流杨柳河，穿过京哈铁路后，在南河沿屯至翟家窝堡河段为四平与长春两市界河。新凯河在伊通满族自治县境内河长9千米，流域面积90平方千米，河道平均坡降0.5‰。

伊丹河　伊通河右侧较大支流，发源于伊通满族自治县河源镇流沙村夹槽子屯南。出源后流向西北，于大桥村东纳支流四间房河，在二道镇袁家屯注入石门水库（中型）。四间房河口到袁家屯间河段，为伊通满族自治县与长春市双阳区界河。流经二道镇纳左侧支流二道河、柳树河。在伊丹镇西岭村电道屯建有伊丹拦河闸，拦蓄调节区间径流，为石门灌区补充水源。过闸后于霍家店屯出境进入长春市郊区。后三姓屯至霍家屯河段为伊通满族自治县与长春市界河。伊丹河在伊通满族自治县境内河长52.2千米，流域面积403.5平方千米。

干沟子河　伊通河左侧支流，发源于伊通满族自治县大孤山镇上沟屯。出源后北流，于联家店屯北注入三联水库（中型）。出库后转向东北流，在马鞍山镇境内先后纳左侧支流杨木河、司家河和陈刘屯河，于前进村石头哨屯注入伊通河。干沟子河在伊通满族自治县境内河长39.7千米，流域面积403.1平方千米。

孤山河　又名北大河，是东辽河上游右侧较大支流。发源于伊通满族自治县西苇镇刘家大院东南。出源后流向西北，自西苇镇宏伟村至大孤山镇交界处，为伊通满族自治县与东辽县界河。流经靠山镇宏胜村小孤家子东纳左侧支流杨树河，在靠山镇河沿村转向南流，至周户村西注入二龙山水库。孤山河长55.2千米，流域面积531平方千米，河道平均坡降1.4‰。孤山河支流杨树河上建有欢欣岭水库（中型）。

（陈月阳　王小红）

**【降雨】** 2022年6月至8月降水特多。总降水量763.8毫米，比历年同期多343.8毫米，居历史同期多雨首位。6月3日至7日出现大雨、局部暴雨天气过程。全县平均降水量57.6毫米，最大降水出现在靠山镇104.3毫米。6月22日至23日出现暴雨天气过程，全县平均降水量57.2毫米，最大降水出现在三道乡76.1毫米。6月27日至28日出现大雨、局地暴雨天气过程，全县平均降水量38.4毫米，最大降水出现在莫里青乡66.7毫米。7月1日至2日出现大雨、局部暴雨天气过程。全县平均降水量37.2毫米，最大降水出现在二道镇94.5毫米。7月6日至7日出现大暴雨天气过程，全县平均降水量102.6毫米，最大降水出现在伊丹镇140毫米。7月13日至14日出现暴雨、局部大暴雨天气过程。全县平均降水量91.5毫米，最大降水出现在靠山镇151.7毫米。8月7日至8日出现大雨、局地暴雨天气过程，全县平均降水量37.5毫米，最大降水量出现在大孤山镇新建村73.9毫米。

【汛期水情】 2022年7月13日，伊通河最大流量838立方米/秒；1月18日，最小流量0.52立方米/秒。7月13日，最高水位239.34米；6月18日，最低水位236.17米。7月13日，最大含沙量26.1千克/立方米；3月11日，最小含沙量0.15千克/立方米。7月7日，孤山河最大流量617立方米/秒；6月3日，最小流量0.4立方米/秒。7月7日，最高水位225.92米；6月3日，最低水位222.35米。7月28日，最大含沙量27.5千克/立方米；6月4日，最小含沙量0.27千克/立方米。

（张　晶　王小红）

表2　2022年伊通满族自治县气温情况一览表

| 月份 | 1月 | 2月 | 3月 | 4月 | 5月 | 6月 | 7月 | 8月 | 9月 | 10月 | 11月 | 12月 | 年 |
|---|---|---|---|---|---|---|---|---|---|---|---|---|---|
| 各月、年平均气温(℃) | -14.2 | -10.6 | -0.4 | 10.4 | 15.8 | 20.2 | 23.7 | 20.9 | 17.0 | 7.2 | -0.6 | -13.3 | 6.3 |
| 历年平均值(℃) | -15.5 | -10.1 | -1.5 | 8.3 | 15.6 | 20.8 | 23.3 | 21.7 | 15.5 | 7.3 | -3.1 | -12.2 | 5.8 |

表3　2022年伊通满族自治县降水量情况一览表

| 月份 | 1月 | 2月 | 3月 | 4月 | 5月 | 6月 | 7月 | 8月 | 9月 | 10月 | 11月 | 12月 | 年 |
|---|---|---|---|---|---|---|---|---|---|---|---|---|---|
| 各月、年降水量(mm) | 1.0 | 1.2 | 30.9 | 16.0 | 44.4 | 246.3 | 377.5 | 140.0 | 42.3 | 43.5 | 45.4 | 7.9 | 996.4 |
| 历年平均值(mm) | 5.4 | 6.8 | 13.5 | 26.6 | 58.1 | 97.0 | 160.2 | 162.9 | 56.8 | 28.6 | 17.9 | 7.8 | 641.6 |

表4　2022年伊通满族自治县日照情况一览表

| 月份 | 1月 | 2月 | 3月 | 4月 | 5月 | 6月 | 7月 | 8月 | 9月 | 10月 | 11月 | 12月 | 年 |
|---|---|---|---|---|---|---|---|---|---|---|---|---|---|
| 各月、年日照时数(h) | 186.8 | 188.2 | 199.4 | 252.6 | 232.9 | 148.9 | 152.2 | 216.9 | 236.7 | 191.6 | 158.0 | 183.7 | 2347.9 |
| 历年平均值(h) | 192.9 | 205.5 | 238.9 | 237.1 | 260.0 | 244.9 | 232.1 | 229.5 | 240.2 | 214.8 | 175.3 | 172.6 | 2643.8 |

表5　2022年伊通满族自治县大风日数情况一览表

| 月份 | 1月 | 2月 | 3月 | 4月 | 5月 | 6月 | 7月 | 8月 | 9月 | 10月 | 11月 | 12月 | 年 |
|---|---|---|---|---|---|---|---|---|---|---|---|---|---|
| 各月、年大风日数(d) | 0 | 0 | 2 | 5 | 3 | 0 | 1 | 0 | 0 | 0 | 0 | 0 | 11 |
| 历年平均值(d) | 0.2 | 0.1 | 1.1 | 2.4 | 1.9 | 0.5 | 0.3 | 0.1 | 0.1 | 0.5 | 0.3 | 0.1 | 7.6 |

（伊通满族自治县气象局）

【土壤植被】 土壤　伊通土壤类型分为黑土、新积土、白浆土、草甸土、暗棕壤、棕壤、石质土、泥炭土、水稻土9个土类、16个亚类、22个土属、60个土种。黑土、新积土和白浆土面积最大。全县土壤呈规律性变化，南部、东南部低山丘陵区(包括西苇镇、营城子镇、河源镇、二道乡等乡镇)海拔多在400米至500米，以白浆土、暗棕壤为主，夹杂有草甸土、水稻土、新积土等，该区域内土层较厚，坡度较缓，水土流失很轻的地块可以发展种植业。中部呈西南东北走向的波状起伏台地(包括小孤山镇、三道乡、靠山镇、大孤山镇、马鞍山镇南部、伊通镇、伊丹镇的大部、新兴乡等乡镇)，平均海拔300米，以黑土、草甸土、白浆土为主，该区土质较肥沃，是全县粮食高产区。北部低山丘陵(包括黄岭子镇、莫里青乡、景台镇等乡镇)，海拔400米至500米，以黑土、冲积土、暗棕壤、棕壤为主，该区气温较高，降水偏少，是作物高产的障碍因素，应加强农业抗旱措施应用。

植被　伊通森林植被为温带针阔叶混交林区域,森林覆盖率25.02%。阔叶林、针叶林、混交林地,互相掺杂,全县均有分布。其中阔叶林面积约占林业用地59.6%、针叶林面积约占林业用地30.26%、针阔混交林面积约占林业用地3.3%、灌木林面积约占林业用地3%。果树林块状或散生分布于低丘和城镇附近,其中景台镇、莫里青乡、二道镇、新家乡等乡镇有一些分布;农田防护林分布于中部平原地带的村镇周围。

(张　弘)

## 自然资源

【土地资源】　伊通满族自治县辖区土地面积25.27万公顷。其中,湿地面积0.08万公顷,占总面积0.32%;耕地面积15.29万公顷,占总面积60.51%;种植园地面积0.13万公顷,占总面积0.52%;林地面积6.58万公顷,占总面积26%;草地面积0.07万公顷,占总面积0.28%;城镇村及工矿用地面积1.59万公顷,占总面积6.3%;交通运输用地面积0.18万公顷,占总面积0.72%;水域及水利设施用地面积1.06万公顷,占总面积4.2%;其他土地面积0.29万公顷,占总面积1.15%。

【矿产资源】　全县发现各类矿产34种,其中查明资源储量矿种26种。在已查明资源储量矿产中能源矿产3种、金属矿产9种、非金属矿产12种、水气矿产2种。其基本特征是:矿产种类比较齐全,既有能源矿产,又有金属矿产,非金属矿产;矿产资源分布相对集中;金属矿产多为低品位、共伴生矿产,矿石质量优劣不一;非金属矿产如硅灰石、膨润土等质量较好。综合考虑各矿种已查明资源储量和潜力、开发条件、市场前景等因素,铁矿、普通建筑石材属优势矿产。石油、天然气、煤、地热、油页岩资源潜力较大,开发利用前景广阔,属于潜在优势矿产。

【地热资源】　至年末,全县适宜地热资源勘查开发利用面积642平方千米,分为7个亚区:小孤山地热亚区、大孤山地热亚区、马鞍山地热亚区、腰小桥子地热亚区、榆树林地热亚区、马家屯地热亚区、伊丹地热亚区。247平方千米探矿权获审批。温泉水温在50.0摄氏度至65.5摄氏度,勘探区控制可开采总量为每年2.15×107立方米,单井涌水量每天370立方米左右,属弱碱性碳酸氢钠泉。伊通县地热水多为矿化度为500毫克/升至700毫克/升的重碳酸、硫酸钠型水,其中氯、偏硅酸含量较高,达到医疗热矿水等级,适宜被广泛用于温泉洗浴和温泉游泳。

(谢福贵)

【水资源】　依据第三次全国水资源评价吉林省评价成果,伊通满族自治县多年平均水资源总量3.67亿立方米。其中,地表水2.56亿立方米、地下水1.62亿立方米、重复量0.51亿立方米。全县多年人均占有水资源量756.26立方米/人,比全省1480立方米少723.74立方米,仅是全省人均51%,为全国人均34%;每公顷耕地平均占有水资源量2910立方米,是全省29%、全国10.9%。境内有大小河流128条。县内流域面积20平方千米至99平方千米河流21条、流域面积100平方千米至199平方千米河流2条、流域面积200平方千米至499平方千米河流2条、流域面积500平方千米至999平方千米河流1条、流域面积1000平方千米至4999平方千米河流1条。全县有中型水库(库容在千万立方米以上,1亿立方米以下)4座。

寿山水库坐落在伊通河上游,营城子镇寿山屯,距辽伊公路1.5千米,以防洪、灌溉为主,结合养鱼调节的中型水库。设计防洪库容229万立方米,设计灌溉面积800公顷。

欢欣岭水库位于大孤山镇欢欣岭村何家屯,东辽河三级支流杨树河上游。设计防洪库容387万立方米,设计灌溉面积1067公顷。

三联水库位于干沟子河中游,设计防洪库容833万立方米,设计灌溉面积800公顷。

石门子水库位于伊丹河上游,设计防洪库容821万立方米,设计灌溉面积782公顷。

全县有小(1)型水库8座,防洪面积2240公顷,设计灌溉面积973公顷。

全县有小(2)型水库20座,设计灌溉面积973公顷。

全县有塘坝144座,主要分布为南部山区88座,北部山区23座,中西部地区4座,设计灌溉面积1170公顷。

(王　宇)

【林地资源】　全县林地面积6.52万公顷。其中,有林地面积6.03万公顷、疏林地面积47.09公顷、灌木林地面积2006.38公顷、未成林造林地面积65.64公顷、无立木林地面积870.69公顷、宜林地面积1139.78公顷、林业其他用地面积736.07公顷。按所有制划分,国有林地面积4.08万公顷,包括有林地面积3.91万公顷,疏林地面积30.93公顷,灌木林地面积426.17公顷,未成林造林地面积19.21公顷,无立木林地面积466.18公顷,宜林地面积37.56公顷,辅助生产林地面积637.36公顷;集体林地面积2.44万公顷,包括有林地面积2.12万公顷,疏林地面积16.16公顷,灌木林地面积1580.21公顷,未成林造林地面积46.43公顷,无立木林地面积404.51公顷,宜林地面积1102.22公顷，辅助生产林地面积98.71公顷。

【林木资源】 伊通满族自治县乔木主要有柞、山杨、椴、山榆、曲柳、山槐、桦等；灌木有榛、胡枝子、山玫瑰等。针叶树以落叶松最多。柞树为全县分布面积最广、蓄积量最多树种。椴树和胡枝子是蜜源植物，山区多有分布，是养蜂业必不可缺资源。胡枝子是良好的编组原料，适宜发展多种经营。活立木总蓄积量529.6万立方米。其中，有林地蓄积量518.6万立方米、疏林地蓄积量409立方米、散生木蓄积量695立方米、四旁树蓄积量10.9万立方米。

按起源分，人工林面积3.17万公顷，蓄积量167.1万立方米。天然林面积3.55万公顷，蓄积量351.5万立方米。

按林种分，防护林面积5.75万公顷，蓄积量468万立方米。其中，水源涵养林面积3.98万公顷，蓄积量376.7万立方米；水土保持林面积1.69万公顷，蓄积量86.5万立方米。农田防护林面积811.8公顷，蓄积量4.5万立方米；护路林面积24.91公顷，蓄积量288立方米。特种用途林面积17.1公顷，蓄积量958立方米。其中，环境保护林面积3.77公顷，蓄积量415立方米；名胜古迹林面积2.87公顷，蓄积量379立方米；风景林面积10.46公顷，蓄积量164立方米。用材林面积9700.59公顷，蓄积量50.3万立方米。

按龄组分，幼龄林面积2.03万公顷，蓄积量13.8万立方米。中龄林面积2.03万公顷，蓄积量176.4万立方米。近熟林面积1.93万公顷，蓄积量227.7万立方米。成熟林面积7037.38公顷，蓄积量92.7万立方米。过熟林面积283.48公顷，蓄积量8.1万立方米。

【野生动物资源】 伊通地处长白山脉向松辽平原过渡的丘陵地带。东南部和西北部分属吉林哈达岭余脉和大黑山脉，多为连绵起伏的低山丘陵，野生动物丰富。鱼类有鲤鱼、鲫鱼、鲢鱼、鳙鱼、草鱼、鲇鱼、青鱼、泥鳅鱼等。兽类有狼、狐狸、狍子、貉、灰鼠、松鼠、香鼠、鼬、刺猬、野兔等；禽类主要有环颈雉、沙斑鸡、鹌鹑、大山雀、苏雀（白腰朱顶雀）、麻雀、铁雀（铁爪鹀）、斑鸠、啄木鸟、布谷鸟、喜鹊、乌鸦、燕子、野鸭等。

【野生植物资源】 野生药用植物有细辛、五味子、黄芪、五加皮、狼毒、冰凌花等178种，多分布在东南部山区，次为西北部山区。

野菜 有寒葱、蕨菜、山芹菜、苋菜、荠菜、车前、蒲公英、小根蒜、苦菜、黄花菜、柳蒿芽、猫爪菜、山菠菜、灰菜等，味道鲜美，营养丰富，含有多种矿物质和维生素，有些野菜又兼药用。山区盛产多种食用菌，主要有白蘑、榛蘑、松蘑、油蘑、杨树蘑、木耳、地瓜皮等。其中，白蘑最佳，榛蘑是特产之一，产量多，质量好。

（张　弘）

## 人口 民族 宗教

【人口】 伊通历史悠久，据县境内考古发现的82处古遗址、21处古墓葬、8座古城遗址和遗物证明，伊通县在周秦时期已有人居住。至辽金时期，境内有数十处屯寨。康熙二十年（1681年），京师至吉林驿路修筑后，关内汉民陆续徙人，人口渐增。光绪七年（1881年），清围场开禁，招民垦荒，伊通人丁日旺。光绪十九年（1893年）伊通州居民3.17万户、人口14.59万人。1893年至1949年9月30日，因温饱不及，疫病流行，人口出生率32.4‰、死亡率20.6‰。1949年10月1日后，人口平均寿命不断延长，死亡率逐渐下降。2010年伊通户籍人口47.52万人。2022年，全县户籍人口15.83万户、43.07万人。其中，城镇人口10.40万人，占总人口24.15%；乡村人口32.67万人，占总人口75.85%。男性21.97万人，占总人口51.01%；女性21.1万人，占总人口48.99%。男女性别比为104（女为100），人口密度每平方千米170人。出生人口1503人，人口出生率3.49‰；死亡人口1398人，人口死亡率3.25‰；人口自然增长率0.24‰。

【民族】 伊通历来为多民族聚居县

青顶山的冰凌花　（隋国民 摄于2022年3月26日）

份。关内汉族人迁入伊通是在顺治、康熙、雍正、乾隆各朝，为直、鲁、豫、晋各省汉民。光绪七年（1881年）清廷废封禁，大批汉人从关内各地到本地拓荒垦殖。宣统二年（1910年）伊通州人口30.79万人，其中汉族人口23.22万人。民国以至中华人民共和国建立后，仍有许多汉族人从关内各省及辽宁各地迁入本县。满族是伊通少数民族中人口最多的民族。金大定十七年（1177年），咸平府路1600余户的锡馨、珊沁河女真移居于此，号“伊勒敦部”，因其迁入较早亦成为伊通土著之满族。明时，海西女真分为扈伦四部，境内除东南部属辉发部外，其余广大地区均属叶赫部。境内之叶赫女真人，当为土著满族之重要组成部分。土著满族多为关、苏、祝等姓，散居于县内各地。2000年，伊通有汉族、满族、回族、朝鲜族、蒙古族、锡伯族、壮族、瑶族、苗族、土家族、高山族、门巴族、白族和彝族14个民族。2022年，伊通有汉族、满族、回族、朝鲜族、蒙古族、锡伯族、壮族、瑶族、苗族、土家族、黎族、高山族等26个民族。少数民族人口16.89万人，占总人口39.22%。其中，满族16.08万人、占总人口37.33%，回族5491人、占总人口1.28%，朝鲜族1655人、占总人口0.38%，蒙古族690人、占总人口0.16%。境内汉族、满族分布于全县各乡镇。满族与其他民族杂居共处。在17个乡镇（街道）中，满族占乡镇总人口50%以上的有西苇镇、营城子镇、二道镇。回族在全县总人口中居第三位，分布集中三道乡城子村，居民均为回族，被称为回族村。朝鲜族主要聚居在伊通镇星光村、大孤山镇万福德村、营城子镇向前村常家屯等地。蒙古族在全县17个乡镇（街道）均有分布，其中二道镇、河源镇、小孤山镇等人数较多。锡伯族分布在三道乡、景台镇、河源镇和黄岭子镇。其他少数民族多为中华人民共和国成立后从南方随家属、亲友迁到伊通落户。

【宗教】 佛教传入伊通无考。清康熙年间，始有寺院修建，至咸丰时，全境有寺院17处（其中尼庵3处），境内道教分全真、正一两派。清末境内有道观72处。中华人民共和国成立前，境内有清真寺5处。基督教为英国人文安德牧师到伊通州传教，于州城设教堂1处。2022年，伊通宗教有佛教、道教、伊斯兰教、基督教4种，宗教活动场所87处。教职人员72人。其中，佛教比丘16人、比丘尼11人；道教2人；伊斯兰教4人；基督教39人（长老5人、牧师7人、安息日2人、主日5人）。基督教活动点74处，其中，主日50处、安息日24处。佛教寺院6个（永宁街道报国普乐寺、伊通镇保雍寺、永盛街道太阳寺、二道镇甘露寺、大孤山镇青云寺、伊丹镇宝德寺），佛堂2个（靠山镇般若佛堂、莫里青乡安顺佛堂）；道教1处（伊通满族自治县修真观）；伊斯兰教清真寺4处（永盛街道清真寺、三道乡城子清真寺、靠山镇周户清真寺、伊丹镇东升清真寺）。

（谢明岩　陈菲菲）

表6　2022年伊通满族自治县人口主要数据统计表

| 地区别 | 总户数(户) | 总人口 | | | | |
|---|---|---|---|---|---|---|
| | | 合计(人) | 男性(人) | 女性(人) | 其中 | |
| | | | | | 城镇人口(人) | 乡村人口(人) |
| 伊通满族自治县 | 158268 | 430743 | 219654 | 211089 | 104015 | 326728 |
| 伊通镇 | 16167 | 45205 | 22907 | 22298 | 2299 | 42906 |
| 二道镇 | 6136 | 18105 | 9347 | 8758 | 1325 | 16780 |
| 河源镇 | 6744 | 20731 | 10757 | 9974 | 690 | 20041 |
| 黄岭子镇 | 5864 | 16481 | 8444 | 8037 | 691 | 15790 |
| 景台镇 | 10605 | 32002 | 16778 | 15224 | 2346 | 29656 |
| 靠山镇 | 8191 | 24546 | 12394 | 12152 | 6278 | 18268 |
| 马鞍山镇 | 9440 | 27593 | 14119 | 13474 | 6184 | 21409 |
| 莫里青乡 | 5122 | 14647 | 7613 | 7034 | 807 | 13840 |
| 三道乡 | 6213 | 19334 | 9776 | 9558 | 266 | 19068 |
| 西苇镇 | 4836 | 13636 | 6999 | 6637 | 2338 | 11298 |
| 小孤山镇 | 8248 | 25150 | 12583 | 12567 | 3061 | 22089 |
| 新兴乡 | 4689 | 13790 | 7088 | 6702 | 1031 | 12759 |

续表6

| 地区别 | 总户数(户) | 总人口 | | | | |
| --- | --- | --- | --- | --- | --- | --- |
| | | 合计(人) | 男性(人) | 女性(人) | 其中 | |
| | | | | | 城镇人口(人) | 乡村人口(人) |
| 伊丹镇 | 9089 | 24782 | 12813 | 11969 | 4674 | 20108 |
| 大孤山镇 | 12878 | 36843 | 18806 | 18037 | 5542 | 31301 |
| 营城子镇 | 12561 | 34196 | 17564 | 16632 | 3991 | 30205 |
| 永宁街道 | 17946 | 35706 | 17716 | 17990 | 35706 | 0 |
| 永盛街道 | 13539 | 27996 | 13950 | 14046 | 26786 | 1210 |

（伊通满族自治县公安局）

表7　2022年伊通满族自治县各民族人口数据统计表

| 民族 | 人口数(人) | 民族 | 人口数(人) | 民族 | 人口数(人) |
| --- | --- | --- | --- | --- | --- |
| 汉族 | 261814 | 彝族 | 22 | 白族 | 6 |
| 满族 | 160796 | 苗族 | 21 | 佤族 | 5 |
| 回族 | 5491 | 黎族 | 20 | 鄂伦春族 | 3 |
| 朝鲜族 | 1655 | 高山族 | 11 | 赫哲族 | 3 |
| 蒙古族 | 690 | 门巴族 | 10 | 京族 | 2 |
| 锡伯族 | 70 | 侗族 | 9 | 傈僳族 | 1 |
| 壮族 | 37 | 布依族 | 8 | 仫佬族 | 1 |
| 土家族 | 26 | 达斡尔族 | 8 | 畲族 | 1 |
| 瑶族 | 26 | 藏族 | 7 | — | — |

（伊通满族自治县公安局）

表8　2022年伊通满族自治县宗教场所分布情况统计表

| 序号 | 乡镇 | 佛教(所) | 道教(所) | 伊斯兰教(所) | 基督教 | | 小计 |
| --- | --- | --- | --- | --- | --- | --- | --- |
| | | | | | 主日(天) | 安息日(天) | |
| 1 | 伊通镇 | 1 | — | — | 9 | 1 | 11 |
| 2 | 大孤山镇 | 1 | 1 | — | 6 | 2 | 10 |
| 3 | 伊丹镇 | 1 | — | 1 | 3 | — | 5 |
| 4 | 营城子镇 | — | — | — | 8 | 1 | 9 |
| 5 | 靠山镇 | 1 | — | 1 | 1 | 4 | 7 |
| 6 | 小孤山镇 | — | — | — | 2 | 2 | 4 |
| 7 | 马鞍山镇 | — | — | — | 3 | 1 | 4 |
| 8 | 景台镇 | — | — | — | 2 | 2 | 4 |
| 9 | 西苇镇 | — | — | — | 4 | — | 4 |
| 10 | 二道镇 | 1 | — | — | 3 | — | 4 |
| 11 | 黄岭子镇 | — | — | — | — | 4 | 4 |
| 12 | 河源镇 | — | — | — | 4 | — | 4 |
| 13 | 三道乡 | — | — | 1 | — | 4 | 5 |

续表8

| 序号 | 乡镇 | 佛教(所) | 道教(所) | 伊斯兰教(所) | 基督教 | | 小计 |
|---|---|---|---|---|---|---|---|
| | | | | | 主日(天) | 安息日(天) | |
| 14 | 莫里青乡 | 1 | — | — | 1 | 2 | 4 |
| 15 | 新兴乡 | — | — | — | 2 | — | 2 |
| 16 | 永宁街道 | 1 | — | — | 1 | 1 | 3 |
| 17 | 永盛街道 | 1 | — | 1 | 1 | — | 3 |

(伊通满族自治县民族宗教事务局)

## 历史文化

【文化遗存】 伊巴丹驿站 驿站所在地，位于伊通满族自治县伊丹镇。伊巴丹为满语“欧梨木”音译。欧梨木是一种野果，果实紫红色，民间称“臭李子”，也有写作“稠李”者。伊巴丹站所在地周围生长许多这种果树，因而得此地名。因驿站公所设置于驿路旁，驿站附近逐渐形成街市，称为伊丹街，而伊丹街至今仍为伊丹镇中心。光绪十七年(1891年)《西路关防处呈造所属各驿分布细册》记载，伊巴丹站，东至土门子岭15千米，由土门子岭至苏瓦延15千米；西至伊通州12.5千米，由伊通州至大孤山站17.5千米；南至大榆树7.5千米；北至长春厅60千米。光绪十四年(1888年)吉林将军铭安奏请，吉林驿站添设站丁，伊巴丹站额设笔帖式一员，领催委官一员，站丁45名，驿马45匹，驿牛45头。光绪三十二年(1906年)统计，汇聚2000余口人聚居，在当时算是有一定规模的集镇。据《伊通县志》记载，顺治皇帝最为宠爱的董鄂妃出自这个家族，其家族世居栋鄂即伊巴丹河一带。

阿勒坦额墨勒驿站 阿勒坦额墨勒驿站有史料写作阿尔滩讷门站、阿尔滩额林站等。“阿勒坦额墨勒”为满语，也有说为蒙古族语，“阿勒坦”意为“金”，“额墨勒”意为“马鞍”，合起来乃金马鞍之意。此名来自附近1座孤山，形似马鞍，在阳光照射下闪烁金色光辉，故名阿勒坦额墨勒山，即金色的马鞍山。后因这一带有平地凸起一大一小2座孤山，人们将这两座山又称为“大孤山”“小孤山”。而阿勒坦额墨勒山就是其中的大孤山，驿站便也跟着被称为大孤山站。大孤山站原址今为大孤山镇小学，至今尚遗存两墩当年驿站门底石鼓形枕石。吉林省邮电管理局文史办公室编纂《吉林邮驿》载：“驿站占地两亩，四周以青砖砌墙。建筑为海青房，有南北正房和东西厢房，有驿房24间。南墙外有粮仓5座。拱形起脊门楼青砖抹缝到顶，门底设有门槛，并安装两墩鼓形枕石。门楼两侧围墙上镶有木桩，上钉拴马用的铁环。院中立四丈高的灯笼杆，在顶端高挂写有‘驿站’字样的大红灯笼，里面点燃两斤重牛油制成的汤蜡，彻夜通明，数里可见。驿站门前驿道用砂石铺成，东西走向，两旁柳树成荫。”光绪十七年(1891年)《西路关防处呈造所属各驿分布细册》显示，大孤山站东至伊通州17.5千米，由伊通州至伊巴丹站12.5千米；西至头道沟西15千米，头道沟西至赫尔苏站15千米；南至封堆10千米；北至边台分界。

柳条边 柳条边即柳边，又称新边。清王朝入关定鼎北京后，视东北为龙兴重地、明宗肇迹兴王之所。为防范外族进入，固存本族风俗，在东北地区设置1条封禁界线。柳条边即用土堆成高宽各1米土堤。堤上每隔1.67米插柳3株，每株间再用绳连以横条柳枝、在土堤外侧掘深2.67米，上宽2.67米，底宽1.67米深沟，以禁行人渡越。柳边始修于清康熙九年(1670年)，告竣于康熙二十年(1681年)。经四平、梨树、伊通、长春、九台至舒兰亮甲山，全长172.5千米。沿边设门，自南向北设有：布尔图库边门(半拉山门)、赫尔苏边门和伊通河门。边门各设门楼1座，门楼高6米，宽6米，前后进深5米，皆砖木结构，房脊两端及四角皆有兽形鸱吻。门楼上方正中悬匾额1块，楷书边门名，并署以“吉林所属”4字。边门两侧有耳房，一锁囚犯，一住巡差。每门设防御笔帖式、领催各1员，披甲兵各20人，壮丁若干人。以掌管边门启闭，稽查行人，催逼租税，植柳疏壕等事宜。赫尔苏边门，在今梨树县孟家岭乡，为当年入盛京围场和吉林围场必经之路。这里道路狭隘，边门仅容1辆大车通过；半拉山门，今为四平市山门镇；伊通河门，在今长春新立城水库东，大南屯之东北，是当年由长春到伊通州的重要关隘。现边门建筑已无存。边门之间设若干个边台，半拉山门设有上三、下三、门台、上二、下二、青阳堡、十八家7台；赫尔苏边门设四台、门台、二十家子、十三家子、五台、景家、孙家、邢家台8台；伊通河门所设7台，皆在今长春境内。现伊通境内柳条边遗址主要分布在黄岭子镇、景台镇。从黄岭子镇保家村河西屯入伊通境内,其中,保家村一段1.5千米,杨家村高家屯北一段2千米,和平村梨树沟子北一段1.5千米的边壕今保存较好。

吉林西围场　清康熙七年(1668年)东北封禁后,在吉林境内又圈定一部分荒地,命名为吉林围场,包括伯都讷围场、蜚克图围场和吉林西围场。吉林西围场也称"南荒围场",以磐石为中心,面积250平方千米,跨磐石、桦甸、双阳、伊通等县。东起饮马河、西至伊通河,南至桦甸县苏密,北至柳条边,伊通境内包括今新兴、伊丹、二道、营城子、河源镇等乡镇。围场划定后,制定有严格封禁政策,设"荒营"置总理1员,下设行走章京、领催外郎、向导兵员等。东、西、南设卡伦(卡伦是清代在东北、内蒙古、新疆等边地要隘处设官兵瞭望戍守,并兼管税收等事的地方)11处,北部有柳条边门台守护。伊通境内设有伊巴丹卡伦和伊通卡伦(设在营城子)。每卡伦派兵5名,常年驻守。行走官员等按月率兵入山巡视,缉查偷树、打猎和私垦者,违者按清廷规定条例制裁。吉林西围场按规定,由吉林将军主持地方八旗行围打猎、演练,朝出暮归,三两日而归者谓之打小围,秋打野鸡围,冬打大围。每岁十月将军率将军衙门各章京、兵户刑工四司、虎枪营、官庄等处官员,按八旗排阵而行。成围时所猎之虎、豹、熊、鹿、兔、野鸡等,经打牲乌拉总管衙门验收,选出"贡鲜"进献皇室,余者由将军处置。自康熙末年开始,关内流民不断到伊通开垦围边荒地,咸丰十年(1860年),吉林将军景伦奏请开放吉林西围场边荒,翌年清政府奏准。同治三年(1864年),废除伊巴丹等7处围场,准许开垦伊通河和伊丹河两岸围荒。光绪七年(1881年)开始,对伊通南部、东南部围荒实行放垦。至此,吉林西围场已不复存在。

阿木巴克围场　阿木巴克围场是盛京围场之一部,包括东丰县那丹伯镇和伊通满族自治县西苇镇(原为东丰县苇子沟乡)。东起伊通河、小伊通河,西至归勒赫哈达围场(东辽县甲山、足民、金州、建安一带),东南至阿兰朱卜启围场(东丰县沙河镇、沙洲岗子一带),北至西苇镇营房后沟、高家大院及东丰县小胡米沟一线。南北35千米,东西20千米。为标示围场范围,保证"长养牲畜以备狩猎",实行严格封禁,在围场边缘挖壕、筑堆、设卡伦。阿木巴勒克围场卡伦设在那丹伯。道光十四年起实行巡卡"木筹制"。每卡伦驻兵5员,循环递送"木筹",往返巡逻。道光十四年(1834年)增乌拉兵200名,合力巡围。每隔50步设封堆1座,以便瞭望。今西苇镇境内尚存封壕、封堆遗迹和"老营房"残砖碎瓦。为严禁百姓入围,制定《盛京围场窃例》,对私自入围打牲、砍树者,按数量多寡要处以杖刑、枷号、徒刑、充军、发遣乌鲁木齐为奴等刑罚,无论初犯或再犯均面刺"盗围场"3字。盛京围场按用途分5种:御围,供皇帝巡幸狩猎用;王多罗束围,供盛京内务打牲丁应差用;鲜围,以猎取熊胆、鹿茸、麝香、貂皮、野味为主;历年应捕围,为历年轮捕和八旗官员演练之用,秋打小围,猎取飞禽,冬打大围,猎走兽;远围,地处偏远,不宜狩猎,用以繁殖禽兽。阿木巴克围属王多罗束围。光绪初年弛禁,围荒逐渐开垦成田。阿木巴克围场早已消失,但当时许多地名仍保留至今,如野猪沟、老虎岭、黑瞎子背、苇子沟、蛤蟆塘、营房、南围子等。

伊丹戏楼　戏楼建于清康熙五十年(1711年),坐落于伊丹街中心,面北。底座石砖砌成,凤尾式盖檐,檐下有铜钟。戏楼高6.67米,南北长9米,东西宽7米,青砖到顶。从地面到台面高1.67米,台面四周是青理石镶边,前台有4根直径0.5米,高3米朱漆圆木柱。前台正中,楼檐下面刻有二龙戏珠。前台柱子上面横有1根方跨梁,梁头刻作象鼻状,上涂白色。前台楼顶呈马鞍形,边檐上翘,两边檐上各蹲着5只昊天犬。楼的四角各悬铜铸(惊雀32铃)1枚。后台是化妆室,左右各有1门,左为出将,右为入相。化妆室和前台中间设有隔壁,其下为青砖墙,上边是花窗,两侧山墙上各有1个月亮窗。戏台正面花窗上挂1横匾,上书"律奏春阳",两侧有对联,上联"金榜题名虚富贵",下联"洞房花烛假姻缘"。戏楼后台化妆室内有"幽王烽火戏诸侯""楚昭王回国"和"青草坡"等壁画。化妆室内正面挂1块匾,上书"阳春白雪"。整个戏楼建筑宏伟。旧时,求雨谢神多于此唱"野台戏",远近闻名,甚称一时之盛,此戏楼于1958年拆除。

**【非物质文化遗产】** 2022年,伊通满族自治县有国家级非物质文化遗产代表性项目1项(满族珍珠球)。省级非物质文化遗产代表性项目8项。传统体育、游艺与杂技有满族珍珠球,民间信仰有伊通满族萨满文化遗存,传统技艺有满族糕饼制作技艺、伊通付察氏五鼎八大碗制作技艺、伊通满族烧鸽子制作技艺,传统舞蹈有满族花棍舞,传统美术有钩针编织,传统音乐有满族民歌。市级代表性项目29项,县级代表性项目31项。省级代表性传承人1人,市级代表性传承人28人,县级代表性传承人40人。省级非物质文化遗产传承基地1个,市级非物质文化遗产传承基地7个,市级非物质文化遗产传习所5个。县级非物质文化遗产传承基地(传习所)13个。

**【历史名人】** 伊通,物华天宝,人杰地灵，“武有将军，文有翰林”。

依克唐阿，清代满洲镶黄旗人，性刚毅，喜狩猎、善骑射，曾任黑龙江将军和盛京将军，为捍卫祖国领土主权，开发辽东经济立下不朽功勋。签订《中俄珲春东界约》及6个勘界议定书，在乌苏里江到图们江的中俄边境上设立界碑。首创中俄书院，培养外交人才。提出“民为国本、救民为先、广治酷吏”的施政方针。齐忠甲，曾任翰林院编修兼都察院御史。齐长贵，清代伊通州首屈一指工匠，善做犁、车、扇车等农具。光绪九年至十一年间（1883—1885年），州内修书院、庙宇、筑亭阁，多经他手设计、制图、监修。李世超，抗日爱国人士，任吉林特支书记、中共满洲省委秘书长等职。组织“革命互济会”工作，发展“互济会员”，发动互济会员集会。引导秦淑云、侯小古、毛诚等人走上革命道路。李红光，抗日将领，任中国工农红军第三十二军南满游击队教导队政委、东北人民革命军第一军独立师参谋长，是东北抗日联军著名将领杨靖宇将军亲密战友。发动群众斗争豪绅地主，宣传抗日。组建三道沟老农赤卫队，打击亲日分子和恶霸地主。参加蛤蟆河子大暴动。李延森开创蒋军架机起义先例，为人民解放事业立下不朽功勋。穆木天，现代诗人、诗歌理论家、翻译家、教授，创作《在哈拉巴岭上》《守堤者》《扫射》等著名诗篇，是国内第一部《法国文学史》译著者，《欧贞妮·葛朗台》第一部中文译本也出自他手。刘文彬，高级翻译，通晓俄、英、日3种语言，先后翻译俄文版《急剧发展中的集体农庄》、《农业机器拖拉机站与集体农庄的标准合同》、《苏联国营农场》（第一分册和第三分册）、《国营农场的经济核算与降低生产成本》等书。为发展国家农业合作化和农业机械化作出一定贡献。李德升，伊通北烧锅曲房制曲技师，利用本地生产的角瓜、杏、西红柿，土法酿制蜜饯果脯；利用樱桃、梨、山葡萄酿制果汁。他从中国科学院轻工研究所引进“轻工2号”菌种，带领徒弟扩繁试验成功，原料出酒率比原来提高18.7%。由于采用新技术，白酒、果酒产量、质量不断提高，品种逐年增多，并在省内外享有盛名，经济效益明显，县制酒厂成为县内工业大户。吴玉清，伊丹农民，随父创办糊精厂。生产的“金刚牌”砂轮片获国家金质奖。工业黄糊精荣获农牧渔业部优质产品证书。药用白糊精被评为省优、部优产品。工业糊精、药用白糊精、豆质糊精3种糊精行销全国18个省市300余个厂家。

【伊通方言】 伊通方言属于东北方言体系，简洁、生动、形象、通俗、高昂，富有节奏感，符合东北人豪放、直率、幽默的性格。伊通方言的词汇构成受到汉民族共同语词汇构成固有规律的制约，也受到其赖以生成和发展的东北地区各民族语言及文化的多方滋育，是多元文化融合的结晶。伊通方言与普通话接近，但在语音（声母、韵母、声调）、词汇上存在一定差异。在本县方言词汇中，吸收了不少满语词汇，除少数只在满族中使用（如：“阿玛”：父亲，“讷讷”：母亲）外，许多已成为汉语方言词汇的一部分；许多满语名仍在沿用，在长期使用中，有些地名发生音变，有些地名脱落了音节，有些地名按音译后的汉字理解地名的意义已为汉语地名。

（本刊编辑部）

## 满族民俗文化

【概况】 伊通满族自治县加大满族优秀文化传承发展力度，推进“文化伊通”建设，打造满族文化名片，强化宣传推介，提升县域文化软实力和域外影响力，彰显伊通精神、伊通价值、伊通力量。编纂《伊通满族文化系列丛书》；出版《伊通满族》《七星诗苑》等刊物；创作满族诗词、楹联、书法、剪纸等作品；举办纪念满族颁金节书法作品展、满族民俗展、民族团结一家亲等艺术展。创排《荷花棒槌》《额鹰》等满族剧目10余部，满族传统歌舞《古州希音》在北京民族剧院上演。制作介绍满族历史、民俗的《家在满乡》7集纪录片，在伊通电视台、“新e通”App播出。伊通海东青乐团使用奚吉利琴演奏的《祖先的印记》登录央视《风华国乐》栏目。申报一批具有满族特色非遗项目。其中，满族舞蹈、萨满绘画等7个项目入选四平市第四批非遗名录；伊通满族珍珠球入选第五批国家级非遗名录。组织举办糖画、草编等重点非遗项目展示活动。至2022年年末，伊通有非遗项目34项。其中，国家级非遗项目1项。省级7项、市级24项、县级2项。打造玉竹源满族饮食基地等满族文化传承基地，申报河源镇榆树村、靠山镇姜家村、伊丹镇火红村、伊通镇等6个村（镇）成为省级少数民族特色村寨（镇）。“中国民族博物馆·伊通满族分馆”是国家AAAA级旅游景区、国家三级博物馆，以满族历史和民俗传世文物为主要内容，接待游客近180万人次，开办临时展览90余次。利用“伊通发布”微信公众号、“伊通融媒”抖音号、快手号、微信短视频平台和“新e通”App宣传伊通美食、伊通美景、伊通文化底蕴。

【满族习俗】 婚嫁礼仪　满族人一般十五六岁以后订婚，青春后结婚。男子求婚遵照“旗民不通婚”规定和“门第相应”原则。男方托媒至女家说亲，两家同意后，男方父母及媒人至女家，女家设宴，男方父母赠簪珥、布帛作定礼，称“过小礼”。聘礼自婚前数月至二三日送达女家，称“过大礼”。女家宴请亲友，亲友赠首饰、衣物、银两等，称“添箱”。吉日清晨，新娘身穿大红袄，头蒙红帕（盖头），由兄长或叔父抱至男方娶亲喜车或花轿上，路遇井、庙、墓时，用红毡遮挡，意避凶煞。满族婚嫁礼仪最早可以追溯到魏晋南北朝时期，随着社会经济发展，尤其满族入关后，婚嫁习俗与汉族多有融合。近年来，传统文化逐渐受到重视，满族婚俗也在回归现代生活，成为一种新时尚。伊通每年举行满族婚礼1场至2场。

丧葬礼仪　人死前备寿衣、寿材（棺材）。死后有指冥路、入殓、开光、辞灵送行、发丧等程序。满族棺盖、棺身梯形，前后高度相当。棺内置一木板为“床”，四壁画日月星辰，外部彩绘“二十四孝”图等。人死后从窗户抬出。用红布做幡挑于门首，男左女右。每顿饭前服丧人携带供品和酒浇幡，儿媳手持“哭丧棒”。发丧前红布捆棺，出殡时长子扛幡，次子捧丧盆。西周时期，满族先祖曾存在过土葬、兽葬、火葬、树葬习俗。满族南迁后，与汉族一样实行土葬。殡葬改革后，火葬逐渐形成风气。至今，一些满族聚居村落保留了扛幡、捧丧盆等习俗。

祭祀习俗　祭本姓高祖及以下之祖，每岁必祭。祭时，以黍米(黄米)制成糕饼并裹以苏叶、椴叶，供祖宗享用后，全族亲友共食。满族所祭之神大体与汉族相同，对观世音菩萨、伏魔大帝（关羽）、土地神尤为敬重。满族家祭作为一项重要家族活动与民俗活动，从清代至20世纪30年代，民间家祭没有间断。中华人民共和国成立后，满族祭祀活动多与汉族相同。除去萨满内容，仍然保留了祭祀祖先、修缮族谱、秋季祭祀五谷神等满族习俗。

生育习俗　男婴出生，门上或屋檐下挂弓箭，用红布或红绒线缠成红色；女孩则挂红色圈圈。祭祀时，婴儿要上子孙绳，男婴在绳上系小弓箭或羊嘎啦哈；女婴系彩布条。产妇一般休息1个月，称“坐月子”。亲友、邻里致礼祝贺，称“下奶”。第一个孩子出生后，姥姥或舅舅要给孩子买悠车。一般满月这天开始上悠车。首次遇上族中公祭，在祭佛托妈妈仪式上，给孩子带锁，以祝长命百岁。如果是男孩，修家谱时用红笔把孩子名字写在宗谱上，称“上谱”。清代满族人家重生育，从社会经济生活方式和宗教信仰意识出发，采取种种措施，希望幼儿避灾获福，长命百岁，长大有所作为。由此形成具有鲜明民族特点的育儿风俗。随着社会经济发展，至今满族生育习俗基本与汉族相同。

生活习俗　满族人喜食黄面年糕、黄面饼、豆面卷等黏食，并喜凉食。有养猪之习，祭祀、婚丧杀猪。喜食白肉血肠、火锅。忌食狗肉，不用其皮毛，从秦汉时期延续至今。满族宅院多设照壁（影壁），壁后置索伦杆子。居室一般为正房，一明两暗，即中间开门，西间山墙上供祖宗匣、神龛，祭祖活动在此进行，故西间为大。万字炕为祭祀时放供品祭器之处，除穆昆达（族长）外，其他人不得随便坐。本地冬季气候寒冷，为便于取暖，居室均为南北火炕，地烟囱，夜挂幔帐。老少同室，长者住南炕，少者住北炕。这些满族生活习俗从辽金时期起，至今在满族聚居村落延续。

**【满族传统文体活动】**　欻嘎啦哈　嘎啦哈是满语，汉译“后蹄骨”，以猪、狍后蹄骨居多。欻嘎啦哈是满族妇女、儿童喜欢的一种传统游戏。嘎啦哈呈六面体，仰、卧、倒、翻，均有一面朝上，去掉两端，其余四面分别称为“珍儿”“背儿”“坑儿”“轮儿”。嘎啦哈玩法多样，有“弹子儿”“数子儿”“摸珍儿”。其中“摸珍儿”是扔起一个布口袋的同时，用手把数目不等的（一般4个）嘎啦哈摆成“珍儿”，在口袋落地前接住。所有“子儿”都成“珍儿”后，继续摆成“伦儿”“坑儿”“背儿”，先完成者为胜。

跑马城　把参加游戏的孩子们分成2队，在空场上，每队站成横排，相隔约10步，相向而站，叫作“对阵”。一方队员叫阵：“跑马城，马城开，打发小姐送信来。”对方应战：“要哪位？”叫阵方喊应战方某队员名字。该队员出列并用力冲撞对方队列。撞不开，即为被降服，成为对方队员；撞开，则“掳”1人回来。如此反复，直到一方将对方全部“降服”，获胜。

玛虎戏　玛虎戏，满语“玛虎朱赤温”，是满族民间传统戏剧，以祭神歌舞为主要表演形式。戏剧中神灵佩戴“假面”出现，即满语“玛虎”，汉译“面具”。玛虎戏中人物大多戴面具，说唱歌舞，演出形式活泼。剧情中神灵魔怪依靠面具彰显性格本质、突出戏剧冲突、强化人物个性。玛虎戏曾广泛流传于东北满族聚居地，常在拜神、祭祖、年节、庆生时表演，具有强烈娱乐功能。伊通编剧陆德华挖掘、整理出《盟猎》《音德恩都里》2出玛虎小戏，其中《音德恩都里》被《四平文化史略》全文收入刊载。

《古州希音》　《古州希音》是满族传统歌舞。由伊通县委、县政府策划，满族歌者八音赫赫出演，伊通满族艺术团表演，满族萨满非物质文化遗产传承人石光华、奚吉利琴及非物质文化遗产传承人八音云登参演。剧目包含15个满族歌舞乐节目，以歌舞情境音乐会为主要形式，展示满族传统歌舞独特魅力及地域文化。2020年11月24日，中国首场满族传统歌舞《古州希音》在中央民族歌舞团民族剧院上演。

《荷花棒槌》　满族神话歌舞二人转《荷花棒槌》（棒槌是东北人对人参的俗称）取材于民间故事。讲述的是人参女荷花相中勤劳善良的满族小伙韦萨尔，韦萨尔历经磨难得到荷花奶奶允婚，二人在满族院落中举行婚礼。人参能够医治百病，心存恶念的韦萨尔哥哥阿萨尔为了将人参据为己有抢挖人参，使人参女荷花身碎而亡。萨满传达天意，韦萨尔舍身救众，孝义之情感动上苍，令人参女复活。全村载歌载舞喜庆团圆。《荷花棒槌》融入满族歌舞、满族婚礼、满族民俗等诸多满族文化元素，由伊通满族艺术团张浩、王汉涛创作，郑岩、崔鹏表演。2019年12月，获第九届吉林省二人转戏剧小品艺术节剧目综合奖，崔鹏凭借该剧获“四大名丑”称号。2020年8月，在第十一届中国曲艺牡丹奖全国曲艺大赛中获新人提名奖和新人入围奖。2020年8月，在《戏剧文学》(总第477期)刊登发表。

《罕王奉母》　满族神话歌舞二人转《罕王奉母》，取材于满族民间神话，讲述清太祖努尔哈赤童年经历及登基封帝后寻根报恩的故事，由伊通满族艺术团表演。2021年12月，参加吉林省文旅厅主办的“第十届吉林省二人转·戏剧小品艺术节”大奖赛，获“吉林省舞台艺术‘桃李梅’二人转·戏剧小品”剧目奖。

剪纸　剪纸是伊通满族文化重要组成部分，市级非物质文化遗产之一。伊通满族剪纸有300余年历史，依附于满族民间特定文化背景与生活环境，经过传承与发展，拥有鲜明地方特点和人文风格。满族剪纸题材一般分为“十二生肖”剪纸、“吉祥”剪纸、“萨满”剪纸三类。主要用于宗教祭祀、装饰张贴、摆衬、刺绣底样。满族剪纸在构图形式上，追求神似、内涵丰富、高度概括图案、简化成符号；在表现形式上，根据大自然形态美，把具象图形抛开，以二维空间为主，抓住外廓特征和动态，以剪影表现情态动势轮廓；在主题选择上，继承游牧民族和山林民族的萨满文化内容和神奇造像艺术，形式凝重、古朴、粗犷，祭祀符号明确、固定，手法写意、写形、写心。伊通依托新时代文明实践所，开展满族剪纸传承与发展志愿服务活动，建立满族剪纸展览馆和剪纸培训基地。2019年1月，马鞍山镇满族剪纸馆成立，占地面积240平方米，展示驿路文化、满族历史、当地传说故事、满族文俗、萨满文化等富有满族特色剪纸作品。在满族剪纸技艺传承人于福林带领下，剪纸培训基地举办剪纸活动近百场，受教群众千余人。2022年9月，于福林作品《满族风情》被评为“第二届吉林民间文艺奖(民间工艺美术作品)”入围作品，入选“情牵黑土以艺抵心吉林省民间工艺美术优秀作品展”。

面塑　面塑是源于山东、山西、北京的中国民间传统艺术之一，俗称面花、捏面人。以小麦粉加入蜂蜜、盐，蒸制后调色，捏面艺人用手捏、搓、压、揉、掀及专用塑形工具点、切、刻、划塑成身手头面，披上发饰和衣裳，捏塑成花、鸟、鱼、虫、景物、器物、人物等具体形象。伊通满乡面塑第三代传承人杨雪创新理念、融入满族元素，作品灵动高雅。被列入四平市第三批市级非物质文化遗产代表性项目名录。2022年8月，在“技能中国行2022·走进吉林”技能展示交流赛上，杨雪作品《贵妃醉酒》获优秀展演奖。

珍珠球　满族珍珠球是满族传统及标志性体育运动，2021年6月10日，入选国家级非物质文化遗产名录。源于满族先民生产生活实践，具有鲜明的满族民族文化特色，再现吉林东南部满族先祖艰苦劳动和业余文化生活场景，固定与沉积满族民俗文化记忆和乡土情怀。珍珠球是全国“民运会”竞赛项目，伊通最重要和最具代表性的民族特色体育运动。以全县中学为基地、体育教师为核心、中学生为种子的传承链条，形成“镇镇有人打、校校有球队、年年有比赛”的发展格局。

花棍舞　花棍舞别名“报马鞭”，源于士兵操练和满族先民生产劳动，集舞蹈、娱乐、健体于一体，是满族民间一项传统文体活动。模仿狩猎、丰收、生产生活、过节、婚礼等民间日常生活。花棍用木棍或竹竿制成，棍长80厘米至100厘米，两头串铜钱，系飘带。表演人数不限。表演者手持花棍随鼓乐舞动，用花棍碰击肩、背、肘、手、膝、足，铜钱节奏鲜明、响声清脆。配以歌诀，节奏整齐明快，体现丰收喜悦，传达满族先辈乐观向上、团结进取的民族精神，具有鲜明满族艺术特色。2021年12月15日，入选吉林省第五批省级非物质文化遗产代表性项目名录。花棍舞传承人武淑艳带领伊通满族花棍舞团队参加各种活动演出。2022年，先后参加二道镇石场村农民“村晚”、公主岭市冰雪文化旅游节、伊丹镇火红村虫王节庆祝活动演出。

**【满族传统美食】**　八大碗　满族八大碗是满族人家平常菜肴，早先只在满族人家食用。清朝乾隆年间，“满汉全席”在饮食业得到发展。满汉全席分为“上八珍”“中八珍”“下八珍”，满族八大碗被纳为满汉全席下八珍。《汉族旗人祭礼考》记载宴会则用五鼎、八盏，俗称“八大碗”。年、节、庆典、迎、送、嫁、娶，富家多以“八大碗”宴请。食材以大雁、溜达鸡、黑猪肉、河湖鲜鱼、满族干菜为主，采用扒、焖、酱、烧、炖、炒、蒸、熘等烹饪手法。因地产食材不同，各地满族八大碗菜品不同。其中，“阿玛尊肉”俗称“努尔哈赤黄金肉”，最具代表性，为清朝祭祀活动、宫廷大典中名菜。2022年，伊通宾馆“八大碗”收入20余万元，接待长春、梅河口、深圳、义乌等10余个省、市顾客。

慧格格月饼　慧格格月饼，始

创于清朝乾隆十九年（1754年），源自满族发祥地之一的伊通。乾隆东巡至伊通大孤山驿站，时逢中秋，官员敬献慧姐姐月饼。乾隆赞不绝口，赐封号慧格格，入宫为清廷中秋御用。据《满文老档》记载，慧格格专心制作月饼，开发清朝皇室特色新品种。慧格格传人刘景慧带领吉林省水木原生食品有限公司技术团队寻访名师、查阅古籍、复原古法工艺。五代传承，已逾百年。慧格格月饼成为满族饮食文化代表产品。获中国长春国际农博会金奖产品、吉林省著名商标等荣誉。公司入选四平市非物质文化遗产名录，获吉林省首家“中华传统好食品”称号。2022年，慧格格月饼销售金额630万元（线下285万元，线上345万元），其中新研发的“满尊”牌月饼销售230万元。

**【满族节庆】** 县庆 伊通是满族聚居地之一，是吉林省满族人口最多和满族人口占总人口比例最大县。1988年8月30日，国务院批准设立伊通满族自治县。1989年8月30日，庆祝伊通满族自治县成立大会在县体育场召开。升国旗、奏国歌，鸣放礼炮，来宾代表和各族各界代表发言，会后进行检阅和游行；彩旗队、军乐队、民兵方队、花环队、腰鼓队、秧歌队、老干部队及各系统组成的方队绵延数千米；参加庆祝大会和参观游行的各族群众10万余人。1998年8月30日，在县体育场举行伊通满族自治县成立十周年庆祝大会。国家民委代表团，吉林省代表团，四平市代表团，辽宁省、河北省满族自治县代表、全国满族知名人士、省内民族自治州（县）和邻近市县代表，曾在伊通工作过的老干部出席庆祝大会。24个方队和17个文艺表演队伍举行庆祝游行。2018年8月22日至30日，举办伊通满族自治县成立30周年庆祝大会，举办参观伊通河夜景及30年辉煌成就图片展、“满乡欢迎您”迎宾晚会、“印象伊通”特色文旅商贸产品展销会、中国·四平第三届满族文化论坛、商务洽谈会等活动，中央民族歌舞团“弦歌逐梦”西部丝路音乐会唱响。8月24日至30日，伊通广播电视台通过电视、网络和县内广场LED屏幕同步直播庆祝活动盛况。8月30日，公众号浏览量60.7万次；最高峰时段为中央民族歌舞团“弦乐逐梦”音乐会，浏览量突破70万次，观众10.68万人。

2018年8月30日，伊通满族自治县成立30周年庆祝大会在县体育场举行。图为庆祝大会现场 （郭旭东 摄）

颁金节 后金天聪九年十月十三（1635年11月22日），皇太极颁布命令“我国建号满洲，统绪绵远，相传奕世。自今以后，一切人等，止称我国满洲原名，不得仍前妄”（《清太宗实录》卷二十五）。自此，每年农历十月十三成为满族节日。伊通满族自治县连续数年举办“颁金节”庆祝活动。2022年，农历十月十三（11月6日），纪念满族颁金节387周年座谈会在伊通满族博物馆举行。县满族文化研究中心组织数十位满族专家（学者）、满族耆老、满族艺术申遗传承人及满族文化研究人士参加，就挖掘、传承、弘扬满族文化进行座谈。《伊通满族》副主编马学忠表示，满族文化是中华民族传统文化重要组成部分，要让满族文化成为伊通特色标志，成为县域经济血脉重要元素。

虫王节 满族传统节日虫王节农历六月初六举行，流行于吉林省、黑龙江省等满族聚居地。节日当天，一户出一人到虫王庙朝拜，杀猪宰鹅，祭祀虫王，祈求不降虫灾，庄稼丰收；留守在家的人，晾晒衣物，以防虫蛀。2022年，农历六月初五至初六（7月3日至4日），河源镇举办第四届“六月六·虫王节”非遗文化活动。其中，“庙顶风情”书法绘画摄影作品展，以民俗文化、伊通风光、秀丽山水为主题，受到省内外参观者关注；伊通满族艺术团现场表演文艺节目；篝火晚会、祈福表演、璀璨烟火等节目上演。

（王智慧）

## 风景名胜

**【伊通满族博物馆】** 位于县城区人民大路1129号，为国家AAAA级旅游景区（点），是集收藏、展览、科研、公共教育、文化交流为一体的综合性博物馆。展区面积3470平方米，展厅8个，展示满族传世文物800个种类、3000余件，1000余张图片及21处模型景观。馆内专设萨满文化展区。清代诰命及诰命箱为馆藏一级文物。伊通满族博物馆被国家民委、吉林省委、省政府、四平市委、市政府、中国民族博物馆、吉林省社会科学院等部门确定为爱国主义教育基地、民族团结进步教育基地、中国民族博物馆·伊通满族分馆、萨满文化及学术研究基地。全年免费开放320天，接待域内外观众5.8万人次。

【大孤山旅游风景区】 为国家AAA级旅游景区，位于县城西17千米处，占地2平方千米。景区以独特的火山地貌景观为核心，是集观光游览、科研考察、休闲度假、餐饮娱乐为一体的综合性景区。伊通火山温泉国际旅游度假区——悦如火山温泉文化旅游博览园坐落于景区内。大孤山为伊通火山群之首，海拔430.5米。满语名为“阿勒坦额墨勒”，意为金色的马鞍子。山有四峰，姿态各异。景区主要景观有塔林峰、金龟望日、巨象卧地等，有青云寺、鹿鸣苑、北方少数民族村落、植物园等景点。景区林木繁茂，有天然次生林和人工林，有槐、松、桦、椴、杨、柳等十几个树种。9月下旬至10月中旬是大孤山红叶最佳观赏期。“孤山红叶”为伊通旅游名片之一。

【南山旅游风景区】 为国家AAA级旅游景区，位于县城南6千米处，占地面积18平方千米，是集宗教文化、休闲度假、餐饮娱乐、商务会议为一体的旅游景区。景区有亚洲最大的室内铜质鎏金弥勒坐佛，重8800千克；万佛塔，高50米；三进式汉白玉石牌坊、二龙戏珠影壁山门、仿古戏楼、满族传统民居等景观。景区有人工林140公顷，天然林120公顷。林中有榛、橡、山核桃、山里红、松茸、白蘑等山野特产。

【伊溪湿地公园】 位于县城北部，距县城4千米，是2020年伊通投资4亿元打造，兼具生态绿化、休闲游憩、文化活动、旅游娱乐等多功能于一体的人工湿地生态公园，是伊通河绿色生态景观带重要组成部分。公园占地55公顷，建有人工湿地湖12处，水域面积16.5公顷，种植荷花、菖蒲、芦苇等水生植物6万余株。修复滩地植被33万平方米，栽植榆叶梅、五角枫、蒙古栎等乔木灌木4万余株，狼尾草、马蔺等地被花卉29万平方米，草坪4.39万平方米。公园以中心区域莲花广场为核心，景观向南北两侧延伸。依次有“水庭诗语”“童趣晨光”“康体广场”“曲桥风荷”“水韵廊影”“荷塘雅韵”“莲花广场”“芳菲花溪”“三岛清曲”“绿岸织锦”漫滩十景。有休闲广场3处、文化长廊1条、水上木栈道400余米、慢跑道8600米。伊溪湿地公园成为市民主要休闲游憩场所及伊通旅游打卡地。

（张起铭）

## 土特名产

【烧鸽子】 伊通是满族发祥地之一，满族先祖善骑射，清王朝皇家有秋围飞禽习俗。康熙二十一年（1682年），康熙东巡至盛京围场扎兰芬围阿林山狩猎，吉林将军巴海率精锐200骑至中途阿勒坦额墨勒（伊通大孤山）迎驾，一路行围狩猎，射下鸽子将其置于火中进行烧烤，其味鲜香四溢，满族烧鸽子由此诞生。烧鸽子入选“满汉全席”佳肴名录。伊通州官、王公、富贾、士绅，每设宴席，必有“烧鸽子”为压轴菜品。伊通烧鸽子工艺流传至今，其传人选在七星福地定居，将烧鸽子烤制秘方及其整套工序传授给伊通本地人。

伊通烧鸽子种类有黄泥烧鸽子、锡纸烧鸽子、炭缸烧鸽子、炭烧鸽子、吊炉烧鸽子、秘制乳鸽、红烧鸽子等。烧鸽子沿袭祖制手工方法，采用传统木炭烧与炭烤相结合，制作满族烧鸽子。其中，锡纸烧鸽子制作采用传统木炭，选用优质肉食鸽，将秘制配料原汁注入处理好的鸽肉中，用锡纸包裹埋入炭火（约300摄氏度）中烧至八成熟时取出，再用炭火明烤；烤熟鸽子外焦里嫩、着色暗红、馨香四溢。黄泥烧鸽子是将处理好鸽子用黄泥糊住，然后放在炭火中慢慢烤制，直至黄泥烧得发红，从黄泥裂缝中飘出鸽肉香味儿即可。鸽肉中含有泛酸具有补肝、益肾、益气补血、清热解毒、生津止渴之功效，是保健滋补佳品，民间有“一鸽胜九鸡”之说。肉鸽细嫩味美，为禽肉之首。经测定，乳鸽含有17种以上氨基酸，氨基酸总和高达53.9%，且含有10余种微量元素及多种维生素，鸽肉是高蛋白、低脂肪理想食品。

【榛子】 伊通榛子产业主要依托吉林省德胜农牧科技发展有限公司，采取“基地+科研机构+合作社+农户”模式发展榛子产业，集大果榛子苗木繁育、系列产品研发、精深加工、经营于一体。2022年种植面积533.33公顷，年产榛子190万千克，产值5700万元。与吉林大学合作，研制出榛子油、榛子酱、榛子茶、榛子养颜护肤品等10余种产品，远销北京、上海、广州、深圳等地区。紫杉醇是从榛子树树皮、树叶、树根、果壳中提取到的抗癌物质，获7项国家专利。2017年8月2日，第四届中国（伊通）榛子科技与产业发展研讨会暨中国经济林协会榛子分会换届年会在伊通召开。2019年德胜公司被评为省级农业产业化龙头企业，“秀绿山也”品牌被评为“吉林省著名商标”“四平市知名商标”。

【百合】 伊通镇为百合特色产业之乡，有5个百合生产基地，总面积50.67公顷，年产量13万千克，产值380万元。其中，百合产品食用占60%，产值228万元；药用占17%，产值64.6万元；观赏占23%，产值87.4万元。依托“协会+公司+基地+农户”的生产经营方式，由伊通百合产业协会带动成立吉林省金利百合开发有限公司，投资建设百合加工厂，注册“依合”“伊合缘”商标，加工百合饮料、百合茶、百合咖啡、百合煎饼、百合挂面、百合月饼等食品。采用线下订单和线上“东北百合网”销售等形式销往上海、北京、沈阳及省内长春、吉林、白城、延边等地区。2015年，被财政部、中国科协评为全国科普惠农兴村先进单位；2017年被全国供销合作总社评为全国农民专业合作社示范社；2017年，被农业农村部评为全国农村创业创新园区（基地）；2022年被吉林省农业农村厅评为省级农业产业化重点龙头企业。“依合”商标被评为吉林省著名商标。

（任 琰）

## 2022年经济社会发展

【经济建设】 2022年，伊通满族自治县经济运行平稳，实现地区生产总值106.26亿元，比2021年增长2.9%。其中，第一产业实现增加值50.14亿元，比2021年增长7.3%；第二产业实现增加值8.19亿元，比2021年下降2.6%；第三产业实现增加值47.93亿元，比2021年下降0.7%。规模以上工业总产值比2021年增长27.2%，规模以上工业增加值比2021年增长19.7%。全县公共财政预算支出44.61亿元，争取债券资金10.59亿元。全县完成社会消费品零售额22.82亿元，比2021年下降7.5%；全县服务业增加值比2021年增长2%。农林牧渔业总产值113.9亿元，比2021年增长7.5%。粮食产量11.43亿千克。农作物绿色防控面积5.63万公顷。吉林省内首个畜牧业发展促进中心挂牌成立，被列为全省“病死猪无害化处理与保险联动”唯一试点县。马鞍山镇被认定为国家级“一村一品”示范镇。伊通满族自治县被评为省级“休闲农业示范县”。“伊鹿高鸽”农产品品牌商标注册完成，成功打造四平市区域公共品牌“平地生香”授权企业10家，认证中国地理标志产品5个。铠绎特种果品、伊通黄牛现代农业产业园被评为省级现代农业产业园。伊通成功申创国家级农业现代化示范区。创新开展“云招商”活动，赴长春开展5场专题招商推介会，合同引资额188.2亿元。培育新电商发展模式，年交易额2.96亿元。全年实现招商引资到位资金49.14亿元，比2021年增长138.5%。开复工5000万元以上项目54个，投资完成33.2亿元。开发区建设提速扩规，省级开发区考评排名较上年度提升38位。推进伊通火山温泉国际旅游度假区、黄岭子镇水上乐园风景区等重点项目，打造乡村旅游精品路线2条、红色旅游路线1条。全年接待游客372万人次，综合收入2.98亿元。举办第三届“伊鹿高鸽”消夏美食节等活动，实现营业收入6200万元。

【政治建设】 2022年，伊通满族自治县科学分析、准确把握省、市发展战略，形成“31345”总体发展布局，指导和推动各项事业。聚焦“四高”（高质量发展、高品质生活、高效能治理、高水平安全）目标，做好“六稳”（稳就业、稳金融、稳外贸、稳外资、稳投资、稳预期）工作，落实“六保”（保居民就业、保基本民生、保市场主体、保粮食能源安全、保产业链供应链稳定、保基层运转）任务，实行靠党建领航、规划引领项目说话、工程推进、生态取胜、群众检阅的发展路径和工作项目化、项目目标化、目标节点化、节点责任化、责任机制化的工作模式。组建县委宣讲团，举办党的二十大精神专题学习班，学习宣传贯彻党的二十大精神、省第十二次党代会和市第八次党代会精神，落实党中央决策部署和省、市委工作要求。全面从严治党，强化创新理论武装，纵深推进党建工作。常态化开展“不忘初心、牢记使命”和党史学习教育。2022年，伊通满族自治县人大常委会召开常委会会议10次，审议议题19项，提出意见建议24条，依法任免国家机关工作人员68人次。伊通政协建言献策，全年提出政协提案53件。加强党风廉政建设，健全完善“三重一大”（重大事项决策、重要干部任免、重大项目投资决策、大额资金使用）决策机制。巩固拓展“作风建设年”成果，弘扬“严新细实”新风。严肃查处生态环保、黑土地保护、粮食购销、营商环境等领域和“四风”突出问题。强化以案为鉴、以案促改，以全县典型案件为素材拍制《底线》警示教育片，在全县党政机关等部门单位播放。

【文化建设】 2022年，伊通坚持德育、智育、体育、美育、劳育“五育”发展。坚持德育为先，开展全国首个家庭教育宣传周活动。坚持智育为重，树立“以生为本”理念，突出学生主体地位。坚持体艺为要，开设体、艺课程。坚持美育为辅，面向师生开展艺术节、艺术小组、艺术社团活动。坚持劳育为本。将劳动教育融入学生日常学习和生活。编制《伊通满族自治县科学技术发展“十四五”规划》，确定伊通在“十四五”期间科技发展工作目标、总体思路、重点任务和发展路径。伊通有新文艺组织、新文艺群体10家，全年组织演出、比赛、展览、阅读等各类文化活动60余场次，惠及城乡群众5000余人。创作满族特色歌舞类剧目2个，满族特色二人转、拉场戏1部，"送戏下乡"50场。举办全民艺术普及走基层文艺骨干广场舞培训班，17个乡镇(街道)、1200人参加。组织文化馆、满族艺术团、县书法协会组成"满乡佳节志愿红"文化小分队，到各乡镇开展文化下乡服务活动。《伊通满族自治县戏剧创作室优秀剧目汇编》出版，收录10余位剧作家创作的60余部精品剧作。成功申报"白石沟遗址"为第八批省级文物保护单位。7家单位入选第二批市级非遗传承基地。伊通融媒体中心有调频广播频率1个，无线电视频道1个，有线电视频道1个，管理运营"新e通"App1个，"伊通发布"、伊通融媒体中心微信公众号各1个，"伊通融媒"官方抖音号、快手号各1个。全年播出时政类新闻700条；县区新闻200条；民生类新闻300余条；对农节目1000余条；专题节目《满乡神韵》52期。伊通有医疗机构318个，有医疗床位2123张。全县有专业技术人员2718人。其中，医生1072人、护士1322人、医疗技术人员157人、其他专业技术人员167人。全年预约诊疗267人次，全县双向转诊4426人次。全县医疗卫生机构收入8.4亿元。2022年，伊通实施民族体育场改造工程，民族体育馆、民族体育场和全民健身中心(珍珠球馆)3座公共体育场馆智能化建设工程，60周岁以上老年人乒乓球馆扩建工程，小孤山镇健身广场，伊通镇、河源镇、二道镇多功能运动场、健身路径，全部完工并开放使用。组织开展9项、12个场次全民健身赛事活动，常年参加体育锻炼人数占全县人口29%。全县有文化馆1个，综合文化站15个，文物管理机构1家，博物馆1个，推进文化馆、图书馆总分馆制建设，在营城子镇红塔村、大孤山镇大榆树村新建图书馆分馆2个。

**【社会建设】** 2022年，全县城镇常住居民人均可支配收入2.94万元，比2021年增长0.9%；农村常住居民人均可支配收入1.69万元，比2021年增长2.9%。全县民生支出38.18亿元。新增城镇就业2762人，农村劳动力转移就业7.18万人，城镇失业人员再就业530人，就业困难人员再就业457人。创建县级返乡创业基地4个，带动农村劳动力就业146人。开发就业见习单位9家、岗位231个，发放补贴146.17万元。投入2547万元，实施校园维修改造项目35个。推进控辍保学，资助贫困学生5030人次、403万元。3所学校"双减"(减轻义务教育阶段学生过重作业负担和校外培训负担)案例作为典型案例被推荐到教育部。加强医疗服务，县第一人民医院异地新建项目完成投资1.4亿元。全年企业职工养老保险参保人数2.23万人，城乡居民基本养老保险参保人数19.72万人。工伤保险参保户数691户，参保人数2.03万人。失业保险参保人数2.14万人。城乡居民基本医疗保险参保人数29.07万人，职工基本医疗保险参保人数2.88万人。

**【生态环境建设】** 2022年，全县造林绿化1113.33公顷，森林覆盖率24.61%。空气质量优良天数332天，优良天数比例92.2%，空气质量达到国家规定的二级标准。投资1.2亿元实施绿水长廊项目8个。477个中央和省环保督察转办案件及反馈问题全部办结。开展"十大专项"排查整治、生态环境执法"秋冬会战"和重点污水处理厂(站)、危废医废、自然保护地、养殖企业、排污许可证后监管等系列执法专项行动，加强建设项目环评、"三同时"(同时设计、同时施工、同时投产)。和排污许可证执行报告现场监察，加强联合执法，严厉查处生态环境违法行为。星光出境断面水质均值达到三类标准。矿山生态修复完成5家。县域经济生态环境指标考核进入全省前十名。

(都淑艳　李文辉)

延伸阅读

## 党风廉政建设

"四风"问题表现：一是形式主义，群众反映最突出的是追求形式、不重实效，图虚名、务虚功、工作不抓落实。二是官僚主义，群众最不满意的是办事推诿扯皮多，效率低下，不作为、不负责任。三是享乐主义，基层和群众反映最多的是一些领导干部安于现状、贪图安逸，缺乏忧患意识和创新精神。四是奢靡之风，主要是条件好了，许多方面做过头，大手大脚、铺张浪费。

# 中国共产党伊通满族自治县委员会

## 综　述

【经济工作】　2022年，成功申创国家级农业现代化示范区，伊通满族自治县被评为省级休闲农业示范县和吉林省园林城市。马鞍山镇被认定为国家级“一村一品”示范村镇。河源镇保南村、景台镇绿化村被评为“吉林美丽休闲乡村”。铠绎特种果品和伊通黄牛现代农业产业园被评为省级现代农业产业园。地区生产总值比2021年增长2.9%。规模以上工业产值增长27.2%。固定资产投资增长15.7%。全口径财政收入完成6.94亿元，增长6%；地方财政收入完成4.26亿元，增长7%。立足县域资源禀赋，谋划储备5000万元以上项目182个，增长15%。其中，亿元以上项目119个；10亿元以上项目18个。汽车零部件产业园、农产品精深加工产业园、黄牛现代农业产业园、立新汽车配件产业园等55个5000万元以上项目开工复工建设，总投资141.31亿元，年度完成投资34.31亿元。创新开展“云招商”和5场专题招商项目推介会，推介项目44个，形成意向洽谈项目40个，签约项目5个，合同引资额118.2亿元。全年实现招商引资到位资金49.14亿元，增长138.5%。

【学习贯彻落实党的二十大精神】　2022年，伊通县委召开传达党的二十大精神会议，县委理论学习中心组召开4次集体学习会议，学习传达党的二十大和二十届一中、二中全会精神，县委书记孙立阳宣讲党的二十大精神，全县各级党组织召开专题会议，传达学习贯彻党的二十大精神。举办全县“学习贯彻党的二十大精神知识竞赛”，以赛促学、以学促干。下发《迎接党的二十大胜利召开　组织开展“强国复兴有我”群众性主题宣传教育活动的实施方案》《喜迎二十大户外宣传工作方案》《喜迎二十大新闻宣传报道方案》。在县融媒体中心《伊通新闻》栏目、“新e通”客户端、“伊通发布”官方公众号等全媒体平台，发布学习贯彻党的二十大精神相关稿件200余篇。开设《奋进新征程、建功新时代》《深入学习贯彻党的二十大精神》等专题专栏。制定《中共伊通满族自治县委关于全面贯彻党的二十大精神　加快推进伊通社会主义现代化建设的实施意见》。结合党的二十大精神，推进支部标准化、规范化、信息化建设，确立典型15个。实施“村党组织阵地提升年”行动，打造党建示范村61个，形成“党建+产业带富、美丽乡村、乡村旅游、乡风文明、阳光治理、领富致富”六大示范带。开展“党旗插在小区”行动，覆盖小区党支部265个，86名党组织书记完成“书记项目”126个，2388名党员开展“双报到”（党员到所在社区和居住地区报到）服务。成立物业行业党委，全覆盖建成党群服务中心（站）57个，打造“15分钟服务圈”，实现为民服务“一网通办”。建设“暖新驿站”15个，常态化开展“心‘新’满乡·温暖你我”活动。健全培养选拔优秀年轻干部常态化工作机制，通过建立副处级、乡科级正、副职和“女少非”（女干部、少数民族干部、党外干部）4类干部储备库，优化干部储备，235名优秀年轻干部入库培养。打造“干教云课堂”，探索全景式、沉浸式、直播式、互动式“四式教学”云端模式，实现线上赋能。结合党的二十大关于人才工作相关精神，涵养近悦远来良好人才生态，与吉林大学东北振兴发展研究院达成合作意向，建成铠绎院士专家工作站、德利专家工作站，开展交流活动5次，推动新技术开发与应用。

【党的建设】　2022年，伊通实施党的创新理论“铸魂赋能”工程，第一时间开展党的二十大精神学习宣传贯彻活动，各级干部拥护“两个确立”（确立习近平同志党中央的核心、全党的核心地位，确立习近平新时代中国特色社会主义思想的指导地位）、做到“两个维护”（坚决维护习近平总书记党中央的核心、全党的核心地位，坚决维护党中央权威和集中统一领导）更加自觉，听党话、跟党走成为全县共识。深化“基层建设年”活动，创新开展“村党组织阵地建设标准化提升年"活动，打造61个BTX示范村。开展"党旗插在合作社"暨发展壮大村级集体经济"百日攻坚"行动，村党支部领办合作社144家，数量全市排名第一，村级集体平均经济收入57.48万元，超额完成全省年度目标任务。打造"两新"（新经济组织和新社会组织）党建主题街，形成"10分钟非公党建服务圈"。坚持在新冠疫情防控、秸秆禁烧、防汛救灾、项目建设、生态环保、乡村振兴等急难险重工作中培养、检验和识别干部，提拔重用77人，晋升职级234人，精准储备235人，"六个更加"（政治更加忠诚、思想更加解放、能力更加出众、作风更加硬朗、做事更加细致、行为更加自律）干部队伍不断建强。巩固拓展"作风建设年"成果，弘扬"严新细实"新风，机关办事效能、服务质量提升。坚持一体推进不敢腐、不能腐、不想腐，查处生态环保、黑土地保护、粮食购销、营商环境等领域和"四风"（形式主义、官僚主义、享乐主义、奢靡之风）突出问题，立案105人，处分95人。强化以案为鉴、以案促改，播放伊通典型案件警示教育片《底线》。

**【乡村振兴】** 2022年，伊通围绕实现农业农村现代化、创建国家级现代农业示范区，提出"四区四带"发展空间布局、"1346"现代农业发展思路和"5+50+3+3+1"目标任务，为乡村振兴明确前进方向和路径举措。开展优良品种使用、先进技术推广、高标农田建设、防汛排涝减灾等工作，实施黑土地保护性耕作面积4.13万公顷；秸秆深翻还田面积1.03万公顷，比2021年增加1600公顷，任务完成量全市排名第一；疏通及清理沟渠2300条、1114千米；新建高标准农田5606.67公顷；全省水稻机械抛秧现场会在伊通召开。粮食产量11.43亿千克，增产0.18%。新增龙头企业省级3家、市级2家。伊通被确定为全省基础母牛扩群增量示范县，肉牛年均合法交易量全省排名第一，畜禽养殖量位于全省前列。脱贫攻坚成果持续巩固，实施扶贫项目37个，开发帮扶公益岗位1264个，实现脱贫人口务工就业2380人，全县脱贫人口经营性净收入增加438.81万元，比2021年增长24.3%。推进"两线三区"精品产业示范带打造，建设精品廊道20千米、精品环线45千米，新增国家级"一村一品"示范镇村1个。农村道路三年改造提升计划加速实施，完成三年总任务88.2%。开展农村人居环境整治五年提升行动，完成1000座农村户用厕所改造任务，续建6个乡镇污水处理厂及污水排水管网工程。农村文化事业不断发展，建设4个村级图书馆分馆，在河源镇挂牌成立4个摄影助力乡村振兴创作基地，二道镇石场村农民"村晚"被省文旅厅评为全省公共文化服务高质量发展典型案例，并向中宣部推荐。满族歌舞节目《古州希音》参展全国演艺及文创博览会。

**【民生改善】** 2022年，伊通提高就业创业水平，创建县级返乡创业基地4家，开发就业见习单位11家、岗位231个，全年城镇新增就业2792人，农村劳动力转移就业7.18万人。投资853万元，维修改造农村中小学校舍39所、4.56万平方米。中小学操

延伸阅读

## 农业农村现代化

"四区四带"指"长春都市圈田园生活体验区""林果采摘体验旅游区""满族民俗风情旅游区""伊通河源头生态功能区"长春都市圈外溢产业承接带""火山温泉休闲旅游带""矿产文化研学旅游带""精品畜牧产品绿色发展带"。

"1346"指打造全国现代优质肉牛全产业链发展示范高地；全国优势特色农业多种功能集成和乡村多元价值叠加先导区、全国半山区黑土地保护利用标杆区、全国产城融合型都市农业发展样板区"一地三区"；探索实行伊通黄牛全产业链耦合生态循环发展、特色果蔬多功能集群化发展、数字赋能半山区黑土地保护利用发展、产城融合型都市农业发展"四种模式"；推进农业设施化提升、园区化引领、融合化发展、绿色化推进、数字化示范、现代化建设"六大工程"。

"5+50+3+3+1"指打造乡村振兴5个节点中心镇、50个示范村、3条精品线、3个示范带，开展1项攻坚行动。

"两线三区"指伊公线、伊磐线两条公路沿线和现代农业示范村、乡村旅游示范村、黄牛养殖示范区。

"一村一品"指在一定区域范围内，以村为基本单位，按照国内外市场需求，充分发挥本地资源优势、传统优势和区位优势，通过大力推进规模化、标准化、品牌化和市场化建设，使一个村（或几个村）拥有一个（或几个）市场潜力大、区域特色明显、附加值高的主导产品和产业，从而大幅度提升农村经济整体实力和综合竞争力的农村经济发展模式。

场改造建设项目完成总工程量60%，学前教育建设项目完成总工程量70%，第二小学综合楼建设项目和职教中心实训楼建设项目完成主体施工。推动紧密型县域医共体建设，两个医疗集团通过远程会诊、远程医疗，实现优质医疗资源下沉基层。兜牢低收入群体生活保障，开展低保虚假冒领专项清理整顿，实现应保尽保。弘扬新风正气，深化精神文明创建工作，241名个人和63个集体获市级及以上荣誉称号。与长春工业大学共建的全省首家新时代文明实践学院影响力逐步提升，举办全省新时代文明实践公益岗位培训。推进“文明经济”项目，创建的7个试点村总销售额200余万元，户均增收3000元，“文明经济”志愿服务项目获“2022年全省学雷锋志愿服务先进典型”，进入全国学雷锋志愿服务“四个100”候选名单。3月、9月和11月打赢三场新冠疫情阻击战、歼灭战。

**【基层治理】** 2022年，伊通坚持以党建为引领，加强城乡基层治理体系和治理能力现代化建设，推动制度优势更好转化为治理效能。“1887”基层治理防控体系、小区“双指挥长”工作经验在省市推广，全省首创“三长”AB岗工作机制。“啄木鸟小分队”排查化解基层矛盾纠纷经验做法入选省委组织部“我为群众办实事”案例选编，被公安部推广。全省率先创建“共享法庭+无讼乡村”司法服务体系。伊通基层治理经验做法作为全市唯一县级创新案例入选省创新工作成果。依法治县纵深推进，组建8个助企法律服务团，13家司法所被评为市级四星级司法所。升级改造公共法律服务中心，在公检法等6个部门建立未成年人法律援助站，在团县委、县妇联、县残联及乡镇建立9个法律援助站，全覆盖建立村级法律援助室，开展普法宣传、法律援助。

**【新冠疫情防控】** 2022年，伊通始终坚持“外防输入、内防反弹”总策略和“动态清零”总方针不动摇，迅速打响疫情防控阻击战、歼灭战。3月，疫情传播速度快、感染范围广、防控难度大，全县15天实现社会面“清零”，21天实现全面彻底“清零”，47天后生产生活秩序有序恢复。

（郭佳欢）

## 重大决策

**【确立“12131415”发展思路】** 2022年，伊通为贯彻落实省第十二次党代会描绘的未来五年吉林振兴发展宏伟蓝图和县第八次党代会精神，县委八届六次全会结合伊通实际，创造性提出“12131415”发展思路。“12”，即围绕实现与长春深度融合这个中心任务，依托省级布局的“两廊”发展带动，建设好伊通“两轴、两环线”。“两廊”，即长春四辽吉松工业走廊、长辽梅通白延医药健康产业走廊；“两轴”，即伊通河沿岸和长伊公路两侧产业发展轴；“两环线”即长通白延吉长避暑冰雪生态旅游大环线伊通区间和建设中的长春外环线。“13”，即围绕建设长春都市圈最美节点城市目标，实施绿色伊通、法治伊通和幸福伊通三大工程，走绿色发展之路，让绿色成为伊通最鲜明的底色，彰显生态美；深化法治治理，让文明与法治成为公众自觉，展现和谐美；不断增进民生福祉，让经济社会发展成果更充分惠及人民群众，体验生活美。“14”，即围绕做强以现代服务业为核心的县域支柱产业，加快推动伊通“四点四带四区”建设。“四点”，即县域经济发展的4个支撑点，即开发区的4个片区，即景台片区、新兴片区、长伊片区和城北片区。“四带”，即长春都市圈外溢产业承接带、精品畜牧产品绿色发展带、火山

**延伸阅读**

### “1887”基层治理防控体系

“1887”指建好一个“小区支部”强引领。全覆盖建立小区党支部265个。组建“八个服务组”强功能。组建人员排查、环境监督、应急处置、白衣卫士、纠纷调解、关心关爱、政策宣传、文明创建8个志愿服务组。开展“八大行动”强治理。开展“清洁家园”、文明家庭创建、健康生活伴我行、守望相助、多彩文艺、“我有专长，有事找我”、广纳群言、关爱助老“八大行动”。促进“七项提升”强效果。抓党建促治理、特殊群体关爱、和谐邻里、小区环境、安全稳定、服务群众、文明创建7项工作得到优化提升。

“双指挥长”指自上而下建立运行高效的扁平化指挥体系，由县级领导包社区任“总指挥长”，由县直单位包小区，与社区书记组成“第二指挥长”。

“三长”AB岗指网格长、楼栋长、单元长。“三长”A岗，由社区工作人员和普通党员群众组成。“三长”B岗，由包保小区单位的领导和干部组成。

温泉休闲旅游带、矿产文化研学旅游带。"四区"，即长春都市圈田园生活体验区、林果采摘体验旅游区、满族民俗风情旅游区、伊通河源头生态功能区。"15"，即围绕推进高质量发展这个主题，统筹实施好产业提质增效行动、乡村振兴强基行动、改革创新攻坚行动、民生保障提升行动和思想文化铸魂行动。

**【聚焦"四高"目标　构建"四大体系"】** 2022年，伊通按照县委八届九次全会要求，聚焦"四高"目标，构建"四大体系"，把握时代大势，走符合发展规律、体现伊通特色、服务省市全局的现代化之路。聚焦推动高质量发展，构建现代化经济体系，全面贯彻新发展理念，坚持以推动县域高质量发展为根本主题、以改革创新为根本动力、以共同富裕为根本目的，稳经济、上项目，兴产业、抓振兴，谋改革、增活力，推动县域经济实现质的有效提升和量的合理增长。聚焦打造高品质生活，构建现代化民生保障体系，坚持以人民为中心的工作导向和尽力而为、量力而行的基本原则，提高人民生活品质、实现共同富裕，加强普惠性、基础性、兜底性民生建设，推动高质量发展成果更多惠及全县人民。聚焦实现高效能治理，构建现代化治理体系，总结城乡基层治理工作经验做法，补短板、强弱项、堵漏洞，强化党建在基层治理中的引领作用，抓住网格基层治理基本单元，全链条完善物质文明和精神文明相协调、自治、德治、法治、智治相结合的现代化治理模式，构建起党建引领、权责清晰、多元共治基层治理新格局。聚焦维护高水平安全，构建现代化防范体系，全面贯彻总体国家安全观，开展安全隐患大排查行动，维护政治、经济、意识形态、生态环保、公共安全各领域安全，筑牢维护国家安全坚实屏障。

2022年7月4日，中共伊通满族自治县委八届六次全体会议召开

（沈鸿升　摄）

**【开展五个"百日攻坚"行动】** 2022年，伊通贯彻落实党的二十大精神和省委十二届二次全会精神，县委着眼提高基层治理体系和治理能力现代化水平，在全县集中开展五个"百日攻坚"行动。行动聚焦事关群众利益和社会稳定的五大领域，在城乡环境整治、信访事项大化解、安全隐患排查治理、城乡基层治理综合整治、社会治安大整治等方面，推进伊通经济社会发展。

（郭佳欢）

## 重要会议

**【县委八届六次全体会议】** 2022年7月4日，中国共产党伊通满族自治县第八届委员会第六次全体会议召开。全会坚持以习近平新时代中国特色社会主义思想为指导，学习贯彻中国共产党吉林省委第十二次代表大会精神和市委八届四次全体会议精神。审议通过《中共伊通满族自治县委关于深入贯彻落实省委第十二次党代会精神的实施意见》和《县委八届六次全体会议决议》。县委书记孙立阳讲话。县委副书记、县长叶永兴就《实施意见（讨论稿）》作说明。

**【县委八届九次全体会议】** 2022年11月25日，中国共产党伊通满族自治县第八届委员会第九次全体会议召开。全会坚持以习近平新时代中国特色社会主义思想为指导，贯彻党的二十大精神及省委十二届二次全会精神、市委八届五次全会精神，听取县委书记孙立阳所作的报告，审议通过《中共伊通满族自治县委关于全面贯彻党的二十大精神　加快推进伊通社会主义现代化建设的实施意见（草案）》。孙立阳就《实施意见（草案）》作说明。全会审议通过《中共伊通满族自治县委八届九次全体会议决议》。

**【县域经济发展工作会议】** 2022年2月9日，伊通县域经济发展工作会议在综合楼会议室召开。会上，宣读《关于成立县域经济领导小组的通知》《关于对工业攻坚企业、规上入库企业的表彰决定》，对在2021年全县经济活动中表现突出的各类企业进行表彰颁奖。会议要求，在项目引领、农业率先、转型升级、城乡协调、普惠共享、改革创新六个方面，推动伊通全面振兴、全方位振兴取得新进展；提升工作能力，改进工作方式，优化工作机制，确保县域经济工作各项任务高质量完成。

**【县委常委会（扩大）会议】** 2022年，伊通满族自治县委召开24次常委会（扩大）会议。传达中央和省、市有关会议精神、研究讨论召开重大会议、听取重点工作推进情况等相关事宜。

（郭佳欢）

表9　　2022年中共伊通满族自治县委常委会（扩大）会议一览表

| 时间 | 会次 | 会议内容 |
| --- | --- | --- |
| 1月21日 | 第1次 | 研究部署安全生产、秸秆离田、疫情防控等节前重点工作。孙立阳与各乡镇（街道）、县直各部门主要负责人开展党风廉政建设集体谈话 |
| 2月16日 | 第2次 | 学习传达中央纪委十九届六次全会、省纪委十一届七次全会和市纪委八届二次全会精神，听取县纪委八届二次全会筹备情况 |
| 5月3日 | 第6次 | 学习传达习近平总书记在中央政治局会议上的重要讲话和省委常委会（扩大）会议精神，全国、全省、全市组织部部长会议，以及省委城乡基层治理工作委员会扩大会议暨全省"基层建设年"动员部署会议精神；研究部署疫情防控、经济发展等工作 |
| 5月18日 | 第7次 | 学习传达习近平总书记在中国人民大学考察调研和在庆祝中国共产主义青年团成立100周年大会上的重要讲话重要指示精神，习近平总书记、李克强总理关于安全生产工作的重要指示和全国安全生产电视电话会议精神及国务院副总理刘鹤提出的15条工作措施；听取全国安全生产电视电话会议精神落实情况；解读中央和省近期出台关于支持县域经济发展的政策文件精神；安排部署常态化疫情防控、县域经济发展、安全生产等当前重点工作。召开县委全面依法治县委员会第五次会议 |
| 6月27日 | 第9次 | 学习传达省第十二次党代会精神；学习传达习近平在中央政治局第三十九次集体学习时的讲话精神；听取上半年经济运行情况，研究下步稳增长工作举措；召开2022年全县生态安全工作暨生态环境保护领导小组第二次全体会议；召开县委审计委员会第三次会议 |
| 7月1日 | 第11次 | 学习传达《求是》杂志发表的习近平总书记重要文章《努力建设人与自然和谐共生的现代化》；听取县委八届六次全体会议筹备情况；召开统战工作领导小组会议；召开城乡基层治理工作委员会会议 |
| 7月22日 | 第12次 | 学习传达习近平总书记在中央政治局第四十次集体学习时的讲话精神；学习《中国共产党政治协商工作条例》；召开县文明委2022年第一次全体会议 |
| 8月16日 | 第13次 | 学习传达景俊海同志在全省巡视工作会议上的讲话精神；分析上半年经济运行情况，研究下步稳增长工作举措；听取专题招商推介会工作成果、2021年度国家和省巩固脱贫攻坚成果后评估反馈意见整改落实情况；召开2022年县委全面深化改革委员会第一次会议 |
| 8月28日 | 第14次 | 学习传达习近平总书记在中央统战工作会议上的讲话精神；听取全县田长制、林长制、河（湖）长制工作情况；召开2022年县委全面深化改革委员会第二次会议 |
| 11月4日 | 第15次 | 全文学习党的二十大报告，研究部署全县贯彻落实举措 |
| 11月14日 | 第16次 | 学习传达景俊海到伊通调研时的讲话精神，传达王彦东同志在市纪委常委（扩大）会议暨全市纪检监察系统学习贯彻党的二十大精神会议上的讲话精神，听取前三季度经济运行情况 |
| 11月18日 | 第17次 | 学习传达习近平总书记在中央政治局第一次集体学习和瞻仰延安革命纪念地时的重要讲话精神，学习传达省委十二届二次全会精神，通报县域经济考核进展情况 |
| 11月23日 | 第18次 | 学习传达市委八届五次全会精神，听取农田水网专项疏通整治工作情况，审议《中共伊通满族自治县委学习贯彻党的二十大精神宣讲工作方案》，研究其他事宜 |
| 12月12日 | 第21次 | 听取下半年安全生产工作情况、全年经济运行情况，研究下步稳增长工作措施 |
| 12月20日 | 第22次 | 听取县两会筹备情况，讨论《人大常委会工作报告》《2022年政府工作报告》 |

续表9

| 时间 | 会次 | 会议内容 |
|---|---|---|
| 12月30日 | 第23次 | 传达市委常委会议军会议精神，听取2022年度武装工作情况 |
| 12月30日 | 第24次 | 召开县委经济工作会议，听取年度有关工作汇报，审议《伊通满族自治县2022年度新冠疫情防控工作表彰方案》 |

（中共伊通满族自治县委）

## 组织工作

【概况】 2022年，全县有基层党委26个，党支部643个，党总支201个；有党员1.97万名。其中，正式党员1.95万名，预备党员270名。男党员1.46万名，占74.09%，女党员5111名，占25.91%；汉族党员1.10万名，占55.66%；少数民族党员8746名，占44.34%。在党员总数中，中华人民共和国成立前入党6名。

【党员发展】 2022年，伊通组织部通过谈话培养、广泛征求意见等形式，考实考准发展对象入党动机、政治觉悟、思想动态、道德品质、遵纪守法等情况，严把审核关，维护发展党员工作严肃性。严把“结构关”，优化党员队伍结构。研究制订发展党员具体计划和一年工作计划，根据党员队伍性别、民族、年龄、职业构成，提升产业工人、高知识群体、非公有制经济、社会组织发展党员比例倾斜力度，通过开展党史学习教育，引导农村青年、外出务工人员、退役军人、毕业大学生中优秀分子向党组织靠拢，优化党员队伍结构，提高党员队伍整体素质。严把“程序关”，规范党员发展流程。遵守《中国共产党发展党员细则》规定的发展党员程序，围绕在审查政审材料、党员大会会议、记录支部大会参加人数、公示情况等方面材料是否齐全，执行“双评、双考”（“双评”，即在确定发展对象时，让党员和群众进行评议；“双考”，即对发展对象进行考察时，实行党组织考察和群众评议考察）发展程序。掌握发展对象入党动机、历史表现和现实表现，强化入党积极分子、确定发展对象、接收预备党员、预备党员转正等重要节点和关键环节审查。坚持把指导检查作为推进发展党员工作重要举措，抽选人员组成指导检查组，到各乡镇、街道、县直各部门对发展党员流程、档案归档梳理及常见问题进行交叉指导检查，确保发展党员工作程序清楚、步骤完整、档案齐备。指导检查“回头看”，对整体推进慢、发展问题较多部门单位与党组织书记、分管党建工作领导进行沟通，督促抓好整改。

【基层组织建设】 2022年，伊通落实村党组织书记县委备案管理制度，结合乡村振兴、新冠疫情防控、秸秆禁烧等重点工作，对村党组织书记履职情况进行综合分析，2022年调整村党组织书记16名。开展村“两委”成员定岗定责定效活动，根据村级组织15项常规工作，制定定岗定责清单和目标责任清单，村“两委”成员按照清单要求进行合理化分工，确保任务高效落实。投入党费104万元，对4个村部及19个村部分别进行重建和修缮，坚持“一村一理念”设计、“一村一策”实施。投入资金122万元，对187个村软硬件设备进行整体提升，对61个示范村进行重点提升。在示范村推行“数字村部”建设，推广运用“电子展板”和智慧治理平台。在全市率先探索建立村级组织转移支付资金差异化增长机制，在省定标准基础上加大资金投入，为104个合并村、中等村额外发放163万元。基层治理整体工作经验作为全市县区唯一案例获省首届创新工作成果三等奖，并在《吉林日报》专版刊发推广。农村“3412”（建立三级指挥体系、夯实平时“四治”基础、加强战时“一键”转换、完善信用体系建设和建立守望相助体系）工作法、小区“双指挥长”“三长AB岗”等经验模式被省市推广。

【干部监督】 2022年，伊通县委组织部委托县审计局对调整的24名县管干部进行离任经济责任审计，强化“一把手”监督，做到应审尽审。全年完成股级干部任前审核批复115批次351人次，其中提拔212人、重用3人、平调57人、免职79人。查看事业股级干部档案174本，完善股级干部信息1232条。下发《关于开展股级干部选任工作“规范提升年”实施方案》，对全县各单位股级干部选拔任用工作进行专项检查，发现问题，及时督促整改。强化管理县管领导干部因私出国（境）工作，对县管干部登记备案情况、证件集中保管情况、证件申办审批以及因私出国（境）审批情况进行自查。对年内新提拔40名县管干部进行登记备案，将14本因私出国（境）证件集中收缴保管。至年末，持有有效因私出国（境）证件138人、证件185本全部统一收缴集中保管。落实《关于领导干部报告个人有关事项的规定》《关于对配偶子女均已移居国（境）外的国家工作人员加强管理的暂行规定》。对县级领导个人有关事项报告进行集中填报，召开领导干部个人有关事项填报工作培训会议，邀请省委组织部领导做现场指导，成立4个检查组，对20家单位股级干部选任工作进行专项检查，针对发现问题及时反馈，要求各单位制定整改方案，明确整改措施，限定整改时限。

**【干部队伍建设】** 2022年，伊通贯彻落实吉林省委“强基培苗工程”（“314151”工程）和四平市委新时代干部队伍建设“四项工程”（“不拘一格”优选工程、“铸魂赋能”精育工程、“激励考评”监管工程、“人事相宜”调用工程）安排部署，在干部队伍建设上建立健全激励干部担当作为机制，树立在县委县政府中心工作中选人用人识人鲜明导向。实施“青圃育林”工程，结合沉浸式调研和专项考核，掌握县乡69个领导班子运行情况和领导干部思想动态，将表现优秀的年轻干部纳入“储备库”进行动态管理和培养。全年纳入副处级干部储备库11人，年轻正职干部储备库45人，年轻副职干部储备库129人。在“储备库”中选派3名乡镇副科级干部到县信访、住建、自然资源局等重要职能部门参与班子中谋划中心工作，选派20名优秀年轻干部到县信访、乡村振兴局及基层治理等重要部门进行跟班学习，选派50名优秀年轻股级干部到全县巡视巡察、项目建设、招商引资等一线关键岗位进行历练。制定出台《关于加快干部向基层流动促进乡村振兴的指导意见》《激励干部担当作为的指导意见》《关于建立营商环境激励和约束机制的五条措施》和《关于鼓励激励信访干部担当干事实施办法》，激励年轻干部下基层、抓招商、干事业。建立常态化考核机制，在新冠疫情防控、秸秆离田、排涝防汛等急难险重工作一线，“零距离”考察干部，对实绩突出、表现优秀、敢担善为干部大胆提拔重用，对不想干、不能干、不适宜担任现职的干部及时进行调整。

**【干部作风建设】** 2022年，伊通巩固“作风建设年”成果，发挥“三种常态”功能，开展提醒、函询、诫勉工作。发挥干部日常监督考核组作用，以干部考察、重点工作督导、年度考核等工作为载体，了解干部在思想上是否对表对标、行动上是否紧跟紧随、履责上是否坚定坚决、作风上是否从严从实。对苗头性、倾向性问题抓早抓小，指出存在问题及不足，强化政治担当、履行主体责任，强化作风建设，推动工作落实。

**【干部教育】** 2022年，伊通贯彻习近平新时代中国特色社会主义思想，抓实新时代干部教育工作。举办全县学习贯彻党的十九届六中全会精神专题轮训班，分3批次对全县实职副乡（科）级及以上领导干部进行轮训。举办学制3天的全县巩固拓展脱贫攻坚成果同乡村振兴有效衔接专题培训班，培训干部650余人次。创建“战‘疫’云课堂”，在线推送防护服穿戴、核酸采样、个人防护等防疫知识。在“干部教育微讲堂”，推送乡村振兴、基层治理、安全生产、经济发展等线上热点直播课程20期，学习点击量1.2万次。选聘193名领导干部、业务骨干、“土专家”“田秀才”等人员组成开放式“师资库”，建立以政治理论、党性锻炼、能力提升和实用技术为主要内容的“课程储备库”。全年开展“送课下基层”活动51场，培训2900余人次。

创作推出抗击新冠疫情短视频《阻击疫情党在前面》《今天你感动了吗》《他们的样子》，H5《我是伊通第X位党员，我为抗疫加油》《致全县抗击疫情的广大共产党员的一封信》等作品。短视频《他们的样子》获省总工会举办的“喜迎二十大　建功新时代”职工大赛铜奖。举办“党课开讲啦——我身边的共产党员”微视频展播活动，集中拍摄、征集、展播党员教育专题片《何桂香：大酱村村民的贴心人》《春风化雨大爱无疆》《擎以丹心铸警魂》等6部专题片。在“伊通党建”开设《学习贯彻二十大　对党说说心里话》专栏，集中拍摄展播全县各行各业党员学习心得体会。

**【非公党建】** 2022年，伊通坚持以组织建设“铸魂”，筑牢“两新”组织党建根基。新建非公企业党组织9个，纳入党组织管理企业26家，党组织组建率61%。落实“火种计划”，培养入党积极分子26人，确定发展对象11人。围绕“新冠疫情防控”“乡村振兴”“社区治理”等内容对“两新”组织党组织党员职工开展线上线下学习培训18期，覆盖3000余人次。创新流动党员教育管理，利用微信公众号、朋友圈发布《流动党员，组织喊你“码”上归队》召集令，建立“繁星流动——红色‘伊’家”流动党员微信工作群。打造“两新党建主题街”，推动沿街党员经营商铺、红心商铺、“暖新驿站”等460余家商铺及企事业单位全要素参与。制定《调整完善县委非公党工委直接联系“两新”党组织机制的通知》，围绕企业需求组建“发展服务团”，建立日常联系服务机制，“一企一策”细化帮扶措施，解决难题161个。开展“民营企业招聘月活动”，为38家企业发布招工信息205条，竞聘岗位1050个；开展“春风行动”线上线下招聘会10场，提供就业岗位4100个，发放宣传资料5500份，招工简章7000份，72名城乡劳动力与用工单位达成就业意向。举办“益企伊品扶企助企”产品展销会，邀请青年电商直播达人进行线上推介和直播带货，直播观看量15.3万余人次，带动促进产品交易量1.2万余单，销售额52万余元，8家企业达成长期合作意向。搭建银企对接平台，帮助企业贷款2000万元，缓解企业流动资金压力；组织"服务企业年融资对接会"暨助企纾困融资座谈会，为12家企业收集企业融资需求。统筹组建快递物流、电子商务、外卖配送等新业态新就业群体党支部，成立派驻党支部6个，选派18名党建指导员、7名红领专员入企服务指导，推动党的组织向新兴领域等经济末梢覆盖。加强"红色孵化器"建设，以电商大厦为依托，成立电子商务创新创业红色孵化中心，建强"一堂三站"（开办"创业大讲堂"、打造"众创空间"工作站、设立孵化器企业服务站、建立软环境建设监督站），吸纳入孵电商企业11家。联合县职教中心建立新业态新就业群体实训基地、产教结合实训基地，打造中小企业孵化园，做好新就业群体就业服务。合理利用物业小区、临街企事业单位闲置资源建设"暖新驿站"15个，形成"10分钟党建服务圈"。

【公务员管理】 全年为33家单位设置岗位63个，招录公务员78人，其中招录专业型公务员14人。研究起草《2022年年度公务员考核办法》，对1227名非县管干部公务员和参公人员开展年度评优工作，其中211人获优秀嘉奖、33人获个人三等功。制定《2022年公务员平时考核办法》，完成4900余人次平时考核审核备案工作，其中1900余人次获"好"等次评价。建立省级平时考核联系点1家，市级平时考核联系点2家。

【人才建设】 2022年，伊通围绕招商引资、项目建设急需紧缺人才进行调研，测算近3年退休人员，统筹全县编制，梳理出15个乡镇（街道）急需基层治理专干10名、乡村振兴专干66名，县直引才27名，招录公务员、教师、"三支一扶"（大学生在毕业后到农村基层从事支农、支教、支医和扶贫工作）等人员371名，超额完成省定"基层治理专干"目标。在"四平籍"学子回引工作中落实1名伊通籍学子安置工作，并为其预留全额拨款事业编制。按照省、市相关文件要求，伊通提前超额完成"人才编制池"储备200个编制目标，2022年5月，县人才引进服务中心储备事业编制205名（已使用38名）。促进全县重点产业项目校院企对接，与吉林大学东北振兴发展研究院达成合作意向，推动吉林农大园艺学院吴春燕、周旭丹教授，省农科院刘海燕、程欣教授到铠绎院士专家工作站、德利专家工作站开展大樱桃种植、农用有机肥开发技术交流活动5次，推进新技术开发与应用。

2022年11月9日，伊通电商企业直播带货助力农村经济发展。图为益农信息社直播现场 （赵东星 摄）

【人才服务乡村振兴】 2022年，伊通贯彻省委关于《支持人才服务乡村振兴政策措施实施方案》，创造性提出伊通激励人才助力乡村振兴16条举措，鼓励全县各类各级人才1000余人投身乡村振兴建设；开展各类培训20余期，服务2000余人次，解决问题300余个。建立"域外伊通籍人才信息库"（35人）、"伊通籍海外博士信息库"（4人），建立人才激励保障机制，推动创建县级返乡创业基地4家，落实初次创业贷款补贴等政策，发放创业担保贷款2290万元，就业见习补贴146万元。开展乡村振兴人才评选工作，评选出高级职称6人、中级职称8人、初级职称21人，申报并通过41名基层硕（博）人员职称评审。开展"农村实用人才"补选工作，在原60人基础上补选10人。参与第六批市管优秀专家评选，审核完成7人进行申报。

（王　喆）

## 宣传工作

【概况】 2022年，伊通县委宣传部开展文明创建、文明建设，推动文化事业、文化产业繁荣发展，加快网络综合治理体系建设。代表吉林省参加全国"新时代文明实践与志愿服务学术交流暨专题研讨班（第一期）"，成为"新时代文明实践与志愿服务研究智库联盟"九家成员单位之一。下发《伊通满族自治县精神文明建设指导委员会2022年工作安排》《2022年新时代文明实践工作要点》，在全省新时代文明实践工作中排名第一。伊通新时代文明实践中心下设分中心8个、基地10个，所17个、站197个、点1239个。依托新时代文明实践中心成立吉林省首家新时代文明实践学院，探索创新“拟课堂”模式被编入中央文明办《新时代文明实践创新案例100例》中，“驿路贤文”“文明经济”等项目被评为省级优秀志愿服务项目。

【理论武装】 2022年，伊通制定下发《伊通满族自治县2022年宣传思想文化工作要点》《2022年全县干部理论学习安排意见》等文件。县委理论学习中心组召开7次集体学习会，乡科级党委（党组）开展理论学习300余次，基层党组织开展理论学习和宣讲活动2000余次。做好党的二十大、《习近平谈治国理政》（第四卷）、《百年大党面对面》等学习材料征订工作。推广和使用“学习强国”学习平台，全年推送稿件200余篇。全县各级党组织“以寻常路径让党的创新理论飞入寻常百姓家”的宣讲模式，围绕学习宣传贯彻党的十九届六中、七中全会和党的二十大精神及省、市、县党代会精神，组建县委宣讲团、基层理论志愿宣讲团，开展“七讲七进”（进机关、进企事业单位、进校园、进军营、进各类新经济组织和新社会组织、进网站）宣讲活动。

【党的二十大精神宣讲】 2022年，伊通下发《关于学习贯彻党的二十大精神宣讲工作方案》《伊通满族自治县学习宣传贯彻党的二十大精神工作方案》《点对点基层理论宣讲通知》，按照“五统一”（统一组建队伍、统一策划选题、统一培训指导、统一集中宣讲、统一评估总结）理论宣讲模式，组织宣讲团成员开展理论宣讲，在全县掀起学习宣传贯彻党的二十大精神热潮。市委宣讲团成员、县委书记孙立阳采取“1+3”（举办1场宣讲报告会，面向学校以思政课形式宣讲1场、基层互动交流宣讲1场、制作一个宣讲视频线上展播）模式开展宣讲，其他党员领导干部到分管系统领域或包保的社区（村屯）、党支部联系点等开展宣讲工作，发挥一级带一级、层层抓落实的示范引领作用。从县级领导及各乡镇、各部门主要负责人中选取31名理论宣讲骨干开展“示范”宣讲。全年开展宣讲36场，覆盖5000余人。组建9支特色宣讲队伍，面向基层开展对象化、分众化、互动化特色宣讲活动，开展宣讲60场，受众3000余人。拓展新时代文明实践理论宣讲阵地建设，活化宣讲资源，创新宣讲活动形式，到学校、小区等百姓生活现场，用百姓愿意听、听得懂、听得进方式宣讲党的二十大精神，各乡镇新时代文明实践所（站）宣讲180场，覆盖7000余人。

【意识形态工作】 2022年，伊通县委常委会召开专题研究意识形态工作会议2次，乡局级党委（党组）研究意识形态工作会议110余次，组织召开全县宣传思想工作领导小组和意识形态工作领导小组全体（扩大）会议2次。下发《中共伊通满族自治县意识形态工作领导小组2022年工作要点》《中共伊通满族自治县宣传思想工作领导小组2022年工作要点》等。印发《关于2022年度党委（党组）落实意识形态工作责任制自检自查的通知》，组织全县各单位开展落实意识形态工作责任制情况自检自查，并进行专项督查。根据意识形态工作要求，由县委宣传部统筹，会同县纪委监委、县委组织部、县委统战部等部门组成督查组，对全县58家党委（党组）意识形态工作责任制落实情况开展专项督查，对督查中发现的问题及时指出，并要求限时予以整改，压实意识形态工作责任。

【思想政治工作】 2022年，伊通始终把思想建设作为班子建设重要内容，深刻领悟“两个确立”决定性意义、增强“四个意识”、坚定“四个自信”、做到“两个维护”。始终坚持以习近平新时代中国特色社会主义思想为指导，创新工作思路，加强以坚持“立党为公、执政为民”为核心的领导班子思想政治建设。加强国情、省情、市情和形势政策教育，开展防范、化解重大风险宣传教育，增强忧患意识、发扬斗争精神。发挥先进典型示范引领作用，提升全县企业、农村、机关、学校、社区、网络和各类群体的思想政治工作质量和水平。

【文化事业】 2022年，伊通以市（农）民文化节为主线开展青少年街舞大赛、“魅力舞者和谐伊通”城乡广场舞大赛、“伊鹿高鸽”消夏美食节演艺活动，惠及基层群众2万余人。开展“书香吉林阅读季”活动近50场，全县干部群众4265人参与。开展“春节七天乐文化大拜年”活动，编发节目7期。开展“七星踔厉众志成城”抗“疫”作品征集活动，征集摄影、诗歌、美术、书法等作品700余件，发表作品150余件。二道镇石场村农民“村晚”入选省委宣传部、省文旅厅联合评选的“吉林省公共文化服务高质量发展典型案例”。伊通满族艺术团获第九届全国“服务农民服务基层”先进集体。艺术团原创反食品浪费题材现代二人转《自作自受》，入选中国曲艺家协会主办的第四届“通州杯”全国曲艺小剧场新作展演。新建农村文化小广场6个，依托村综合文化服务中心建成村级图书馆分馆4个，发放图书2000余册。在河源镇挂牌成立助力乡村振兴暨赵春江工作室和吉林省摄影家协会乡村振兴创作基地等4个基地。打造冰雪旅游文化，组织全县“乐享冰雪　喜迎冬奥”冰雪活动。以“伊鹿高鸽”消夏美食节开幕、大樱桃采摘等文化节庆活动为契机，拓展文化产业，提升伊通域外影响力和美誉度。

【新闻宣传】 2022年，伊通新闻战线围绕县委、县政府中心工作，先后开设《文明实践》《学习贯彻党的二十大精神》《喜迎二十大　奋进新征程》《“疫”尘不染　伊美家园》等子栏目，全年播发时政、民生等各类消息2100余条，其中关于党的二十大精神相关消息150条。

【社会宣传】 2022年，伊通做好新冠疫情防控、安全生产、项目建设、学习贯彻落实党的二十大精神等社会宣传，利用大型LED电子屏、条形LED屏、悬挂条幅等方式开展社会宣传。坚持以党的二十大精神为引领，开展“强国复兴有我”群众性主题宣传教育活动、“伊鹿高鸽”消夏美食节、“关东文化杯·我和我的家乡”主题短视频大赛等活动。

【对外宣传】 2022年，伊通打造“伊通发布”政务新媒体平台品牌。贯彻落实党的二十大精神和县委、县政府重大决策部署，聚焦项目建设、营商环境、生态文明等方面，突出时政、民政等重点，组织策划一批具有伊通特色、群众喜爱的精品栏目。宣传推介伊通品牌，其中在省级以上媒体平台刊登稿件近300篇；《四平日报》刊登稿件260余篇，“新e通”App下载率及活跃率始终位于全省前列。

【媒体融合发展】 2022年，伊通加强体制创新、技术赋能，构建全媒体传播体系，打造全媒体传播新优势。探索“媒体+”用户导向，建立并完善以广播电视传统媒体为依托，以微博、微信、手机客户端为生力军的全媒体宣传平台，推进媒体融合向纵深发展，强化与用户之间情感黏合。在“新e通”增设“通知通告”“政务服务”“部门动态”“乡镇街道”“美食推荐”“便民广告”“群众文化”“社情民意”八大特色版块。各部门关注内容随时可查、群众关注热点及时回复。输出《吉林伊通：斗转星移　夜空澄净》《吉林伊通：满乡雪景》《四平伊通以“文化+”模式助推乡村振兴》等有温度、有深度、有情怀的新闻作品，多部作品被“新华社”“学习强国”“搜狐吉林”等媒体采纳并播发。

【志愿服务团队活动开展】 2022年，伊通指导民间志愿服务团队注册，开展“呵护你的手助农秋收”志愿服务活动，发放“暖心包”1500余个。开展“文明经济”志愿服务项目，“文明经济”销售额200余万元，受益农民188户，户均增收4000元左右。组织民间志愿服务团队开展助学扶困类志愿服务活动200余次，受益群众3000余人次。文明单位农电局参与志愿服务活动，组建党员志愿服务队，开展助学帮困类志愿服务活动，为脱贫户排除用电隐患116处，连续12年帮扶困难学子圆梦大学；培育省级优秀志愿服务项目2个，市级优秀志愿服务项目8个。

【新时代文明实践中心建设】 2022年，伊通乡镇（街道）、村（社区）、屯建立新时代文明实践中心1个、所17个、站197个、点1239个，各机关企（事）业单位挂牌成立分中心8个、实践基地10个，实现中心、所、站全覆盖；新时代文明实践中心、所配备16名专职公益岗位人员负责新时代文明实践日常工作及活动项目运行。利用县内各种资源，成立“满族文化研究基地”“满族剪纸传承基地”“家风建设示范基地”等十大基地。县新时代文明实践中心位于县委党校三楼，面积760平方米，主要用于新时代文明实践工作展示、召开会议、开展大型活动等。新时代文明实践活动基地位于县卫校院内，面积950平方米，内设文体活动室、文化讲堂、书画培训室、志愿者之家等多个功能室，同时设有志

2022年9月12日，靠山镇六家村村书记为文明户发放“文明经济”作物收益

（吴双双　摄）

愿服务站，有规范的组织架构及管理制度等。实践日常工作及活动项目运行。

【新时代文明实践服务】 2022年，伊通新时代文明实践所、站开展相关活动800余场。开展“校地共建”活动，推进与长春工业大学、吉林师范大学等高校合作，成立全省首家新时代文明实践学院，此项活动在中央、省、市等10余个媒体上进行宣传报道。下发《关于开展全县“中华好家风一体化建设”活动的方案》。聘请东北师范大学家庭教育研究院院长赵刚等做顾问。

【“和美家风”训练营志愿服务项目】 “和美家风”训练营志愿服务项目以“和美家风”建设为主线，致力于以家风带民风、促政风、正党风，营造风清气正社会风尚，开展“家风训练营”“家风大讲堂”等相关活动，通过邀请家风讲座名师对学生和家长进行授课，开展课外拓展活动，使其了解家庭、家教、家风的重要作用，帮助未成年人树立正确的世界观和家庭观，促进亲子感情提升。全年开展家风类活动70余场，发放家风卡5万余张。

【“1+1+5+N+X”拟课堂】 2022年，伊通发挥新时代文明实践中心教育属性，以集中性文明实践活动为切入点，做到“七个到位”（文体活动组织到位，搭建“课堂”阵地；集中活动设计到位，突出“课堂”重点；志愿服务组织到位，提升“课堂”黏性；资源力量整合到位，强化“课堂”保障；文化传承发展到位，厚植“课堂”底蕴；日常活动组织到位，强化“课堂”践行；乡村振兴融合到位，释放“课堂”效能），推动新时代文明实践活动往深里、实里、心里走。每次文体活动比赛之前开展集中性文明实践活动，活动场所成为集政治引领、思想引领、文化引领、实践引领等多种效能于一体的稳固课堂。全县村级文明实践站实现文体活动场所建设全覆盖，发动乡贤集资建起门球场42个；“小门球转动乡村大文明”做法被《光明日报》报道；在中宣部组织的基层宣传部部长培训中被作为经典案例引用。全县文明实践所、站、点开展集中性文明实践活动近万次。制定《实施方案》《工作要点》《考核细则》《志愿者礼遇办法》《“文化伊通”实施纲要》，打造伊通文化的自觉、自强、自立、践行和融入工程。强化品牌引领，打造小孤山镇、马鞍山镇、伊通镇建国村、大孤山镇羊草沟屯等“乡贤文化”“满族文化”“家风文化”“书香文化”等特色文明实践示范点。

（刘　畅）

## 网络安全与信息化管理

【概况】 2022年，中共伊通满族自治县委网络安全和信息化委员会办公室（简称县委网信办）以迎接服务保障和学习宣传贯彻党的二十大为主线，完善网络综合治理体系，筑牢网络安全屏障。审议通过《2021年网络意识形态工作报告》《2021年网络安全工作报告》。下发《关于开展2022年度网络安全工作责任制专项督查的通知》。全县17个乡镇（街道），55家部门（单位）进行专项督导，将督导结果纳入绩效考核，上报县委网信委。

【网络宣传创新】 2022年，伊通围绕“二十大”“新冠疫情防控”“安全生产”“国家安全教育日”等重大事件和时间节点开展网络主题宣传活动。在伊通融媒体中心“两微一端”新媒体平台开设专栏，宣传习近平总书记重要活动，开展习近平新时代中国特色社会主义思想和党的二十大精神网上传播。通过短视频、H5等载体，加强网上理论传播。举办“网络名人四平行”活动，宣传推介河源镇甜糯玉米。开展网络公益活动，开设精神文明建设专题专栏。开展“网络中国节”“春节七天乐　文化大拜年”“元宵灯火映万家”“团圆共此时、中秋千里明月寄相思”等网络活动。招募网络志愿者8000余人参与“争做中国好网民”活动。

【网络安全】 2022年，伊通落实网络安全工作责任制，调整网信委委员单位，完善网信制度体系。制定全县网络安全重点工作安排等文件，做好重大时间节点网络安全保障工作。贯彻党管互联网原则，出台全县党委（党组）网络安全工作责任制实施办法，增强网络安全态势感知、应急处置水平。召开网络安全会议3次，处置县不动产登记中心网站和县温氏农牧有限公司互联网网络安全事件2起。开展全县办公邮箱管理专项整治和互联网信息备案及各部门、各单位网络资产统计工作。全县在用办公邮箱42个，由专人专管；有网站和信息系统单位8家。建立网络资产台账，形成工作闭环，筑牢全县网络安全屏障。

【网络综合治理】 2022年，伊通推进网络综合治理工作，县委网信办指导各乡镇（街道）、部门单位建立政府网站、政务新媒体信息发布审核机制，落实“三审三校”制度。开展国家互联网信息办公室部署“清朗”系列专项行动，规范网上传播秩序。建立舆论引导统一指挥机制，明确舆情三级响应责任人，协同开展发声、引导、处置、管控。制定《伊通满族自治县政务新媒体平台管理办法》《伊通满族自治县自媒体平台管理办法》，宣传《网络信息内容生态治理规定》。建立“日常提醒、月度研判、季度会商”工作机制。

【网络阵地管理】 2022年，伊通按照《互联网新闻信息服务管理规定》要求，加强对属地互联网新闻信息服务提供者日常检查和定期检查，对县融媒体中心开展国有互联网新闻信息服务单位社会效益评价考核。开展属地公众账号信息数据排查，全县使用官方新媒体进行政务公开活动34家，新媒体79个。其中，官方微博7个、官方微信公众号48个、官方网站11个、今日头条账号2个、抖音账号7个、快手账号3个、App1个。

【数字乡村建设推进】 2022年，伊通贯彻全省巩固拓展脱贫攻坚成果同乡村振兴有效衔接“大提升”专项行动部署会议精神，推进数字乡村建设，10月28日，下发《伊通满族自治县数字乡村建设发展专项行动工作方案》。落实“推进乡村信息基础设施优化升级”“推动乡村传统基础设施数字化改造升级”“加快推进农业农村大数据建设应用”“建设天空地一体化农业观测网络”“加快农业生产数字化改造”“加快智慧农业技术创新”“加强农业科技信息服务”“深化农产品电商发展”“促进农村消费升级”“加快培育农村新业态”“完善农村智慧党建体系”“推动‘互联网+政务服务’向乡村延伸”“提升村级事务管理智慧化水平”“推动社会综合治理精细化”“加强农村智慧应急管理体系建设”“筑牢乡村网络文化阵地”“推进乡村文化资源数字化”“提升乡村生态保护信息化水平”“加强农村人居环境数字化监管”“深化乡村‘互联网+教育’”“推进‘互联网+医疗健康’”“完善农村社保与就业服务”“提升面向农村特殊人群的信息服务水平”“深化农村普惠金融服务”“巩固拓展脱贫攻坚成果”“做好网络帮扶与数字乡村建设有效衔接”26项工作。

（刘丹丹）

## 统一战线工作

【思想引领统战】 2022年，伊通县委统战部组织统战干部、统战成员加强对习近平总书记关于做好新时代党的统一战线工作的重要思想和党的二十大精神、中央统战工作会议精神及《中国共产党统一战线工作条例》的学习。统战领导小组带头学、部门深入学、统战成员一起学，召开县委统战工作领导小组（扩大）会议2次、统战相关会议5次、座谈会4次，开展传达学习10余次。迎接党的二十大，统战系统开展“唱四平、议四平、助四平”“寻美伊通”主题活动。举办统战部部长讲党课活动，组织统战成员祭扫烈士墓、重走红色路线，凝聚人心、汇聚力量。

【基层统战】 2022年，伊通县委统战部开展基层统战工作大调研活动，摸清全县统战工作基础数据，发放新阶层人士、民营经济人士、党外干部等8类调查问卷，收回有效问卷198份，并对问卷结果进行数据分析。研究基层统战工作重点难点问题，听取加强基层统战工作意见。在全县17个乡镇（街道）召开基层统战工作座谈会，总结基层统战工作经验，提升基层统战工作水平，加强基层统战机构建设，推动落实乡镇（街道）统战工作。对民主党派、党外知识分子、网络人士、党外干部、新阶层人士5537名代表进行登记造册。

【风险隐患化解】 2022年，伊通县委统战部制订《关于做好统一战线防范、化解风险隐患工作、迎接党的二十大胜利召开的实施方案》，开展风险隐患防范、化解。召开座谈会5场，开展走访谈心谈话30余次。制订《关于开展非法宗教活动、遏制宗教渗透蔓延工作、防范、化解党的二十大期间宗教领域重大风险的实施方案》，针对特殊节点执行“日报告”制度。

【民营经济统战】 2022年，伊通县委统战部、县工商联到企业进行调研，通过座谈交流、实地踏查等方式，了解企业发展现状、生产规模及销售能力，帮助企业解决困难，提振信心。召开民营企业家座谈会、民间商会座谈会，将企业家提出的问题和存在的困难向县委汇报。促进民营经济人士健康成长。开展“同心谋发展 助力新伊通”主题教育活动，激发民营经济健康发展动力和活力。制订《伊通满族自治县统战系统“经济统战助力港”实施方案》，以此为依托开展银企对接、法企合作、税商联动、域外考察等活动9次，举办金融服务座谈会、成立“民企纠纷调解工作室”、税务助企政策解读培训班、赴辽宁省考察农副产品类项目等助企惠企活动。引导民营经济人士履行社会责任，号召民营经济人士参与“万企兴万村”伊通行动，32家企业对接32个乡村振兴重点村，实现村企共建双赢。伊通民营经济统战工作在2022年度获省级创新实践成果奖。

【新的社会阶层人士统战】 2022年，伊通组织新的社会阶层人士参加“新心筑梦闪耀十年”主题征文活动，以新的社会阶层人士视角，结合自身工作生活体会，畅谈伊通近年来发展变化，并推选优秀作品报送省市委统战部。开展“寻美伊通视频随手拍、砥砺奋进绽新声”音频作品征集活动，入选市级优秀作品4件。分别召开“凝聚新力量 筑梦新时代”新的社会阶层人士统战工作座谈会、网络代表人士座谈会，掌

2022年9月28日，伊通县委统战部召开“凝聚新力量 筑梦新时代”新的社会阶层人士统战工作座谈会 （刘 畅 摄）

握代表人士思想动态和意见诉求，统一思想，加强政治引领。

【海外统战工作】 2022年，伊通县委统战部推进全县海外统战工作，发挥海外侨胞和归侨侨眷在推动全县经济发展中的重要作用，在更大范围内、更高层次上为推进伊通经济发展提供侨力支撑。树立大侨务观念，以侨为桥，以侨引侨，发挥人才荟萃、智力密集、联系广泛的独特优势，招商引资、招贤引智，做好重点人士工作，引导其参与家乡建设。

【侨务工作】 2022年，伊通县委统战部发挥社区及村“侨胞之家”工作平台服务功能，依法维护侨胞及其眷属合法权益。创新《中华人民共和国归侨侨眷权益保护法》（简称《侨法》）宣传载体，组织《侨法》宣传教育活动。利用电视台展播宣传《侨法》、悬挂过街横幅、印发《侨法》宣传册、制作宣传板报等形式，使《侨法》深入人心。开展送温暖活动，看望慰问孤寡、病残、特困归侨。春节前夕，县委统战部对4户贫困归侨侨眷进行走访慰问，送去慰问品、慰问金。

【民族工作】 2022年，伊通县委统战部制订《关于铸牢中华民族共同体意识为主线 推动新时代党的民族工作高质量发展的实施方案》，提升民族事务治理体系和治理能力现代化，防范、化解民族领域风险隐患。支持少数民族开展传统节日庆祝活动，与少数民族群众共庆满族虫王节、回族古尔邦节，激发少数民族同胞文化认同和民族自信，增进民族感情，维护本地区民族团结。谋划少数民族方向发展资金使用。争取少数民族发展任务资金1595万元，落实河源镇榆树村少数民族特色村寨基础设施建设等相关项目5个，2023年度第一批少数民族发展任务资金1339万元列入实施计划。伊通满族自治县民族工作在2022年获市级创新实践成果奖。

（刘 畅）

## 机构编制工作

【概况】 2022年，伊通强化机构编制法定化建设，机构编制保持“零增长”。全年增加事业单位7个，调整副科级事业单位机构规格1个；增核事业单位正科级领导职数2名、副科级领导职数6名、股级领导职数44名。推进乡镇（街道）管理体制改革，完成法人登记管理工作。开展中文域名注册管理、网络标识认证工作，中文域名注册率100%。

表10 2022年伊通满族自治县增设机构、机构升格、增加编制情况一览表

| 序号 | 依据文件 | 增设机构、编制 | 所属部门 | 撤销 |
|---|---|---|---|---|
| 1 | 省委编办《关于伊通满族自治县住房和城乡建设局加挂伊通县城市管理行政执法局牌子的审核意见》及四平市委《关于同意伊通满族自治县住房和城乡建设局加挂伊通满族自治县城市管理行政执法局牌子的批复》 | 伊通满族自治县城市管理行政执法局 | 伊通满族自治县住房和城乡建设局加挂牌子 | — |
| 2 | 中共中央办公厅印发《关于加强和改进非公有制企业党的建设工作的意见》、中共吉林省委组织部《关于全省市县两级非公有制企业和社会组织党建工作领导机构和办事机构建设情况的通报》、省委编办《关于设立伊通满族自治县非公有制企业和社会组织党建服务中心的批复》 | 伊通满族自治县非公有制企业和社会组织党建服务中心 | 中共伊通满族自治县委组织部所属事业单位 | — |

续表10

| 序号 | 依据文件 | 增设机构、编制 | 所属部门 | 撤销 |
|---|---|---|---|---|
| 3 | 省委编办《关于伊通满族自治县计划生育协会机关配备事业编制的批复》 | 伊通满族自治县计划生育协会机关配备全额拨款事业编制5名，核定专职副会长职数1名（副科级） | 列入中共伊通满族自治县委领导的群团序列 | — |
| 4 | 省委编办《关于设立伊通满族自治县教育事业发展促进中心的批复》 | 伊通满族自治县教育事业发展促进中心 | 伊通满族自治县教育局所属事业单位 | — |
| 5 | 中共中央宣传部、中央文明办《关于新时代文明实践志愿服务机制建设的实施方案》（文明办〔2019〕17号）、省委编办《关于设立伊通满族自治县志愿服务促进中心的批复》 | 伊通满族自治县志愿服务促进中心 | 中共伊通满族自治县委宣传部所属事业单位 | — |
| 6 | 省委编办《关于设立伊通满族自治县应急指挥保障中心的批复》 | 伊通满族自治县应急指挥保障中心 | 伊通满族自治县应急管理局所属事业单位 | — |
| 7 | 根据省委组织部参公认定要求，在《吉林省编制人事财政信息综合管理系统》中规范机构名称 | “共青团伊通满族自治县委员会”机构名称规范为“中国共产主义青年团伊通满族自治县委员会” | — | — |
| 8 | 省委编办《关于县（市、区）软环境建设办公室更名的通知》及四平市委《关于伊通满族自治县软环境建设办公室更名请示的批复》 | 伊通满族自治县软环境建设办公室牌子更名为伊通满族自治县营商环境建设办公室 | 伊通满族自治县政务服务和数字化建设管理局加挂牌子 | — |
| 9 | 省委编办《关于设立伊通满族自治县非公有制经济发展指导中心的批复》 | 伊通满族自治县非公有制经济发展指导中心 | 伊通满族自治县市场监督管理局所属事业单位 | 撤销伊通满族自治县消费投诉受理中心（伊通满族自治县广告监测中心、伊通满族自治县非公有制经济发展指导中心） |
| 10 | 省委编办《关于伊通满族自治县博物馆加挂牌子的批复》 | 伊通满族自治县满族文化研究中心 | 伊通满族自治县博物馆加挂牌子 | — |
| 11 | 省委编办《关于中共伊通满族自治县委党校加挂牌子等事宜的批复》 | 伊通满族自治县委党校更名为中共伊通满族自治县委党校，加挂伊通满族自治县行政学校牌子 | — | — |

（中共伊通满族自治县委机构编制委员会办公室）

【机构编制信息核准】 2022年，伊通推进机构编制信息数据管理，实行机构编制人员信息“全链条”管理，由业务人员、科室负责人、分管领导逐层复核查验，构建更新迅速、内容全面、数据准确的人员信息数据库，确保人员数据信息一致性、准确性。12月29日，按照《关于加强全省机构编制信息数据管理工作的通知》要求，再次集中对全县各部门（单位）机构编制及人员信息进行维护，实现“四个一致”（机构编制批准文件、沿革台账、实际设置和配备、吉林省编制人事财政信息综合管理系统数据），核准机构编制及人员信息1826条，做到机构编制基础信息及时准确、完整规范。

【街道（乡镇）管理体制改革】 2022年，伊通学习城乡基层治理工作相关内容，以街道（乡镇）管理体制改革为切入点，推进街道（乡镇）职能转变。印发《伊通满族自治县街道（乡镇）职责清单》，明确公共服务事项，部门主责乡镇配合事项93项、部门主责街道配合事项63项、乡镇主责部门配合事项38项、街道主责部门配合事项35项、街道吹哨部门报到事项24项、一支队伍管执法事项12项。配套《街道（乡镇）职责清单配套工作手册》完成制定工作，编制说明书309项和流程图241张，推进职责转变。

【“四个平台一张网”建设】 2022年，伊通县委编办联合县委组织部、县委政法委、县民政局、县司法局、县政数局开展“四个平台一张网”（党群服务平台、综合执法平台、综合治理平台、便民服务平台和综合网格）建设。推进党群服务中心体系化建设，制定《伊通满族自治县党群服务中心体系化建设实施方案》，建立乡镇村党群服务中心（站）202个、街道社区党群服务中心（站）56个、县级党群服务中心1个，建成率100%。强化综合执法，全县17个乡镇（街道）均组建综合行政执法队，取得行政执法证199人。300余平方米的县级综治中心及各乡镇（街道）综治中心“一厅三室”（镇级综治中心、信访接待室、视频会议室、矛盾纠纷调处化解室）建成。加强综合治理，落实“五长制”十项措施，设置“五长”（街长、路长、网格长、楼栋长、单元长）3798人。其中，街长2人，路长10人，网格长44人，楼栋长976人，单元长2766人。全县各级党群服务中心人员及功能配备齐全，为群众办理事项4万余件。开展便民服务，187个行政村和10个社区建立便民服务中心（服务点）。构建“一窗受理、集成服务”模式，推动“一站式服务”“一门式办理”，推行服务事项“领代办”及预约服务制度，领办代办服务1.2万次。推行网格化管理，实现信息资源共享，形成化解矛盾和维护稳定工作合力，网格员随时掌握各类综治信息、治安隐患、社会舆情等问题，上报事项5000余件。

【畜牧业事业机构完善设置】 2022年，伊通贯彻省政府《关于实施“秸秆变肉”暨千万头肉牛建设工程的意见》精神，推进畜牧业机构职能体系建设，采取“1＋4”模式，健全和完善畜牧业事业机构设置。设立伊通满族自治县畜牧业发展促进中心，为伊通满族自治县农业农村局（伊通满族自治县畜牧业管理局）所属事业单位，机构规格为正科级。设置动物疫病预防、检疫、执法和基层服务机构，保留县动物疫病预防控制中心，机构规格为正股级，承担动物疫病的监测、检测、诊断、流行病学调查、疫情报告等工作。设立伊通满族自治县动物检疫站，为伊通满族自治县农业农村局所属未定级事业单位。在伊通满族自治县农业综合行政执法大队成立伊通满族自治县畜牧业行政执法中队，中队长由副大队长兼任，中队下设畜牧执法一科、畜牧执法二科、畜牧执法三科。设立乡镇（街道）畜牧业服务站，为乡镇（街道）综合服务中心内设机构，机构规格为未定级。按照省委编办要求，每个乡镇（街道）配备人员编制数原则上不少于5人，17个乡镇（街道）应配备85人，实际配备97人。

【事业单位登记管理】 2022年，伊通

2022年4月25日，营城子镇便民服务中心工作人员为群众办理业务（隋国民 摄）

根据《事业单位登记管理服务标准化规范》《事业单位登记管理暂行条例》《事业单位登记管理暂行条例实施细则》,规范事业单位登记管理制度。至年末,255家事业单位完成年度报告工作,办理事业单位设立登记7家、注销登记7家、变更登记70家,档案归档立卷84份。

【域名注册管理】 2022年,按照《中央机构委员会办公室 工业和信息化部关于印发〈党政机关、事业单位及社会组织网上名称管理暂行办法〉的通知》相关要求,县委编办受国家政务和公益机构域名注册管理中心委托,承担本地区网上名称注册管理服务工作。全年为行政机构续费域名60个。其中,行政机构使用域名59个、县政府网站使用域名1个。为事业单位注册、续费“公益”域名260个,缴费6.4万元。按照网上名称管理相关要求,督促10家自建网站全部加挂党政机关、事业单位标识。

【人才编制】 2022年,伊通完成下达82名公务员招录计划;为“人才编制池”增加全额拨款事业编制75名;新冠疫情期间,为伊通疾病预防控制中心下达6名公开招聘事业单位工作人员计划;为“人才编制池”增加医护人员专用的差额拨款事业编制40名;为县人才引进服务中心等14个事业单位下达用编计划27名,用于“人才引进”;为乡镇(街道)下达基层治理专干招聘用编计划76名。

(金 扬)

## 县直机关党建

【概况】 2022年,伊通发展党员56名,接转党员组织关系386人。收缴党费130.26万元。指导各基层党组织利用“学习强国”学习平台、BTX、“英城红云”软件开展学习。全年召开民主生活会1次,组织生活会1次,新冠疫情防控民主生活会和组织生活会各1次,党委会52次,党员大会4次,支委会12次,党课4次,主题党日12次。开展县直机关工委党组织书记抓基层党建工作述职评议工作,指导县直机关209名基层党组织书记进行书面述职述责。加强入党积极分子党性锻炼,组织20名入党积极分子,到伊通镇兴隆村开展助力“美丽乡村”建设活动。

【机关党的思想建设】 2022年,伊通把党的思想建设摆在首位,组织县直机关57个基层党组织开展学习贯彻党的二十大精神“七个一”(开展一次专题学习,开展一次主题党日,开展一次重温入党誓词,开展一次专题调研,开展一次红色教育,开展一次志愿服务活动,开展一次走访慰问活动)系列活动,1460名党员参加集中学习。举行党的十九届六中全会和省第十二次党代会精神宣讲报告会,280名县直机关党员干部参会。通过理论学习中心组领学促学、“三会一课”、主题党日、专题研讨等方式,学习习近平新时代中国特色社会主义思想和党的二十大精神,推动县直机关深刻领会把握“两个确立”的重大意义和实践要求。组织县直机关党员干部开展革命传统教育培训,837名党员参加党务知识线上培训,1300名党员参加红色党性教育,89名入党积极分子参加党史学习教育培训。

【基层党组织建设】 2022年,伊通实施党建联建工作机制,确定首批县直机关党建联建项目56个,建立健全工作机制,开展联建活动230余场,协调解决各类难题356个。制定临时党支部工作指引,组建临时党支部96个,在重大项目、重点任务、服务窗口和工作专班上发挥战斗堡垒作用。开展新任职党委(党组)书记走访制,督促落实机关党建第一责任人职责,全年走访32名新任职党委(党组)书记。构建完善督责机制,分片组对44个县直机关党组织开展全覆盖督促指导,通过现场指导、现场整改、现场推进,督促落实党建责任。加强党务干部队伍建设,健全常态化教育培训体系,全年举办各类培训4个班次,500余名学员参加党性教育和

2022年1月19日,县直机关党工委举行党的十九届六中全会精神宣讲报告会
(董 旭 摄)

业务培训。

【机关党风廉政建设】 2022年，伊通将《中国共产党廉洁自律准则》和《中国共产党纪律处分条例》列入党员干部学习内容，全年召开党风廉政建设会议4次，落实习近平总书记关于把权力关进制度笼子里的要求，规范领导干部决策行为。督导基层党组织经常性开展涉及职务变动、工作纪律等领域谈心谈话，常态化开展廉洁过节等各类监督提醒。

【县直机关BTX建设】 2022年，伊通成立工作专班，压实县直机关党委（党组）书记“四个一”（主持召开党委（党组）会议至少研究1次党支部建设重点任务，至少听取1次专题汇报，至少建立1个BTX建设联系点，至少开展1次实地调研督查）责任，推动书记切实履行第一责任人职责。通过内抓标准规范、外抓功能作用发挥，加强基层党建。推行全县党组织固定主题党日制度，通过统一活动时间、丰富活动内容、创新活动形式，解决党建活动不丰富、党建品牌不鲜明、党员作用发挥不明显等问题。在全县206个党支部机关培树“共驻共建”“攻坚创效”“双百共建”等18个优秀党建品牌，形成具有特色的党支部建设品牌群，推动党支部建设与乡村振兴、城乡基层治理等中心工作深度融合。坚持严督实导，发挥“新时代e支部”党建云平台智能提醒、督导达标等功能。督导落实支部“四个五”制度（每月第一个周五集中学习，第二个周五开展组织生活，第三个周五对照体检，第四个周五整改提升）。通过每月亮“黄灯”之前开展一次自检，推动所有规定动作全部自检“清零”。利用支部智能体检功能，对亮“红黄灯”的后进党支部，“一月一通报、一季一整顿”，集中转化达标。建立“周调度”“日巡察”制度，采取线上线下相结合方式，每周随机抽查，对基本组织生活制度落实不到位、不规范及“新时代e支部”上传不及时亮“红灯”单位和党支部进行通报，督导任务落实。不定期开展专项检查，线下围绕党委“七个是否”、支部“六个是否”，采取现场指导和培训相结合方式，边发现边整改。全年督促指导12次，基层党支部完成信息维护1700余次，每月党支部智能体检“绿灯”率100%。整改问题支部40个，整顿薄弱党组织15个，约谈党支部书记11个。

【“光荣在党50年”纪念章颁发活动】 2022年6月30日，县直机关工委举办“光荣在党50年”纪念章颁发仪式。活动邀请“光荣在党50年”纪念章获得者代表和74名新党员参加，为县直机关37名光荣在党50年老党员颁发纪念章。

（董　旭）

## 信访工作

【概况】 2022年，伊通构建党委统一领导、政府组织落实、信访工作联席会议协调、信访部门推动、各方齐抓共管的信访工作格局，依法及时就地化解信访矛盾纠纷。中央信访联席办交办第一批信访事项（60件）、第二批信访事项（33件）及省联席办交办第一批信访事项（11件）、第二批信访事项（10件）全部按要求化解上报。至年末，全县信访部门及时受理率100%，按期答复率100%，重复信访占比降低22.68%，群众参评率97.78%，群众参评满意率99.09%，综合排名全市第一。

【领导干部接访】 2022年，伊通信访工作实行每个工作日保证有1名县级领导在信访服务中心接待来访群众。全年从信访工作实际出发，着重由县委、县政府领导依次进行接访，确保接待群众工作不出现空档。各乡镇（街道）和部门负责人随时接待来访群众。重要时期实行领导干部“无节假日接访”。县级包案领导每月定期到各乡镇（街道）及分管部门，与上访群众进行座谈，沟通思想、解释政策，共同探讨解决问题办法和思路，变接访为走访，变上访为下访。全年25名县级领导接待来访群众229批965人次。

【信访联席会议制度】 2022年，伊通信访工作联席会议发挥统筹协调、整体推进、督促落实作用，定期研究分析信访形势，协调解决和化解信访突出问题。全年召开信访工作联席会议4次，解决疑难信访事项31件。下发《关于建立和完善乡镇（街道）信访工作联席会议工作方案》。全县15个乡镇、2个街道建立信访联席会议工作制度，在综治办加挂信访联席会议办公室牌子，承担11项工作职能，4项责任分工，制订信访信息分析研判和重大信访事项协调处理2项日常制度，实现县级二级联席会议有效衔接。

（张　卓）

## 老干部工作

【概况】 2022年，全县有离休干部27人（平均年龄91岁）。其中，行政机关6人；事业单位8人；企业离休13人。抗日战争时期参加工作1人，解放战争时期参加工作26人。享受县处级待遇14人，享受科级待遇13人，分布在14个系统20个单位。组建离退休干部党支部23个。发放离退休干部党支部书记工作补贴6.5万元。

【庆祝党的二十大召开】 2022年6月，伊通开展“喜迎二十大，奋进新时代”老干部主题实践活动。开展“建言二十大”调研活动，老干部围绕喜迎党的二十大召开，结合自身革命经历及党的十八大以来党和国家事业取得的历史性成就进行建言。组织老干部学习党的二十大精神。组织老干部开展线上线下学习和热议党的二十大活动，撰写学习党的二十大精神体会文章60余篇。开展学习贯彻党的二十大精神老干部座谈会，离退休干部党支部书记、老干部代表、老干部工作者分别在座谈会上发言。

【老干部作用发挥引领】 2022年，伊通开展“增添正能量·共筑中国梦”主题活动。开展“我看中国特色社会主义新时代”活动及“奋进新时代”群众性主题宣传教育活动，离退休干部4篇事迹文章收录到四平市委老干部局编写的《追寻红色记忆》一书。开展“我看家乡新变化”系列活动。6月15日，组织老干部开展县内重点企业和重点项目建设考察活动，到县党史馆和毛泽东书斋进行参观活动，组织老干部重温入党誓词。让老干部感受到党的十八大以来，伊通在生产建设、环境保护、城市面貌等方面发生的新变化，坚定老干部不忘初心、永远跟党走信念。开展“银发生辉、助力振兴”系列活动。全国最美“农广人”获得者赵宝良，在全县培训高素质农民240人次。

【开展“六老关爱活动”】 2022年，伊通建立离休干部需求台账，定期对老干部居住情况、家庭情况、健康状况进行调查走访，了解老干部实际困难和需要，动态更新有关信息，为服务老干部提供第一手资料。保证离休干部医疗费统筹标准，每人每年不低于2万元。老干部经费纳入财政预算，离休费及时足额发放。利用集学习、健身、娱乐、休闲为一体的多功能老干部服务中心(老年大学)、4个老年大学分校、5个基层教学点，组织老党员、老干部就近学习和参与活动。利用阵地开展各项党建活动。通过微信群、“离退休干部工作”公众号、“吉林老干部家园”“夕阳家园”等平台，加强离退休干部思想政治建设。完善老干部特困帮扶制度、走访慰问制度，把重要节点日走访慰问老干部纳入重要日程。发挥说事点、聊天室、热线、流动站作用，重点关心独居、行动不便和生活困难老党员，为老干部解难事、办好事、做实事。

2022年6月15日，县委组织部组织离退休干部开展“喜迎二十大，奋进新时代”老干部主题实践活动。图为部分离退休干部在县委党校党史馆重温入党誓词 （付立柱 摄）

【老干部待遇落实】 2022年，伊通为老干部订阅《夕阳红》《人民日报》等50余种报纸杂志和学习资料，方便老干部及时了解时事政治新闻。召开老干部座谈会，传达全国、省、市老干部局局长会议精神。及时足额发放老干部离退休费，定期对老干部进行走访慰问和特困帮扶。全年落实慰问金和特困帮扶资金12.2万余元。协调县财政、卫生、医院等单位落实好离休干部医药费保障机制，做到离休干部医药费全额报销，全年全县离休干部医药费支出236.54万元。

【老干部文体活动】 2022年，伊通推进省级服务离退休干部“新型社区”创建工作。永盛街道福宁社区党组织成立草根文艺宣传团队，福宁社区成立秧歌队、舞蹈队、篮球队、太极拳队、乒乓球队等，为离退休干部提供文化活动场所。通过自编、自导、自演文艺节目，宣传党的方针、民族政策、安全防范、新冠疫情防控、法律法规、社会治理等方面知识。全年开展文体活动56场，1120人次参加。

（付立柱）

## 关心下一代工作

【概况】 2022年，伊通对全县青少年开展红色基因教育、法治教育和中华民族优秀传统文化教育，对农村青年开展科技项目帮扶，关爱帮扶留守儿童和困境儿童。全县设立关工委21个，基层关工委组织249个。在册登记“五老”(老干部、老战士、老专家、老教师、老模范)志愿者2145人，骨干548人。

【基层关工委组织建设】 2022年，伊通调整基层关工委常务副主任3名，村、社区和学校关工委主任和副主任26名。全县15个乡镇2个街道、187个行政村、12个社区和54所中小学校基层关工委吸收19名退休老干部到“五老”队伍中，全县三级关工委工作人员542人，“五老”骨干2145人。

【学习贯彻党的二十大精神】 2022年10月16日，伊通组织县、乡两级关工委和“五老”骨干97人收听收看党的二十大开幕会。10月19日，召开驻会主任、办公室工作人员和“五老”代表11人参加座谈会，讨论贯彻落实党的二十大初步意见。11月17日，三道乡关工委举办学习宣传贯彻党的二十大精神培训班，60余人参加。伊丹镇关工委常务副主任孙海洋到镇中心校，为学生讲述党的二十大报告的核心要义，加深学生对党的二十大具有里程碑意义的理解。

【县关工委成立30周年表彰大会】 2022年7月6日，伊通在县委五楼召开全县关工委成立30周年总结表彰大会。县委办、县政府办等17个部门分管关工委工作领导，各乡镇（街道）党委副书记、关工委常务副主任、县直较大系统关工委常务副主任及中小学分管领导80余人参加会议。会议宣布县委、县政府对2021年度56个先进集体、95名先进个人的表彰决定。

【传承红色基因主题教育活动】 2022年，伊通开展传承红色基因主题教育活动3项，在二道镇中小学举办“老少同声颂党恩、携手喜迎二十大”主题宣讲活动启动仪式。组织40所学校师生和社会各界人士（60场次、8100余人）参观红色教育基地——毛泽东书斋。看望慰问抗美援朝老兵。建军节前夕，县关工委和永宁街道福庆社区、庆阳社区分别走访慰问抗美援朝老兵李绍忠、闫光德等人。

【青少年党史学习教育】 2022年，伊通组织青少年游基地，学党史，教育引导青少年颂党恩、听党话，跟党走。全县中小学生2.8万人次游红色教育基地15处。举办党史国史讲座124场次，受教育学生3.8万人次。

【青少年法治观念培养】 2022年，全县54所学校配备法治副校长62名，颁发聘任证书，明确责任义务。翻印法治、安全小册子2万册，下发到各中小学。六一儿童节，政法关工委与县法院联合开展少年模拟法庭活动。在庭审过程中法官寓法于教，教育大家增强法律意识。开展“法治在我心中”系列普法教育活动。县实验中学邀请专家作专题法治报告；第二中学加强法治宣传阵地建设；满族小学组织学生参加第七届全国中小学生“学宪法、讲宪法”活动；第十八中学开展“与法同行、守护未来”法治进校园活动；全县中小学开展“远离毒品，关爱生命”系列教育。

【学雷锋活动】 2022年，伊通各中小学以常态化学雷锋活动助推青少年践行社会主义核心价值观。各中小学注重抓学习宣传、活动开展、拓展创新，让雷锋精神深入人心、化作行动、丰富鲜活。把学雷锋与传统美德教育相结合，与评先选优相结合，推动学雷锋活动开展。把学雷锋与传统美德教育相结合，与评先选优相结合，推动学雷锋活动开展。县实验小学校开展“雷锋班级”评选活动，县满族中学校开展“向身边同学学习”活动，县大孤山镇中心小学校开展“画雷锋、唱雷锋、学雷锋”活动，县西苇乡中心小学校开展“六个一”活动（读一本关于雷锋的书、讲一个关于雷锋的故事、开一次班会、写一篇心得、做一件好事、参加一次志愿服务），县新兴乡中心小学校成立学雷锋志愿服务小分队，县第二十中学校设立学雷锋光荣榜。全县开展学雷锋活动78场次，1.1万人参加。

【关爱工程】 2022年，伊通推进品牌工作建设，实施关爱工程。关注残疾儿童健康成长。7月26日，驻会主任到伊通“情暖至亲”残疾人综合服务中心，慰问82名残疾儿童。六一儿童节，省委书记、县委书记到“中心”和残疾儿童一起过节。市关工委主任带领驻会主任和工作人员到“中心”进行调研，对“中心”的养、治、教、康一体化服务模式给予肯定。利用微信“水滴筹”为患白血病孤儿筹集善款11.6万元。其中，现金1.6万元；网筹10万元。各乡镇关工委和54所中小学组织金秋助学活动，筹措助学资金41.9万元，受助学生1502人。县关工委到县特教学校、大孤山、景台、黄岭子、靠山、小孤山、三道等8所中小学，慰问167名困境学生，每人赠送慰问金500元。

（么乃玉　鲍　帅）

## 保密管理

【保密会议】 2022年6月27日，县委理论学习中心组第二次集体学习（扩大）会议召开。县委理论学习中心组成员参加会议，各乡镇（街道）、相关部门主要负责人列席会议。会上学习《中华人民共和国保守国家秘密法》等，重点落实保密主体责任，加强保密工作管理，强化保密宣传教育，落实保密工作各项规定。

【保密监督检查】 2022年，伊通保密委员会常态化对全县72家单位保密工作开展督查检查，采取不打招呼、突击检查等方式检查各单位日常办公情况，列出问题清单，指明整改方向，明确解决方法，提出整改时限；做好各类考试服务保障工作，对试卷室安全保密防范设施进行监督检查，严防失泄密事件发生。

【保密教育】 2022年，伊通保密委员会组织23家部门联合开展“国家安全教育日”主题系列宣传活动。线上利用微信工作群、朋友圈、制作抖音小视频转发宣传，线下集中开展“4·15”“12·4”全民国家安全教育宣传，在主要路段悬挂横幅40条，发放各种宣传资料300余份，在国安委主要成员单位办公区张贴国家安全海报，县政府LED屏幕、伊通大街宣传屏幕滚动播放宣传标语，县电视台进行实时报道。

（袁睿伯）

# 党校教育

【概况】 2022年，县委党校实施党的理论教育和党性教育。统筹安排教学时间和教学内容，提高教学质量和教学水平。主要学习只有中国特色社会主义才能发展中国、信仰的力量、十九届六中全会精神解读、党的二十大精神解读、习近平总书记考察吉林重要讲话、重要指示精神解读、《党章》解读、党的指导思想、党的最高理想和现阶段的奋斗目标、《条例》《准则》解读、习近平新时代中国特色社会主义思想、学习习近平讲话、全面推动东北振兴等课程。举办党员发展对象培训班3期、全县预备党员培训班1期、全县巩固拓展脱贫攻坚成果同乡村振兴有效衔接专题培训班2期，分别培训336人次、135人次、350人次，发挥干部培训主渠道作用。基层宣教45场，培训1890人次。

表11　　2022年伊通满族自治县委党校举办培训班情况一览表

| 序号 | 培训时间 | 培训天数（天） | 培训期数（期） | 培训班名称 | 培训人数（人） |
|---|---|---|---|---|---|
| 1 | 7月11日—13日 | 3 | 3 | 2022年党员发展对象培训班 | 336 |
| 2 | 7月13日 | 1 | 1 | 2022年预备党员培训班 | 135 |
| 3 | 7月13日—14日 | 2 | 2 | 2022年全县巩固拓展脱贫攻坚成果同乡村振兴有效衔接专题培训班 | 350 |

（中国共产党伊通满族自治县委党校）

【教学培训】 2022年，县委党校定期开展“与讲台二合一”“教师互评”活动。通过“与讲台二合一”，组织8名年轻教师为全校教职工进行试讲，开展“教师互评”18次，为教师总结教学经验、交流教学心得、探索教学实践、提升教学水平提供新平台。开发现场教学基地，挖掘本地特有红色资源。讲授传承红色精神笃志奋发为民、中国共产党的百年世界情怀、十九届六中全会精神解读、党的二十大精神解读、马克思主义中国化时代化的新境界、学习习近平总书记关于“三农”工作的重要论述暨吉林省第十二次代表大会精神解读、全面实施乡村振兴战略，推进农业农村现代化、《中共中央关于加强党的政治建设意见》解读等课程，推送《中国共产党支部工作条例（试行）》解读；牢固树立“四个意识”，坚决维护党中央权威等精品课程。创新教学管理方式。每周二上午教师论坛及优秀年轻干部培训班教师测评打分，教师互评互论，增强彼此教学功底。落实学员管理制度，规范学员培训管理工作，强化学员培训纪律，做到课堂教学、现场教学和域外培训带班班主任全程参与。加快信息化教学管理步伐，为五楼大会议室安装录像、录音等电教设备，实现手机、电脑远程实时听课和录像回放。2022年，举办3类培训班。党员发展对象培训班3期、3天、336人；预备党员培训班1期、1天、135人；2022年，全县巩固拓展脱贫攻坚成果同乡村振兴有效衔接专题培训班2期、2天、350人。

【党校科研成果】 2022年，县委党校参加吉林省委党校组织的理论研讨会2次，市委党校理论研讨会1次。在省委党校研讨会活动中，入选征文5篇，在省委党校研讨会活动中，入选精品课1节。在省委党校系统调研课题申报中立项并结项3篇（《基层党组织建设引领农民合作社发展研究》《伊通满族自治县开发利用满族文化资源　助力县域经济发展问题研究》《伊通满族自治县乡村振兴问题研究》），项目负责人分别是谢雨舟、王胜杰、高洪有。在省委党校（吉林省行政学院）学习宣传贯彻吉林省第十二次代表大会精神理论研讨征文中，入选征文1篇，获一等奖；在省委党校（吉林省行政学院）首届优质“微课程”大赛中，入选课程1节，获二等奖；在省委党校

（吉林省行政学院）学习宣传贯彻党的二十大精神理论研讨征文中，入选征文4篇。其中，获一等奖论文1篇，获二等奖论文1篇，获三等奖论文2篇。

【党校教师人才建设】 2022年，县委党校从“引、育、管、用”4个方面开展教师人才建设工作。根据学校工作需要，引进急需紧缺人才；出台并完善相关引进政策和落实激励人才办法。创新培育机制，并注重实践锻炼，通过培训、外出学习、挂职锻炼等方式，加强对人才特别是本地人才培育。健全引进人才考核评价机制，对引进的人才进行目标管理、跟踪考核、定期考评，实现引进和培养目的。

全年组织全体教师完成5个新专题课集体备课、说课，并全部通过试讲；选派12名教师参加中央党校、省委党校、省社会主义学院等各类培训班次，教务处5次组织全体教师参加中央党校网络专题培训和中国干部网络学院网络直播课程；举办全县党校系统师资培训班，培训党校系统教师20余人；在吉林省委党校（吉林省行政学院）首届优质“微课程”大赛中，1名教师获评第2名。

【党校基层宣教】 2022年，县委党校宣讲吉林省第十二次代表大会精神重要论述内容45场次，参加宣讲教师7人，受教育1890人次。宣讲以习近平总书记在庆祝中国共产党成立100周年大会上的重要讲话精神和中国共产党伊通满族自治县委员会第八次代表大会精神重要论述内容41场次，参加宣讲教师7人，受教育1892人次。

（宋百慧）

2022年11月8日，伊通青年教师马柏童在县委党校为全县青年干部授课（韩国健 摄）

## 党史研究

【概况】 2022年，伊通利用红色资源，开展红色资源挖掘、保护、利用工作。强化史料编研，确保史料真实，强化党史宣传工作，让伊通红色资源活起来、好起来，引导党员干部在传承红色基因、赓续红色血脉中净化心灵、提升党性。组织人员搜集整理党史人物资料，在抖音、“伊通党建”公众号等平台开展党史学习教育。

【党史编研】 2022年，伊通按照中共中央党史和文献研究院要求编撰本地脱贫攻坚先进集体和个人口述史，通过采访、座谈、实录等方式撰写口述材料12篇，其中营城子镇打草村村支部书记张东波口述材料，入选全国《脱贫攻坚口述史》。组织人员校订《中国共产党伊通历史》第三卷（1978年—2012年）历史人物、历史故事、历史事件等内容。搜集整理县直相关部门《中国共产党四平执政实录》《中国共产党四平历史》（第二卷）、《四平党史人物》（第二卷）编撰所需的伊通部分文字资料。

【党史教育】 2022年，伊通在抖音平台开讲“满城史话”，采用音频、视频形式推出“伊通县早期共产党员李世超”“革命烈士金昌根”“谋略纵火团负责人姬兴周”等党史学习教育资料，发布作品127个，点击量2万次。在“伊通党建”公众号开展党史知识答题，开设历史印记专栏8期，喜迎党的二十大；开展“党史教育”专栏，发布党史人物、党史事迹23篇。组建“冰凌花”宣讲团，首次“穿成线”“连成面”，系统整合县域内8个红色教育基地资源，设计4条红色教育专线，开展“红色筑基——党史一日践学”活动，以实地打卡促进共学共悟，发放邀请函200余张，吸引广大干部参观学习，淬炼红色信仰。全年开展红色教育136场次、受众1.3万余人次。

（王　喆）

# 伊通满族自治县人民代表大会

## 综　　述

**【概况】** 2022年，伊通满族自治县人大常委会召开常委会会议10次，审议《县人大常委会2022年工作要点（草案）》《伊通满族自治县民族团结进步条例》（一审）等议题19项；听取《关于基本养老基金管理和使用情况报告》等专项工作报告22个，提出意见建议24条；代表建议办事率100%，满意率100%；作出决议、决定13个；组织委员和市县两级人大代表开展调查、检查、视察17次；完成重点调研课题2个；配合省、市人大开展专项视察、执法检查、立法调研7次；完成立法1部；依法任免国家机关工作人员68人次，组织新任国家机关工作人员向宪法宣誓6批38人次。

**【人大代表构成】** 2022年，伊通满族自治县人大代表名额240名，实有代表236名。职业构成：工农109名，占46.20%；党政干部60名，占25.41%；专业技术人员19名，占8.05%；企业负责人33名，占13.97%；事业单位负责人13名，占5.52%；解放军2名，占0.85%。综合构成：党员149名，占63.14%；非党员87名，占36.86%；妇女83名，占35.17%。除满族外其他少数民族6名，占2.54%。

**【思想政治建设】** 伊通满族自治县人大常委会坚持党的全面领导，强化思想政治引领。学习贯彻习近平总书记关于坚持和完善人民代表大会制度、发展全过程人民民主精神，树牢以人民为中心思想，坚持人民至上，着眼大局谋划。落实县委决策部署，坚持党的全面领导作为最高政治原则，自觉将人大工作置于县委领导之下，落实《县人大常委会党组重大事项向县委请示报告制度》。坚持在推动县委重大决策落实上谋划人大工作，保证县委决策部署落到实处。

（刘俊良）

## 重要会议

**【县八届人大常委会会议】** 2022年，伊通满族自治县人大常委会召开县八届人大常委会会议9次。主要内容有：听取《伊通满族自治县特色产业发展情况专项工作报告》《伊通满族自治县2021年地方债务管理情况报告》等议题8项，听取和审议《伊通满族自治县法治政府建设工作情况报告》等议题23项，审议通过《县人大常委会2022年工作要点》等，审议和批准《伊通满族自治县2021年财政决算报告和决算》，书面审查《伊通满族自治县贯彻实施〈中华人民共和国乡村振兴促进法〉情况报告》。

**【县八届人大二次会议】** 2022年12月28日至29日，伊通满族自治县第八届人民代表大会第二次会议

2022年12月28日，伊通满族自治县第八届人民代表大会第二次会议在县委党校召开　　（董澄岩　摄）

在县委党校召开，应到会议代表236名，实际出席215名，依法列席人员和决定列席人员列席会议。会议由大会主席团主持，主席团由61人组成。听取和审议《伊通满族自治县人民政府工作报告》《伊通满族自治县人大常委会工作报告》《伊通满族自治县人民法院工作报告》《伊通满族自治县人民检察院工作报告》，审议并通过《伊通满族自治县民族团结进步条例（草案）》，审查和批准《伊通满族自治县2022年国民经济和社会发展计划执行情况与2023年国民经济和社会发展计划草案的报告》《伊通满族自治县2022年预算执行情况和2023年预算草案的报告》。表决县八届人大二次会议选举办法草案，县八届人大二次会议关于补选县八届人大个别专门委员会主任委员人选的表决办法（草案），县八届人大二次会议关于补选县八届人大个别专门委员会主任委员人选名单（草案）。选举伊通满族自治县第八届人民代表大会常务委员会副主任1名，委员4名。

（刘俊良）

表12　　2022年伊通满族自治县八届人大常委会会议一览表

| 会次 | 时间 | 会议主要内容 |
|---|---|---|
| 第二次 | 1月24日 | 听取和审议《关于接受郭育才同志辞去四平市第九届人民代表大会代表职务的决议（草案）》《关于接受刘立国同志辞去伊通满族自治县第八届人民代表大会常务委员会委员职务的决议（草案）》，人事任免职事项 |
| 第三次 | 4月29日 | 审议通过《县人大常委会2022年工作要点》，人事任免职事项 |
| 第四次 | 6月2日 | 听取县政府《关于伊通满族自治县特色产业发展情况专项工作报告》《关于伊通满族自治县2021年地方债务管理情况报告》听取和审议县政府《关于2021年全县环境状况和环境保护目标完成情况及环保督察问题整改完成情况的报告》，审议通过《伊通满族自治县人大常委会相关制度》，人事任免职事项 |
| 第五次 | 7月27日 | 听取《伊通满族自治县监察委员会专项工作报告》，听取和审议县政府《关于伊通满族自治县2021年度县本级预算执行和其他财政收支审计工作报告》《关于伊通满族自治县2022年重大项目建设工作报告》《关于疫情防控及常态化疫情防控机制建设情况报告》《关于伊通满族自治县法治政府建设工作情况报告》县人大常委会《关于许可对县八届人大代表裴彦吉采取强制措施的决议（草案）》，审议批准县政府《关于伊通满族自治县2021年财政决算报告和决算》，审议通过《伊通满族自治县人大常委会相关制度》 |
| 第六次 | 8月26日 | 听取县政府《关于伊通满族自治县城镇老旧小区改造情况报告》，人事任免职事项 |
| 第七次 | 9月28日 | 听取县政府《关于伊通满族自治县2022年国有资产管理情况综合报告》，听取和审议县政府《关于伊通满族自治县2022年国民经济和社会发展计划1—8月份执行情况报告》《关于伊通满族自治县2022年度1—8月份预算执行情况报告》，审议通过《伊通满族自治县人民代表大会代表退出暂行办法》，人事任免职事项 |
| 第八次 | 10月27日 | 听取县政府《关于贯彻实施〈中华人民共和国突发事件应对法〉情况报告》，听取和审议《伊通满族自治县人民代表大会常务委员会规范性文件备案审查办法（草案）》《关于接受刘畅等十三名同志辞去伊通满族自治县第八届人民代表大会代表职务的决议（草案）》《关于王长春等六名同志伊通满族自治县第八届人民代表大会资格终止报告》《关于个别县八届人大代表资格审查报告》《关于县八届人大一次会议和闭会期间代表提出的建议批评和意见办理情况报告》《伊通满族自治县民族团结进步条例（草案）》 |
| 第九次 | 11月23日 | 听取县政府《关于伊通满族自治县基本养老基金管理和使用情况报告》县法院《关于“推进一站式多元解纷和诉讼服务体系建设”工作报告》，听取和审议县政府《关于房地产开发建设市场秩序整顿及解决无籍房情况的报告》《伊通满族自治县2022年财政预算调整报告和调整方案（草案）》县人大法制委员会《关于规范性文件备案审查工作情况报告》，人事任免职事项 |

续表12

| 会次 | 时间 | 会议主要内容 |
| --- | --- | --- |
| 第十次 | 12月21日 | 听取和审议《伊通满族自治县民族团结进步条例(草案)》《伊通满族自治县第八届人民代表大会第二次会议相关事宜》《关于接受王健、张洪岩二名同志辞去伊通满族自治县第八届人民代表大会代表职务决议(草案)》《关于接受郭廷泽同志辞去伊通满族自治县第八届人民代表大会常务委员会委员职务决议(草案)》《关于提名肖楠、左安二名同志为四平市第九届人民代表大会代表的议案》《关于个别县八届人大代表资格审查报告》,书面审查县政府《关于伊通满族自治县贯彻实施〈中华人民共和国乡村振兴促进法〉情况报告》,人事任免职事项 |

(刘俊良)

## 重大决定和人事任免

【重大决定】 2022年,伊通满族自治县第八届人民代表大会第二次会议审查县人民政府《关于伊通满族自治县2022年预算执行情况和2023年预算草案的报告》及2023年预算草案。会议同意伊通满族自治县第八届人民代表大会财政经济委员会的审查结果报告。决定批准《关于伊通满族自治县2022年预算执行情况和2023年预算草案的报告》,批准2023年预算。审查县人民政府《关于伊通满族自治县2022年国民经济和社会发展计划执行情况与2023年国民经济和社会发展计划草案的报告》及2023年国民经济和社会发展计划草案。同意伊通满族自治县第八届人民代表大会财政经济委员会的审查结果报告。决定批准《关于伊通满族自治县2022年国民经济和社会发展计划执行情况与2023年国民经济和社会发展计划草案的报告》,批准2023年国民经济和社会发展计划。伊通满族自治县第八届人民代表大会第二次会议,听取并审议县人民法院院长徐滢所作的《伊通满族自治县人民法院工作报告》,会议肯定县人民法院过去一年的工作,同意报告提出的2023年工作计划,决定批准该报告。听取并审议县人民检察院检察长王鹏所作的《伊通满族自治县人民检察院工作报告》,会议肯定县人民检察院过去一年工作,同意报告提出的2023年检察工作总体思路,决定批准该报告。审议《伊通满族自治县民族团结进步条例(草案)》。会议认为条例内容符合县情实际和发展要求,集中体现人民意愿和智慧,有助于巩固伊通满族自治县民族团结进步成果,增强民族团结进步的法治意识,发挥民族区域自治优势。决定通过《伊通满族自治县民族团结进步条例(草案)》。听取并审议县人大常委会主任王振峰代表伊通满族自治县人大常委会所作的工作报告。会议同意报告提出的2023年工作建议,决定批准该报告。听取并审议县长叶永兴代表伊通满族自治县人民政府所作的工作报告。报告总结县政府过去一年总体工作成绩,确定2023年总体工作思路,决定批准报告。

【民族团结进步条例】 县人大常委会按照立法计划,制定《伊通满族自治县民族团结进步条例》(以下简称《条例》),《条例》于12月29日经伊通满族自治县第八届人民代表大会第二次会议审议通过。《条例》总计38条,主要内容有:明确立法依据和遵循原则(第1—4条);明确权利义务和各自职责(第5—9条);广泛开展民族团结进步工作提供制度保障(第10—28条);保障各民族群众合法权益,解决群众突出问题(第29—34条);明确罚则(第35—37条);附则部分(第38条)。

【人事任免】 2022年,伊通满族自治县人大常委会依法任免国家工作人员89人次。其中,免去县政府部门负责人职务22人,任命县政府部门负责人职务38人;任命县人民检察院检察委员会委员职务3人,免去县人民检察院检察委员会委员职务2人,免去县人民检察院检察员职务2人;接受县级人大代表辞职14人,因工作变动调离伊通,代表资格自行终止5人,因病去世,代表资格自然终止1人。依法补选四平市第九届人民代表大会代表2人,接受市级人大代表辞职1人。

表13 2022年伊通满族自治县第八届人大常委会任免国家工作人员名单(部分)一览表

| 序号 | 姓名 | 任免情况 | 提请部门 | 职位 | 会议 | 时间 |
| --- | --- | --- | --- | --- | --- | --- |
| 1 | 王建新 | 任 | 县政府 | 县公安局局长 | 县八届二次常委会会议 | 1月24日 |
| 2 | 刘霄雷 | 任 | 县政府 | 县政府办公室主任 | 县八届二次常委会会议 | 1月24日 |
| 3 | 刘立国 | 任 | 县政府 | 县人力资源和社会保障局局长 | 县八届二次常委会会议 | 1月24日 |

续表13

| 序号 | 姓名 | 任免情况 | 提请部门 | 职位 | 会议 | 时间 |
|---|---|---|---|---|---|---|
| 4 | 李创业 | 任 | 县政府 | 县司法局局长 | 县八届二次常委会会议 | 1月24日 |
| 5 | 胡冰洁 | 任 | 县政府 | 县政务服务和数字化建设管理局局长 | 县八届二次常委会会议 | 1月24日 |
| 6 | 崔艳辉 | 任 | 县政府 | 县农业农村局局长 | 县八届二次常委会会议 | 1月24日 |
| 7 | 董　富 | 任 | 县政府 | 县审计局局长 | 县八届二次常委会会议 | 1月24日 |
| 8 | 王　俊 | 任 | 县政府 | 县住房和城乡建设局局长 | 县八届二次常委会会议 | 1月24日 |
| 9 | 黄大坤 | 任 | 县政府 | 县工业和信息化局局长 | 县八届二次常委会会议 | 1月24日 |
| 10 | 李贵宾 | 任 | 县政府 | 县商务局局长 | 县八届二次常委会会议 | 1月24日 |
| 11 | 张金山 | 任 | 县政府 | 县教育局局长 | 县八届二次常委会会议 | 1月24日 |
| 12 | 马立国 | 任 | 县政府 | 县发展和改革局局长 | 县八届二次常委会会议 | 1月24日 |
| 13 | 于向阳 | 任 | 县政府 | 县卫生健康局局长 | 县八届二次常委会会议 | 1月24日 |
| 14 | 冯　猛 | 任 | 县政府 | 县林业局局长 | 县八届二次常委会会议 | 1月24日 |
| 15 | 李　生 | 任 | 县政府 | 县市场监督管理局局长 | 县八届二次常委会会议 | 1月24日 |
| 16 | 刘万旭 | 任 | 县政府 | 县文化广播电视和旅游局局长 | 县八届二次常委会会议 | 1月24日 |
| 17 | 王学锋 | 任 | 县政府 | 县水利局局长 | 县八届二次常委会会议 | 1月24日 |
| 18 | 魏忠凯 | 任 | 县政府 | 县自然资源局局长 | 县八届二次常委会会议 | 1月24日 |
| 19 | 王　兵 | 任 | 县政府 | 县应急局局长 | 县八届二次常委会会议 | 1月24日 |
| 20 | 宋文福 | 任 | 县政府 | 县退役军人事务局局长 | 县八届二次常委会会议 | 1月24日 |
| 21 | 苟洪义 | 任 | 县政府 | 县乡村振兴局局长 | 县八届二次常委会会议 | 1月24日 |
| 22 | 王瑞理 | 免 | 县政府 | 县政府办公室主任 | 县八届二次常委会会议 | 1月24日 |
| 23 | 王　威 | 免 | 县政府 | 县人力资源和社会保障局局长 | 县八届二次常委会会议 | 1月24日 |
| 24 | 李　刚 | 免 | 县政府 | 县民政局局长 | 县八届二次常委会会议 | 1月24日 |
| 25 | 李创业 | 免 | 县政府 | 县审计局局长 | 县八届二次常委会会议 | 1月24日 |
| 26 | 胡冰洁 | 免 | 县政府 | 县民族宗教局局长 | 县八届二次常委会会议 | 1月24日 |
| 27 | 崔艳辉 | 免 | 县政府 | 县医疗保障局局长 | 县八届二次常委会会议 | 1月24日 |
| 28 | 董　富 | 免 | 县政府 | 县司法局局长 | 县八届二次常委会会议 | 1月24日 |
| 29 | 王　俊 | 免 | 县政府 | 县农业农村局局长 | 县八届二次常委会会议 | 1月24日 |
| 30 | 王景天 | 免 | 县政府 | 县住房和城乡建设局局长 | 县八届二次常委会会议 | 1月24日 |
| 31 | 黄大坤 | 免 | 县政府 | 县政务服务和数字化建设管理局局长 | 县八届二次常委会会议 | 1月24日 |
| 32 | 赵永胜 | 任 | 县政府 | 县医保局局长 | 县八届三次常委会会议 | 4月29日 |
| 33 | 王秀斌 | 任 | 县政府 | 县民政局局长 | 县八届三次常委会会议 | 4月29日 |
| 34 | 刘敬涛 | 任 | 县政府 | 县人民政府副县长 | 县八届四次常委会会议 | 6月2日 |
| 35 | 邵立夫 | 任 | 县政府 | 县人民政府副县长 | 县八届四次常委会会议 | 6月2日 |
| 36 | 孙大太 | 免 | 县政府 | 县人民政府副县长 | 县八届四次常委会会议 | 6月2日 |

续表13

| 序号 | 姓名 | 任免情况 | 提请部门 | 职位 | 会议 | 时间 |
|---|---|---|---|---|---|---|
| 37 | 王建新 | 免 | 县政府 | 县人民政府副县长 | 县八届四次常委会会议 | 6月2日 |
| 38 | 李瑞兴 | 免 | 县政府 | 县人民政府副县长 | 县八届四次常委会会议 | 6月2日 |
| 39 | 张　弓 | 任 | 县人大 | 县永盛街道人大工作委员会主任 | 县八届四次常委会会议 | 6月2日 |
| 40 | 孙　光 | 任 | 县政府 | 县市场监督管理局局长 | 县八届四次常委会会议 | 6月2日 |
| 41 | 李　生 | 免 | 县政府 | 县市场监督管理局局长 | 县八届四次常委会会议 | 6月2日 |
| 42 | 邵立夫 | 任 | 县政府 | 县公安局局长 | 县八届五次常委会会议 | 7月27日 |
| 43 | 于向阳 | 任 | 县政府 | 县民族宗教事务局局长 | 县八届五次常委会会议 | 7月27日 |
| 44 | 于向阳 | 免 | 县政府 | 县卫生健康局局长 | 县八届五次常委会会议 | 7月27日 |
| 45 | 王建新 | 免 | 县政府 | 县公安局局长 | 县八届五次常委会会议 | 7月27日 |
| 46 | 刘　波 | 任 | 县检察院 | 县人民检察院检察委员会委员 | 县八届五次常委会会议 | 7月27日 |
| 47 | 李红乐 | 任 | 县检察院 | 县人民检察院检察委员会委员 | 县八届五次常委会会议 | 7月27日 |
| 48 | 杨　嫱 | 任 | 县检察院 | 县人民检察院检察委员会委员 | 县八届五次常委会会议 | 7月27日 |
| 49 | 赵　阳 | 免 | 县检察院 | 县人民检察院检察委员会委员 | 县八届五次常委会会议 | 7月27日 |
| 50 | 商玉恩 | 免 | 县检察院 | 县人民检察院检察委员会委员 | 县八届五次常委会会议 | 7月27日 |
| 51 | 杨柏栋 | 免 | 县检察院 | 县人民检察院检察员 | 县八届五次常委会会议 | 7月27日 |
| 52 | 杜晓娟 | 免 | 县检察院 | 县人民检察院检察员 | 县八届五次常委会会议 | 7月27日 |
| 53 | 姚宏宇 | 任 | 县政府 | 县人民政府副县长 | 县八届六次常委会会议 | 8月26日 |
| 54 | 刘立国 | 任 | 县政府 | 县卫生健康局局长 | 县八届六次常委会会议 | 8月26日 |
| 55 | 陈　晓 | 任 | 县政府 | 县人力资源和社会保障局局长 | 县八届六次常委会会议 | 8月26日 |
| 56 | 刘立国 | 免 | 县政府 | 县人力资源和社会保障局局长 | 县八届六次常委会会议 | 8月26日 |
| 57 | 张金山 | 免 | 县政府 | 县教育局局长 | 县八届六次常委会会议 | 8月26日 |
| 58 | 荀洪义 | 任 | 县政府 | 县林业局局长 | 县八届七次常委会会议 | 9月28日 |
| 59 | 关　兵 | 任 | 县政府 | 县乡村振兴局局长 | 县八届七次常委会会议 | 9月28日 |
| 60 | 荀洪义 | 免 | 县政府 | 县乡村振兴局局长 | 县八届七次常委会会议 | 9月28日 |
| 61 | 冯　猛 | 免 | 县政府 | 县林业局局长 | 县八届七次常委会会议 | 9月28日 |
| 62 | 费东佐 | 任 | 县政府 | 县人民政府副县长 | 县八届九次常委会会议 | 11月23日 |
| 63 | 朱建楠 | 任 | 县法院 | 县人民法院审判委员会委员 | 县八届九次常委会会议 | 11月23日 |
| 64 | 朱海波 | 任 | 县法院 | 县人民法院审判委员会委员 | 县八届九次常委会会议 | 11月23日 |
| 65 | 张丽梅 | 任 | 县法院 | 县人民法院审判委员会委员 | 县八届九次常委会会议 | 11月23日 |
| 66 | 徐丹琦 | 任 | 县法院 | 县人民法院审判员 | 县八届九次常委会会议 | 11月23日 |
| 67 | 魏　琳 | 任 | 县法院 | 县人民法院审判员 | 县八届九次常委会会议 | 11月23日 |
| 68 | 郭学宏 | 免 | 县法院 | 县人民法院审判委员会委员、审判员 | 县八届九次常委会会议 | 11月23日 |
| 69 | 王秋辉 | 免 | 县法院 | 县人民法院审判员 | 县八届九次常委会会议 | 11月23日 |

续表13

| 序号 | 姓名 | 任免情况 | 提请部门 | 职位 | 会议 | 时间 |
|---|---|---|---|---|---|---|
| 70 | 张洪岩 | 免 | 县人大 | 县人大财政经济委员会主任委员 | 县八届十次常委会会议 | 12月21日 |
| 71 | 周　明 | 免 | 县人大 | 县人大常委会民族侨务外事室主任 | 县八届十次常委会会议 | 12月21日 |
| 72 | 刘原野 | 免 | 县人大 | 县人大常委会教科文委室主任 | 县八届十次常委会会议 | 12月21日 |
| 73 | 董阿曼 | 免 | 县人大 | 县人大社会建设委员会主任委员 | 县八届十次常委会会议 | 12月21日 |
| 74 | 王素芹 | 免 | 县人大 | 县人大法制委员会主任委员 | 县八届十次常委会会议 | 12月21日 |
| 75 | 程文波 | 免 | 县人大 | 县人大财政经济委员会副主任委员 | 县八届十次常委会会议 | 12月21日 |
| 76 | 周　明 | 任 | 县人大 | 县人大常委会信访室主任 | 县八届十次常委会会议 | 12月21日 |
| 77 | 董阿曼 | 任 | 县人大 | 县人大常委会民族侨务外事室主任 | 县八届十次常委会会议 | 12月21日 |
| 78 | 王素芹 | 任 | 县人大 | 县人大常委会教科文委室主任 | 县八届十次常委会会议 | 12月21日 |
| 79 | 刘　波 | 任 | 县人大 | 县人大人事代表选举委员会委员 | 县八届十次常委会会议 | 12月21日 |
| 80 | 张　峰 | 任 | 县人大 | 县人大财政经济委员会委员 | 县八届十次常委会会议 | 12月21日 |
| 81 | 王　研 | 任 | 县人大 | 县人大社会委委员 | 县八届十次常委会会议 | 12月21日 |
| 82 | 尚伟霞 | 任 | 县人大 | 县人大社会委委员 | 县八届十次常委会会议 | 12月21日 |

（刘俊良）

## 监督工作

**【概况】** 2022年，伊通满族自治县人大常委会围绕全县经济社会发展大局，忠实履行宪法和法律赋予的职权，加强自身建设，发挥代表作用，聚焦社会关注、人民关心的热点难点问题，完善监督方式，强化监督实效。采取听取和审议工作报告、开展调查研究、组织代表视察等方式，开展对“一府一委两院”的法律监督和工作监督。组织委员和市县两级人大代表开展调查、检查、视察24次，形成高质量工作报告6篇。

**【经济运行监督】** 2022年，伊通满族自治县人大常委会组成视察组，对全县重大项目建设情况进行视察，听取和审议县政府《关于伊通满族自治县2022年1—8月份国民经济和社会发展计划执行情况的报告》《全县重大项目建设情况的报告》，督促县政府完成年度目标任务。

**【财政保障监督】** 2022年，伊通满族自治县人大常委会听取和审议县政府《伊通满族自治县2021年财政决算（草案）的报告》《伊通满族自治县2021年度本级预算执行和其他财政收支的审计工作报告》，听取《伊通满族自治县2022年国有资产管理情况综合报告》，审查和批准县2021年本级财政决算。同时强化政府性债务审查监督，听取和审议县政府债务情况报告，统筹预算编制，加强防控政府债务风险。

**【法治建设监督】** 2022年，伊通满族自治县人大常委会开展法律法规执行情况检查，提高执法队伍素质和执法质量，促进依法行政、依法履职，维护法律尊严。对民族区域自治法、乡村振兴促进法等4部法律法规实施情况进行视察检查。听取县政府《关于法治政府建设工作情况报告》，提出加强法治教育、完善用法学法机制等工作建议12条得到落实。参加法院和检察院听证会6次。为推进依法行政、公正司法和依法治县工作有序开展，对县法院“一站式多元解纷和诉讼服务体系”建设情况、县检察院公益诉讼情况进行视察。

**【生态文明监督】** 2022年，伊通满族自治县人大常委会听取《伊通满族自治县人民政府关于2021年度环境状况和环境保护目标完成及中央环保督察问题整改情况的报告》，提出整治路边烧烤摊垃圾油渍污染、城区内车辆鸣笛及乐器培训班、非主干道商铺宣传喇叭、KTV夜间演唱噪声等6条环境治理建议。督促政府强化生态意识，统筹发展与环境保护，守牢生态环境安全底线，为伊通经济社会绿色发展、高质量发展提供生态保障。

【民生领域监督】 2022年，伊通满族自治县人大常委会以加强城区建设监督为切入点，听取相关工作情况报告，对城镇老旧小区改造工作进行视察，督促政府聚焦房地产市场秩序监督，在对贯彻实施《中华人民共和国建筑法》情况进行调研基础上，听取和审议相关工作情况报告，并对全县贯彻实施《中华人民共和国建筑法》情况进行视察。政府高度重视，提出加大宣传教育力度、强化建筑执法监管、提升管理服务水平、持续整治房地产市场秩序等措施，推动全县房地产和建筑市场秩序科学化、规范化；加强对养老基金的管理和使用监督，听取《伊通满族自治县人民政府关于基本养老基金管理和使用情况报告》，推动政府加强养老保险基金的监督管理，防范和化解养老基金管理风险，保障养老基金的安全与完整。

## 视察调研

【概况】 2022年，伊通满族自治县人大常委会视察县政府特色产业发展、全县重大项目建设情况，全县林长制、田长制、河长制、路长制工作开展情况，县城老旧小区改造工作，人大代表重点建议和意见办理情况，黑土地保护、幼儿教育情况，关于《进一步减轻义务教育阶段学生作业负担和校外教育培训负担的意见》贯彻落实情况，《吉林省营商环境条例》贯彻落实情况、县检察机关公益诉讼工作开展情况，《中华人民共和国民族区域自治法》《吉林省实施〈中华人民共和国民族区域自治法〉办法》《中华人民共和国建筑法》实施情况，县法院“推进一站式多元解纷和诉讼服务体系建设”工作开展情况、县医院移址新建项目进展情况；检查《中华人民共和国乡村振兴促进法》实施情况；围绕乡村振兴开展调研。

【黑土地保护情况视察】 6月16日，伊通满族自治县人大常委会组织部分代表对全县黑土地保护情况进行视察。视察组到金辉种植专业合作社、金源农业种植专业合作社了解保护性耕作方式、土地产量、补贴政策等情况。代表建议各相关部门要加强部门协调联动、健全工作制度、强化绿色发展理念、调动广大农户及经营者保护黑土地积极性和主动性；提高农业生产经营者对黑土地保护意识，实现农业绿色、生态可持续发展；建立政策支持和保护长效机制，使黑土地做到永续利用、可持续发展。

【重大项目建设情况视察】 6月23日，伊通满族自治县人大常委会组织部分代表对全县重大项目建设情况进行视察。视察组到中合粮油产业化推广建设项目地、景台片区基础设施建设一期、机房子河及姚家河可持续发展工程、伊溪湿地公园左岸了解项目建设进展情况，现场询问建设难题、谋划发展思路。代表建议项目建设应作为拉动投资增长、推动产业升级、增强发展后劲重要抓手；落实责任、敢于担当、破解难题，推进重点项目建设取得成效，为经济回升向好和社会和谐稳定提供有力支撑；各级各部门增强紧迫意识，协调解决存在困难和问题，推动工作落实，聚焦重点领域，抓好重点项目建设；优化营商环境，保持全县社会经济保持良好发展势头。

【乡村振兴工作开展情况调研】 8月16日，伊通满族自治县人大常委会组织部分代表对全县乡村振兴工作开展情况进行调研。调研组到田间地头、帮扶项目现场和农户家中听取相关负责人汇报，查看千村示范工程建设、项目进展、庭院经济等工作开展情况，与干部、群众共同研究巩固拓展脱贫攻坚成果同乡村振兴有效衔接工作。代表建议坚决守住脱贫攻坚成果，筑牢不发生规模性返贫底线，做好项目发展大文章，

2022年10月11日，伊通满族自治县人大常委会副主任邵春梅（二排左二）、李彦龙（二排左一）、朱虹（二排右一）及人大社会委组成人员、部分人大常委会委员到诚大明悦湾视察《中华人民共和国建筑法》贯彻实施情况
（刘俊良 摄）

推动产业建设提档升级；真抓实干、奋勇争先，推进农业农村现代化；着力点放在解决实际困难和具体问题上，开创民族团结进步、乡村振兴发展新局面，以实际行动迎接党的二十大胜利召开。

（刘俊良）

## 代表工作

【概况】 2022年，伊通满族自治县有市级人大代表36人，县级人大代表236人，乡（镇）人大代表936人。县级人大代表分为10个代表团：分别为伊通镇代表团25人，营城子代表团17人，大孤山镇代表团20人，小孤山三道代表团25人，河源二道代表团22人，西苇伊丹代表团22人，马鞍新兴代表团22人，景台黄岭子代表团27人，靠山莫里青代表团22人，永宁永盛街道代表团34人。

【代表履职工作】 2022年，伊通满族自治县人大常委会制订人大代表培训规划和年度培训计划，出台《关于加强和改进伊通满族自治县人大代表学习培训工作的意见》，聘请专家编写培训教材《人大代表履职必读101问》，举办线上人大干部履职培训班1期，举办县、乡两级人大代表学习培训班3期，县级代表初任培训实现全覆盖。把党的二十大精神纳入培训内容，代表的政治、思想、作风和能力建设全面加强。完善代表列席常委会会议制度，邀请40名县人大代表列席常委会会议。创新“一点一站一家”［在乡镇村建立“人大代表联系点”，在社区建立“人大代表联络工作站”，在乡镇（街道）建立“人大代表之家”］平台建设，打造村有“人大代表联系点”、社区有“人大代表联络工作站”、乡镇（街道）有“人大代表之家”的工作格局。巩固拓展人大代表履职平台建设成果，为县乡人大工作开展提供支撑。召开全县人大代表之家建设现场会，推进全县人大代表之家建设晋档升级；在4个社区、20个村进行代表联络工作站（点）建设试点，推进“点”“站”“家”建设。

【主题实践活动】 2022年，伊通满族自治县人大常委会深化“三进两联一发挥”（人大代表进村屯、进社区、进企业，联系基层、联系群众，发挥代表作用）主题实践活动。县人大常委会组成人员全年联系代表394人次，各级代表联系群众1.3万人次，为群众办实事、解难题170件次。开展县级人大代表征求原选区意见活动，征求选民意见建议400余条。

（刘俊良）

## 人大建议

【概况】 2022年，伊通满族自治县人大常委会收到代表提出建议52条。重点建议10条，涉及交通26条、城乡建设8条、农业农村5条、市监2条、住建2条、税务1条、编办1条、行政执法1条、人力资源1条、教育2条、商务1条、林业1条、环保1条。

【解决农村劳动力就业问题建议】 经济不断发展，大量农村劳动力转移到城市一线就业。对于农村留守劳动力，由于农村经济发展滞后等原因，劳动就业很不充分。在伊通农村地区主要还存在：实力不足，自信心不强；就业收入低，创业风险大；工作难找，就业机会少等一系列问题。建议县委、县政府加强政府主导，因地制宜，发展地方特色经济，增加农村劳动力就业渠道。利用地方“人无我有，人有我优”的物质资源或独特自然地理优势，根据市场需求，发展规模农业、特色农业，壮大乡镇企业。《关于解决农村劳动力就业问题的建议》得到县委、县政府重视，通过政策支持、服务下沉、示范带动、品牌引领等，为农民就业创业提供多方位支持，取得良好成效。

【改善伊通主城区交通秩序和环境建议】 县人大代表提出关于改善伊通主城区交通秩序和环境建议，得到县委、县政府高度重视，开展全县交通秩序和环境整治，在整治过程中，县交警大队根据当前辖区道路交通实际，制定整治方案，采取定人、定责、定岗、定时工作机制，加强道路巡逻次数，提升见警率和管事率。利用监控抓拍执法手段开展执法，强化科技应用，通过违停抓拍系统，不间断对在城区禁止停车的道路车辆进行抓拍录入，建立静态交通秩序管理常态化机制，坚持严管严控不放松，形成严抓严管态势。

【改善农村道路日常维护建议】 伊通县政府重视代表提出的《关于改善农村道路日常维护的建议》，推进农村道路日常维护工作，提升乡村道路通行能力和服务功能，让农村道路建设成为乡村振兴新引擎。至年末，农村道路日常维护里程80千米，两条美丽农村路15.1千米，完成投资1.2亿元。相关部门表示，加大农村道路日常维护监督巡查，督促施工单位科学谋划、鼓足干劲，紧抓项目建设黄金时机，完成农村道路建设任务。

【打击保健品销售欺骗老年人行为建议】 县人大代表提出《关于严厉打击欺骗老年人保健品销售行为的建议》。县委、县政府高度重视该建议，开展打击整治向老年人欺诈销售保健产品和虚假宣传专项行动，打击利用非法手段夸大宣传销售保健产品行为。以“防范保健欺诈 倡导理性消费”为主题，通过张贴标语、发放宣传资料、现场说法讲解等形式，提高中老年人识假防骗能力和依法维权意识。

【加强乡镇行政执法建议】 县人大代表提出《关于加强乡镇行政执法的建议》。县政府针对该条建议，加强乡镇执法队伍建设，厘清人员关系，确定专职、兼职行政执法人员，建立符合职业特点的职务晋升和交流制度。夯实乡镇街道执法人员工作基础，建立健全常态化业务培训机制，定期开展交流培训，提高行政执法人员执法水平，规范行政执法行为。加强乡镇综合执法规范化建设，加大执法经费投入，统筹使用有关资金，规范行政执法装备，为综合执法队伍配备专用车辆、执法服装、执法记录仪等，统一执法着装、执法文书和执法装备，做到从上到下、从里到外统一规范。

（刘俊良）

表 14　　2022 年伊通满族自治县第八届人大一次会议代表建议（部分）一览表

| 序号 | 题目 | 类别 |
|---|---|---|
| 1 | 关于解决农村劳动力就业问题的建议 | 人力资源 |
| 2 | 关于改善伊通主城区交通秩序和环境的建议 | 城乡建设 |
| 3 | 关于以红色伊通人物名命名街、路或其他地标之名的建议 | 城乡建设 |
| 4 | 关于健全全县养殖户养殖手续的建议 | 农业农村 |
| 5 | 关于加强乡镇行政执法的建议 | 行政执法 |
| 6 | 关于加大投入，改善农村道路日常维护的建议 | 交通 |
| 7 | 关于严厉打击欺骗老年人保健品销售行为的建议 | 市监 |
| 8 | 关于加大农村主干道路以外的分支路段建设力度的建议 | 交通 |
| 9 | 关于解决县城学生上学和放学过人行道安全问题的建议 | 交通 |
| 10 | 关于在粮食收购期间开展联合执法的建议 | 商务 |

（伊通满族自治县人大常委会）

## 人大专门委员会工作

【财政经济委员会工作】 2022 年，伊通满族自治县人大财政经济委员会统筹做好经济社会发展各项工作，突出监督重点，增强监督实效，提升新形势新要求下人大财经监督工作。召开专委会会议 5 次，提请人大常委会听取和审议《关于县人大代表建议和意见办理情况报告》等议题 16 次，提交审查报告 4 个，专题检查报告 1 个，开展“三查（察）”活动 6 项，提出意见建议 26 条，参加省人大视频会议 1 次，参加市人大“三查（察）”活动 4 次，市人大座谈会议 1 次，完成全年各项工作任务。

【法制委员会工作】 2022 年，伊通满族自治县人大法制委强化司法监督，关注民生改善，抓好自身建设，依法履职，尽职尽责，向市人大报送规范性文件 2 件、备案审查规范性文件 1 件、清理废止规范性文件 5 件、组织备案审查培训学习会议 3 次；听取审议工作报告 3 次、视察 3 次、接待上级调研与工作指导 5 次；参加县外培训学习 2 次；参加法院庭审、检察院听证 6 次、党史学习教育等各类实践活动 11 次，法制委员会前学法 4 次、法律咨询服务活动 3 次。

【人事代表选举委员会工作】 2022 年，伊通满族自治县人大人事代表选举委员会以强化理论武装为抓手，举办线上人大干部履职培训班 1 期，举办县乡两级人大代表学习培训班 3 期，县代表初任培训实现全覆盖；对县八届人大一次会议期间代表提出的 52 件建议进行督办，办复率 100%，满意率 100%。

【社会建设委员会工作】 2022 年，伊通满族自治县人大社会建设委员会围绕加强和创新社会治理、保障和改善民生，强化监督。开展集中视察 2 次；听取政府专项工作报告 5 个，提出意见建议 17 条；开展专题调研 1 次；配合市人大视察 1 次；配合其他委室开展调研、视察、检查 13 次。开展学习培训 6 次。

（刘俊良）

# 伊通满族自治县人民政府

## 综 述

【经济运行】 2022年，全县地区生产总值106.26亿元，按不变价计算比2021年增长2.9%。固定资产投资增长15.7%。第一、第二、第三产业增加值实现50.14亿元、8.19亿元、47.93亿元，分别增长7.3%、-2.6%、-0.7%。全口径财政收入6.94亿元，增长6%；地方级财政收入4.26亿元，增长7%。公共财政预算支出44.61亿元。争取债券资金10.59亿元。社会消费品零售总额比2021年下降7.5%。金融机构人民币各项存款209.19亿元，较年初增加23.14亿万元，增长12.44%；各项贷款75.25亿元，较年初增加5.60亿元，增长8.04%。全年招商引资到位资金49.14亿元，增长138.5%。

【项目建设】 2022年，伊通开工复工5000万元以上项目54个，投资完成33.2亿元。实施专项债券项目5个，总投资31.58亿元，发行债券6.47亿元。成功申报中央和省支持项目8个，争取资金3.13亿元。利雅得石油提产扩能、伊通河右岸河漫滩治理与水环境保护工程等14个省“三早”(早落地、早开工、早见效)项目开工建设。

【城乡建设】 2022年，伊通城乡区域联动发展，提升城市品质。投资7亿元，新建福安街、乌苏大街北段、穆木街等7条道路，翻建赫哲街、长营大街、库仑大路3条道路。福安大桥建成通车，乌苏大桥主体完工，高速出口如期完成改造。铺设雨水管线2.1千米，更新改造老旧供热管网8.68千米。成功创建“吉林省园林城市”。创建“示范村”26个，投入资金4070万元，实施基础设施项目12个，修建水泥路4.94万千米、排水边沟6910千米，安装路灯2004盏。建设农村精品廊道2万千米，精品路线4.5万千米。农村公路三年改造提升计划加速实施，改造完成26.1万千米。投资8019万元，新建1.1万千米长东线全线通车。开展农村人居环境整治五年提升行动。投资1140万元，清理生活垃圾1.03亿千克、农村道路270万千米、沟渠194.7万千米。农村完成改厕1000座。推进农村“三线”(高压线、低压线、通信线)维护梳理，新建改造10千伏线路54.56千米，低压线路190.6千米，通信线路659千米；建设5G基站15座。

【开发区建设】 2022年，伊通省级开发区考评排名比2021年提升38位。《景台区块控制性详规》编制完成。长伊中线污水处理厂尾水管线和景台区块永久村回迁楼项目全部竣工。长伊区块伊通镇雨水排水明渠项目主体完工。投资10.85亿元的汽车零部件产业园项目完成投资1.65亿元。投资4.91亿元的农产品精深加工科技产业园项目完成投资

2022年，伊通开工复工5000万元以上项目54个。图为伊通火山温泉旅游度假区建设项目 （成 达 摄于2022年7月5日）

1.22亿元。全年实现主营业务收入16.24亿元，税收收入1.14亿元。

【社会事业】 2022年，伊通有各级各类学校243所。其中，教师进修学校1所、职业技术教育中心1所、独立高中2所、完全中学2所、九年一贯制学校5所、普通初中19所、中心校级小学21所、村小学128所、公办幼儿园5所、校代(带)幼儿园21所、民办幼儿园22所、民办十二年制学校2所、青少年校外教育活动中心1所、特殊教育学校1所。卫生机构314家。制定并下发《全县中小学校、幼儿园国庆假期及前后重点时段疫情防控工作方案》。投入义务教育校舍安全保障长效机制资金853万元，为39所农村中小学维修改造校舍4.56万平方米。投入义务教育薄弱环节改善与能力提升计划资金1694万元，改造项目35个、面积1.94万平方米。中职学生就业率98%。县级医院5家。其中，公立二级甲等医院2家；民营医院3家。基层医疗卫生机构203家。其中，乡镇卫生院22家；村卫生室181家。公共卫生机构5家。其中，妇幼保健计划服务中心1家、结核病防治所1家、血站1家、疾病预防控制中心1家、卫生监督所1家。诊所及门诊部105家。适龄儿童国家免疫规划疫苗接种率95%以上。"两癌"筛查8000人。组建113个签约服务团队，为25.05万名签约居民提供优质基本医疗、公共卫生和健康管理服务，为9.80万名高血压、糖尿病患者等重点人群进行健康随访。落实"先诊疗后付费"和"一站式"服务，为2148人次脱贫住院患者减轻就医负担。开展大病专项救治患者977人。门屯河以北和天源热力南两个回迁小区主体完工。投资1113万元，新建生态健身广场。县一中扩建项目推进。县医院移址新建项目开工建设。

【居民生活】 2022年，伊通城镇常住居民人均可支配收入和农村常住居民人均可支配收入分别为29383元、16928元，比2021年分别增长0.9%和2.9%。全县民生支出38.18亿元，占一般预算支出85.6%，增长1.81%。城镇新增就业2308人，农村劳动力转移就业6.9万人，登记失业率控制在4.5%以内。创建县级返乡创业基地4个，带动农村劳动力就业146人。开发就业见习单位9家、岗位231个，发放补贴146.17万元。投入2547万元，实施校园维修改造项目35个，面积6.5万平方米。新聘特岗教师110人，接收公费师范生24人。推进控辍保学，资助贫困学生5030人次、403万元。3所学校"双减"案例作为典型案例被推荐到教育部。县第一人民医院异地新建项目完成投资1.4亿元。大孤山中心卫生院移址新建项目主楼主体基本完工。紧密型县域医共体加快建设，推动优质医疗资源下沉基层。全年发放低保金4241万元、农村特困供养资金2236万元、高龄老人补贴45.4万元、困难残疾人生活补贴832.16万元、城乡居民基本养老保险1.15亿元、企事业单位养老保险10.3亿元。使用临时救助资金56万元。

（都淑艳）

## 重要会议

【县政府八届三次常务会议】 2022年1月20日召开。审议《伊通满族自治县"十四五"农业发展规划》《伊通满族自治县"十四五"村庄规划》《调整乡镇(街道)行政执法事项清单(送审表)》，听取《关于2020年度发展壮大村级集体经济扶持村项目变更及2021年度项目申报情况说明》，审议《伊通满族自治县七星街以北、东营子、河北村地块集体土地房屋征收补偿方案征求意见稿》，听取《关于伊通满族自治县人民政府征地补偿安置方案公告奖励补偿的请示》。

【县政府八届四次常务会议】 2022年3月11日召开。审议《伊通满族自治县关于开展水稻抛秧技术推广及水稻抛秧设备给予县级补贴的实施方案》《伊通满族自治县"十四五"生态环境保护总体规划》《伊通满族自治县"十四五"残疾人发展规划》《河源镇文化旅游发展有限公司组建方案》《伊通满族自治县国有土地上乌苏大街南段、七星街以北、房管所综合楼、日杂果品办公楼、东营子、河北村地块房屋征收补偿方案》《伊通满族自治县七星街以北、东营子、河北村集体土地房屋征收补偿方案》《长春工业大学人文信息学院新校区项目投资合同》。

【县政府八届五次常务会议】 2022年4月21日召开。听取全县秸秆禁烧及森林防灭火工作汇报，听取关于伊通满族自治县2022年度重大行政决策事项清单的情况说明。

【县政府八届六次常务会议】 2022年4月30日召开。研究一季度全县经济运行情况，听取《关于县疾控中心PCR实验室便利化扩容的请示》。审议《长伊公路(依家屯—伊通镇段)建设工程PPP项目绩效指标体系调整》及《长伊公路(依家屯—伊通镇段)建设工程PPP项目政府付费基数确定》。

【县政府八届七次常务会议】 2022年6月1日召开。审议《深刻吸取"7·20"特大暴雨灾害教训 贯彻省、市防指相关精神进一步做好防汛抗旱工作实施方案》，听取《关于伊通满族自治县投资控股集团重点项目建设及项目资金的报告》，审议《伊通满族自治县全面推行田长制实施方案》《伊通满族自治县2022年农村户用卫生厕所改造实施方案》。听取《关于全县第三次国土调查工作情况的汇报》，审议《伊通满族自治县乡村振兴示范村镇创建（2022年—2024年）实施方案》。

【县政府八届八次常务会议】 2022年7月20日召开。审议《伊通满族自治县贯彻落实第二轮中央生态环境保护督察报告整改方案》《秸秆与建筑垃圾综合利用建设项目投资合同》。听取《关于建设基层派出所和交警中队的请示》《关于城镇土地使用税相关文件作废和变更的请示》。

【县政府八届九次常务会议】 2022年8月17日召开。传达《市政府九届二次全体会议精神》及分解任务。审议《伊通满族自治县推进落实事业单位专业技术岗位分级聘用工作方案》。听取《伊通满族自治县2022年高考情况汇报》。审议《伊通满族自治县城镇公共服务项目用地基准地价实施方案》。听取《关于建设信号灯及电警抓拍系统情况报告》。

【县政府八届十次常务会议】 2022年9月29日召开。审议《全县消防等重点领域安全生产隐患大排查大整治工作方案》《伊通满族自治县行政许可事项清单》《伊通满族自治县伊通河防洪薄弱环节治理工程征地拆迁工作实施方案》《伊通满族自治县建设占用耕地耕作层土壤剥离利用工作实施细则》《社会救助审核确认权下放工作实施方案》。听取《9家乡（镇）基层武装部规范化达标建设请示》《关于景台生态谷现代服务业产业集群项目入区的报告》《关于将市场有限公司转到县投资控股集团有限公司的报告》《伊通满族自治县2022年1—8月份财政预算执行情况的报告》。

【县政府八届十一次常务会议】 2022年10月28日召开。审议《伊通满族自治县50个村庄规划》《伊通满族自治县农村户厕问题整改工作方案》，审议新能源汽车有关事项，审议《伊通满族自治县商品粮大省奖励资金使用与管理方案》及《2021年伊通满族自治县商品粮大省奖励资金分配细则》。听取《关于伊通满族自治县职业技术教育中心升格为技师学院的情况汇报》。

【县政府八届十二次常务会议】 2022年12月1日召开。听取全县经济运行情况工作汇报，听取全县新冠疫情防控、安全生产、信访工作情况汇报，听取2022年县政府工作报告、国民经济与社会发展报告、2022年财政预算执行情况及2023年财政预算编制情况报告。审议《长春都市圈环线高速公路伊通至公主岭至农安（伊通段）征收补偿工作实施方案》《关于2022年度发展壮大村级集体经济扶持村项目申报情况汇报》《吉林伊通经济开发区（长伊片区）汽车零部件产业园建设项目的报告》《伊通满族自治县吉康医院管理实施方案》《伊通满族自治县公安局招聘警务辅助人员方案》《关于伊通满族自治县2022年预算调整方案的报告》。

【县政府八届十三次常务会议】 2022年12月29日召开。传达中央、省、市经济工作会议精神。审议《伊通满族自治县妇女发展规划（2021—2030年）》《伊通满族自治县儿童发展规划（2021—2030年）》《伊通满族自治县全面加强粮食安全暨黑土地保护的实施方案》《伊通满族自治县民族团结进步条例》《伊通满族自治县2022年补改结合土地整治项目实施方案》《伊通满族自治县2022年度新冠疫情防控工作表彰方案》。

（郭洪双）

# 政府综合事务

【电子政务外网建设】 外网建设政务服务中心、各乡镇（街道）全流程审批系统和全县政府视频会议平台及纪委等部门业务系统，包括推进各部门数据资源共享开放和数据安全传输，均要通过电子政务外网实现，做到“数据多跑路，群众少跑腿”，方便群众网上办事，提高政府办事效率。全县电子政务外网覆盖41个县直部门、28个纪委派驻组、17个乡镇（街道）、187个行政村和10个社区，覆盖率100%。

【政务督查】 2022年，伊通构建政府系统大督查格局、强化政府执行力和公信力，各级政府自我监督、确保政令畅通。做好日常普遍督查，同时对重点督查事项进行全程跟踪，分阶段、分层次及时反馈落实情况。组织力量，联合督查，形成“专职机构牵头办、多方协调共同抓”督查合力。全年办理省政府签批部署工作23件、市政府签批部署工作175件、省政府“互联网+督查”平台转办工作129件。完成新冠疫情防控、农村人居环境整治、棚改拆迁等专项督查工作。

【议案督导】 2022年，伊通研究人大代表建议、政协委员提案，在督导过程中做到“件件有答复、事事有回音”。对于人大建议、政协提案涉及的重要问题，督促各级各部门主动启动联动机制，主要领导亲自过问，研究落实意见，主动配合审定办理结果。全年办理政协委员提案48件，回复率100%；办理人大代表关于住建民生、环境保护、交通安全、农业农村等建议52件,回复率100%。

【政务信息】 2022年,伊通发挥政务信息参谋助手作用,针对重点、热点、难点及群众关切的问题开展工作。全年出版《伊通快讯》15期,向省政府报送信息109条,被采用25条,被省长韩俊批示1条。向市政府报送信息162条,被采用98条;被市政府主要领导批示27条。政务信息工作在全省42家单位中排名第四。伊通满族自治县政府办公室被评为2022年度吉林省政务信息标兵单位、四平市上报标兵单位;信息员获省级优秀3人、市级优秀3人。

【政府热线】 2022年,伊通“12345”政务服务热线接到企业和群众来电9537件次。其中,电话受理(“12345”)5741件、省长公开电话(“96118”)转办3653件、市长信箱6件、中国政府网网民留言28件、国务院“互联网+督查”59件、语音留言5件、人民网留言板26件、省长信箱19件,全部办结。

(郭洪双)

## 政务服务

【概况】 2022年,伊通政务服务和数字化建设管理局(简称“伊通政数局”)推进行政审批制度改革。制定《伊通满族自治县全面提高企业登记效率实施方案》,出台“五零”(零见面、网上办,零证明、减材料,零成本、没费用,零等待、马上办,零跑动、送上门)服务措施。至年末,体验“五零”服务企业80家,免费刻制印章400枚。实现权责和政务服务事项清单标准化。经征求各乡镇(街道)意见、县政府法律顾问团和司法局合法性审查,乡镇拟保留权责事项41项,拟保留政务服务事项72项;街道拟保留权责事项18项,拟保留政务服务事项39项。梳理完成村领办代办事项41项,社区领办代办事项31项。全年受理“12345”政务服务热线9537件次,办理率100%,满意率95%。重新梳理县内各部门、乡镇(街道)、村(社区)组织架构,调整新增机构2个,修改机构8个,迁移机构1个,删除机构2个,最新数据上报吉林省政数局。

【政务公开】 2022年,伊通调整政务公开(政府信息公开)工作领导小组成员;制定2022年政务公开工作要点并推动落实;动态调整领域基层政务公开标准目录,在26个领域基层政务公开标准目录标准上,新增5个领域基层政务公开标准目录;编制行政机关政务公开事项标准目录;推进基层政务公开向农村、社区延伸,拓宽政务公开渠道。推动政务新媒体发展,助力政务公开。至年末,开设抖音、快手、微博、微信公众号等政务新媒体20个,全部纳入“全国政务新媒体信息报送系统”统一管理。2022年,全省公共资源配置领域政府信息公开和交易领域基层政务公开标准指引落实评估考核工作中,伊通评级为A+,在全省参评的41个县(市)中位列第一。

【营商环境建设】 2022年,伊通调整营商环境建设领导小组成员,设立开办企业、办理建筑许可、获得电力等专项小组22个,分管副县长任组长;制定出台营商环境优化提升方案,明确工作思路、目标责任、责任主体及具体措施。县政数局、市监局等8个部门针对省评12项指标分别出台单项指标提升方案;召开全县营商环境大会,安排部署工作。深化商事制度改革,实现私营企业首次登记全程网办和企业开办全免费目标,将原来由企业出资的刻章费用和各类证照、审批文件、税控盘等设备快递送达,寄递费由政府“买单”。登记注册全程“一次不跑”,办理时限不超过6小时。

【“放管服”改革】 2022年,伊通在乡镇(街道)推行“一站式”服务、“一窗式”办理模式。按照四平市下发的“放管服”重点工作任务台账涉及的18个部门、52项重点任务逐项对标,印发伊通重点任务分工方案。指导全县17个乡镇(街道)便民服务中心、197个村(社区)便民服务站规范办事场所名称并更换牌匾。推动基层便民服务中心综合窗口建设,印发《关于印发全面推进新版全流程审批系统向基层延伸工作的实施方案的通知》。为乡镇(街道)和3个试点村(社区)配备互动采集终端、计算机和打印机等设备,线上线下进行5轮培训和现场指导,新版全流程系统在乡镇(街道)上线运行。全年一窗办理乡镇本级政务服务事项40项,受理部门延伸政务服务事项44项,通过新版全流程审批系统在线办理业务1169件。

【“领办代办”服务】 2022年,伊通政数局为方便老年人、残疾人等特殊群体办理业务,在政务服务中心设置“领办代办”服务台,对特需人群提供引导帮助。在综合服务区设立“怎么能办”窗口,集业务咨询、投诉于一体,作为“办不成事”反映窗口,提供兜底服务,解决企业、群众疑难事项和复杂问题。工程建设项目审批服务区开设“绿色通道”,对纳入“绿色通道”的重点项目全程领办代办,选派专人“一对一”跟踪服务,通过预约可在周末及节假日正常办理业务。

【政务服务事项清单标准化】 2022年1月,伊通政数局梳理完成《伊通满族自治县政务服务事项清单》

(1706项)、《伊通满族自治县进厅政务服务事项清单》(1506项)、《伊通满族自治县无差别政务服务事项清单》(1109项)、《县(市)区向乡镇(街道)延伸政务服务事项清单》(44项)、《县(市)区通办政务服务事项清单》(37项)。确定《四平市"无证明城市"改革事项清单》《四平市行政审批中介服务事项清单》《四平市"跨省"通办政务服务事项清单》3张清单6月下发执行。对标国家和省级清单,伊通认领行政许可事项264项,涉及县级主管部门28个。其中,县本级部门24个(257项)、中省直部门4个(7项)。《伊通满族自治县行政许可事项清单(2022年版)》9月末印发实施。6月,参与省政务服务和数字化建设管理局以四平市为试点开展的高频政务服务事项规范化梳理工作,协同各部门梳理形成《高频政务服务事项要素信息规范调整对照表》,统一高频政务服务事项要素22个,形成高频政务服务事项规范信息表50个。

**【工程建设项目审批制度改革推进】** 2022年,伊通为建设单位开展前期协同服务工作。各审批部门通过前期协同服务生成"一单五清"("一单"指协同服务告知意见单,"五清"指意见清、流程清、事项清、标准清、要求清)告知单,为工程项目办理提供定制化指引服务,使项目单位第一时间知晓审批意见和流程、办事清单和材料、建设要求和审查要点等,保证项目早着手、早准备。将县政务服务中心三楼西厅设置成独立工程建设项目审批服务区,开设综合窗口3个,受理工程建设项目审批,并在自主申报区配备3套电脑、高拍仪、打印机设备,免费为企业提供服务,做到一件事一次办。开设绿色通道提供预约服务,通过预约,周末及节假日均可正常办理业务。

**【数据共享】** 2022年,伊通落实政务信息资源共享责任清单,按要求归集数据,落实数据共享责任,扩大数据共享范围,促进数据有序共享和高效利用。至年末,全县30个部门接入吉林省政务信息共享网站,注册目录654个,挂载资源768条,接口、库表数据9.83万条。梳理汇总各相关部门、本部门及法律法规授权具有行政职能事业单位和社会组织制发的各类证照,形成制发证照种类清单,涉及20个部门、145种证照。依托省数据共享平台,共享平台中存量证照全量标准化完成改造,更新年内最新证照数据。至年末,系统录入60种证照数据,全量归集数据。

**【执法检查智能监管】** 2022年,伊通转发《四平市营商环境问题查处办法》《四平市营商环境建设警示通报告诫制度》《四平市行政检查执法备案智能管理系统应用细则》3项基础性工作制度,为营商环境问题受理、调查和处理提供制度性保障,为行政检查备案智能管理系统应用提供操作遵循。全县行政检查做到事前备案、手机亮证、扫描迎检,及时上传检查结果,接受被检查对象评价。至年末,全县检查备案2731次,被检查市场主体无一差评。

(赵春雨)

伊通政数局开设绿色通道服务。图为工程建设项目审批绿色通道办公窗口
(赵春雨 摄于2022年5月19日)

## 人事人才管理

**【概况】** 2022年,全县有公共和经营性人力资源服务机构9家。其中,公共性机构2家;经营性机构7家。全年召开线上线下招聘会10场次,提供岗位4100个,就业176人。

**【事业单位工资管理】** 2022年,伊通以"办事少跑冤枉路,审批少花一分钟"为理念,保障全县事业单位人才工资福利待遇,减少办事人员手工录入错误率,提升服务效率。全年审核事业单位工作人员晋升工资9326人,岗位变动1726人,基本工资调整9526人。

**【职称评审】** 2022年,全县中小学校高级教师和中级教师职称评聘申报309人,评审通过219人;全县职称信息化评审申报604人;推荐吉林省第八批正高级教师5人,评审通过4人;推荐吉林省第九批正高级教师5人，评审通过3人；推荐吉林省第十批正高级教师6人，评审通过3人；伊通专业技术三级岗位评审通过1人。推荐并评选通过吉林省乡村振兴高级人才6人。

【参加“工匠之星”评选】 2022年，伊通根据四平市人力资源和社会保障局、四平市总工会《关于开展第二届“工匠之星”评选工作的通知》（四人社联）文件精神，经伊通人社局推荐、材料初审及四平市人社局专家评审，评选亚泰集团伊通水泥有限公司金天宇、胡广为四平市第二届“工匠之星”；11月7日，获荣誉证书，每人奖金5000元。

【机关企事业单位人员退休办理】 2022年，伊通完成企业职工申请退休享受养老保险待遇55人条件审核工作；完成机关43人视同缴费年限审核工作。全年为事业单位工作人员办理退休265人。

【人才招聘】 2022年，伊通招聘各类人才504人。其中，事业单位公开招聘313人，人才引进77人，卫生系统县聘乡用、乡聘村用6人，新冠疫情防控一线医务人员定向招聘9人，委培生安置99人。人才交流服务中心档案库新接收档案1953份，转出582份；提供线上线下档案查询服务462人次。鼓励大学生参加就业见习，推进创业担保贷款贴息及奖补政策支持。

【社会保障】 2022年，伊通为全县事业单位227家、9345人办理2021年度考核备案；统计、登记、上报伊通享受省部级以上表彰奖励获得者44名。全年化解社保基金风险隐患疑点信息92条。其中，养老81条；失业11条；全部办结。开展被征地农民养老保险工作，与县自然资源局、社保局等部门及相关乡镇沟通配合，为6个项目被征地农民办理参保手续。推进社会保障卡发放工作，全县发放社会保障卡35.07万张。2022年，为群众补换卡2566张，挂失、解除挂失1970条，修改信息52条，密码重置7113次，社会保障卡异地邮寄132次，即时纸卡2978张。

（王镜波）

## 县直机关事务管理

【概况】 2022年，伊通机关事务服务中心公务接待325次、公务出车8500余次，开展“绿色低碳、节能先行”为主题的“废旧物品换绿植”公共机构节能活动，办公用房和功能用房使用面积8.28万平方米。

【办公用房管理】 2022年，伊通完成党政机关办公用房信息统计报告工作。办公用房采取“集中办公，集约使用”管理模式，开展县域内办公用房情况排查工作，办公人数4856人，办公楼58栋，建筑面积14.83万平方米（自有办公楼建筑面积12.24万平方米，租赁办公楼建筑面积2.59万平方米）；办公用房和功能用房使用面积8.28万平方米。调整县司法局法律服务中心、县卫生健康局血站及永盛街道办事处办公用房。

【公务用车管理】 2022年，伊通车辆服务中心（包括定向保障车）公务车64辆。车辆安装GPS卫星定位系统，车辆申请、调配实行网络化管理。保障各集中办公区公务用车，配合县卫生健康局完成全县核酸采集及送样工作，出车450余次。全年公车平台出车8500余台次。“旗E春城旗动吉林”工程项目完成。30辆电动汽车办理前期手续，政府采购云平台招投标工作完成。

【基建工程建设】 2022年，伊通满族自治县消防救援大队河滨南路小型救援站建设项目完成，投资504.86万元，占地面积1409平方米，建筑面积1225.86平方米。设有综合执勤楼1栋及相应配套设施。采购安装县委、县政府互联网改造设备。

（管春晓）

2022年6月15日，县机关事务服务中心在节能宣传周开展“废旧物品换绿植”公共机构节能活动 （李秀翠 摄）

# 中国人民政治协商会议伊通满族自治县委员会

## 综　述

【概况】 2022年，中国人民政治协商会议伊通满族自治县委员会（简称“伊通政协”）召开常委会议5次、专题协商3次，紧扣经济社会发展中的突出问题，集中优势力量，调查研究，分析论证，提出可行意见建议。政协第八届伊通满族自治县委员会第二次会议立案52件，提案中选出具有一定代表性、群众较为关心的6件提案列入重点提案，分别由县委书记、县长等县主要领导领办督办，组织召开承接单位主要负责人参加的督办提案推进会，通过各承办部门落实，所有提案全部办复。全年筛选重点提案由县主要领导领办督办，开展协商座谈、跟踪办理，实现提办双方互动，助推相关工作加快落实。以社情民意为载体，通过完善社情民意信息收集、整理、报送、反馈制度，运用政协会议、履职活动等载体，畅通民意信息反馈渠道，反映群众的呼声要求，综合反映社情民意信息16条。

【委员构成】 2022年，伊通政协第八届委员会委员235人。其中，党内委员92人，占39.15%；党外委员143人，占60.85%。女委员87人，占37.02%；男委员148人，占62.98%。研究生10人，占4.26%；大学本科129人，占54.89%；大专47人，占20%；中专及以下49人，占20.85%。35岁以下53人，占22.55%；36岁至45岁82人，占34.9%；46岁以上100人，占42.55%。

【视察调研】 2022年6月10日，伊通政协组成专题调研组赴河源镇大酱村、营城子镇、伊通镇前范村对水产养殖和水稻有机化种植示范区、黄牛产业园区及稻渔综合种养示范园区进行实地调研。6月10日、29日分别召开协商座谈会，听取县政府副县长刘敬涛关于伊通农业高质量发展情况的汇报，市、县两级政协委员代表发言和农业专家提出意见建议，县政协经济委员会根据调研和会议发言，起草《政协伊通满族自治县委员会关于发挥农村新经济组织作用　助力乡村振兴的调研报告》，报送县委、县政府供决策参考。7月29日，省政协民宗委主任程铭带领省政协调研组到伊通就少数民族传统技艺传承进行调研。调研组先后到河源镇大桥村、马鞍山镇文化站、县满族博物馆，了解满族传统手工编织、手工剪纸传统技艺传承等情况。8月15日，四平市政协副主席一行到河源镇大酱村、吉祥村、保南村调研农业高质量发展及有机水稻生长情况。9月29日，组织政协民宗界委员就伊通满族传统文化保护和传承情况到马鞍山镇文化活动站剪纸展厅、吉林省玉竹源满族食品有限公司进行专题视察。

【建言资政】 2022年11月17日，四平市政协系统党建和党风廉政建设座谈会召开。县政协以党建和党风廉政建设为统领，结合自身工作实际作题为《党旗飘扬，党徽闪亮，以党建和党风廉政建设为统领，同向发力促履职——伊通满族自治县政协以党建和党风廉政建设引领履职工作》书面交流发言。

（艾明园　王博识）

## 重要会议

【政协伊通满族自治县八届二次会议】 2022年12月27日至29日，政协伊通满族自治县八届委员会召开第二次会议。全县各族各界188名政协委员参加会议。会议听取并讨论县委书记孙立阳讲话；听取并审议县政协八届常务委员会工作报告、八届常务委员会关于八届一次会议至二次会议期间形成的提案工作情况报告；听取并协商讨论县政府工作报告、2022年国民经济和社会发展计划执行情况与2023年国民经济和社会发展计划（草案）的报告、2022年财政预算执行情况和2023年财政预算（草案）的报告；协商讨论法院工作报告、检察院工作报告（书面）；审议通过县政协八届二次会议提案审查情

2022年6月29日，县政协八届二次常委会会议召开　（艾明园　摄）

况报告、县政协八届二次全体会议决议。补选政协伊通满族自治县第八届委员会副主席1名和常务委员5名。

【政协伊通满族自治县八届二次常委会会议】 2022年6月29日，政协八届委员会第二次常委会会议召开。会议传达学习全国政协十三届五次会议精神、习近平总书记在中共中央政治局会议上的重要讲话精神、省委常委会扩大会议精神、省第十二次党代会精神、《中国共产党政治协商工作条例》。听取副县长刘敬涛代表县政府所作的关于全县农村新经济组织发挥作用，推动生态农业发展和加快促进乡村振兴情况的通报，并就委员建议所作的回应进行发言。县政协领导向获四平市新冠疫情防控优秀志愿者颁发荣誉证书，审议通过人事事项。

【政协伊通满族自治县八届二次主席会议】 2022年6月28日，伊通政协八届二次主席会议召开，研究确定政协八届委员会第二次常委会会议议题。

（艾明园　王博识）

表15　2022年政协伊通满族自治县八届委员会主席会议情况一览表

| 时间 | 会议名称 | 会议内容 |
| --- | --- | --- |
| 6月28日 | 八届二次主席会议 | 研究确定政协八届委员会第二次常委会会议议题 |
| 8月16日 | 八届三次主席会议 | 研究确定政协八届委员会第三次常委会会议议题 |
| 12月22日 | 主席(扩大)会议 | 审议通过县政协工作5项规章制度:《政协伊通满族自治县委员会主席会议工作规则》《政协伊通满族自治县委员会年度协商计划实施办法》《政协伊通满族自治县委员会视察考察工作办法》等 |

（中国人民政治协商会议伊通满族自治县委员会）

## 协商议政

【专题调研】 2022年2月10日至14日，按照县委、县政府关于进一步加强县域经济发展的安排部署，为推进县域网络经济发展上水平实现新突破，县政协党组书记、主席张亚冰和县委常委、宣传部部长刘敬涛连续召开3次多层面人员参加的推进县域网络经济发展调研座谈会，同时采取个人访谈、深入企业踏查等方式对全县网络经济发展情况进行调研。县委宣传部、团县委及县妇联、发改局、工信局、融媒体中心、商务局、市监局等相关部门负责人，伊美生态园、德盛牧业、指尖财富、永春米业、伊丹玉竹源、孙氏鹿业、中通物流等重点企业，小桂林烧鸽子、宏禹烧鸽坊、老谷家烧鸽子、琴合琴火锅等部分餐饮名店负责人，吉林省锦秀乡村电子商务公司、水鹿堂鹿业有限公司负责人等网红代表，工商经济界有网络经营经验的政协委员参加座谈，访谈90余人次，调研座谈以摸实情、找症结、解难题为目的，调动参会人员围绕网络平台建设、网红团队打造、品牌宣传推广、电商经济发展、提升产品质量和服务水平等中心内容进行交流建言，起草《关于伊通满族自治县网络经济发展的调研报告》，供县委、县政府决策时参考。

8月10日，县政协副主席欧阳纯才带领法制委专委会部分委员开展“因婚恋、家庭矛盾纠纷引发命案”视察调研。到命案发生率少、中、多等乡镇进行实地调研，组织7个相关部门召开“县政协调研因婚恋、家庭矛盾纠纷引发命案情况座谈会”，在听取各方意见建议基础上，形成调研报告并上报市政协。

【资政协商】 2022年，伊通政协引导企业商户利用网络和新媒体平台，培育、壮大、振兴新时代大背景下的网络经济发展。至年末，电商服务中心孵化企业21家，成为本土创业者的“创业摇篮”。商家利用新媒体（快手、抖音等短视频平台）进行直播带货，水鹿堂鹿业有限公司负责人粉丝量550万人，通过直播带货年销售额3000万元以上。为促进物流快递业务整合与电子商务融合发展，解决物流企业、快递站点分散，各自经营等制约电商产业发展问题，在县政府和县商务局推动下，投入电商示范县资金100万元，对绿科物流配送中心进行改建。以伊通县城为中心，辐射100千米范围内的临界市县，与县域周边长春、吉林、辽源、四平、公主岭等地融媒体中心合作，实现媒体资源开发互换。与东辽搭建合作平台，成立“醉美伊通”新媒体志愿服务队。

【协商督办】 2022年，伊通政协领办督办《关于开展城市野广告常态化治理工作的建议》重点提案。9月23日，县政协主席张亚冰带领提案人等50余人，对领办督办提案办理落实情况进行视察调研。视察组到公园小区、八旗广场、明珠大街及锦城苑小区就野广告常态化治理情况进行视察，参观县城智慧管理大厅，了解县城管理综合行政执法工作开展情况。座谈会上，与会人员听取提案人介绍提案提出情况，听取县政府关于城市管理综合行政执法总体情况以及张亚冰领办督办重点提案办复情况汇报，部分委员代表就城市野广告常态化治理工作提出相关意见建议。承办部门相关负责人就委员发言作出回应。张亚冰要求，政协委员要发挥监督职能作用，围绕县委、县政府和政协中心工作，开展调查研究，摸实情、查实因，为持续巩固提升城市野广告整治成果建言助力。

（艾明园　王博识）

## 民主监督

【委员评价监督】 2022年，伊通政协根据吉林省政协《关于在全省各市（州）、县（市、区）开展政协委员评价有关部门考评工作的通知》，11月开展政协委员评价有关部门营商环境及总体评价考评工作，成立由县政协党组书记、主席任组长的县政协委员评价有关部门考评工作领导小组，领导小组下设办公室，主要负责评价工作的策划、调度、汇总、督导、检查工作。办公室下设筹备组、组织组、统计组、监督组4个工作组，负责考评工作各项筹备和具体实施工作。经过与县绩效考评办、县发改局、县政数局（县营商环境办公室）协调，确定评价对象、评价内容、评价方式、评价办法和结果运用方式，形成《关于在全县开展政协委员评价有关部门考评工作的实施方案》，纳入营商环境评价部门、乡镇（街道）52家，纳入整体评价部门、乡镇（街道）77家。委员对营商环境评价部门就简政放权、监督管理、优化服务、维权减负、办事效率5个层面，对总体评价部门就县委、县政府重大决策部署、工作质量、工作效果、工作效率、工作作风5个层面，分别按照优秀、良好、一般、较差4个档次进行赋分划票，由统计组负责统计评价，形成评价报告，最后在派驻纪检监察机构监督下，提交主席会议审定，呈报县委、县政府批准后，转县绩效考评办进行结果运用，助力全县营商环境改善和部门整体工作水平提升。

【社情民意信息监督】 全年提出社情民意信息72条，被征集采纳16条。主要内容有：取暖费缴纳、保障特种车辆无障碍进小区、推进无籍房证照办理、清除林地景区迷信设施及伊通河两岸栈道及公园等地长廊进行维护等建议。

（艾明园　王博识）

表16　2022年政协伊通满族自治县八届一次会议社情民意征集采纳情况一览表

| 序号 | 提出人 | 名称 | 是否采纳 | 建议承办部门 |
|---|---|---|---|---|
| 1 | 苏鹏、房丽、谢福贵 | 关于完善取暖费缴纳方式的建议 | 是，拟刊发 | 行政执法大队（住建局） |
| 2 | 刘立敏、蔡云飞、郑环宇、陈亚楠、王元辉、刘勇、程微、赵春雷 | 关于保障特种车辆无障碍进小区的建议 | 是，拟刊发 | 行政执法大队、公安局 |
| 3 | 井泉鑫、赵东兴 | 关于完善高层电梯安全养护监管的建议 | 是，拟刊发 | 行政执法大队或住建局 |
| 4 | 吴丽娟 | 关于对伊通河两岸栈道及公园等地长廊进行维护的建议 | 是，拟刊发 | 行政执法大队或住建局 |

续表 16

| 序号 | 提出人 | 名称 | 是否采纳 | 建议承办部门 |
|---|---|---|---|---|
| 5 | 王野、张艳文、胡雪娇、邵波、张闰博、于晰、姜爽 | 关于加强县城内公共厕所建设和管理的建议 | 是，拟刊发 | 行政执法大队（住建局） |
| 6 | 栾建明、马山、李杰、聂晓岑 | 关于打通苗圃路林业小区至东营子路段的建议 | 是，拟刊发 | 住建局 |
| 7 | 邢立波 | 关于移除部分路口影响交通电线杆的建议 | 是，拟刊发 | 住建局、供电局 |
| 8 | 刘雪蕾 | 关于进一步推进无籍房证照办理工作的建议 | 是，拟刊发 | 自然资源局、住建局 |
| 9 | 徐凤雯、赵春雷、郑环宇、蔡云飞、王晓玲、徐宏艳、徐艳杰、李敏、王文明、曹洁、刘勇、王元辉 | 关于对老客运站门前及交通队门前马路出租车违法占道停车随意上下乘客现象进行整治的建议 | 是，拟刊发 | 公安局 |
| 10 | 于晰、李威、刘海英、李鑫森、史海利、赵维明 | 关于提高公安民警、辅警家属待遇的建议 | 是，拟刊发 | 公安局 |
| 11 | 郭涵宇 | 关于在营城子镇街道十字路口（长营公路与繁荣路交会处）安装交通信号灯的建议 | 是，拟刊发 | 公安局（交通局） |
| 12 | 王伟（残联） | 关于改善残疾人生活状况的建议 | 是，拟刊发 | 残联 |
| 13 | 杨海鸥、麻建涛 | 关于解决北山回族墓地收费一事的建议 | 是，拟刊发 | 林业局 |
| 14 | 孟立业 | 关于清除林地景区迷信设施的建议 | 是，拟刊发 | 林业局、文旅局 |
| 15 | 孟立业 | 关于建设伊通公益性墓地的建议 | 是，拟刊发 | 民政局 |
| 16 | 周冬彬 | 关于加强伊通湿地公园配套设施建设管理工作的建议 | 是，拟刊发 | 水利局 |

（中国人民政治协商会议伊通满族自治县委员会）

## 提案工作

**【概况】** 2022年，伊通政协八届委员会一次会议期间，政协委员围绕县委、县政府中心工作和全县人民群众普遍关切，建言献策，提出委员提案53件，其中重点提案24件。经济建设类13件，占24.53%；住建民生类15件，占28.3%；公安交通类5件，占9.43%；文教卫生类16件，占30.19%；其他类4件，占7.55%。县政协八届委员会二次会议期间，政协委员提交提案69件，立案46件（合并后39件）。经济类15件，住建民生类17件（合并后13件），公安交通类7件（合并后4件），文教卫生类3件，其他类4件；转委员来信2件；不予立案21件。

**【网络经济健康快速发展提案】** 网络经济作为新常态下新型经济业态，展现美好前景。相对于发达地区，伊通网络经济仍处于“以自然发展为主”的初始阶段，政府统筹支持作用不明显，制约网络经济换档升级、聚合人才政策吸引力不足，主导产品难以网络推广销售等难点问题有待破解，网络经济蕴涵的巨大潜能没有充分释放，急需引起重视，切实加以解决。建议县委、县政府加强主导引领，为网络经济发展强保障；突出主要产品定位，为解决相关问题谋对策；注重人才引进培养，为服务业跃升寻突破；夯实网红硬件建设，为伊通聚人气搭平台。《关于推动伊通网络经济健康快速发展的提案》得到县委、县政府重视，网络经济发展氛围日益浓厚。

【野广告管理提案】 街头巷尾小广告——“城市牛皮癣”仍大量存在，且有反弹蔓延趋势。建议尽快出台整治“城市牛皮癣”的管理办法；加强源头管控，坚决杜绝随意张贴野广告现象；坚持疏堵结合，齐抓共管，综合防治；加大宣传教育，营造全民动员氛围；在居民生活区内，设立举报电话，实施处罚措施。县城野广告“乱象”得到清理，建立“疏堵结合”长效管理机制。

【加强新建小区物业配套设施监管提案】 2022年，伊通城区改善性住房需求有所增加，新建物业及配套设施是购房者考量的一项重要指标。物业及配套设施影响房价，个别开发商利用购房者需求心理在预售时进行虚假宣传，导致购房者入住小区后产生心理落差，与开发商发生纠纷，影响购房者安居乐业，同时影响社会和谐稳定。建议成立监管部门，对开发商所售楼盘物业配套设施进行监管；小区达不到所承诺入住条件，不允许放户，以免出现边入住边建设情况；对物业收费标准进行提前评估，使物业费与物业服务相匹配。《加强新建小区物业配套设施监管提案》得到相关部门重视，开发商虚假宣传行为得到遏制，相关新建小区物业配套设施完善。

【提案办理】 2022年，伊通政协八届委员会一次会议期间提出委员提案53件，其中重点提案24件。53件提案均在规定时限内办理答复完毕，办复率100%，委员满意率100%。在办结的53件政协委员提案中，A类办结28件，占52.83%；B类办结24件，占45.28%；C类办结1件，占1.89%。县政协八届委员会二次会议期间，政协委员提交提案69件，立案46件（合并后39件）。在立案提案中提出县级领导领办督办重点提案选项14件（经济类7件，住建民生类3件，公安交通类2件，文教卫生类1件，其他类1件），县委、县政府、县政协主要领导和分管领导认领6件。提交社情民意信息12件，决定采纳7件。

（艾明园　王博识）

## 委员活动

【委员培训】 2022年，伊通政协组织委员参加省政协“政协讲堂”伊通分会场培训会，学习《中庸》；组织委员参加全省政协系统学习培训，学习《具有鲜明中国特色的制度安排——人民政协制度发展的三个时期》《聚焦协商民主，打造有为政协》；开展学习党的二十大精神培训。

【我为群众办实事】 2022年，伊通政协委员参与“我为群众办实事”活动，通过走访了解到永盛街道两件急需解决的问题，因街道无力筹措资金，政协委员王艺霖出资2000余元为永盛街道沈家村脱贫户隋氏姐妹助学增收；孙广会带领委员企业投入1.3万元修缮庆德村脱贫户张秋策家防寒棚。10月，新冠疫情防控压力加大，以经济界、工商界为代表的70余名委员两次为与长春接壤的外防输入任务较重的景台镇、黄岭子镇、新兴乡、伊丹镇、河源镇、伊通镇、永宁及永盛街道、县行政执法大队等一线卡点工作人员捐赠急需生活和防护物资，价值近10万元。委员在扶危济困、点亮“微心愿”、助力群众生产生活上捐赠物资折合人民币20余万元。

【联谊交流】 2022年，伊通政协与各地政协组织联谊交流9次。其中，与四平市政协交流6次，分别就委员提案办理、新冠疫情防控、关爱残疾人、乡村医生队伍建设、农村人居环境和城市面貌、肉牛养殖产业发展等方面进行交流座谈，为增加人文关怀、环境改善、经济发展献计献策；与吉林省政协就少数民族传统技艺传承方面协商1次，助推文化传承；与安徽省安庆市宜秀区政协交流1次，探讨精细化管理城市

2022年10月17日，县政协组织政协委员和全体机关干部到包保的伊通镇五四村开展“我为群众办实事”主题实践活动暨“助农秋收、党员先行”主题党日活动，帮助脱贫户王玉海收割玉米　（艾明园　摄）

基础设施，提升服务水平。参加四平市政协系统第十二届篮球赛。

（艾明园　王博识）

## 政协专门委员会工作

【经济委员会工作】 2022年，伊通政协经济委员会筹备承办第二季度“发挥专业合作社作用，巩固拓展脱贫攻坚成果、助力乡村振兴”专题议政性常委会，并形成调研报告，汇总形成助推农村新经济组织发展4条建议。在县政协八届二次会议上，组织经济、工商界委员提出经济建设类提案13件。与市政协、乡镇政协委员联络站就“千村示范”“喜迎党的二十大、委员看变化”“助力农业高质量发展”“开发区建设”等议题开展联动视察监督，完成市政协“三农工作”调研问卷。开展扶贫济困送温暖活动，在“我为群众办实事”活动中，组织经济界、工商界委员为9户脱贫户分别送去米面油和春联等用品；组织工商界委员为西苇镇中心小学校15名学生送去价值3000元的学习用品，实现学生“微心愿”；组织经济界委员为伊通镇五四村6名贫困儿童捐赠2000元、为伊通一中5名贫困女学生捐赠2000元。组织经济界委员购买医用口罩、矿泉水、方便面等物资捐赠给一线抗击新冠疫情人员。

【科教文卫文史委员会工作】 2022年，伊通政协科教文卫文史委员会围绕“助推乡村医生队伍建设，服务乡村振兴发展”进行调研，了解工作主要做法、存在的问题，针对存在问题提出意见和建议。注重引导所联系界别政协委员肩负起加强思想政治引领、广泛凝聚共识的政治责任，当好新冠疫情防护模范。带头宣传防控知识，宣传新冠疫情防控政策，引导周围群众和界别群众增强科学观念和法治意识，科学依法支持和配合新冠疫情防控工作。

【台港澳侨民族宗教委员会工作】 2022年，伊通政协台港澳侨民族宗教委员会指导委员全面学习宣传贯彻党的统一战线和民族宗教关于港澳台侨的方针政策和法律法规，注重民族宗教工作疑热难点问题调研视察，调动少数民族、宗教界代表人士、归侨侨眷积极性和主动性。把关注和改善民生作为专委会履职重要工作来抓，深入基层，倾听群众呼声，反映群众意愿。组织部分民宗界委员到伊通情暖至亲残疾人服务中心开展慰问，为残障儿童送去衣物、玩具和学习用品，为困难学生办实事、解难事、做好事。同经济委委员携手西苇镇政协委员联络站到西苇镇中心小学校开展助力学子达成微心愿活动，现场为困难家庭学生送去学习用具。组织委员参与政协党建联盟开展的“情义暖夕阳，共筑爱心桥”活动，为社区老人亲手包“冬至饺子”。组织委员参与各种爱心活动，委员为助残捐款1500元，为水滴筹病人捐助善款1400元，为大病患者捐款500元，为脱贫户捐赠物品价值500元。参加新冠疫情防控，组织委员争当志愿者。全年捐赠防疫物资折合现金1.58万元，为红十字会汇款6966元。

【社会法制委员会工作】 2022年，伊通政协社会法制委员会组织委员围绕全县社会和法治领域，特别是宪法、法律、法规贯彻执行情况、依法行政情况、社会保障和社会福利及群团工作开展情况进行专题调研和视察，向县委、县政府及有关部门提出意见和建议。制订委员会年度工作计划，总结年度工作，向政协常委会和主席会议报告工作。加强委员会和所联系界别委员教育、联系和管理，组织委员学习宣传习近平新时代中国特色社会主义思想和国家的方针政策、法律、法规，统一战线理论和人民政协理论，党委、政府决策部署以及相关业务知识，强化思想政治引领，巩固团结合作的共同思想政治基础，组织实施政协全委会议、常委会会议、主席会议决议、决定，围绕全县经济社会发展重点工作，组织委员会委员和所联系界别委员开展考察、视察和专题调研，并形成调研成果，为县委、县政府及各部门科学决策提供参考意见建议。围绕全县重大决策部署贯彻执行情况，国家机关及其工作人员工作情况，通过提出意见建议方式进行协商式民主监督。负责与县委、县政府对口部门的联系协调工作，加强与上级政协对口专委会和各县、市、区政协对口专委会工作联系，指导专委会开展工作。

（艾明园　王博识）

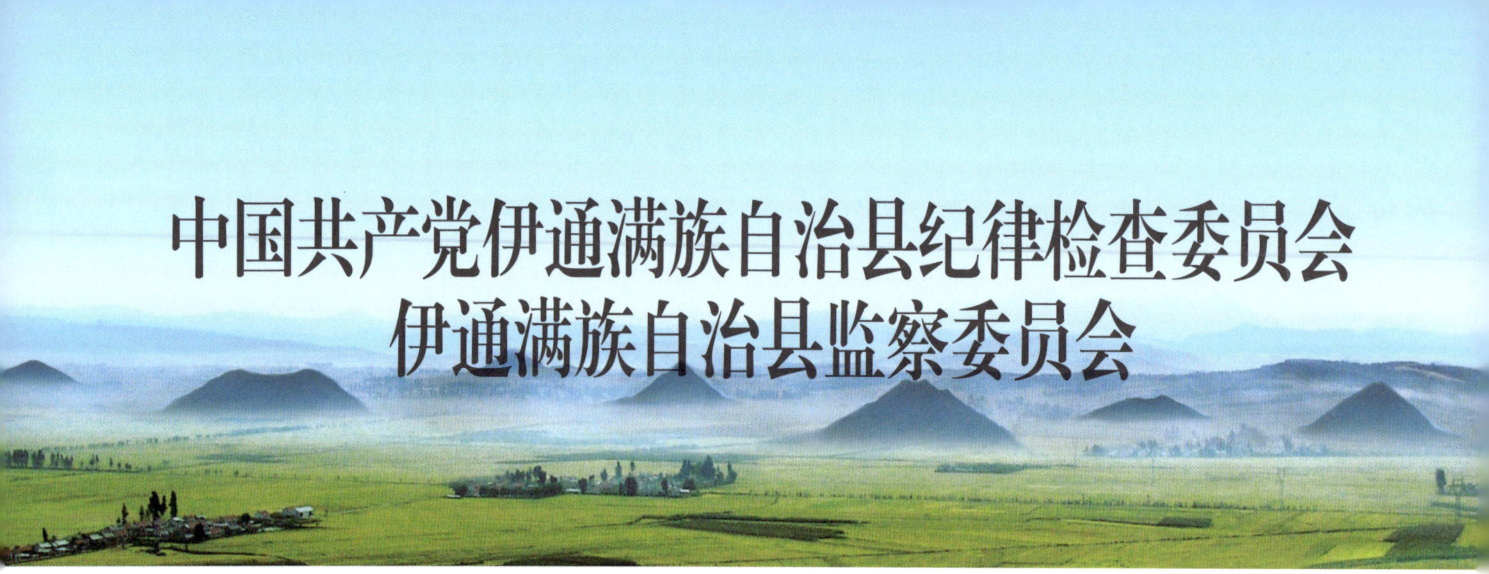

# 中国共产党伊通满族自治县纪律检查委员会 伊通满族自治县监察委员会

## 综　　述

**【概况】** 2022年，伊通纪委坚持正风肃纪反腐一起抓，防止由风及腐、由风变腐。紧盯春节、清明、端午、中秋等关键时间节点，适时印发关于严明纪律通知。开展"四风"(形式主义、官僚主义、享乐主义、奢靡之风)突出问题专项监督，盯住老问题，关注新表现，查处违反中央八项规定问题20起，处理29人。加强纪检监察队伍建设。坚持从讲政治高度来审视，从思想和利益根源上破解，纠治影响党中央决策部署贯彻落实、漠视侵害群众利益、加重基层负担的形式主义、官僚主义，整治不敬畏、不在乎，不作为、慢作为等问题，对贯彻决策部署做选择、搞变通、打折扣，搞"包装式""一刀切式"落实等问题精准施治，立案20件，处理31人。

**【组织建设】** 2022年，伊通纪委监委设置驻县委办公室纪检监察组、驻县政府办公室纪检监察组、驻县教育局纪检监察组、驻县住房和城乡建设局纪检监察组、驻县农业农村局纪检监察组、驻县财政局纪检监察组、驻县公安局纪检监察组、驻县司法局纪检监察组8个综合派驻机构；县直属机关纪检监察工作委员会和县经开区纪检监察工作委员会2个单独派出机构。实现对所有县级党和国家机关监督全覆盖。

**【选人用人】** 2022年，伊通纪委对照新时代纪检监察工作高质量发展新要求、新形势，突出人才精炼和业务训练工作，强化全县纪检监察干部人才建设。审慎人员准入，制定《纪检监察干部资格准入制度》。把对党忠诚、忠于职守、敢于担当、严守纪律，作为准入基本条件，严审准入资格。

**【业务训练】** 夯实监督检查和审查调查内功。对照中央、省纪委关于抓好全员培训工作要求，根据培训需求及工作需要，举办短期集中业务培训班5次，机关领导班子成员、科室业务骨干带头授课20余人次。组织观看中纪委下发的17门系列课程光盘，观看人数1700余人次。围绕培训课程内容，组织全体纪检监察干部在培训后进行闭卷测试。以"培训+测试"形式提高纪检监察干部学习积极性和主动性。

(林　旭)

## 重要会议

**【县纪委八届二次全会】** 2022年2月18日，中共伊通满族自治县纪律检查委员会八届二次全体会议召开。会议要求全县纪检监察工作要坚持以习近平新时代中国特色社会主义思想为指导，全面贯彻党的十

2022年2月18日，中共伊通满族自治县纪委八届二次全体会议召开

(于立新　摄)

九大和十九届历次全会精神，增强“四个意识”（政治意识、大局意识、核心意识、看齐意识）、坚定“四个自信”（中国特色社会主义道路自信、理论自信、制度自信、文化自信）、坚决拥护“两个确立”（确立习近平同志党中央的核心、全党的核心地位，确立习近平新时代中国特色社会主义思想的指导地位），坚决做到“两个维护”（坚决维护习近平总书记党中央的核心、全党的核心地位，坚决维护党中央权威和集中统一领导），坚持稳中求进工作总基调，立足新发展阶段，完整、准确、全面贯彻新发展理念，加快构建新发展格局，着力推动高质量发展，自觉运用党的百年奋斗历史经验，永葆自我革命精神，坚持全面从严治党战略方针，坚定不移将党风廉政建设和反腐败斗争进行到底，持续深化不敢腐、不能腐、不想腐一体推进，惩治震慑、制度约束、提高觉悟一体发力，努力取得更多制度性成果和更大治理成效，加强纪检监察机关规范化法治化正规化建设，弘扬“严深细实”工作作风，更好发挥监督保障执行、促进完善发展作用，为加快新时代伊通全面振兴全方位振兴提供坚强保障，以优异成绩迎接党的二十大胜利召开。

【县纪委常委会会议】 2022年，伊通纪委监委把准政治方向，用习近平新时代中国特色社会主义思想武装头脑、指导实践、推动工作。县纪委常委会始终发挥表率作用，先学一步、学深一层，全年召开常委会（扩大）会议35次、理论学习中心组学习会13次。坚持把学习宣传贯彻党的二十大精神作为首要任务，统筹谋划推进，掀起学习热潮，带领全县纪检监察干部做到学思用贯通、知信行统一，把学习成果转化为不可撼动的理想信念。

（林 旭）

## 党风廉政建设

【廉政警示教育】 2022年，伊通纪委增强“不想腐”的自觉。用理想信念强基固本，用优秀传统文化正心明德，补足精神之“钙”，铸牢思想之“魂”，协助县委召开全县警示教育大会，摄制警示教育片《底线》，并组织全县各部门各单位观看，以身边事教育身边人，发挥警示震慑效应。把遵规守纪内化为思想自觉和行动自觉，发放警示教育书籍900余本，开展全面从严治党知识答题活动，参与答题1万余人次。

【反腐败工作】 2022年，《中国纪检监察》（2022年6月第11期）报道伊通满族自治县春秋种植专业合作社骗取农机补贴案件查办和以案促改工作，伊通反腐败工作影响力提升。坚持“惩前毖后、治病救人”方针，对受到处理的114名党员干部开展回访教育，运用“四种形态”教育帮助和处理776人次，其中运用第一种至第四种形态占比分别为62%、36.5%、0.9%和0.6%，实现惩治极少数、教育挽救大多数，推动形成发现问题、严明纪法、查处案件、推进整改、促进治理工作闭环。

（林 旭）

## 作风建设

【干部作风建设】 2022年，伊通纪委了解各乡镇（街道）和各县直部门（单位）政治生态状况，掌握“一把手”和领导班子勤政廉政情况，发现和纠正党组织和党员领导干部在履行职责、执行制度、改进作风、行使权力等方面存在的突出问题，7个纪检监察室对联系乡镇（街道）以及县直部门县管干部开展一次监督谈话。通过面对面谈话，当面听取意见、反馈问题、提出建议，督促压实管党治党责任，推动深化全面从严治党。

【作风整顿】 2022年，伊通纪委监委集中开展“四个专项”监督工作。制定《关于集中开展破坏营商环境、加重基层负担、违规吃喝、公款旅游等“四风”突出问题专项整治的工作方案》。围绕破坏营商环境、加重基层负担、违规吃喝、公款旅游“四个专项”监督工作，查处党员干部违规聚餐饮酒、酒后驾驶机动车问题，聚焦突出问题，做深做实作风监督，对破坏营商环境进行专项整治，到县政务服务大厅开展实地调研，推动解决政府部门欠钱不还、单方面毁约、新官不理旧账等典型问题5个。通过抽查2021—2022年项目审批档案，发现审批环节中前店后厂、体外循环、“秒批”等问题，发现审批不严问题1个。对加重基层负担突出问题进行专项整治，在6个纪检监察组建立监测点，对9个单位（部门）加重基层负担形式主义突出问题开展常态化监测。对违规吃喝问题进行专项整治，针对饮酒驾驶违法行为背后存在的违规吃喝问题，印发通报1期。对公款旅游等“四风”问题进行专项整治，联合县财政局纪检组对县域内注册的两家旅行社登记信息进行数据比对，未发现违规接受管理服务对象提供的旅游活动安排、公款旅游等问题线索。

【容错纠错】 2022年，伊通纪委制定《关于做好容错纠错工作激励干部担当作为暂行办法》，对4名党员干部进行失实澄清，容错免责2人。

（林 旭）

## 执纪监督

【常规监督】 2022年，伊通纪委监

委开展政治监督，针对党员干部失职失责行为立案71件，给予党纪政务处分62人，运用第一种形态处理126人，印发通报3期，曝光典型问题12起、47人。开展调研监督，全面了解全县政治生态状况，推动政治生态持续向上向好。落实中央、省委、市委关于加强对"一把手"和领导班子监督意见要求，做实同级监督，通过抓好"关键少数"带动"绝大多数"。针对新冠疫情防控工作向县委、县政府、县疫情防控指挥部及有关单位提出工作建议23条，对10名县处级领导干部发送书面提示单，对2名包保县处级领导进行提醒谈话。

【专项监督】 2022年，伊通纪委监委全年开展巩固拓展脱贫攻坚成果同乡村振兴有效衔接"大提升"专项行动督导检查，围绕持续增加脱贫群众收入、"三保障"和饮水安全等9个方面90项工作内容，推动工作大排查、问题大整改、绩效大提升。紧盯"学生餐"微腐败问题，处置问题线索8件，立案8人，处分7人，其中采取留置措施1人。开展供热领域专项整治，立案3人，处分3人。开展黑土地保护专项监督，处置问题线索20件，立案19人，处分18人。针对秸秆禁烧、清河行动等重点工作开展专项监督，立案45人，处分36人，运用第一种形态和组织措施处理59人。面对夏季连续性强降雨造成的灾害，成立4个监督工作组，到全县各村屯开展农田排涝专项监督，督促整改问题68个，运用组织措施处理党员干部13人。

【基层监督】 2022年，伊通纪委监委作为全市唯一一个省纪委监委"基层监督联系点"，坚持以党内监督为主导，发挥协助引导推动功能，主动协助各监督主体健全与纪检监察监督贯通协调制度机制，明确9个工作重点，制定协同监督任务清单。健全信息沟通、线索移送、措施配合、成果共享等工作机制，构建"1+9"监督格局，向县公安机关移送问题线索2件，针对其他部门移送问题线索立案36人。

（林　旭）

## 巡察工作

【常规巡察】 2022年，伊通纪委履职尽责，强化政治监督，发挥巡察"利剑"作用，开展八届县委首轮常规巡察。7月至11月，组建4个常规巡察组，对16个县直部门和4个乡镇及所辖57个村党组织开展常规巡察，其中住建局和民政局为市县同步巡察。按照政治巡察要求，突出问题导向，对照"三个聚焦"（聚焦政治巡察、问题导向及成果转化）巡察监督重点，发现问题328个，移交县纪委监委问题线索19件，推动解决立行立改问题34个。推进巡察监督向村级党组织延伸。制定村级巡察分类评价办法，对本轮常规巡察4个乡镇所辖的57个村党组织开展分类评价，确定7个"差村"。重点开展巡察监督，逐村形成巡察报告，提出整改建议，发现村级党组织存在问题59个，移交问题线索14件，巡察过程中推动解决立行立改问题12个。

【专项巡察】 2022年，伊通纪委完善上下联动机制，开展基层治理专项巡察。7月至9月，按照省委统一部署，省、市、县三级联动配合，对17个乡镇（街道）党委（党工委）开展基层治理专项巡察，反馈问题312个，移交问题线索4件。

【巡察机制创新】 2022年，伊通纪委把群众路线贯穿巡察全过程，发挥巡察联系点和巡察监督信息员作用，应用创新工作方式，运用启动快速反应机制，快速发现解决涉及群众切身利益问题，解决群众身边急难愁盼问题。巡察监督信息员全员参与本乡镇巡察进驻动员会，发放巡察宣传单800份，手机信息124条，助力巡察组发现问题8个。推动解决村屯卫生、农村道路等立行立改问题6个。

（林　旭）

2022年9月26日，县纪委召开基层法理专项巡查工作情况汇报会
（于立新　摄）

# 群众团体

## 伊通满族自治县总工会

【概况】　2022年，伊通总工会推进工会组织建设，新建工会组织20个，新发展工会会员600余人。全县工会组织430个，会员4万余人。面向快递员、外卖配送员、网约车司机、货车司机等新就业形态劳动者，开展“基层工会提升年活动”，以开展社会主义核心价值观和习近平新时代中国特色社会主义思想宣传教育为主线，创新职工职业道德建设工作，将“中国梦·劳动美”教育融入“职工读书月”活动，增强职工职业道德建设动力。学习贯彻党的二十大精神，组织理论学习中心组学习10次，集中学习研讨8次，开展“党员讲党课”3期，发展中共党员，培养技能人才。

【劳模服务管理】　2022年，伊通总工会为劳模、工匠免费订阅报纸30余份，价值13.46万元。向各级劳模发放春节慰问金5.2万元，慰问帮扶26人次。弘扬劳模精神、劳动精神、工匠精神，召开劳动模范和先进工作者座谈会，制作劳模展板，讲好劳模故事。推进“劳模创新工作室”创建工作，设立“劳模（先进职工）创新工作室”6个。推荐评选市级劳动模范9名、模范集体3个。

【基层工会组织建设】　2022年，伊通总工会贯彻全县工会组织建设工作会议精神，推进乡镇（街道）工会建设规范化，伊通镇工会等13个乡镇（街道）工会完成规范化建设任务。开展“新就业形态劳动者入会集中行动”，采取灵活多样方式，推进快递员、外卖配送员、网约车司机、货车司机等新就业形态劳动者相继加入工会组织。推进“职工之家”建设，发挥全国模范职工之家示范引领作用，开展“结对共建”试点活动。

【职工权益维护】　2022年，伊通总工会做好法律援助工作，打造“遵法守法·携手筑梦”服务农民工公益法律服务品牌，引导企业规范用工，增强职工法律维权意识，开展普法宣传活动3次，参与活动300余人。普法服务进社区，开展公益法律服务活动10余场，参与活动500余人。在县人民法院设立专门服务窗口，配备专兼职人员3名，推进“法院+工会”劳动争议诉调模式，做好职工队伍稳定工作，维护劳动领域政治安全，全年调解案件3例。

【和谐劳动关系创建】　2022年，伊通总工会推进集体协商工作，发挥典型引路作用，重点对新业态、新建会、经营困难企业开展集体协商工作，做到因企制宜。健全企业集体协商机制，推动企业健康发展，规范企业用工行为，构建和谐劳动关系。开展企业工资集体协商活动，分类指导签订工资集体协商合同3家，受益职工500余人，建立非公企业劳动关系监测点1户。开展企业集体协商“要约行动”，集体合同覆盖率90%以上，工资专项集体合同覆盖率80%以上。

【工会普惠服务】　2022年，伊通总工会推动工会普惠服务机制建设，县总工会联合县委宣传部、县政府办公室等有关部门开展普惠活动，形成党委、政府、工会、企业四级联动机制。全年送温暖发放慰问金38.66万元。开展“关爱职工·夏送清凉”行动，对高温作业环卫工人、外卖员送去价值4万元防暑降温慰问品。

【职工创新创业服务】　2022年，伊通总工会开展促进职工创新创业服务行动，扶持困难职工转岗培训和创业。开展民营企业管理水平优化、精益工匠示范单位建设等项目，提升职工技能水平、专业素质，全县1500余名职工受益。联合县人社局开展“春风行动送岗位”招聘活动，提供就业岗位1300个，向县域外输出农民工就业70余人次。推进职工“双创扶持计划”小额贴息贷款项目，为2户小微企业提供小额贴息贷款100万元。支持小微企业，返还小微企业工会经费115万元。

【职工帮扶】　2022年，伊通总工会

打造“四季恒温”帮扶品牌，联合县妇联开展“求学圆梦”行动，为24名困难职工家庭发放助学补贴3.24万元。联合推进职工重大疾病互助保障工作，参保单位19家、参保职工3305人，理赔14人次、理赔金额15.58万元。筹集助学资金2.36万元，为2名困难职工家庭发放“吉工励志”奖学金，救助4名困难职工家庭学生。为建档立卡困难职工发放疫情慰问金11.7万元。为春节在岗值守工作人员和工作在防疫一线职工、劳动模范等代表发放慰问金15.6万元。为环卫工人发放价值5万余元户外保暖工作服437套。

**【产业工人队伍建设】** 2022年，伊通总工会以成立区域性、行业性联合工会和工会联合会为主要手段，开展新经济组织及货车司机、快递员、家政服务员等“八大群体”集中入会行动，入会率90%。全县新就业形态劳动者职工总数5100余人，其中货车司机4000余人，快递员150人，外卖送餐员254人，家政服务员100人，护工护理员50人，商场信息员250人，房产中介员137人，保安员200人。联合建设职工驿站，城区内“工驿站”建成10处，全部投入使用，实行“一站式”服务职工。争取资金25万元用于开展企业精益管理培训，参与培训50余人。开展科技创新活动，完成科技成果6项，科技成果转化推广5项。

**【女职工关爱服务】** 2022年，伊通总工会开展女职工关爱行动，建设“爱心妈咪小屋”2家。联合县妇幼保健院为全县机关、企事业单位女职工免费筛查“两癌”（宫颈癌、乳腺癌）3500余人次。开展“女职工维权行动月”活动，发放宣传手册200余份。举办女职工法律维权专题讲座1次。组织女职工参加全国总工会女职工部举办的“情系女职工 法在你身边”知识竞赛活动。“三八”妇女节期间，表彰在推动社会各项事业发展及在新冠疫情防控中作出突出贡献的优秀女职工27人、优秀女职工干部21人、优秀女职工委员会21家。

**【职工文体活动】** 2022年，全县建成“职工书屋”9家，其中全国“职工书屋”示范点1家，省级“职工书屋”示范点4家，市级“职工书屋”示范点7家。县总工会、县直机关工委、县文联等单位共同举办“中国梦·劳动美——喜迎二十大 建功新时代”全县职工摄影书画展，展出精选作品115幅。举办第六届全县干部职工乒乓球、羽毛球、篮球、珍珠球比赛，全县46个机关、企事业单位87支代表队近600名运动员参与比赛竞技。

（史雨欣）

2022年7月1日，伊通总工会、县直机关工委、县文联等单位共同举办“中国梦·劳动美——喜迎二十大 建功新时代”全县职工摄影书画展。图为观众参观摄影书画展 （刘 畅 摄）

## 中国共产主义青年团伊通满族自治县委员会

**【概况】** 2022年，中国共产主义青年团伊通满族自治县委员会（简称“团县委”）加强基层团组织建设，至年末，全县有基层团委47个。其中，学校团委30个、乡镇团委15个、街道团委2个。直属下级团支部157个。14周岁至35周岁青年10.29万人。其中，共青团员7201人。少先队653个，少先队员1.72万人。专职团干部22人。开展“伊通满族自治县杰出（优秀）青年集体”和“伊通满族自治县杰出（优秀）青年”评选活动，伊通满族自治县卫生健康局团支部等11个青年集体和张垲鑫等90名优秀青年受到表彰。

**【青少年思想政治引领】** 2022年，团县委推进“青年大学习”“红领巾爱学习”网上主题团队课学习，全县参加学习10万余人次。利用微信、微博、抖音等公众平台，发布青少年喜闻乐见学习内容1.16万余条，“青年大学习”网上主题团课平均学习率排名位居全市前三名。围绕庆祝党的二十大胜利召开、中国共青团成立100周年，开展“砥砺奋进守初心，青春献礼二十大”主题系列活动。开展庆祝建团百年大会、青年干部座谈会、青春故事分享会、“喜迎二十大 奋进新征程”升国旗仪

2022年7月16日，团县委携手吉林省青年先锋志愿者协会到西苇镇社会福利中心慰问老人 （王洪宇 摄）

式、“喜迎二十大 青春心向党”红色经典诵读会等活动，引领团员青年、少先队员听党话跟党走。开展“五四”“六一”“七一”“喜迎二十大”等主题活动，参与青少年16万人次。在团县委微信号公众平台、抖音号发布信息800余条。组织全县47个团委及157个团支部通过专题会议、专项学习、主题团课等形式学习习近平总书记重要讲话精神、党的二十大精神等内容。组建青年网红直播带货团队，采取多地多点直播方式，向全网宣传推介伊通满族文化、地域风情、大美风景、特色美食和红色资源，销售农特产品10种，销售额实现2万余元；发挥网红小分队力量，拍摄宣传净美伊通、秸秆禁烧、助人为乐、文明新风尚等9个公益小视频，传递社会正能量。

【团组织建设】 2022年，团县委加强团代表联络站建设，团代表联络站有团代表53人。其中，省级代表1人；市级代表13人；县级代表39人。推动社会领域团组织多维覆盖，遵循“青年在哪里，团组织就建在哪里”原则，聚焦行业特点，紧抓关键领域，拓展团组织覆盖面，在行业建团、企业建团、新兴领域建团方面取得新突破，非公领域建设团支部60个，全年建设非公团支部22个。执行团员发展计划和团员发展编号逐级报备制度，从严控制团青（学）比例，规范团员发展流程，落实8课时团前教育，推动“发展即录入”常态化。全县新发展团员792名，“智慧团建”录入率100%；157个团支部开展专题学习会、专题组织生活会、入团仪式、主题团日等活动，活动覆盖率100%。

【智慧团建】 2022年，团县委依托“智慧团建”系统，推动共青团自身建设互联网转型，创新青年群众工作运行机制，落实从严治团要求。智慧团建系统有共青团员7523人，基层团干部410人，团组织410个。其中，团委47个；团总支2个；县直机关及村级团支部231个；全县学校团支部147个。新发展团员792人。其中，初中学段新发展团员400人；普通高中学段新发展团员231人；中职学段新发展团员121人；社会领域新发展团员40人，均录入智慧团建系统。团员发展计划执行率100%。经少先队推优入团团员数8人。开展评议团支部活动，评议团支部267个，评议率100%；参与评议团员1900人（县级优秀团员333人，合格团员1567人）。学社衔接率100%。党的青年运动史、建团100周年大会精神、新时代的伟大成就、党的二十大精神4个专题学习教育录入率100%。

【新社会组织团建】 2022年，团县委注重青年新社会组织“强组织、强力量、强队伍”建设。聚焦新社会组织“应建尽建”目标要求，推动新社会组织团建工作摸排调研，对电商、快递、外卖等新兴领域团组织进行重点走访调研，了解社会领域团组织建设情况，摸底工作全覆盖、无死角。探索非公领域建团新模式，推动县内非公企业、园区规范建立团组织，全年新建团组织24个。以团属青年社会组织为依托，创新团属组织新形态，探索形成“团组织发起+社会参与+共建共享”服务青年工作模式，推动团属青年社会组织培育、引导体系提升完善，引导全县3家团属青年社会组织入驻“青年之家”阵地开展活动20余次，实现资源共用、平台共用、成果共享新社会组织团建格局，新社会组织团干部基本实现年轻化、专业化、精干化，依托团员青年联系服务，全年吸纳青年骨干60余人次。

【青年志愿服务】 2022年，团县委开展“3·5”学雷锋纪念日、“12·5”国际志愿者日活动，组织学校、乡镇（街道）、机关结合自身实际开展志愿服务，传承红色基因，联合社会公益组织开展主题志愿活动。按照团省委部署开展“爱在吉林——为老志愿服务”，重阳节期间组织各乡镇（街道）团委开展敬老爱老活动，联系多家社会公益组织到公立敬老院看望慰问老人；开展“七彩假期——关爱留守儿童志愿服务”，关爱农村留守儿童与困境儿童，收集159份微心愿便利贴，由党团干部、爱心公益团队及社会各界爱心人士对接完成，帮扶物资全部发放到留守儿童和困境儿童手中；开展“美丽中国·青春行动——生态文明实践”，组织实验中学学生到伊通河畔进行垃圾清理，开展护河、爱河、爱家乡活动。依托筑梦空间开展“伙伴讲堂”2场、“青社学堂”活动1场。招募青年志愿者抗击新冠疫情。协调百通名车汽修服务站，免费为志愿者提供修车服务700余台次。联系社会各界力量募集防疫物资和生活物资价值128万元，供应乡镇（街道）、县直部门、医院、学校等40余家单位。

【青年人才服务】 2022年，团县委履行凝聚引领青年、组织动员青年、联系服务青年的职责，采取调研走访企业、开展电商培训等多项措施，助力伊通电商经济发展。2月25日，组织网红小分队成员13人到火胖传媒网络培训基地对直播运营模式和网络经济发展情况开展调研学习。6月22日，围绕如何有效带动青年电商创业、直播推广、网店营销、农产品视频宣传等内容开展线上培训，各乡镇团书记、致富带头人等76人参加培训。开展寒暑假大学生“返家乡”社会实践活动，与县妇联、县卫生健康局等单位及各乡镇（街道）团委对接，为返乡大学生提供100余个实习岗位。

【青年就业创业服务】 2022年，团县委开展青年“双创”工作，促进青年就业创业，完善县级青年创业组织，开展“乡村振兴 青年创业”专项服务，组织科技工作者、企业管理人员开展就业创业培训，助力乡村振兴。组织县青年企业家协会、青年新媒体协会、青年电商协会等青年社会组织，举办电子商务助力乡村振兴培训班6期。开展市级创业先锋选树活动，推荐市级创业先锋2人。推进人才强县战略，提前布局人才“回引链”，为89名大学生提供机关、企事业单位和基层一线实习岗位，实践时长2万小时；开展线上线下招聘会、创青春大赛、创新创业先锋评选等主题活动，服务青年5000余人次。

【少先队工作】 2022年，伊通有少先大队48个，少先中队605个，少先队员1.72万名，配备总辅导员1名，大队辅导员48名，中队辅导员605名。组织全县中小学开展少先队辅导员校级培训活动，学习习近平总书记关于少先队工作重要论述，各学校大队、中队辅导员1959人参加培训。开展团队第1课、少先队主题入队仪式、“喜迎二十大 争做好队员”主题队日等系列主题活动；各学校大队、中队分别以“我向党旗敬个礼”“唱支红歌给党听”“党的光辉照我心”“致敬身边党员先锋”等形式献礼建党101周年，参与少先队员1.7万余名。构建少先队员阶梯式成长激励体系，团县委联合县教育局评定2022年度“红领巾奖章”个人二星章193个，“红领巾奖章”集体二星章40个。

【青少年帮扶】 2022年，团县委开展困难家庭青少年帮扶工作，推进圆梦大学公益行动，为建档立卡脱贫户应届高考毕业生申请“圆梦大学”“国酒茅台”等公益助学金，资助学生20人，分发助学金6.4万元。发动公益团体爱心人士筹集资金36万元，资助贫困学生1000余人。

【青少年权益维护】 2022年，团县委开展县域内严重不良青少年、刑满释放青少年摸排工作，建立“12355”青少年心理服务团和法律服务团，开展青少年普法宣传教育和禁毒防艾、“共青团与人大代表和政协委员面对面”、寒暑假自护和消防交通知识宣讲等活动，发挥共青团服务青年工作职责，提升青少年权益保护意识。团县委发动社会力量，助力“希望小屋”建设工作，改善困境儿童成长环境。建立长效回访帮扶机制，帮助小屋儿童养成良好生活、学习习惯，提高自理自立能力；征集微心愿，举办“希望小屋”微心愿发放仪式，助力157名小屋儿童心愿达成；开展“希望小屋”受助儿童感受绿色环保城市主题活动4次，小屋参与儿童500余人次。借力社工服务中心、慈善总会等社会组织，开展未成年人保护法、预防未成年人犯罪法等普法宣传活动。开展法治“进社区”“进校园”“进家庭”活动4次；在50余所中小学开展防溺水主题中队会、主题团课，推进防溺水工作开展。联合社工服务中心组建心理咨询师队伍，组织心理咨询师赴新冠疫情隔离点开展青少年“知心联络”活动，开设线上“心理小课堂”，依托家长微信群每日向青少年学生推送心理知识。

（崔宇鹏）

## 伊通满族自治县妇女联合会

【概况】 2022年，伊通满族自治县妇女联合会（简称“县妇联”）有妇联组织247个。其中，县直部门（单位）妇委会33个；乡镇（街道）妇委会17个；村（社区）妇委会197个。县直各部门（单位）妇联主席32人，乡镇（街道）妇联主席17人。村（社区）妇联执委2955人。其中，主席197人，兼职副主席591人。县妇联完成《伊通满族自治县妇女发展规划（2021年—2030年）》和《伊通满族自治县儿童发展规划（2021年—2030年）》编制工作。带领全县广大妇女在贯彻新发展理念、构建新发展格局、推动高质量发展中建功立业，县妇联系统获市级以上表彰个人5人（省人大代表1人，四平市三八红旗手4人);“四平市最美抗疫集体”1个;四平市三八红旗手集体1个;四平市“最美家庭”4户。

【基层妇联组织建设】 2022年,伊通实施“全县妇女干部领头雁培训”计划,培训30人,其中基层妇女干部17人。在全县基层妇联召开党的二十大精神宣讲大会,培训60人;在187个行政村、10个社区成立“巾帼志愿服务小分队”197支,队员2955人。开展活动378次,服务单亲母亲、孤寡老人、留守儿童等生活困难群众980余人。

【妇女儿童发展规划】 2022年,伊通编制《伊通满族自治县妇女发展规划(2021年—2030年)》和《伊通满族自治县儿童发展规划(2021年—2030年)》(简称《两规》)。《两规》明确全县妇女儿童今后十年工作任务及发展方向,对妇女儿童关切的健康、教育、福利与社会保障、权益保护等重点问题提出具体举措。《两规》以落实男女平等基本国策、保障妇女合法权益、优化妇女发展环境及提高妇女社会地位为前提,推动妇女平等依法行使民主权利,平等参与经济社会发展,平等享有改革发展成果。

【妇女权益维护】 2022年,县妇联接待到访妇女诉求73件,结案率100%。3月4日,举办“建设法治吉林·巾帼在行动”三八维权周系列宣传活动,组织妇联干部500余名、维权志愿者到基层,悬挂维权宣传条幅50个、发放维权海报3000张、宣传手册5000册。3月,线上与线下结合开展普法讲座5期。5月20日,县妇联联合县委政法委等7家单位下发《关于防范全县离婚家庭风险隐患专项活动的实施方案》,通过健全和完善婚姻家庭调解工作机制,发挥妇联在婚姻家庭、纠纷预防化解方面作用。与县检察院联合召开“关注困难妇女群体,加强专项司法救助”联席会议,开展专项司法救助活动,建立完善协作机制、推动多部门联动共同参与救助帮扶,司法救助被伤害困难妇女群体,向3名妇女提供救助资金3万元。

【妇女思想政治引领】 2022年,“伊通妇联”微信公众号发布凝聚妇女人心、传播社会正能量等各类信息101条。3月8日,“伊通妇联”微信公众号开设《伊通“三八”维权周——法官普法课堂》短视频专栏,刊播短视频2个;《最美巾帼志愿者》专栏展播13期;“书香润家风 阅读伴成长”亲子阅读活动视频展播短视频专栏7期。6月30日,“巾帼心向党、喜迎二十大”系列视频展播2期。暑假安全教育学习展播6期。7月28日,以“巾帼心向党、喜迎二十大”和学习贯彻吉林省十二次党代会精神为主题,展示新时代杰出女性的巾帼风采,开展“巾帼大宣讲”20场次。

2022年3月4日,县妇联举办“建设法治吉林·巾帼在行动”三八维权周系列宣传活动 (李梦婷 摄)

【妇女儿童关爱帮扶】 2022年,县妇联为52名城镇低保户、特困供养家庭适龄妇女进行“两癌”(宫颈癌、乳腺癌)免费筛查;争取国家“两癌”救助资金43万元,为43名妇女每人一次性发放救助款1万元。举办“两癌”知识讲座4期。12月27日,伊通募集“春蕾计划”善款12.52万元,为40余所学校、185名女童发放助学金和奖学金。6月17日,开展“1066行动”——“牵手暖童心”关爱特殊家庭儿童活动,招募“爱心大使”结对帮扶特殊家庭儿童300名,200余名“爱心大使”完成对接,发放救助金额2万余元。6月1日,在省妇女儿童发展基金会争取29箱、174罐、价值5.22万元奶粉,为29户脱贫家庭婴幼儿(12个月至36个月)发放爱心奶粉。

【妇女创新创业】 2022年,县妇联深化“创业创新巾帼行动”,加强女性创业创新服务平台建设,推动女性创业创新项目与社会资源有效衔接,扶持有活力、有潜力女性创业,涌现出王丽杰、陈凤兰等一批创业创新巾帼典型。以“技能”搭台,为妇女赋能为主题,县、乡、村三级妇联组织通过推荐待业、脱贫妇女参加草编、电商、护工、推拿等专业技能培训,向四平市妇联申请“吉林三姐"培训项目5期，培训资金12.99万元，帮助妇女创业就业170人次。推动"巧姐"特色村提质，到河源镇省级"巧姐村"实地调研，帮助拓宽销售渠道，助力推动巧姐创业再上新台阶。郭广英获省级"巾帼建功"先进个人。

【"美丽庭院·干净人家"创建】 2022年，县妇联在全县范围内发起创建"美丽庭院·干净人家"倡议。11月上旬，开展为期35天"干净人家"创建督导活动，以"小家之美"助"大家之美"，打造清洁、整齐、优美、舒适家居环境和公共环境。11月21日，成立4个培训组，到17个乡镇(街道)召开"干净人家"督导培训会。线上发布宣传视频6期，线下发放倡议书1.2万份，发动广大家庭和妇女群众，争做"干净人家"先行者、宣传者、建设者和守护者。年内，全县创建"美丽庭院·干净人家"8000户。

【"家家幸福安康工程"实施】 2022年，伊通实施"家家幸福安康工程"，寻找省级"最美家庭"1户，市级"最美家庭"4户。强化家教培养，举办伊通亲子阅读活动2场。7月，县妇联开展家庭、家教、家风宣讲员培训班，50名妇联干部和志愿宣讲员参加。

【参加"吉林巧姐"大赛】 2022年8月，以"做强巧姐产业助力乡村振兴"为主题"吉林巧姐"大赛在长春农博园举办，设置手工产品市集和农特产品市集两大区域80个展位。伊通非遗文化传承人、巾帼手工艺创业者、巾帼创业致富带头人、女性创办企业、女农民合作社等展示销售手工制品和农特产品100余件。县妇联推选草编作品《招财金龙》、仿真粘鸟作品《百鸟朝凤》、布艺作品《彩虹抱枕》分别获"吉林巧姐"大赛草编组银奖、综合组铜奖、布艺组优秀奖。

【"伊人回归、情定伊通"相亲活动】 2022年，伊通依托市妇联婚恋交友平台，提供线上沟通交流服务。通过线上线下相结合方式，丰富全县机关、企事业单位单身人士交友途径，打造伊通人才婚恋品牌，吸引邻近市县人员走进伊通、扎根伊通。至年末，婚恋交友平台注册130人。

（李梦婷）

## 伊通满族自治县科学技术协会

【概况】 2022年，伊通科学技术协会(简称"伊通科协")运用科普网和微信平台普及科学知识，推动科普信息化、强化"科普中国"落地应用。依靠科技工作者，开展科普宣传、科技咨询活动。全年，伊通科协整合科普资源，策划组织"科技之冬(春)"、科普周、科普日等大型科普系列活动11次，发放各类科普宣传资料3万余份，受益群众3.5万人次。

【科协基层组织建设】 2022年，伊通科协按照《中国科学技术协会章程》定期规范换届，完善科协组织制度，全县17个乡镇(街道)副镇长、副书记兼任科协主席，相关科室工作人员兼任科协秘书长。9个社区成立科普协会，187个行政村成立科普分会，配备专兼职工作人员。以基层科协组织建设为重点，全县有4名"三长"(基层医院院长、学校校长、农技站站长)加入县、乡镇(街道)科协组织并担任常委或委员，全年吸引全县科技工作者、科技示范户、种养大户等充实队伍。组织科普志愿者服务队到企业、农户、田间地头开展科技服务活动15场次，至年末，有16个农村专业技术协会在中国智慧农技协服务网络平台注册。

【科普宣传】 2022年，伊通科协通过开展科普宣讲、专家指导、科技下乡、科技大集、网络科普等活动，普及科学技术知识。制作科普展板100余块，发放科普材料7000余份(册)，培训人员500余人，受益群众1万余人。1月7日，伊通科协在伊通镇前桥村开展"科技助农、乡村振兴"科普宣传活动。通过发放科普书籍和现场交流方式，向群众普及

2022年1月7日，伊通科学技术协会在伊通镇前桥村开展"科技助农、乡村振兴"科普宣传活动 （吴 玮 摄）

农业技术、安全生产等科学知识。1月19日，伊通科协在马鞍山镇大集开展科普宣传活动。现场为群众讲解防疫知识、安全生产生活常识等科普内容。2月25日，伊通科协组织县政协、县委统战部等单位科普志愿服务队到二道镇开展科普惠农联合宣传活动。

**【"科技之冬(春)"活动】** 2022年1月19日，伊通"科技之冬(春)"活动在马鞍山镇正式启动。伊通科协、县委宣传部等单位科普志愿服务队联合开展科普大集惠农活动。志愿者通过悬挂条幅，发放科技图书、科普资料等形式宣传农业技术、新冠疫情防控、乡村振兴、法律等方面科技知识。发放印有"科普中国"App二维码的宣传单和科普福袋虎年春联200余副。

**【科普服务】** 2022年，伊通科协组织科普志愿者到永盛街道东宋村，为农民群众讲解科技知识，开展"禁烧秸秆保护环境"、送科技、文化下乡等活动。至年末，中国科协科普志愿者平台人数1560人。

**【"全国科普日"宣传】** 2022年9月1日，伊通科协围绕"喜迎二十大 科普向未来"宣传主题，在伊通大街通过设立咨询台、摆放宣传展板、发放科普宣传资料和手册等形式，向群众宣传科普知识。参加活动70余人。

**【"互联网+"科普模式】** 2022年，伊通科协在科协机关干部、基层科协、协会会员、科技工作者中推广下载注册"科普中国"App，注册科普信息员1.69万人(在四平市县市区排名第三位)；分享科普文章63万余篇；通过科普中国e站、建设"科普中国"互动点播频道和推广吉林宽带终端进村等方式，推动科普信息在社区、学校、乡村等落地应用。

(王 雪 吴 玮)

## 伊通满族自治县工商业联合会

**【概况】** 伊通满族自治县工商业联合会(简称"县工商联")发挥工商联"桥梁"和"纽带"作用，加强与民营企业家联系沟通，解决民营企业在政策、融资等方面存在的问题，促进非公有制经济健康发展。全县有基层商会1个，会员115人。2022年12月，县工商联被吉林省工商业联合会评为吉林省民营企业调查工作先进集体。

**【民营经济人士培训教育】** 2022年，伊通贯彻落实习近平总书记关于新时代民营经济统战工作的重要指示，促进"两个健康"(非公有制经济健康发展；非公有制经济人士健康成长)核心职能，组织基层商会学习贯彻《中国共产党统一战线工作条例》，开展党的二十大精神学习活动，通过走访调研、座谈会、党支部学习会、教育培训等方式，引导民营经济人士宣传贯彻党的路线、方针和政策。举办主题党日活动，赴红色革命教育基地接受革命传统教育、理想信念教育活动4次。组织民营经济人士参加全国工商联第四届民营经济法治建设峰会线上视频会议。

**【民营经济法律服务】** 2022年，伊通推进民营经济法律服务。5月18日，与县人民法院联合举办"民企纠纷调解工作室"揭牌仪式暨首届优化营商环境座谈会，建立小微企业诉调对接工作机制，入驻县人民法院调解平台。推动县人民法院制定《关于服务企业发展进一步优化营商环境的十项措施》《关于营造法治化营商环境工作的实施意见》《关于疫情期间保障企业复工复产十项措施》。落实国家及省、市、区助企纾困政策，开展"服务群众服务企业服务基层活动""服务企业月""法治化营商环境建设提升行动"等活动，为小微企业在合同履行、合规管理、风险防控等方面提供法律帮助。

**【调查研究与参政议政】** 2022年，县工商联通过加强思想引领，开展专题调研、专题议政会等多项举措，推进参政议政工作。发挥会员中人大代表、政协委员建言献策作用，组织撰写议案、提案，《关于强化招商养商工作的建议》《关于推进我县网红经济加快发展的建议》2份提案被县政协列为年度重点提案。召开伊通优化营商环境座谈会，县委书记、县长参会交流，政企沟通，建言献策，助力经济社会发展。组织民营企业开展企业运行情况及防范、化解风险摸底调查，做好非法集资宣传及风险排查防范工作。组织85家全国民营企业信息直报点企业参加10次大规模网络调查，完成率100%。县工商联主席、会长、副主席、副会长、秘书长、部分执委会常委开展会员走访工作，全年走访企业82家。

**【民营经济党建】** 2022年，伊通纳入党建管理体系民营企业208家，其中成立独立党支部44个，党员359人；联合党支部24个，包含民营企业86个，党员103人；派驻党支部21个，覆盖企业78家。其中2022年新建党组织9个，纳入党组织管理企业26个。县工商联对企业党建情况进行走访调研。全年开展党组书记入企讲党课活动6次，学习贯彻党的二十大精神、习近平新时代中国特色社会主义思想。组织商会党员开展红歌快闪活动，在县工商联会议室共同歌唱《没有共产党就没有新中国》。

【民营企业服务】 2022年，县工商联鼓励企业在做好新冠疫情防控工作前提下，开展厂房清洁、库房整理、环境消杀、设备检修、防疫物资储备等复工复产准备工作，为企业送去消毒液等物资，确保复工后第一时间生产、达效。8月31日，县工商联与县税务局联合召开“优环境稳增长”税商联动机制推进大会。召开“税商共服务 惠企促发展”座谈会，税务局相关业务负责人与民营企业代表交流互动，对提出税收减免等问题进行解答。每季度开展1次民营企业评议政府服务调查问卷填写工作，全年开展调查问卷活动4次，参与企业180家，有效填报问卷180份。

【民营经济服务社会】 2022年，县工商联引导民营企业支持就业创业系列行动，开展“春风行动送岗位”招聘、“春暖花开职等你来”网络招聘等活动，发放宣传资料2000份，发布岗位信息1800个，向县域外输送农民工70余人次。8月5日，县工商联召开“万企兴万村”伊通行动启动大会。对32个乡村振兴帮扶村开展村企精准对接。

（于珊珊）

## 伊通满族自治县文学艺术界联合会

【概况】 伊通满族自治县文学艺术界联合会（简称“县文联”），所属作家协会、书法家协会、美术家协会、音乐家协会（含音乐文学学会）、楹联协会、舞蹈家协会、戏剧协会、摄影家协会、诗词学会及民间文艺协会10个协（学）会。有会员389人。其中，市级会员261人、省级会员113人、国家级会员15人。全年各协（学）会开展活动150场次，创作文艺作品3500件。其中美术家协会获市级以上表彰作品2件；书法家协会获市级以上表彰作品3件；音乐家协会获市级以上表彰作品3件；诗词学会获市级以上表彰作品10件；摄影家协会获市级以上表彰作品65件。

【文艺共建】 2022年8月，县文联、教育局、莫里青乡文联分会和书法家协会27名志愿者到莫里青乡第二十四中学，开展“翰墨润心田·书法进校园”文艺志愿服务活动。课堂上，书法协会志愿者从书体与字体对比入手，讲解书法发展历史，对学生课堂练习内容进行指导与点评。县文联与吉林省青少年艺术协会等机构开展文艺共建活动，吉林省青少年艺术协会到乡镇，了解乡镇文联工作存在的短板，并给予一对一指导。乡镇文联工作者、文艺工作者走进省文联，与各个协会、部门面对面商议举行活动、化解难题。新冠疫情期间，省青协会员团购伊美生态园大樱桃，帮助企业走出困境。

【乡镇（街道）文联分会建立】 2022年11月，县文联在全县17个乡镇（街道）成立文联分会，在社区和各村建立文联服务点，由辖区内各机关、事业、企业、村等单位的文艺人才、党外知识分子、乡贤组成，下辖作家协会、诗词学会、美术家协会、音乐家协会、摄影家协会、舞蹈家协会、楹联协会、戏曲协会、民间艺术家协会、书法家协会。乡镇（街道）文联通过各种文化艺术形式，在群众家门口打造文化活动阵地，常态化开展文艺演出、书画作品展览、摄影展、各类文化艺术培训交流活动。

（刘琛伊）

## 伊通满族自治县残疾人联合会

【概况】 2022年，伊通满族自治县残疾人联合会（简称“县残联”），动员社会力量，发展残疾人事业。全县有持证残疾人1.23万人，占全县总人口3.4%。按残疾类型划分，视力残疾1419人，占持证残疾人12.1%；听力残疾1302人，占持证残疾人10.6%；言语残疾174人，占持证残疾人1.4%；肢体残疾6636人，占持证残疾人53.9%；智力残疾1363人，占持证残疾人11.06%；精神残疾1287人，占持证残疾人10.4%；多重残疾68人，占持证残疾人0.06%。有一、二级持证残疾人7166人，三、四级持证残疾人5132人。2022年，县残联产业扶持和无障碍改造工作，被《人民日报》宣传报道。

【残疾人基层组织建设】 2022年，县残联召开理事会会议，专题研究建立乡镇残联、村残协组建工作。召开全县乡镇（街道）基层组建工作部署会。在全县15个乡镇2个街道建立残疾人协会组织，配备200名残疾人专职委员，实现全县村级（社区）残疾人协会全覆盖。

【残疾人基本状况调查】 2022年，伊通持证残疾人参与状况调查1.23万人，App系统内实际录入1.23万人，调查率100%。其中，入户登记1.04万人；电话登记1140人；查无此人244人；已搬迁325人；空挂户417人；外出430人；注销308人。

【残疾人就业服务】 2022年，伊通以未就业残疾人、农村就业困难家庭、高校残疾毕业生为重点，采取落实政策、开发岗位、技能培养、专场招聘、项目扶持、补贴奖励6项措施，建立促进残疾人就业工作长效机制。全年审核按比例安排残疾人就业单位12个，按比例安排残疾人就业30人次。支持、鼓励残疾人自主创业，为自主创业典型残疾人发放自主创业扶持资金2.7万元。组织残疾人开展职业技能培训，农村残疾人参加技能培训8期，培训残疾人540人。选拔1名优秀选手参加首届吉林省残疾人网络创业创新大赛，付彦臣获二等奖。

**【残疾人康复服务】** 2022年，县残联向3415名残疾人提供康复服务，服务率92.37%。其中，农村低收入残疾人基本康复服务人数1540名，康复服务率93.33%；重度残疾人基本康复服务人数2169名，康复服务率93.29%。为38名0至6岁残疾儿童实施康复救助，救助率100%。为1229名残疾人适配辅助器具，发放假肢、盲杖、轮椅、助听器等，辅助器具适配率90.1%。2129名残疾人签约个性服务包。残疾人康复需求服务覆盖率92%以上，建档立卡脱贫残疾人康复服务率41%。

**【残疾人免费适配辅助器具】** 2022年，县残联结合“我为群众办实事”活动，开展调查和情况调研，结合基层上报辅具需求，为15个乡镇2个街道340名残疾群众免费适配辅助器具415件。其中，手杖椅75把；轮椅170台；助行器85个；沐浴凳85个。

**【无障碍改造】** 2022年，县残联通过摸排，一户一案制订改造规划，实施4个乡镇31个村残疾人服务场所和80户困难残疾人家庭无障碍改造，使用项目资金42.88万元。

**【防止残疾人返贫】** 2022年，县残联做好残疾人巩固脱贫攻坚与助力乡村振兴的有效衔接，加强返贫致贫动态监测，指导各乡镇(街道)基层组织与有关部门开展信息比对等工作，确保已脱贫残疾人中不稳定户和边缘户全部纳入各地防止返贫致贫监测和帮扶机制，做到政策全覆盖。全县纳入监测范围残疾人170人。全县各级残联开展农村残疾人产业扶持项目，助力残疾人实现就业增收，投入资金40余万元。

**【残疾人(子女)助学金审核发放】** 2022年，县残联扶残助学资助活动发放扶残助学金16.7万元，资助41名残疾学生及残疾人家庭子女。其中，23人符合省级助学金条件，拨付资金11.5万元；16人符合市级助学金条件，拨付资金4.8万元；2人符合县级助学金条件，拨付资金0.4万元。6月，县残联发起《情暖至亲募捐倡议书》，收到社会各界捐助资金15.77万元。

**【残疾人证换核发】** 2022年，县残联完成残疾人证年审489件，新办残疾人证389件，等级变更51件，残疾人证遗失补办4件。残疾人证迁移手续办理3件，注销628件。

**【残疾人文体活动】** 2022年6月，县残联组织40名残疾人及家属开展残疾人文化进家庭“五个一”(发放一本书、看一场电影、参观一次博物馆、游一次园、组织一次文体表演)活动。全年为49个村级残疾人文体服务站发放音响设备，引导残疾人健康生活意识，为残疾人提供文化服务。

**【“全国助残日”活动】** 2022年5月15日是第32个全国助残日，县残联开展线上线下相结合助残活动。线上，宣讲康复、就业等助残政策，鼓励残疾人自尊、自信、自强、自立，发挥自身所长，创造自己人生价值。线下，在县残疾人办证中心前举办主题宣传教育活动。通过悬挂条幅、现场讲解、发放宣传单等向群众讲解残疾儿童康复服务，困难残疾人家庭救助、残疾人就业条例等助残惠残政策，接待群众咨询10余人。

**【“阳光家园”居家托养项目】** 2022年，伊通“阳光家园”居家托养项目采取政府购买服务方式，委托伊通康宁医院，情暖至亲残疾人综合服务中心，心怡养老有限公司组织实施，打造综合性服务机构，形成“智慧物联+全域服务”特色服务模式。为全县197个村(社区)128名智力、精神、重度肢体残疾人提供代购、送餐、理发、助浴、居家保洁等居家托养服务3000余次。

**【县残联第八次代表大会】** 2022年11月3日，伊通满族自治县残疾人联合会第八次代表大会召开。选

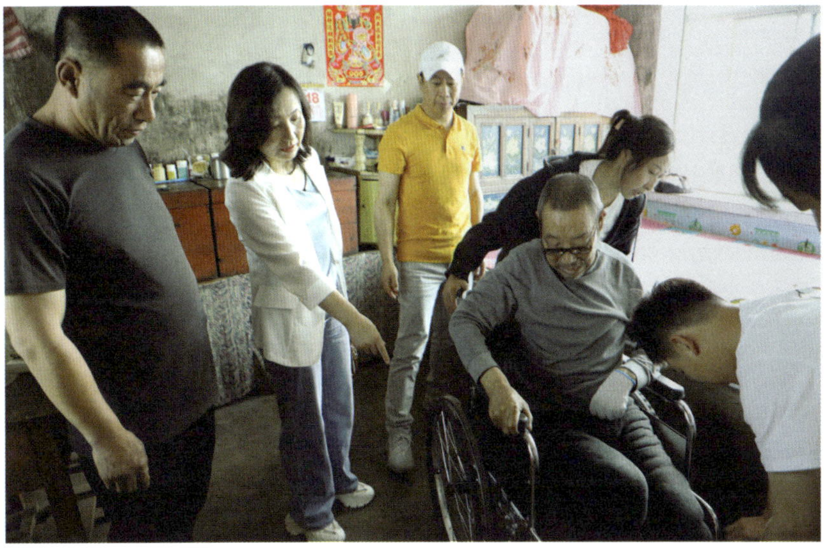

2022年7月20日，伊通残联到靠山镇为残疾人员调试轮椅

(王　岩　摄)

举产生伊通满族自治县残疾人联合会第八届主席团委员21人和出席市残联第七次代表大会代表18人；县残联第七届主席团主席3人、副主席2人；县残联第八届执行理事会理事长1人；县残联各专门协会主席5人、副主席5人。

（王　岩）

## 伊通满族自治县红十字会

【概况】 2022年，伊通红十字会在“清明节”“5·8”世界红十字日、“6·14”世界献血者日、世界艾滋病日期间开展宣传活动。为贫困家庭白血病患儿捐款、救助肿瘤患者，救助少儿白血病患者3人，先天性心脏病患者1人；首次救助肿瘤患者107人，使用项目资金535.89万元。全县红十字会募集资金692.9万余元。通过“9·9”公益日筹资11.5万余元。举办应急公益讲座1次，应急救护员培训班1次。做好备灾仓库建设和物资储备管理工作，全年发放棉衣、帐篷、米、面、油等物资折合现金2.24万元。

【红十字志愿服务】 2022年，伊通红十字会设立募捐专用账户，接收新冠疫情防控捐款。接收51家企业、464名群众捐赠款物，价值554.6万元。其中，接收社会募捐款308.1万元；接收N95口罩、防护服等防疫物资价值246.5万元。

【应急救护培训】 2022年6月17日，县红十字会在正阳社区开展“红十字进社区——应急救护培训讲座”活动，为社区25名工作人员讲解应急救护原则和步骤，普及烫伤、骨折、心肺复苏等急救知识。9月29日，在庆阳社区开展“红十字初级救护员培训班”，历时1天，培训初级救护员25人。

【人体器官捐献组织发动】 2022年8月至10月，县红十字会加强造血干细胞捐献、遗体（器官）角膜捐献宣传，开展“生命之约·大爱传递”遗体和人体器官捐献报名登记活动2次，组织单位职工、志愿者在县内主要街道发放宣传单500余份，做好“三大捐献”组织发动、咨询、登记、捐献及追踪服务工作，全年登记遗体器官捐献志愿者9人。

【“博爱家园”建设】 2022年，伊通有两家“博爱家园”。7月20日至12月31日，庆德社区红十字会“博爱家园”建设完成。全年庆阳社区红十字会与庆德社区红十字会发挥人道救助职能，开展助学、助老、助困、助残帮扶活动。对辖区内困难群体进行登记筛选，对有物资需要居民“一对一”帮扶救助，受益人数千余人次；举办道德讲堂、亲子公益等活动，对辖区内困难家庭、留守儿童等特殊群体开展救助项目，走访调查30个家庭，资助贫困学生20名。

【“世界红十字日”宣传活动】 2022年，伊通红十字会在“5·8”世界红十字日博爱周期间，开展主题“生命教育　人道伴行”宣传活动。红十字会工作人员与志愿者在伊通大街路段与蓝齐儿路路段设立宣传台1个，宣传牌2块，宣传新冠疫情防控知识、“三救三献”业务政策，受众400余人次，发放防病知识折页、应急救护宣传手册等宣传资料400余份。

（于宗伯　孙鹏龙）

延伸阅读

### 博爱家园项目

“博爱家园”是中国红十字会在城乡社区开展的非紧急状态下，以“推动社区治理、提升社区能力、促进社区发展”为目标的人道公益项目。项目具体内容：提供住房，为无家可归的人提供安全、温暖的家；提供生活必需品，如食品、衣物、日用品等；提供医疗保健服务，为居住者提供基本的医疗服务；提供职业培训和就业机会，为居住者提供职业培训和就业机会；提供心理支持，为居住者提供心理咨询、心理治疗等服务。为贫困家庭、困境青少年和残障人士等提供住宿、教育和康复等支持服务。

2021年11月，伊通永宁街道庆阳社区博爱家园开始筹建。2022年9月，伊通永盛街道庆德社区博爱家园开始筹建。社区书记担任组长，社区委员、志愿者为成员。以社区关爱服务站为依托，在组长带领下开展红十字特色的防灾减灾、应急救护、逃生避险、自救互救、健康卫生等社区工作，发挥红十字基层组织宣传、群众交流等窗口作用，让社区居民学到更多自救互救知识。以各种活动日、纪念活动等为契机，倡导红十字理念，弘扬红十字精神，培育红十字文化。

# 法 治

## 政法委与综治

【概况】 2022年，伊通满族自治县委政法委员会（简称“县委政法委”）坚持以习近平新时代中国特色社会主义思想为指导，把握新时代政法工作方向，统筹全县政法机关，贯彻中央和省、市、县委决策部署，以党的二十大安保维稳为主线，组织推动“群众安全感和对政法机关执法满意度双提升”“政法队伍素质能力提升”“发挥政法职能 服务保障经济社会发展”“命案防范”等重点工作，防范、化解各类风险隐患，压住安全稳定阵脚。全县破获刑事案件281起，审理民事案件1909件；轮训政法干警近3000人次。

【平安伊通建设】 2022年，县委政法委打击暴力恐怖活动，开展反恐怖基础排查百日专项行动，防范打击“三股势力”（民族分裂势力、宗教极端势力、暴力恐怖势力）渗透活动，全年全县未发生危害国家政治安全事件。落实各项安保工作，确保冬奥会、全国“两会”和党的二十大期间社会稳定，实现“四个严防、三个确保”（严防影响国家政治安全和社会稳定的重大事件，严防暴力恐怖和个人极端暴力事件，严防大规模群体性事件，严防重大安全事故和网络舆情事件；确保一系列重要敏感节点平稳度过，确保一系列重大活动安全顺利，确保全县政治社会大局和谐稳定）目标。加强社会面治安防控，推进打击违法犯罪专项行动，开展“未成年人专项保护百日攻坚”活动，强化整治措施，查处治安类案件330起，破获各类刑事案件281起，现行命案立发立破，治安、刑事发案比2021年分别下降32.22%和30.45%。

【矛盾纠纷排查化解】 2022年，县委政法委聚焦“五类风险隐患”（政治安全类、社会治安类、公共安全类、网络安全类、社会矛盾类），开展涉稳问题和矛盾纠纷排查化解专项行动和涉法涉诉信访问题集中化解工作，依托“3+N”组织架构、排查方法和常态摸排机制，建立以民警、乡镇社区干部、辅警为排查主体，村屯队长和社区网格员及委主任配合联动的“啄木鸟矛盾排查小分队”197支，防止“民转刑、刑转命”案件发生。全年排查矛盾纠纷960起，化解924起，分流8起。调解642件，调解率33.63%。

【服务经济社会发展】 2022年，县委政法委开展“百名政法干警服务百企”活动，县委政法委印发《关于充分发挥政法职能 服务保障经济社会发展的意见》。打造“六大环境”（公平公正的法治环境、安全稳定的治安环境、和谐安宁的经营环境、平等宽松的竞争环境、保障高质的服务环境、惠企护商的投资环境），县法院召开“法企共建”座谈会，县检察院对全县重大项目实施定期走访，进行跟踪服务，县司法局开展法律“六进”（进机关、进乡村、进社区、进学校、进企业、进单位）活动；县公安局立案经济犯罪案件8起，涉案金额2800余万元，打击制假售假、侵犯知识产权案件1起，挽回损失28万元。

【基层网格治理】 2022年，全县划分1589个基础网格。其中，城区189个、行政村1400个。发挥网格员、联户长作用，收集上报各类事件4711件，办结4596件，办结率97.56%。县公安局选派134名民警进网格，优化配强“啄木鸟矛盾排查小分队”人员力量，县法院在全省创新性开展“无讼村+共享法庭”创建工作，创新基层诉源治理新模式，建立12个村和1个社区试点，建立9个“共享法庭”，下沉28名员额制法官进网格，以调解撤诉方式结案1405件，民商事调撤率62.90%。

【社会治安“百日攻坚”行动】 11月22日，全县社会治安大整治“百日攻坚”专项行动动员部署会议召开。会议要求专项行动以严防严打、化解风险、解决问题、提升能力为着力点，围绕突出违法犯罪、社会治安乱点、公共安全隐患、纪律作风顽疾等重点工作任务，分动员部署

延伸阅读

## 百日攻坚

“五降五升”指刑事案件发案总数、严重暴力案件发案数、公共场所治安案件发案数、命案发案数、电信网络诈骗类发案数同比下降，全部现行刑事案件破案率、严重暴力案件破案率、电信网络诈骗类案件破案率、治安案件查处率、群众安全感和对政法机关执法满意度同比提升。

“五个明显提升和五个确保”指驾驭动态复杂治安形势能力明显提升，确保社会治安取得明显进步，打击犯罪力度明显提升，确保在保护公民的合法权益上取得更大成绩，执法办案质量明显提升，确保不因执法不严不公不廉或不规范不文明引发负面炒作，化解社会不安定因素能力明显提升，确保各类信访举报事项得以有效办理化解，司法服务能力水平和质量成效明显提升，确保政法队伍教育整顿成果持续巩固拓展。为伊通高质量发展创造安全稳定的经济环境、社会环境和政治环境。

阶段（2022年11月22日至12月末）、深入推进阶段（2023年1月1日至1月末）、巩固提升阶段（2023年2月1日至2月末）3个阶段实施组合拳式集中大整治，实现“五降五升”“五个明显提升和五个确保”目标。在动员部署阶段，各政法单位、相关部门和乡镇（街道）结合当时形势和本地本部门实际，开展社会治安领域各类矛盾风险隐患排查梳理和问题线索收集整理，查找问题，分析原因，细化本地本部门本系统具体实施方案。

【打击养老诈骗专项行动】 2022年，伊通人民检察院成立打击养老诈骗专项行动领导小组，发布宣讲视频12条，组织专项宣传活动3次，发放宣传单2500余份，张贴海报、条幅10余份。县法院制订《伊通满族自治县人民法院打击整治养老诈骗专项行动工作方案》，确定依法严厉惩处、全力追赃挽损、加强法治宣传、抓好建章立制等重点任务；成立专项行动领导小组，组建由立案庭、民事审判庭、刑事审判庭、执行局、政治部及各派出法庭负责人参加的工作专班，明确任务目标、层层分解任务；干警到乡村、集市、社区开展宣传活动，向群众发放宣传材料，现场解答问题及大型普法宣讲6次、受众1500人，发放宣传资料1200份。

2022年11月22日，全县社会治安大整治“百日攻坚”专项行动动员部署会议召开（庞湛川 摄）

【政法干警素质提升】 2022年，县委政法委印发《县群众安全感和对政法机关执法满意度“双提升”攻坚年活动实施方案》《伊通政法队伍素质能力提升工程实施方案》，分级分类进行轮训学习，政法干警实现全覆盖，开展政治轮训31次，轮训政法干警2700余人次。县法院被最高人民法院命名为“为群众办实事示范法院”，是吉林省唯一获该荣誉基层法院。县公安局2名警察被评为全国优秀人民警察，1名警察被公安部记个人三等功，2名警察被评为全省优秀人民警察，刑警大队、特警大队被评为全省优秀公安基层单位。县检察院数据质量评价指标整体排名全市第一。县司法局推进星级司法所创建工作，3家司法所被四平市司法局评为四星级司法所。

（庞湛川）

## 法治政府建设

【概况】 2022年，伊通学习贯彻落实习近平法治思想、习近平总书记关于法治建设的重要指示精神，加强法治政府建设组织领导，将习近平法治思想作为县政府常务会议、县政府党组会议、县政府组成部门理论学习中心组会议必修课，对学习宣传贯彻习近平法治思想进行全面安排部署并及时研究解决法治政府建设有关重大问题。建立政府常务会议会前学法制度，把宪法及法律列入常务会议学习内容，全年召开常务会议12次，会前学法10次。健全政府法律顾问制度、公职律师制度。协调政府法律顾问参与规范性文件起草与论证，为政府行政提供法律咨询；参与政府重大项目法律事务工作；为政府行政复议提供咨询，参与处理及代理政府涉诉案件；参与信访执法监督等工作。至年末，法律顾问参加会议78次（常务会议12次）、出具法律意见书191个、提供法律咨询160次、出庭9次。

【依法治县】 2022年，伊通落实《法治政府建设实施纲要（2020年—2025年）》《伊通满族自治县法治社会建设实施方案（2020年—2025年）》。在县政府常务会议会前，集体学习新法律法规，党政主要负责人履行推进法治建设第一责任人职责，并下发《2022年依法治县工作要点》。5月18日，召开依法治县委员会第五次会议，审议通过《伊通满族自治县法治社会建设实施方案（2021年—2025年）》《法治伊通建设实施方案（2021年—2025年）》《伊通满族自治县加强社会主义文化建设实施方案》。10月26日，召开依法治县委员会第六次会议暨述法评议会，传达2022年省市依法治省、依法治市委员会第一次会议暨述法评议会精神，审议2021年度依法治县工作总结和2022年工作要点，审议通过《伊通满族自治县落实新时代法治人才实施方案》《伊通满族自治县关于进一步加强法治建设实施方案》，开展“八五”普法工作。

【重大行政决策法定程序执行】 2022年，伊通落实《重大行政决策程序暂行条例》《伊通满族自治县重大行政决策程序规则》。执行重大行政决策法定程序，年初将《吉林伊通经济开发区（长伊片区）汽车零部件产业园建设项目》《关于将市场有限公司划转到投资控股集团有限公司的工作报告》《伊通满族自治县黄牛现代产业园建设项目》等6项决策项目列入目录，经公开征求社会意见由县政府常务会审议通过，形成2022年度重大行政决策事项清单并向社会公布，根据实际情况进行调整，对政府重大行政决策实行目录化管理，督促各部门履行重大行政决策流程。

【行政执法监督】 2022年，伊通贯彻“双随机、一公开”工作，全县参与双随机检查执法部门21家，制订抽查计划209项，审批通过181项，未通过28项。其中部门内双随机计划113项，部门间联合检查计划68项，跨部门联合抽查计划比例占全部计划37.56%。在行政执法公示平台公示各行政执法部门包容审慎监管执法“四张清单”（不予行政处罚事项清单、从轻行政处罚事项清单、减轻行政处罚事项清单、不予实施行政强制措施事项清单）、行政执法4张流程图、自由裁量基准。伊通加强行政执法人员资格管理，审核全县执法部门具备行政执法资格人员155人，发放执法证件463件，收回58件。梳理统计全县各行政执法主体法治审核人员信息，初审具备执法资格人员140人。组织全县具有行政征收职能的单位自行开展征收相关法律培训，规范征收执法工作，参与培训人员160人。开展检查乡镇（街道）综合行政执法试点工作，形成工作报告。公示乡镇（街道）行政执法主体资格。指导建立行政执法三项制度，事项清单，流程图，投诉举报监督制度，并在网站公示。

（马明达）

【合法性审查】 2022年，伊通落实重大行政决策程序，印发全县重大行政决策事项目录。强化合法性审查刚性约束，8件重大行政决策类文件、31件各类合同协议及73件行政执法、征地拆迁等一般性行政事务类文书通过合法性审查。推进公众参与重大公共决策机制建设，重大公共决策事项（秸秆与建筑垃圾综合利用建设项目投资合同，对伊通满族自治县城区配气价格销售价格及实施居民燃气阶梯价格制度并建立天然气上下游价格联动机制调整方案重大公共决策事项均通过网上公示）落实“应审必审”。审查县政府行政规范性文件1件。审查重大行政决策类文件8件，提出意见建议8条。审查一般性行政事务类文书73件，提出意见建议68条。审查各类合同、协议21件，提出意见、建议33条。严格文件备案，按规定向市政府报备规范性文件1件。开展县政府规范性文件清理，废止2件。推进乡镇（街道）、部门行政规范性文件清理入库。

【行政争议化解】 2022年，伊通完善行政调解工作制度，加强调解组织建设，重点部门行政调解组织建成率100%。全县行政调解组织受理纠纷25件，调解成功25件，调解成功率100%。

【行政复议】 2022年，伊通受理行政复议案件14件，维持2件，自行撤回1件，不予受理1件，办结5件，在审理5件。重大行政决策合法性审查8件。受理并出具法治审核意见提交政府常务会议题及县政府发文73件。完成县政府交办临时任务4件。

【行政应诉】 2022年，伊通司法局收到涉及县政府行政诉讼案件1件。其中一审案件1件，二审案件0件，县政府转办0件，行政复议转诉讼1件，案件结果为驳回诉讼请求。县政府负责人按时出庭应诉。

【政务公开】 2022年，伊通对县政府信息公开专栏进行升级改造，增加法定主动公开内容，增加脱贫攻坚政策指引、财政资金直达基层等相关内容，并将各类信息转接到相应版块上，为群众和社会各界查询提供方便。全年指导各部门修改政府网站错误信息2000余条；升级信息公开登录账号50余个；印制伊通"政府信息公开专栏宣传手册"300余册，投放到各单位便民服务窗口；公开发布政府文件、公告类信息等120件。

（王兆禹）

## 公　安

【概况】 2022年，伊通公安局以平安建设为主线，聚焦维护全县经济发展和社会稳定大局，推进社会秩序整治、吸毒人员收戒收治、打击治理电信网络诈骗、农用车违法载人专项整治、常态化新冠疫情防控等重点工作，推进夏季治安打击整治"百日行动"。全年破案190起，破案率49.8%；抓获各类逃犯40人，逮捕76人，起诉282人。2022年，特警大队被评为全省优秀公安基层单位。1名警察被评为全国优秀人民警察，1名警察被公安部记个人三等功，2名警察被评为全省优秀人民警察，1名辅警被评为全省公安机关十佳农村辅警并记功1次。

【社会治安防控体系建设】 2022年，伊通公安局坚持科技引领防控，依托全县视频监控天网，重点路段智能监控摄像机，织密治安防控网络。自主研发智慧巡防、智慧社区综合防控等系统模型，建立车巡、武巡、摩巡、步巡、监巡"五巡机制"，提升街面见警率和管事率。全县刑事发案稳中有降，无重大恶性案件。

【刑事案件侦查】 2022年，伊通刑事案件立案501起，破案281起。刑事案件、治安案件发案率分别比2021年下降30.45%和32.2%。全年全县发生八类暴力案件28起，全部破获，破案率100%；现行命案3起，立发立破。破获命案积案1起、抓获30年以上命案逃犯1人。

【经济犯罪侦查】 2022年，伊通经济案件立案7起，破案6起，抓获犯罪嫌疑人12人，为人民群众挽回经济损失452万元。侦破历时7年的北京市中普信富投资管理有限公司伊通分公司非法吸收公众存款案件，为人民群众挽回经济损失10万元。

【毒品案件侦查】 2022年，伊通公安局禁毒大队开展"净边""境外清源""拔钉追逃""除冰肃毒""集群打零""寄递物流禁毒"等专项打击整治，打击制、贩毒违法犯罪活动。全年确立省督案件1起，侦破毒品刑事案件2起，起诉毒品犯罪嫌疑人15人，查获吸毒人员56人，裁决强制隔离戒毒6人，缴获冰毒520克。县公安局在"清源断流"百日行动中全市排名第一。

【电信案件侦查】 2022年，伊通依托公安部"云剑-2022"专项行动，开展打击电信网络诈骗犯罪工作，推进"断卡行动"。破获案件37起，抓获嫌疑人378人，比2021年下降13%，打击人数比2021年上升177%。7月27日，赴沈阳出动警力367人，抓获嫌疑人191人，破获"5·27"特大电信诈骗案，冻结涉案资金88万元，扣押电脑20余台、POS机5000部、扣押涉案车辆4辆、手机50余部，创造县公安局4个最多（出动警力最多、抓获人数最多、跨越区域最多、收缴工作最多）。

【食品药品环保案件侦查】 2022年，伊通以"昆仑2022"专项行动为主线，打击食药环犯罪行为。破获食药环犯罪案件16起，抓获犯罪嫌疑人47人，起诉犯罪嫌疑人56人，打掉犯罪团伙3个，打掉窝点5个，涉案价值600余万元。2月，通过省公安厅推送线索，省、市、县三级食药环部门联动，破获以非法添加"瘦肉精"方式生产销售有毒、有害食品案件，抓获犯罪嫌疑人4人，涉案价值400余万元。

【生态案件侦查】 2022年，伊通公安局重点以水、大气、土壤、矿产等领域，打击盗采河砂、山砂、破坏黑土资源、污染环境等犯罪行动。全年，破获盗采河砂类案件1起，抓获犯罪嫌疑人2人，涉案金额10余万元。

【涉林刑事案件侦查】 2022年，伊通森林警察大队办理各类涉林刑事案件18起。其中，盗伐林木案1起、滥伐林木案1起、非法占用农用地案2起、非法狩猎案12起、失火案1起、盗窃木材案1起。抓获犯罪嫌疑人25人。在"昆仑行动""绿剑行动"中，森警工作全市排名第一。9月30日，破获省公安厅挂牌督办非法狩猎案件，抓获犯罪嫌疑人9人，收缴捕猎工具175件，解救活体野生动物花鼠1130只并全部放归大自然。11月15日，在全市召开的公安机关冬季严打暨森侦四项重点工作冲刺行动部署会上，伊通森警大队作经验发言，填补四平市公安局涉林案件空白。

【户政管理】 2022年，伊通户政大厅和派出所户籍窗口从办理户口、身份证等与群众利益相关“小事”入手，深化“放管服”和只跑一次改革，简化办证流程，推出预约服务、错时服务、上门服务等便民措施。户籍窗口服务实现“三零”(零矛盾、零差错、零投诉)目标。开展户口清理整顿工作，注销双重户口100余条，解决无户口人员20余条，增补修改亲属关系1万余条。跨省通办户籍业务800余条，受理跨省身份证业务151条，实现全省户籍业务通办，通过绿色通道办理居民身份证723人次，上传审核、办理本地居民身份证信息2.18万条，准确率100%、满意率100%；办理居住证86人次，提供预约、错时服务700余次、上门服务200余次，出具各类户籍信息证明2000余份。帮助县教育局、退役军人事务管理局、街道等政府部门查询相关信息，提供数据支撑。

【出入境与往来港澳台管理】 至2022年11月30日，伊通受理出入境证件及往来港澳台通行证162件。其中，普通护照80件、往来港澳通行证及签注80件、台湾探亲签注2件。群众满意度100%。

【道路交通管理】 2022年，伊通交警大队全年现场处罚6.90万起。其中，酒驾1047起、超载3046起、超员102起、假牌套牌18起、无证驾驶96起、不按规定使用安全带1.90万起。非机动车违法2.72万起。非现场处罚7.60万起，查处危险驾驶案件81起。全年发生死亡事故17起、死亡20人，比2021年分别下降41.3%和35.4%；发生伤人事故72起，比2021年下降48.5%；发生简易事故1542起，下降12.6%。开展三轮车、电动四轮车集中整治行动，重点突出市场南北门、主城区、严管街治理。推进“减量控大”工作，全年查处酒驾1047起、醉驾81起。超载1.06万起，其中“百吨王”40起，此项工作在全省处于前列。组织交警巡逻警力及17个乡镇(街道)196名交通安全劝导员，对农用车上路违法载人、面包车超员等交通违法行为进行管控，并为农用车粘贴反光贴。

【夏季治安打击整治百日行动】 2022年6月22日起至9月末，伊通公安局开展夏季治安打击整治百日行动。全局出动警力(民警、辅警)2360人次、警车705辆次，设置10个检查卡点，检查车辆640辆，盘查人员970人，检查行业场所355个，巡查全县重点部位62处，排查整改各类安全隐患83处。破获刑事案件154起，抓获嫌疑人496人，抓获网上逃犯26人，全市排名第一。在国家级媒体发布信息5次、省级媒体25次，微信等新媒体发布作品95条，发送“百日行动”手机短信15万条；制作电子宣传片2期；组织现场活动5次；发放宣传手册、卡片等纸质宣传册3万份；悬挂条幅410处，张贴海报700张，滚动播放宣传标语75处。

【网络安全管理】 2022年，网络安全大队(简称“网安大队”)配合全局破获各类刑事案件25起。加强行业监管和各类网站系统检查工作，结合“四类风险隐患排查”工作要求，对全县30余家企事业单位计算机网站、系统开展检查20余次，清理废弃网站20余个，清理率95%。网络安全执法检查中对各类网站、系统存在安全隐患下达限期整改通知书19份，督促各网站进行自主安全评估20余次，全年对辖区8家网吧开展常态化检查50余次。督促互联网经营场所严格落实网吧上网实名登记、上网日志留存和各项安全管理制度。

【重点单位安全保卫】 2022年，伊通经济文化保卫大队围绕定点救治医院(县医院)发热门诊安全保卫督导工作，落实定点医院安保工作措施和“一院一专班”工作机制，维护医护人员合法权益和正常医疗秩序，全年督促整改各类风险隐患30余处；经文保大队完成第七轮银行业金融机构安全评估筹备、组织、开展工作，加强对各银行业务库、自助设备、金库等重点要害部位安全防范检查，开展“护学岗”工作，确保在上放学高峰时段校园周边警力充

2022年6月22日，伊通公安局民警在运动场开展夏季治安打击整治百日行动宣传活动 （聂 洋 摄）

2022年6月20日，伊通公安局禁毒大队民警在伊通大街向过往行人分发禁毒宣传单 （聂 洋 摄）

足；贯彻落实专职保安员配备、视频监控系统、一键式报警、封闭式管理“四个百分百”，各类涉师生案事件零发生，全年督促整改各类风险隐患40余处。开展法治大讲堂、安全教育讲座5次，落实防范校园欺凌霸凌宣传排查4次、防范电信诈骗宣传进校园7次，发放防范校园欺凌霸凌宣传手册2000余册，防范电信诈骗宣传进校园宣传单3000余份。

**【“千警阅万卷”案件评查活动】** 2022年，伊通公安局以“千警阅万卷”案件评查活动为契机，提升执法办案质效。制订《伊通满族自治县公安局“千警阅万卷”案件评查方案》和“十不审”[对应上传音视频而不上传的和音视频制作不合格的不予审核；证据材料不录入、不上传的不予审核；未在办案中心询问、讯问违法行为人、犯罪嫌疑人的不予审核；未履行告知程序等问题案件的不予审核；户籍、前科未录入上传至警综平台的不予审核；未说明嫌疑人到案情况的不予审核；未使用制式文书（笔录、到案经过、情况说明正文均使用宋体三号字）的不予审核；呈请类文书制作不合格的（案件来源、事实、理由、依据）不予审核；对出现“千警阅万卷考评登记表”中所列执法问题要立查立改，对无故不落实整改责任的，不予审核；其他未按要求的不予审核]。召开案件评查推进会、执法突出问题总结反思会、执法突出问题约谈会，学习先进地区工作经验，对标查找存在问题，并组织审核民警实行案件包片制度，将全局参评案件进行梳理评查，包案到人，深入基层逐案指导办案单位进行问题整改，提高“千警阅万卷”工作水平。全年，审阅卷宗589件，整改问题991个。

**【枪爆危爆物品管理】** 2022年，伊通公安局开展打击整治枪爆专项行动，收缴枪支66把，子弹3.85发。强化社会面整体防控，排查梳理矛盾隐患。检查宾馆洗浴124家，机动车维修业150家，民爆公司1家，烟花爆竹储存、运输及销售单位11家，物流寄递单位24家，危险化学品企业4家，放射源企业2家，收缴爆炸物品338千克，管制刀具443把。

**【禁毒宣传】** 2022年，伊通围绕“健康人生，绿色无毒”禁毒宣传主题，组织各禁毒委成员单位开展“全民禁毒宣传月”活动。6月，宣传月期间，各禁毒委成员单位和200名禁毒青年志愿者在伊通大街开展大型禁毒宣传。向群众散发《禁毒知识手册》600余册，张贴禁毒宣传画及悬挂禁毒宣传条幅200余份，发放禁毒宣传资料5000余份，接受群众咨询300余人次，受教育群众1万余人。开展校园禁毒宣传教育。6月9日，在伊通满族高级中学通过组织全校学生观看禁毒宣传教育片、参观禁毒图片展、禁毒知识讲解等形式，让师生了解新型毒品基本知识和危害，提高抵制毒品自觉性，增强学生禁毒、拒毒意识。

（聂 洋）

## 检 察

**【概况】** 2022年，伊通人民检察院审查提请逮捕214人，批准逮捕114人，审查起诉549人，提起公诉203人，办理刑事执行检察案件8件；受理民事、行政监督案件90件，民事案件提请抗诉1件；民事公益诉讼立案4件，办结4件；行政公益诉讼立案71件，发出诉前检察建议44件，其中1件被吉林省人民检察院、四平市人民检察院作为典型案例宣传，向最高人民检察院申报全国典型案例。在《新时代法治文化与实践融合发展探究》刊载论文2篇。其中，《检察机关案件质量评查方法研究》被省院确定为理论课题立项项目。3名干警被评为全市“十佳公诉人”，1名干警被评为“优秀公诉人”。伊通人民检察院获“四平市文明单位”称号。

**【刑事检察】** 2022年，伊通人民检察院维护国家安全和社会稳定，严惩组织、利用邪教组织破坏法律实施犯罪，批捕9人，提起公诉并被判处有期徒刑1人。落实少捕慎诉慎押刑事司法政策，坚持“宽中有严”“宽严有据”，受理审查逮捕案件214人，批准逮捕113人，不批准逮捕101人。受理审查起诉案件439人，起诉291人，不起诉148人，适用认罪认罚从宽制度417人，适用率96.53%。开展羁押必要性审查9人，采纳率100%。深化刑事诉讼监督，监督立案8件，监督撤案6件，书面纠正侦查、审判活动违法92件。

【民事检察】 2022年，办理民事裁判监督案件2件，提出再审检察建议1件，提请抗诉1件，办理民事审判活动监督案件54件，发出检察建议54件，办理民事执行监督案件49件，发出检察建议49件，全部回函并采纳；办理支持起诉案件5件，社会治理类案件1件，召开公开听证会议1次。以大数据赋能法律监督，通过大数据平台，发现民间借贷纠纷案件19件涉嫌虚假诉讼，线索移送公安机关立案侦查1件。

【行政检察】 2022年，伊通人民检察院推进府院联动机制，以“我管”促“都管”，全年办结行政检察案件62件，发出检察建议62件，全部回函采纳。办理社会综合治理类案件18件，行政审判活动监督案件10件。行政执行活动监督案件34件。其中，黑土地保护非诉执行案件13件，养犬专项案件3件，农资专项案件2件，强制隔离戒毒专项案件6件。行政争议实质性化解案件39件。

【公益诉讼检察】 2022年，伊通人民检察院聚焦生态环境、食品药品安全、安全生产等群众切身需要，开展“黑土地保护”“飞线充电”“伊丹河流域综合治理”“国土国财保护”等专项活动，办理诉前磋商案件19件，制发诉前检察建议案件45件，提起公益诉讼4件，召开公开听证会议3次，涉及案件12件，公开宣告送达检察建议41件。西苇河流域水土流失一案，通过向相关部门制发检察建议，推动将西苇河治理纳入建设范围，投入项目资金5300万元。

【刑事诉讼监督】 2022年，伊通人民检察院监督立案8件，监督撤案6件，书面纠正侦查、审判活动违法92件。依托与公安机关成立的侦查监督与协作配合办公室，提前介入一起故意杀人案件，引导全面掌握和调取证据，依法认定正当防卫，被吉林省、四平市人民检察院作为典型案例宣传，并向最高人民检察院申报全国典型案例。

【刑事执行监督】 2022年，伊通人民检察院推进刑事执行监督，监督审查监外执行罪犯166人，解除监外执行罪犯136人，监督审核涉及财产刑事罪犯202人，金额743.5万元。开展重大刑事案件侦结前讯问合法性核查7件，制发检察建议及纠正违法通知书32份，全部得到及时回复并整改落实。

【检察长“三巡”机制建立】 2022年，伊通人民检察院探索创新“林长+检察长+法院院长”联同踏查机制，通过“三巡”（巡田、巡林、巡河）发现公益诉讼生态环境和资源保护领域方面案件线索3件，由检察长带头办案，全部办结。落实“河湖长+检察长”工作机制，确保行政执法与检察监督有效衔接。5月16日，市人民检察院与伊通人民检察院落实“河长+检察长”“田长+检察长”工作机制，对西苇河流域生态治理情况进行“回头看”，现场对原存在违法排污、非法采砂、水土流失等问题整改情况进一步勘查并指出监督方向。9月14日，“林长+检察长”联同巡检，针对莫里青乡莫里村58小班集体林地被破坏资源修复整改所栽个别樟子松树苗死亡，督促相关职能部门及时采取补栽措施，在植树周期进行“回头看”，保证区域内所栽树苗全部成活。

【检务公开】 2022年，推广平台网络预约注册，深化检务公开，公开案件程序性信息62件、法律文书5份，重要案件1件，开展律师电话预约、网络预约服务，接待律师阅卷55次，互联网阅卷28次。

【智慧检察院】 2022年，完成工作网、三级网络安全配置，在吉林省检察机关率先通过分级保护与等级保护测试，按吉林省人民检察院要求工作进度完成统一业务应用系统2.0与政法协同系统终端、权限配置，软硬件正常使用。利用数据优势，对海量文书信息进行检索及大数据分析，从归纳裁判文书中总结案件规律，排查案件线索，围绕法律监督，整合数字资源，做好传统检察与数字化加法。

【检务为民服务】 2022年，伊通人民检察院严惩破坏市场经济秩序犯罪，开展“四个最严”（最严谨的标准、最严格的监管、最严厉的处罚、最严肃的问责）专项行动，从重打击洗钱犯罪，打好防范、化解金融风险攻坚战，批捕9人，起诉23人，维护市场公平秩序。解决群众急难愁盼问题，以“如我在诉”的办案理念促进矛盾化解，落实检察长包案制，解决重复信访问题，检察长包案首次办理信访案件5件；以公开促公正，探索“带案下访、上门听证”，办理信访简易公开听证案件6件；联合县妇联、团县委等部门开展司法救助，为生活困难的6名受害人提供救助资金7万元。与2个包保村建立常态联系，开展抗洪排涝、秸秆禁烧等工作，为群众解决1万元急需物资。帮助

2022年5月30日，伊通人民检察院与烟草专卖局到悦刻电子烟商店检查向未成年人销售电子烟情况　　（张　洋　摄）

31户包保对象发展庭院经济，购买农副产品，促进农户增收。

【未成年人检察】　2022年，伊通检察院线上开展法治宣传教育，线下与县烟草专卖局开展“保护少年的你”禁烟专项行动，推动落实强制报告制度，促进检察机关与教育局、卫生健康局等部门共同织密未成年人“保护网”；坚持“零容忍，重打击”，从严惩治侵害未成年人犯罪，批捕6人，起诉7人；坚持教育为主、惩罚为辅，最大限度挽救涉罪未成年人，不捕1人，不诉5人，不捕、不诉率均100%。

（任含勖）

## 法　　院

【概况】　2022年，伊通人民法院受理诉讼和执行案件5195件，结案5133件，结案率98.81%。其中，诉讼受理3063件，结案3016件，结案率98.81%。执行受理2132件，结案2117件，结案率99.3%，增加案件比2021年下降30.97%。诉前调解案件比2021年增长11.05%。全年受理立案登记2744件。其中，通过网络方式受理案件1607件。受理司法救助案件5件、5人、金额16.3万元。办理国家赔偿案件1件（当事人已撤回申请）。受理保全案件223件，实施保全256次，保全金额1.54亿元。有133名人民陪审员，一审陪审案件166件。全年发布原创新闻稿件150篇，被省级媒体转载750次，国家级媒体50余次。其中，《炕头上的法庭》被吉林电视台《守望都市》栏目播出。开展普法“七进”（进机关、进校园、进社区、进乡村、进军营、进企业、进寺庙）宣传活动40余次，受众4000余人次。2022年，审判执行质效主要指标位居四平地区法院第一名，保持全省法院第一名。12月28日，伊通人民法院被最高人民法院命名为为群众办实事示范法院，被四平市委政法委评为平安四平先进集体。马鞍山镇人民法庭被省高院评为“吉林省人民法庭达标创建活动·示范人民法庭”。立案庭被省高院评为先进工作集体。

【刑事案件审判】　2022年，伊通受理各类刑事案件252件，审结236件，判处10年以上有期徒刑8人。维护群众“舌尖上的安全”，审结生产、销售有毒、有害食品、药品安全案件14件31人。李某等4人生产销售伪劣产品案件入选省高院打击涉农犯罪专项行动典型案例。建立未成年人审判模式，通过“圆桌审判”、回访帮教等方式，保障未成年人健康成长。推进刑事诉讼制度改革，确保诉讼证据出示在法庭、案件事实查明在法庭、诉辩意见发表在法庭、裁判结果形成在法庭，从庭审源头提高办案质量，适用认罪认罚从宽制度。

【民事案件审判】　2022年，伊通贯彻实施《中华人民共和国民法典》，维护各类民事主体合法权益。2022年，受理民事案件2698件，新增民商案件2607件，审结2666件，结案率98.81%。其中，物权纠纷案件45件；合同、不当得利纠纷案件1921件；人格权纠纷案件39件；民事纠纷案件22件；侵权责任纠纷案件145件；婚姻家庭、继承纠纷案件266件；劳动、人事争议案件92件；适用特殊程序案件案由36件；非诉程序案件案由5件；其他案件36件。8月1日，伊通人民法院对三道乡曹家村张某家庭暴力案件依法审判，为四平地区首例审判家庭暴力案件。

【案件执行】　2022年，伊通人民法院通过开展“破封”执行攻坚专项行动，执行质效指标位居全省基层法院前列。执结各类案件2132件，执行和解到位金额2.23亿元。开展集中行动2次，拘留26人次。打击拒不履行行为，发布失信被执行人29人次，限制高消费363人次。

【行政审判】　2022年，伊通发挥行政审判职能作用，落实行政负责人出庭应诉制度，行政负责人出庭率100%，受理各类行政诉讼案件46件，审结46件，审结率100%。其中，审查行政非诉执行案件23件。

把非诉纠纷解决机制作为先导，推动行政争议实质性化解，加强与行政执法机关沟通协调，分析行政机关在执法办案中存在的问题，发送司法建议2份，报送司法行政审查报告，保护百姓合法权益。与辽源市东辽县人民法院联合建立流域生态保护司法协作机制，签署《东辽河至二龙湖水域生态环境资源保护司法协作框架协议》。

【营商环境法治化】 2022年，伊通出台《关于服务企业发展 进一步优化营商环境的十项措施》《关于营造法治化营商环境工作的实施意见》《关于疫情期间保障企业复工复产十项措施》等文件。开展“服务群众服务企业服务基层活动”“服务企业月”“法治化营商环境建设提升行动”等活动，全流程畅通涉企绿色通道，建立涉企纠纷案件跟踪台账，对企业作为被执行人的，善意文明执行，引导执行和解和适用“活封”措施，帮助市场主体纾困解难。5月，出具执行情况说明帮助吉林伊特胶管有限公司办理贷款复产经营；9月末，协调和解新城热力公司被执行人案件，处置财产保障民生供暖。全年协同行业调解组织诉前调解涉企纠纷案件43件，受理涉企纠纷民事案件881件。其中，调解408余件、受理执行473件，执行到位率50%。

【涉企涉诉绿色通道】 2022年，伊通在诉讼服务中心设立涉企纠纷“绿色通道”，为当事人提供便捷立案和跨域立案服务，保证案件实现“一站通办、一网通办、一号通办、一次通办”，减轻企业诉累。全年协同行业调解组织诉前调解涉企纠纷案件105件，受理涉企纠纷执行案件731件，执行到位金额2.16亿元，受理涉企纠纷民事案件1070件，其中调解490件，及时兑现企业胜诉权益。

【司法保障民生】 2022年，伊通参与府院联动会议25次，专业案件研讨会18次。参与政府高速口扩建、县医院新址、县一中教育用地扩建等重大项目征收工作，到征收现场，进行政策和法律解读，引导群众通过理性、合法方式解决诉求。大孤山法庭参照相关法律制订赡养老人协议书，村委会为所有协议盖章认证。

【“无讼乡村”(社区)创建】 2022年4月，伊通率先在域内偏远乡镇建立11个“无讼”试点村和1个无讼社区，依托“一庭”(派出法庭)、“两所”(派出所、司法所)，由乡镇政法委员、驻村法官、辖区民警、村治保主任等按照“3+1+N”模式，即“政法委员+民警+治保主任+驻村法官+调解员”(屯长、乡贤)组成矛盾排查纠纷综合团队，对试点村和社区5636户、1.94万人逐户逐人进行拉网式排查，对矛盾程度按照“红黄橙”3色分类，形成源头预防为先、非诉机制挺前、法院审判在后为核心的诉源治理体系，打造“小事不出屯、大事不出村、矛盾不成讼”县域现代化治理新格局。至年末，排查矛盾纠纷180起，化解率100%，11个试点村新收诉讼案件实现零目标，比2021年下降100%。

【“为群众办实事示范法院”创建】 2022年4月，伊通率先在偏远乡镇建立11个“无讼”试点村和1个“无讼社区”，在“无讼村”村部广场设立宣传栏，与基层治理机构签订无讼共建协议书，向村民发放创建“无讼村”倡议书、连心卡，编发创建“无讼村”3字歌，引导群众逐步形成以非诉讼方式解决纠纷意识和习惯。在村部设置驻村法官工作室，特邀调解员，特邀调解组织，根据农村社会矛盾类型、特点、成因，实行“黄”“橙”“红”矛盾分级处理机制。发挥“五老”调解组织作用(调解员、乡贤调解员、志愿调解员、村委会、人民调解委员会)，通过上门宣传、就地化解、情感说服等方式，化解各类矛盾纠纷，把少讼、无讼落到实处。在基层矛盾纠纷高发乡镇建成“共享法庭”9个，覆盖全县15个乡镇。调解成功黄牛现代农业产业园扩建项目征地拆迁补偿纠纷18起，项目征地拆迁工作在2个月内全部完成，未发生一起因征迁矛盾而引发不稳定事件。12月28日，伊通人民法院被最高人民法院命名为“为群众办实事示范法院”。

【“全域通办”便民诉讼窗口】 2022年，伊通本着实现诉讼服务就近能办、同城通办、异地可办的宗旨，推动诉讼服务事项跨区域远程办理、跨层级联动办理，在诉讼服务中心设立专门“全域通办”便民诉讼服务窗口，安排专人负责，让当事人通过“全域通办”享受到方便快捷的诉讼服务。构建“家门口诉讼”新模式。2022年，办理跨域立案5件。其中，跨省协作2件；省内协作1件；跨省管辖2件。

【共享法庭】 2022年，伊通按照“不增编、不建房、快落实、广覆盖”原则，依托“一根网线、一块屏”，在基层矛盾纠纷高发的乡镇建成共享法庭9个，覆盖全县15个乡镇，在县妇联、职教中心、农村信用联社等涉及教育、民生单位建立共享法庭服务站5个。通过“共享法庭”，提供线上司法服务35次，开展法治教育43次。在西苇镇村民通过“共享法庭”观看养老诈骗、家事继承等案件庭审直播500人次；在三道乡城子村利用节庆时机，驻村法官通过“共享法庭”开展“普法进回乡 共铸民族情”为主题的普法活动，增强群众法律意识和法律观念。辖区法官通过“共享法庭”指导化解矛盾42起。“无讼+共享”工作被省高院作为重点工作报送至最高院、省委政法委。

（于 正）

# 司法行政

**【概况】** 2022年，伊通司法局聚焦乡村振兴、项目建设、文旅发展、营商环境优化等中心工作，探索建立司法前置程序，落实“谁执法、谁普法”责任制，引导领导干部带头崇法、学法、用法。推进政法机关包联企业和项目活动，为企业和项目提供法律服务。开展人民调解、安置帮教、社区矫正、法治宣传、法律援助、公证等工作，维护社会和谐稳定。至年末，创建国家级民主法治示范村2家，省级5家，县级155家。申报“法律明白人”561人。2022年，县司法局被四平市精神文明建设委员会办公室评为“四平市精神文明建设先进集体”。

**【“一村（社区）一法律顾问”工作】** 2022年，伊通司法局落实县委办公室、县政府办公室《关于开展“一村（社区）一法律顾问”工作的实施方案》，分派58名律师、法律服务工作者分包全县17个乡镇（街道）187个行政村（社区）的一村（社区）一法律顾问工作。法律顾问定期到乡镇（街道）公共法律服务中心值班，开展法律咨询、合同合法性审查等工作。县司法局开展“一村（社区）一法律顾问”工作回访，抽查法律顾问每人包保3个至4个村，对17个乡镇（街道）187个村进行电话回访，填写《伊通满族自治县“一村（社区）一法律顾问”电话回访记录表》备考。对“一村（社区）一法律顾问”工作开展情况进行年度考核。年内，全县法律顾问开展法治宣传活动40场次，参与调解矛盾纠纷60件，协助村委会起草、审核、修改村级合同6份，为村民提供法律咨询、解答、引导等法律服务1000件次。

**【法律援助】** 2022年，伊通受理法律援助案件34件。其中，民事案件22件、刑事案件12件，结案34件，结案率100%。在团县委、县妇联各建法律援助站1处，在县残联及乡镇建立法律援助站7个。全县187个行政村全部建立法律援助室，实现法律援助全覆盖，解答法律咨询300余人次，办理法律援助案件47件。降低法律援助门槛，扩大受援人范围，因新冠疫情导致生活困难群众，适当放宽经济困难审查标准，对新冠疫情一线医务人员、志愿者、军人军属等特殊群体提出的法律援助申请，无条件受理；企业受新冠疫情影响造成的合同履行、劳资关系等纠纷，落实“应援尽援”政策，引导员工依法表达诉求和依法维权。到企业参与群体性劳资纠纷矛盾化解工作，发挥法律援助平台作用，引导当事人采取调解、和解等非诉讼方式解决矛盾纠纷。全年办理民事案件154件，办理认罪、认罚案件350件。

（高洪飞）

**【人民调解】** 2022年，伊通围绕重要时间节点开展常态化排查、定期排查和随时抽查。各级调解开展矛盾纠纷排查7000余次，排查矛盾纠纷520件，全部调解成功，调解成功率100%。接受当事人委托调解397件，调解成功388件，成功率97.7%。各行业性、专业性调解组织调解1391件，调解成功1286件，成功率92.4%。开展“万家万事和喜迎二十大”调解行动。开展排查走访4974次，排查矛盾纠纷135件，全部调解成功，调解率100%；接受当事人主动申请调解203件，调解成功199件，调解成功率98%。吉林省司法厅命名夏德芹、侯德伟为金牌调解员，4个“百姓说事点”升级为个人调解工作室。

（李文橘）

**【社区矫正】** 2022年，伊通开展“查隐患、防风险、保安全、护航二十大”专项行动，排查社区矫正对象374人。8月3日，司法部社区矫正管理局刑罚处一行到伊通对社区矫正隐患排查专项行动和二十大安全维稳工作开展情况进行督查，对伊通社区矫正工作给予肯定。通过远程督查系统对全县矫正对象进行远程点验及远程教育，加强对社区矫正人员的监督和管理。全年接收社区矫正对象114人，解矫175人。

（王 卉）

**【安置帮教】** 2022年，衔接安置帮教人员292人。其中，刑满释放117人、社区矫正解除175人；坚持教育、感化、帮扶相结合，使刑满释放人员融入社会有人关爱、有人帮助、有人监督。帮助刑满释放人员20人到企业工作；新兴乡司法所为刑满释放人员解决土地纠纷问题；三道乡司法所为刑满释放人员解决住房问题，帮助购买生活物资、办理低保；大孤山镇司法所为刑满释放人员解决户口、身份证难题，并争取2个月民政临时救助金。

（李彤宁）

**【公共法律服务】** 2022年，伊通新建面积462平方米公共法律服务中心1处；17个乡镇（街道）依托各司法所建立公共法律工作站，187个村（社区）依托村级警务室建立公共法律服务工作室，全部实现实体平台悬挂制度板。采取“一名律师多挂、重点服务与巡回服务相结合”办法，通过选聘知名律师、法律服务工作者、法律明白人，为全县187个村（居）配备法律顾问，实现村（居）法律顾问全覆盖。依托国家、省、市三级公共法律服务平台，推进公共法律服务网络、热线、实体平台深度融合。在吉林省九和通实业有限公司设立“双创”法律服务中心，为民营企业和企业家无偿提供法律服务。

（李文橘）

**【公证服务】** 2022年，公证处办结各类公证事项958件。其中，民事850件、经济1件、涉外107件。以司法所作为宣传公证和获取公证信息载体，开发农村市场，拓展为农业、农村和农民提供公证法律服务领域。利用重阳节、“12·4”宪法宣传日等节点，宣传《吉林省公证条例》《深入推进公证领域“放管服”改革吉林省46项公证“最多跑一次”》，发放《公证办证指南》《办理公证事项一次性告知概要》手册5020册。在常规公证外，新增互联网电子证据保全公证业务，为县政府在环境整治、公车拍卖、公租房（廉租房）抽号监督、违建强拆等工作中提供公证法律服务，并在收费上予以适当减免。

（邓兵一）

**【律师服务】** 2022年，开展村（居）法律顾问活动。全县律师事务所8家，58名律师服务187个行政村（社区），实现村（居）法律顾问全覆盖。全年服务时长1万余小时，办理各类法律事务300余件。办理各类法律援助案件538件，为弱势群体提供免费法律服务532次。

（李文橘）

**【普法宣传】** 2022年，伊通编制《关于在全县开展法治宣传教育第八个五年规划》（2021年—2025年），开展“法律七进”（进机关、进单位、进学校、进社区、进乡村、进企业、进军营）活动20余场次，发放法治宣传资料1万余份。各乡镇（街道）以宪法、民法典为重点开展送法下乡2次、法律进乡村1次。针对“法律明白人”、人民调解员、网格员、基层普法工作者，围绕《中华人民共和国宪法》《中华人民共和国民法典》等相关法律法规开展专题培训3场。

（刘历群）

**【戒毒人员管理】** 2022年，伊通建立社区戒毒（康复）工作站17个，在册社区戒毒（康复）人员14人。其中，社区戒毒人员11人、社区康复人员3人。成立由副县长、公安局局长为组长的县级社区戒毒（康复）领导小组，领导小组办公室联系公安机关组织集中验板，组织集中报到2次，分批帮教30人次。集中走访排查2次，分批报到30人次。发放各类戒毒宣传资料3000余份、宣传兜100余个。

（周宇航）

**【星级司法所创建】** 2022年，县司法局与乡镇（街道）党委、政府协调业务用房，投入20余万元用于基层司法所规范化建设，更新司法所外观标识和内部格局陈设，全县打造四星级司法所10家，将4个“百姓说事点”升级为个人调解工作室。组织人民调解培训、旁听案件庭审，社区矫正培训和案卷评查等，强化基层服务“软实力”建设。邀请市司法局业务部门现场指导，成功创建星级司法所的负责人实地传授经验，推动司法所建设提档升级。全年申报吉林省五星级司法所4个，吉林省四星级司法所13个。

（李文橘）

## 仲　裁

**【民商事仲裁案件】** 2022年，吉林都基丽律师事务所代理民商事仲裁案件6件，涉案金额7000余万元；吉林满和律师事务所代理民商事仲裁案件1件，涉案金额标的2000元；吉林满誉律师事务所代理民商事仲裁案件1件，见证民商事合同1件，涉案金额标的300余万元。

（李文橘）

**【劳动人事争议调解仲裁】** 2022年，仲裁院全年接待咨询102人次，处理劳动人事争议案件60起。其中，受理22起、出具不予受理通知书38份。受理22件劳动争议案件中，调撤解决5件，无集体争议案件。至年末，处理案件60件并全部结案归档，结案率、归档率分别为100%，为当事人挽回经济损失27万元，维护劳动者合法权益及劳动关系和谐稳定。

（刘天浩）

**【土地承包纠纷调解仲裁】** 2022年，开展仲裁员业务培训，指导乡、村二级完善农村土地承包纠纷调解体系；做好农村土地承包纠纷仲裁案件受理、庭审、调解仲裁工作。2022年，全县受理并办结案件7件。在全省农村土地承包纠纷调解仲裁培训班上，县农村经济管理总站副站长郑立忠就《农村土地承包仲裁规则》进行讲解和庭审示范演练指导。

（郑立忠）

# 军　事

## 县人武部

【概况】 2022年，伊通满族自治县人民武装部（简称“县人武部”）党委贯彻习近平新时代中国特色社会主义思想、习近平强军思想，落实省军区、军分区党委全会精神，在常态化做好新冠疫情防控基础上，以喜迎党的二十大为中心，紧盯练兵备战主责主业，推进各项年度任务，提升人武部整体建设水平。2022年，1人被四平军分区评为人武部建设优秀个人。

【政治建设】 2022年，县人武部围绕迎接学习宣传贯彻党的二十大精神主线，第一时间组织观看大会盛况，及时召开党委会传达学习党的二十大精神，组织党委中心组研学二十大报告精神和《中国共产党章程》，采取领导领学、网上跟学、个人自学等方式，掀起学习贯彻党的二十大精神热潮。以聚焦“忠诚维护核心，矢志奋斗强军”深化主题教育，带动全年经常性思想政治教育，强化意识形态领域斗争，筑牢全体人员“四个自信”“两个维护”根基，坚决拥护“两个确立”，贯彻军委主席负责制。结合召开专题组织生活会和党史学习教育专题民主生活会，抓班子建设，深化政治整训，强化全体人员维护核心、看齐追随政治自觉性。组织专武干部参加“喜迎二十大　颂歌献给党”主题歌咏比赛和“英城杯”篮球比赛，取得较好成绩。注重宣传报道工作，全年上稿12篇，位列四平市新闻报道第二名。

【国防动员】 2022年，县人武部抓住民兵编训主体，与地方协调，摸清潜力底数，挖掘新域新质，按照上级要求，编实建强基干民兵队伍。全年对上级规定的潜力数据进行补充完善，完成2022年度国防动员基础潜力调查工作。按照“动态化编组、实体化建设、常态化管理”思路，指导完成年度基干民兵编组任务，县、乡镇（街道）两级突出重点打造一支素质全面的拳头力量，年度检查考评中各项指标均达到规定要求。推进基层武装部规范化达标建设工作，完成乡镇（街道）基层武装部规范化达标建设，配套补充装备物资器材，战备训练水平得到整体提升。注重培养武装干部队伍，制定《专职人民武装干事年度考核实施方案》，对考核成绩突出的武装干事，推荐给县委组织部进行重点培养使用，以考促管，提升武装干部业务能力。按照“五率”（报名率、上站率、合格率、择优率、退兵率）标准，坚持把为部队输送优质兵员作为首要，围绕破解全日制本科毕业生征集难题，开展征兵宣传活动，大学毕业生发动率和报名率等重点指标排在全市前列。注重优选廉征，层层签订《廉洁征兵责任书》，人人签订《廉洁征兵承诺书》，层级负责，压实责任，落实廉洁征兵刚性纪律规定，自觉接受群众监督。严把体检、政考、学历审查等关口，为部队输送优质兵员。探索常态化新冠疫情防控条件下创新体检方式的做法被央视国防军事频道报道，《新闻直播间》《朝闻天下》和《国防军事早报》等多个栏目转播。

【练兵备战】 2022年，县人武部落实党委议战议训制度，修订完善方案计划，落实国防动员任务。开展军事训练，参加四平军分区“精武讲堂”，突出军事理论、动员法规、指挥作业等课目，组织4期首长机关强化训练，开展3期民兵基地化训练，年度首长机关训练和基干民兵基地化训练完成任务。开展群众性练兵比武活动，参加省军区通信业务骨干比武和第二届“英城杯”民兵比武，挖掘培养一批组训骨干和训练尖子，军事科参谋赵艳明被省军区评为“省军区十大信息通信尖兵”。推进“四个秩序”（战备秩序、训练秩序、工作秩序、生活秩序）规范化建设，协调地方政府，完成民兵训练基地和部机关本级值班室等升级改造建设。

【综合保障】 2022年，县人武部立足单位实际，分析研判自身优势和短板，细化财经管理使用规定，严格财务审核制度，坚持每项开支必须先请示后支出原则。坚持党委理财，科学制定年度预算，根据工作需要细化月开支计划，经费开支清晰，预算执行效率高，经费保障效益得到较大提升。规范采购秩序，成立物资采购领导小组，发挥领导小组作用，没有实地考察不采购、没有询价对比不采购、商品质量差不采购。探索后勤保障模式，与8家企业单位签订通用装备器材征用协议，为民兵队伍遂行任务提供重要物质支撑，后装综合保障能力得到提升。

**【安全教育整顿】** 2022年，县人武部加强《军队安全管理条例》《军队保密条例》等规章制度学习落实，组织安全教育整顿，重点纠治人员思想麻痹、安全意识不牢、作风养成松懈等问题。对照保密专项整治活动45项内容逐一排查。

**【拥政爱民】** 2022年，县人武部开展双拥共建工作，发挥人武部联系军地桥梁纽带作用，组织驻军部队开展“感恩伊通人民，奉献第二故乡”活动。汛期，组织民兵参加防汛抗洪，部领导亲自巡视，发现险情及时排除。开展“助力春耕”活动，帮助农民抢种农作物，为伊通经济发展、社会安定、助力乡村振兴作出贡献。“八一”、春节期间，进村入户开展“走进基层、温暖群众”活动，帮扶困难党员、群众和资助贫困学生20余人次。在包保基层党组织过程中，部领导亲临一线，走屯入户，深入调查研究，帮助解决实际困难。在搞好自身国防教育同时，围绕国防教育目标，深入学校、社区、企业、村屯等开设国防课，宣传国防知识，增强广大人民群众国防意识。

（孙海波）

## 武警伊通中队

**【概况】** 2022年，武警吉林总队四平支队伊通中队（简称“武警伊通中队”）以习近平新时代中国特色社会主义思想、习近平强军思想为指导，聚焦中国共产党第二十次全国代表大会召开凝聚意志力量，以执勤为中心完成各项任务。11月，承办吉林总队新时代执勤安保规范化集训观摩会，连续三个季度获“四铁”（铁一般信仰、铁一般信念、铁一般纪律、铁一般担当）先进中队流动红旗。

**【政治教育】** 2022年，武警伊通中队以学习宣传党的二十大精神为主线，以《习近平谈治国理政（四）》《习近平谈强军兴军（三）》等为教材，把“领会一段话、联系一件事、深悟一个理”理论学习活动和“小标签、小剪报、小体会”自主学习活动相结合，为高标准实现“两个确保”提供坚强政治保证。坚持“聚人心、稳人心、暖人心”工作思路，以老兵复退、新兵“第二适应期”为重点，了解官兵思想情况，做好官兵心理疏导和帮难解困各项工作。打造“一队一品”特色文化，党员带领全体官兵开展快板、吉他、民族舞等特色文化活动。开展读书活动，武警伊通中队中队长和政治指导员每月为官兵制订推荐书单。3月，开展一季度读书分享交流会，与县图书馆建立共建关系，定期为中队更换书籍，官兵在业余时间能够主动走出“一人一机一世界”小圈子。

**【战备训练】** 2022年，武警伊通中队落实新时代执勤安保规范化集训精神，承办吉林总队新时代执勤安保规范化集训观摩会，执勤设施完成改造升级，实现执勤信息系统集成融合运用，规范战备物资储备和执勤训练组织实施。8月，武警四平支队与四平市监管支队召开联席会议，确保内外共管、安全共保目标实现。常态化开展战备拉动检查和联合方案演练，区分执勤、处突、反恐、抢险救援等情况开展构设背景诱导训练，结合信息系统开展专勤专训，实现各哨位信息通联、情报共享，信息赋能效果显著，实现“人人执勤、人人应急”战备要求。按照军事训练“八落实”要求，参照《按纲施训周期运行表》，推进军事训练内容落实。树立“消灭不及格、提升优良率”训练目标，区分不同层级和人员类别建立军事训练达标体系，开展群众性练兵比武活动，年度军事训练总评良好。

**【安全管理】** 2022年，武警伊通中队统一正规化建设标准，清理随意上墙、随处码放、随意设置等问题，纠治形式主义、官僚主义和“五多四过”（会议多、文电多、工作组多、检查评比多、上层活动多，工作安排过满、标准过多、节奏过快、要求过急），每季梳理大项工作、每月提示工作要点、每周归口下发文电。贯彻《军队安全管理条例》，学好安全风险预警提示，每天组织翻安全计时牌、喊安全口号，官兵安全防范意识提高。开展酒驾醉驾专项整治、枪弹危爆品清查整治、涉网问题排查和暑期百日安全竞赛等专项活动，落实在外人员车辆管理措施，制定枪弹、手机、公勤人员、保密和车辆等重难点问题管控措施；加强对探亲休假、生病住院、集训培训等在外人员管理。强化“枪弹安全”底线思维，开展爱装管装教育，每日检查执勤用枪弹，每周落实枪弹安全检查制度，清查整治安全隐患。

**【后勤保障】** 2022年，武警伊通中队结合按纲建队要求，落实后勤管理各项规章制度，严格执行财经纪律，科学合理安排经费开支。依据经费开支标准流程，合理编报年度经费预算，推进资产大清查，严格对账、找物、核价、定责，确保原始账目不漏、实物盘点不差、数据核查不假、情况上报不误。规范主副食库建设,落实伙食管理各项制度,实现伙食管理由“粗放型”向“精细型”转变,采取以老带新、以工代训、帮教传艺、“特色菜”展示等方式提升炊事员能力。

(李玉晖　高旭岩)

# 人民防空

【概况】 2022年,伊通推进人民防空建设,防范和减轻灾害事故危害。强化人防工程安全监督管理,对竣工人防工程,监督企业按程序验收,出具人防工程质量监督报告。全年审批人防工程项目6个。

【人防演练】 2022年,伊通27所学校、2800名学生接受防空和国防知识教育。9月18日,县住建局、县教育局组织县实验中学、玉琨国学实验学校、河源九年一贯制学校等8所中学开展防空演练,受练学生1000余人。

【人防知识宣传】 2022年,伊通聚焦国防教育日、警报试鸣日等时间节点,在伊通大街、中华路等主要街道设立人防法律法规宣传台,制作宣传条幅6条、宣传展板35张,宣传人防知识和避险减灾知识。走进社区、工地、学校、企业、街道等,发放防空防灾应急宣传手册2000册、人防知识宣传单4000余份。

【防空警报器管理】 2022年,伊通落实防空警报器管理工作制度,做到无丢失、无损害,无锈蚀、无责任事故。定期检查和维护防空警报器,年内未发生误鸣现象。组织专业维修人员对城区内13台防空警报器进行检查,发现问题及时修理。全年警报器按规定鸣响2次,警报鸣响率100%。

2022年9月18日,县人民防空办公室在伊通大街开展人民防空知识宣传活动

(向　阳　摄)

【人防工程建设】 2022年,审批人防建设项目6个,审批批建人防工程1处,竣工验收防空地下室1处。在建工程建设和工程竣工验收中落实联合审图、质量监督、联合验收和备案机制。严格人防工程审批程序,批建防控地下室基本完成省人防办人均防护面积指标任务。

【人防工程管理】 2022年,伊通落实人防工程维护管理责任,检查全县已建、在建人防工程。对已建工程重点检查是否存在消防安全隐患,不合格项目追缴易地建设费;在建工程重点检查施工质量。全年下达人防工程《责令整改通知书》3份,全部按期整改。

【人防服务】 2022年,伊通清费减负、简政放权,梳理简化人防行政审批和人防责任事项清单,精简审批环节、缩短审批时限、优化审批流程,重新修订人防审批办事指南,梳理人防审批“最多跑一次”清单9项,政务服务事项要件减少1个,办事环节减少1个,办理时限减少工作日2个,人防行政审批“最多跑一次”办结率100%。

(向　阳)

# 退役军人事务

【概况】 2022年,伊通开展全县退役军人服务保障体系建设、双拥共建、安置军休、士兵就业、抚恤优待、褒扬纪念、思想引领等工作。健全乡镇(街道)党委退役军人事务工作领导小组1个。至年末,全县有全市示范型退役军人服务中心1个、乡级退役军人服务站17个、村级退役军人服务站4个。全年典型选树征集材料35份。2人获评吉林省最美兵支书、2人获评四平市最美兵支书、6人获评县级最美兵支书、2人获评县级最美专岗士兵、5人获评县级最美退役职工。参加抗战老兵县级访谈10人,在市、县级新闻媒体宣传报道26次,1名抗战老兵事迹推送到“学习强国”学习平台。

### 2022年吉林省最美兵支书名单(共2名)

李　国　新家农电所
陈春光　民政局

【退役军人接收安置】 2022年,伊通召开安置选岗现场会,全年接收全县转业士官。按照“三公开一监督”制度，为符合政府安排工作的转业士官按量化打分，由高到低依次现场选岗签字确认，按照规定完成退役士兵安置任务，安置退役士兵，军转干部，实现安置率100%，选岗率100%，满意率100%。

【退役军人社会保险接续】 2022年，伊通按照“一门受理、多方协作、覆盖全员、应缴尽缴”工作方式，协调相关部门为退役军人接续社会保险。至年末，退役士兵保险接续录入100余人。

【优待证申请发放】 2022年，按照县退役军人事务工作领导小组会议关于优待证申领发放工作整体规划要求，采取线上线下同步推进，通过公共信息平台宣传，解答退役军人和其他优抚对象优待证发放问题。

【退役军人优抚优待】 2022年，伊通为退役军人发放各类优待抚恤金。包括伤残人员、定期“三属”、在乡复员军人、带病回乡退伍军人、参战参试人员，烈士子女，60岁以上农村籍退役士兵。

【退役士兵就业】 2022年，伊通退役军人事务局起草《伊通满族自治县关于促进退役军人就业创业工作实施意见》，强化退役军人就业创业保障措施，拓宽退役军人就业渠道。利用“春风行动”“金秋招聘月”等线上线下两种形式举行招聘会，为退役军人提供就业岗位，参加企业30余家，提供就业岗位80余个。引导17名退役士兵参加免费高职扩招。

2022年11月10日，伊通退役军人事务局工作人员为优抚对象发放优待金 （孙志文 摄）

【慰问活动】 在春节和“八一”建军节期间，走访慰问驻军部队，走访慰问困难军人军属、重点优抚对象、慰问立功受奖现役军人家庭，发放慰问资金及抚恤金。

【英烈事迹弘扬】 2022年，县退役军人事务局与县教育局、永宁街道庆阳社区、驻伊部队开展英烈事迹进社区、进学校、进军营等活动。相关社区、学校、驻伊部队通过播放“追寻先烈足迹”短视频，弘扬民族精神，缅怀英雄烈士不朽功绩。以党的二十大胜利召开、抗日战争胜利77周年纪念日、抗美援朝72周年纪念日为活动主线，通过电视、微信公众号、微博等载体，向社会各界特别是青少年宣传报道抗战英烈和抗美援朝入朝作战英烈事迹10期。

【烈士陵园维修】 2022年，伊通烈士陵园向省退役军人事务厅申请资金120万元，修缮烈士纪念设施6处。其中，修缮马鞍山镇马鞍山顶姬兴周烈士纪念设施项目1处；零散烈士墓修缮2处；零散烈士墓迁入县烈士陵园3处。

【“9·30”烈士公祭】 2022年9月30日，县退役军人事务局组织协调在县革命烈士陵园举行烈士纪念日公祭仪式。县四套班子领导、政府工作部门主要负责人、当地驻军及政法干警代表、退役军人代表、新闻媒体记者等300余人参加活动，缅怀革命先烈丰功伟绩，传承弘扬爱国主义精神。

（孙志文）

# 经济管理

## 宏观经济管理

【概况】 2022年，全县地区生产总值106.3亿元，比2021年增长2.9%。规模以上工业总产值20.9亿元，增长27.2%；建筑业总产值11.04亿元，下降20.8%。固定资产投资34.31亿元，增长15.7%。社会消费品零售总额22.8亿元，下降7.5%。全县一般预算全口径财政收入6.94亿元，增长5.5%。地方财政收入4.26亿元，增长6.7%。

【经济体制改革】 2022年，伊通根据中央和省市关于全面深化改革决策部署，立足伊通发展实际，推进完成各项改革。至年末，完成7项经济体制改革任务。完善"一站审批、一窗办理"服务模式，梳理完成政务服务事项1691项，进驻大厅1568项，进厅率91%。提高企业登记效率，办理时限缩短到6小时以内，工程建设项目全流程线上审批。完成"收件即受理"省级试点、乡镇(街道)在线办理本级政务服务事项40项，受理部门延伸事项44项，打通群众办事"最后一公里"。发放企业创业担保贷款2000万元。开展各类惠企职业技能培训240人次，为38家小型企业培训公共卫生辅助人员221人次。

【规划方案编制】 2022年，伊通贯彻中央宏观调控政策，遵循全县"十四五"发展规划纲要，编制全县2022年国民经济和社会发展各项主要发展指标、《2022年伊通满族自治县"服务企业年"活动方案》《伊通满族自治县成品油行业专项整治工作方案》等。实施"明底数、明方向、明任务和增活力"系列举措，覆盖全县各行业、各领域。

【经济运行监测】 2022年，伊通以供给侧结构性改革为主线，围绕全县经济工作会议确定发展目标，与各经济部门联系沟通，掌握各行业各领域经济运行情况。做好月度、季度经济调度和运行形势分析，针对经济社会发展中难点和突出问题，提出解决问题建议。每月进行经济调度和运行形势分析1次、每季度1次，全年形成分析报告16篇，建议48条。

【固定资产投资】 2022年，伊通全面梳理统计已开工未入统项目，调度项目情况，形成问题清单，强化乡镇(街道)、部门责任，责成相关部门加快项目建设进度，办理入库手续。联合统计部门对项目入库入统工作进行指导，确保投资应统尽统。全年固定资产投资比2021年增长15.7%。其中，第一产业投资比2021年下降1.64%；第二产业投资增长80.56%；第三产业投资下降1.13%；房地产开发投资下降38.28%。

【重点项目建设】 2022年，伊通500万元以上项目实施80个(新建

2022年，伊通500万元以上项目实施80个。图为伊通农产品精深加工科技产业园项目在建厂房 (王智慧 摄于2022年12月9日)

44个，续建36个），计划总投资149.97亿元。按投资规模分：5000万元以上项目55个，亿元以上项目35个；按产业类别分：农业类项目2个，工业类项目6个，服务业类项目9个，基础设施和民生类项目46个，地产类项目7个。列入全省春季集中开工项目14个，投资39.34亿元。申报中央和省支持项目8个，争取资金2.96亿元。其中，吉林省伊通满族自治县2022年第一批保障性安居工程（城镇老旧小区改造）配套基础设施建设项目29万元；伊通满族自治县门家屯河城市防洪综合治理工程、开发区景台东片区现代服务业园区基础设施建设项目、伊通满族自治县农村学校操场建设项目（一）、吉林伊通经济开发区（长伊片区）汽车零部件产业园项目、伊通满族自治县黄牛现代农业产业园建设项目、伊通农产品精深加工科技产业园建设项目、四平市伊通满族自治县城乡一体化供水工程7个项目205万元；伊通火山温泉国际旅游度假区悦如火山温泉文化旅游博览园项目100万元；伊通满族自治县2022年高标准农田建设项目7073万元；伊通满族自治县景台镇污水处理厂项目600万元；伊通河薄弱环节（M47+730-M66+513）治理工程1.90亿元；伊通河薄弱环节（西苇河口至县党校段）治理工程1200万元；伊通河涝区（左岸涝片）治理工程1344万元。

（成　达）

## 自然资源管理

【国土空间规划编制】 2022年，伊通将主体功能区规划、土地利用规划、城乡规划等空间规划融合为国土空间规划，实现"多规合一"。划定"三区三线"（"三区"指生态、农业、城镇三类空间，"三线"指基本农田保护红线、生态保护红线、城镇开发边界控制线），县级国土空间总体规划完成上报审批。11月，乡镇级（营城子镇）国土空间规划编制试点工作完成。

【用地保障】 2022年，上级批复14个批次（省政府批复12个，市政府批复2个）、14个项目，总面积139.73公顷。其中，农用地137.62公顷（耕地133.51公顷）；建设用地2.11公顷。划拨用地21宗地，划拨面积47.86公顷；挂牌出让20宗地，出让面积68.32公顷；临时用地完成10个项目。处置批而未供土地13宗、面积6.48公顷。全口径土地收益实现3.87亿元，比2021年增长55.3%。政府纯收益7749.87万元，增长8.2%。收缴罚没款1130余万元。在长春经济圈环线二期项目上，补充耕地使用本级指标，为财政创收1.1亿元。

【自然资源产权管理】 2022年，伊通完成2021年度国土变更调查成果汇交工作及森林、草原、湿地调查监测工作；启动农村集体土地所有权确权登记发证成果更新汇交工作；开展2020年度、2021年度耕地资源质量分类更新工作；完成2021年度耕地流出问题排查工作；开展耕地卫片外业排查及进出平衡监管系统填报工作及全县未利用土地清查工作。通过促进自然资源节约利用和有效保护，为掌握全县资源现状、加强生态保护、促进生态文明建设提供数据支撑。

【矿政管理】 2022年，伊通开展日常地矿管理工作，强化废弃矿山复垦复绿。编制《县2022年地质灾害防治方案》，制定《重要地质灾害隐患点应急预案》。完成2021年度矿产资源储量数据库填报、7家有效矿山2021年矿山资源储量年报及评审；清理过期矿业权；填报全县397个历史遗留矿山核查图斑在线系统及矢量数据；填报2021年7个矿山环境遥感监测有关数据核对和新增矿山生态修复核查系统；开展5家生产在建矿山生态修复大排查问题整改工作，整改率99%；核查自然资源部下发的3家企业（伊通满族自治县双吉矿业有限公司、伊通满族自治县吉兴矿业有限公司、亚泰集团伊通水泥有限公司土门岭水泥用大理岩矿）绿色矿山"回头看"情况。全年恢复治理面积5公顷，企业投资504万元；

2022年，伊通强化废弃矿山复垦复绿工作。图为景台镇吉兴矿业复绿后的新貌
（高　飞 摄于2022年7月5日）

《全县矿产资源总体规划(2021—2025年)》完成编制并上报审批。

**【用地审批制度改革】** 2022年，伊通推进用地审批制度改革，实行"多规合一、多审合一、多测合一、多证合一"，制定相关工程建设项目审批制度，推行容缺办理制度，制定容缺承诺政务服务事项清单，支持项目落地。对纳入吉林省"三早"项目库中急于开工的基础设施和工业项目"国债"项目用地审批，采取容缺受理、延后收件，并由县政府、开发区管委会承诺，先行办理用地审批手续，并在1个月内补齐相关要件。

**【测绘管理】** 2022年，伊通土地资源管理部门履行测绘管理职能，检查县级测绘安全生产单位4家、测绘项目备案审查7件、测量标志维护点43个。开展2022年度国土变更调查工作，省级、国家级4轮检查意见整改通过验收，处理图斑10.48万个、举证照片10万张。收集设施农用地、临时用地、卫片执法、耕地卫片、开发复垦等专项数据，为部门资源管理提供现实数据。加强规划测绘服务，验线31件、竣工测量7件、联合测绘49件。全年许可发放93件，其中选址意见书9件，用地许可44件，工程许可40件。

**【"多测合一"改革】** 2022年，按照《吉林省工程建设项目"多测合一"实施办法》要求，推进辖区内"多测合一"改革。经过行政审批大厅的工程建设项目，实施用地测绘事项、工程建设施工测绘事项、竣工验收测绘事项整合，实现"多测合一"。

**【第三次国土调查】** 2022年6月2日，县政府网站公布伊通满族自治县第三次国土调查主要数据：耕地15.29万公顷，种植园用地1331.44公顷，林地6.59万公顷，草地672.23公顷，湿地825.51公顷，城镇村及工矿用地1.58万公顷，交通运输用地4261.79公顷，水域及水利设施用地1.07万公顷。6月23日，向吉林省第三次国土调查领导小组办公室报备伊通满族自治县第三次国土调查文字成果和图件成果。

**【自然资源违法案件查处】** 2022年，伊通按照省自然资源厅下发《吉林省自然资源厅关于开展违法勘查开采矿产资源清查整治专项行动的通知》《吉林省打击整治破坏矿产资源违法犯罪专项行动工作方案的通知》要求，制定下发《关于严厉打击盗采矿产资源违法活动和矿山严重违法违规生产建设行为的通知》、印发《关于伊通满族自治县落实严格耕地保护制度实施方案的通知》，重点打击无证采矿、越界采矿和破坏性采矿等违法行为。全年立案查处自然资源违法案件20件。其中，矿产类违法案件9件、土地类违法案件7件、规划类违法案件4件。下达责令改正通知书9件，扣押非法采挖设备13台，收缴罚款1297万元，保护耕地面积15万平方米。完成全县172个图斑涉及乱占耕地建房专项整治工作。处理第二次省环保督察案件5件。

**【不动产登记】** 2022年，伊通发放不动产证书9060件。其中，转移登记3178件、初始登记3406件；不动产证明(抵押登记)3405件；推进农村房地一体确权登记，农村集体土地不动产登记2235件。

(谢福贵)

## 财　　政

**【概况】** 2022年，一般公共预算收入52.27亿元。其中，一般公共预算地方级财政收入4.26亿元；上级补助收入36.00亿元；债务转贷收入5.91亿元；动用预算稳定调节基金1.39亿元；2021年结余收入3.30亿元；调入其他资金1.41亿元。全县一般公共预算财政支出52.27亿元。其中，上解支出0.54亿元；债务还本支出2.32亿元；安排预算稳定调节基金1.60亿元；结转2022年支出3.20亿元；一般公共预算支出44.61亿元。政府性基金预算收入15.18亿元。其中，全县政府性基金预算收入3.53亿元；省补助收入0.42亿元；债务转贷收入8.01亿元；2021年结余2.65亿元；调入资金0.57亿元。全县政府性基金预算支出15.18亿元。其中，政府性基金预算支出9.27亿元；上解上级支出0.03亿元；债务还本支出1.04亿元；调出资金1.41亿元；年终结余3.43亿元。

表17　　2022年伊通满族自治县一般公共财政预算地方级收入统计表

单位：万元

| 收入项目 | 金额 |
|---|---|
| 一、税收收入 | 20505 |
| 增值税 | 6593 |
| 企业所得税 | 1683 |

续表 17

| 收入项目 | 金额 |
| --- | --- |
| 个人所得税 | 331 |
| 资源税 | 5491 |
| 城市维护建设税 | 1332 |
| 房产税 | 461 |
| 印花税 | 279 |
| 城镇土地使用税 | 493 |
| 土地增值税 | 515 |
| 车船税 | 1578 |
| 耕地占用税 | 35 |
| 契税 | 1605 |
| 环境保护税 | 98 |
| 其他税收收入 | 11 |
| 二、非税收入 | 22122 |
| 专项收入 | 2084 |
| 行政事业性收费收入 | 13992 |
| 罚没收入 | 3399 |
| 国有资本经营收入 | 0 |
| 国有资源(资产)有偿使用收入 | 2598 |
| 捐赠收入 | — |
| 其他收入 | 49 |
| 本年公共财政预算收入合计 | 42627 |

(伊通满族自治县财政局)

表 18　2022 年伊通满族自治县一般公共财政预算支出情况统计表

单位:万元

| 支出项目 | 金额 |
| --- | --- |
| 一、一般公共服务支出 | 36712 |
| 二、外交支出 | 0 |
| 三、国防支出 | 424 |
| 四、公共安全支出 | 13107 |
| 五、教育支出 | 71869 |
| 六、科学技术支出 | 151 |
| 七、文化旅游体育与传媒支出 | 3535 |
| 八、社会保障与就业支出 | 72927 |
| 九、卫生健康支出 | 36715 |
| 十、节能环保支出 | 6253 |

续表18

| 支出项目 | 金额 |
| --- | --- |
| 十一、城乡社区支出 | 49730 |
| 十二、农林水支出 | 100087 |
| 十三、交通运输支出 | 22096 |
| 十四、资源勘探电力信息等支出 | 696 |
| 十五、商业服务业等支出 | 874 |
| 十六、金融支出 | 0 |
| 十七、援助其他地区支出 | 0 |
| 十八、自然资源海洋气象等支出 | 3469 |
| 十九、住房保障支出 | 11919 |
| 二十、粮油物资储备支出 | 709 |
| 二十一、灾害防治及应急管理支出 | 1509 |
| 二十二、预备费 | 0 |
| 二十三、其他支出 | 0 |
| 二十四、债务付息支出 | 13281 |
| 二十五、债务发行费用支出 | 52 |
| 本年公共财政预算支出合计 | 446115 |

（伊通满族自治县财政局）

表19　　2022年伊通满族自治县政府性基金预算收入情况统计表

单位：万元

| 收入项目 | 金额 |
| --- | --- |
| 国有土地使用权出让收入 | 34845 |
| 国有土地收益基金收入 | 0 |
| 农业土地开发资金收入 | 0 |
| 城市基础设施配套费收入 | 278 |
| 污水处理费收入 | 202 |
| 彩票发行机构和彩票销售机构的业务费用 | 9 |
| 本年政府性基金预算收入合计 | 35334 |

（伊通满族自治县财政局）

表20　　2022年伊通满族自治县政府性基金预算支出情况统计表

单位：万元

| 支出项目 | 金额 |
| --- | --- |
| 文化旅游体育与传媒支出 | 0 |
| 社会保障和就业支出 | 532 |
| 城乡社区支出 | 26247 |
| 农林水支出 | 0 |

续表20

| 支出项目 | 金额 |
| --- | --- |
| 其他支出 | 58861 |
| 债务付息支出 | 5556 |
| 债务发行费用支出 | 70 |
| 抗疫特别国债安排的支出 | 1433 |
| 本年政府性基金预算支出合计 | 92699 |

（伊通满族自治县财政局）

【农业农村资金投入】 2022年，一次性专项资金到位6.91亿元。其中，扶贫专项资金到位7896万元；农业农村专项资金到位5.27亿元；林业专项资金到位1060万元；水利专项资金到位5432万元；水库移民资金到位2031.8万元。

【巩固脱贫专项资金拨付】 2022年，实行重点项目资金"收文告知、催办制"，简化资金拨付程序，提升资金拨付效率。督促相关部门项目落实、计划下达、项目实施、项目建设，采取预拨款方式支持推进项目建设。全县巩固脱贫攻坚成果资金到位7896万元。其中，中央下达资金4138万元、省级下达资金2118万元、市级下达资金100万元、县本级投入资金1540万元。全年拨付资金7896万元，占资金总额100%。安排落实项目34个。其中，产业项目14个、基础设施建设项目12个、其他项目8个。

【乡村振兴资金管理】 2022年，伊通掌握脱贫项目运行情况。在财政衔接资金安全情况下拨付资金，监督项目按要求推进。开展衔接资金专项检查，通过和有关部门联合或本部门单独实施计划等方式组织检查并针对问题下发文件限期整改。推进"雨露计划"落实，投入资金39.9万元为脱贫户子女上学提供帮助。落实"扶贫专岗"，推动就业。

【就业创业支持】 2022年，伊通健全支持就业政策体系，联合县人社局制定促进就业规划，推动终身职业技能培训，建档立卡贫困人口，提高培训针对性和有效性。做好新冠疫情防控期间贫困劳动力就业工作，发挥公益岗位"兜底线救急难"作用，临时开发公益岗位支持困难群体就业和培训。全年拨付公益岗位工资、就业见习补贴、社保补贴、灵活就业社保补贴、行政村工作经费3157万元。

【城乡居民医疗保险资金】 2022年，伊通城乡居民基本医疗保险参保29.32万人，城乡居民基本医疗保险各级财政补助标准为每人每年610元。其中，中央财政补助标准为每人每年366元、省财政补助标准为每人每年195.2元、县级财政补助标准为每人每年48.8元。

【最低生活保障资金】 2022年，伊通根据全县经济发展实际水平，按照城市低保标准不低于上年度城镇居民人均可支配收入20%，农村低保按照省民政厅、省财政厅、省扶贫办《关于脱贫攻坚最低生活保障支持计划的实施方案》要求，确定全县城镇低保标准为每人每月550元，农村低保标准为每人每年4860元，农村集中供养特困人员生活费为每人每月810元，城市分散供养特困人员生活费为每人每月715元，农村分散供养特困人员生活费为每人每月527元，失能照料护理费为每人每月492元，半失能照料护理费为每人每月328元，全自理人员为每人每月164元。全年拨付困难群众救助资金9178万元。

【社会保障资金】 2022年，伊通争取社保资金6.10亿元。其中，养老保险补助资金2.14亿元、就业（创业促就业）资金4050万元、城乡居民医疗保险资金1.64亿元、卫生事业发展资金7816万元、困难群众救助资金8259万元、医疗救助资金1042万元、军人事务管理资金2704万元、残疾人管理资金458万元、上解其他资金1128万元（减少）。

【非税收入管理】 2022年，伊通非税收入2.21亿元，其中罚没收入3400万元。全县乡镇（街道）和县执收执罚单位实行"罚缴分离"管理模式，在县政务大厅设立代收窗口，做好财政直收工作。开展行政事业性收费和基金征缴调整，落实相关降费减费政策，在伊通政府网站公布行政事业性收费标准，规范非税收入管理部门执收、执罚行为和征收管理，采取缴罚分离管理办法，防止不作为和乱作为。推进非税收入单位汇缴账户和财政专户监管系统运行，坚持能直缴不开设汇缴账户，暂时不能直缴开设专门集中汇缴账户。全年全县新开立汇缴账户36个。

【政府债务管理】 2022年，伊通按照预算法和《国务院关于加强地方政府性债务管理意见》，建立地方政府举债融资机制，将地方政府债务全额纳入预算管理和地方政府债务规模实行限额管理。全县地方政府债务限额62.86亿元。其中，一般债务限额41.66亿元、专项债务限额21.20亿元。

【新增债券资金】 2022年，伊通在债务限额内向省财政厅争取新增债券资金10.59亿元。其中，新增一般债券资金3.62亿元、新增专项债券资金6.97亿元。重点用于市政基础设施、水利、交通、教育、农村人居环境整治、辽河流域治理等项目建设。

【创业担保贷款发放】 2022年，伊通发放个人创业担保贷款2290万元，直接扶持带动就业16人次，扶持企业5家，补贴贷款贴息188万元。

【农业保险管理】 2022年，伊通开展中央补贴型种植业成本保险、种植业完全成本保险、养殖业保险、森林保险，特色保险和吉林省地方特色保险、“6+N+1”（“6”是指对国家补贴目录内的水稻、玉米、大豆、葵花、马铃薯、花生6种粮油作物收入险，“N”是指地方特色农业产业收入险，“1”是指扶贫产业设施农业成本险）脱贫户产业保险业务。全县农业保险保费9318万元。其中，中央财政补贴资金3604万元、省级财政补贴资金3029万元、县级财政补贴资金575万元、农户自筹资金2110万元。赔款金额5478万元。简单赔付率58.78%，其中“6+N+1”脱贫户产业保险做到符合条件的脱贫户应保尽保，简单赔付率95.74%。

【预决算公开检查】 2022年，伊通按照省财政厅《吉林省开展2021年度预决算公开情况专项检查实施方案》要求，依据预算法、《政府信息公开条例》规定，开展2021年度预决算公开专项检查工作，重点检查预决算公开及时性、完整性、细化程度、公开方式及财政收支真实性。报送2021年度预决算公开数据。

【税费改革】 2022年，伊通依据《四平市人民政府办公室关于印发四平市落实新的组合式税费支持政策工作方案的通知》精神，制定实施《伊通满族自治县落实新的组合式税费支持政策工作方案》，落实增值税留抵退税工作，让企业真正享受国家税收政策红利。组建“伊通满族自治县推进留抵退税工作专班”，开展增值税留抵退税政策监控，落实留抵退税优惠政策及“六税两费”［“六税”指房产税、资源税、耕地占用税、城市维护建设税、城镇土地使用税、印花税（不含证券交易印花税），“两费”指教育费附加、地方教育附加］减免政策。全年组织留抵退税0.22亿元。到17家企业开展减税降费宣传活动，宣传新的组合式税费支持政策，引导更多纳税人享受退税减税降费政策红利。

【综合专项资金运用】 2022年，伊通综合专项资金到位1943万元。其中，中央财政城镇保障性安居工程补助资金389万元，用于租赁补贴、棚户区及老旧小区改造；省级彩票公益金补助体育项目资金948万元，用于全民健身体育场地设施建设维修和健身器材购置；公益金支持社会福利项目资金341万元，用于伊通镇南山真爱养老公寓及黄岭子镇社会福利中心改造维修；支持乡村学校少年宫资金20万元；其余资金245万元。

【政府采购】 2022年，全县88个有食堂的预算单位，填报脱贫地区农副产品采购预留份额，预留份额60.60万元。全县预算单位下达采购交易金额62.3万元。执行《中华人民共和国政府采购法》及《中华人民共和国政府采购实施条例》相关规定，对政府采购流程、方式、方法按照政府采购法律法规和伊通政府采购限额标准进行审批，实行政府采购管理系统网上审批流程，提高审批时间和效率，材料齐全实现当日办结。全年审批政府采购项目148个，采购预算2.8亿元。其中，货物类1.69亿元、工程类0.47亿元、

2022年10月20日，伊通财政局为新消防小区建充电桩车棚。图为居民送锦旗　（闫　君　摄）

服务类0.64亿元。

【产业发展资金管理】 2022年，伊通收到产业专项资金656.93万元。其中，省级工业和信息化高质量发展专项资金32.59万元，用于春节期间连续生产企业奖补，支持重点企业扩大生产，兑现企业连续生产奖补政策以及支持受新冠疫情影响的企业复工复产；中小企业“专精特新”资金12万元，用于该企业省级“专精特新”中小企业奖励项目；国有企业退休人员社会化管理补助资金12.34万元，用于解决中央及省属相关企业退休人员社会化管理档案费；中央自然灾害救灾、灾害综合风险普查和冬春临时生活困难救助资金600万元。其中，中央自然灾害救灾资金（洪涝灾害救灾补助）50万元，专项用于补助防汛抢险救灾支出；中央自然灾害防治体系建设补助资金预算即自然灾害综合风险普查经费33万元；全年自然灾害冬春临时生活困难救助资金517万元。

【粮贸专项资金使用】 2022年，省财政厅拨付资金2.61亿元。其中，惠农补贴资金1.58亿元（玉米大豆补贴资金1.51亿元，稻谷补贴资金715万元）；产粮（油）大县奖励资金9327万元（常规资金6370万元，超级资金1851万元，商品粮大省资金1106万元）；生猪调出大县奖励资金791万元；中央外经贸发展专项资金10万元，省级服务业发展专项资金42万元；消费券促销活动省级奖补资金170万元；涉疫地区生活必需品保供补助资金20万元。

【经建项目资金申报】 2022年，伊通争取省财政厅经建专项资金3.24亿元。其中，伊通河薄弱环节专项资金2.02亿元、交通项目资金3960万元、伊通河湿地左岸灌片专项资金3864万元、城乡水源地保护修复资金520万元、电清洁取暖奖补资金59.75万元，河源保护区、出租车油补资金等其他资金3761.95万元。

【教育事业资金筹措】 2022年，伊通争取省教育事业资金1.12亿元。其中，省财政厅学前教育资金1608万元，包括幼儿园改扩建项目资金1485万元，普惠性幼儿园公用经费补助114万元，学前资助资金9万元；省财政厅中等职业教育资金982.79万元；省财政厅城乡义务教育资金4098.42万元，包括义务教育学校公用经费3153.42万元，少数民族学校公用经费提高标准部分845万元，家庭经济困难学生生活补助100万元；薄弱校能力提升项目资金1994万元；省财政厅支持高中教育资金1620.61万元；义务教育中小学校舍维修资金853万元。

【文化旅游科技资金争取】 2022年，伊通收到省级文化旅游科技方面资金1093.1万元。其中，中央和省补助美术馆、公共图书馆、文化馆（站）免费开放专项资金115万元；公共文化服务体系建设资金826.5万元；省级文化遗产保护补助资金15.5万元；基层科普行动计划资金15万元，用于科普E站开展科普宣传、科技培训和科技推广服务建设；省级旅游产业发展专项资金10万元；博物馆免费开放资金77万元；吉林省企业R&D（研究与试验发展）投入补助资金34.1万元。

【会计监督】 2022年，伊通围绕政府投资企业资产情况、行政事业单位开展贯彻落实新政府会计准则制度情况，进行会计信息质量检查。全年检查8个单位。其中，地方政府投资融资平台1个，行政单位2个，事业单位5个。通过检查及时纠正被检单位会计基础工作不规范、会计核算科目不准确等问题，收缴财政存量资金14.76万元。

【行政事业单位国有资产年度统计】 2022年，伊通统计、汇总、上报行政事业单位国有资产2021年度统计数据。全县资产总额144.58亿元，负债总额8.73亿元，净资产135.85亿元。资产构成情况为流动资产18.23亿元，固定资产16.08亿元，在建工程11.98亿元，长期投资3万元，无形资产1273.82万元，公共基础设施95.30亿元，政府储备物资15.36万元，保障性住房1.50亿元，其他资产1.36亿元。

【财政投资建设工程评审】 投资建设工程预决算评审采取委托社会中介机构方式开展评审业务。全年完成财政投资建设工程评审项目168个。其中，编制控制价62个，编控额24.98亿元；控制价审核59个，送审21.93亿元，审定额21.30亿元，审减0.63亿元；结算47个，送审3.10亿元，审定额3.02亿元，审减0.08亿元。

【“三支柱一市场”金融建设】 2022年，伊通推动“三支柱一市场”（“三支柱”指基础金融服务支柱、增信服务支柱、信用信息服务支柱；“一市场”指农村产权交易市场）普惠金融体系建设，协同吉农金服伊通总站做好村级金融服务相关工作，通过村广播、微信群、扫码测额、全民授信等“线下+线上”方式加强村民金融政策知晓度，推动线下窗口和线上平台优化升级。全年设立乡镇便民服务大厅普惠金融服务窗口4个、村级金融服务站187个。吉农金服伊通站全年放款1955笔1.45亿元，全县金融机构放款4627笔8.87亿元。

【脱贫人口小额信贷发放】 2022年，伊通做好脱贫攻坚与乡村振兴金融政策衔接，与各乡镇（街道）、合作银行沟通，做到应贷尽贷、能贷必贷。全年发放小额信贷613户、1307.51万元。2021年度贷款贴息完成42.9万元；核销1笔1500元；风险补偿2笔1.75万元。

**【银企对接金融服务】** 2022年，伊通制订《伊通满族自治县金融服务业支持复工复产措施》，引导金融机构加大重点领域金融支持力度。印制融资对接手册下发至中小企业、合作社、家庭农场及养殖户。全年完成银企对接1次；政银对接1次；完成银农对接1次。与农村经济管理总站配合，组织相关金融机构与农村生产经营主体对接。

**【高风险机构化解】** 2022年，县财政局联合四平市金融办公室到伊通农联社、榆银村镇银行召开专题化解风险推进会，督促压降不良贷款，防范、化解风险。与人民银行约谈伊通农联社、榆银村镇银行。全县有高风险金融机构1家，即榆银村镇银行。全年地方法人金融机构清收不良贷款近6000万元。

（闫　君　王　聪）

## 税　务

**【概况】** 2022年，伊通贯彻执行《税收征收管理法》《纳税服务规范》，制定具体实施办法，落实国家规定的税收优惠政策。全年向四平市税务局递交征管改革报告7篇。县税务局得到国家税务总局和县委、县政府肯定性批示11次，获国家、省、市、县级荣誉10余项，在全市税务系统绩效考核中获第一名。

**【税费收入】** 2022年，伊通税费收入15.85亿元。其中，税收收入4.72亿元，比2021年下降2%；社会保险费收入6.70亿元；非税收入4.43亿元（包括土地使用权出让收入3.82亿元）。新增减税降费及退税缓税缓费9079万元。

**【税收征管】** 2022年，伊通落实《关于进一步深化税收征管改革的意见》和吉林省税务局党委"三个坚决防范"（坚决防范重大案件暴发、多点风险频发、积久问题骤发）工作要求，开展对粮食、加油站等行业税收专项整治，解决带有行业性税收问题。全年查补税款320万元、缴回退税1288万元，开展协查13户次，入库税款58.8万元。

**【纳税服务】** 2022年，伊通通过优质服务提升纳税人满意度，通过自助办税区辅导纳税人、税企群宣传操作手册等方式，辅导纳税人通过电子税务局、自然人电子税务局进行申报、退税、留抵退税。实现"一次都不跑""全程网上办"。至年末，纳税人通过网上申报14.45万笔，网络申报率97%以上。落实减税降费政策，全年受理退税3770笔。开展"一把手走流程""纳税服务体验官"活动，通过"优环境、稳增长"税商联动服务民营企业行动，多部门联动，多途径、多渠道开展税收优惠政策和便民办税举措宣传。全年组织税企座谈会6次，问需民营企业家20余名。落实"非接触式"办税233项、"最多跑一次"改革清单203项、电子税务局功能493项，网上申报率99.5%以上。2022年，县税务局纳税人满意度在全省税务系统中排名第四。

**【税源税户信息管理】** 2022年，伊通全面清理户籍，核查税务登记信息1.11万户，要求实际户数与系统户数基本一致、金三系统与个税系统户数基本一致、与市监局登记系统一致。落实《个体工商户建账管理暂行办法》，组织税源管理部门对转查账征收申报少于之前定额数额的66户个体户进行调查核实。

**【欠税清理】** 2022年，伊通对定额核定超出建账标准5万元的9户个体户取消定期定额实行查实征收。配合政府入统入规工作，对大型洗浴中心、培训机构、大型超市、医药、诊所、连锁餐饮等典型高收入行业加强税收管理，推行个转企，实行查账征收。按季度对欠税户进行系统公告，加强欠税企业清缴

2022年4月1日，全县第32个税收宣传月启动仪式暨税商联动税企座谈会在县税务局召开　　（郭延泽　摄）

工作，压缩陈欠，严禁新欠，通过催告、强制扣缴、查封扣押、变卖拍卖等强制执行进行欠税压缩。至年末，欠税2.32亿元，形成新欠9125.87万元，比2021年增长58.51%。压缩新欠7262.38万元，压缩陈欠788.91万元，压欠率5.38%。

【依法治税】 2022年，健全“三项制度”（重大执法决定法治审核、执法公示、执法全过程记录）配套制度体系。全年公示执法信息2万余条、开展音像记录54件次、重大执法决定法治审核5件次。落实行政审批工作，税务行政许可事项300余户次；落实《吉林省税收行政处罚裁量基准》《东北区域税务行政处罚裁量基准》，规范实施税务行政处罚90户次，实施“首违不罚”6户次。

【综合治税】 2022年，伊通落实《关于进一步明确落实综合治税工作的意见》，发挥综合治税领导小组作用，建立综合治税体系，实现与县自然资源局、水利局、林业局、农业农村局、生态环境局涉税数据日常交换机制常态化，推动税、政、企三方“协同互动”发展。与县自然资源局、农业农村局、水利局按月进行信息共享。与县生态环境局召开联席会议，全年获取环保信息220条。

（孙武平）

## 金融监管

【概况】 2022年，伊通组织法人机构开展“绿色贷款”现场梳理与培训会议，对绿色金融办公室申报等相关内容进行现场培训和解答。执行金融业统计制度，对法人机构金融业统计标准执行情况进行评估，纠正统计违规行为。推进农民专业合作社风险排查及清退资金工作，劝退清退1家。

【金融风险防控】 2022年，关注重点风险机构，开展日常流动性和不良贷款监测，及时进行约谈、风险提示、下达风险警示函。补充资本，要求制订资本计划，控制总支出。清收不良资产。健全内控制度，建立合规管理体系，风险排查、化解重点领域风险。制订改革方案，引进投资者，扩充资本金，增强抗风险能力。

【反洗钱反假币】 开展反洗钱评估工作，及时下发通报，做好银行金融机构复评准备工作。配合公安机关打击各类洗钱行为。发挥反假币办公室职能，兑现举报假币犯罪奖励办法，完善现金服务点功能，提升服务效能，整治拒收人民币现金工作。至年末，收缴假币293张，金额2.75万元；签定残币81笔，为群众挽回损失1.25万元。

【银行风险处置】 2022年，伊通做好重大风险防范、化解，推进不良资产处置。至年末，全县银行业机构不良贷款余额5.81亿元，不良率7.71%，比2021年下降0.08%。伊通农联社摘掉高风险机构帽子，全年经营情况稳定，为下一步改革化险打下基础。

【非法集资防范宣传】 2022年，利用春节和非法集资防范宣传月，到全县各乡镇（街道）、各相关部门开展“七进”（进机关、进工厂、进学校、进家庭、进村组、进社区、进网点）宣传活动161场，参与群众7840人次；利用报纸杂志、广播宣传300次；网络发布原创作品5篇，点击量、阅读量、曝光量、转发量8382次，发送短信850条，互动宣传覆盖1.61万人次；发放户外广告、印制手册、宣传材料等宣传品1.39万份。

【信用评定】 2022年，伊通遵循“政府主导、人行牵头、各方参与、服务社会”工作原则，补充完善《信用户和信用村评定工作指导意见》。采取“整村授信、批量开发”信用模式，以个人信用记录为基准打造“银行+信用村+信用新型主体+信用农户”合作平台。指导邮政储蓄银行评定信用村10个，准入155户，发放贷款87笔，金额1163万元。指导伊通榆银村镇银行完成8.63万户农户的评议工作，评议白名单3.29万户，预授信金额18万元。完成签约户数991户，金额16.63万元。

（安　宁）

## 审　计

【概况】 2022年，伊通完成审计项目36项，审计金额99.78亿元，出具审计报告33个，查出未按资金用途使用7.75亿元，上缴财政资金396.42万元，提出审计合理化建议63条。对“一主六双”（“一主”指《长春经济圈规划》，“六双”指双廊、双带、双线、双通道、双基地、双协同规划）相关政策落实情况等跟踪审计完成3项。1个审计项目被省审计厅评为优秀审计项目三等奖。

【财政预算执行审计】 2022年，伊通按照构建财政审计大格局要求，审计2021年县级财政预算执行情况。2021年，全县一般公共预算收入49.84亿元，一般公共预算支出46.54亿元，当年一般公共预算收支平衡；全县政府性基金预算收入9.57亿元，基金预算支出6.91亿元，结转下年支出2.65亿元，当年政府性基金收支平衡；省财政厅批复伊通政府性债务控制限额52.62亿元，伊通纳入政府性债务体系管理债务余额50.99亿元，未超过规定控制限额。

【新冠疫情防控审计】 2022年8月，伊通新冠疫情防控接收捐赠资金309.09万元（其中伊通红十字会接收捐赠资金308.09万元，伊通慈善总会接收1万元）；捐赠物资折价249.77万元。伊通红十字会按照《伊通满族自治县红十字会疫情防控募捐工作管理办法》建立专账，专款专用。新冠疫情领导小组统筹安排支出5万元购买1000套防护服，其余资金第一时间拨付到位、物资发放到全县疫情防控各乡镇、部门卡点一线，募捐款物做到零余额、零库存。

【领导干部经济责任审计】 2022年，对伊通文化广播电视和旅游局局长，卫生健康局局长、党组书记等26名原在县直部门和乡镇担任主要领导职务的科级领导干部进行离任审计，对河源镇党组书记、营城子镇党委书记及镇长等20名领导干部进行任中审计。对县工业和信息化局原党组书记、局长等21名领导干部完成经济责任审计。审计结果表明，上述领导干部任职期间加强内部治理，履行经济责任，未发现在公共资金、国有资产和国有资源治理安排使用中存在违反廉洁从政规定问题。

【领导干部自然资源资产责任审计】 2022年9月至12月，对中共伊通满族自治县小孤山镇委员会党委副书记、小孤山镇人民政府镇长任职期间自然资源资产管理和生态环境保护责任履行情况进行审计。重点审计河长制工作情况、土地、养殖、清收还林等自然资源管理和相关生态环境保护事项。审计结果表明，其任职期间，贯彻执行党中央、国务院和省委、省政府以及县委、县政府重大经济方针政策及决策，重视自然资源资产管理和生态环境保护，落实生态文明建设决策部署。审计发现，河湖管理范围内垃圾清理未实行常态化，河道管理范围内垃圾、畜禽粪便等清理不及时。审计期间整改完毕。

【专项资金审计】 2022年，伊通用专项资金平衡财政预算4.77亿元。做好重大投资项目和重点民生资金审计和审计调查，第一季度重点对新增财政资金——新冠疫情特别国债资金管理使用政策落实情况跟踪审计，抽查审计资金总额2954.74万元。完成对县供销合作社系统专项审计。

2022年12月5日，伊通审计局工作人员对领导干部经济责任审计资料汇总归档 （尹长青 摄）

【审计整改】 2022年，伊通上报省委原主要领导经济责任审计反馈问题整改情况报告，汇报中央第八巡视组巡视反馈问题整改进展情况。全年审计查出未按规定用途使用资金7.75亿元，上缴财政资金396.42万元。

（尹长青）

## 统 计

【概况】 2022年，伊通开展统计调查核算，按照省统计局巡察组反馈意见制订方案并完成整改，对接帮扶。每月编制主要经济指标向县委、县政府、县域办等单位报送，撰写统计公报。编印统计年鉴。全年在市网刊登统计分析和信息52篇。其中，分析8篇、统计信息26篇、政务信息12篇、统计文化5篇、探索交流1篇。在省网刊登统计分析和信息5篇。其中，分析2篇、统计文化2篇、探索交流1篇。在国家网刊登统计文化1篇。全年印发统计分析专刊4期。

【统计监测】 2022年，伊通发挥统计监测评价客观性、预警性和有效性，强化对经济运行发展趋势研判、对主要经济指标定量预测和风险点预警，提高对经济指标走势精准量化预测能力。撰写《关于本轮新冠疫情对伊通经济影响情况及下一步工作建议的汇报》，并在县政府常务会议上汇报。创新服务理念，增强经济运行监测能力，为县委、县政府科学决策提供预警建议。

【“四上”企业及项目入库】 2022年，建立基本单位名录库数据采集、审核、修改等工作流程制度。根据各类线索挖掘新增“四上”(规模以上工业企业、有资质建筑业、房地产开发经营业、规模以上服务业)单位和投资项目,注重入库前实地审核把关,不符合条件者及时申报退库,确保联网直报单位信息真实准确。核查企业规模,为符合入库条件企业和项目提供便利,推动企业入库工作。“四上”企业全年新增入库10家。其中,规模以上工业企业新入库2家、服务业企业入库3家、建筑业企业入库3家、房地产企业入库1家、贸易企业入库1家。全年开展名录库清查工作,增加643家,注销138家。

【服务业统计】 按规模以上、规模以下、部分行业事业单位统计范围分类并结合数据采集、审核、分析、上报环节,形成“4+3”综合模式,统筹开展全年服务业统计。由县统计局分管负责人和统计专业骨干及企业统计负责人构成数据审核传导型纵链。定期给县政府各行管部门提供必要性服务业专业统计指导,解读各部门需承担的统计职责,提供服务业统计数据。全年常规统计报表审核及报送36次,开展服务业专业数据质量核查1次,核查13家企事业单位,撰写专业探讨类分析文章1篇,刊登在吉林省统计局内网。

【数据质量审核评估】 2022年,伊通开展“数据质量保障和提升服务专项行动”。推动各专业工作人员对企业源头数据提高审核监测力度,强化指标和表间关联审核,针对上报数据指标存在奇异值、异动或不匹配情况,通过实地核实、电话、网络等方式服务指导其按照流程规范填写,按照《吉林省统计局数据质量核查管理办法》《吉林省统计数据质量管理工作规范》规定和要求,定期组织数据质量自查、抽查、核查工作,组织工业、投资领域、贸易、服务业等专业人员结合统计数据报送情况开展数据质量核查工作,重点核查平台数据波动异常企业。

【统计法规宣传】 2022年,伊通发放《致企业的一封信》,对统计调查对象法定义务、法定权利和应承担法律责任进行明确告知,对统计法、《统计法实施条例》等统计工作相关知识进行介绍,帮助统计调查对象了解统计业务知识,遵守工作规范,强化法律意识,实现依法统计。9月20日,县统计局开展统计开放日活动。在伊通主要街道悬挂条幅、布置展台,向社会发放宣传页和纪念品300余份。

【居民收支调查】 实施城乡居民收支调查数据采集、审核、汇总、上报;开展居民收支调查数据分析解读和专题调查研究;开展住户成员及劳动力从业情况、住房和耐用消费品拥有情况、家庭经营和生产投资情况、社区基本情况及其他民生状况等调查。伊通城镇常住居民人均可支配收入2.94万元,比2021年增长0.9%;农村常住居民人均可支配收入1.69万元,增长2.9%。

【人口抽样调查】 2022年,人口抽样调查抽中伊通样本小区70个,涉及村级单位16个,选聘“两员”(普查指导员,普查员)32人,11月,全部调查登记及核查验收完成。抽调调查员和调查指导员51人,派出督导员12人,分包到村,对各调查区进行业务督导。

【住户调查大样本轮换】 2022年,全省开展住户调查大样本轮换工作。伊通农村社会经济调查队按照省地方调查局和总队统一部署,进行2轮抽样框信息核实工作。第一轮核实县级和村级名录,以第七次全国人口普查名录为基础,与2021年区划名录进行对照;第二轮核实普查区和普查小区信息,对公共机构、拆迁、虚拟小区和不便于管理其他区域进行核实。制定《伊通县住户调查大样本轮换工作任务清单》,辅助调查员熟悉样本轮换流程及各环节操作。落实住户调查大样本轮换工作专项经费,制定工作推进奖励方案,设置激励措施推进电子记账工作。创办伊通农调公众号,制作、转载有关住户调查大样本轮换微信推文。

2022年9月20日,伊通统计局开展统计开放日活动。图为工作人员向群众宣传统计法相关知识 (伊通统计局 供图)

在轮换村社区悬挂住户调查宣传横幅、发放宣传图画。召开辅助调查员培训会议，推广“e调查”使用。

【县级粮食产量抽样调查】 2022年，在全县20个行政村开展农户种植意向调查、播种面积调查和农作物遥感对地调查，对抽中主粮作物（玉米、水稻）进行粮食产量实割实测调查，并汇总、审核、上报以上4个环节调查数据，反映全县粮食播种面积及产量总体情况。全年全县粮食总产量11.43亿千克，增长0.18%；粮食播种面积13.09万公顷，增长0.71%。

（隋立娜）

## 市场监督管理

【概况】 2022年，伊通提升登记便利化水平，深化简易注销改革，推广“只跑一次”“网上审批”等不见面审批。开展食品、药品、特种设备和产品质量安全监管。全县纳入监管食品流通企业1560家、餐饮服务单位638家、食堂52家、集体供餐配送单位3家、校园周边餐饮服务单位330余家。开展网络交易、广告、价格等重点领域执法监督，查处各类违法案件38起，罚没款77.67万元。新冠疫情防控期间，制定《县内药品经营企业保供管理方案》等6个文件，完善药品配送流程，确保各药店安全规范经营；开展口罩、防护服、红外体温计等疫情防控器材和核酸检测机构专项检查。全年检查医疗器械经营使用单位150家次、核酸检测机构3家。指导90个小区内部超市正常营业，在136个无超市小区搭建临时销售点。

【市场主体登记】 2022年，伊通企业年报率91.46%，农民专业合作社年报率42.21%，个体工商户年报率34.38%。市场主体4.50万家（户）。其中，企业5407家、个体工商户3.77万户、农民专业合作社1935户。全年新增转型企业125家，完成目标任务114%，其中公司制企业81家，占64.8%。为企业修复信用，移出经营异常名录127家。新增市场主体6984家（户），其中新增企业930家，超额完成培育壮大市场主体任务目标。

【产品质量安全监管】 2022年，对伊通金达校服生产企业抽样2批次，抽检结果全部合格。根据《2022年落实〈吉林省人民政府办公厅关于吉林区域品牌推动高质量发展的实施意见〉任务分工方案》，申报伊通水稻专家李迎斌参加“吉致吉品”（吉林区域品牌认证）专家评选。

【特种设备监管】 2022年，伊通开展燃气安全整治专项行动，排查餐饮服务单位707家、醇基燃料生产经营企业22家。对全县7家燃气充装企业实施安全监管。督促某废品回收站对贮存的429个过期钢瓶进行压扁式去功能化处理。

【计量管理】 2022年，免费检测血压计360台件，检测电子秤、电子台秤1000余台，压力表检测600余台，燃气表检测3000余块，出租车计价器检测600余台。对全县电子汽车衡进行检定，对全县加油站加油机进行强制检定。全年出动检测人员4名、车辆1台，检测合格率100%。

【食品安全监管】 2022年，伊通实施年度食品安全监督抽检，摸排县内食品生产企业42家，抽检各类食品1328批次，抽检合格率97%以上。对31批次不合格产品启动核查处置。出动执法人员1786人次，对1560家食品流通企业、638家餐饮服务单位、52家食堂、3家集体供餐配送单位和330家校园周边餐饮服务单位进行常态化监管。推进食品安全示范街区建设，“一毛街”41户餐饮服务单位完成“阳光厨房”点位安装。

【冷链食品监管】 2022年，伊通督导经营者实行专通道进货、专库专区存放、专区专人加工售卖，不得销售无检验检疫证明、无核酸检测阴性证明、无消毒证明冷链食

2022年5月25日，伊通市场监督管理局工作人员检查商超在新冠疫情防控常态化规定期间，落实扫码测温及按时消杀情况

（伊通市场监督管理局 供图）

品。通过持续跟进冷链食品核酸检测，定期对进口冷链食品、从业人员和仓储环境进行核酸抽样。疫情防控期间，对26户冷库经营者施行核酸“周检测”，对冷库核酸检测16轮，送检样本1788批次（包括物表和环境）。

【药械监管】 2022年，伊通开展新冠疫情防控医疗器械质量安全、医美类医疗器械、彩色隐形眼镜、注射用透明质酸钠、凝胶敷料类等医疗器械专项整治。检查药品、化妆品经营企业1500余户次，药品、医疗器械完成不良反应监测工作。全年医疗器械和化妆品不良反应报告120余份，审核基层医疗机构上报不良反应报告280余份，超额完成省级任务。

【“12315”平台服务】 2022年，伊通以“12315”消费者投诉举报中心为枢纽，以消费者投诉站和联络站为延伸，构建规范高效消费维权工作网络。全年受理消费投诉、举报、咨询案件726件。其中，咨询案件326件、全国“12315”平台转办案件400件。受理投诉案件287件，举报案件113件。涉案金额120余万元，挽回经济损失16.50万元，结案率95%。“12345”平台受理各类投诉、举报案件337件，结案率100%。打造以县医院到国税局一条街、天馨商业街为核心的放心消费示范商圈。命名放心消费示范企业2家、示范店20户。

【商标注册服务】 2022年，组织地理标志证明商标申报材料4件，其中向国家知识产权局商标局递交申请2件。受理商标咨询100余次。为企业、农民专业合作社、个体工商户申请商标注册11件。为6家企业办理商标续展。至年末，全县有发明专利6件、中国驰名商标3件、地理标志证明商标10件，位居全省第二、四平地区首位。指导大农长丰农机专业合作社完成二期验收；伊农种植农业合作社、吉林省凯绎农牧业发展有限公司完成省市验收，挂牌为省级农业标准化示范区。

表21　2022年伊通满族自治县地理标志证明商标一览表

| 序号 | 协会名称 | 商标 | 类别 | 注册日期 |
|---|---|---|---|---|
| 1 | 七星有机稻米协会 | 伊通大米 | 30 | 2016.1.28 |
| 2 | 二道干豆腐行业协会 | 伊通二道干豆腐 | 29 | 2018.2.14 |
| 3 | 吉林省工商联榛子产业商会伊通分会 | 伊通榛子 | 31 | 2019.8.21 |
| 4 | 满瑞堂鹿业协会 | 伊通梅花鹿 | 31 | 2019.12.28 |
| 5 | 满瑞堂鹿业协会 | 伊通梅花鹿肉 | 29 | 2019.12.28 |
| 6 | 玉米行业协会 | 伊通玉米 | 31 | 2020.4.7 |
| 7 | 黄牛协会 | 伊通黄牛 | 31 | 2020.10.21 |
| 8 | 黄牛协会 | 伊通黄牛肉 | 29 | 2020.10.21 |
| 9 | 猪业协会 | 伊通黑猪肉 | 31 | 2020.12.6 |
| 10 | 猪业协会 | 伊通黑猪 | 29 | 2020.12.6 |

（伊通满族自治县市场监督管理局）

表22　2022年伊通满族自治县中国驰名商标一览表

| 序号 | 企业名称 | 商标 | 类别 | 认定日期 |
|---|---|---|---|---|
| 1 | 芮来满族服饰有限公司 | 芮来 | 25 | 2012.12.31 |
| 2 | 吉林钰兴机械制造有限公司 | 钰兴 | 7 | 2015.6.5 |
| 3 | 德利农产品开发有限责任公司 | 宝捷集团 | 1 | 2016.7.29 |

（伊通满族自治县市场监督管理局）

【知识产权宣传】 2022年，为做好北京冬奥会、冬残奥会奥林匹克标志知识产权保护工作，开展奥林匹克标志保护专项行动，利用LED显示屏、横幅标语等方式宣传，在伊通电视台发布《奥林匹克标志知识产权保护提醒告诫书》。全年组织宣传活动24次，出动执法人员53人次。

【市场监管综合执法】 2022年，伊通抽检烟花爆竹6个批次，对不合格商品经营店立案调查1个。查处涉案企业，收缴罚没款378元。检查农资经营户150户，抽取化肥样品44个批次，抽检化肥20个批次，其中10个批次检验不合格。立案调查16件，结案16件，收缴罚没款75.83万元。抽检加油站40家，抽检58个批次样品，其中7个批次不合格。立案调查销售不合格成品油企业5家。检查粮食经营企业71家，责令未取得经营执照的10家企业立即整改。检查煤炭经销户65户，校外培训机构38家，未发现有不正当竞争、垄断等违法行为。查处4起侵犯他人专利权经销案件并结案。对2起侵犯贵州茅台酒股份有限公司商标专用权案件收缴罚没款1.2万元。查处不符合食品安全标准案件2件，其中1件移交公安机关处理。

（王双莹）

## 价格管理

【价格调控】 2022年，伊通监测检查商超生活物资等商品；跟踪检查县内大中商超生活物资全链条，控制利润在进价25%以内。对农贸市场和超市进行价格监测169次，采集整理涉及群众生活用品和副食品价格，猪肉、牛肉、米、面、油及大众蔬菜等40个品种。

（成　达）

【价格认证】 2022年，伊通对全县刑事、民事、经济、行政及仲裁案件涉及各种扣押、追缴、没收、纠纷财物进行价格认定、认证、评估。价格认证中心服务上门，坚持公正、公开原则。全年办理涉案价格鉴定99件，评估涉案金额70万元。

（成　达）

【价格监管】 2022年，走访调查县内各大超市民生商品价格，责令超市规范价格行为，严禁哄抬商品价格、囤积居奇等价格违法行为。要求超市每日上报主要民生商品及肉蛋奶蔬菜价格，实时掌握各大超市价格情况。对2所学校收费行为进行常规调研和抽查，对不符合规定收费行为立案处理，罚款2万元。

【价格监督检查专项行动】 2022年6月，与县发改局联合检查煤炭经销企业10余家，发放价格提醒告诫书，要求企业规范经营行为。9月，成立开发商企业及物业公司违规收费专项工作组，开展整治行动，走访17家开发企业，约谈20余家物业公司，接待信访40余次。11月，联合供电局对10余家转供电企业进行转供电检查，规范收费标准。

（王双莹）

## 信用监督管理

【政务诚信建设】 采集公务员、事业编制人员基础信息，归集重点人群信用信息，在干部提拔、评先评优等活动应用信用审查。建立政府失信预防机制，发现政府机构失信行为，立即整改。2022年，伊通未发生政府失信事件。开展公务人员政务诚信教育培训，邀请专家授课。将政务诚信建设纳入街道综合考核体系，在政务、财政、就业、拥军优属、教育等方面建立公开承诺制度。

【政府失信行为专项治理】 2022年，伊通召开专题协调会，推进政府失信案件清理。对存在清理责任的4个失信案件，通过专题会议督促各地提交清理报告、履行清理责任。政府承担的清理责任全部履行到位，政府失信案件清零。

【信用服务“最后一米”】 2022年，伊通在信息归集全覆盖基础上，开通线上公共信用信息自主查询、自助打印；开发微信小程序，对接“吉事办”App，实现公共信用信息实时查询，打通信用服务“最后一米”。

【信用“五进”活动】 2022年，伊通把信用知识有关内容融入学校教育。伊通实验小学、二小学、满族小学等8所学校通过举办“诚信赢天下”主题班会，理解诚信内涵、接受诚信价值导向。在县税务局、县司法局、县法院等20家单位开展诚信宣讲活动，主动参与建设“信用”工作。通过开展信用“五进”（进企业、进校园、进机关、进农村、进社区）活动，宣传和推广社会信用体系建设工作中好经验、好做法。

（赵春雨）

# 农　业

## 综　述

【产业发展】 2022年，伊通农林牧渔业总产值113.90亿元，比2021年增长7.5%。其中，农业产值24.92亿元，比2021年增长0.1%；林业产值1.05亿元，增长46.7%；牧业产值85.63亿元，增长10.2%；渔业产值3533.38万元，增长3.9%；农林牧渔业服务产值1.95亿元，增长3.2%。粮食播种面积13.09万公顷，粮食产量11.43亿千克。玉米播种面积12.33万公顷、产量10.87亿千克；水稻播种面积5.53万公顷、产量0.49亿千克；大豆播种面积1395.60公顷、产量0.026亿千克。全年生猪存出栏分别为53.7万头、105.5万头。牛存栏、出栏分别为34.0万头和27.8万头，羊饲养量33.98万只。至年末，全县农业机械总动力68.6万千瓦，增长0.1%。拖拉机保有量1.56万台(套)，增长0.5%。全县有绿色产品认证企业5家，认证绿色食品9个，种植面积4666.67公顷，年产量500万千克。5个地理标志产品：伊通大米、二道干豆腐、伊通榛子、伊通梅花鹿、伊通梅花鹿肉。推荐四平区域公共品牌“平地生香”授权企业3家，“伊鹿高鸽”农产品品牌商标注册完成。全县开具农产品合格证1159张，附带合格证上市种植农产品1.96万千克。有培训机构3个，省级实训基地3个。培训新型经营主体带头人126人，产业专项培训200人(农机手培训100人)，专业技能型培育人才50人，乡村治理员培训班13个，培训人员50人。12月，伊通农业技术推广总站获黑土地玉米秸秆全量直接还田地力提升技术集成与示范一等奖暨全国农牧渔业丰收奖。

(刘代君)

表23　　2022年伊通满族自治县粮食作物生产情况统计表

| 项目 | 播种面积(公顷) | 总产量(万千克) |
|---|---|---|
| 一、谷物 | 128978 | 113700 |
| 稻谷 | 5529 | 4900 |
| 小麦 | 1 | 0 |
| 玉米 | 123271 | 108700 |
| 谷子 | 2.10 | 0 |
| 高粱 | 167.10 | 100 |
| 其他 | 7.80 | 0 |
| 二、豆类合计 | 1424.70 | 260 |
| 大豆 | 1395.60 | 260 |
| 绿豆 | 19.40 | 0 |
| 红小豆 | 4.80 | 0 |
| 其他杂豆 | 4.90 | 0 |
| 三、薯类 | 490.70 | 1290 |

续表23

| 项目 | 播种面积（公顷） | 总产量（万千克） |
| --- | --- | --- |
| 马铃薯 | 482.40 | 1260 |
| 甘薯 | 8.30 | 30 |

（伊通满族自治县统计局）

表24　2022年伊通满族自治县“平地生香”区域公用品牌首批授权企业一览表

| 企业名称 | 所属乡镇 |
| --- | --- |
| 伊通满族自治县永春米业有限公司 | 伊通镇 |
| 吉林省七星农业生产资料有限公司 | 伊通镇 |
| 伊通满族自治县华瑞米业有限公司 | 伊通镇 |
| 伊通烧鸽子开发有限公司 | 伊通镇 |
| 吉林孙氏鹿业有限公司 | 伊丹镇 |
| 吉林省德盛农牧科技发展有限公司 | 景台镇 |

（伊通满族自治县农业农村局）

**【农业基础设施建设】**　2022年，伊通集中连片、整村整镇推进高标准农田建设，建成高标准农田8.45万公顷，新建0.83万公顷。完成田间道路（机耕路与生产路）110.15千米，分布在8个乡镇15个村。全县有农业设施（棚室）2079栋，占地面积143公顷。

（高作峰）

**【绿色农业】**　2022年，伊通推进绿色农业发展，培育家庭农场、农民合作社、农业龙头企业等新型农业经营主体，助推农业向健康化、规模化、标准化发展。按照“原生态”管理模式，打造“伊通大米”“伊通大樱桃”绿色品牌。加强农业产地环境治理保护，全年农药、化肥使用量分别比2021年减少0.23%和0.05%，主要粮食作物病虫害绿色防控覆盖率43%。规模化养殖场粪污处理设施配建率100%。全县认证绿色食品19个。

**【秸秆综合利用】**　2022年，伊通秸秆产量10.4亿千克，可收集量9.34亿千克。其中秸秆肥料化利用2亿千克，饲料化利用4.02亿千克，能源化利用2.61亿千克，支持2家秸秆综合利用企业开展秸秆肥料化、饲料化、燃料化利用。

**【农业新技术推广】**　2022年，伊通建设农业试验示范基地6个，展示农业主导品种和主推技术40余个，农业生产中重点推广技术有13项：玉米秸秆全量深翻还田技术、玉米秸秆覆盖保护性耕作技术、玉米化肥减量增效技术、玉米苗后除草减量技术、农作物病虫害一体化绿色防控技术、玉米全程机械化栽培技术、水稻钵型毯状苗育插秧技术、水稻机械有序抛秧技术、水稻机插秧同步侧深施肥技术、植保无人飞机航化作业施药技术、稻田健康养殖技术、大豆优质安全丰产高效生产技术、大豆减肥减药高产栽培技术。在县电台开展农业技术专题讲座16期，组织农民合作社、家庭农场和种粮大户开展集中培训40余场（次），培训4000余人，开展县乡两级农技人员包村技术指导服务，86名农技人员，包保全县187个村，做到村村有指导。在春秋农时环节召开全县农业新技术推广现场观摩会。

（史海鹏）

**【农业综合执法】**　2022年，伊通出动执法人员40人次，执法车辆15台次，检查农资市场、企业、门店173家。其中，农资商店160家，种子生产企业8家；玉米品种122个，水稻品种27个，转基因玉米种子110个样品，玉米种子18个品种。查处种子案件1起，移交公安机关。配合市农业农村局“双随机”抽检玉米种子生产企业1家、玉米种子经营门店2家、肥料经营门店2家。“3·15”消费者权益保护日当天，出动执法人员15人到农资聚集地开展宣传活动，悬挂横幅标语10幅，发放《吉林省农作物种子管理条例》《农药的科学选购与合理使用》《如何“查找”问题农药》《国家禁用和限用农药名录》《普法手册》等资料750份。

（郭伟峰）

# 黑土地保护

【黑土地保护资源及分布】 根据第二次全国土壤普查，2022年，伊通土壤类型分为土类10个、亚类16个、土属22个、土种60个。其中，黑土、新积土、白浆土3个土类面积最大，耕地面积占全县总耕地面积68.83%；黑土占全县耕地总面积26.05%、新积土占22.42%；白浆土占20.36%；其他为草甸土、暗棕壤、棕壤、石质土、泥炭土、水稻土，分别占全县总面积18.96%、9.61%、2.06%、0.31%、0.19%和0.04%。

【黑土地保护日宣传】 2022年，组织全县各部门、乡镇（街道）学习《中华人民共和国黑土地保护法》。7月22日，伊通农业农村局以“保护黑土地资源，保障国家粮食安全”为主题，在广场、农资市场等公共场所开展黑土地保护日宣传活动。活动现场，工作人员向群众讲解黑土地保护活动意义，解读《中华人民共和国黑土地保护法》《吉林省黑土地保护条例》《四平市黑土地保护条例》，普及黑土地保护知识，发放宣传材料1万余册。

【黑土地检察监督员聘任】 2022年，伊通人民检察院通过深化行政检察监督、采取措施履行监督职责，宣传人民检察院公益诉讼工作在黑土地保护中的作用，聘任7名黑土地检察监督员，对发现有破坏黑土地行为的，及时向检察院提供线索情况。8月4日，伊通人民检察院召开黑土地检察监督员聘任会议。向监督员代表颁发黑土地检察监督员聘任证书。

【保护性耕作推广】 2022年，伊通主推“宽窄行免耕播种保护性耕作技术模式”和“均匀行原垄免耕播种保护性耕作技术模式”。全县保护性耕作面积4.13万公顷，免耕播种机保有量479台。全县保护性耕作面积4.13万公顷，完成省1.33万公顷工作任务。组织保护性耕作专家组到村屯宣讲保护性耕作技术、补贴政策34次。举办电视专题讲座1次、网络培训7次、集中培训17次。

【保护性耕作观摩会】 2022年9月29日，伊通农业农村局与伊通万盈托管公司联合召开黑土地保护性耕作观摩会。各乡镇农业主管部门及当地种植大户、农机手、合作社等200余人参加。农业技术人员讲解保护性耕作优点，展示万盈托管种植技术，演示免耕播种机播种、条耕机作业，实现万盈托管服务模式与保护性耕作有机衔接。

【地力提升技术集成及示范】 2022年，伊通农业技术推广总站解决项目区黑土变“瘦”变“薄”变“硬”问题，综合运用秸秆深翻还田、覆盖还田、旋耕还田、秸秆和畜禽粪堆沤还田、玉米保护性耕作、机械深松、土壤养分调控等技术措施，改善土壤质量，增加土壤有机质，减少水土流失，蓄水保墒，通过示范进行推广应用。全年保护性耕作4.13万公顷，

2022年9月29日，伊通农业农村局与伊通万盈托管公司联合召开黑土地保护性耕作观摩会 （县农业农村局 供图）

延伸阅读

## 保护性耕作

保护性耕作：是一种以农作物秸秆覆盖还田、免（少）耕播种为主要内容的现代耕作技术体系，能够有效减轻土壤风蚀水蚀、增加土壤肥力和保墒抗旱能力、提高农业生态和经济效益。伊通保护性耕作推广技术模式具备在适宜区域全面推广应用条件。保护性耕作，提升地温，春季玉米出苗快、出苗整齐，秋季玉米成熟度好、产量高，达到旱涝保收、增产稳产。同时，实现免耕播种机无障碍播种。

深翻1.03万公顷,增施有机肥810万千克。

(艾红菲)

## 种 植 业

【概况】 2022年,伊通粮食作物播种面积13.09万公顷;比2021年增长0.91%。粮食产量11.43亿千克。玉米播种面积12.33万公顷。水稻播种面积5529公顷,大豆播种面积1395.60公顷,杂粮杂豆种植面积207公顷,薯类种植面积490公顷。

【玉米种植】 2022年,伊通遭遇洪涝灾害,县农业农村局组织专家和技术人员指导农户采取排涝、加强田间管理等措施抗灾保收。玉米产量10.87亿千克,比2021年下降0.1%。

【水稻种植】 2022年,伊通依托寿山、石门、欢欣岭、三联等5个灌区水源条件,种植水稻面积5529公顷,比2021年下降0.65%;产量0.49亿千克,增长2%。

【大豆种植】 2022年,伊通出台大豆生产者补贴政策,建议地处辽河流域、孤山河流域、伊通河两岸农户适度提高大豆种植面积。全县大豆种植面积1395.60公顷。大豆产量260万千克,比2021年增长15%。

【数字水稻田园平台】 2022年,伊通镇前范村水稻种植基地建设数字水稻田园平台,平台设有天空地一体化水稻农情监测系统1套,包括数字田园全景、土地资产管理、水稻生产监测、农业气象服务、物联网环境监测、农机智能作业、病虫害预报、农事任务管理功能。通过卫星遥感监测数据、无人机监测数据、布设农业物联网设备多源数据关联分析,全天候动态监测水稻种植基地;通过田园环境及水稻长势信息综合监测,为数字田园管理、水肥药农事操作提供信息服务。

【农作物新品种推广】 2022年,伊通依托国内、省内高端科研院所和科技种业企业,实施现代种业提升工程,建设良种繁育基地,培育应用玉米、水稻、大豆等最新、最优新品种。玉米主导品种有吉农玉719、优迪919、天育108、天育918、吉农大889、美亚81。水稻主导品种有吉粳830、通禾868、吉农大667、吉粳528。大豆主导品种有吉农75、吉育202、吉农28、吉育203。

【种子繁育】 2022年,伊通有6家种子生产企业,依托伊通稷秾种业、育强种业等种子龙头企业,形成玉米良种育、繁、推一体化、产加销一条龙种子产业化新格局。培育"伊单""稷秾""巨丰""育强"等种子品牌,有种子生产基地2000公顷,推广业务覆盖新疆、吉林、辽宁、黑龙江、内蒙古等地。

【种子经营管理】 2022年,伊通有农资经营及生产企业(门店)191家。其中,主城区内农资经营及生产企业、门店59个(门店56个,企业3个);主城区外农资经营及生产企业、门店132个(门店129个,企业3个)。玉米品种以良玉99、富民58、富民985、禾育35、禾育47、京科968、天农9、翔玉998等为主,其中富民系列和禾育系列玉米品种是富民种业和禾冠种业选育的具有自主知识产权的优良玉米品种。大豆以吉林省农科院和吉林农业大学系列品种为主,主要有吉育508、吉育552、吉育47、吉农82、吉农28。经过筛选,推出111个玉米、水稻、大豆高产、高质、高抗新品种,形成优良品种群。

【"三新"配套技术示范县建设】 2022年,伊通申报国家中央财政化肥减量增效"三新"配套技术示范县,实现全县主要粮食作物施肥新技术、新产品和新机具配套技术示范,集成推广面积1.33万公顷。实施"三新"配套项目,通过"测土配方施肥"技术、专用配方肥或缓释新肥料、免耕播种机,旋耕整地深施肥等机具的"三新"综合配套,达到化肥减量增效,提高化肥利用率效果,促进粮食提质增效,稳产增收。项目围绕种植大户、合作社等

2022年6月19日,大孤山镇大孤山村化肥减量增效项目基地。图为配方肥校验试验田 (农业农村局 供图)

延伸阅读

## “三新”配套技术

新技术：主要是强化土壤、肥料、作物三者协同，实施养分综合管理，基肥追肥统筹，促进养分需求与供应数量匹配、时间同步、空间耦合。新产品：缓释肥料，是通过各种调控机制使肥料养分缓慢释放，满足作物全生育期养分需求的肥料，包括聚合物包膜肥料、硫包衣肥料、包裹型肥料、脲醛肥料等。微生物肥料，指含有特定微生物活体的肥料，通过所含微生物生命活动，增加植物所需要养分的供应或促进植物生长，提高产量。水溶性肥料，指易溶于水、养分吸收快、肥效高，主要采用叶面喷施、水肥一体化等方式施用。新机具：农机农艺融合配套，推广应用种肥同播机、机械深施等高效机械，减少化肥流失和浪费。

新型经营主体，建设小型智能配肥站，为农户提供定制化配方肥服务。加强肥料生产企业与龙头企业、农民专业合作社、种植大户利益链接机制和服务机制建设，形成多主体联合、大范围应用、高质量服务，推进统测、统配、统供、统施“点对点、面对面”技术模式，示范区减少化肥用量3%，化肥利用率提高42%，为全县推动“三新”技术模式普及奠定基础。

【“土肥管家”软件推广】 “土肥管家”App是由吉林省土壤肥料总站推出的一款集数字化、信息化、智能化为一体土肥技术手机应用软件。农民通过互联网，根据自家种植品种、土壤养分含量及作物所需肥料免费获得施肥的科学配方。为推广“土肥管家”App软件应用，县农业技术推广总站通过推送手机短信、发抖音视频等方式宣传“土肥管家”App软件，扩大应用范围，推动测土配方施肥技术推广。至年末，“土肥管家”App农村使用户数5000余户。

（史海鹏）

## 特产园艺业

【棚膜生产】 2022年，伊通有棚室3564栋、175.14公顷，其中面积2公顷棚膜园区10个、763栋，面积68.4公顷。新建各类棚室62栋、2.37公顷，第一季度棚室蔬菜产量58万千克，主要品种为食用菌和叶菜，农民自建投入资金64万元。3月，全县棚室定植面积36公顷，主要种植品种为黄瓜、西红柿等茄果类蔬菜。棚室育苗面积2公顷。

【林果产业】 2022年，伊通有果树面积7653公顷（含大果榛子866公顷），水果产量1.73万千克，产值8.47亿元，主要分布在景台镇、黄岭子镇、靠山镇、大孤山镇、西苇镇、河源镇、二道镇等半山区乡镇，栽植品种主要有南果梨、安果梨、苹果梨、123苹果、葡萄、李子、杏、大果榛子等。以温室大樱桃、露地蓝莓、鲜食葡萄等为主的特色水果生产成为伊通亮点。温室大樱桃主要分布在马鞍山镇、伊通镇，面积24公顷，产量20.4万千克，产值0.15亿元。蓝莓基地主要分布在伊通镇、小孤山镇，面积10公顷，产量11.3万千克，产值340万元。棚室鲜食葡萄主要分布在莫里青乡、三道乡、小孤山镇，面积16公顷，产量70.3万千克，产值630万元。

【中药材产业】 2022年，伊通中药材种植面积800公顷。有桔梗、苍术、玉竹、百合、赤芍、人参（林下

三道乡打造“一村一品”特色种植。图为瓦盆村温室葡萄
（沈鸿升 摄于2022年5月6日）

参）、射干等中草药品种40余种，种植中草药农户400余户。中药材种植大户、合作社、家庭农场、农业公司等40余家。其中千亩以上中草药种植基地3个，产量620万千克，产值8900万元。

【食用菌产业】 2022年，伊通有伊丹镇、营城子镇、二道镇、莫里青乡、小孤山镇5个乡镇发展食用菌产业，食用菌种植面积30公顷，主要有人工栽植平菇、香菇、木耳等菌种。从事食用菌生产人员850人，年装袋450万袋。其中，平菇350万袋，产量420万千克，产值1680万元；香菇60万袋，产量69万千克，产值414万元；木耳40万袋，产量51万千克，产值680万元。产品占领县内70%市场，销往长春、吉林、广州、天津等地。

【蔬菜种植】 2022年，全县蔬菜播种面积4257公顷，品种20个以上，总产量1.79亿千克，总产值4.47亿元。马鞍村蔬菜园区的"翠滴园"牌无公害蔬菜是伊通名牌蔬菜产品（菜豆、茄子、黄瓜、番茄等），"伊鹿高鸽"农产品品牌商标完成注册，形成区域性公共品牌。伊通蔬菜销往内蒙古、黑龙江、辽宁、天津等地。

表25 2022年伊通满族自治县蔬菜种植情况统计表

| 乡镇（街道） | 村数（个） | 露地面积（公顷） | 棚室面积（公顷） | 产量（万千克） |
|---|---|---|---|---|
| 靠山镇 | 9 | 252.33 | 11.47 | 1108 |
| 小孤山镇 | 13 | 298.07 | 13.53 | 1309 |
| 黄岭子镇 | 7 | 171.93 | 7.8 | 755 |
| 三道乡 | 11 | 234.8 | 10.67 | 1031 |
| 大孤山镇 | 18 | 392.13 | 17.8 | 1722 |
| 伊通镇 | 24 | 481.53 | 21.8 | 2114 |
| 二道镇 | 10 | 228.87 | 0.4 | 962 |
| 西苇镇 | 8 | 165.73 | 7.53 | 727 |
| 营城子镇 | 14 | 348.67 | 15.8 | 1531 |
| 河源镇 | 12 | 244.73 | 11.07 | 1074 |
| 新兴乡 | 8 | 157.87 | 7.13 | 693 |
| 伊丹镇 | 12 | 270.07 | 12.27 | 1185 |
| 景台镇 | 17 | 339.33 | 15.4 | 1489 |
| 莫里青乡 | 7 | 165.4 | 7.47 | 726 |
| 马鞍山镇 | 13 | 282.13 | 12.8 | 1238 |
| 永宁街道 | 2 | 7.4 | 0.33 | 32 |
| 永盛街道 | 3 | 41 | 1.87 | 180 |
| 合计 | 188 | 4081.99 | 175.14 | 17876 |

（伊通满族自治县蔬菜生产办公室）

【品牌建设】 2022年，伊通有"方煦"山野菜、百合产品商标"伊合缘""伊合"商标、"秀绿山也"榛子产品、"毕桃""胡樱"大樱桃5个园艺产品品牌。"伊鹿高鸽"1个区域公用品牌。绿色农产品种植面积16.33公顷（马鞍山镇东风村铠绎园区樱桃、草莓、枇杷）。

（吉海军）

## 林　业

【造林绿化】 2022年，伊通投资160万元，造林绿化面积1112.37公顷，完成计划任务112.0%。其中，人工造林完成21.73公顷，占计划任务142.3%；补植造林完成995.97公顷，占计划任务109.8%；更新造林完成68.85公顷，占计划任务217.9%；村屯绿化完成41个自然屯，面积25.82公顷，占计划任务100%（新增绿化14个自然屯，面积14.74公顷；改善提升27个自然屯，面积11.08公顷）。投入苗木200万株，主要树种有杨树、柳树、樟子松、云杉、红松、白桦、五角枫、糖槭、果树、紫叶稠李等。在全省实现连续

42年无重大森林火灾发生。

【苗木生产基地项目】 2022年，伊通扩大县域内苗木树种资源收集、保存、利用范围，建设苗木生产基地项目，位于5个国有林保护中心辖区内国有林地，有樟子松、云杉、白桦、柞树等树种，建设总规模776.94公顷。其中，山地苗圃725.81公顷、常规苗圃51.13公顷。项目投资1.46亿元，申请专项债券1.17万元。

【森林资源管理】 2022年1月，伊通依据森林资源管理"一张图"和国土"全国第三次土地调查"对接融合成果，更新森林资源档案。更新后全县林地面积652万公顷，森林面积6.22万公顷，森林覆盖率24.61%。6月，开展造林绿化空间调查，全县调查2840个图斑，面积2277.72公顷。7月至8月，指导各乡镇和国有林保护中心完成2022年森林督查现地核实工作，核实296个图斑；8月，核查成果上报省林草局。至10月20日，全年林木采伐完成设计现地踏查，踏查需要审批林木蓄积量7494立方米。

【森林防火】 2022年，伊通在森林防火期和清明节、五一、十一等重要节点实行防火督导检查工作机制，县林业局组织3个小组对全县17个乡镇（街道）、5个国有林保护中心开展防火专项检查和火险隐患专项整治，发现问题限期整改，排除安全隐患5起。各国有林保护中心在各乡镇设立检查站25处，出动宣传车74台，逐村、逐屯进行宣传，发放宣传单8万份。全县村屯悬挂防火旗6000余面。

【森林检疫】 2022年，伊通政府与各乡镇（街道）、林业局与各国有林保护中心签订防控目标管理责任书，明确工作任务。全年开展松材线虫病调查4次，每次调查面积1.82万公顷，取样689株，经过镜检未发现松材线虫。全县设置美国白蛾诱捕器监测点36个，诱捕到美国白蛾成虫100头。全年防治鼠害面积760公顷，使用无公害药剂20%地芬·酸钡饵防治，减轻鼠害危害。防治道路两侧柳沫蝉危害的绿化树4298株。完成国家级中心测报点工作、吉林省外来林业有害生物普查外业工作。

【建设项目使用林地】 2022年，伊通有吉兴矿业有限公司建筑用安山岩、花岗岩矿扩建项目、长伊公路（陈家屯至伊丹段）公路改扩建项目等4个项目，面积18.79公顷。县林业局收取森林植被恢复费403.79万元。

【"林长+检察长+法院院长"工作机制】 2022年，伊通探索性建立"林长+检察长+法院院长"联同巡检工作机制。9月14日，伊通检察院、法院、林业局工作人员，与块区林长，开展"林长+检察长+法院院长"联同巡检机制首次实践。检查莫里青乡莫里村5林班57小班国有林地、58小班集体林地资源破坏修复情况。发现林地森林资源破坏2处，检察机关启动公益诉讼程序，经林业局补植复绿完成整改。巡查中发现被破坏林地大面积恢复绿植，植被长势良好。5月，更新县、乡、村三级林长制组织体系；6月，全县林长制公示牌完成设计施工213块（县级2块、乡镇级24块、村级187块）。

（张 弘）

## 畜 牧 业

【概况】 2022年，伊通畜牧业龙头企业55家，规模养殖场194家。其中生猪养殖场98家，牛养殖场47家，羊养殖场6家，禽养殖场43家。畜牧业产值85.63亿元。全县生猪存栏53.71万头，出栏量105.46万头。牛存栏33.98万头、羊存出栏分别6.07万只、10.08万只，比2021年分别增长7.6%和7.6%。羊肉产量120万千克，增长9.9%。禽存栏889.22万只，出栏1230.77万只。鹿存栏7.49万头，增长6.2%；出栏1.16万头，增长0.06%。推行粮改饲工作，加强家庭牧场建设和肉牛养殖场建设。畜禽总量居全省前三位。

表26 2022年伊通满族自治县畜牧业生产情况统计表

| 项目 | 出栏数（万只） | 肉产量（万吨） | 存栏数（万只） |
|---|---|---|---|
| 一、大牲畜总头数 | — | — | — |
| 1. 牛 | 27.78 | 4.69 | 33.98 |
| 良种级改良奶牛 | — | — | — |
| 2. 马 | — | — | — |
| 3. 驴 | — | — | — |
| 4. 骡 | — | — | — |

续表26

| 项目 | 出栏数（万只） | 肉产量（万吨） | 存栏数（万只） |
| --- | --- | --- | --- |
| 二、猪 | 105.46 | 7.34 | 53.71 |
| 三、羊 | 10.08 | 0.12 | 6.07 |
| 四、家禽 | 1230.77 | 2.18 | 889.22 |
| 鸡 | 1191.71 | 2.07 | 861.41 |
| 五、家兔 | — | — | — |
| 六、牛奶产量 | — | — | — |
| 七、禽蛋产量 | — | 9.26 | — |
| 鸡蛋产量 | — | 9.26 | — |

（伊通满族自治县统计局）

**【生猪稳产保供】** 2022年，伊通成立恢复生猪生产专线工作领导小组，通过强化生猪产能调控基地指导、服务，落实生猪保险、贷款等金融支持畜牧业政策。发挥温氏集团、大北农集团引领作用，推进“公司+农户”模式，每头猪出栏收益230元，每栋圈舍出栏一次收益23万元，全县150栋千头标准化猪舍建成。推进中小养殖场户提升改造、补栏增养，指导帮助与大型企业签订订单，发展合同猪养殖。至年末，全县生猪规模养殖场98家，完成市级考核指标。

**【肉牛养殖】** 2022年，伊通改良黄牛4.5万头，比2021年增长28%。存栏34.0万头，增长6.0%。肉牛养殖主要以散户散养为主，家庭农场、合作社规模化育肥饲养并行。肉牛来源主要是自繁自育、收购小牛育肥。肉牛主要集散地在营城子镇，品种为西门塔尔、安格斯、夏洛莱。

**【梅花鹿产业发展】** 2022年，伊通梅花鹿养殖户数937户，其中规模养殖户294户，养殖梅花鹿7.49万只，鲜鹿茸年产量3.40万千克，产值6800万元，每头鹿养殖每年平均收入4000元。全县梅花鹿产业主要集中在伊丹镇及新兴乡。通过良种选配、提纯复壮等技术措施，以宏辉种鹿场为核心，培育出吉林梅花鹿优秀地方品种——伊通型梅花鹿。全县有鹿产品加工企业4户，以孙氏鹿业为主，生产鹿茸、鹿鞭、鹿肉、鹿酒、鹿托盘等系列产品两大类、6个品种，鹿茸年加工量8510千克，鹿加工产业总产值5800万元。营城子镇、新兴乡分别被评为省级梅花鹿产业强镇。

**【重大动物疫病防控】** 2022年，伊通注射猪瘟疫苗43.1万支、猪口蹄疫疫苗43.1万支，牛口蹄疫疫苗30.97万支、羊口蹄疫疫苗5.13万支，鸡新城疫免疫801.9万羽，高致病性禽流感免疫827.62万羽。其中，鸡801.9万羽、鸭11.33万羽、鹅14.39万羽。禽流感、口蹄疫、小反刍兽疫、布病、新城疫、猪瘟等疫病免疫注射率应免100%。

**【畜牧业发展促进中心成立】** 2022年9月2日，吉林省首个畜牧业发展促进中心成立，隶属于县农业农村局，为公益一类事业单位，工作职能为促进畜牧业绿色、高质量发展；抓好重大动物疫病防控，维护公共卫生安全；加强动物卫生监督，保障畜产品质量安全。

2022年9月2日，吉林省首个畜牧业发展促进中心在永盛街道成立
（县农业农村局 供图）

**【畜产品质量安全监管】** 2022年，伊通利用食品安全生产月、网络培训、科技下乡等活动开展宣传工作，发放宣传单5000余份。全年完成检测牛、羊、猪养殖场（户）1780个批次、6200头（只），排查牛、羊、猪35.22万头（只）。配合省、市对全县养殖场及企业检测“瘦肉精”310个批次。其中，生猪121个批次；肉牛118个批次；肉羊71个批次。出动检测监督车辆182台次，执法人员760人次。

**【农产品合格证制度试行】** 2022年，伊通农产品试行合格证制度，印发宣传手册200份，走访生产经营主体7家，发放告知书7份，悬挂条幅7条。全年为上市销售59.2千克畜产品开具畜产品合格证613张。

**【兽医社会化服务试点】** 2022年，根据《吉林省畜牧业管理局关于印发推进政府购买兽医社会化服务和“动物防疫+保险”模式试点实施方案（试行）的通知》，2022年9月20日，伊通成为第一批兽医社会化服务试点县，兽医社会化服务工作由吉林元正防疫工程中心有限公司负责承接实施。检测春防期间养殖场（户）免疫效果，动物疫病预防控制中心组织对养殖场户畜禽进行抽检，并对免疫抗体合格率进行检测，检测结果均达标，动物群体常年免疫密度90%，春秋两防应免动物免疫密度100%。实现应免尽免，各畜种相关疫病抗体合格率高于国家要求。根据监测结果及时开展补免工作，创建伊通规模养殖场无疫示范区。开展布病和结核病等人畜共患病监测，2022年，扑杀布病阳性牛16头。

**【畜禽无害化处理】** 2022年3月1日，全国病死猪无害化处理与保险联动机制建设试点县名单公示，伊通入选全省唯一“病死猪无害化处理与保险联动”试点县。引进客商投资3000万元，建设病死畜禽尸体无害化处理项目。规划用地1公顷，建筑面积3246平方米，建有生产厂房、废水收集池、废气吸收塔、应急冷藏库4大厂区，购置破碎机液压启动等设备30台套。以畜禽尸体无害化处理为主，采用间接加热高温蒸汽灭菌技术，日无害化处理畜禽尸体3万千克，动物无害化处理900万千克，有机肥添加剂产量30万千克，工业油脂产量2.9万千克。

**【粪污资源化利用】** 2022年，伊通建设区域畜禽粪污处理中心4处（营城子镇、小孤山镇、伊通镇、景台镇），通过伊通畜禽粪污资源化利用收集、转运体系项目，建设粪污收集点600处，购置运输车、吸污车、清洗车、装载车、粪污收集箱等设备158台套。粪污处理中心全部投入运转，年处理粪污1.84亿千克。至年末，全县219家规模养殖场全部配套粪污处理设施，禽粪污资源化利用率97.2%。

**【动物卫生监督】** 2022年，伊通农业综合执法大队依法对动物养殖、动物诊疗、兽药销售、屠宰加工、畜产品贮藏、病死动物、病害动物产品无害化处理等环节监管，处理伪劣兽药案件2起，罚没资金6740万元。开展执法人员业务培训4次，培训执法人员228人次，发放新版动物防疫法宣传手册1000余册，悬挂宣传条幅15条，张贴检疫提升年宣传画报200余份。

（金　磊　周佳文）

## 黄牛产业

**【概况】** 2022年，伊通依托营城子镇东北非牧区最大黄牛交易市场发展肉牛产业，推广“龙头企业+养殖户”“规模化养殖场+合作社+养殖户”模式，将龙头企业、规模化养殖场资金、技术、交易及抗市场风险优势与养殖户4方面短板进行互补，通过合作方式，保证养殖户稳定收入和公司（养殖场）合理利润，实现多方共赢。全县黄牛产业省级以上龙头企业2家（伊通满族自治县众联牧业有限公司、义兴环保科技有限公司），规模养殖场450家，养殖户2.8万户，养殖黄牛61.76万头，出栏27.78万头，存栏量33.98万头，养

伊通黄牛现代农业产业园建成。图为产业园养殖场

（王　远　摄于2022年5月12日）

殖量全省排名第一。伊通牛肉总产量位居全省第三位、四平市第一位。全产业链(肉牛养殖、饲料加工、兽医诊疗)产值53亿元。2022年,伊通满族自治县被评为全省肉牛提质增效项目县、优质冻精补贴项目县,成功申报肉牛产业集群项目、黄牛现代农业产业园项目,争取各类资金4亿元。

【组织保障】 2022年,伊通发挥资源化优势,组织编制《肉牛产业发展规划》《种养循环规划》,规划布局以营城子镇为核心的肉牛养殖核心区,营城子镇、西苇镇、伊通镇、河源镇为核心的低碳循环肉牛养殖发展带,列为县政府重点工作。将原畜牧工作总站、兽药饲料技术服务中心和兽医技术服务中心整合为伊通满族自治县畜牧业发展促进中心。成立“秸秆变肉”暨千万头肉牛建设工程领导小组、肉牛办公室等,使肉牛发展政策直达养殖户、第一时间解决肉牛养殖户困难、解决项目推进问题。培育建设繁改、防疫等专业队伍,招募20名动物防疫专员,实施购买兽医社会化服务,健全基层防疫体系,保障全县动物疫病防控工作开展。

【奖励政策】 2022年,经县政府八届(七)次常务会议审议通过,下发《伊通满族自治县助力养殖场扩群增量 推动“秸秆变肉”暨千万头肉牛工程建设奖励办法》,适用肉牛规模养殖场和养殖园区。对全县散养肉牛存栏量最大的3个村,每个村奖励5万元,奖励资金用于散养畜禽粪污资源化利用。对上半年出栏量大的肉牛养殖场(园区)进行奖励,1月1日至6月30日,肉牛出栏量300头一次性奖励2万元,每增加200头奖励增加1万元;肉牛出栏量1000头以上,一次性奖励6万元;肉牛出栏量2000头以上,一次性奖励10万元。1月1日至6月30日,省外(含国外)引进能繁母牛200头至299头,一次性奖励10万元,每增加100头,增加奖励5万元,最高20万元。

【肉牛产业健康发展伊通模式】 2022年,伊通在实施“秸秆变肉”暨千万头肉牛建设工程中,探索肉牛产业健康发展,重视农业高新科技引进与研发,通过与中国农业大学合作,引入国家863重点科技成果,以菌酶协同发酵饲料技术为基础,结合茎穗兼收、中央厨房、粪污带菌还田、无抗富硒养殖等新技术,优化生产模式,推动产业升级,推进乡村振兴。因操作简便、效果明显,养殖企业、场主、农户普遍认可,应用于生产积极性很高,形成伊通模式。10月14日,副省长韩福春到实验现场指导工作,对肉牛产业健康发展给予肯定。肉牛产业健康发展模式以菌酶协同发酵饲料技术为基础,将微生物、动物、植物和营养等结合起来,构建菌酶协同生物发酵自主供应体系,推动优化生产模式,动物产业升级,实现健康养殖。通过采取创设“一区两站五品”(一区:养殖社区;两站:自助站、互助站;五品:品种、品质、品位、品牌、品德),发挥高新技术产品属地化“五高”(五高:适口性高、储存保质期高、营养价值和消化吸收转化率高、安全性高、免疫力高)优势,对比传统饲喂实现“一增两降”(一增:增加养殖收入;两降:降低喂养饲料成本、饲养管理成本),形成“一二三”(“一”是指转变一个观念;“二”是指解决药物使用把控难、秸秆转化利用水平不高难题;“三”是指经济效益、生态效益、社会效益)多元化实践效果。至年末,全县建立科技站135个,覆盖肉牛12万头,每头牛每年增收570元,秸秆饲料化利用4.02亿千克。

【标准化育肥基地建设】 2022年,伊通支持企业采取自建、联建或带户养殖等方式,建设育肥牛场。对自建1万头以上育肥牛场的加工企业,运用中央预算内投资给予支持。对企业联建2万头以上育肥牛场,符合条件的可根据企业固定资产投资和流动资金贷款,享受省农业信贷担保贷款贴息支持。鼓励肉牛屠宰加工企业和肉牛育肥企业(合作社)与省内企业通过订单、保底价收购、增益分红等建立长期稳定合作关系。至年末,全县有3个标准化育肥基地。

【肉牛品种改良】 2022年,伊通把肉牛品种改良作为肉牛产业发展关键举措,通过宣传引导、健全改良员队伍等措施,推进全县肉牛产业由“增量型”向“提质型”转变,促进全县肉牛扩群、提质、增效,实现牛产业高质量发展。全县设置繁改点70个,免费发放优质肉牛冷冻精液8000余剂,发放给45户养殖大户,发挥带动作用,逐步更新良种母牛。邀请养殖专家为养殖大户进行西门塔尔牛自繁自育饲养技术教学,解决品种改良中出现技术问题,推进肉牛品种改良步伐。

【省级基础母牛扩群增量项目县建设】 2022年6月,伊通被确定为2022年第一批肉牛基础母牛扩群增量项目县,成为吉林省第六个肉牛生产大县之一。对县域内饲养基础母牛及选用优良种公牛冻精配种并扩大养殖规模的养殖场和养殖户,采取“先增后补、见犊补母”方式,每头符合条件的基础母牛最高可享受补贴资金1500元。争取中央农业生产发展资金2300万元。县农业农村局对符合条件肉牛基础母牛养殖场、户进行现场核查、统一登记造册,对所有符合条件养殖场、户及补助政策、实施范围、补助对象、补助标准等信息在政府网站、伊通融媒体等媒体进行公示，主动接受群众监督。加强基础母牛核查和新增犊牛核查等信息工作，将惠农政策落到实处。

【“寄母还犊”养殖】 2022年，企业将妊娠母牛寄养在农户中，由企业负责圈舍建设、饲料供给、疫病防控，养殖户只负责日常管理，妊娠期达到6个月及生产后，支付养殖户代养资金每头5000元左右，每栋圈舍能饲养10头母牛，每年为养殖户增收5万元。

【新型科研成果引入转化】 2022年，伊通引入吉林省绿秀牧业开发有限公司菌酶协同发酵项目，项目为国家“863”“十三五”重点专项畜禽养殖绿色安全饲料饲养新技术成果之一，通过推广菌酶协同发酵饲料，取代传统青贮黄储饲料。在全县4个乡镇、15个村屯推广此项技术，每个村实行互助站中央厨房模式，实现秸秆不出村直接转化为饲料，覆盖养殖户3000户、肉牛12万头，秸秆饲料化利用量4.02亿千克，利用率36.4%，比2021年提高8.6%。

【金融支持】 2022年，伊通政府下发《伊通满族自治县关于开展金融服务质效提升行动 助力千万头肉牛建设工程实施方案》，鼓励扩群增养，开展金融服务质效提升助力千万头肉牛建设工程。至7月末，各金融机构发放涉牛贷款2500笔，放款2.2亿元，惠及2488户。完成7万余农户基本信息采集工作，金融风险防火墙初步建立，全县187个村均设立农村金融服务站，实施“整村授信”新模式，授信额度1.9亿元，整村授信贷款余额1.35亿元。

【黄牛经纪人培养】 2022年，伊通成立黄牛协会，对经纪人进行统一管理。对经纪人进行法律培训和技术宣传，提升经纪人业务水平。全县有黄牛经纪人300余人，销售范围覆盖全国。

【线上销售】 2022年，伊通在营城子镇建设黄牛线上交易超市，黄牛线上交易超市——义兴黄牛批发超市官网投入使用，农户在网上完成黄牛交易。线上订单分布范围覆盖东北三省，购牛者实现在线上查看肉牛品相，支付资金，降低肉牛滞销带来的生产成本增加，提高养殖收入。全年线上销售金额1500万元。

【线下销售】 营城子镇黄牛市场是东北非牧区最大黄牛交易市场，有西门塔尔、夏洛来、利木赞、海福特、干草黄等黄牛改良品种，日成交量761头。黄牛养殖农户1000余户，规模化养殖场200余家（养殖黄牛百头以上），黄牛养殖、育肥及贩运经纪人1200人，销往除云南、西藏外的全国各地。县域内主要饲养西门塔尔牛，其特点为改良纯度高，耐寒耐热（零下35℃至零上42℃），生长快（一般日增重1千克左右），适合快速育肥，成年公牛体重1千克以上，是改良奶牛、胚胎移植的最佳选择。

（周佳文）

## 渔 业

【概况】 2022年，伊通渔业养殖面积2065公顷。其中，水库养殖1551公顷；塘坝养殖242公顷；池塘养殖233公顷；河沟（林蛙）养殖39公顷。稻渔综合种养面积1667公顷。渔业总产量192.3万千克、总产值2874万元。伊通渔业资源丰富，经济鱼类构成主要包括：鲢、鳙、鲤、鲫、团头鲂和鲶鱼等。池塘养殖以豫选黄河鲤、松浦镜鲤、超级鲤等为主，大水面养殖以鲢、鳙为主，稻鱼综合种养以中华绒毛蟹和鲫鱼为主。渔业生产方式由单一池塘养殖和大水面养殖向水面综合利用，稻鱼综合种养，旅游、垂钓、餐饮等休闲渔业转型，实现渔民增收、渔业增效的可持续发展目标。

【水产技术推广】 2022年，伊通落实水产技术推广项目3项。其中，发布主推技术2项；水产技术推广站自主推广1项。稻渔综合种养技术推广面积1667公顷，以河蟹和鲫鱼为主，实现稻渔双收；池塘健康养殖技术面积13.33公顷，减少池塘渔用药物使用量，实现水产品健康上餐桌；小型水面河虾养殖推广面积25公顷，解决小水面持续河蟹养殖饲料匮乏问题。

【渔业水域生态修复】 2022年10月26日，在伊通河上游（石门水库段）举行水生生物增殖放流活动，放流鲢鱼秋片19万尾。9月12日，开展外来入侵物种普查活动，结果未发现外来入侵物种。

【水产品质量安全监管】 2022年，伊通水产技术推广站、乡镇水产技术人员对全县养殖单位饲料、添加剂、渔药使用进行技术指导。全年现场指导培训38次，培训190次、发放技术明白纸42份。利用五一、国庆、中秋等水产品销售旺季，开展水产品质量安全宣传，落实生产经营主体责任，倡导诚信经营、守法经营。

【国家级生态养殖示范区】 2022年，伊通聚成现代农业发展专业合作社采用立体农业模式，利用稻田水生资源，将鱼放在稻田里养殖，通过技术手段使水稻和鱼生长相互促进，改善稻田土质，提高粮食产量。在中国稻渔综合种养产业协同创新平台开展的2022年全国稻渔综合种养优质渔米评比推介活动中，“稻花香2号”被评为银奖，示范区被农业农村部评为国家级水产健康养殖和生态养殖示范区。

（于学义）

## 农业产业化经营

【概况】 2022年，伊通农业产业化龙头企业销售收入18.54亿元。龙头企业55家。其中，国家级龙头企业1家、省级龙头企业17家、市级龙头企业37家。申报省级龙头企业2家。农产品交易市场1家，黄牛交易市场1家。吉林省寿山福海农业物流有限公司、伊通满族自治县天宝粮贸有限公司等农产品物流体系建设加快。

【产业化联合体】 2022年，伊通培育农业产业化联合体17个。其中，省级农业产业化联合体5个、市级农业产业化联合体12个。嘉悦生态农业科技开发有限公司和吉林省颐乐谷山水休闲养老庄园为省级农业产业化龙头企业，联合带动10家公司、合作社及家庭农场，带动农户500余户，户年均收入增加3000元。

表27　　2022年伊通满族自治县省级以上农业产业化龙头企业一览表

单位：万元、万头、千克、户、万只

| 企业名称 | 从事行业 | 龙头级别 | 总资产 | 加工(生产、流通)能力 | 实际加工(生产、流通)量 | 带动农户数 | 联农带农模式 |
|---|---|---|---|---|---|---|---|
| 吉林省铠绎农牧业发展有限公司 | 特产<br>水果、蔬菜 | 国家级 | 54749.05 | 1500万千克 | 1210万千克 | 5180 | 企业+订单+农户 |
| 吉林省德盛农牧科技发展有限公司 | 特产<br>大榛子 | 省级 | 2095.1 | 50万千克 | 5万千克 | 1200 | 企业+订单+农户 |
| 吉林寿山福海农业物流有限公司 | 粮食<br>农业物流 | 省级 | 5826 | 1亿千克 | 8000万千克 | 2630 | 企业+订单+农户 |
| 伊通满族自治县德利农产品开发有限责任公司 | 化肥加工 | 省级 | 48912.96 | 3000万千克 | 1000万千克 | 4360 | 企业+订单+农户 |
| 伊通满族自治县方圆绿品禽类加工有限公司 | 畜牧<br>毛鸡加工 | 省级 | 4421 | 300万只 | 190万只 | 1120 | 企业+订单+农户 |
| 吉林孙氏鹿业有限公司 | 特产<br>鹿产品 | 省级 | 22000 | 900万千克 | 400万千克 | 1350 | 企业+订单+农户 |
| 伊通满族自治县永春米业有限公司 | 粮食<br>大米 | 省级 | 8776 | 1亿千克 | 3000万千克 | 7000 | 企业+订单+农户 |
| 吉林省金利百合开发有限公司 | 百合种植、系列产品 | 省级 | 6500 | 2000万千克 | 300万千克 | 1800 | 企业+订单+农户 |
| 吉林省颐乐谷山水休闲养老庄园 | 乡村休闲农业 | 省级 | 4722 | 1亿千克 | 6800万千克 | 1003 | 企业+订单+农户 |
| 伊通满族自治县西苇镇红光村德泽牧业小区 | 养殖业 | 省级 | 7410 | 500万千克 | 300万千克 | 1092 | 企业+订单+农户 |
| 伊通满族自治县天宝粮贸有限公司 | 粮食<br>收储企业 | 省级 | 26759.69 | 4亿千克 | 2亿千克 | 4500 | 企业+订单+农户 |
| 伊通满族自治县绿科鹿业有限公司 | 畜牧<br>鹿养殖 | 省级 | 4500 | 300万千克 | 100万千克 | 1178 | 企业+订单+农户 |
| 吉林省玉竹源满族食品有限公司 | 特产 | 省级 | 7500.61 | 400万千克 | 270万千克 | 1198 | 企业+订单+农户 |
| 吉林省义兴环保科技有限公司 | 黄牛养殖销售、饲料加工 | 省级 | 5372.19 | 3100万千克 | 2700万千克 | 1150 | 企业+订单+农户 |
| 吉林省辉煌农业发展有限公司 | 粮食<br>收储企业 | 省级 | 11612 | 1.4亿千克 | 5700万千克 | 1200 | 企业+订单+农户 |
| 伊通满族自治县众联牧业有限公司 | 黄牛养殖销售、饲料加工 | 省级 | 4585.10 | 300万千克 | 200万千克 | 1160 | 企业+订单+农户 |

续表27

| 企业名称 | 从事行业 | 龙头级别 | 总资产 | 加工(生产、流通)能力 | 实际加工(生产、流通)量 | 带动农户数 | 联农带农模式 |
|---|---|---|---|---|---|---|---|
| 伊通满族自治县嘉悦生态农业科技开发有限公司 | 农业、加工养殖 | 省级 | 5619.29 | 1500万千克 | 1400万千克 | 2026 | 企业+订单+农户 |
| 吉林省七星农业生产资料有限公司 | 粮食、休闲农业、农业生产资料 | 省级 | 4003.5 | 5000万千克 | 2500万千克 | 1050 | 企业+订单+农户 |

（伊通满族自治县农业农村局）

【新型经营主体培育】 2022年，伊通组织各乡镇(街道)完善家庭农场国家名录系统信息611家；起草《关于开展农民专业合作社示范社、示范家庭农场监测和创建工作的通知》，印发给各乡镇(街道)人民政府和街道办事处。对原有农民专业合作社示范社、示范家庭农场进行监测，监测结果为合格示范社90个，不合格11个；合格示范家庭农场158个，不合格5个。新创建县级示范社3个，县级示范家庭农场22个。开展全县新型农业经营主体和服务主体备春耕融资需求统计上报工作，全县有6个农民专业合作社、1个农业企业、27个家庭农场，上报融资需求2015万元。

【国家级龙头企业】 吉林省铠绎农牧业发展有限公司，占地面积60万平方米，是集农业种植、畜牧养殖、秸秆饲料加工、有机肥料加工、设施农业、特色果蔬栽培、休闲采摘、旅游观光、满族餐饮于一体的综合型农业企业。公司在马鞍山镇东风村建成大樱桃种植基地，建日光温室300栋，大樱桃种植面积60公顷；草莓种植面积1.33公顷。建有面积1万平方米旅游接待中心，具有满族特色餐饮贝勒食府及儿童游乐中心。

【"一村一品"示范村镇创建】 2022年，伊通认定"一村一品"示范村镇14个。其中，马鞍山镇被评为国家级"一村一品"示范镇；伊通镇二道村、前范村被评为国家级"一村一品"示范村；伊丹镇、马鞍山镇被评为省级"一村一品"示范镇；景台镇秀山村、永盛街道东宋村、伊通镇前范村、景台镇五台子村、大孤山镇万福德村、伊通镇东新村、伊丹镇心合村、景台镇范家村、河源镇大桥村9个村被评为省级"一村一品"示范村。

（任　琰）

# 农业机械化

【农业机械化装备】 2022年，伊通有大中型拖拉机6722台。玉米收获机保有量2305台，水稻插秧机458台，水稻收获机225台，深松机207台，免耕播种机601台，打捆机260台，深翻犁124台，高效植保机械保有量137台，植保无人机39台，粮食烘干设备74台。建成全程机械化示范区25家，农机新型经营主体22家。全县综合机械化率90.1%，比2021年增长1.6%。

【农业机械化作业】 2022年，伊通综合机械化率90.1%，比2021年增长1.6%。其中，机耕面积8.83万公顷，作业率97.1%，机耕率增长0.6%；机播面积12.24万公顷，作业率92.56%，分别增长0.38万公顷、3.66%；机收面积10.36万公顷，作业率78.3%，分别增长0.02万公顷、0.8%。

【农机补贴】 2022年，伊通扶持农机户(合作社)和农机新型经营主体购置高端、智能、大型等先进适用农业机械，重点装备农业生产全程机械化关键环节、薄弱环节所需机具，弥补全程机械化"短板"和"薄弱点"，向免耕播种机、联合收割机等绿色、高性能机具等主要农产品生产机具倾斜，实现农业机械化和农机装备转型升级。全县落实农机购置补贴资金2252.18万元，补贴各类农机具1356台。

【农作物生产全程机械化】 2022年，伊通农机总动力68.6万千瓦。拖拉机保有量1.57万台，其中大中型拖拉机6700台，配套机具1.84万台套。全县主要农作物耕、种、收综合机械化90.1%，比2021年增加1.6%。水稻综合机械化91.26%，实现全程机械化；玉米综合机械化90.26%；大豆综合机械化98.97%。

【农机安全监理】 2022年，伊通组织技术人员到合作社、农户家中和田间地头，指导农机具检修，讲解农机安全操作规范，提升农机从业人员安全意识，保证农机车辆正常运转。全年发放安全操作规范手册1000册，农机安全生产宣传单3000份，粘贴反光贴2000余张，悬挂安全生产宣传条幅100余幅。开展农机手驾考工作，全年举办驾驶员考试9期，考试合格292人。

（张士斌）

# 工业 建筑业

## 工业经济运行

【工业规模】 2022年，伊通规模以上工业企业18家，工业总产值20.9亿元，比2021年增长27.2%，规模以上工业总产值增速高于全市平均水平28.9%，居全市首位。规模以上工业固定资产投资8.96亿元，其中技术改造投资4.63亿元。工业增加值增速实现19.7%，高于全市平均水平15.4%，居全市首位。

（黄大坤 李静怡 刘少伟）

【经济运行分析】 2022年，伊通加强工业经济指标调度，强化经济运行分析研判。统筹工业经济运行和新冠疫情防控工作。重点抓好吉兴矿业有限公司、亚泰集团伊通水泥有限公司等3家投资过亿元重点企业和“降、亏、难”中小企业，建立问题台账，指导帮助企业克服困难，保证工业经济正常运行。培育“小升规”企业，建立“小升规”企业储备库，每月进行调度指导。强化工业监测分析。抓牢骨干工业企业，建立产值、价格、库存、利润等清单台账，逐企分析，落实帮扶措施，提升指标数据调度分析水平，推动工业经济高质量发展。

（李静怡 王远达）

【工业技术改造】 2022年，伊通对列入工业技改导向计划4个投资过5000万元项目实行全流程跟踪服务，对省、市重点技改项目实行月调度。推进利雅得能源公司2022年石油提产扩能建设项目、立新汽车配件产业园技改项目、宇昊建材产业园项目、中合供销粮油四平有限公司优质粮油产业化示范推广建设项目。举办企业智能化绿色化技改对接会、培训班1次，线上线下培训50余人次。做好技改项目服务，实施线上全流程项目受理、备案工作，年内备案技改项目2个，总投资1.24亿元。全年工业技改投资比2021年增长340.6%；制造业或者其他行业技改投资比2021年增长32%。

（陆子龙 娄继来）

【工业企业培育】 2022年，伊通工信局、金融办联合开展企业线上融资活动。组织企业参加线上复工复产融资对接活动，将企业融资需求推送给各大银行，解决企业资金问题，帮助七星山药业公司协调农发行贷款3000万元，立新汽配协调吉林银行贷款2000万元，助力企业稳定生产。伊特胶管联络四平市顺邦农机，签订采购订单50万元。参照《四平市工业经济稳增长推进措施》制定2022年上半年工业经济稳增长推进措施方案，鼓励企业提产扩能、改造升级、月度入规等支持企业发展。为利雅得能源公司、吉兴矿业公司、七星山药业公司、永春米业公司、华大生物质公司、双吉矿业公司、天成天然气公司7家符合条件企业兑现奖励资金71.9万元，激励企业增加排产。

【“专精特新”企业认定】 2022年，伊通加快技术创新，提升企业核心竞争力。吉林钰兴机械制造有限公司被认定为省级“专精特新”企业；亚泰集团伊通水泥公司、吉兴矿业有限公司、立新汽车配件有限公司、德天诺安全系统公司、吉林省安基建筑集团有限公司5家公司被认定为市级“专精特新”企业。

（闫海亮）

【民营工业经济】 2022年，伊通培育潜力企业，充实规模以上工业经济总量。新入规企业2家(伊通满族自治县华大生物质热电有限公司、吉林宇昊建材有限公司)。其中，华大生物质热电有限公司全年实现产值3481.7万元，缴纳税金196万元；吉林宇昊建材有限公司全年实现产值2507.7万元，缴纳税金3万元。

（李馨彤 周虹锦）

## 汽车零部件及装备制造业

【概况】 2022年，伊通规模以上汽车零部件及装备制造业企业有吉林锐特汽车零部件有限公司、立新汽车配件厂、吉林钰兴机械制造有限公司、吉林伊特胶管有限公司4家，主要产品为各种车轮总成、汽车安全系统、编织缠绕胶管、专用设备及模具等。其中，吉林钰兴机械制造有限公司是国内汽车车轮专用设备及模具主要生产基地之一，在全国汽车车轮专用设备制造行业中位居前列。至年末，产值实现9832.8万元，比2021年下降29.4%，占全县规模以上工业总产值4.7%。

【汽车轮辋生产】 2022年，立新汽车配件项目投资1000万元生产重型汽车、矿用汽车及特种车辆轮辋，为内蒙古北方重型汽车股份有限公司、湘电重型装备有限公司、陕西重型汽车有限公司、北奔重型汽车重庆有限公司等配套。主要产品有重型及特种车轮辋、矿用车轮辋及港口机械轮辋，年产能5万套，产品均经过国家汽车质量监督检验中心、天津工程机械研究院、吉林省质量技术监督局等相关部门检测，各种技术指标全部达标，企业通过ISO9001:2000质量管理体系认证。全年产值实现3794万元，比2021年下降42.2%，占全县规模以上工业总产值1.8%；纳税总额6万元。

【载重型汽车轮辐生产】 2022年，吉林锐特汽车零部件有限公司拥有全国唯一一条无焊缝一体化车轮生产线和大型冲压设备，车轮生产线5条。产品为载重型钢车轮轮辐、一体化车轮，年产能200万套，产品销往长春一汽、山东兴民智通集团等全国25个省、自治区、市。全年产值实现2095.1万元，比2021年下降14.7%，占全县规模以上工业总产值1%；纳税总额42.5万元。

【汽车车轮专用设备生产】 2022年，伊通钰兴机械制造企业自行研发“钰兴”牌产品，用于汽车车轮专用设备及模具生产。主要产品冲孔模、轮辐复合冲大小孔模、轮辐成型模等，在国内汽车车轮行业中位居前列。全年产值实现2001.4万元，比2021年下降8.2%，占全县规模以上工业总产值0.9%；纳税总额6.4万元。

【胶管生产】 2022年，吉林伊特胶管有限公司投入3000余万元，对胶管生产进行技术改造3次。生产的胶管“火山群”牌是吉林省著名商标。主要产品有高压钢丝编织胶管、高压钢丝缠绕胶管等六大系列、129种规格，年产量660万米。产品具有耐油、耐热、防阻燃、抗静电、耐老化、曲挠性能强、承压高、脉冲性能高等特点，用于煤炭、石油化工、船舶、机械设备、农业机械等液压输送系统。产品销往24个省、自治区、直辖市。生产按ISO9001:2000质量管理体系运行，产品性能符合国家标准。全年产值实现1942.3万元，比2021年下降28.8%，占全县规模以上工业总产值0.9%；纳税总额9.3万元。

（闫海亮　陈谡华）

## 建材业

【概况】 建材业是伊通支柱行业之一。主要产品有水泥、水泥制品、多孔砖、空心砖、水工砖块、铺底彩砖、混凝土路缘石、建筑碎石、钢结构等。2022年，规模以上建材企业5家，产值实现7.27亿元，比2021年下降6.9%，占全县规模以上工业总产值34.8%。

【水泥生产】 2022年，伊通拥有一条日产熟料250万千克新型干法窑外分解生产线，生产“山泉”PC32.5R，“鼎鹿”PC32.5R、缓凝PC32.5R、PO42.5、低碱PO42.5和PO52.5等水泥。“鼎鹿”水泥获“中国驰名商标”荣誉称号。年产熟料7.75亿千克，水泥年产能24亿千克。全年产值实现2.68亿元，比2021年下降43%，占全县规模以上工业总产值12.8%。全年水泥产量6.58亿千克，比2021年下降45.82%；纳税总额412万元。

【矿产开采】 2022年，伊通有露天采石场87家，主要以安山岩、粗颗粒花岗岩、闪长岩开采加工为主。其中安山岩、粗颗粒花岗岩主要用于高速公路面层、商混站、高铁等大型土建工程。全年，产值实现3.85亿元，比2021年增长49.8%，占全县规模以上工业总产值18.4%；纳税

亚泰集团伊通水泥有限公司厂区

（摄于2022年6月30日　县工信局　供图）

总额2200万；闪长岩开采加工产值实现3670万元，比2021年增长7.3%，占规模以上工业总产值1.75%；纳税总额2227.9万元。

【非金属矿物制品生产】 2022年，伊通生产非金属矿物制品，主要有混凝土和砂石。产品有水泥制品制造、水泥制品销售、砼结构构件制造、砼结构构件销售、石棉水泥制品制造、石棉水泥制品销售、轻质建筑材料制造、轻质建筑材料销售、建筑用石加工、建筑材料销售、非金属矿物制品制造及销售。全年产值实现2507.7万元，占规模以上工业总产值1.2%；纳税总额196万元。

【"方正"空心砖】 2022年，伊通持续发展节能降耗产业，主要以煤矿煤矸石为原材料烧结空心砖，具有质轻、强度高、保温、隔音降噪性能好、消耗原材少等优势，方正新型建材企业注册品牌为"方正"空心砖。产品主要销往伊通、公主岭、长春等地。全年产值实现1320.4万元，占全县规模以上工业总产值0.6%。

（闫海亮　陈譞华）

## 农副产品加工业

【概况】 2022年，伊通农副产品加工业规模以上企业1家，主要从事米类产品加工。全年产值实现7981.8万元，比2021年增长39.1%，占全县规模以上工业总产值3.8%。

【绿色稻米加工】 2022年，伊通在水稻主产区建成绿色稻米加工企业1家，投资3500万元，集加工、仓储、销售大米于一体，年加工能力1亿千克。生产的大米"东尖河源"牌被评为吉林省著名商标，获得国家绿色食品证书，是吉林省农业产业化重点龙头企业。全年产值实现7981.8万元，比2021年增长39.1%，占全县规模以上工业总产值3.8%。

永春米业有限公司稻米加工车间（商万有　摄于2022年11月12日）

【农副产品品牌建设】 2022年，伊通有绿色、有机、地理标志产品认证企业13家，认证产品24个。其中，绿色食品认证19个、地理标志农产品认证5个。围绕"伊通大米""伊通大樱桃"等认证产品，形成区域农产品品牌，建立农业产业化联合体，打造省级现代农业产业园区，通过"园区示范+企业带动+利益共享"模式，为9500户农户年均增加3000余万元经济收益。实施梅花鹿品牌战略，发展梅花鹿产品深加工。"知鹿堂"品牌系列鹿产品成为四平市区域公共品牌"平地生香"授权品牌之一，产品远销东南亚部分国家及中国港澳台地区、京、粤、江、浙、沪等城市。伊通镇水稻产业园形成"伊通大米"品牌，水稻园区种植户数2800户，水稻产业园实现产值2.15亿元。

（闫海亮　陈譞华）

## 能源工业

【概况】 2022年，伊通有能源工业规模以上企业伊通昌盛太阳能科技有限公司、县新城热力有限公司、县天源热力有限公司、吉林省天成天然气有限公司、县华大生物质热电有限公司5家。全年产值实现2.38亿元，比2021年增长22.9%，占全县规模以上工业总产值11.4%。

【伊通南部新城热力公司】 2022年，伊通南部新城热力公司建筑面积7890平方米，注册资金1300万元，年供热能力150万平方米，是经县政府批准的国有独资企业。铺设供热一次管网长度18.20千米，二次管网长度92.60千米。建成换热站12座，16台换热机组。承担南部新城区部门（单位）和1.35万户居民冬季供热及管网规划建设施工等。全年，产值实现5103.3万元，占全县规模以上工业总产值2.4%。

（万　才　赵晓光）

【伊通满族自治县天源热力有限公司】 2022年，伊通满族自治县天源热力有限公司供热能力600万平方米，供热管理面积380万平方米，建设热源厂2座、换热站35座，供热生产锅炉装机容量29兆瓦，铺设供热管网178千米。第一热源厂安装

伊通光伏农业科技示范产业园 （沈鸿升 摄于2022年7月22日）

29兆瓦锅炉4台，建设换热站22座，铺设管网126.56千米。其中，一次网27.67千米；二次网98.89千米。供热能力200余万平方米。第二热源厂安装46兆瓦锅炉3台，建设换热站13座。铺设管网51.57千米。其中，一次网15.61千米；二次网35.96千米。供热能力180余万平方米。全年，产值实现8149.8万元，比2021年增长4.8%，占全县规模以上工业总产值3.9%。

【伊通光伏农业科技示范产业园】 伊通光伏农业科技示范产业园投资1.97亿元，占地83.33公顷，总装机容量20兆瓦，通过光伏发电实现工业反哺农业，以光伏设施大棚为载体，实现园区清洁能源利用，是集现代农业科技展示、农业创客、精准扶贫、循环农业一、二、三产联动发展“四位一体”（社会主义经济建设、政治建设、文化建设与社会建设四位一体）新型农业产业综合体。园区每年节约标煤1200万千克、可减少二氧化硫（$SO_2$）排放量28.62万千克、二氧化碳2600万千克、减少氮氧化合物12.21亿千克，带动当地就业300人。全年产值实现1974.6万元，占全县规模以上工业总产值0.94%。

（吴 天 刘宇楠）

【天然气生产】 2022年，伊通天然气生产产品有石油液化气和石油天然气，天然气储量900亿立方米，位于靠山镇姜家村。主要收集双伊联合站石油伴生气。全年，产值实现5098.5万元，比2021年增长22.3%，占全县规模以上工业总产值2.4%。

【生物质燃料发电项目】 2022年，伊通投资5000万元，建设华大生物质项目，位于县经济开发区长伊片区。产品为生物质发电低灰低硫，符合国家节约能源、可再生资源发电政策。主要燃料为玉米秸秆，年处置县域及周边地区玉米秸秆2.5亿千克。全年，产值实现3481.7万元，占全县规模以上工业总产值1.6%。全年纳税总额196万元。

（闫海亮 陈譞华）

## 石油开发建设

【概况】 伊通境内探明可开采石油储量900亿千克。2022年，伊通有石油开发项目单位2家（中石油吉林油田分公司和利雅得能源分公司），分别位于靠山镇姜家村和大孤山镇何家村，开发面积540平方米，油井分布在伊通境内10个乡镇。至年末，伊通石油开发项目投入资金90亿元，打井863口，产原油43.1亿千克，产值实现125.3亿元，缴纳税金18.50亿元。

（陈立国 史海丹）

【空气热混相驱技术引进】 2022年5月，利雅得公司引进空气热混相驱技术，率先在Y10-3井开展注气试验。至年末，注入空气1225.64万立方米，一线5口生产井产量均上升，未见氧气产出，井组日产油由注气前日产油2万千克升至日产油3.5万千克，日增油1.5万千克。有5个井组（Y10-3、Y4-16、Y8-8、Y10-6、Y+6-4）实施空气热混相驱矿场试验。空气热混相驱技术主要通过原油与空气热氧化反应，提高油藏温度，在油藏条件下使原油降黏、热膨胀、气化/蒸馏，实现热混相，提高波及体积及驱油效率，提高采收率。

【油企开发服务】 2022年，伊通石油开发建设服务中心主动服务，协助吉林油田和利雅得油田新征临时占地30公顷；投资6.5亿元完成钻井58口，投产58口，产油3.5亿千克，产值12.8亿元，缴纳税金2亿元。

【重点企业】 利雅得能源公司位于伊通满族自治县靠山镇，东北与长春油田相邻。探明含油面积36.07平方千米、原油地质储量221亿千克，可采原油储量44.24亿千克，油藏埋深2800米至3000米。动用18.25平方千米，未动用17.82平方千米，原油销售商品量16.5亿千克。中石油吉林油田分公司采油主产区包括三道乡、靠山镇、莫里青乡、大孤山镇、马鞍山镇5个乡镇，年产原油1.8亿千克。

(陈　浩　郑金鑫)

# 电力工业

【概况】 2022年12月9日,国网吉林省电力有限公司伊通供电公司(简称“国网供电公司”)、国网四平供电公司伊通满族自治县供电中心(简称“国网供电中心”)合并,国网供电中心归国网供电公司管辖,统一为国网吉林省电力有限公司伊通供电公司。国网供电公司连续安全生产1.14万天。供电可靠率99.81%,综合电压合格率99.74%。售电量3.38亿千瓦时,比2021年增长12.40%;综合损失率5.80%,电费回收率100%。国网供电中心安全生产1.55万天。售电量1.72亿千瓦时,比2021年增加714万千瓦时,增长率4.34%;采集率99.78%;台区线损达标率98.5%,增长71%;电费回收率实现月清月结。

【电网建设】 2022年,伊通实施“十四五”电网建设规划,推进县域电网建设和改造,国网供电公司2024年66千伏发展变增容扩建完成、66千伏伊西乙线营城分线改造工程项目建设书编制,落实2023年项目批复资金3655万元。取得2023年黄岭子镇66千伏变电站改造项目、东尖66千伏变电站新建项目《项目建设用地预审与选址意见书》。国网供电中心采集率时时监控。对采集失败电能表进行统计,更换采集故障单相表632块,三相表79块,采集终端32块。台区达标率实现99.7%,10千伏分线线损达标率100%。

【电网安全运行】 2022年,伊通国网供电公司制订公司安全责任,落实50项措施。发挥督查队作用,布控球对作业现场远程监控,督查现场作业262个,查处违章22起60条,下发安全通报8期,扣发绩效2.71万元。排查隐患1341件,治理648件,更换老旧水泥杆534基,更换悬垂243片,更换柱式绝缘子1005支,安装真空开关7台,改造绝缘化变台28座,改造10千伏线路4.4千米,改造0.4千伏线路5.9千米,治理三相不平衡台区8个,消除高低压对地距离不足35处,砍伐线路通道树木5007棵。落实迎峰度冬(夏)措施,发布特殊天气预警24条,应对雷暴大风、雨雪冰冻和洪涝灾害。组织应急演练12次,修订应急预案,完成党的二十大、“两会”期间及重要节日保电任务。国网供电中心完成新冠疫情期间高考、中考、国庆、党的二十大、防汛、抗冰保电工作。开展输电专业“六防”(防雷击,防污染,防火灾,防破坏,防鸟害,防震)工作,砍剪树木92棵,排查防外破隐患8处,建立“一患一档”(线路运行维护人员巡视发现隐患,用图片、文字等方式进行电子记录备案,同时对隐患地理位置、危急程度、形成原因、发现人员、发现日期、处理情况等内容进行记录,并将各条线路划为不同等级隐患区,分别对待);使用设备管理系统App巡视638基杆塔。对220千伏双伊线“三跨”(跨越高速铁路、高速公路和重要输电通道架空输电线路区段)地段开展专项巡检3次,登检2次,红外测温4次,防汛地段2处、防外破重点地段18处巡检30次。线路超高树木砍剪243棵,红外测温385处,下发线路防护通知书12份,治理低电压台区1台次。扶正15米水泥杆5基,更换15米水泥杆2基,处理电缆接头过热5处。开展迎峰度夏、防汛专项隐患排查,建立线路包保责任制,防汛前完成箱变基础维护7台。新冠疫情期间,实施以“确认单+抢修票”开展配电抢修任务,封控、管控区域作业34次,抢修作业和防疫“双安全”。10千伏线路故障停17条次,比2021年减少8条次,其中,外破故障减少6条次;临时停电5条次,减少6条次,降低线路故障停电次数、停电时长。变电站红外特巡42次;220千伏清伊线投运工作及城西66千伏变电站2号电容器组技改工程完成;对3座变电站电缆沟、排水沟、事故油池等防汛隐患专项排查。

【供电服务】 2022年,伊通国网供电公司在新冠疫情期间,基层供电

2022年4月14日,国网伊通供电公司党员服务队为建国村大长风农机专业种植合作社育秧大棚检修用电线路和设备　　(杜秀莲　摄)

所利用微信视频宣传培训等形式，指导村屯居民线上缴费；对缴费存在困难用户签订《预付费协议》《费控协议》，实现电费结零。开展客户安全隐患排查，下达整改通知书。查出漏电用户78户，挽回经济损失25万余元。实现台区线损理论计算全覆盖。“网上国网”注册用户8万户。“三零”（国家电网三零指低压小微企业用电报装“三零”服务，即“零上门、零审批、零投资”）服务为用户节约办电成本150万元。建立电费回收预警机制。国网供电中心建立缴费风险客户档案，实现电费结零。采集率时时监控。对采集失败电能表进行统计，更换采集故障单相表632块，三相表79块，采集终端32块。台区达标率99.7%，10千伏分线线损达标率100%。

（孙　奥　于开彬）

【工业用电】　2022年，伊通工业用电2.06亿千瓦时，比2021年增长12.8%。能源工业用电20.3亿千瓦时，增长0.6%；农产品资源加工业用电2.24亿千瓦时，增长17.4%；冶金建材业用电2.56亿千瓦时，增长45.1%。全县25家重点用电企业当月用电0.44亿千瓦时，增长51.6%；用电5.57亿千瓦时，增长26.3%。重点用电企业用电量占全部工业用电量20.9%。

（逯　野　王利芳）

# 医药工业

【概况】　2022年，医药健康业为伊通重点支持发展产业。有医药制造规模以上企业1家——吉林省七星山药业有限公司，产值实现2976.9万元，比2021年增长10.2%，占全县规模以上企业工业总产值0.01%。

【药品生产】　吉林省七星山药业有限公司生产片剂和胶囊剂品种24个，年产能12亿片（粒），产品“麝香抗栓胶囊”“复方榛花舒肝胶囊”为全国独家产品和国家中药保护品种。研发的新品种“鸡胆浸膏分散片”（化学药品5类）“化痰平喘片”“复肝宁片”“前列舒乐分散片”“盐酸氟桂利嗪胶囊”“小儿消咳片”“小儿肺热平胶囊”“小儿进食片”，经国家市场监督管理总局新药审评中心审批投放市场，产品销往全国23个省及直辖市。

【医药健康产业发展规划编制】　2022年，伊通明确“十四五”期间吉林省医药健康产业发展方向和工作重点，加快推动产业高质量发展，伊通科技局围绕《四平市“十四五”医药健康产业发展规划》编制《伊通满族自治县“十四五”医药健康产业发展规划》，内容包括国内医药健康产业发展现状分析与趋势，伊通满族自治县医药健康产业基础分析，医药健康产业发展相关政策，伊通满族自治县医药健康产业发展方向，医药健康产业招商地图，医药健康产业发展具体策略。

（郑金鑫　马征然）

# 建筑业

【概况】　2022年，伊通完成建筑业总产值11.04亿元，比2021年下降20.8%，占全县生产总值比重3%。新增规模以上建筑业企业3家。全年签订建筑合同额11.19万元，下降20.6%；建筑业企业实现利润额2.23亿元，下降20%。

【建筑市场】　2022年，伊通建筑业企业在县内完成施工产值6.7亿元，下降5%；在外地市场完成产值3.4亿元，下降5%。全县建筑业企业出省施工产值1.09亿元，下降10%。制订《伊通满族自治县关于加快推进建筑业高质量发展的实施意见》，发挥优质企业引领示范作用，激励建筑业企业优化升级、拓展建筑企业对外业务。支持全县建筑业企业拓展国内外建筑市场，巩固扩大县外建筑市场份额和拓展境外工程承包市场，提高市场占有率，增强市场竞争力。

【建筑施工】　2022年，伊通有建筑企业30家。其中，一级资质1家；二级资质4家、三级资质25家。建筑业企业房屋建筑施工面积25.2万平方米，下降6%，其中新开工面积11.56万平方米，下降3%。完成外出施工产值3.4亿元。全县有在建建筑工地47个，面积63.19万平方米，造价16亿元；新增在建建筑工地4个，新增面积26.9万平方米，新增造价6.99亿元；竣工在建建筑工地4个，竣工面积9.54万平方米，竣工造价1.6亿元。

（李　贺）

【建筑市场治理】　2022年，伊通开展建筑市场治理工作，对全县36个在建项目主体责任、施工管理、实体防护、消防安全、监理履职、文明施工6个方面进行检查。以建筑工程管理为重点，其他行业监管部分为补充，明确评价内容、细化评价标准，制定黑名单动态管理制度，加大联合奖惩力度，依托全省信用综合服务平台，将涉及行政处罚的企业及个人诚信情况在“信用中国（吉林—四平）”进行公开。全年对1家企业、5名个人就未办理建筑工程施工许可证及实名制问题进行立案调查，并依法进行行政处罚。针对排查出现问题下达限期整改通知单22份，督促相关单位逐条整改完成。

（郑　军）

【建筑工程安全管理】　2022年，伊

通召开建筑行业安全生产工作会议7次，印发《全县住建系统安全生产大检查工作方案》《全县建筑施工领域安全生产大排查大整治行动工作方案》《伊通满族自治县住建系统2022年“安全生产月”活动实施方案》等相关文件35份，结合全县住建领域安全生产专项整治三年行动方案要求，采取日常检查、巡查和抽查等方式对在建项目进行不间断排查。至年末，排查在建项目36个，下发安全隐患整改通知单31份，查处安全隐患116条，所有隐患问题均整改落实。对全县4处超过一定规模且危险性较大分部分项工程，从方案编制、图纸设计、现场论证、检查验收等方面进行全过程安全生产监督管理，全年未发生任何问题。排查建筑工地36处、单体108个，建筑面积25万平方米，排查塔吊58台、施工吊篮216台，对1台塔吊进行封停并拆除处理。培育市级安全文明标准化工地5处，建筑面积5.35万平方米。

（刘小元）

**【建设工程质量监管】** 2022年，伊通围绕房屋建筑工程主体结构安全和使用功能，采取定期检查和不定期抽查相结合方式，重点开展工程巡查和重点部位抽查工作，加强工程质量管理。全年办理监督注册登记工程47个，监督在建工程36个，办理竣工验收备案工程22个，工程“两书一牌一档案”制度落实率100%。开展检测机构监督检查1次。对全县预拌混凝土企业进行检查，对36个项目、68个单体工程进行排查整治。

（郑　飞）

**【招投标管理】** 2022年，伊通完成76个公开招标项目标段监督，其中采用“评定分离”项目76个，中标合同价款23.61亿元。9月1日起，新项目招标备案、公示及开标、评标活动和招标总结报告全部在一体化平台上实施，实现全程电子开标、评标、定标、电子存档，提高招投标活动效率和透明度。

（袁耸峰）

**【工程造价管理】** 2022年，伊通对全县基本建设工程造价咨询合同备案实施监督，加强定额人工单价、暂列金额、暂估价监督管理。至年末，完成造价咨询合同备案业务168个。县住建局每月按时将全县材料价格信息上报至市定额站，由市定额站统一发布上月材料信息价格。

**【施工图审查】** 2022年，伊通通过“强化质量意识、强化监管手段、强化技术服务”，从设计源头抓起，严把施工图审查关。全年完成22个项目施工图设计文件报送及审查工作。其中，公共建筑8个、装饰装修建筑3个、工业建筑7个、市政工程4个。

（聂东伟）

**【建筑工人实名制】** 2022年，伊通实行农民工工资管理工作线上监管，要求建筑工程项目落实建筑工人实名制管理、工资专用账户管理、代发工资管理等制度，督促企业按月足额支付农民工工资，保证工人工资按月发放到位。至年末，《吉林省建筑工人实名制管理平台》项目26个，实名制工人录入3031人，在线支付7643万元。

（徐　浩）

**【城乡房屋隐患排查】** 2022年，伊通成立以县委书记、县长为双组长，相关副县长为副组长，各相关部门为成员单位的城乡房屋隐患排查工作领导小组。落实“1+N”工作模式，成立工作专班，对全县城乡房屋隐患进行排查，掌握房屋底数，建立动态台账，明确处置措施，彻查彻改风险隐患，严防事故发生。全县有房屋9.76万栋。其中，经营性自建房1948栋、其他自建房9.56万栋。排查隐患房屋73户，存在安全隐患自建房5栋，均为D级危房，全部整治完成。原址重建1栋、管控封存4栋，全部建立台账，分别由各乡镇（街道）、行管部门落实排查包保责任。

（程兆莹）

**【扬尘治理】** 2022年，伊通常态化开展扬尘治理整改提升工作。发挥建设单位和施工企业主体作用，在项目开工前落实扬尘防控各项制度和措施；发挥监理单位监督主体作用，落实施工期环境监理职责，实现建筑工地扬尘早发现、早整改、早处置，提高扬尘治理工作成效。至年末，下发问题整改通知单14份，完成问题整改14个。

（刘洪刚）

# 商贸服务业

## 商贸流通

【概况】 2022年，伊通社会消费品零售总额22.82亿元，比2021年下降7.5%。限额以上（简称“限上”）社零额2.23亿元，增长0.1%；限上批发业8家，销售额8.88万元，增长55%；限上零售业21家，销售额1.86亿元，增长15.4%；限上住宿业1家，销售额1053.20万元，增长21%；限上餐饮业2家，销售额2778.70万元，下降33.1%。11月5日至10日，县商务局参加第四届进博会，全县在进口博览局官网注册报名50人，完成省团下达指标。

【商贸体系建设】 2022年，伊通推进县域商业建设行动，以人口聚集乡镇（街道）为重点，支持商贸中心、大中型超市、集贸市场，完善冷藏、打包、食品加工等设施，补齐基础设施短板。建设改造一批县级物流配送中心和乡镇（街道）快递物流站点，提高物流配送效率。鼓励商贸物流、电商等企业建设分拣、预冷配送等商品化处理设施，提高农村产品、商品转化率。引导商贸流通、生活服务与现代农业等特色产业融合发展，增强商贸服务业推动生产、扩大消费功能。推动电子商务发展，电商化改造优势产业、特色产品，建设电子商务共享云仓试点。

【消费券促销】 2022年，伊通发放消费券6次。其中，普惠型消费券发放1次、43万元；汽车消费券发放1次、35万元；家电以旧换新消费券发放1次、14.5万元；家电消费券发放1次、15万元；“品四平小吃 享英城滋味”消费券发放1次、15万元；“品伊通小吃 享满乡滋味”消费券发放1次、5万元。全年，发放消费券127.5万元，核销91.8万元，拉动销售额1737.8万元。

【汽车家电下乡促销】 2022年，伊通启动以“汽车家电进乡镇·温暖服务送万家”为主题促销活动。创新组合汽车、家电产品共同展销，冰箱、电视、冰柜等家电以旧换新，销售额137万余元。10月2日，开展红旗新能源汽车优惠政策推广活动。组织样板汽车展览，委派专人介绍、讲解，协调四平通立汽车在伊通异地办公。至年末，交车96辆。

【专项资金扶持促销】 2022年，伊通利用省级服务业发展资金支持企业促销活动宣传，组织限上企业25家和大型商贸企业在节日期间开展“品四平小吃 享英城滋味”“品伊通小吃 享满乡滋味”促销月活动，销售额10万元。

【商贸服务业入统】 2022年，伊通开展摸底调查，将符合条件企业转为限上，促进批发、零售、住宿、餐饮行业发展。纳入入统培育库企业1家，个体3家。其中，零售业3家（星拓汽车服务有限公司、京东家电、家禾家具）；餐饮业1家（老多餐馆）。

（孙一鸣）

【商贸流通领域安全整治】 2022年，伊通加强商贸流通领域平安建设，参与国家安全教育宣传日活动，宣传国家安全相关法律法规，发放宣传资料50余份，解答群众咨询10余人次。结合春节、中秋等传统节日及党的二十大等重要时间节点，配合县应急管理局、公安局、消防救援大队等部门，分行业多轮次开展商贸流通领域各商场、超市、宾馆、酒店、加油站等人员密集场所、重点企业检查整治。检查商贸企业70余家次，发现隐患20余个，下达限期整改通知书10余份，全部整改。开展大型商场、超市、宾馆、酒店等商贸流通服务企业新冠疫情防控，督促商超规范经营，溯源备案和销售登记；大型超市保障日用品、副食品充足供应，增加口罩、消毒液等新冠疫情防控应急物资供应；开展全县市场日监测，摸底调查区域内粮油等副食品库存情况，统计分析全县生活必需品、米、面、粮油等库存和价格情况。

（张英伟）

【冷链食品检查】 2022年，伊通市场监督管理局对冷链食品全链条

伊通"夜经济"的"夜美食"以地域美食"伊通烧鸽子烧烤一毛街"为主,辅以苏耗子等其他特色小吃。图为伊通烧鸽子烧烤一毛街

(沈鸿升 摄于2022年10月5日)

各环节安全防控工作进行提级监管,将国产冷链食品提升到进口冷链食品监管标准。全县辖区内生产、流通、大型商超冷库施行"每周一检"。县卫健局聘请疾控专业老师对市场监督管理局基层分局人员进行系统化培训。对冷链食品生产经营单位进行面对面培训指导,开展冷链食品全链条核酸检测、采样和防控宣传同步推进、同步完成。执法人员对全县辖区内冷库26家(生产企业4家、餐饮服务单位3家、大型商超4家)开展核酸检测4轮,采集物表、环境样品538批次。

【"夜经济"发展】 2022年,伊通"夜经济"以"伊鹿高鸽"夜市集聚区主会场——伊通民族体育场为主,占地3.5万平方米,摊位700余个,为退伍军人、残疾人就业提供岗位。打造五大"夜"态,即"看夜景""夜商贸""夜美食""夜商演""夜赛事"。重点打造"夜商贸"——伊通夜市,有地摊百货、非遗产品、旅游商品、跳蚤市场,第一书记代言扶贫农产品成为亮点之一;"夜美食"以地域美食"伊通烧鸽子烧烤一毛街"为主,以民族体育场海鲜排档、苏耗子、玻璃叶饼、黏豆包、驴打滚等满族特色小吃为辅。

(赵 迪)

## 批发零售业

【概况】 2022年,伊通限上批发零售企业16家,个体13家。限额以下(简称限下)抽样单位批发零售企业2家,个体8家。社会消费品零售总额22.82亿元,比2021年下降7.5%。限上商品,粮油、食品类增长3.9%;饮料类下降26.5%;烟酒类下降31.4%;服装、鞋帽、针纺织品类下降25.5%;化妆品类下降28.4%;日用品类增长13.6%;五金、电料类下降59%;体育、娱乐用品类下降41.2%;书报杂志类增长19%;家用电器和音像器材类下降18.4%;文化办公用品类下降30%;家具类下降100%;通讯器材类下降0.4%;煤炭及制品类增长118%;石油及制品类下降23.4%;其他未列明商品类增长39%。

【批发业】 限上批发企业8家。限下抽样单位企业1家、个体3家,批发业销售额14.43亿元,比2021年增长13%。其中,限上批发业销售额8.88万元,增长55%;限下批发业销售额5.55万元,下降21.2%。

【零售业】 2022年,伊通限上零售业企业8家、个体13家,限下抽样单位企业1家、个体5家。零售业销售额20.23亿元,比2021年增长6.9%。其中,限上零售业销售额1.86亿元,增长15.4%;限下零售业销售额18.37亿元,增长6.1%。

(隋丽娜)

【商标侵权整治】 打击侵犯知识产权、制售假冒伪劣商品专项行动领导小组开展检查2次,对假冒伪劣商品进行集中销毁1次,销毁假冒伪劣商品有过期大米、不合格保健食品、侵犯商标权的茅台酒等。

(王双莹)

表28 2022年伊通满族自治县社会消费品零售总额统计表

单位:万元

| 指标名标 | 代码 | 金额 |
|---|---|---|
| 社会消费品零售总额 | 01 | 228187.10 |
| 一、按销售单位所在地分组 | — | — |
| 1.城镇 | 02 | 169218.60 |

续表28

| 指标名称 | 代码 | 金额 |
|---|---|---|
| 2.乡村 | 04 | 58968.50 |
| 二、按行业分组 | — | — |
| 1.批发业 | 05 | 5434.80 |
| 限额以上企业(单位) | 06 | 0 |
| 限额以下企业(单位)及个体户 | 08 | 5434.80 |
| 2.零售业 | 09 | 184649.00 |
| 限额以上企业(单位) | 10 | 17838.60 |
| 限额以下企业(单位)及个体户 | 12 | 166810.40 |
| 3.住宿业 | 13 | 5888.50 |
| 4.餐饮业 | 17 | 30304.40 |

(伊通满族自治县统计局)

## 住宿餐饮业

**【概况】** 2022年,伊通限上住宿业和餐饮业企业3家、个体9家。限下抽样单位企业1家、个体5家。住宿餐饮业营业额2.99亿元。

**【住宿业】** 2022年,伊通限上住宿业企业1家,个体1家,限下抽样单位企业1家,个体2家。住宿业营业额3554.30万元,比2021年增长1.6%。限上住宿业营业额1053.20万元,增长21.0%。其中,客房收入706.90万元,餐费收入338.20万元;商品销售额8.10万元,限下住宿业营业额2501.10万元,下降4.8%。

**【餐饮业】** 2022年,伊通限上零售业企业2家、个体8家,限下抽样个体3家。餐饮业营业额2.63亿元,比2021年增长7.4%。限上餐饮业营业额2778.70万元,下降33.1%;其中,餐费收入2298.9万元、商品销售额413.8万元、其他营业收入66万元。限下餐饮业营业额2.35亿元,增长15.7%。

(隋丽娜)

**【食品安全宣传周活动】** 2022年9月19日至23日,县市场监督管理局在伊通大市场南门北门,向群众、食品经营户发放食品安全宣传资料700余份,普及食品安全知识,宣讲食品安全科普知识、相关法律法规,接受群众关于食品安全方面问题咨询。

(王双莹)

## 电子商务

**【概况】** 2022年,伊通电商企业81家。开展"短视频+直播""党建+电子商务"等线上线下融合式展示促销。"吉南辽北蒙东六市名优产品展销会"推动电子商务在新零售商业领域应用融合,电子商务消费模式创新发展,网络零售额1.02亿元,比2021年增长6.9%。其中,实物型网络零售额0.57亿元、服务型网络零售额0.45亿元。县级电子商务公共服务中心1个、乡镇及村电子商务服务站点187个、县级电商公共物流配送中心1个。

2022年7月30日,伊通商务局参加四平市举办的吉南辽北蒙东六市名优特产品展销会。因为伊通商务局邀请"火胖传媒"现场直播带货

(冯彦忠 摄)

表29　　2022年伊通满族自治县重点电商企业一览表

| 序号 | 企业名称 | 注册资本 | 企业注册地址 | 企业（机构）类型 | 企业规模 | 国标行业门类 |
|---|---|---|---|---|---|---|
| 1 | 吉林省伊鹿高鸽电子商务有限公司 | 70万元 | 吉林省伊通满族自治县电子商务公共服务中心一楼 | 有限责任公司（自然人投资或控股） | XS（微型） | 信息传输、软件和信息技术服务业 |
| 2 | 伊通满族自治县三道乡家乐电子商务服务站 | 5万元 | 四平市伊通满族自治县三道乡街道北侧17号楼1层5门 | 个人独资企业 | XS（微型） | 批发和零售业 |
| 3 | 吉林省恒瑞优选电子商务有限公司 | 50万元 | 四平市伊通满族自治县县域电子商务公共服务中心 | 有限责任公司（自然人独资） | XS（微型） | 批发和零售业 |
| 4 | 吉林省伟峰电子商务有限公司 | 50万元 | 吉林省伊通满族自治县伊通镇电商大厦3楼（伊通大街2765号） | 有限责任公司（自然人投资或控股） | XS（微型） | 信息传输、软件和信息技术服务业 |
| 5 | 吉林省泉莹电子商务有限公司 | 50万元 | 吉林省伊通满族自治县伊通镇在水一方86号楼3-4门 | 有限责任公司（自然人投资或控股） | XS（微型） | 信息传输、软件和信息技术服务业 |
| 6 | 致远电子商务（伊通满族自治县）有限公司 | 50万元 | 吉林省伊通满族自治县伊通镇库仑大路北侧库仑大路回迁楼1号楼1层8门 | 有限责任公司（自然人独资） | XS（微型） | 批发和零售业 |
| 7 | 四平市古德电子商务有限公司 | 500万元 | 吉林省四平市伊通满族自治县伊通镇电商大厦3楼 | 有限责任公司（自然人投资或控股） | XS（微型） | 信息传输、软件和信息技术服务业 |
| 8 | 伊通满族自治县电子商务协会 | 3万元 | 吉林省四平市伊通满族自治县清华苑小区5号楼 | 社会团体 | — | — |
| 9 | 伊通满族自治县慧通电子商务有限公司 | 3万元 | 伊通满族自治县伊通镇西广场北侧B2-5-1（吉视传媒楼下） | 有限责任公司（自然人独资） | XS（微型） | 批发和零售业 |
| 10 | 吉林猎豹电子商务有限公司 | 300万元 | 吉林省伊通满族自治县伊通镇福安街A2-7-3 19幢2层（县地税局道南） | 有限责任公司（自然人投资或控股） | S（小型） | 信息传输、软件和信息技术服务业 |
| 11 | 伊通满族自治县祥悦电子商务有限公司 | 300万元 | 吉林省伊通满族自治县伊通镇阳光花园小区25栋105室 | 有限责任公司（自然人投资或控股） | S（小型） | 批发和零售业 |
| 12 | 伊通满族自治县城市超仁电子商务有限责任公司 | 300万元 | 吉林省伊通满族自治县伊通镇伊通大街南段东侧清华苑小区2号楼营业楼1层5门 | 有限责任公司（自然人独资） | S（小型） | 信息传输、软件和信息技术服务业 |
| 13 | 吉林省聚成电子商务有限公司 | 200万元 | 吉林省伊通满族自治县伊通镇伊通大街四小学东侧00 | 有限责任公司（自然人独资） | XS（微型） | 批发和零售业 |
| 14 | 岳昕百利电子商务（吉林）有限公司 | 200万元 | 吉林省伊通满族自治县伊通镇人民大路北侧晨光家园01 | 有限责任公司（自然人独资） | S（小型） | 批发和零售业 |
| 15 | 伊通满族自治县宗非电子商务有限公司 | 200万元 | 吉林省伊通满族自治县庆阳街B1-11-4（西广场西侧） | 有限责任公司（自然人投资或控股） | S（小型） | 批发和零售业 |
| 16 | 伊通满族自治县满乡神韵电子商务有限公司 | 1万元 | 四平市伊通满族自治县伊通镇福庆西路B3-8-1 | 有限责任公司（自然人投资或控股） | XS（微型） | 批发和零售业 |
| 17 | 伊通满族自治县伊通镇圣伊电子商务中心 | 1万元 | 四平市伊通满族自治县伊通镇中华西路北侧圣一富苑6号楼（规划46号楼）2单元902室 | 个体工商户 | — | 批发和零售业 |

续表29

| 序号 | 企业名称 | 注册资本 | 企业注册地址 | 企业(机构)类型 | 企业规模 | 国标行业门类 |
|---|---|---|---|---|---|---|
| 18 | 伊通满族自治县微伊电子商务有限公司 | 150万元 | 吉林省伊通满族自治县伊通镇电商大厦3楼 | 有限责任公司(自然人投资或控股) | XS(微型) | 批发和零售业 |
| 19 | 智慧电子商务(伊通满族自治县)有限公司 | 150万元 | 伊通满族自治县二道镇石门村谷家洼子 | 有限责任公司(自然人独资) | S(小型) | 批发和零售业 |
| 20 | 吉林省研峰电子商务有限公司 | 120万元 | 吉林省伊通满族自治县伊通镇伊公公路北侧B2-5-1(天馨花园) | 有限责任公司(自然人投资或控股) | S(小型) | 信息传输、软件和信息技术服务业 |
| 21 | 四平邹丽电子商务有限公司 | 10万元 | 吉林省伊通满族自治县伊通镇光明街东侧西裕园二层商业楼1层1门 | 有限责任公司(自然人独资) | XS(微型) | 批发和零售业 |
| 22 | 四平未坤电子商务有限公司 | 10万元 | 吉林省伊通满族自治县小孤山镇路南侧街道小孤山镇赫尔苏小区7号楼1层2门 | 有限责任公司(自然人独资) | XS(微型) | 批发和零售业 |
| 23 | 壹佳伊电子商务(四平)有限公司 | 10万元 | 四平市伊通满族自治县电商大厦3楼301号 | 有限责任公司(自然人独资) | XS(微型) | 批发和零售业 |
| 24 | 四平晓琴风电子商务有限公司 | 10万元 | 吉林省伊通满族自治县伊通镇光明街东侧西裕园二层商业楼1层6门 | 有限责任公司(自然人独资) | XS(微型) | 批发和零售业 |
| 25 | 伊通满族自治县银花电子商务有限公司 | 10万元 | 吉林省伊通满族自治县伊通镇振康街盛府家园2号楼3单元101室 | 有限责任公司(自然人投资或控股) | XS(微型) | 批发和零售业 |
| 26 | 伊通满族自治县辉耀电子商务有限公司 | 10万元 | 吉林省伊通满族自治县伊通镇振康街盛府家园10号楼2单元101室 | 有限责任公司(自然人投资或控股) | XS(微型) | 批发和零售业 |
| 27 | 伊通满族自治县道合喔刷电子商务有限公司 | 10万元 | 吉林省伊通满族自治县伊通镇库仑大路北侧家阖上品小区21号楼1层10门 | 有限责任公司(自然人投资或控股) | XS(微型) | 批发和零售业 |
| 28 | 吉林省满乡电子商务有限公司 | 100万元 | 吉林省伊通满族自治县伊通大街与库仑大路交会处航宇新城转盘广场M44号 | 有限责任公司(自然人投资或控股) | XS(微型) | 批发和零售业 |
| 29 | 吉林省锦秀乡村电子商务有限公司 | 100万元 | 吉林省伊通满族自治县伊通镇七星街西侧俊华汽贸商业楼1层3门 | 有限责任公司(自然人独资) | XS(微型) | 批发和零售业 |
| 30 | 吉林省集客多电子商务有限公司 | 100万元 | 四平市伊通满族自治县伊通镇中华西路B4-3-2(伊通榆银村镇银行东侧) | 有限责任公司(自然人独资) | XS(微型) | 批发和零售业 |

(伊通满族自治县商务局)

【农村电商】 2022年，伊通引导脱贫村产品品牌化，鼓励电商企业参与。与脱贫村签署帮扶合作协议，通过电商运营等方式销售农副产品，帮助脱贫户扩大农产品线上销售。发展以农产品销售为主的农业电子商务，开展供销直播进百村活动，拓宽农产品网络流通渠道。实现城市下行商品1天送达农村、农村上行产品1天到达城市目标。

【电商直播】 2022年，伊通搭建平台，助力电商产业发展，举办“益企伊品·扶企助企”线上线下产品展销会，邀请伊通新兴电商龙头企业火胖传媒青年电商直播达人通过抖音、快手等多个互联网平台进行线上推介、直播带货。直播观看量15.3万余人次。线上线下销售促进产品交易量1.2万余单，销售额52万余元，达成长期合作意向企业8家。带领电商企业和非公企业参加“第二届中国新电商大会”等电商交流活动，促进企业开拓市场，推动全县“线上+线下”消费，推广“电商+直播”模式，为产品推广销售打开新“窗口”。跨省际间区域合作，为新电商企业产品销售提供展示平台。电商节、电商年货节推荐特色产品伊通大米、伊通烧鸽子等特色产品70余种。

【跨境电商】 2022年，伊通引导园区企业发展和扩大跨境电子商务，促进企业采用“互联网＋外贸”方式拓宽海外营销渠道。以空间环境与营商环境为基础，通过整合社会化、市场化资源，建立“全链式”服务体系，为企业免费提供开放式跨境电商公共平台，协助企业进行创业项目开发。通过政策支持，集聚和培育更多创业人才和跨境电商企业，形成跨境电子商务。

（刘玉桐）

## 物　流　业

【概况】 2022年，伊通货物运输99.43万千克，比2021年减少2.17%。物流仓储集配中心华瑞物流、绿科物流、宝联物流获中央专项资金补贴。华瑞物流仓位于伊通大街报国普乐寺北侧，采用”库存+平台云”运营模式。华瑞物流入驻快递包裹企业7家。绿科物流集配中心3000平方米库区2个，物流中转场地1.7万平方米，年收入90万元。整合县域内包括申通、圆通、中通、京东、百世等快递物流企业24家，实现统仓统配。建立镇级物流分拨中心，培育村级物流配送主体3个。投资建设“快递超市”20个。电商服务站运营商组织部分电商服务站拓宽快递收发营业范围，建设物流配送功能电商服务站52个，引入外卖平台企业进入农村物流配送市场，美团优选设立配送网点561个。宝联仓储位于武警中队南，建立季节性农资仓储配送，整合县域部分农资销售、运输环节，降低农民生产成本。

【冷链物流项目建设】 2022年，伊通推动菜鸟物流、顺丰速运、京东物流、德邦物流等大型物流企业冷链物流发展项目，开放共享营商环境。引导传统货运企业转型升级，培育一批技术先进、动作规范、专业化、规模化冷链物流企业。对生产存储、加工、运输、销售全过程制定冷链物流建设标准和服务规范。结合冷链物流行业发展实际，建立行业发展规范。

【物流企业培育】 2022年，伊通支持既有物流企业解决建设过程中物流人才引进和培养。优化物流人才发展环境，强化人才激励政策，完善人才引进机制，从物流发达城市引进一批物流业中高端人才。依托绿科物流服务中心，利用物流平台优势，联合快递公司、主流电商平台等，鼓励快递企业走进农村，打通当地农产品产销服务“最后一公里”，推动地方农村物流发展。全县形成一级分拨中心、二级配送节点、三级终端网络满足三级配送体系，实现村屯全覆盖，满足农产品进城、家电下乡、服务下乡需求，形成农产品进城与农资、消费品下乡双向流通格局。

（刘玉桐）

【农村物流发展】 2022年，伊通对

2022年，伊通集中整合物流园区为电子商务发展提供双向流通支撑。图为绿科物流园　（辛敬华　摄于2022年11月23日）

辖区内农村物流需求、发展情况开展摸底调查。辖区内县级客运站完成“客货邮融合”升级改造40%。建成乡镇运输服务站11个，覆盖率73%；行政建制村187个中建成农村物流服务点115个，覆盖率62%。辖区内县、乡、村三级农村物流网点使用全省统一标志标识。马鞍山镇物流集散中心建成投入使用后，县客运总站、营城子客运站实现客货同站。

（马　超　徐　妍）

## 粮食流通

【概况】　2022年，伊通粮食经营企业140家。其中，央企1家、国有企业9家、非国有企业及个体工商户、合作社130家。粮食收储能力21.7亿千克。其中，标准房式仓0.75亿千克、简易仓或罩棚仓11.1亿千克、储粮罩棚7.90亿千克、空场地1.95亿千克。烘干塔60台，烘干能力10亿千克以上。

【粮食收购监管】　2022年，伊通采取全面检查与重点检查相结合对粮食收购者监督检查。全年出动执法人员390人次，检查粮食企业150家，发现未及时办理备案手续、报表、台账不标准等下达整改通知书，遏制违法行为发生，确保粮食市场秋粮收购。全年查处违法案件3件。

【粮食调控】　2022年，伊通入统企业81家，粮食购进9.02亿千克。其中，稻谷0.31亿千克、玉米8.71亿千克。全年粮食支出9.05亿千克。其中，稻谷0.29亿千克、玉米8.76亿千克。粮食期末库存0.22亿千克。其中，稻谷0.04亿千克、玉米0.18亿千克。落实应急成品粮储备计划，建立成品粮与原粮互补粮食储备体系。执行粮油市场价格监测、粮油企业库存日报、周报制度，引导市场预期。推动粮油储运、加工、配送、供应等环节衔接，建立粮食应急保障供应网点22个，分布在全县各个乡镇（街道），省级粮食应急保障企业1家、储备粮食加工企业1家，储存原粮稻谷5.40万千克。

【粮食加工销售】　2022年，伊通入统企业6家，日处理稻谷能力5.80万千克。稻谷年使用量0.30亿千克，大米年产量0.20亿千克。年销售大米19.70亿千克。其中中高端品牌大米销售557.00万千克。粮食加工业产值8459万元，产品销售收入7701.64万元，利润163.22万元。报表企业1家，订单基地面积550公顷，年加工能力4125万穗，实际加工量1500万穗，销售收入5250万元，利润1312万元。

【粮食储备】　2022年，伊通落实城区居民15天应急粮油储备67.8万千克。其中，大米54.30万千克，面粉10.80万千克，食用油2.70万千克。

（林　億）

## 供销合作

【概况】　2022年，伊通供销社开展“吉字号”优质特色农产品品牌推介活动，帮扶大孤山镇升礼村开展排涝自救。制定《伊通供销社保春耕农资供应应急预案》，保障全县农资需求总量。与县农业农村局、市场监督管理局等部门开展“农资打假”行动，杜绝伪劣农资进入供销系统流通领域。推进供销综合改革，与农合联会员主动对接统一采购、统一议价；开展土地托管。全年对大孤山镇、营城子镇等14家基层社进行清查，核实土地面积4.68公顷，房屋面积7900平方米。

【服务“三农”】　2022年，伊通提升产品品牌知名度、影响力、市场占有率，拓宽农产品销售渠道，开展吉林特色农产品展销推介系列活动。参加全省“吉字号”优质特色农产品品牌推介；组织农合联会员单位（伊通海涛鹿业有限公司）参加第二十一届中国长春国际农业·食品博览（交易）会、第五届供销特色农产品展销会。参与“吉字号”供销特色农产品开放办社品牌建设，统计调查品牌企业7家。被吉林省供销社评审组评为“吉字号”金牌企业1家。组织伊通永春米业有限公司填写“吉字号”供销特色农产品品牌调查问卷。

【春耕农资供应】　2022年，伊通制定《伊通供销社保春耕农资供应应急预案》，成立保春耕农资供应应急领导小组，派出业务人员协调、调度、跟进农资储备情况。抢抓春耕节点，到基层网点调研5次、对专业合作社种粮大户进行调查摸底，掌握全县农资需求总量。全年组织购进各种化肥0.53亿千克。其中，复合肥0.41亿千克、氮肥0.04亿千克；磷肥0.03亿千克、钾肥0.03亿千克。生物有机肥0.02亿千克。供销系统化肥市场占有率50%。化肥和农药供应充足，满足春耕用肥、用药需求。配合县农业农村局、市场监督管理局等部门开展“农资打假”行动，杜绝伪劣农资进入供销系统流通领域，维护农资市场秩序。

【土地托管】　2022年，伊通开展土地托管服务。组织河源镇鼎泰种植农民专业合作社等会员单位为周边农户提供耕、种、收、病虫害统防统治业务。托管土地面积7394万公顷，统防统治面积6950.67万公顷。会员内部开展农资集中采购、粮食集中收购、农机相互租赁、资金互助等业务。机械化生产节约农村劳动力4200人，集中采购农资降低成本20余万元，提高粮食产量900万千克，会员内部收购粮食800万千克。农民通过土地托管流转，户均增收1500余元，解放劳动力外出务工，户增收1万余元。

【惠农服务中心建设】 2022年，伊通争取省供销合作社资金30万元，依托小孤山镇张岗子村建军种植专业合作社，打造2022年惠农驿站项目。惠农驿站办公室建成，购买拖拉机1台、液压翻转犁2台，土地托管等作业辐射小孤山镇及周边4个乡镇。小孤山镇供销社·惠农驿站为农民提供农资供应、土地托管、农技培训、测土施肥、统防统治、农机作业等服务。

【项目建设】 2022年，伊通中合供销粮油四平有限公司优质粮油产业化示范推广建设项目投资9183.77万元，建筑物主体施工、厂区土方回填、围墙基础、车间、平房仓屋顶钢结构安装，平房仓地面施工完成。项目支出资金5247.85万元。其中，专项资金支出4505.18万元、自有资金742.67万元。专项资金支出执行率100%。

【基层社管理】 2022年，伊通对18家下属基层社进行清查，丈量、核实土地与房屋面积，出租资产年限及租期权限。分类施策，对社有资产合理规划盘活利用，实现社有资产保值增值。

（毛　龑）

## 成品油监管

【概况】 2022年，伊通按加油类型划分：成品油加油站点42座；按性质划分：中石油加油站26座，中石化加油站1座，其他国有企业加油站1座，民营企业加油站14座；按区域划分：城区加油站点12座，城区以外加油站点30座。全年成品油销量3366.94万千克。其中，汽油销量1598.39万千克、柴油销量1768.55万千克。全年成品油收入1.98亿元。

【成品油专项整治行动】 2022年，伊通开展打击整治成品油非法经营专项行动，查处成品油违法违规经营行为，对销售不符合国家标准以及掺杂掺假、以假充真、以次充好、缺斤少两、价格欺诈等不法行为进行整治。按照《产品质量监督抽查管理暂行办法》要求，市场监管部门在辖区15家加油站中随机抽取被检对象，采取不打招呼、直奔现场方式，对经营者开展监督抽查。全年抽检加油站15家，查办成品油案件1起，无照案件1起。

（刘玉桐）

2022年4月25日，伊通小孤山镇供销社·惠农驿站为周边农户开展土地托管服务（免耕播种） （李建军　摄）

【散装汽油监管】 2022年，伊通检查全县加油站42家，建立台账档案、治安防范档案、散装汽油购销安全监管工作台账、散装汽油专职安全员培训记录、散装汽油加油员培训记录、散装汽油工作人员考核上岗记录、散装汽油实名登记临时登记簿等；建立应急预案、演练记录、散装汽油工作人员考核上岗记录。

【散装汽油违法犯罪打击】 2022年，伊通运用内保信息平台，对加油站销售散装汽油开展网上巡查，调取加油站每日5时至8时、17时至19时站内散装汽油加油机、摩托车、散装汽油加油专区视频监控回放录像，对未按规定实名登记、违规加注散装汽油等现象进行抽查检查，督促整改各类风险隐患40余处；打击涉散装汽油各类违法犯罪活动，查处私设加油亭、加油机、私自倒卖95#汽油案件，采取刑事强制措施3人，依法扣押涉案无人售油加油机3台、涉案私自改装私运箱货车1辆、涉案汽油700千克。

（聂　洋）

## 烟草专卖

【卷烟经营】 2022年，伊通卷烟销量增长3.73%，构建“优质终端为引领、现代终端为示范、普通终端为支撑”终端梯次化布局。加盟终端“握手+”（吉林省烟草加盟终端品牌）服务工作，提升终端客户服务水平，对全商品扫码客户进行辅导。A类、A+（烟草现代终端客户扫码评分达到A+标准的客户）类客户数量、质量明显提升。

【烟草市场清理整顿】 2022年，伊通对标娄底模式下专卖工作模式转型服务管理，在“3·15”“6·29”“12·4”期间，宣传法律法规，提高商户守法经营意识。办理案件41起，查获涉案卷烟149.20件，案值92.50万元，上缴罚没款9.83万元。落实“放管服”和“只跑一次”工作要求，根据电子烟、卷烟零售点合理布局规定，规范许可证办理工作，未出现超期办理烟草专卖零售许可证情况。全年处理预警245条。

【创新发展】 2022年，伊通创新工作方式、学习娄底市烟草专卖局经验做法，基层服务站完成改革，将营销、专卖两支队伍划分为站（所）3个、机动队3个，优化重组专卖、营销机构设置。

（孙旭佳）

## 盐业监管

【食盐管理】 2022年，伊通加强食盐管理，规范食盐经营行为。县市场监督管理局在全县范围内开展食盐经营和使用情况检查工作，重点检查辖区食盐经营者、餐饮经营单位主体资格资质、进货查验和索证索票制度执行情况，宣传普及《食盐专营办法》《食盐质量安全监督管理办法》《中华人民共和国消费者权益保护法》法律知识。印发宣传资料1万余份，普及工业盐等假冒伪劣食盐对人体危害，鼓励食盐经营单位对违法违规行为进行举报，净化盐业市场。

【食盐经营】 2022年，伊通推进食盐行业经营体制改革，引导食盐生产企业、批发企业兼并重组，提振盐业经济，提高盐业产品产量和质量，推进全县食盐批发销售工作。吉林盐业集团伊通有限公司是吉林省盐业集团有限公司下属全资子公司，全年销售各类商品盐236万千克。推行食盐加碘防治、碘缺乏病主导措施，建立碘盐质量保证体系，商品盐6项检测制度，做好各个环节检测，相关部门抽样检查中未出现质量问题。吉林盐业集团伊通有限公司获中国盐行业企业信用AAA级食盐批发企业资质，居民碘盐合格率100%。

【食盐储备】 2022年，伊通落实食盐储备政策，保证县级储备盐资金使用规范、储备数量充足、质量符合标准，维护食盐市场稳定。

（李铁军）

## 邮政服务

【概况】 2022年，伊通邮政分公司下辖（含寄递事业部）邮政局（所）22处。其中，城市网点7处、农村网点15处。负责国内、国际邮件寄递业务；报刊、教材、图书等出版物发行；机要通信业务和义务兵通信业务；邮票等邮资凭证销售；依法经营邮政储蓄业务；代销、代理保险业务；邮政物流业务；农资分销业务；电子商务；仓储服务等。2022年，伊通邮政分公司业务收入7511万元（原口径7558万元，剔除47万元），比2021年增长19.84%（原口径20.58%），位列全省第一；完成预算进度111.4%（原口径112.1%），位列全省第一；收入净增1243万元（原口径1290万元），位列全省第三。获“省级文明单位”荣誉称号。

【邮政普遍服务】 2022年，伊通邮政分公司建制村投递频次、营业服务达标率、《人民日报》见报率保持100%；机要通信质量安全运行；网点转型100%全覆盖。落实“扫黄打非”工作要求，杜绝涉黄涉非邮件进入邮政渠道；未出现重大通信服务质量问题、重大媒体曝光事件和重大违规经营案件。

【寄递业务】 2022年，伊通邮政分公司寄递事业部收入467.9万元。其中，特快收入198.3万元；快包收入200.2万元；国际收入2.3万元；其他收入67.1万元。开发中高端电商市场，引导客户寄递特快邮件，全年，特快项目收入61万元。县商务

2022年6月25日，伊通邮政公司寄递事业部转运工作分拣现场

（高　鹏　摄）

局召开县、乡、村三级物流体系建设工作会议，推进快递进村、邮快合作，完成马鞍山镇与顺丰快递合作。推进镇级中邮驿站建设，完成伊丹镇、马鞍山镇建站工作。

**【邮政储蓄业务】** 2022年，伊通邮政分公司金融业务收入5494万元，比2021年增长19.96%，增幅排名全省第一。全县居民存款市场占有率20.13%，比年初增长1.07%；增加余额市场占有率27.53%。

（高　鹏）

# 通信服务

**【“5G+”建设】** 2022年，伊通推进5G和大数据技术紧密结合，提供一站式云网融合服务。伊通移动发挥融合，构建安全可信大数据服务能力，5G网络县、乡连续覆盖。推动5G在政企市场融合发展，推进“网+云+DICT”、5G+AICDE能力，涉及智慧校园、智慧农业、智慧医院、智慧城市等。全年新建5G基站34个。中国联合网络通信有限公司伊通分公司城区9处、农村区域3处；中国移动通信集团吉林有限公司伊通分公司5G家庭宽带网络项目111个，5G用户普及率91%。

**【中国联合网络通信有限公司伊通分公司】** 2022年，中国联合网络通信有限公司伊通满族自治县分公司（简称“伊通联通分公司”），创新业务收入564万元，比2021年增长30.79%。全年主营业务收入6284万元，利润2544万元，利润比2021年增长519万元，收入利润率比2021年改善5.37%。伊通联通分公司推进单转融发展，宽移融合渗透率比2021年提升2.38pp，移宽融合渗透率比2021年提升4.7pp，单移转融户均价值提升8.1元，移宽融合能力持续强化。移网出账用户12.15万户，份额32.53%，宽带用户4.06万户，增幅8.3%，发展份额51.83%。全年，伊通联通分公司建设4G基站48处、5G基站12处。智家组网宽带渗透率11.9%。FTTR（光纤到房间）发展232户。至年末，完成农村区域空白点进线村屯88个，线路延伸6处，本地网光缆皮长1157千米，接入网光缆皮长5830千米，光缆覆盖县域95%。建设OLT设备90台，其中万兆OLT设备50台。建设10GPON端口1825个，千兆区域覆盖率85%以上。驻地网小区进线9处，整治杆路、线缆634处，线路加高93处。

（李翊翾）

**【中国电信股份有限公司伊通分公司】** 2022年，中国电信股份有限公司伊通分公司（简称“中国电信伊通分公司”）通信服务收入728万元，完成上级公司制定任务指标。中国电信伊通分公司与联通建设推广5G网络、宽带网络建设完善工作，新增驻地网项目29栋、1700余户。至年末，辖区内移动网及固网用户1.9万余户，各项运维关键指标优于省、市电信公司考核标准，在省电信公司季度巡检和集团电信公司安全检查工作中，作为地区县域维护标杆接受检查。

（于洪洋）

**【中国移动通信集团吉林有限公司伊通分公司】** 中国移动通信集团吉林有限公司伊通分公司（简称“伊通移动公司”），主营移动语音通信、固话通信、数据业务、家庭宽带、专线、WLAN（应用无线通信技术将计算机设备互联起来，构成可以互相通信和实现资源共享的网络体系。无线局域网本质的特点是不再使用通信电缆将计算机与网络连接起来，而是通过无线的方式连接，从而使网络的构建和终端的移动更加灵活）、综合信息化应用。云网一体化产品、综合信息化应用等。2022年，运营收入8226万元，信息化收入412万元，专线收入120万元。5G客户增加4.33万户，宽带用户增加5398户。伊通移动公司发展5G用户、把握终端销售入口，5G终端、5G套餐同步营销，以官方微信，手机营业厅业务办理宣传电子渠道推广。开展5G网络建设、光缆接入、传输扩容。完成新建家客小区（已覆盖家庭宽带小区）11个，老旧小区改造37个。开

**延伸阅读**

## 云网融合

“DICT”指大数据时代DT(Data Technology)与IT、CT的深度融合。DT狭义讲是一种数据技术，广义上讲是云服务下的数据价值创造。互联网大数据时代，CT、IT、DT深度融合，实现了简单信息化向智能信息化的发展，并通过行业融合创造了更多的融合型智能应用。

“5G+AICDE”指5G作为接入方式，与人工智能（AI）、物联网（IoT）、云计算（Cloud Computing）、大数据（Big Data）、边缘计算（Edge Computing）等新兴信息技术深度融合，打造以5G为中心的泛智能基础设施。

2022年11月10日，伊通移动公司进行光缆接入、传输扩容检修
（高瑞国 摄）

通专线66条，以VO（即长期演进语音承载，是一种面向手机和数据终端的高速无线通信标准）、TE（即流量工程，是网络领域一个重要分支，涉及网络流量管理和优化，确保网络高效运行和良好服务质量）标准为指引，推进5G网络覆盖。2022年，获中国移动通信集团吉林有限公司"先进党组织"称号。

（王姝婷）

## 新兴服务业

**【法律服务】** 2022年，伊通有公共法律服务中心1个，乡镇（街道）公共法律服务站17个，公共法律服务村居（室）187个，以县级公共法律服务中心为主阵地，乡、街公共法律服务站为依托，村（社区）公共法律服务室为延伸的三级公共法律服务实体平台建设基本完成。各法律服务中心按照"3+X"模式，增加司法鉴定、公证、仲裁等服务窗口。面向各村（社区）群众公开法律顾问、法律专家联系方式，每年为每个村服务不少于50小时，建立微信群，村（社区）法律顾问覆盖率100%。

（张美玉）

**【家政培训】** 2022年，伊通开展家政行业职业技能培训，培训农村转移劳动者、登记失业人员等重点群体，培训合格992人。其中，养老护理员649人、保健按摩师216人、保育员50人、家政服务员44人、育婴员33人。贫困人口占培训人口2.5%。

（李亚平）

**【人力资源服务】** 2022年，伊通经营性人力资源服务机构7家、从业人员25人。其中，大专及以下学历11人、本科学历14人。持有人力资源从业资格证书8人。人力资源服务收入1500万元。其中代收代付850万元。提供求职登记、现场招聘、岗位培训、劳务派遣、人力资源管理咨询等业务4300人次，帮助就业1000人。

（王镜波）

**【广告服务业】** 2022年，伊通加强广告宣传导向审查宣传，进工厂、进学校、进社区，开展"3·15"消费者权益保护日宣传、"4·15"国家安全教育日宣传、保护知识产权宣传周活动、防范非法集资宣传月、新冠疫苗接种宣传等广告宣传活动，运用广告的传播力和影响力，引导群众增强法治意识，了解惠民优惠政策，维护群众合法权益。全县开展违法虚假广告专项整治行动，检查辖区校园周边、农贸市场周边等重点经营场所。重点检查是否存在烟草广告；对农村户外广告、网络直播违法广告、节日期间广告、房地产广告、保健食品广告、虚假违法农资广告、金融广告资讯、"护苗助老"系列广告、非法涉野生动物广告、"大棚房"销售广告、禁止在建筑物、构建物的外墙、楼道、楼梯和人行道、公益广告牌、树木、电线杆、户外管线及其他户外设施上非法张贴、涂写、刻画，禁止在道路、交通路口、停车场、公园、广场等场所向过往车辆、人员发放广告、卡片等宣传品。

（王双莹）

## 房地产业

**【概况】** 2022年，伊通有房地产开发企业23家。其中，三级资质1家、四级资质4家、暂定资质3家。房地产新建、续建面积7.9万平方米，投资5.09亿元。房屋交易面积7.3万平方米，房屋销售金额2.8亿元。新批准预售许可证商品房面积7.9万平方米，非商品房面积0.11万平方米。6月27日，举办伊通满族自治县首届房地产交易促销会，会期4天，参会开发企业16家，成交房源7套，面积672平方米，成交金额268万元。

**【房地产开发企业资质审查】** 2022年，伊通办理完成房地产开发企业资质核定（四级、暂定级）行政许可案件8件。其中，房地产开发企业资质核定（四级、暂定级）新办2件、延续5件、变更1件。

**【商品房市场】** 2022年，全县批准商品房上市面积7.9万平方米，比2021年下降64%；批准商品房上市668套，下降65%；批准商品住房上市面积7.7万平方米，下降64%；批准商品住房上市645套，下降66%；批准新建非住房上市面积0.2万平方米，下降32%；批准新建非住房上市23套，增长35%。全县商品房销售面积11.9万平方米，下降24%。

【房地产市场秩序整治】 2022年，伊通落实城市调控主体责任，以各项数据为基础，加强房地产市场运行监测和研判，完善房地产调控举措，强化行业监督管理，防范、化解房地产市场风险。制定《伊通满族自治县开展持续整治规范房地产市场秩序三年行动方案》《伊通满族自治县住房和城乡建设局关于促进房地产业健康发展实施方案》，向县发展和改革局作出关于防范、化解房地产市场风险有关情况汇报。推进房地产市场检查，要求各房地产开发企业、中介机构开展自查，并在自查基础上对机构及从业人员建立台账；查处违法违规行为，对严重侵害群众利益、扰乱市场秩序机构，依法严惩；建立投诉举报制度，设立举报电话和举报邮箱，对群众投诉举报问题立即调查、快速查处；建立健全长效机制，落实房地产及中介机构从业人员备案制度，规范各方行为，维护房地产市场秩序。2022年，对房地产开发企业、评估机构和房屋中介机构检查20余次，对存在问题及时警告处理、及时整改、复查，对情节严重的，要求立即停业整顿。

（张春野）

【物业监管】 2022年，伊通收取住宅专项维修资金6537万元，使用1992万元，维修项目98个，解决金港城、阳光花园、茗人府邸、万嘉阳光城等小区的防水、道路、彩钢、下水修复等问题，业主满意率100%。制订《伊通满族自治县物业治理专项工作组成员单位工作分工》《推进伊通满族自治县执法进小区工作方案》，县城市管理综合行政执法大队联合县住建局、县消防救援大队等相关部门进小区执法16次；开展弃管小区清零等工作。组织召开全县物业治理专项工作会议5次，针对工作推进中存在问题，研究解决措施办法。开展“我为群众办实事”活动，解决民生问题。到瑞祥家园、天馨花园等小区解决违章搭建、私自占用公共空间问题。开展物业行业消防安全整治，全年整改安全隐患21处。

【“红心物业”试点推进】 2022年，伊通创建“红心物业”示范项目3个。以成立物业服务企业党组织，有固定党员为创建标准，实现物业服务企业管理层和社区“两委”班子成员“双向进入、交叉任职”。设立党建工作专章，将党建工作要求写入章程。有固定办公场所，办公场所中有设施、有标识、有载体、有制度，彰显“红色元素”。定期开展党组织生活。设置至少1处党群服务站。按照“三方联动”（社区居委会、业主委员会和物业管理企业）工作机制，定期开展协商议事，研究解决问题，化解矛盾纠纷。服务小区成立业主大会、选举产生业主委员会，业主委员会成立党组织，党员占60%。物业服务企业党组织在社区党组织领导下，在新冠疫情防控、突发事件应对、小区环境整治等工作中发挥作用，服务小区居民满意度95%以上。

（邢东志）

【房地产租赁经营管理】 2022年，伊通每月调度房地产中介机构二手房销量情况，定期对房地产中介机构进行监督检查。走访中介机构，要求不符合新冠疫情规定要求的、未明码标价违规收费的中介机构限时整改。

【住房租赁中介机构专项整治】 2022年，伊通按照经营范围对房地产中介机构进行筛选，确认住房租赁业务房地产中介机构9户。整顿规范住房租赁业务房地产中介机构3户。县住建局网站公开投诉举报电话和邮箱，受理群众反映的各种房地产中介问题。

（尹志强）

## 伊通烧鸽子

【概况】 烧鸽子是伊通特色美食之一。烧鸽子技艺，始于清朝康熙年间，流传至今。伊通民众沿袭满族渔猎烹制方式——炭火烤制，烧鸽子这一具有地方特色的食品得以确立。至2022年，伊通烧鸽子已形成具有地理标识的饮食文化品牌，辐射长春市、辽源市、辉南县、四平市、公主岭市、梅河口市等地。全县有烧鸽子店铺300余家，日平均用鸽量6000余只，年加工乳鸽200余万只，产值8000万元，带动周边产业、伴手礼等3亿余元。

【烧鸽子品牌建设】 伊通县委、县政府为打造伊通烧鸽子品牌，规划设计烧鸽子街区一毛街。开发出熏酱鸽杂、全鸽宴等产品，将传统工艺与现代厨艺相结合。成立满族烧鸽子旗舰店，聘请满研专家学者收集、整理、编辑烧鸽子制作技艺、保护与传承。通过举办培训班、网络培训、以老带新方式传承烧鸽子技艺。培养和带动域内外1000余名烧鸽子技艺传承人，将烧鸽子带到全省各地乃至全国。烧鸽子被中国旅游协会评为首届中国金牌旅游小吃，被四平市政府评为十佳特色美食，被四平市委、市政府授予“2016年度优质农产品品牌十佳品牌”；被中国城市第一媒体旅游联盟评为“吉林省十大特色美食伴手礼”；获吉林省

吉林省十大特色美食伴手礼之一——伊通烧鸽子伴手礼

（沈鸿升 摄于2022年8月5日）

文化和旅游厅“礼遇吉林”吉林省旅游商品大赛金奖；被列入四平市第三批市级非物质文化遗产代表性项目名录；获中国特色旅游商品大赛铜奖；满族烧鸽子制作技艺被吉林省人民政府评定为吉林省第五批非物质文化遗产代表性项目。伊通烧鸽子被国家、省、市、县各级媒体宣传报道。

**【特色美食伴手礼】** 伊通烧鸽子参加过第三届吉林非遗节、美食节、农博会、东北亚博览会，杭州市、义乌市、天津市、深圳市等地展销推介会，获中国旅游总评榜吉林分榜“吉林省十大特色美食伴手礼”称号。有真空包装礼盒、礼品袋（鸽子2只、4只、6只、8只等）不同包装，熏酱鸽杂、鸽肉酱等系列产品。烧鸽子作为馈赠亲朋最具地方特色美食伴手礼的同时，成为宣传伊通、宣传满族文化重要载体。

**【肉鸽养殖】** 2022年，与吉林农业大学等农业院校建立合作关系，引进优良种鸽、先进标准化无公害饲养技术。饲养模式以养殖基地规模饲养为主，零散养殖户分散饲养为辅。全县零散养殖户30户，种鸽存栏2000对，年出栏肉鸽3.2万只。规模饲养基地2个，种鸽存栏2万对，年出栏肉鸽30万只。年销售烧鸽子200万只。全年肉鸽出栏量40万只，占肉鸽需求20%，肉鸽供应量不足20%。其余肉鸽来源于山东、天津、河南等地。

（邵珠峰）

表30　2022年伊通满族自治县烧鸽子名店一览表

| 序号 | 店名 | 店址 |
|---|---|---|
| 1 | 小桂林烧鸽子 | 一毛街 |
| 2 | 老谷家黄泥烧鸽子 | 一毛街 |
| 3 | 龙凤烧鸽子 | 一毛街 |
| 4 | 丽华烧鸽子 | 一毛街 |
| 5 | 杨三烧烤 | 一毛街 |
| 6 | 羊城烧鸽子 | 一毛街 |
| 7 | 宏利烧鸽子 | 一毛街 |
| 8 | 曹明烧鸽子 | 一毛街 |
| 9 | 奇烧妙烤烧鸽子 | 一毛街 |
| 10 | 伊通烧鸽子旗舰店 | 中华西路 |

（伊通满族自治县烧鸽子协会）

# 旅游业

## 综　述

【概况】　2022年，伊通以创建并实现全域旅游示范县为主要目标，融入“长通白延吉长避暑冰雪生态旅游大环线”，构建省会都市文化旅游经济圈重要节点和主要环节。全年接待游客372万人次，旅游综合收入2.98亿元，比2021年增长10.37%。其中，接待旅游风景区游客26.34万人次，收入1576.3万元；乡村旅游经营单位接待游客29.66万人次，收入2042.5万元。

【旅游资源】　2022年，伊通有国家A级以上旅游景区8家。其中，伊通满族博物馆为国家AAAA级旅游景区，大孤山旅游风景区、南山旅游风景区为国家AAA级旅游景区，樱桃谷旅游风景区、世外桃源旅游风景区、颐乐谷旅游风景区为国家AA级旅游景区，保南水库旅游风景区、欢欣岭水库旅游风景区为国家A级旅游景区。省级乡村旅游A级经营单位14家。其中，AAAAA级1家、AAAA级3家、AAA级8家、AA级2家。国家三星级旅游民宿1家。旅行社营业网点6家。

【旅游业态】　2022年，伊通通过实施全域旅游战略，推动全产业融合发展，丰富旅游业态，发展红色旅游、乡村旅游、研学旅游、节庆旅游。坚持美丽乡村建设与旅游产业融合发展，构建“美丽乡村+特色产业+人文旅游+宜居生态”新型模式，打造乡村旅游综合体，开辟“红色+生态+登山寻源游”精品旅游线路，推进旅游业提质增效。

【旅游景区质量等级评定】　2022年11月，伊通世外桃源生态旅游有限公司升级为吉林省AAAAA级乡村旅游经营单位；伊通听山农业创业产业园升级为吉林省AAAA级乡村旅游经营单位；吉林省颐乐谷乡村旅游度假服务有限公司新评定为吉林省首批研学旅行基地。

【旅游业奖励补贴】　2022年，伊通落实省文化和旅游厅旅游产业发展奖励补助政策，为新评定AAAAA级乡村旅游经营单位——伊通世外桃源生态旅游有限公司申请奖励资金50万元，为新评定AAAA级乡村旅游经营单位——伊通听山农业创业产业园申请奖励资金30万元，为新评定为吉林省首批研学旅行基地——吉林省颐乐谷乡村旅游度假服务有限公司申请奖励资金20万元。

（张起铭）

## 红色旅游

【概况】　2022年，伊通依托毛泽东书斋、金昌根烈士殉难地等抗联遗址遗迹红色文化资源，谋划李红光故居、抗联纪念馆、烈士陵园3个红色旅游建设项目；对金昌根烈士殉难地、李红光故居、蚂蚁哨密营、红星村抗联战士生活的烧炭坑、捣米场等抗联遗址遗迹进行整合，推出重走抗联路红色教育1日游精品线1条，即金昌根烈士殉难地—李红光故居遗址—毛泽东书斋—颐乐谷（重走长征路）。红色旅游景区（毛泽东书斋、县党史馆等）向学生和职工群众开放，开展革命传统和爱国主义教育，全年接待人数2.25万人次。

【金昌根四烈士殉难地】　金昌根四烈士殉难地是全县党员干部传承红色基因、赓续红色血脉、弘扬抗联精神、提升党性、洗礼灵魂的重要教育基地，位于营城子镇小桥子村李大房子屯东山沟，是抗日战争时期金昌根、赵明信、申官、小李子英勇就义的地方。2021年4月进行修建，从上山到下山沿线2.5千米，广场面积近500平方米，分为难忘曾经路、抗联战士物资储备点、抗联密营、悼念广场、红军井5个部分。2022年，接待参观学习30余场次、3000余人次。

【李红光故居遗址】　李红光，东北抗联著名英烈。故居遗址位于河源镇流沙村流沙咀子屯。李红光故居遗址纪念碑于1997年被四平市人民政府公布为第二批文物保护单位，遗址纪念碑呈长方形，由红砖砌成，挂水刷石面。碑身高1.8米、宽1.2米、厚0.2米，正面铭文"东北人民革命军第一师师长李红光烈士旧居遗址"。由伊通文物管理所管理，保存现状完好。2022年，李红光故居遗址接待参观学习40余场次、3500余人次。

【毛泽东书斋】 书斋由退休干部马学忠创建，设在伊通县委党校四楼，面积400平方米；分为"毛泽东书斋""毛泽东家世""平凡与伟大—毛泽东"3个部分。毛泽东书斋珍藏图书文献资料画册3000余册，藏有毛泽东像章1200余枚、毛泽东塑像20余尊；设有标准书柜23个、文物展桌26个、展板95块。毛泽东书斋被伊通县委授予"红色教育基地""未成年人思想道德教育基地""爱国主义教育基地"，是全国为数不多的毛泽东专题书苑。2022年接待参观学习人数1万余人次。

【伊通满族自治县党史馆】 党史馆设在伊通县委党校综合楼一楼东侧，2019年6月建成并投入使用，面积500平方米，是以中共党史为基础的党史展馆，展示伊通地方党史，由中共党史、伊通地方党史、VR党员历史教育系统体验3个展区组成，200余幅历史照片，展示90年来中共伊通党组织在革命、建设、改革各个历史时期所走过历程。党史馆是伊通党史学习教育的重要场所，党员教育基地，中小学德育实践基地。2022年，接待参观学习50余场次、6000余人次。

（张起铭）

## 乡村旅游

【概况】 2022年，伊通推进农业农村和旅游业融合发展，乡村旅游产品特色鲜明。伊美生态园是伊通集果蔬采摘、生态旅游、休闲娱乐、文化景观、农事体验、科普教育为一体的大型绿色果蔬园区。园区内栽植伊美大樱桃、枇杷、无花果等苗木，是乡村旅游和绿色农业融合发展的成功典范。伊通镇在二道村周边打造花海项目，成为网红打卡地，花开季节，吸引游客观光，带动周边的地摊经济，新鲜农家菜、笨鸡蛋供不应求。景台镇吉林省德盛农牧科技发展有限公司以榛子产业发展为依托，发展乡村旅游业，以带领农民致富为宗旨，实现以产促游、以游兴农、以农养民、以民旺业的目标，走出榛子产业与乡村旅游有机结合的一条新路。至年末，全县拥有省级乡村旅游重点村3个（保南村、铁炉村、欢欣岭村），推出乡村旅游精品路线2条。乡村旅游年均接待游客超过33万人次。黄岭子世外桃源成功申报AAAAA级乡村旅游经营单位，马鞍山镇听山生态园成功申报AAAA级乡村旅游经营单位，大孤山镇欢欣岭村成功申报市级乡村旅游精品村。

【颐乐谷庄园】 吉林省AAAA级乡村旅游经营单位，位于景台镇绿化村，距伊通县城和长春市均是22千米，庄园以自然环境为依托，集研学实践教育、民族文化浸染、有机农业品味、乡村旅游感受、休闲度假滋养为一体的创新型沉浸式体验营地综合体。园区建有公寓楼1.1万平方米，房间175个，可容纳1500人住宿；设有大中小各种会议室，可供2000人开会；餐厅可日供3000人用餐。打造以红军长征为历史背景的红色教育展厅，陈列长征期间行军装备及珍贵画面，利用光影等多媒体技术手段，重现红军长征丰功伟绩。2022年，颐乐谷庄园接待游客8万余人次，被评为吉林省首批研学旅行基地。

【伊美生态园】 吉林省AAAA级乡村旅游经营单位，位于马鞍山镇东风村，距县城10千米，是集果蔬采摘、生态旅游、休闲娱乐、文化景观、农事体验、科普教育、冰雪冬钓、水上乐园、冷藏销售为一体的大型绿色果蔬园区。园区占地面积30公顷，分为采摘区、游客接待区、多功能区三大区域。采摘区有标准温室大棚300余栋，种植大樱桃、枇杷、草莓、葡萄、无花果、香瓜等。游客接待区智能恒温恒湿恒氧玻璃温室面积10000平方米，建有满族风情贝勒府四合院等，集吃、住、娱乐于一体。伊美生态园连续举办5届大樱桃采摘

景台镇绿化村颐乐谷庄园 （张起铭 摄于2022年6月20日）

大孤山镇欢欣岭水库　　（张起铭 摄于2022年11月18日）

节，2022年接待游客5万余人次。

【欢欣岭水库景区】 吉林省AAA级乡村旅游经营单位，位于大孤山镇欢欣岭村，由吉林省欢欣岭山水文化有限公司承包运营，是以水库为依托，集餐饮娱乐、休闲养生、养殖采摘为一体的特色乡村旅游园区，是"伊通火山温泉国际旅游度假区"项目重要组成部分。库区占地面积600公顷，其中水域面积450公顷，库容2350立方米。建有农家乐饭庄、水上娱乐中心等。2022年，接待游客3.8万余人次。

【保南水库景区】 吉林省AAA级乡村旅游经营单位，位于河源镇保南村，由吉林省绿之村生态农业发展有限公司投资建设，是集休闲娱乐、餐饮住宿为一体的综合性景区；占地面积200公顷，建筑面积4000余平方米，营业面积3000余平方米；设有休闲娱乐区、亲子活动区、野外烧烤区、水上游乐区、神仙洞探险等区域。景区森林覆盖率57%，构成天然氧吧；有含量高的偏硅酸矿泉水，有鸭田稻、蘑菇、木耳等有机食品。2022年，接待游客5万余人次、收入30余万元。

【听山生态园】 吉林省AAAA级乡村旅游经营单位，位于马鞍山镇铁炉村贾河子屯，距离县城13千米，集民俗民宿、观光旅游、体验采摘、特种养殖、游乐餐饮、休闲度假、健康养生为一体的旅游综合体；占地面积76公顷，绿化覆盖率90%。园区建有宾馆3008平方米；独体大餐厅，可同时供300人就餐；标准温室大棚15栋；生态阳光棚1栋；亲子农场1座；种植百合花海5公顷；设有特种动物养殖园区和休闲垂钓区。2022年，接待游客1.5万余人次。

（张起铭）

表31　2022年伊通满族自治县省级以上乡村旅游经营单位一览表

| 序号 | 名称(简称) | 企业名称 | 地址 | 企业类别 | 企业星级 | 评定时间 |
|---|---|---|---|---|---|---|
| 1 | 世外桃源 | 伊通满族自治县世外桃源生态旅游有限公司 | 伊通满族自治县黄岭子镇黄岭子村 | 乡村旅游经营单位 | AAAAA | 2022年11月 |
| 2 | 伊美生态园 | 吉林省铠绎农牧业发展有限公司(伊美生态园) | 伊通满族自治县马鞍山镇东风村 | 乡村旅游经营单位 | AAAA | 2019年7月 |
| 3 | 颐乐谷庄园 | 吉林省颐乐谷乡村旅游度假服务有限公司 | 伊通满族自治县景台镇绿化村 | 乡村旅游经营单位 | AAAA | 2020年8月 |
| 4 | 听山生态园 | 伊通满族自治县听山农业创业产业园 | 伊通满族自治县马鞍山镇铁炉村贾河子屯 | 乡村旅游经营单位 | AAAA | 2022年11月 |
| 5 | 保南水库 | 吉林省绿之村生态农业发展有限公司 | 伊通满族自治县河源镇保南村 | 乡村旅游经营单位 | AAA | 2017年11月 |
| 6 | 欢欣岭水库 | 吉林省欢欣岭山水文化旅游开发有限公司 | 伊通满族自治县大孤山镇欢欣岭村 | 乡村旅游经营单位 | AAA | 2020年9月 |
| 7 | 新山水库 | 伊通满族自治县新山休闲农业发展有限公司 | 伊通满族自治县营城子镇新家村 | 乡村旅游经营单位 | AAA | 2020年9月 |
| 8 | 圣轩农庄 | 伊通满族自治县圣轩农业发展有限公司 | 伊通满族自治县河源镇大酱村 | 乡村旅游经营单位 | AAA | 2019年8月 |

续表31

| 序号 | 名称(简称) | 企业名称 | 地址 | 企业类别 | 企业星级 | 评定时间 |
|---|---|---|---|---|---|---|
| 9 | 凯旋渔村 | 吉林省凯之旋生态农业发展有限公司 | 伊通满族自治县景台镇东方红村 | 乡村旅游经营单位 | AAA | 2020年9月 |
| 10 | 德盛大榛子基地 | 吉林省德盛农牧科技发展有限公司 | 伊通满族自治县景台镇秀山村 | 乡村旅游经营单位 | AAA | 2017年11月 |
| 11 | 春水如嘉生态园 | 伊通满族自治县满乡生态农业发展有限公司 | 伊通满族自治县伊通镇长安村 | 乡村旅游经营单位 | AAA | 2017年11月 |
| 12 | 丰源山庄 | 吉林丰源山庄有限公司 | 伊通满族自治县新兴乡闫家村 | 乡村旅游经营单位 | AAA | 2020年9月 |
| 13 | 七彩伊通·田园综合体 | 吉林省铠绎农牧业发展有限公司(田园综合体) | 伊通满族自治县伊通镇料浅村 | 乡村旅游经营单位 | AA | 2020年7月 |
| 14 | 圣莲谷 | 吉林省北显文创乡村旅游开发有限公司 | 伊通满族自治县景台镇范家村 | 乡村旅游经营单位 | AA | 2020年9月 |

(伊通满族自治县文化广播电视和旅游局)

## 重点旅游项目

【概况】 2022年,伊通推进实施伊通火山温泉国际旅游度假区、伊通水上乐园风景区智慧旅游2个重点旅游项目,年度计划投资2亿元,全年完成投资1.6亿元,投资完成率80%。

【伊通火山温泉国际旅游度假区项目】 项目位于大孤山镇,距县城17千米,由深圳尚易投资集团计划投资50亿元开发建设,项目规划面积50平方千米,打造集产业、旅游、社区、人文于一体温泉度假小镇、田园综合体。项目有大孤山风景区主题公园、悦如火山温泉文化旅游博览园、现代农业科技博览园(院士创新基地)、欢欣岭山水博览园、满族文化博览园、医养社区“六大板块”。至年末,项目完成投资9亿元。悦如火山温泉文化旅游博览园1号至6号楼(15万平方米)建筑主体全部封顶,现代农业科技博览园(院士创新基地)项目概念性规划方案完成第三稿评定。培育储备各类景观绿化苗木20万株。医养社区项目完成概念规划设计,悦如温泉馆3号楼和4号楼主体工程完成封闭。欢欣岭山水博览园项目完成水库使用权租赁和概念规划。

【伊通水上乐园风景区智慧旅游项目】 项目位于黄岭子镇蟒丈村,由吉林省鼎皓旅游有限公司开发建设,计划投资0.7亿元,项目规划占地面积8万平方米,建筑面积3000平方米,打造集住宿餐饮、休闲采摘、水上娱乐、实践教育于一体综合性景区。建设旅游酒店、餐饮大厅、综合楼、科技广场、密林茶室、凉亭、采摘园、农家乐等相关配套设施,购置环岛游船。至年末,项目国防教育基地营房、训练场完工,道路、绿化、护坡等基础设施完成工程量75%。

(张起铭)

## 旅游推广

【概况】 2022年,伊通构建旅游品牌宣传媒体矩阵,打造伊通旅游品牌IP,通过全媒体宣传投放,提升伊通旅游品牌知名度和影响力。根据主要客源城市不同市场定位、不同客户群体,多渠道、多方位、多角度营销伊通文旅产品。伊通满族博物馆被国家民委确定为爱国主义教育基地,向全国推广;伊溪湿地被吉林省水利厅评为“美丽河湖”向全省推广。

【媒体宣传推介】 2022年,伊通利用“伊通发布”“伊通文旅”等官微平台,对旅游活动进行预热发布;采用广播、电子大屏幕、公交车车身广告等形式开展宣传;在高速公路收费站安装广告牌,在主要交通道口、城市重点位置安装旅游形象地标。邀请知名网络红人担任伊通旅游信使,在小红书、抖音、快手等平台推介南山旅游风景区、伊美生态园、颐乐谷庄园、世外桃源、保南水库等景区景点。

【红色旅游宣传推介】 2022年,伊通以党的二十大召开为契机,打造伊通党史馆、毛泽东书斋、伊通满族博物馆、伊通烈士陵园、金昌根四烈士殉难地5个红色教育基地被纳入四平市百佳红色旅游地。整合推广红色旅游精品线路2条，编排“红色伊通”大型情景剧；拍摄《走进伊通党史馆》《满族儿女心向党》等红色系列专题片，分别在伊通党建、“学习强国”学习平台、中国IP电视平台上播放进行推介。

【第三届“伊鹿高鸽”消夏美食节】 2022年8月6日，伊通满族自治县第三届“伊鹿高鸽”消夏美食节（啤酒节）在县运动场开幕。美食节以“清爽吉林 醉美伊通”为主题，围绕打造“伊鹿高鸽”文化旅游品牌，推进全域旅游示范区创建工作，帮扶受新冠疫情影响文旅行业复工复产、复商复市。美食节期间，举行3V3路人王篮球争霸赛、满乡好声音歌手大赛、“魅力舞者 和谐伊通”广场舞大赛、“逐梦青春 伊路有你”街舞大赛等文体活动。活动为期3个月，接待域内外游客110万人次，综合收入5500万元。

【中国旅游日宣传】 “5·19”中国旅游日，伊通文化广播电视和旅游局在“伊通文旅”官微平台发布《“5·19”中国旅游日，伊通旅游看这里！》，宣传推介伊通优质旅游产品。推出景区打折、旅游助老助残、对劳动模范等先进群体旅游惠民等举措20余项。向市民发放宣传单、开展旅游咨询、展示特色旅游产品、讲解文明旅游知识，强化公众文明、安全、健康出游意识。

（张起铭）

## 旅游行业管理

【安全运营监管】 2022年，伊通实现旅游业安全生产零事故。县旅游业行政监管部门对域内文旅场所、旅游景点开展安全生产经营检查，出动检查人员60余人次，检查企业48家次，排除安全隐患6起，整改率100%。

【酒店管理】 2022年，伊通印发《伊通满族自治县推进服务业高质量发展实施方案（2022年—2024年）》，加强旅游服务配套设施建设，启动城市旅游功能升级工程，其中重点提升酒店服务档次、服务功能，扩大服务范围，发展三星级、四星级、五星级旅游饭店；重点发展经济型酒店和社会旅馆；定期开展酒店新冠疫情防控工作检查督导，强化防控意识，保障游客健康。

【旅行社管理】 2022年，伊通规范旅行社经营活动，开展旅行社、导游法律法规、安全生产、文明引导等内容培训，加强导游职业道德教育，加强景区（景点）讲解内容培训。开展旅游合同签订、导游持证上岗及旅行社以“不合理的低价”组织旅游活动获取不正当利益监督检查。全年检查旅行社营业网点6家（次）。

【旅游投诉处理】 2022年，伊通多渠道受理旅游投诉，全年旅游投诉涉及新冠疫情防控政策、景区收费、酒店服务质量等方面问题5件，办结5件，处理跟进率100%。

（张起铭）

## 旅游公共服务

【旅游公共设施建设】 2022年，伊通满族自治县全域旅游集散中心建成，开通旅游公交专线1条。实施国道抚公线伊通段景观工程，路线38.91千米，设置景观点17处。建成高标准旅游厕所29座，旅游厕所、公共停车场等数量充足、分布合理。完成10余块城区旅游交通标识牌设置，突出伊溪湿地公园与伊通满族博物馆引导与氛围营造。投资5000余元对金昌根烈士殉难地进行修缮，维修木栈道10米，栽植葡萄苗1000棵。

【智慧旅游项目建设】 2022年，伊通全域智慧旅游项目工程完工，主屏及22个点位线路接引、平台设施、设备基本完成安装并运营，为全县景区（点）和旅游企业的票务、人流监控、旅游数据及安全监管服务提供支撑。智慧旅游项目配套开发手机微信端小程序“伊通全域游”，涵盖内容丰富，“吃、住、行、游、购、娱”实现“一部手机游伊通”。国家AAAA级景点伊通满族博物馆加强景区智慧旅游建设，对接吉林省景区云平台预约监测系统平台，实现“线上预约、分时浏览”智能服务。

【酒店建设】 2022年，伊通有2家酒店投入运营。1月8日，半岛荟酒店开业，该酒店为五星级酒店，位于库伦大路伊通河畔，紧邻党史馆、毛泽东书斋，面积1.3万平方米，有商务客房81间、婚礼堂3个、餐饮包厢3间和综合会议室2个，停车场6000平方米，可同时容纳停车150台至200台。6月12日，凯思霆宾馆正式营业，该宾馆位于永盛街道东宋村，集住宿、餐饮、会议及展览为一体，宾馆建筑面积3029平方米，采用现代轻奢风格设计，拥有客房39间、餐厅1个、会议室1个，配有休闲商务区及可容纳百台车辆停车场。

（张起铭）

# 金融业

## 金融服务

【概况】 2022年，伊通开展信用互助农民专业合作社由16家减少到12家，压降率25%。吉林省稷通建筑工程有限公司于7月在吉林股权交易所交易板挂牌，实现县级企业在资本市场上市挂牌零突破。推动普惠金融体系建设，设立4个乡镇便民服务大厅普惠金融服务窗口，187个村级金融服务站。全年放款1955笔，金额1.45亿元，推进金融助力千万头肉牛试点工作，办理涉牛贷款业务4566笔，贷款余额4.38亿元，涉及农户4109户。参保肉牛2.26万头，完成赔付562.72万元。全县9家金融机构存款余额209.08亿元，比2021年增长23.14亿元；贷款余额75.25亿元，比2021年增长5.59亿元。

【“吉企银通”助力企业融资】 2022年，引导4家金融机构开办黄牛活体抵押贷款业务，引导农村信用联社开发“养殖保”系列信贷产品。由县人民银行主办、金融机构协办、金融机构主办等方式，通过“吉企银通”组织金融机构和企业开展融资对接活动2次。至年末，新增支农再贷款5069万元，黄牛活体抵押贷款3887万元，“吉企银通”平台贷款106笔，金额6.64亿元。

【小微企业助力】 2022年，伊通人民银行指导榆银村镇银行以强化金融服务小微企业两服务（提供贷款，税收优惠）为目标，以银行员工四进（进社区、进小微企业、进农户、进新型农业经营主体）为举措，针对优质授信客户，开展“专精特新”企业融资对接，指导研发“榆农快贷”“榆微快贷”“榆商快贷”“榆快·乡村振兴贷”“愉快·园丁贷”等系列信贷产品，客户通过“榆快金融”微信小程序实现贷款“线上签约、线上用信、分次提款、线上还款”循环使用，客户足不出户获得信贷资金。至年末，完成县域188个行政村、10.21万户授信评定工作，授信额度17亿元。签约502户，签约金额5867万元。

2022年12月24日，伊通金融支持肉牛产业发展座谈会在县人民银行召开　（李春兴　摄）

【金融知识宣传】 2022年，伊通采取线上线下结合方式，开展法律、征信等金融知识宣传。全年，开展各类金融知识宣传15次，制作宣传展板26个，设立咨询台41个，发放宣传折页300份，解答群众疑问50余次。各金融机构制作下发宣传资料5.46万份，参与宣传145人次，受众7328人次。

（李春兴）

## 银　行　业

【概况】 2022年，伊通有银行9家，64个网点；从业人员773人，比2021年减少10人。各项存款余额221亿元，比2021年增长16亿元；各项贷款75亿元，比2021年减少2亿元。

**【中国农业发展银行伊通满族自治县支行】** 2022年，农业发展银行伊通满族自治县支行（简称“农发行伊通支行”）发放贷款2.22亿元，收回贷款2.50亿元，剔除消化挂账后贷款净增108万元，存款日余额6993万元，实现FTP（全额转移有偿资金）利润441万元。营销国际结算业务4笔，5.13万美元，实现国际结算业务零突破。至年末，农发行伊通支行各项存款余额5881万元，各项贷款余额18.41亿元，比2021年增加4588万元，营销日均20万元账户6户，日均100万元账户3户，营销同业结算账户1户，日均存款158万元，完成任务目标。2022年，农发行伊通支行投放粮油贷款企业5户，金额1.98亿元。其中，直属库投放1.04万元（不含挂账2397万元），七一七粮库5000万元，全年审批市场化收购贷款8300万元。其中七一七粮库3700万元；西苇粮食库2600万元。鼓励企业采用“南北协作”“卫星库点”模式，以锁定利润方式控制风险，确保贷款放得出、收得回，有效益。全年财税库银业务431笔，金额1221.34万元。网上银行支付业务1.47万笔，金额10.73亿元。

（路新文）

**【中国工商银行股份有限公司伊通满族自治县支行】** 2022年，中国工商银行股份有限公司伊通支行各项存款余额12.4亿元，较年初增长1亿元。其中，储蓄存款余额11.1亿元，较年初增长1.4亿元；对公存款余额1.3亿元，较年初下降3379万元。各项贷款余额3567万元，较年初增加2168万元。全年采集社保卡信息8000余条，发放社保卡5000余张。开展征信、反假、防欺诈和保险理财等知识宣传，开展金融服务进农村等扶贫活动。改善营业网点环境，通过设立工行驿站等方式，提升客户体验，支持企业复工复产。推广手机银行、网上银行、二维码支付等新型支付手段和支付方式，客户足不出户即可办理业务，满足客户利用先进支付手段实现金融需求。开展银企对接，了解企业需求，支持县域企业发展。开展反欺诈、反假币、反洗钱等社会宣传活动，宣传金融知识和产品，满足对公客户和个人客户个性化金融需求。执行案防分析会制度，内控网格化管理，内控水平提高。

（王海阔）

**【中国农业银行股份有限公司伊通满族自治县支行】** 2022年，中国农业银行股份有限公司伊通满族自治县支行（简称“伊通农行”）各项存款余额24.7亿元，比年初增长3.1亿元，增幅12.5%；各项贷款余额17.46亿元，比年初减少0.31亿元，营业收入实现6384万元，比2021年增加673万元；拨备前利润2987万元，比2021年增加466万元，增幅18.5%；拨备后利润3068万元，比2021年增加2318万元；实现净利润2278万元，比2021年增加1730万元。伊通农行对企业复工复产进行金融帮扶，对各网点进行升级改造，增加现金类超柜、移动授权PAD等智能化设备投放，向智能化银行转变。召开“客户节”，讲解理财业务相关知识，增加客户对农行各项产品了解，拓展网银、掌银缴费场景，活跃网银、掌银客户，做好线上存款、理财、投资、贷款、生活缴费等便民服务。伊通农行聚焦“三农”普惠目标，通过系统集成和战略协同提升数字化转型核心能力，推进“惠农e贷”业务，为农户贷款投放金额2.3亿元；推进普惠贷款业务，投放金额1.9亿元。

（杨海峰）

**【中国银行股份有限公司伊通支行】** 2022年，中国银行股份有限公司伊通支行（简称“中国银行伊通支行”）各项存款余额2.8亿元；各项贷款余额9900万元；办理大额卡分期业务优客分期放款11笔，贷款金额176万元；线上消费类贷款中银e贷及随心智贷35笔，贷款金额120万元。

（李佳林）

**【中国建设银行股份有限公司伊通支行】** 2022年，中国建设银行股份有限公司伊通支行（简称“建行伊通支行”）实现全口径存款余额22.11亿元。其中，对公存款余额4.43亿元，个人存款余额17.68亿

2022年11月22日，中国建设银行四平分行助力伊通满族自治县乡村振兴战略合作签约仪式在伊通举行　（侯　敏　摄）

元。各项贷款4.32亿元。其中,对公贷款9742万元;对私个人贷款3.35亿元。中间业务收入实现434万元。建行伊通支行联合吉林建投实业有限责任公司、吉林省农金服公司伊通分公司、百年人寿四平分公司、伊通农经站,在伊通镇关家村村委会和马鞍山镇政府分别举行"建行裕农通,乡村振兴建行动"现场会。新签约农户58户,新开裕农通卡56张,惠e农贷款2笔,金额10万元,新农担保贷意向客户1户,关注裕农通公众号及绑卡40户,电子银行40套,善融有效买家17户,CTS(支票截断系统)17户。申请成功裕农快贷7户,金额8万元,支用成功2户,金额3.78万元。11月22日,中国建设银行四平分行与伊通达成乡村振兴战略合作。建行伊通支行建立本级数字化经营模式,将客户经营、电子银行、分期等业务纳入统一管理,打造集约化、数字化运营模式,通过数字化营销实现目标客户深度经营。坚守网点阵地,依托精准营销平台等系统实现"到店有商机、办理有弹屏、线上有提示",将金融和消费场景相融合,实现客户资源共享、数据互通,促进线上平台反哺业务发展,实现获客、活客以及黏客。至年末,信用卡新增客户732户,新开账户手机银行同步签约率93.47%。个人手机银行活跃客户2170户,企业网银活跃用户442户,企业手机银行场景用户新增66户,企业ERP云平台认证注册用户增加71户。

(侯　敏)

**【中国邮政储蓄银行股份有限公司伊通满族自治县支行】** 2022年,中国邮政储蓄银行股份有限公司伊通满族自治县支行业务收入3738万元,比2021年下降11%;实现利润1719万元,下降18.12%;各项存款余额11.54亿元,各项贷款余额5.06亿元。代销保险月日均保有量新增2220万元,代销基金月日均保有量新增258.28万元,代销资管信托月日均保有量新增131.08万元,代销国债月日均保有量减少573.19万元;完成信用卡新客发卡1399户,消费金额1.86亿元,不良率0.89%;新增手机银行1350户;新增收单业务新户236户,联动商户资产2966万元。全年,伊通邮储银行按季度召开邮银联席会议、案防领导小组会议4次,协调沟通日常经营中存在资金安全、案件防控、反洗钱等方面问题,防范金融风险,确保邮政金融运行。伊通邮储银行发展新型农业经营主体贷款业务,至年末,农担担保贷款投放85笔,金额2.03亿元;结余57笔,金额6734万元。支持肉牛行业贷款,针对客户养殖规模和贷款资金需求,差别授信,实现一户一策。满足肉牛养殖户差异化金融服务需求,解决养殖户"无抵押、无担保"难题。至年末,对肉牛养殖户贷款投放5932万元,比2021年增加976万元,贷款结余金额4574万元。

(裴继东　姜燕燕)

**【吉林银行股份有限公司四平伊通支行】** 2022年,吉林银行股份有限公司伊通支行各项存款余额6.32亿元;各项贷款余额3.91亿元;中间业务收入4.12万元;全年无逾期贷款、无不良贷款;全年实现利息收入1866.16万元。开展银政合作、银企合作、银担合作,以县农业农村局、工信局、创业担保中心、吉林省农业融资担保公司、县工会为平台,结合吉林银行吉政阳光贷、创业担保、农担担保、工会双创、高标准农田贷、活体抵押贷款等优势产品开拓市场,伊通支行召开银企对接会4场。实现多项贷款产品零突破。利用e窗通平台,做好与县市场监督管理局、企业注册代办点、印章中心联系工作,做好源头获客工作;同时,对客户进行分类,做好临界客户提升,流失客户资产回流工作。全年,走访企业60余家,开立账户177家。新增代发工资客户155户,其中有效代发62户,6000余人次;办理企业网银56户。伊通支行组建营销团队,以商户和事业单位为重点客户,以营销理财、零售及普惠产品等方式,销售新客户理财3600万元,走访商户1000余户,营销商户POS机5户,办理二维码500余户,理财客户35户,办理信用卡500余张。

(张中尹)

2022年10月26日,中国邮储银行股份有限公司伊通支行工作人员到营城子镇走访养牛户　(裴继东　摄)

【伊通满族自治县农村信用合作联社】 2022年，伊通满族自治县农村信用合作联社（简称“伊通联社”）资产总额87.88亿元，比2021年增加8.41亿元，增长10.58%；负债总额83亿元，增加8.65亿元，增长11.63%；所有者权益4.88亿元，减少0.24亿元，下降4.69%；各项存款余额78.74亿元，增加7.97亿元，增长11.26%；各项贷款余额21.12亿元，增加3.61亿元，增长20.62%；不良贷款0.93亿元，增加0.17亿元，增长22.37%；不良贷款率4.42%，增长0.06%。成立农村金融部，负责乡村振兴和农贷工作。全年农贷增长2.22亿元，在吉林省农村信用社联合社排名第8名。全县首创“内部监管存货抵押贷款”品种，2022年，发放贷款24户、金额1.38亿元。开展“零售转型贷款营销百日攻坚战”，全年贷款增长3.18亿元，零售贷款（非农个人类及农户类）11.12亿元，比年初增长3.07亿元，零售贷款增速38.22%，高于各项贷款增速17.6%。利用“千万头肉牛工程”试点县契机，通过“免担保、免保险、下调利率、提高贷款额度、减少审批链条”等措施，对肉牛养殖户信贷支持，贷款最快20分钟到账，信用方式最高额度60万元，循环使用。涉牛贷款全年增长1.1亿元，余额2.07亿元，全年为涉牛贷款客户让利300万元以上，涉牛贷款市场占有率由2021年46.19%提高到48.83%，增长2.64%。“吉信农e贷”授信金额1.61亿元，用信金额7494万元，户均授信14万元。清收存量不良贷款2093笔，6585万元。其中，现金和转化清收2086笔，3774万元；诉讼收取抵债资产7笔，2811万元。资本充足率12.61%，拨备覆盖率152.74%，不良率4.4%，全部符合监管要求。央行金融机构评级预计7级，监管评级预计4C。

（齐丽莉）

【伊通榆银村镇银行股份有限公司】 伊通榆银村镇银行股份有限公司是经中国银行保险监督管理委员会批准设立的新型农村中小金融机构，主要为当地农民、农业和农村经济发展提供金融服务。6月27日，伊通榆银村镇银行股份有限公司“榆快金融”景台驿站建成。至年末，各项贷款余额3.51亿元，各项存款余额5.6亿元。存贷比62.68%；资本充足率5.6%；核心资本充足率5.60%；单一客户贷款集中度9.9%；最大10家客户贷款集中度49.81%；流动性比例290.63%；核心负债比例74.58%；杠杆率2.66%；拨贷比2.50%；拨备覆盖率51%；农户和小微企业贷款占比92.76%；不良贷款率4.9%。至年末，总收入2835万元，比2021年增加437万元，其中，贷款利息收入1636万元，增加242万元，金融机构往来收入1198万元，增加199万元。总支出3670万元，增加184万元。其中：存款利息支出1819万元，减少213万元；业务及管理费1599万元，增加233万元。按照反洗钱相关法律法规及全行内部指定规章制度进行客户身份识别和风险等级划分，及时对出现的可疑交易案例进行分析甄别，逐级审核审批，最大程度上避免洗钱风险发生。至年末，全行分析排除可疑交易份数1660份；向中国反洗钱监测分析中心报送大额交易份数6367份；初次识别（含一次性业务）自然人客户2243人，机构客户71人；重新或持续识别自然人客户1433人，机构客户38人。

（徐天阳）

2022年6月27日，伊通榆银村镇银行股份有限公司“榆快金融”景台驿站建成 （徐天阳 摄）

## 保 险 业

【概况】 2022年，伊通保险机构有18家（不含中介和兼业机构）。各项保费收入3.24亿元，比2021年增加4.07%。理赔1.32亿元，比2021年增长2.67%。其中，财险收入1.91亿元，增长15.21%；寿险收入1.33亿元，下降8.65%。

【安华农业保险股份有限公司伊通支公司】 2022年，安华农业保险股份有限公司伊通支公司经营农业保险、商业保险、财产损失保险、责任保险、法定责任保险、信用保险、保证保险、短期健康保险、意外伤害保险及农村、农民财产保险业务等。经营4个乡镇50个村种植业保险耕地2.86万公顷，参保农户1.3万户，保费收入1560.43万元。其中，国家、省、县财政补贴保费1179.41万元；农民自筹保费381.02万元。能繁母猪保险59户，育肥猪保险135户，地方财政肉牛保险262户，禽畜目标价格保险26户，商业性生猪目标价格20户。保费收入832.9万元。其中，国家、省、县财政补贴保费583.76万元；农民自筹保费249.14万元。承保伊丹镇森林保险，保费收入16.54万元。其中，国家、省、县财政补贴保费14.89万元；农民自筹保费1.65万元。对梅花鹿、育肥猪、肉牛产业扶贫保险，承保7户，保费收入31.73万元，保费为财政补贴。组成查勘小组对查勘定损人员进行培训，统一查勘定损标准。全年理赔1605.04万元。全年，保险收入401.14万元，车辆保险理赔147.23万元，财产险保费收入15.03万元，财产险理赔13.37万元。

（刘　畅）

**【中国人寿保险股份有限公司伊通支公司】** 2022年，中国人寿保险（集团）公司伊通支公司主要险种有意外险、健康险、人寿险、少儿险、年金养老险、义务兵保险、分红险、万能险、中小学生意外及疾病医疗保险、农民小额意外保险、医疗保险的补充保险、燃气意外伤害保险，网上销售（驾乘保，客安保，孝心保）险等。开通短信、微信互动平台、智能手机办理业务，客户多项服务业务实现自助服务，满足多种服务、覆盖城乡服务体系，各种消费群体多样化服务需求。调整产品结构，减少保险期限短、保障小产品，发展保障功能全、保险利益大的产品，保费总规模比2021年度有所降低。公司为全县及各地近百万名客户提供保险保障。个险、团险均实现100%无纸化投保。全年理赔1292笔，赔款金额688.53万元。开展维护金融安全"反洗钱"宣传，预防和打击"非法集资"活动，建立长效机制。为全县15个乡镇、13673户、18482人提供农村小额保险保障4.07亿元。

（王艳萍）

**【中国人民财产保险股份有限公司伊通支公司】** 2022年，中国人民财产保险股份有限公司伊通支公司（简称"人保财险伊通支公司"）全险种保费收入3616万元，增长16.74%。车险保费收入1131万元，增长2.9%；农险保费收入2087.91万元，增长22.74%。其中，农户自交保费479.58万元，中央财政补贴762.48万元，省级财政补贴779.51万元，市县财政补贴66.34万元；个体非车险保费收入182.3万元，增长15.55%；团体非车险保费收入215万元，增长49.27%。扶贫保险、社保业务、警保联动、四无车辆保险等业务成为业务发展主要增长点。承保全县4个乡镇45个村种植业保险，耕地2.9万公顷，参保农户1.3万户次。响应吉林省"千万头肉牛工程"发展政策性肉牛保险，承保肉牛5969头，承保区域内建档立卡贫困户1049人投保6+N+1产业保险，面积为65公顷，贫困户肉牛保险9户，34头。承保区域内政策性林业保险，商品林和公益林面积1.3万公顷，农业保险收取保费2087.91万元。全年为1.32万户农民，发放赔付款1618.64万元。

（贾士博）

**【中航安盟财产保险有限公司】** 2022年，中航安盟财产保险有限公司经营政策性农业保险、森林保险、政策性和地方性养殖业保险、财产保险、车辆保险、农村社会治安综合保险、意外伤害保险等。承保3个乡镇（街道）、39个行政村种植业保险，承保耕地2.19万公顷。全县参保农户8007户，农业种植合作社及家庭农场48个，保费收入1300.42万元。其中，中央、省级、县级财政补贴保费976.98万元；农户自筹保费323.44万元，支付农业保险理赔870.39万余元。承保公益林面积540公顷，保费收入16.28万元。其中，中央、省级、县级财政补贴保费14.65万元，自筹保费1.63万元。开展育肥猪、能繁母猪、肉牛养殖、池塘及大水面养鱼养殖保险，承保猪、牛13.35万头，大水面养鱼养殖保险690公顷，保费收入688.66万元。其中，中央、省级、县级财政补贴保费547.5万元；自筹保费141.16万元。养殖业保险理赔173.17万余元。开展学平险业务、车辆保险、团体意外保险等商业保险，商业险保费228.77万元。建立承保区脱贫户农险参保档案。种植险承保脱贫户178户，承保面积157公顷，为脱贫户提供政策性保险理赔款27.68万元，畜禽养殖目标价格保险承保脱贫户16户，承保畜禽48头。

（李德龙）

## 非银行金融机构

**【小额贷款公司】** 2022年，伊通有小额贷款公司3家，注册资本金额4000万元，从业人员13人，发放贷款344万元，期末贷款余额3924万元。

**【典当行】** 2022年，伊通有典当行2家。注册资本金额2500万元，从业人数7人，业务笔数300笔，典当余额2585万元。其中，钱庄典当注册资本金额1500万元、从业人数4人、业务笔数297笔、典当余额1494万元；万宇典当注册资本金额1000万元、从业人数3人、业务笔数5笔、典当余额1091万元。

（姜宏英　陈海波）

# 开放合作

## 招商引资

【概况】 2022年，伊通围绕主导产品和优势产业，利用产业协作配套，推行以商招商、产业招商、园区招商、节会招商等方式招商。6月，创新开展线上“云招商”活动；7月5日至8月3日，赴长春开展5场专题招商推介会，签约项目28个。合同引资额188.2亿元。对全县商贸企业摸底排查，培育商户，每月、每季度发展壮大、入规入统。至年末，录入省招商引资调度系统项目25个，到位资金49.14亿元，增长率138.5%。其中，新建项目12个，到位资金20.17亿元；续建项目13个，到位资金28.97亿元。

【营商环境优化】 2022年，伊通推进“放管服”“证照分离”“最多跑一次”改革，优化企业开办服务，完善领办代办机制，实施容缺承诺制度，市场监督管理领域所有行政许可实现“一网通办”“不见面审批”。实施行政检查执法备案智能改革，优化执法环境。农村集体经营性用地开展入市试点改革，土地资源转化为推动产业发展动力。按照“扁平化管理、企业化运作”发展模式，完成开发区财政独立、竞聘上岗等改革。健全绩效考核、项目建设、招商引资、投融资等运行机制，开发区回归本位、聚焦主业、重塑优势。推进

2022年，伊通赴长春市开展5场专题招商推介会签约项目28个。图为7月8日农业专题招商推介会现场 （沈鸿升 摄）

双创企业支持，发挥职教中心创业创新实训基地作用，打造产教融合现代化企业孵化器，提升创业园创业孵化能力。开展“培育壮大市场主体三年行动”，对个体工商户和小微企业实施全链条、全周期扶持。围绕“三支柱一市场”（指农村金融综合服务公司、物权服务公司、信用信息数据平台和农村产权交易市场）提档扩面，提升农村普惠金融综合服务供给能力。做好行政执法机构、生产经营类事业单位、乡镇（街道）管理体制改革。

【签约项目】 2022年，伊通招商引资签约项目7个，合同引资额118.2亿元。其中，签订正式合同项目3个（长春工业大学人文信息学院计划投资10亿元建设新校区项目；吉林省福亿再生资源有限公司计划投资1.2亿元建设秸秆与建筑垃圾综合利用项目、中青（广东）产业园管理集团有限公司计划投资56亿元建设景台生态谷现代服务业产业集群项目）；签订框架协议项目4个，公司5家。

【洽谈项目】 2022年，伊通洽谈推动项目18个，重点项目有中青九洲大健康产业有限公司计划投资108亿元建设关东印象体验地（袁家村）项目、深圳市能源环保有限公司计划投资3.9亿元建设垃圾焚烧发电项目、阳光新能源股份开发有限公司计划投资16亿元建设阳光新能源分布式光伏发电项目、中青九洲

建设集团（吉林）有限公司计划投资3.36亿元建设有机废弃物生态循环利用建设项目、通化修本实业投资有限公司计划投资14.73亿元建设修正农牧生态产业基地项目、上海保翰环保科技有限公司计划投资10亿元建设伊通生态产业园项目。

【招商引资纳入绩效考核】 2022年，伊通制定《伊通满族自治县招商引资考核评价办法》，将招商引资工作纳入绩效考核，落实分解招商任务到县直各部门、各乡镇、经济开发区，将外出招商次数、重点洽谈推动项目个数、引进招商项目情况、项目到位资金数纳入招商工作任务中。由县商务局统筹，开发区发挥招商引资先锋作用，全县各部门、各乡镇协同招商。

【招商引资推进会】 2022年7月8日至15日，伊通以"共享满乡美 共创新辉煌"为主题，在长春召开经济开发区产业发展、工业、现代服务业、农业、城市公共服务5场专题招商推介会，邀请300余家企业及商协会代表参会。会上谋划推介招商项目44个，涵盖汽车零部件制造、医药健康、食品加工、休闲旅游、冷链物流、现代农业等领域，重点洽谈推动招商引资项目28个，合同引资额188.2亿元。

（赵　迪）

# 对外经济贸易

【概况】 2022年，伊通外贸企业恢复出口业务，出口额44万元，比2021年上升2.3%；进口额为零。出口业务由吉林省德天诺安全科技有限公司出口。

【线上交流活动】 2022年，伊通政府组织县工信局、发展和改革局、文化广播电视和旅游局、农业农村局、住房和城乡建设局主要负责人，就工业、服务业、文化、农业、城市公共服务项目与长春工业大学人文信息学院党委书记王煊、吉林省九和通实业集团有限公司代表任首双通过视频交流、业务洽谈1次。县委副书记，县长叶永兴与各商协会代表进行线上互动，线上签约项目3个。

【外贸出口公司】 2022年，吉林省德天诺安全科技有限公司占地面积10万平方米，研发团队20余人，员工70余人。公司专注于公共交通、高危行业等消防安全逃生自救系统领域，集产品研发、生产、国内外销售、售后服务为一体的现代化高新技术重点企业公司。自主研发气体发生器，运用汽车技术开发其他安全类产品，获得TS/ISO16949等多项国家专利证书。参加北京、上海、俄罗斯、迪拜等国内外相关领域展会，打开国际市场，将生产的汽车安全气囊气体发生器产品销往波兰、德国、日本、立陶宛等国家。全年，与中国锦州锦恒公司合作，与伊朗Saipa公司签订配套协议。

（赵　迪）

2022年9月15日，吉林省德天诺安全科技有限公司自动破窗装置车间自动破窗生产线组装工位　（赵　迪　摄）

# 吉林伊通经济开发区

【概况】 2022年，吉林伊通经济开发区区域范围为城北片区及县政府委托开发区代为建设和管理的长伊片区、景台片区和新兴片区，形成"一区四片"发展布局，并确立以医药健康（食品加工）、智能制造、现代服务业为核心三大主导产业。重点发展建设长伊片区和景台片区，景台片区基础设施一期建设项目在建中。全年开发区12户规模以上企业完成工业总产值12.98亿元，比2021年增长21.5%，占全县比重75.21%；全年培育规模以上工业企业2户；固定资产投资完成11.53亿元，比2021年增长51.71%。招商引资到位资金完成12.22亿元，比2021年增长92.74%，占全县比重30.25%。

【片区建设】 2022年，吉林伊通经济开发区长伊片区建设2平方千米起步区主路网"三横一纵"及相应配套管网建设完成投入使用，实现"三通一平"标准，满足企业落地需求。污水处理厂（日处理600万千克）、华大生物质热电联产项目（发电量

2.1亿千瓦时、每小时提供2万千克工业蒸汽）、华风天然气门站建设完成，长伊片区伊通镇雨水排水明渠项目主体建设完成；城乡供水一体化工程和长伊中线污水处理厂尾水管线项目建设中。景台片区建设基础设施一期建设项目在建设中，主要建设道路6条、中桥1座、污水提升泵站及给排水、绿化等配套设施1座，项目完成60%工程量；基础设施二期主要建设道路16条、涵洞10座、桥梁7座、热源厂以及相应配套管网1座，规划设计、工程建设招投标完成；景台镇东片区污水处理工程建设有序推进，机房子河及姚家河发展工程完成工程量50%。新兴片区建设片区位于新立城水库东南部，规划面积4.08平方千米。

**【重点项目建设】** 2022年，吉林伊通经济开发区抓签约项目、新建项目和续建项目等重点项目，梯次推进目标任务。对重点项目开展代办领办服务，提供零距离、"保姆式"服务，争取招商项目早落地、早开工、早竣工、早达产、早见效。吉林宇昊建材产业园建设项目、华大生物质热电联产项目和吉林省利霖再生资源建设项目为续建项目3个。吉林省中合供销粮油有限责任公司优质粮油产业化示范推广建设项目、金惠食品有限公司伊通畜禽加工产业园项目、立新汽车配件产业园技改项目、特斯蒂（吉林）饮品有限公司产业集群建设项目、鹿鸣春风建设项目、特斯蒂威士忌+精酿啤酒建设项目，为新建项目6个。峯滙观山樾一期建设项目、伊通农副产品冷链物流仓储集散中心建设项目、长春工业大学人文信息学院新校区项目、东北"关东印象"森林医养社区建设项目、景台生态谷现代服务业产业集群项目为签约项目4个。

**【汽车零部件产业园】** 2022年，吉林伊通经济开发区汽车零部件产业园总投资10.85亿元，规划占地面积22.5万平方米；拟建39栋建筑物，建筑总面积19.6万平方米；主要建设标准化厂房、仓库、生产车间、培训中心、质检中心、办公楼及相关配套附属设施。6月，北区厂房主体施工和南区单体施工完成。项目建成后满足各类汽车零部件企业生产需求。至年末，与7家企业达成入驻园区意向，总需求厂房面积2.36万平方米，剩余厂房及车间面积10.04万平方米，按每户企业需求5000平方米，可以招引企业入驻20户。9月29日，与华大天石集团合作，签订招商战略框架合作协议。

**【农产品精深加工科技产业园】** 2022年，吉林伊通经济开发区农产品精深加工科技产业园投资4.93亿元，占地面积15.24万平方米，建筑面积13.2万平方米。围绕粮食、牧业两大产业，谋划玉米、水稻、畜产品及副产物精深加工项目，培植一批产业关联度大市场竞争力强农产品加工龙头企业。园区分东区和西区建设，至年末，西区各单体工程基础施工完成，进行主体施工，其中，4栋框架结构工程主体完成70%，11栋钢结构主体施工完成60%。产业园与长春生命健康产业研究院有限公司、吉林省诺尔曼产业促进管理有限公司签订战略合作框架协议，招商及运营管理由2家公司负责。

**【安全生产隐患整治】** 2022年，吉林伊通经济开发区以"安全第一、预防为主"方针，落实安全生产责任制，强化监督管理，抓安全生产工作，消除各种事故隐患，维护全区安全生产秩序。联合县应急管理局、工信局相关科室及省里专家，到伊通满族自治县华大生物质热电联产有限公司、吉林省利霖再生资源有限公司等企业，针对污水处理、大气污染等方面进行监管检查，发现问题现场整改，消除事故隐患。全年开展各类安全检查30余次，发现隐患6处，整改6处。

（张寒寒）

2022年，吉林伊通经济开发区形成"一区四片"发展布局。图为建设中的长伊片区汽车零部件产业园　　（智　慧　摄于2022年6月26日）

# 交 通

## 公 路

【概况】 2022年，伊通满族自治县公路总长1771千米。其中，高速公路1条，80千米；国道2条，115.4千米；省道2条，40.3千米；县级公路8条，162.5千米；乡级公路50条，496.7千米；村级公路363条，876.1千米。桥梁442座，三级以上桥梁比例95%。农村公路列养率100%。全县自然屯通硬化路率90%，50户以上自然屯全部通硬化路，全县优、良、中等路总比例81.5%。

【道路基础设施建设】 2022年，伊通建设（改扩建、续建）公路272千米，投资2.5亿元。其中，2022年农村公路基础设施改建项目（第一批），涉及11个乡镇、51个村、286个屯，实施187千米，投资1.2亿元；2022年农村公路基础设施改建项目（第二批），涉及9个乡镇、48个村、74个屯，实施74千米，投资0.5亿元；长伊公路（陈家屯至伊丹镇段）改扩建项目，起点位于伊通县与长春市交界处陈家屯附近，终点止于伊丹小桥桥头处，全长11千米，总投资8019万元。伊通满族自治县高速出口改建项目，建设道路1.39千米，环岛1处，半径65米，设计3车道，占地面积6.2公顷，绿化面积2.47公顷，总投资3846万元。国道抚公线K300+670—K339+579段景观工程，路线38.91千米，设置景观点17处。

【"四好农村路"建设】 2022年，伊通推进"四好农村路"（"建好、管好、护好、运营好"农村公路）建设，落实政府主体责任，成立"四好农村路"建设领导小组，建立部门联席会议制度。推行农村公路县、乡、村三级"路长制"组织体系、责任体系、管理体系、考核体系。全年投资1.7亿元完成农村公路建设里程261千米。制作农村公路基础档案，做到"一路一档、一桥一档"，提升农村公路养护水平。建立以县交通局、公安局、农业农村局等部门联合执法常态化工作机制，打击超限超载违法行为，保护农村公路建设成果，城乡交通运输一体化发展水平AAAA级。

【伊通客运总站新站续建】 伊通满族自治县客运总站续建项目为吉林省交通运输厅"十三五"规划项目，位于河滨路以南，福安街以北，永宁街以东，总投资7468万元，占地2.5万平方米，建筑面积5983平方米，2020年9月开工建设。至年末，投入资金5514万元（含土地出让金3229万元，固定资产39万元），完成客运站主楼、车辆例检房、地下设备用房的主体建设。

【路桥建设】 2022年，伊通投入592.34万元，建设生命安全防护工程57.63千米，涉及10条公路线路，设置单悬臂标志杆283个、里程碑52块、道口标注1428根；投入841.5万元，改建危桥7座（万德北桥、九龙小桥、西榆树桥、大有桥、大杂木桥、打草西桥、腰苇桥），全长92米，全部竣工通车。

【公路养护】 2022年，伊通公路段委托盛达养护公司负责全县国道省道县道干线道路养护、隐患排查处置。全年完成沥青路面灌缝490千米，修补坑槽4800平方米；对干线里程碑、示警桩、桥梁、涵洞进行清理刷新，更换示警桩34根，栽种花卉1500株，路树刷白9572株，经济圈线水毁保通铺垫山皮石751立方米，路基水毁修补铺垫210立方米；清理公路越冬垃圾、杂物66千米。

【路政管理】 2022年，伊通交通运输综合行政执法支队路政大队对公路路产及附属设施常态化巡查，对沿线集市贸易、占路经营、违法设置等妨碍公路环境、影响交通安全的摊位及牌匾进行整治。全年出动执法车辆240台次，执法人员800人次，整治未经许可占用、挖掘公路10起，非法占道经营摊点12处，清理牌匾晃2处。全年发生路政案件5起，查处并结案5起，破案率和结案率100%，收缴路产赔偿款1.78万元。交通运输综合行政执法支队超限检测站查处超限超载车辆68台，其中百吨王52台，卸载货物3.16亿千克，交警罚款13.6万元、扣分408分。

【旅客运输】 2022年，伊通修订《伊通满族自治县“村村通”客运补贴考核办法》。建立城乡客运财政补贴专项扶持政策，建制村通客车率100%。全年公路旅客发送量100.18万人次，比2021年下降7.5%。伊通客运站日均发送班次60个，日均旅客发送量500人次。

【货物运输】 2022年，伊通有货运企业54家，货运车辆329台，总吨位74.23亿千克。其中危货企业3家，50辆车以上的普货企业4家。全年公路货运量完成99.43亿千克，比2021年下降2.1%；公路货运周转量完成379569.20万吨千米，比2021年下降5.4%。

【“春运”旅客运输】 2022年，伊通交通运输局在“春运”期间统筹调配运力，增开加班车，调度发车班次，满足群众出行需要。督促运输企业落实“两客一危”（指从事旅游包车、三类以上班线客车和运输危险化学品、烟花爆竹、民用爆炸物品的道路专用车辆）车辆动态监管制度，纠正驾驶员超速、疲劳驾驶、不按规定线路行驶等违法违规行为。督促客运站执行“三不进站、六不出站”（无关车辆不进站、无关人员不进站、危险品不进站；超载客车不出站、安全例检不合格客车不出站、驾驶员资格不符合要求不出站、客车证件不齐全不出站、出站登记表未经审核签字不出站、乘客和驾驶员不系安全带不出站）要求，对不具备通行条件客运班线及车辆责令停业整顿。开展“春运”运输市场专项整治行动，查处超员超载、非法运营、甩客宰客等违法行为。“春运”期间，客运班线安全运送旅客13.4万人次，城市公交安全运送旅客12.87万人次。

【交通安全管理】 2022年，伊通开展交通安全生产隐患排查治理，全行业成立明察暗访组26个，出动执法人员186人次，检查企业50余家，检查车辆300余台次，发现并整治隐患23处，整改率100%。结合“安全生产百日攻坚”行动，开展交通领域安全生产知识宣传活动4次、悬挂横幅5条、张贴标语16张、发放宣传材料1000余份。

（马　超　徐　妍）

# 铁　路

【铁路旅客运输】 伊通火车站位于伊通满族自治县伊通镇内，隶属于沈阳局集团有限公司梅河口车务段管辖，位于双白线37千米350米，紧邻长伊公路，距长长高速公路3.5千米，交通便利。车站等级为三等站，主要担负列车接发、会让和部分车辆中转、分流任务，同时担负货物线取送车任务。2022年，伊通火车站每天开往长春和辽源方向的旅客列车2列；全年发送旅客3万余人次。

【铁路货物运输】 伊通火车站货场面积8.4万平方米，一次堆货量800万千克，设计年货物办理能力1亿千克。货场内设有雨棚1个，面积3780平方米，露天面积8万平方米，高站台总面积3780平方米，货物线2条。配备正面吊1台，最大起重量3.2万千克，主要办理集装箱、散堆装、袋装货物运输。货场发送主要品类有粮食、煤炭、集装箱，到达主要品类有粮食、化肥、煤炭、集装箱。2022年完成货运量2000万千克。

【安全生产】 2022年，伊通结合落实新《安全生产法》，推进安全管理制度体系标准化规范化建设；坚持问题导向，突出安全分析，强化技能培训，推进“两纪一化”整治。开展铁路沿线专项安全整治，通过巡查、路查、步查等方式检查核实，形成安全隐患清单20个，涉及硬飘浮物、轻飘浮物、危树、违法堆放等，所有隐患全部完成整改、销号清零。全年未发生任何事故和险情，实现安全年，车站安全形势稳定向好。

（马　超　徐　妍）

# 水　路

【渡口】 2022年，伊通境内二龙湖水域建有渡口4个，渡船5只，渡口为自然岸坡式，属于季节性渡口。主要有小孤山镇新华、郑家屯、李家岗子（杜家沟）3个渡口、三道乡张家屯1个渡口。从事二龙湖水域东西两岸渡客、渡货营运，方便群众出行采购生产生活用品和销售地产品。全年适航期6个月，年客运量1万人次。

【水上交通安全】 2022年，伊通强化渡口安全监管，落实常态化隐患排查和隐患跟踪机制，突出“重点水域、重点时段”现场监管，适时开展五一、汛期、十一等水上交通安全大检查。全年开展安全检查3次，检查营运渡船的安全技术状况，消除问题隐患，同时对渡船经营者加强安全教育。

（马　超　徐　妍）

# 水 利

## 综　述

【概况】 2022年,伊通境内有大小河流128条,流域面积20平方千米以上河流46条。其中松花江流域有4条,辽河流域12条。伊通河为伊通满族自治县最大河流,境内流长80.4千米,有水库32座、塘坝144座、拦河闸坝4座。全年批复500万元以上重要支流、中小河流、涝区治理、水库除险加固等水利项目16个,总投资6.76亿元。到位资金3.58亿元。其中,中央资金2亿元、地方资金1.58亿元。

【农村供水保障】 2022年,伊通投资3865万元,解决14个乡镇、52个村、91处供水工程,覆盖人口4.46万人。新建水源井9处,改建井房75座,铺设管网PE100级管材总长34.86千米,补充入户578户。至年末,工程投资与水源井、管网、补充入户等工程建设全部完成。

【水资源开发利用】 2022年,伊通用水量8970.6万立方米。其中,地下水资源开发利用量6274万立方米,占总用水量69%;地表水用水量2696.6万立方米,占总用水量25%。地表水利用量2447万立方米。农田灌溉用水量5350万立方米,林牧渔畜用水量1072万立方米,工业用水量242万立方米,占总开采量3%;城镇公共用水量222万立方米,占总开采量3%;居民生活用水量1408万立方米,占总开采量22%;生态环境用水量35万立方米,占总开采量0.56%。

（王　宇）

## 河 长 制

【河长制落实】 2022年,伊通制定"一河一策"治理方案,完成全县河道管理范围划定工作。完善县、乡、村三级河长体系,指派专人监督指导各级河长完成手机App巡河任务,全年各级河长巡河1.2万人次。清理河道垃圾0.71万立方米,拆除河道岸边柴草垛30处,河道岸边厕所20处。完成水利部遥感疑似妨碍河道行洪点位排查,确认3个问题点位,及时整改销号。全年,伊通河星光出境断面水质稳定达到Ⅲ类,为历史最高水平;伊通河水环境治理工程在水利部发起的全国第四届水工程与水文化有机融合案例投票展示活动中位列第四名。

【河湖生态安全】 2022年,伊通建立完善河湖长动态调整机制和责任递补机制,建立"河湖长+河湖警长+检察长+法院院长"协作机制,开启"四长治河"新模式;建立县级跨界河湖联席制度,形成流域治理保护"两岸合力"和"上下游合力";开展伊通河、饮马河2条重点河流河湖健康评价,开展妨碍河道行洪突出问题排查整治,县、乡、村三级巡河1.16万次。实施绿水长廊项目。强化水资源刚性制度约束,6家单位完成取水许可证办理,推进县域节水型社会达标建设,通过现场验收评估。开展清河专项行动,清理河道垃圾。完善城镇生活污水处理体系,8个乡镇污水处理厂稳定运行,出水水质全部达到一级A标准。防控农业点源面源污染,创新粪污资源化利用模式,改造农村卫生厕所1000座,改厕任务完成。伊通河被评为"吉林省水利风景区"。

【河湖生态课】 2022年6月28日,伊通河长制办公室组织各级河长到伊通第四小学,开展"共筑家乡那湾绿水长廊"主题生态课。课堂上,师生一起制作以保护水生态主题的黑板报、手抄报,增强学生保护河湖意识。召开"守护河湖"主题班会,利用致家长一封信,鼓励家长和学生携手开展"保护河湖"社会实践活动,保护河湖生态,增强惜水意识,不做水资源污染者。

【跨界联合巡河】 2022年11月1日,伊通满族自治县、东辽县,在市际界河孤山河开展跨界联合巡河调研。四平市、辽源市、伊通、东辽县河长办参加活动。联合巡河小组到孤山河伊通西苇镇蛤蟆塘村段、西苇镇椽子沟村段等点位对河道“四乱”问题及涉河违法、违规行为进行检查。孤山河伊通境内，全年各级河长巡河750余次，联合巡河小组到伊通孤山河蛤蟆塘二组至红山咀子段治理工程现场，就河道治理工程进行经验交流。

（王　宇）

## 水利工程建设

【概况】 2022年，伊通水利局建设水利工程20项，到位资金3.98亿元，其中，中央资金2.22亿元、省级资金9351万元、县级资金2096万元、一般债券6135万元。重点推进工程9项。其中，中央及省级投资5项、地方自筹投资4项；其他水利工程11项。至年末，完成投资2.66亿元。

【水利工程质量监督】 2022年，伊通按照伊通河治理四期工程建设标准，提高伊通河防洪标准，再打造1个伊通“后花园”式水环境治理工程。对标水利部，省水利厅水利基建月报调度机制，督促项目法人完成好投资、进度、质量控制，合同、信息、安全管理及相关组织协调工作。全年水利工程质量服务中心监督项目16个，现场技术指导和培训28次。

【“书记一号工程”项目】 2022年，伊通推进伊通河综合治理，县委将伊通河重点段三期右岸河漫滩治理与水环境保护工程作为2022年重点项目推动，成立专项建设工作领导小组，制定工程推进方案，按照“工作项目化、项目目标化、目标节点化、节点责任化、责任机制化”要求，细化明确参建部门工作举措、推进机制、目标效果和具体责任，统一安排部署建设任务。每个月调度工程进度，不定期到实地调研指导、现场办公，帮助施工企业解决困难，扭转因新冠疫情影响导致的工期滞后局面。至年末，安排一般债券资金1700万元保障项目建设。

【绿水长廊建设项目】 2022年，伊通编制《伊通满族自治县绿水长廊建设规划(2021—2035年)》，成立绿水长廊项目专班组，将绿水长廊建设纳入政府工作重点，列入全县河长制中心工作，全年谋划绿水长廊项目8个。其中，新建4个、续建4个；城市型1个、乡村型7个。建设长度55.88千米，完成投资4.27亿元。

【村屯小流域治理】 2022年，伊通投资420万元，治理侵蚀沟14条，治理与控制水土流失面积3.8平方千米，全部为中型沟，至年末，工程完工。工程建设减轻水土流失，增加水资源利用量4300立方米，减少土壤流失量390万千克，增加经济效益15.55万元。

【移民工程建设】 2022年，伊通实施备案项目17个，项目投资1905万元，新建水泥路9条、16.78千米，安装太阳能路灯758盏，新建混凝土路边沟2.32千米，新建边沟1.07千米，渠道防护0.06千米。

（王　宇）

2022年9月15日，建设中的伊通河重点段三期右岸河漫滩治理与水环境保护工程

（王智慧　摄）

表32　2022年伊通满族自治县水利工程建设一览表

| 序号 | 工程项目名称 | 项目内容 | 概算投资（万元） | 完成投资（万元） | 完成情况 |
| --- | --- | --- | --- | --- | --- |
| 1 | 伊通河防洪薄弱环节(M47+730~M66+513)治理工程 | 工程治理河道总长度18.78千米；干流堤线长度23.02千米。其中，左侧堤线长度14.98千米；右侧堤线长度8.04千米。堤防建设总长度22.28千米。其中，左堤建设长度14.51千米；右堤治理长度7.77千米 | 30981.89 | 15000 | 未完工 |

续表32

| 序号 | 工程项目名称 | 项 目 内 容 | 概算投资（万元） | 完成投资（万元） | 完成情况 |
|---|---|---|---|---|---|
| 2 | 伊通河防洪薄弱环节（西苇河口至县党校段）治理工程 | 工程治理险工段均采用雷诺护垫护砌，总长度6564米，其中左岸3处，护砌长度2703米；右岸6处，护砌长度3861米；新建跨支流农道桥2座，跨排水沟盖板桥2座；下河坡道2处，护砌排水沟3处。右岸岸顶外侧新建水泥混凝土连接路面4.10千米，路外新建排水沟4.10千米，排水沟上每隔200米设集水井1处 | 4912.92 | 2000 | 未完工 |
| 3 | 三联灌区中型灌区节水改造工程 | 工程主要建设内容为渠（沟）道工程改造8.96千米，渠系建筑物改造50座，计量设施8处 | 1557 | 800 | 未完工 |
| 4 | 欢欣岭灌区中型灌区节水改造工程 | 工程主要建设内容为渠（沟）道工程改造11.65千米，渠系建筑物改造111座，计量设施5处 | 1137 | 700 | 未完工 |
| 5 | 伊通河涝区（左岸涝片）治理工程 | 工程治理伊通河涝区左岸涝片排涝总面积6266.67公顷。治理排涝干沟、支沟道4条。治理措施为4条排涝沟道的疏浚、护坡及所属农桥工程建设。工程治理4条沟道疏浚总长30.47千米，治理左右岸总长61千米 | 6360 | 210 | 未完工 |
| 6 | 伊通河重点段三期右岸河漫滩治理与水环境保护工程 | 工程建设项目总规划面积38.55万平方米。其中，湿地面积12.91万平方米，绿化面积21.52万平方米；道路及广场铺装总面积4.05平方米；项目区内设置管理建筑1处，为管理房结合公厕，占地面积296平方米，另设公厕3处，总占地面积387平方米 | 14124.9 | 8500 | 未完工 |
| 7 | 三星河城市防洪工程 | 1.工程河道治理长度2645米，左岸治理长度2644米，右岸治理长度2874米，两岸修建2米宽人行步道，1米宽绿植带，新建栏杆及路灯<br>2.在河道两岸岸顶、岸坡以及游步道建设绿化工程，均采用植被绿化，植物品种包含乔木、灌木及花卉等<br>3.河道内布置6座气盾坝以及相关电气设施<br>4.在支沟修建1座排水涵洞<br>5.拆除邵家甸子桥及永青村拱桥，原址重新修建，长度10米，宽度10.5米<br>6.在支流新建1座人行桥，桥长6米，宽度3米<br>7.新建水源井共2眼，配套管理房及电气设备<br>8.在河道两岸共布置8处观景平台，并对应设置休息区，每处休息区配备2把长椅<br>9.预留雨水排口6处<br>10.设置S13-100KVA型箱式变电站1座 | 6139.67 | 2000 | 未完工 |
| 8 | 门屯河城市防洪综合治理工程 | 工程位于伊通满族自治县城区，工程范围起点位于库伦大路（涵洞出口），终点位于伊通河大堤，治理河道长度2.51千米。门家屯河建设防护长度3981米（不含支流） | 4648.16 | 200 | 未完工 |
| 9 | 2022年农村供水保障工程 | 解决14个乡镇52个村91处供水工程，覆盖人口4.46万人，工程共计91处，其中新建水源井9处，改建井房75座，铺设管网PE100级管材总长3.49万米，补充入户578户 | 3865 | 3865 | 全部完工 |

续表32

| 序号 | 工程项目名称 | 项 目 内 容 | 概算投资（万元） | 完成投资（万元） | 完成情况 |
|---|---|---|---|---|---|
| 10 | 孤山河伊通满族自治县蛤蟆塘二组至红山咀子段治理工程 | 工程治理起点位于蛤蟆塘小街上游400米处，治理终点位于下游“平岭~强国”公路桥，河道长度22千米，桩号为K0+000~K21+584，本次治理总长度为16.9千米。干流右岸总长度24千米，支流治理河道长度1.3千米。其中干流治理总长度18千米。支流左岸治理长度1.3千米，支流右岸治理长度1.3千米 | 2953.8 | 2000 | 全部完工 |
| 11 | 新凯河伊通满族自治县段治理工程 | 工程上游起自位于伊通景台镇前景杂铺村上游约380m处一农道桥处（河道桩号K0+000米），终至后大桥村下游650米处与公主岭分界位置（河道桩号K7+585米），治理段位于伊通境内，干流河道长度7.59千米，治理段河岸总长7.59千米 | 1465.9 | 904 | 全部完工 |
| 12 | 山洪灾害防治项目 | 更新改造10个自动雨量水位一体站，对县级监测预警平台设施设备更新改造，更换1台路由器和1台精密空调 | 29.81 | 29 | 全部完工 |
| 13 | 水土保持治理工程 | 2022年侵蚀沟综合治理工程治理中型侵蚀沟14条，治理与控制水土流失面积3.80平方千米 | 420 | 420 | 全部完工 |
| 14 | 农村供水工程维修养护项目 | 第一批：工程建设内容主要包括更换水泵20处，变频器更换22处，变频器维修34处，更换紫外线灭菌器22处，自动分供设备9处，管道供水泵10处，50kW变压器1台，净水系统9套，更换电磁阀3处、排气阀4处，清洗水箱1处，清洗水处理罐体4处，不锈钢蓄水箱8处，除砂罐1处，室内电控箱、配电箱3台，交流接触器16个，铺设DN110（1.6Mpa）管网1411米；铺设DN90（1.6MPa）管网2539米；铺设DN75（1.6Mpa）管网2824米，铺设DN63（1.6MPa）管网4486米<br>第二批：维修养护内容为新建水源井5口、新增检修井5座、新增井具连接件5套、维修井具连接件6处（2处维修，压力表2个，逆止阀2个）、8处工程提下泵、新增3×16电缆线1015米、新增4×25电缆线180米、新增DN63顶管905米 | 第一批：491.5；第二批：103.94 | 第一批：491.5；第二批：103.94 | 全部完工 |
| 15 | 山洪灾害维修养护工程 | 对20个自动雨量站、12个自动水位站、12个预警广播站、15个视频会议系统设施进行运行维护 | 39.45 | 39.45 | 全部完工 |
| 16 | 小型水库维修养护项目 | 14个小型水库自动测报系统、水库视频监控系统14个、26个小型水库渗流观测13个、渗流压力监测58个，渗流压力点174个，水尺72套，西苇水库闸室更换闸门4扇、前进水库闸室重建、大兴、复生水库海漫段维修 | 750 | 750 | 全部完工 |
| 17 | 农业水价综合改革项目 | 范家灌区渠道衬砌2处，总长60米；建立水情监测站点14处；建立中型灌区监测中心；5处灌区管理所信息化建设 | 205.85 | 145 | 全部完工 |
| 18 | 水库移民项目 | 2022年实施备案项目17个，新建水泥路9条16.78千米，安装太阳能路灯758盏，新建混凝土路边沟2.32千米，新建边沟1.07千米，渠道防护0.06千米 | 2032 | 1905 | 全部完工 |
| 19 | 国有公益性水利工程维修养护项目 | 对28个小型水库启闭机及丝杠维修、冬季闸前破冰、引滑装置铺设 | 59 | 59 | 全部完工 |
| 20 | 沈家屯河（前小桥子村——入河口段）综合治理工程 | 治理河道中心长度为2396米，位于河道中心轴线桩号M0+000~M2+396。治理上游段起点位于伊通满族自治县前小桥子村（桩号M2+396），下游终点位于入伊通河河口桥（桩号M0+000）。治理险工段岸坡采用雷诺护垫护砌，护砌总长度为1105米。非险工段采用植物措施护砌，护砌总长度2759米。左岸新建火山岩生态步道方砖2008米（桩号BD0+000~BD1+197BD1+602~BD2+413），净宽1米 | 530.6 | 50 | 未完工 |

（伊通满族自治县水利局）

## 灌区建设

【概况】 2022年，伊通有寿山灌区（包括向前拦河闸）、石门灌区（包括伊丹拦河闸）、欢欣岭灌区、三联灌区、范家灌区中型灌区5处。其中欢欣岭灌区为省级中型灌区，位于伊通大孤山镇境内，是地表水与地下水互补、联合调配使用的井渠结合式灌区，为大孤山镇柴家村、欢欣岭村等6个村，靠山镇下沟村、庄家村、河沿村3个村农田提供供水任务。下辖21条支渠和1座中型水库。全县农田灌溉面积7200公顷。其中，5个中型灌区设计灌溉面积3913.33公顷，小型农田水利灌溉面积3286.67公顷。小（1）型灌区8处，设计灌溉面积833.33公顷。

【灌区续建配套与节水改造项目】 2022年，伊通欢欣岭灌区续建配套与节水改造项目投资1137万元。至年末，欢欣岭灌区总干渠完成矩形槽浇筑1429平方米，土方开挖2438米，退水渠矩形槽浇筑540米，渠系建筑物7座，完成投资700万元；三联灌区续建配套与节水改造项目总投资1557万元，西干渠及东干渠完成矩形槽浇筑4822米，渠系建筑物26座，投资完成800万元。

【灌溉运行管理】 2022年，伊通中型灌区管理单位负责灌区运行管理、维修养护、防洪度汛及安全管理等工作。中型灌区水源地分别为寿山水库、石门水库、欢欣岭水库、三联水库、伊通河范家拦河坝5个，5月8日至8月31日，全县农业实施灌溉，全年供水2124.64万立方米。其中，生态补水642.9万立方米；农业灌溉1481.74万立方米。全年灌溉面积实现2.11千公顷，与稻农签订用水合同2份，水费收入23.84万元。

【灌区安全管理】 2022年1月，伊通调整灌区安全生产领导小组，明确责任分工，班子成员与各科室和基层单位负责人签订安全生产责任书11份。完善安全生产管理制度、专项资金投入制度等，推动安全生产责任制落实。开展安全生产专题培训，围绕“6·16”安全生产咨询日开展消防应急演练、防洪防汛应急演练活动。到基层站所、灌溉一线、工程建设一线开展安全生产事故隐患排查治理专项行动13次，对发现隐患问题现场及时整改，建立安全生产隐患排查台账，全年安全生产形势稳定。

（王 宇）

## 节水型社会达标建设

【概况】 2022年，伊通组建以主管县长为组长，各职能部门负责人及乡镇街道和开发区管委会参加的节水型社会达标建设领导小组，负责全县节水型社会达标建设工作；编制《伊通满族自治县节水型社会达标建设实施方案》。加强需水管理、转变用水方式、促进经济发展方式转变作为主要目标，以生活、生产、生态3水融合为主线，以节水宣传为基础，节水载体建设为抓手，推进县域节水型社会达标建设，培育节水型生产模式和消费模式，初步实现“三转变”（供水管理向需水管理、粗放用水方式向高效用水方式、过度使用向主动节约），水资源利用效率和效益得到提升。全县有节水型示范小区1个，节水型企业3个。水功能区4个，水质平均达标率48.85%。6月15日，通过水利部松辽委县域节水型社会达标建设资料和现场复核验收评估。

【节水工程】 2022年，伊通新建续建乡镇污水处理厂8座，总处理能力每日400万千克；吉林伊通经济开发区新建污水处理厂1座，处理污水能力每日600万千克。污水处理配套管网长度43.4千米，污水处理均达到一级A标准。三联灌区投资1973万元、欢欣岭灌区投资1579万元，实施中型灌区续建配套与节水改造工程，工程投入使用。马鞍山镇马鞍村、大孤山镇三合村农业大棚10余座实行棚膜滴灌工程。

【取水工程核查登记】 2022年，伊通在推进取水工程（设施）核查登记基础上，以行政村为单元进行排查，核查取水工程（设施）管理权属、工程建设和运行、取水许可及监管等情况，逐一登记、建档，汇总形成取水工程（设施）核查对象名录审核入库。全县取水项目343处，农业灌溉取水口2499个，地表水取水口28个，其中中型灌区5个，逐一核查登录到全国取用水管理专项整治信息系统平台。

（王 宇）

# 城市建设

## 城市规划

【概况】 2022年，伊通满族自治县以县国土空间利用服务中心为主体，完成14个项目用地预审与选址意见书核发；完成12个批次12个项目用地报批，面积126.28公顷，新增建设用地125.33公顷；完成9个项目"两公告一登记"（"两公告"分别指《征用土地公告》《征地补偿安置方案公告》；"一登记"指被征收土地所有权人，使用权人应当在公告规定期限内，持土地权属证书到当地人民政府土地行政主管部门办理征地补偿登记）工作，面积125.23公顷；完成土地供应27个项目，面积146.28公顷，土地供应价款3.25亿元，比2021年增长40%。

【城镇规划编制】 2022年，伊通推动城镇规划编制工作，贯彻创新、协调、绿色、开放、共享的新发展理念，以高质量发展为主题，统筹发展和安全，落实区域协调发展战略、区域重大战略、主体功能区战略、新型城镇化战略和乡村振兴战略。在完成县级新一轮城镇总体规划编制基础上，10月15日，启动镇级国土空间规划编制工作。营城子镇国土空间总体规划初步完成。

【规划审批】 2022年，伊通规划委员会召开审查例会5次，审议建设项目69个。其中，审核通过修建性详细规划36个、基础设施类项目7个、县城总体规划地块调整8个、专项规划3个、规划条件15个；占地面积156.63公顷，建筑面积108.81万平方米，市政道路管网4.43千米；核发各项规划行政许可51件，核准占地面积110.75公顷，建筑面积75.92万平方米；完成工程规划核实17件，面积38.95万平方米。

【基础测绘】 2022年，编制《伊通满族自治县基础测绘"十四五"规划》（2021—2025年）。宣传测绘地理信息和测量标志点看护重要性，完善基础测绘技术装备体系，定期开展测绘资质、质量、涉密检查。推进"多测合一"改革工作，实行周调度、月通报。

（谢福贵）

## 城市更新

【概况】 2022年，伊通开展城市更新行动，实施城市基础设施建设工程，投资7亿元，建设绿色、韧性、宜居城市；完善路网结构，新建7条道路（福安街、乌苏大街北段、穆木街、明珠大街、叶赫西路、叶赫东路、宝捷大街），增加道路里程2.92千米、铺装面积9.86万平方米；翻建3条道路（赫哲街、长营大街、库仑大路），面积1.3万平方米；新建大桥2座。其中，福安大桥建成通车、乌苏大桥桥梁主体工程完工。新建广场1座，位于明珠大街与库仑大路交会处，面积2.5万平方米。

2022年8月18日，福安大桥建成通车 （尚会东 摄）

【老旧小区改造】 2022年，实施吉林省伊通满族自治县2022年第一批保障性安居工程(城镇老旧小区改造)配套基础设施建设项目，对县城内4个小区(计量所家属楼、农联社、边贸南楼、电视台家属楼)4栋老旧住宅进行改造；改造建筑面积5904.50平方米；主要内容包括道路工程、给排水工程、热力工程、燃气工程、照明监控工程及通信工程；道路改造866.13平方米，新建给水管线306米、污水管线155米、污水出户管线35米、热力管线392米、燃气管线100米，新建路灯9套、监控8套、通信管线110米、桥架145米及其他配套附属设施。全年完成改造进度50%。

(刘　峥)

【棚户区改造】 2022年，伊通加快棚户区改造进展。投资9993.05万元，完成棚改任务1691套，其中门屯河以北回迁小区1期A、B、C、D、E座项目建设，469套回迁楼达到交付标准，2期H、J座主体封闭。投资1.07亿元完成天源热力南回迁小区(1期)7栋回迁楼主体施工。

(何晓晶)

## 城市交通

【公共交通】 2022年，伊通有公交车31辆，全部为新能源客车；开通公交线路8条，线路总长度75.3千米，全年客运量100.18万人次；全年票价收入96.79万元。

【道路客运与旅游融合】 2022年，伊通道路客运与旅游融合推进。县城内有A级旅游景区8个，道路客运实现全覆盖。其中，7个旅游景区实现客运班车全覆盖、伊通满族博物馆1个景点实现公交车覆盖。

【客运路线定制】 2022年，伊通完成定制客运线路2条。其中，伊通至龙嘉机场定制客运线路1条、伊通至长春站定制客运线路1条。由吉林省宏远天隆旅游运输有限公司经营，投入车辆9台。

【客运班线公交化改造座谈会议】 2022年6月10日，伊通召开客运班线公交化改造座谈会议，15名客运经营者代表参会。传达《吉林省交通运输厅关于进一步推进道路客运高质量发展有关工作的通知》精神，客运经营者代表对当前实施客运班线公交化改造面临问题和困难，提出意见和建议。会后，制订《伊通满族自治县公交化改造实施方案》向县政府汇报。

【出租汽车管理】 2022年，伊通有出租汽车649台，营运司机全部取得营运许可。年内，贯彻执行有关客运出租汽车行业管理法律法规，加强对出租汽车日常管理和监督检查工作，查处和制止扰乱出租汽车市场行为，受理出租汽车经营者在运营中发生的服务质 量投诉、举报，监督、检查客运出租行业服务质量、经营行为和车容、车貌等，协调相关部门对客运出租汽车运价及计价器使用情况进行监督。

(马　超)

## 城市供热

【概况】 伊通城区供热由天源热力有限公司、新城热力有限公司经营并提供热源。2022年，县城区供热面积614.2万平方米。其中，天源热力有限公司供热面积394.6万平方米、新城热力有限公司供热面积219.6万平方米。入网面积10.91万平方米。管网长度376.3千米。其中，一次管网长度94.74千米、二次管网长度281.56千米；换热站72座；用热户6.05万户；供热能力345兆瓦。

【供热管网维护改造】 2022年，采暖期结束后，供热企业对辖区内供热管网进行排查，结合采暖期出现问题，投资138.81万元，对6个小区3.4千米供热管网进行改造。

【供热服务】 2021年—2022年采暖期，根据天气情况，伊通提前5天开栓供热，至25日零时，全县正常热用户开栓率100%。响应国家环保要求，自备热源所有锅炉运行安装在线监控装置，粉尘、颗粒物排放达环保标准，减少大气污染。采暖期内，热用户室内温度在18度基础上提高2度，市民室温合格率99.05%。县政府建立“供热投诉平台”，设置供热质量督察投诉、供热价格监督投诉电话2部。

【供热行业监管】 2022年，伊通实施县住建局与全县市民双向监督、供热日调度汇报、优质服务监督举报、企业综合信用评价等制度，监督供热企业按照规定参数运行；服务热线24小时畅通，供暖期供热投诉办结率100%，用户满意率99.95%。协调解决群众反映问题，通过用户调查舆情分析等手段，了解分析供热采暖工作形势和问题。对群众反映强烈供热不到位、室温不达标等问题重点解决，遇到问题监督问责。

(张　阳)

## 城市供气

【概况】 2022年，伊通燃气气源有天然气和液化石油气2种。有燃气企业9户，其中管道燃气经营企业2家，液化石油气储配站3家，储气能力16万立方米，全县燃气管线长度278千米。其中，中压管线68千米、庭院中低压管线210千米。有居民燃气用户1.5万户，工商户300余户，工业用户5户。

【供气服务】 2022年，伊通在鼎盛华府小区门市设立服务收费窗口，用户就近缴费。在大厅设立工改窗口，方便工业用户报装。实施移动抄表安检，抄表安检员入户抄表安检时，通过手机上传移动工单，实现快速转单、快速维修。实行易联云大客服系统，完善用户报装、抄表安检等信息。天伦燃气有限公司实行24小时免费上门维修服务。

【供气监管】 2022年，伊通实行县住建局与市民双向监督、优质服务监督举报、用户满意度调查等制度。县市场监督管理局等部门监督燃气企业按照规定执行各项收费服务、隐患排查整治等工作。服务热线24小时畅通，全年燃气服务类投诉办结率100%，用户满意率100%。通过开展用户满意度调查等手段协调解决群众反映问题。开展供气服务、安全等方面的监督，重点监督防范燃气设施、能源储备、保供措施等未按要求维护等问题，加强供气执法检查，查处违法、违规行为。

【燃气安全宣传】 2022年，伊通天伦燃气有限公司到200个小区集中开展燃气安全知识宣传，设置展板183块、开展工商户安全知识讲座2次、电视台安全讲座4次，普及安全用气常识。

（张　洋）

## 城市供水

【概况】 2022年，伊通有用水户4.6万户，供水317万立方米，输配水管线铺装193.12千米，水费收入1329万元，安装改造二次供水设备，对新建小区进行接管改造和智能表周期转换。启动越冬防寒工程，加强维修受理服务与违章用水查处力度，保障安全供水。全年接听维修维护电话700余次，全部落实，客户满意率100%。

【水费价格调整】 2022年，执行《伊通满族自治县人民政府办公室关于调整伊通满族自治县城区供水价格及实施居民阶梯水价等有关问题的通知》规定收费标准。居民生活用水价格每吨3.65元（含水资源费每吨0.40元）；非居民用水价格每吨6.40元（含水资源费每吨0.40元）；特种业用水价格每吨8.40元（含水资源费每吨0.40元）。

【供水保障】 2022年，完成城区生活用水水源地春季、秋季检修。供水时间由原分时段供水，改为早5时至晚10时供水。全年清洗蓄水池2次，清洗41处二次加压泵房2次。投资400余万元改造县医院家属楼旁二次供水设备。维修维护水厂、水源地机电设备51次，管网故障抢修73次，全年未发生大面积停水现象。完成地沟口防寒43个、管道井防寒106个。全年，县自来水公司漏损率7.46%，低于全省平均水平。

（徐善勇）

## 污水处理

【概况】 2022年，伊通城区污水处理以三达污水处理厂为主，收集县城区污水77亿千克，处理县城区污水77亿千克，处理率100%。10个乡镇分别建设污水处理厂，收集污水2.34亿千克，处理污水2.32亿千克，处理率99%，污水经过处理后出水水质达到一级A标准。

【污水管网建设】 2022年，伊通加大排水管网新建改造工程建设，蓝齐儿路、永宁西路完成雨污分流管线铺设2093米，福安街、肃慎街、公园街、永宁东路2009米雨水管网铺设建设中。

【乡镇污水厂建设】 2022年，伊通新建乡镇污水处理站、收集池及污水排水管网工程4个。其中，西苇镇、新兴乡分别建设一体化污水处理站1座，处理水量60立方米/吨；河源镇建设污水收集池1座，容积200立方米；莫里青乡建设污水收集池1座，容积300立方米。新建污水管网长度12.7千米、出户管网长度11.3千米。10月31日，河源镇和西苇镇污水处理设施建设工程完成通水投入使用，新兴乡、莫里青乡污水主管网铺设完成。

（戴立军　鞠　薇）

## 园林城市建设

【概况】 伊通城区内有公园4座、街路绿化带16条、街路广场5个。全县城市建成区绿地面积557.57公顷，绿化覆盖面积582.65公顷，县城区城市人均公园绿地面积14.60平方米、公园绿化活动场地服务半径覆盖率82%，建成区绿化覆盖率40.55%，建成区绿地率38.80%，园林绿化“四项重要指标”达到省级园林创建标准。11月28日，伊通满族自治县被吉林省住房和城乡建设厅命名为2022年“吉林省园林城市”。

【城市园林绿化】 2022年，伊通投入绿化资金121万元，对城区库伦大路、中华路、人民大路、伊通大街南段原有道路进行绿化提升，栽种鼠尾草、金娃娃萱草等花卉品种5个、14万余株，栽种面积4100平方米；对赫哲街、赤赫路、乌苏大街、明

箭亭广场　　（沈鸿升　摄于2022年7月12日）

珠大街、滨河路、满族大街、工业街等新开道路进行绿化，栽种马莲、玉簪、三色堇等花卉12万余株，栽种面积3700平方米；在公园广场栽植花卉，栽种孔雀草、万年红2.8万余株，栽种面积800平方米。在城区主干路栽植时令花卉33.68万株。

**【“口袋公园”】** 2022年，伊通实施“口袋公园”改造建设项目2个。其中，库伦大路宝捷金座前建设完成“口袋公园”1处，呈带状游园，面积3300平方米，绿化面积占70%；乌苏大街北段、伊通河南侧建设“口袋公园”1处，面积6100平方米，列入“伊通街路文化景观提升项目”中，完成可研编制及专家评审工作。

**【“小微绿地”】** 2022年，伊通实施“小微绿地”改造建设项目2处。其中，在工信局西侧建设“小微绿地”1处，面积750平方米，该地段建设前为废弃地，清理后栽植海棠22棵、灌木球24棵、宿根花卉2.4万株，绿化面积占95%；职教中心东侧、库伦大路与福安街交会处打造“小微绿地”1处，地块呈带状，长102米，宽35米，面积2787平方米，完成可研编制及专家评审工作。

**【城市树木保护】** 2022年，伊通制定《伊通县古树名木保护管理办法》《伊通满族自治县城市建设树木保护管理实施方案》《伊通满族自治县城市绿化补偿费标准》，完成对建成区古树名木普查、登记造册、建档立卡、挂牌保护等工作，并确定保护责任单位。

（臧　建）

## 城市管理

**【概况】** 2022年，伊通开展市容市貌、户外广告、交通秩序、环境治理等攻坚行动。取缔、规范各类商户摊点3000余处，清理“野广告”2万余张；对全县560家餐饮商户油烟排放情况进行执法检查；规范户外广告牌匾围挡管理，设置城区临街道路围挡1130余米，维修损坏围挡860余米，清理城区破损大型户外广告13处；加大对渣土运输车辆、建筑工地和商混站的监管，对多家夜间施工扰民建筑工地下达《责令限期整改指令书》，全部按期整改。

**【城区环境卫生】** 2022年，伊通巩固全省卫生城市创建成果，提高机械化清扫覆盖率和清扫质量，增加街路湿扫、洒水作业频次，清理绿化带内垃圾杂物，每天擦拭街路两侧公共设施，及时修复更换破损、脏污垃圾桶等环卫设施；垃圾收集处理保证日产日清，收集、运输实行密闭化，焚烧处理率100%。保证21座水冲公厕、8座垃圾压缩转运站正常运行。对城市出入口、背街小巷进行集中整治，每天出动环卫工人20名、翻斗车2台、铲车1台、垃圾收集车2台，清运生活垃圾及白色垃圾70余车、1.4万千克。

**【小广告专项整治】** 2022年，伊通制定《非法张贴小广告专项整治工作实施方案》，以整治非法粘贴小广告为主要内容，开展专项整治工作，全年清理非法粘贴小广告2万张，说服教育和处理3起。

**【“门前五包”专项行动】** 2022年，按照《伊通满族自治县关于推行“门前五包”专项行动实施方案》，伊通常态化开展市容市貌整治。对街路两旁商户和小商小贩占道经营、店外经营、商业网点擅自超出门窗进行店外经营和擅自在店外摆放、悬挂灯箱和在橱窗上摆放、悬挂、粘贴、涂画有碍市容的物品、标语以及宣传品等影响市容市貌行为进行常态化管理。全年清理占道经营1000余处，店外经营3000余处。

**【不文明祭祀管理】** 2022年，伊通加大对不文明祭祀行为监督管理，县城市管理综合行政执法大队联合县公安局、县市场监督管理局通过巡查盯守和夜间值勤等方式，对不文明祭祀行为开展清理行动。祭祀节日期间，每日出动执法车辆9台，执法人员40名，清理取缔售卖祭祀用品流动摊点10处，规范店外摆放、售卖祭祀用品门店200余处，劝导露天祭祀行为500余人次。

伊通智慧城管指挥中心 （邢东志 摄于2022年12月14日）

**【餐饮业油烟污染治理】** 2022年，制定《伊通满族自治县城区餐饮业油烟专项治理实施方案》，县城市管理综合行政执法大队开展日常巡查，对餐饮服务业未安装油烟净化设施、安装设施不规范及超标排放的，责令限期整改，对油烟净化设施不正常使用，或擅自拆除、闲置油烟净化设施的，依法依规进行处罚。全年巡查餐饮商家560户，处理举报电话25件，清理露天烧烤33处。

（邢东志）

**【路灯维修养护】** 2022年，完成伊通大街、福安街、乌苏大街、长营大街、中华路、人民大路、库仑大路、永宁路、九开公路等城区主要路段路灯线路维修，维修路灯120余处，维修线路3000余米，更换路灯灯罩、灯泡2300余个，更换灯头53个。

（臧建郑军）

**【早市管理】** 2022年，伊通有早市2处。其中，滨河路早市位于永宁大桥东侧，占地面积6000平方米（长500米、宽12米）；满洲大街早市位于在水一方小区西侧，占地面积4200平方米（长350米、宽12米），主要经营肉、蔬菜、水果、禽蛋类、早餐、日用百货、水产品及一些自产自销产品。经营时间为每天4时至7时30分，8时前由环卫工人将卫生清理完毕，恢复正常交通秩序。县城市管理综合行政执法大队印发《滨河路、满洲大街早市运行启动通知》，对早市运营时间、管理要求、注意事项等进行通告，每日保证3名以上执法人员对早市进行巡逻、巡查，开展日常管理。

**【征收拆迁】** 2022年，伊通围绕门屯河一、二期防洪工程、三星河防洪工程、一中南教育用地、三馆两中心建设、第二集中办公区（科技孵化产业园）等重点项目开展征收拆迁工作。其中，高速口改建项目、乌苏大街北段征收完毕；县医院异地新建项目土地征收完成，征收并拆除占用人民大路西段人行道路房屋270平米；门屯河一、二期防洪工程涉及征收125户，完成签约95户；三星河防洪工程涉及征收11户，完成签约10户；三馆两中心地块，规划用地面积3.5万平方米，涉及征收16户，完成签约14户。第二集中办公区（科技孵化产业园）涉及征收43户，完成签约37户；一中南教育用地涉及征收26户，完成签约17户；电影院地块涉及征收3户，完成签约1户；郭屯、索屯地块涉及征收7户，全部达成协议；植物油家属房地块涉及征收19户，完成签约19户；房管所D级危楼，涉及征收30户，完成签约13户。

**【城区防汛】** 2022年，修订《伊通满族自治县2022年城区抗洪救灾应急预案》，调整《伊通满族自治县城区抗洪救灾指挥部组成人员》，细化城区抗洪救灾包保地段，对全县低洼易积水地段、地下停车库、地下商场、所有小区、桥涵，城市公共空间内围挡、广告牌等提前进行检查，掌握防汛工作主动权。围绕城区低洼地段，建立以城区4个大队为核心90余人应急队伍。在大雨来临时，重点地段实行“定人、定岗、定责”，随时强排积水。

**【冬季清雪】** 2022年，伊通开展冬季积雪清运工作，以雪为令，科学编组车辆，合理安排人员，实施雪中除雪、夜间除雪、人休车不休、连续作战。全年出动环卫工人6500人次；清雪车辆1630台次。

**【智慧城管指挥中心建设】** 伊通智慧城管指挥中心建设面积390平方米，总投资2870万元。平台由数字城管平台、智慧执法平台、井盖垃圾桶监管平台、雨水监管平台、车辆监管平台、城市视频监控平台、行政审批管理平台、城市管理大数据平台8大功能板块组成。

（邢东志）

# 乡村振兴

## 产业发展

【概况】 2022年，伊通制定出台《伊通满族自治县帮扶项目资产管理与项目收益分配办法(试行)》《关于推进庭院经济发展、促进脱贫人口增收的指导意见》，保持产业政策扶持力度稳定。全年投入帮扶资金3513万元，实施产业项目14个。打造"中国伊通满族肉牛产业基地"区域公共品牌、国家级现代黄牛产业示范园区；发展温泉设施农业和果蔬食品仓储，支持新型经营主体；推动露美生态园、樱桃小镇、温泉小镇等项目建设，打造特色产业小镇；发展智慧农场、田园综合体等产业融合载体；引进农副产品精深加工企业项目。全年打造四平市区域公共品牌"平地生香"授权企业10家，认证地理标志产品5个。新增省级龙头企业3家、市级2家。

【黄牛现代农业产业园建设】 2022年6月，伊通黄牛现代农业产业园在营城子镇开工建设。项目由城投集团通过专项债资金建设投资3.3亿元，占地面积36万平方米，建筑面积12万平方米。分为智能饲养、交易中心、饲草加工、粪污处理、兽类医疗、文旅观光、加工物流7个板块，饲养区、附属配套区2个区域。饲养区有牛舍57栋(智能牛舍10栋、繁育牛舍10栋、带犊母牛舍4栋、隔离牛舍33栋)，有管理用房、机械设备库、生产管理用房；附属配套区有粪污处理中心、热源车间、饲草加工中心、兽类医疗中心、成牛交易中心。园区建成后由合和实业集团有限公司负责运营。伊通依托农业现代化示范区创建，推进以黄牛现代产业园为引领的黄牛产业带建设，打造"中国伊通满族肉牛产业基地"区域公共品牌、国家级现代黄牛产业示范园区。

【特色小镇建设】 马鞍山镇以东风村为中心，发展大樱桃种植产业，建设大棚300栋，推广大樱桃等经济作物种植，辐射友联村、铁炉村建设大棚500余栋，种植面积100余公顷。按照现代化、产业化、集约化发展要求，依托铠绎省级农业产业化龙头企业，延伸产业链条，带动农民合作社、家庭农场发展。马鞍山镇樱桃等果品蔬菜相关联合作社127个，合作社社员4500人，涵盖农业、畜牧以及市场营销、劳务、农机科技等种类。大樱桃、草莓、枇杷先后获绿色食品证书，胡樱、毕桃取得商标注册证(2018年，铠绎农牧业发展有限公司在伊通镇东新村流转土地300公顷，开展"满乡风情·七彩伊通"田园综合体项目建设，打造集生态农业观光、果蔬采摘园、婚宴接待中心、农家生态饭庄、萨满风格民居、儿童游乐园、垂钓、滑雪、围猎于一体的综合性田园综合体)。2022年，全镇收入4.1亿元，农民人均收入2.01万元，从业农民1.15万人，占全镇人口36%，全镇农民人均可支配收入比全县农民人均可支配收入

马鞍山镇东风村大樱桃种植基地　（王　远　摄于2022年8月15日）

高25.99%。

【大豆深加工产业】 西苇镇碱厂村位于伊通南部、西苇镇西北部，耕地面积520公顷。村级集体经济薄弱，镇、村干部成立项目考察小组，多次到黑龙江省、长春市等地考察（2019年4月，村办集体企业——伊通满族自治县嘉喜嘉农业有限公司（笨榨豆油厂）成立，建有厂房1座，占地面积450平方米，榨油设备3套，可生产国家二级标准食用油。资金组合为省财政专项扶贫资金75万元，村“两委”成员自筹资金25万元，申请壮大村级集体经济项目资金50万元）。成立碱厂种植专业合作社，实现种植、生产加工、产品销售完整产业链条。依托笨榨豆油厂，动员农户种植高油大豆，促进村级集体经济发展。参加省、市、县组织的第一书记代言活动，通过网络、门店等渠道销售企业产品。2022年，碱厂村大豆种植面积20公顷，脱贫户分红15.9万元，村级集体经济收入12.5万元。

【休闲农业】 2022年，伊通发展农耕休闲度假绿色生态休闲农业，建设休闲度假村、餐饮娱乐等景点，开展玩嘎拉哈、吃满族火锅和包豆包、栽种绿色农副产品、满族狩猎、篝火晚会等活动，增加农耕休闲度假活动吸引力。吉林省绿之村生态农业发展有限公司、吉林省颐乐谷山水休闲养老庄园被评为省级休闲农业与乡村旅游五星级示范企业。伊通被评为省级“休闲农业”示范县。

【帮扶车间创建】 2022年，伊通在原有1个就业帮扶车间基础上，将吉林孙氏鹿业有限公司新认定为帮扶车间，吸纳脱贫劳动力3人，发放补贴资金3000元。

（畅　想）

## 乡村建设

【村庄公共基础设施建设】 2022年，伊通村庄公共基础设施建设项目中标金额8464.83万元，建设围墙1.54万米、排水沟7.77万米、水泥路2.18万米，铺设方砖8785平方米。

【乡村建设投资】 2022年，伊通投资6个项目、766万元，推进美丽乡村建设，打造“建设美、经营美、传承美”和美乡村。“一事一议”农村公益事业财政奖补3个项目、260万元，修建水泥路4.1千米、路边沟3000米、路灯40盏。安排资金550万元扶持10个村壮大村级集体经济。支持农村厕所革命“整村推进”，完成改厕1000个。争取资金842.5万元，支持村内生活垃圾、污水治理。

伊通西苇镇大碱厂村笨榨豆油
（摄于2022年6月10日　西苇镇政府　供图）

【乡村人才建设】 2022年，伊通落实省委《关于支持人才服务乡村振兴政策措施的实施方案》，提出激励人才、助力乡村振兴举措16条，鼓励全县各类各级人才1000余人投身乡村振兴建设，开展培训20余期，服务2000余人次，解决问题300余个。建立人才激励保障机制，推动创建县级返乡创业基地4家，落实初次创业贷款补贴政策，发放创业担保贷款2290万元，就业见习补贴146万元。开展乡村振兴人才评选工作，评选出高级职称6人、中级职称8人、初级职称21人。开展“农村实用人才”补选工作，全年补选10人。

【省级“千村示范”村创建】 2022年，伊通按照“巩固一批、创建一批、提升一批”总体思路，创建9个乡镇、26个示范村。要求各乡镇（街道）、各相关单位、责任部门围绕省“九有六无”（九有”指有特色产业、有村集体收入项目、有顺畅排水、有垃圾处理设施、有清洁环境、有整洁院落、有干净居室、有绿化美化亮化、有长效机制，“六无”指无卫生乱象、无路面破损、无不安全住房、无私搭乱建、无不良习俗、无规模性致贫返贫现象）创建标准，巩固提升已创建成果，推动“千村示范”村创建开展。

【“美丽农村路”创建】 2022年，伊通按照“四好农村路”高质量发展要求，开展示范县和“美丽农村路”创建。实施进村入屯、路面加宽、提档升级、连接成网，打通断头路“五项工程”。全年“屯屯通”硬化路完成261千米。围绕发展区域旅游产业，发展全域旅游，重点对叶马线、伊一线沿途路段改造和提档升级，将农村路建设向乡村旅游景点延伸，带动旅游景区经济收入增长。打造县道伊一线伊通镇至西苇镇段，全长13千米，投资550万元，将原有破旧围墙改造为中式砖砌围墙，围墙外种植乔木、灌木、花卉。叶马线被评为省级“十佳最美农村路”。

【乡村组织建设】 2022年，伊通按照村书记一职两备、其他村“两委”干部一职一备标准储备村后备干部人选1322人。举办全县农村基层干部培训班，各乡镇（街道）党（工）委书记、组织委员（党办主任）、村书记、第一书记、乡镇机关选调生、致富带头人307人次参加培训。组织乡镇（街道）主要负责人和优秀村书记代表15人到四平市铁东区塔子沟村、梨树县八里庙村等地考察学习。由县级负责人带队组成17个调研组到乡村回访乡镇（街道）17个，整改乡镇班子问题5个；回访调研行政村187个，发现并整改村班子问题20个，访谈党员群众2000余人次。

【乡村网格化管理】 实施“一格三长”（一网格配备网格长、楼长、单元长）和“网格长+村民代表”制度。划分1570个基础网格，选配村（社区）网格长198名，由村（社区）书记兼任；选配网格员1590名，由村民小组组长兼任。设置231个网格党支部、1320个网格党小组。落实农村一个网格一名民（辅）警，达到警网融合要求。全县187个村、10个社区建立警务室，与社区居（村）委会同址办公。推进派出所所长进乡镇（街道）班子、社区（驻村）民警进社区（村）“两委”班子。17个派出所9名所长进入乡镇（街道）班子任副职，66名社区（驻村）民警进社区（村）“两委”班子任委员。

【党建示范村创建】 集合各行业部门资源，打造61个党建示范村。围绕阵地建设、队伍建设、产业建设3个方面，开展“村党组织阵地建设标准化提升年”活动、“党建+任务清单”——村“两委”成员定岗定责定效活动、“党旗插在合作社”专项活动，提升示范村党建水平。投资122万元，提升187个村软硬件；61个示范村，推行“数字村部”建设，运用“电子展板”和智慧治理平台。1105名村“两委”成员认领目标承诺2024个，完成1836个；认领“我为群众办实事”项目1382个，完成1179个。成立党支部领办合作社，流转土地面积2941.33公顷，吸纳入社群众9211人，带动非入社群众8920人，增加集体经济年收入219万元。

（畅　想）

## 乡村治理

【村庄规划编制】 2022年，伊通依据《吉林省村庄规划工作方案》要求，以“千村示范”为引领，实现有条件、有需求村庄规划应编尽编。全年完成50个村庄规划编制，包括调研、踏查、成果编制、专家论证等工作。对已完成规划编制成果下发至各镇、村，并公示。按照《伊通满族自治县村庄规划编制及审批办法》规定，县政府八届十一次常务会审议通过批复。

【乡村造林绿化】 2022年，伊通结合农防林修复完善工程建设，对缺失林带进行补植补造，对村屯周围各类闲置地规划建成集中绿化用地。全年完成41个村屯绿化。其中，绿化新建14个村屯、面积14.73公顷；改善提升27个村屯、面积11.07公顷。绿化完成精品廊道20千米、精品线路45千米。

【户用厕所改造】 2022年，伊通按照宜水则水、宜旱则旱、以水优先基本原则，提高全县农村户用卫生厕所普及率；结合示范村镇建设，围绕精品线路选择改厕村。2022年，小孤山镇二龙村、三道乡曹家村、靠山镇护山村改厕1000户。

【垃圾治理】 2022年，伊通各乡镇镇区村、屯垃圾日产日清，覆盖率100%。乡镇按村、屯大小配2辆至3辆侧装垃圾车，村、屯垃圾2天至3天一循环，保证无垃圾外溢。侧装垃圾车收集的垃圾送至就近转运站压缩处理后，再送至辽源天楹能源有限公司焚烧处理。全年平均日产垃圾6.5万千克，送往辽源天楹能源焚烧处理垃圾量1760万千克。

【污水治理】 2022年，伊通污水处理厂负责10个乡镇污水处理站运营管理。在大孤山镇、小孤山镇、伊丹镇、马鞍山镇、靠山镇、景台镇、三道乡、营城子镇8个乡镇各建设小型污水处理站1座，在二道镇建设污水收集池1座、黄岭子镇建设污水收集池2座。污水经过处理后，出水水质达到一级A标准。农村生活污水治理重点在水源保护区和城乡接合部、乡镇政府驻地、中心村、旅游风景区等人口集中村庄，治理率19%。

（畅　想）

## 农村经济管理

【农村产权交易】 2022年4月，县农业农村局转发四平市农业农村局《关于加快农村集体资产资源应进必进平台交易的紧急通知》要求，推进农村集体资产资源平台交易，全年全县在吉林省农村产权交易平台挂牌交易1.46万宗、挂牌面积5567.36公顷、挂牌金额1638万元，成交1.46万宗、成交面积5495.45公顷、成交金额1803万元，集体采购4宗、成交金额79万元，位列四平市第一名。

**【土地承包管理】** 2022年，伊通农村土地确权登记颁证数据库完成分库。以村为单位，分出187个数据库，重新导入系统建立数据库。分库涉及1572个屯，1.03万个承包户、4.40万人，56.86万个地块。归档整理农村土地承包经营权证补充登记、变更登记、转移登记档案，建立"一户一档"档案1042份，档案室专柜管理。全县187个村、1572个屯建立土地确权公示表，形成电子表格。县农业农村局与北京中色公司补签农村土地承包经营权确权登记颁证后续服务合同。县农经总站根据合同约定继续开展《农村土地承包经营权证》补充登记、变更登记、转移登记、注销登记，完成服务户数111户、土地面积61.17公顷。其中外业纠纷42户、面积12.72公顷。在北京中色公司协助下调试CORS基站设备2次，修正CORS基站参数1次，维护CORS基站正常运行。

**【农村集体"三变"改革】** 2022年，伊通调度统计农村集体经济组织"三变"（资源变资产、资金变股金、农民变股东）工作。全县活化集体资金总量7520万元、资产1802万元、资源1.2公顷，集体资源盘活率93%。农户资金入股5574户、金额1.34亿元，农户资产入股25户、600万元，农户家庭承包土地流转2.63万户、面积2.93公顷。

**【固定观察点】** 2022年，伊通完成固定观察点村50户记账户生产和生活收支情况账目记载、数据统计和上报。开展农民家庭可支配收入调查、观察点村户籍人口返乡创业调查、农村劳动力就业、返乡创业情况调查、固定观察点村农村双创情况调查、农民负担监测村调查和户调查、耕地地力保护补贴专项调查、农村新型经营主体专项调查。全年完成专项调查报告和综合调查报告各1份，在《吉林农村观察文集》发表。固定观察点调查员郑帅获省固定观察点"优秀调查员"称号。

（郑立忠）

## 巩固拓展脱贫攻坚成果

**【概况】** 2022年，伊通脱贫人口平均收入1.38万元，比2021年增长14.5%；经营性净收入增长438.81万元，比2021年增长24.28%。落实帮扶政策69项，稳定消除返贫致贫风险，不发生规模性返贫。

**【过渡期政策落实】** 2022年，伊通制定出台《关于落实〈吉林省应对新冠疫情影响巩固拓展脱贫攻坚成果十一条措施〉的工作方案》《2022年防止返贫动态监测和帮扶集中排查实施方案》《2022年全县乡村建设行动责任分工方案》等19个文件，做到政策及时衔接。按照《四平市巩固脱贫成果防返贫防致贫的实施意见》中"未贫先设防，骤贫即处置"原则，确定并消除可能导致返贫致贫风险点，确保"两户人员"（独生子女户，二女绝育户）脱贫巩固期内生活质量不滑坡、稳定脱贫不反弹。实行"雨露计划"，助力脱贫家庭和监测帮扶对象家庭新成长劳动力接受职业教育，提素质、学技能、稳就业、增收入，阻断贫困传递，实现巩固拓展脱贫攻坚成果同乡村振兴有效衔接。全年发放"雨露计划"补助266人次、39.9万元。

**【防止返贫监测】** 2022年，伊通完善防止返贫监测预警机制、主动发现机制。定期与乡村振兴局进行数据共享，根据乡村振兴局数据情况，开展入户摸排核查，对脱贫不稳定人口，贫困边缘易致贫人口收入、家庭情况等进行动态监测。至年末，将脱贫不稳定人口中3210人，边缘不稳定人口中577人纳入农村低保范围；将脱贫不稳定人口中651人、边缘不稳定人口中5人纳入特困供养范围。

**【脱贫户危房改造】** 2022年，伊通农村危房改造六类重点对象（农村低保户、农村低保边缘户、农村分散供养特困人员、边缘易致贫户、其他脱贫户、因病因灾因事故导致生活出现严重困难家庭）危房36座，改造面积1899.6平方米，投入资金128.8万元。

**【衔接资金及项目建设】** 2022年，伊通到位衔接资金7896万元，安排项目34个（产业项目14个、基础设施建设项目12个、其他项目8个），产业项目投入3513万元，基础设施项目投入4227万元，其他项目投入156万元。至年末，衔接资金项目全部完工。

**【就业衔接】** 2022年，伊通成立致富带头人队伍，队员124人，开展全覆盖培训，带动脱贫人口372人持续增收。出台《帮扶公益岗位开发管理办法（试行）》《设置疫情防控期间临时性公益岗位实施方案》，县人社局、妇联、残联持续开展就业技能培训。全年开发设置帮扶公益岗位1096个。

**【消费帮扶】** 2022年，伊通乡村振兴局协调确定85家包保单位、4315名帮扶联系人，完成包保帮扶责任人微调整，开展中秋节、端午节等节假日期间走访慰问活动和"消费帮扶"活动,全县消费帮扶交易额63.9万元,88个预算单位完成采购份额60.6万元,保障脱贫户、监测户家庭生活质量稳定提升。

【"三保障"及安全饮水保障】 2022年,伊通建立健全控辍保学长效机制,落实义务教育"两免一补"(免学杂费、免教科书费,住宿学生中家庭经济困难的学生生活补助)政策。实现脱贫户和监测户医保参保资助全覆盖,落实"看病120、服务111"政策,开展大病救治、慢病签约服务管理等分类救治,实行"一窗口、一站式、一单制"结算报销,家庭医生签约覆盖率100%。全县脱贫人口大病患者855人,全部登记管理,救治率100%。通过基本医保、大病保险、医疗托底救助1.4万人次,报销救助金额3985.4万元,落实符合条件的脱贫户和监测对象危房改造政策,针对脱贫户、监测户房屋安全定期开展巡查,建立农村危房改造台账。出台《伊通满族自治县2022年农村危房改造实施方案》,全县农村六类重点对象危房改造计划36户,其中3户脱贫不稳定户符合危房改造条件,全部改造完成。出台《2022年农村供水保障工程任务计划》《进一步加强农村供水工程运行管护》等文件,实施农村供水改造工程建设,开展全覆盖农村集中供水工程大排查和定期水质检测,建立问题整改台账,实行动态销号管理,农村饮水安全得到保障。

【健全防止返贫动态监测及帮扶机制】 2022年,伊通制定《2022年防止返贫动态监测和帮扶集中排查工作方案》,常态化开展部门筛查预警和基层干部排查,定期开展集中排查,按照规定程序及时将存在返贫致贫风险人口纳入监测帮扶,建立监测帮扶台账,确定帮扶监测联系人,落实帮扶措施,保证风险稳定消除,守住不发生规模性返贫底线。全年排查发现并纳入监测21户、55人。增设收入损失补偿险,全年完成理赔10人次、17.42万元。

2022年,科技特派员专家组对脱贫村开展线下服务。图为8月31日科技特派员根据实地考察情况向村书记、村民讲解病虫害防治相关知识
(马鞍山镇政府 供图)

【金融服务乡村振兴】 2022年,伊通落实《伊通满族自治县扶贫小额信贷风险补偿资金管理办法》,用好风险补偿金,筑牢金融防线。全年贷款439户、1244.25万元,比2021年增长690%。执行国家脱贫人口小额信贷贷款利率政策放贷,执行年化利率3.70%,财政贴息42.9万元,无小额信贷逾期现象。

【科技服务乡村振兴】 2022年,科技特派员专家组3次对27个脱贫村开展线下服务,受益人群500余人次。新冠疫情期间,通过网络对百姓进行线上服务,开展相关技术指导、实用技术推广、特色产业培训等,帮助农民解决技术难题。全年培育致富带头人20名;发挥致富带头人作用,带动60户脱贫户增加收入。

【巩固脱贫成果后评估预审】 2022年,伊通调整帮扶对接包保单位、帮扶包保责任人,优化驻村帮扶干部队伍。向27个脱贫村、5个软弱涣散村及11个重点村派驻第一书记43人、驻村工作队队员54人,下派乡村振兴特派员144人。全县85个部门、4315名干部结对联系脱贫村、脱贫户、监测户,实地核查并督促整改责任落实、政策落实、工作落实和巩固成果等情况,做到全县有乡镇无死角、全覆盖。

(畅 想)

# 生态环境

## 环境质量

【概况】 2022年，伊通实施“生态强县”战略，推进“三大污染攻坚战”（蓝天、碧水、净土），空气质量达到蓝天保卫战考核标准，全县空气质量优良天数比率92.2%，符合国家二级标准；各断面水质均达到国家和省考核标准，全域消除五类水体；耕地质量完成类别划分，全县受污染耕地安全利用率100%，未发现开发利用疑似污染地块；全县第3次全国国土调查林地面积增加55公顷，森林覆盖率24.61%，呈增加趋势。完成吉林省林草局2022年度森林覆盖率呈增加趋势目标要求。深化“放管服”、推进“只跑一次”改革，优化营商环境，打造最优服务机制。在环境影响评价审批过程中，规范审批程序，简化审批流程、落实容缺容错办理机制和压缩审批时限。对重大项目审批开辟“绿色通道”，采取网上办公、网上申报、快递传递等方式，减少企业跑动次数，减轻企业办事负担。全年完成建设项目审批26件。2022年，伊通满族自治县生态环境局获四平市政府环境领域目标责任制考核第一名。

【城市空气质量】 2022年，伊通改善大气质量，强化工业污染防治，控制扬尘污染，绿化城市及整治周边环境，空气质量优良天数332天、有效天数360天，比2021年增加4天，完成年度指标任务（目标值86.3%）；污染物年均浓度：PM10浓度值46微克/立方米，PM2.5浓度值27微克/立方米，二氧化硫（$SO_2$）浓度值7微克/立方米，二氧化氮（$NO_2$）浓度值19微克/立方米，一氧化碳（CO）浓度值0.9毫克/升，臭氧（$O_3$）浓度值124微克/立方米，均达到国家环境空气质量二级标准；细颗粒物（PM2.5）年均浓度值27微克/立方米（目标值33微克/立方米）；PM2.5年均浓度值27微克/立方米比2021年降低4微克/立方米。重污染天气2天，控制在年度目标值范围内（目标值3天）。臭氧（$O_3$）浓度日均值全部达标，污染天数为0。

【水环境质量】 2022年，伊通辖区内有水质考核断面5个。其中，国家水质考核断面1个，为伊通河后辛屯断面，考核目标为Ⅳ类水质；四平市考核断面2022年月份监测数据汇总表显示，该断面水质为Ⅲ类水质，高于年度考核目标要求，无劣Ⅴ类水体；省级水质考核断面4个，为伊通河新家村断面、星光断面，伊丹河印子屯断面，孤山河断面。伊通生态监测站监测，年均值均达到地表水Ⅲ类考核目标。四平市生态环境监测站分别对伊通县城3号和6号地下水井饮用水水质进行监测分析，水质全部达到Ⅲ类标准，达标率100%。未有地下水国控点位Ⅴ类水质，比例高于地下水国控点位Ⅴ类比例考核目标。

2022年7月4日，伊通生态环境局工作人员在靠山镇向阳河监测站进行水样采集 （刘思楠 摄）

【声环境质量】 2022年，伊通按100米×400米网格布设121个监测点位。县城市区域声环境平均等效声级昼间54.0分贝，低于城市区域环境噪声标准（55分贝）。城市区域声环境质量总体水平昼间3级，声环境质量评价为一般。

【土壤环境质量】 2022年，伊通土壤环境质量保持稳定。受污染耕地安全利用率100%以上，重点建设用地安全利用率100%。全年危险废物产生量138.94万千克，处置量107.84万千克，贮存量43.56万千克（含跨年度贮存）；医疗废物产生量22.46万千克，处置量22.46万千克，处置率100%。全县利用单位限制进口类可用作原料的固体废物“零进口”。

（王英泽）

## 污染防治

【气候变化应对】 2022年，伊通健全考核机制，建立碳排放强度测算体系，推动能耗“双控”向碳排放“双控”转变，把碳减排重点工作纳入污染防治攻坚战，助推全县绿色低碳发展。各项单位GDP二氧化碳排放降低工作完成，控制温室气体排放。至年末，单位地区生产总值能耗降低15.3%，能耗增量控制在2亿千克标准以内。

【重污染天气应急管控】 2022年，伊通制订《伊通满族自治县重污染天气管控实施方案》《伊通满族自治县打赢蓝天保卫战三年行动计划实施方案》，将管控任务、责任细化分解落实到各个部门、单位和企业，明确应急管控措施、实施步骤和管控目标清单。在重污染天气发生时，及时启动响应措施，缓解重污染天气带来的不利影响。组织相关部门结合各自职责，定期开展重污染天气应对综合演练。

【大气污染防治】 2022年，伊通召开秸秆全域禁烧工作座谈会、部署会。印发《秸秆全域禁烧工作实施方案》《秸秆全域禁烧公告》，完善网格化责任体系。各级领导干部到一线督导秸秆离田和禁烧工作，由县生态环境局、公安局、农业农村局、林业局等部门组成54个督导巡查组，对各乡镇（街道）开展督导巡查，出动车辆9000台次、人员1.2万人次，全县未出现秸秆露天焚烧火点。推进大气主要污染物减排工作，督促亚泰水泥有限公司对生产设备和污染物进行改造升级，提高生产和污染物处理设施效率，保证达标排放。对天源热力和新城热力在启停炉期间监督指导，现场查看污染防治设施、污染源自动监控设施运行、脱硫脱硝药剂投用等情况，全县氮氧化物、挥发性有机物减排分别完成3万千克、1000千克，超额完成减排工作任务。强化煤烟型污染治理，重点排污单位均安装在线监控并与省市联网。加强柴油货车污染防治、安装重型柴油车及非道路移动机械远程在线监控系统，建立加油站、储油库、油罐车油气回收治理监管台账，协同县市场监督管理部门开展油气回收治理设施检查。加强扬尘综合治理，整治物料堆场、建筑工地扬尘问题。

【水污染防治】 2022年，伊通37个行政村完成生活污水治理任务，农村污水处理率19%。每月对县内4条主河道16条干支流、50个断面、6项指标开展手工监测和分析研判，针对超标原因精准施策。按照“十四五”水生态环境保护要求，谋划项目6项。其中，污染减排类1项，水生态保护修复4项；饮用水源保护1项，水环境风险防控0项。项目预算总投资4.57亿元。全年申报入库项目1项。其中，伊通饮用水水源地污染防治提升保护工程项目通过专家评审，纳入中央项目储备库，项目总投资1016.8万元，获中央专项资金508万元。

【城区噪声污染防治】 2022年，伊通贯彻执行《中华人民共和国环境噪声污染防治法》《声环境功能区划分技术规范》，通过吉林省政务服务热线管理系统转办噪声投诉146件，办结率100%。加强社会生活和企业噪声监督管理，实施噪声治理工业企业5户。绿色护中考、高考考生6384人。

【土壤污染防治】 2022年，伊通监管重点企业土壤环境，对重点行业企业现状摸底调查，确定重点监管企业名单，对重点监管企业周边土壤环境开展监测，组织重点监管企业开展土壤污染隐患排查。印发《关于伊通满族自治县2022年土壤环境污染重点监管单位名单的公示》，明确各单位责任，审核备案土壤及地下水自行监测方案4份。全年出动156人次对土壤环境污染重点单位重点部位进行监督检查，防止有毒有害物质渗漏、流失、扬散。开展机动车维修行业危险废物专项整治活动，按照逐条街道不落一户“应纳尽纳”原则，排查机动车维修行业110家，现场解决问题86个，开展“回头看”，确保专项行动落到实处。规范管理全县机动车维修企业，危险废物管理合法利用处置率100%。对涉镉等重金属矿区企业4家进行现场排查，出动19人次，经排查厂区无历史遗留固体废物。梳理全县涉及“一住两公”地块，督促企业开展土壤污染状况调查评估2家。

【建筑施工扬尘污染防治】 2022年，伊通规范建筑施工扬尘污染防治，采取3项措施降低扬尘污染。其中，施工在围挡内进行，施工现场全部裸土覆盖或绿化，减少粉尘颗粒物排放，降低建筑施工对周边环境、居民影响。根据天气等情况变化，适时对取土作业采取洒水降尘措施，防范扬尘污染，在建筑工地出入口安装车辆自动冲洗设施，对出场车辆进行冲洗，防止车辆污染道路，减少扬尘污染。将扬尘防治作为检查重点，扬尘污染得到控制。坚持提前介入、提前服务，开展“法律法规进工地”活动，集中宣传法律法规。

**【危险废物污染防治】** 2022年，伊通推进危险废物专项整治，印发《伊通满族自治县2022年固体废物环境管理工作要点》《伊通满族自治县2022年度危险废物规范化环境管理评估工作》等文件。对1家自建危险废物焚烧企业和19家危险废物持证单位进行全覆盖考核评估，全县危险废物100%收集暂存。召开危险废物经营单位安全生产专题会议和危险废物产生单位规范化环境管理培训会，编制《伊通满族自治县危险废物经营单位安全生产资料》《致全县机动车维修单位的一封信》，督促企业提高危险废物规范化管理水平。推进“无废城市”建设，推广全生命周期系统使用，加强危险废物处置设施建设。全县19家工业企业危险废物产生单位，产生危险废物全部委托有资质第三方单位进行处置，全年处置废物107.84万千克。

（王英泽）

## 河流治理

**【概况】** 伊通满族自治县境内有大小河流128条。其中，流域面积200平方千米至3000平方千米河流6条，分别为伊丹河、孤山河、干沟子河、卡伦河、兴隆河和新凯河；流域面积20平方千米至200平方千米河流39条，流域面积20平方千米以下小河流83条。46条中小河流水利措施治理长度151.19千米，生态治理长度245.29千米。

**【伊通河重点段四期工程】** 2022年11月至12月末，伊通河四期工程投资1300万元。部分堤防填筑和护岸削坡整形完成，土方完成70余万立方米，部分建筑原材料进场。治理河道长度18.78千米。干流堤线长度23.01千米。其中，左侧堤线长度14.98千米；右侧堤线长度8.03千米。堤防建设总长度22.28千米。其中，左堤建设长度14.51千米；右堤治理长度7.77千米。河道回水治理长度5.25千米，回水堤长度6.53千米。

**【伊通河重点段五期工程】** 2022年11月，伊通河重点段五期工程投资4912.92万元，部分护岸削坡整形和护岸石笼护砌完成，土方53.3万立方米，石方1万立方米，无纺布铺设2万平方米。险工险段采用雷诺护垫护砌，长度6564米。其中，左岸3处，护砌长度2703米；右岸6处，护砌长度3861米。新建跨支流农道桥2座，跨排水沟盖板桥2座，下河坡道2处，护砌排水沟3处。右岸岸顶外侧新建水泥混凝土连接路面4100米。

**【伊通河重点段三期右岸河漫滩治理与水环境保护工程】** 2022年2月，伊通河重点段三期右岸河漫滩治理与水环境保护工程完成投资9341.21万元，湿地面积完成11万平方米、土方33万立方米。生态湖连接渠完成混凝土、观测平台、停车场、公厕主体、管理步道、维护路基础等项目。

**【三星河城市防洪工程】** 2022年，三星河城市防洪工程投资6139.67万元。至年末，投资2100万元，治理河道1332米，修建气盾坝3座及金属结构机电设备，安装管理房3座，雨水排口3处。修建两侧护岸5518米，两岸修建2米宽人行步道5150米，新建两岸栏杆5150米、路灯515盏、景观气盾坝6座、交通桥2座、人行桥1座及景观绿化工程等。

**【非法采砂专项治理】** 2022年，伊通水利局联合县公安局环境犯罪侦察大队对县域河流进行巡查，发现

2022年5月20日，治理后的三星河城市防洪工程 （县水利局 供图）

2022年12月10日，门屯河城市防洪综合治理工程施工现场

（刘晓婷 摄）

河道非法采砂23起，扣押非法采砂钩机4台、铲车6台、翻斗车8台及三轮车20台。行政处罚27人，处罚金额13万元。联合县公安机关查处非法采砂刑事案件1起。

【门屯河城市防洪综合治理工程】 2022年，门屯河城市防洪综合治理工程投资4648.16万元，治理河道2.51千米。至年末，加固河道330米。门屯河修建防护3981米（不含支流）。其中，左岸修建防护1904米、右岸修建防护2077米。

【防汛减灾】 2022年，伊通遭遇4次大范围降雨和多次突发汛情，县水利局科学调度应对，深化隐患排查治理，做好应急救援准备。汛前对重点区域排查，建立排查台账；对伊通河农村段涵闸、涵管24处进行检修维护，工程总投资5万元。修订全县32座中小型水库预案102个。入汛后派出专家组11次、350人次提供技术支撑，与各乡镇共同防汛抢险；在伊通河、三星河、孤山河、干沟子河、各水库等关键部位安排铲车、钩机等机械设备40余套。开展西苇镇孤山河村、碱厂村、红光村、腰苇村排涝，县水利局安排河道管护中心与水政水资源服务中心到包保村对接排涝工作，为孤山河村提供240米无纺布2捆，呢绒丝袋子1100条，提供汽油机抽水泵7台对积水地块进行排水，投入机械费及人工费4675元。向乡镇山洪灾害责任人发布预警短信1850条。

（王　宇）

# 环境监管

【概况】 2022年，伊通建立以“双随机、一公开”监管为基本手段、以重点监管为补充的监管模式，开展“十大专项”排查整治和生态环境执法“秋冬会战”。全年各类专项执法出动人员1000余人次、车辆200余次，检查企业200余家，发现问题100余个，其中17起案件立案处罚并按照要求完成整改，处罚金32.51万元。强化审批服务，办理环境影响评价文件审批14件，现场踏查工作全部完成，入河排污口设置审查文件1件。

【空气质量监测】 伊通环境监测站（或者中心）属全国环境监测系统县级站。有各类环境监测仪器30余套，具有对水（包括废水）、空气和废气、噪声（振动）等3大项环境要素20项环境指标的监测能力。空气质量监测主要包括地表水（河水）、饮用水源、入河口、环境空气、区域环境噪声和交通环境噪声等。部分监测项目委托有资质的第三方公司进行检测分析。设置2个自动监测站，分别是自来水公司站和西茅桥空气自动监测站，全年出具检测报告4份，获得监测数据120个。2022年，购置价值10万元T6紫外分光光度计、四路综合恒湿恒温采样器、高精度电子天平、恒湿恒温系统等设备，同时对监测站人员进行适当调整，推进环境监测站标准化建设工作。

【水质量监测】 2022年，伊通开展地表水质量监测。监测国家水质考核断面5个、省级水质考核断面4个，每逢单月对监测断面进行取样分析1次，每次分析常规指标4项，全年每个监测断面取样分析6次，获取监测数据20个。同时，对县域内伊通河、伊丹河、孤山河、饮马河4条河46个监测断面进行监测，获取监测数据184个。定期分析研判，确保国家水质考核伊通河后辛屯断面、省级水质考核伊通河星光断面及其他断面稳定达标。

全年开展饮用水水源质量监测工作。伊通对县城集中式生活饮用水源地水质取样监测2次，每次分析常规项目指标6项，根据全年监测资料统计分析，与《地表水环境质量标准》GB3838-2002评价标准比对，伊通集中式生活饮用水水源取水口水质III类，达标率100%。

【土壤质量监测】 2022年，伊通对全县建设用地土壤质量状况开展监测。利雅得能源公司和中国石油天然气股份有限公司吉林油田分公司

（靠山采油三队）、伊通满族自治县垃圾填埋场、兴鑫矿业4家企业被确定为重点单位。按照省、市相关文件要求，开展辖区内排放铅、汞、铬、镉、砷等重金属的企业对土壤污染状况的监测，出动车辆12台次、人数36人次。全年开展对固体废物土壤质量状况的监测工作，并在四平市范围内率先完成固体废物申报登记工作。开展危险废物土壤质量状况的监测，出动人数31人次。

【畜禽养殖污染防治专项整治】 2022年，伊通对193家规模化养殖场（农业农村局备案）开展畜禽养殖污染防治专项整治，出动人员60余人次，重点检查规模化养殖场粪污转运台账、污染防治设施建设及使用情况。有违法行为养殖场9家。其中，立行立改整治4家；立案处罚5家，处罚款3万元。

【环保督察问题整改】 2022年，伊通推进环保督察案件整改，转办中央生态环境保护督察、省级生态环境保护督察案件394件，办结394件。反馈问题129个，整改103个，序时推进26个。其中，中央第一轮生态环境保护督察转办案件126件。反馈问题26个，全部整改。省第一轮生态环境保护督察转办案件82件。反馈问题24个，全部整改。中央生态环境保护督察“回头看”转办案件80件。反馈问题13个，全部整改。省生态环境保护督察“回头看”转办案件19件。反馈问题14个，全部整改。中央第二轮生态环境保护督察交办群众举报案件77件，全部办结。反馈问题34个，整改完成26个，8个在推进中。省第二轮生态环境保护督察转办案件10件，办结10件，反馈问题18个。

【环保审批】 2022年，伊通落实“三线一单”（三线，生态保护红线、环境质量底线、资源利用上线；一单，生态环境准入清单）要求，研究制订《伊通满族自治县生态环境分区管控报告》《四平市生态环境准入清单》，印发《关于实施“三线一单”生态环境分区管控的意见》，对上报省、市审批的项目，做好协调、跟踪服务。全县重点招商引资项目特事特办，急事急办，实行绿色通道和领办代办制度。全年办理环境影响评价文件审批14件、入河排污口设置审查文件1件；指导1个省级开发区重新编制规划环评，通过省生态环境厅审核。

【环境违法案件查处】 2022年，伊通开展污水处理厂（站）、危废医废、自然保护地、养殖企业、排污许可证后监管等系列执法专项行动，全年办理生态环境领域行政处罚案件19件，移送行政拘留1件。加强建设项目环评、“三同时”（同时设计、同时施工、同时投产）和排污许可证执行报告现场监察；落实“双随机、一公开”和移动执法制度，强化部门联合执法，查处生态环境违法行为，受理生态领域信访举报件28件，办结反馈率100%。

（王英泽）

## 土地资源保护

【耕地保护】 2022年，伊通加强耕地用途管制，遏制耕地“非农化”、防止耕地“非粮化”，层层签订耕地保护目标责任书，落实耕地保护责任，对永久基本农田落实最严格特殊保护制度。编制耕地“进出平衡”总体方案，落实耕地“进出平衡”，严守耕地保护红线，完成耕地保护目标12.82万公顷、永久基本农田11.39万公顷划定工作。在全县17个乡镇（街道）设立总田长2人、副总田长3人、乡级田长17人、村级田长187人，明确田长制办事机构工作职能及工作职责，田长制网格化管理体系形成，落实用地项目9个批次、117.20公顷耕地补充任务，实现“占补平衡”。推进建设占用耕地表土剥离，实施7个批次用地项目，剥离土壤15.55万立方米，查处违规违法占用耕地从事非农建设行为，严控耕地转为其他农用地。

（谢福贵）

【全域土地综合整治】 2022年，伊通在17个乡镇（街道）154个行政村启动全域土地综合整治项目，建设土地规模1050万公顷。依据土地利用数据库、林业资源一张图数据库，结合现场实际调查，在土地利用数据库中选出“残次林”“有林地”，同时，在林业资源一张图中已为耕地并被开垦为小片荒的图斑，确定项目初步建设规模。至9月末，整治项目全部完工并通过省级复核确认，省级复核新增耕地面积737.29公顷，新增水田4.80公顷，新增粮食产能538.73万千克，平均耕地质量等别11等。

（谢福贵）

【三级“田长制”设立】 2022年，伊通建立县、乡、村三级“田长制”，制定实施8项（田长制巡田、工作督查督办、会议、信息通报、信息公示、档案管理、“总田长+检察长”、督察执法网格化监管）管理制度。在全县重点区域设立田长制公示牌，标明责任区域、田长姓名及举报电话，主动接受群众监督。全县设立乡级田长制公示牌17块，村级田长制公示牌97块。实现耕地保护执法监管“横向到边、纵向到底、全覆盖、无缝隙”，制止耕地“非农化”、防止耕地“非粮化”。至年末，县、乡、村三级全部设立田长，全县田长226人。其中，总田长2人、副总田长3人，乡级田长34人，村级田长187人。

（谢福贵）

【化肥减量增效】 2022年，伊通开展秋季土壤样品采集和检测化验800余个，完成田间肥料试验17个，测土配方施肥技术推广面积12.67万公顷，实现测土配方施肥技术全覆盖。化肥减量增效“三新”（新技术、新产品、新机具）配套技术示范1.33万公顷，其中缓控释或稳定性肥料+免耕播种机或联合整地机深施肥技术模式1.13万公顷，氨基酸水溶肥+无人机喷施技术模式0.27万公顷。至年末，全县化肥用量平均每公顷871.95千克，单位面积施肥量比2021年减少0.5%，实现化肥减量增效目标。

2022年3月22日，第三十四个“中国水周”，县水政资源服务中心工作人员在八旗广场举办节水宣传活动 （杜文利 摄）

【农药减量增效】 2022年，伊通推广应用纳米农药预混剂1333.33公顷，推广玉米苗后茎叶处理除草剂5.33万公顷，防控高效精准喷头替换5500个，在全县设置农作物病虫害监测点570个，通过绿色防控、统防统治、科学安全使用农药、推广新型农药等技术措施，实现农药使用量负增长目标。全年农作物农药使用量77.38万千克，比2021年农药使用量减少500千克。

（史海鹏）

## 水资源保护

【水资源管理】 2022年，伊通水利局依法依规落实水资源费和污水处理费征收工作，水资源费征收115.81万元，完成8家单位取水许可证办理和2个延续许可证。开展水利行业节水型单位建设工作，确定水资源管理中心等9个单位为水利行业节水型单位。落实《伊通满族自治县节水行动实施方案》，开展节水型社会达标建设。加大农田基本建设投入，增加节水灌溉面积，全县5个中型水库灌区实行计划用水。开展地下水超采区综合治理，通过地下水监测井数据分析，2022年地下水位与2021年比平均上升0.5米，伊通无超采区。

【水资源节约保护】 2022年，伊通围绕用水总量控制、用水效率控制和水功能区纳污控制“三条红线”管控指标，实施水资源节约保护，全县总用水量8970万立方米，比2021年下降609万立方米。农田灌溉水有效利用系数6550万立方米，比2021年提高2%。

【“中国水周”宣传】 2022年，伊通水利局在“中国水周”（3月22日至28日）开展线上宣传活动，围绕“节水中国 你我同行”主题，利用电视、广播、公众号等媒体向居民宣传节水知识和水资源现状，呼吁全县人民珍惜水、爱护水、节约水、保护水资源。7月6日，县水政水资源服务中心全体职工在县城区主要街道进行《地下水管理条例》和节约用水宣传，发放宣传单500张，在显著位置悬挂横幅和张贴宣传画8条（幅）、摆放宣传展板7块，在公共场所利用滚动大屏幕播放主题宣传口号。在县政府网站、“伊通发布”微信公众号平台开展《中华人民共和国水法》《中华人民共和国水土保持法》等法律法规宣传活动。

（王　宇）

## 野生动物保护

【“清风行动”】 2022年，伊通野生动植物保护管理站按照“清风行动”要求，陆生野生动植物保护管理站联合森林资源管理科联合执法，对伊通大市场、各乡镇集市市场进行检查，出动执法车辆2台、执法人员8人，检查经营场所19处，协助森林公安警察大队抓捕非法猎捕、销售野生花鼠和松鼠案件1起。

【野生动物损害补偿】 2022年9月起，伊通野生动植物保护管理站联合县农业农村局和发改局价格认证中心工作人员对景台镇、马鞍山镇、莫里青乡因野生动物而导致受损农作物进行现场勘查，勘查损失地块63处，受损面积1.32公顷，符合补偿标准7处，补偿金额1.76万元。

【野生动物救助】 2022年，野生动物保护站按照《野生动物收容救护管理办法》获取野生动物救助信息，对病危、受伤、迷途或群众救助的野生动物进行收容、救护。全年救助雕鸮1只，纵纹腹小鸮1只、苍鹭1只及红隼1只，救助后放归自然。

（王 达）

## 生态系统保护

【水土保持】 2022年，伊通采取3项措施（工程措施、植物措施、封禁治理）开展水土保持综合治理。全县水土流失综合治理面积56.26平方千米。其中，完成水土保持林治理0.05平方千米，其他治理56.21平方千米。审批水土保持材料7份。其中，水土保持方案报告书4份；水土保持方案报告表3份。落实生产建设项目水土保持事中事后监管制度要求，对生产建设单位检查前有通知，检查时有要求，问题整改有反馈。全年开展生产建设项目水土保持现场检查28次。其中，现场检查14次、书面检查14次。下达整改文件5个，组织约谈5次，查处违法违规项目5个，征收水土保持补偿费18.39万元。

【森林资源保护】 2022年，完善林业行政执法工作制度，以清缴非法开垦、侵占林地为重点，打击毁林犯罪。对非法采矿、挖砂采石情况及毁林开荒等各类涉林违法现象重点打击。查处乱砍盗伐、毁林开荒、挖砂采石等案件60余起，处理60余人，收回林地10余公顷。

（张 弘）

【伊溪湿地公园水环境保护】 2022年，伊通利用伊溪湿地公园水环境生态净化效能，对三达污水处理厂尾水进行深度处理，通过湿地工程削减污水处理厂出水化学需氧量（COD）浓度、氨气（$NH_3$）；总氮（TN）浓度及总磷（TP）浓度等污染物浓度，减少每年进入伊通河污染物总量，保护范家生态湖和周边水域水环境质量。湿地公园栽种柳树、五角枫、三角枫、金叶垂柳等6个品种树木3.5万株，秋头菊、万年红等7个品种鲜花100万株。

【水行政执法】 2022年，伊通调整水利局依法行政工作领导小组，明确重大行政处罚集体讨论、重大行政执法决定法治审核等工作程序。编制水利包容审慎监管执法“四张清单”（不予处罚事项清单、从轻处罚事项清单、减轻处罚事项清单、免予行政强制事项清单）85项，完成行政处罚、行政强制、行政检查和行政审批流程图，制定下发执法决定书、行政建议书、信用承诺书文书样本，确保“四张清单”制度落到实处。按照《吉林省水利厅关于印发地下水专项整治行动方案的通知》要求，6月至10月，开展地下水专项整治行动。出动执法人员86人次、车辆24台次，巡查取用水户31个，未发现地下水管理违法行为。对伊通河、孤山河等流域盗采砂石进行依法处罚，处理盗采砂石案件20余起。

（王英泽）

## 节能减排

【工业节能】 2022年，伊通修订《伊通满族自治县重点工业企业限产减排实施方案》，环保部门确定重污染天气重点监控工业企业名单及应急响应目标，指导企业制订“一厂一策”重污染天气应急响应预案。开展义务节能诊断工作，确定2家企业开展节能诊断服务，指定省工信厅认定具有相关资质专业机构与企业对接，完成合同签订和诊断工作。

（孙晟祎 王祎航）

【项目节能降耗】 2022年，伊通发展和改革局督促项目单位在开工前取得节能审查意见，落实节能审查制度，按照省委、省政府遏制“两高”（高耗能、高排放）项目盲目发展要求开展联合监察检查，形成专项工作报告，与省系统建设单位对接，对14家重点用能单位和下一级发改部门工作人员进行系统建设培训。根据“百千万”行动企业“十三五”能耗“双控”目标安排及能耗“双控”目标完成情况，开展“十三五”节能目标责任考核工作。按照《吉林省“百千万”行动企业节能目标责任评价考核实施方案》，对辖区内所涉14家企业进行评价考核，并将考核结果上报省发展改革委。

（成 达）

【新能源开发项目】 2022年，伊通利用矿产资源、林农生物质优势和国家、省支持清洁能源开发政策，推进太阳能、天然气、生物质、地源热等清洁能源和可再生能源，推动能源结构优化调整，批复建设新能源开发项目17个，各项单位GDP能耗完成降低工作。

（成 达）

【再生资源利用企业】 吉林省利霖再生资源有限公司位于伊通开发区长伊片区，是一家以深加工PET再生碎片为主要业务的生产制造型企业，注册资金5000万元。公司有员工75名。年生产PET（聚对苯二甲酸类塑料）再生碎片720万千克。全年实现产值7466万元，比2021年增长17.7%，占全县规模以上工业总产值3.5%。

（张明雪 林 煜 闫海亮）

【公共机构节能管理】 2022年，伊通公共机构能耗数据统计、汇总工作完成。全县公共机构人均综合能耗下降1.42%，单位建筑面积能耗

县政府倡导无烟交通，推进公交电气代油工作。图为市民乘坐新能源公交车 （摄于2022年11月8日 县交通局 供图）

下降1.48%，人均水耗下降1.24%。制订《2022年全县公共机构节能宣传周活动实施方案》。6月14日，国家松辽委水资源处节水型机关建设检查完成。6月15日，开展“绿色低碳、节能先行”为主题“废旧物品换绿植”节能宣传周活动，发放绿植110盆。

（管春晓）

【建筑节能】 2022年，伊通推动建筑节能和绿色建筑产业发展。城镇新建民用建筑执行国家和省节能强制性标准，全县竣工验收民用建筑项目6个。其中，节能建筑6个，达到绿色建筑标准3个。节能建筑面积占总建筑面积100%，绿色建筑面积占总建筑面积73.13%。

（郑 军）

【公共交通节能】 2022年，伊通政府倡导无烟交通，推进公交电气代油工作，新上电动公交车31台，淘汰老旧燃油公交车31台，对450台出租车进行油气（油和天然气）两用改造，新建加气站3个。倡导公众采用共享单车等节能低碳环保方式出行。

（马 超）

【节能监察检查】 2022年，根据工信部及省工信厅对节能监察总体安排，县工信局对2家企业开展年度重点执行阶梯电价政策执行专项监察。采取现场实地踏查与查阅内业资料相结合方式，经检查符合国家能耗要求。

（闫海亮）

延伸阅读

## “十大专项”排查整治

十大专项”排查整治：一、秸秆全域禁烧专项执法行动。以重污染天气、重大节日、重大活动，秸秆焚烧高发期为关键时段，开展执法巡查工作。二、燃煤供热企业专项执法行动。重点排查燃煤供热企业煤场、料场、渣场的防尘情况、污染防治设施运行情况及自动监控设施运行情况。三、重点排放行业专项执法行动。对行政区域内钢铁、水泥、冶炼等重点排气行业进行监管。四、城镇污水处理厂及入河排污口专项执法行动。重点检查污水处理设施运行情况和实时在线监控情况。五、水源地专项执法行动。重点排查水源地保护区范围内是否存在排行口，违法建设项目、违法人为活动等问题。六、规模化畜禽养殖专项执法行动。重点检查规模养殖场是否配备粪污处理和利用设施，在储存、运输和处理过程中是否造成环境污染。七、河道清洁专项执法行动。排查是否存在河道两岸工业企业、畜禽养殖户及村屯居民向河道及两岸堆放生活垃圾、丢弃动物尸体和畜禽粪便等外源污染物给河流水质带来的隐患。八、危险废物专项执法行动。以化学原料和化学制造、医药制造、有色金属采选冶炼等行业为重点。九、医疗废物、废水处置专项执法行动。医疗机构、污水处理厂、集中隔离点等场所的医疗废物和医疗废水环境监管为重点。十、各类工业园区专项执法行动。以工业园区内工业固体废物及生活垃圾处置等配套基础设施情况为重点。

# 自然保护区

## 吉林伊通火山群国家级自然保护区

【概况】 吉林伊通火山群国家级自然保护区位于吉林省中南部的长春市、四平市、公主岭市和伊通满族自治县3市1县9个乡镇境内。地理坐标为东经124°50′—125°22′，北纬43°14′—43°35′。保护区是经国务院批准为保护16座火山锥体而划定的特定区域，包括伊通行政区域内的西尖山、东尖山、团山、大孤山、东小山、小孤山、南尖山、馒头山、莫里青山、马鞍山、横小山；伊通与公主岭市交界处北尖山和伊通与长春市南关区交界处横头山；四平市二龙山水库内万宝山、南蔡山、北蔡山；分布面积600余平方千米，区内16座火山锥及周围划定区域总面积764.8公顷。其中，核心区405.8公顷；实验区359公顷。伊通火山群奇特地质景观和特殊柱状节理形成方式使之具有典型性，罕见橄榄岩包体和独有“挤牙膏”式侵出动力学模式使之具有稀缺性。

【地貌】 保护区处于辽吉山地与松辽平原过渡地带，东部为辽吉山地，山地高度向东逐渐增加，海拔高度一般大于500米，属于中山丘陵；西部为北东向延伸的大黑山地垒山，海拔高度一般低于500米，属于低山丘陵。伊通火山群处于中国东部巨型构造——郯庐断裂带北延主要分支断裂带内，即伊舒地堑盆地内。火山锥体形似钟乳峰拔起，沿北东方向，成两列分布在伊通盆地平川之上，主要地貌类型有断块山地、断陷平原、地堑盆地和垒山等。海拔高度一般在300米至600米之间，相对高度在200米左右。

火山群国家级自然保护区区域内火山之一——西尖山
（陈月阳 摄于2022年7月13日）

【地质构造及熔岩特点】 保护区地质构造类型主要为断裂和褶皱。区内西东向、北东向、北西向和北北向几组断裂，构成基本构造格架，控制伊通火山群16座火山空间分布。伊通火山群多数火山属“中心式侵出”火山喷发类型，火山锥沿伊舒地堑盆地两侧排成两列，明显受盆地边界断裂控制，同时也受北西向断裂控制，火山多位于北东与北西两组断裂交会处。区内岩石主要为古生代、中生代和新生代一些沉积岩、岩浆岩和少量变质岩，火山锥体主要由碱性橄榄玄武岩和碧玄岩组成。熔岩最突出特点是柱状节理发育，柱体有三棱、四棱、五棱和六棱等形态，一般较粗大柱体接近六棱，如西尖山、横头山平均为5.3棱至5.7棱。较细柱体多为四棱，如大孤山和莫里青山节理柱。多数节理柱向下变粗并发散，向上变细并收敛。同时存在平卧、歪斜和弯曲的节理柱。原生柱状节理是该区特殊的地质景观，是研究和恢复火山机构重要依据。由于柱状节理垂直于冷凝面或冷凝时的等温面，所以，根据柱状节理和层节理等原生节理的产状，可以确定多数火山熔岩原始形态为蘑菇状或团球状，局部表现为似层状。

**【保护类别】** 伊通火山群自然保护区属“火山地质遗迹”类别、“自然地质遗迹”类型自然保护区，主要保护对象是基性玄武岩“侵出式”独特火山成因机制、奇特的火山景观。

**【火山群保护区功能区划分】** 保护区每座火山锥体孤立分散，从保护价值角度分成3个保护级别。Ⅰ级保护的火山锥体有西尖山、大孤山和小孤山；Ⅱ级保护的火山锥体有东尖山、莫里青山、横头山；Ⅲ级保护的火山锥体有团山、马鞍山、东小山、横小山、南尖山、北尖山、万宝山、南蔡山、北蔡山和馒头山。Ⅰ级保护的火山锥体是保护重点，优先进行规划建设，Ⅱ级保护的火山锥体，在规划后期进行建设，Ⅲ级保护的火山锥体，加强巡护，维持原状。在分类保护基础上，根据国家对保护区功能区划规定，结合地质遗迹类自然保护区特点和本区实际情况，把火山锥体保护范围按照其出露的规模，划分为核心区和实验区。

核心区 以每座火山锥体的基座范围划定为核心区，面积405.80公顷。

实验区 每座火山锥体基座向外围延伸一定范围(500米)作为实验区，面积359公顷。

**【保护区建设】** 2022年，伊通按照批复的2021年第二批中央林业改革发展资金实施方案，完成小孤山围栏建设工作。设立大孤山(东小山)临时管理站，聘用4名管护人员加强2座山日常管理。结合当地防疫政策适时调整巡护路线，购置1辆越野巡护车、2辆巡护摩托车提高日常巡护能力，雇佣船只对水域内山体进行巡护，使用无人机对域外山体进行巡护。开展疫源疫病检测巡护工作，布设红外相机记录野生动物活动轨迹。在大孤山保护区新发现豹猫，狗獾等野生动物活动踪迹。记录野生动物相关信息，制定疫源疫病防控预案。执行陆生野生动物疫源疫病监测防控信息报告制度，采购救助设备，开展野生动物救治工作，并与省生态环境局野生动物救助站沟通协调，给野生动物提供更好的救助条件。

2022年8月15日，吉林大学地球科学学院到伊通西尖山开展研学活动（陈月阳 摄）

**【研学实践基地】** 2022年，吉林大学、东北师范大学、长春工程学院等高校均将保护区列为重要野外教学实践基地。全年有7批次、1265人到伊通开展教学实践活动。伊通火山群成为吉林省中南部重要地质研学实践基地。

（陈月阳）

## 吉林伊通河源省级自然保护区

**【概况】** 吉林伊通河源省级自然保护区是以红松为主、针阔叶混交林保护区，地处吉林哈达岭西麓低山丘陵地带，多为连绵起伏的低山丘陵，组成岩性为华力西期和燕山期花岗岩。地势由南向北倾斜，最高点为东南部河源镇青顶子山，海拔611米，位于伊通南部。地理坐标北纬43°03′57″—43°18′38″，东经125°27′26″—125°39′51″。保护区呈东南至西北走向，长27千米，宽16千米。保护区面积2.43万公顷。其中，林地面积1.84万公顷，耕地面积4993公顷；居民区占地面积449公顷；其他用地面积21公顷。国有土地1.06万公顷，集体土地1.37万公顷。森林覆盖率61.1%。保护区集保护管理、科研监测、宣传教育为一体，属于“自然生态系统”类别、“森林生态系统类型”自然保护区；主要保护对象为伊通河源头水源涵养区森林生态系统及生物多样性。伊通河在保护区内全长18千米，发源地位于保护区南部哈达岭山脉青顶子山北麓，由渗出泉集流而成，流向由南向北。

保护区内有国家Ⅰ级重点保护野生动物野生梅花鹿、秃鹫、青头潜鸭、黄胸鹀4种；国家Ⅱ级重点保护野生动物有鸳鸯、花尾榛鸡、团花锦蛇、狼、豹猫、黑斑蛙、赤狐、灰鹳、白尾、白腹鹞、鹊鹞33种。国家Ⅱ级重点保护野生植物有红松、水曲柳、黄檗、紫椴、野大豆、绶草6种。吉林省Ⅱ级重点保护野生植物有红松、水曲柳、黄檗、紫椴、野大豆、小卷柏、胡桃楸、水榆花楸、远志、防风、花曲柳、平贝母、穿龙薯蓣13种；吉林省Ⅲ级重点保护野生植物有蕨、五味子、山葡萄、刺五加、鹿蹄草、党参、东北天南星、羊耳蒜、分株紫萁、荚果蕨、翅卫矛、黄花乌头、鲜黄连、草芍药、秋子梨、辽椴、三花龙胆、乌苏里黄芩、黄筒花、轮叶沙参、大苞萱草、小黄花菜、山兰23种。

**【河源保护区功能区划分】** 2022年，河源保护区面积2.43万公顷，划分为核心区、缓冲区和实验区。其中，核心区为保存完好的自然生态系统、珍稀濒危野生动植物集中分布区域，面积8800公顷，占保护区总面积36.2%；缓冲区为核心区外围划定用于减缓外界对核心区干扰区域，面积7318公顷，占保护区总面积30.2%；实验区在缓冲区外围，是自然保护与资源可持续利用结合区域，可开展传统生产、科学实验、宣传教育、生态旅游、管理服务和自然恢复，面积8139公顷，占保护区总面积33.6%。

**【保护区体系建设】** 2022年，伊通制定修改保护区整合优化预案，开展保护区范围及功能分区调整，将原保护区3区（核心区、缓冲区、实验区）转为2区（核心保护区、一般控制区），实现与生态保护红线、环境质量底线、资源利用上线相结合，解决历史遗留问题和保护与发展的矛盾。预案等待国家林业和草原局审核批复。开展不动产登记工作，以保护区为独立登记单元，开展前期数据搜集、自然资源分布清单核实、调研调查、保护区登记范围确定等工作，不动产登记工作被省不动产登记中心列入4个试点单位之一。国土空间规划与“三线一单”（生态保护红线、环境质量底线、资源利用上线、环境准入负面清单）规划编制按预期完成阶段任务。

**【监测样点布设】** 2022年，河源保护区设置样地33块，均匀分布于保护地范围内，每块样地面积0.06公顷，采用GPS进行定位，对样地内活立木进行真值检尺，设立更新样方，做更新调查。摸清保护区内森林资源分布情况，形成评估报告，为自然保护地规划发展奠定基础。

**【重新编制动物名录】** 2022年，河源保护区查找国家林业和草原局官网最新发布的《国家重点保护野生动物名录》，对原有保护名录每个野生动物进行检索、查找、核对。经过编制整理，编制名录野生动物470种，隶属于94科。国家Ⅰ级重点保护野生动物4种，国家Ⅱ级重点保护野生动物33种；吉林省Ⅰ级重点保护野生动物13种，吉林省Ⅱ级重点保护野生动物5种。

**【迁徙水鸟观测】** 2022年9月中旬至10月下旬，河源保护区分3个阶段对保护区内迁徙水鸟进行观测，设观测点位13处。其中，水库11处、湿地2处。观测到水鸟11种。观测期间，工作人员调试望远镜、照相机、录像机等设备性能，培训外勤人员观测操作流程。克服极端天气影响，仔细观测，认真记录，掌握迁徙水鸟第一手资料。

**【点位巡查】** 2022年，河源保护区完成保护区内46处问题点位整改工作，完成46处问题点位、18处卫星遥感点位常规巡查8次，完成省环保督察组环保“回头看”检查工作。

**【保护区旅游项目】** 2022年，河源保护区投资11.26亿元，谋划项目26项。完善保护区生态2日游项目内容，制定旅游路线、游园管理制度、季节性游玩规划。栽植杜鹃树苗，涂装修缮吉祥塔外侧，打造吉祥塔周边4月观苍鹭、5月赏杜鹃、品湖鱼的休闲旅游景点。落实伊通河源头治理计划，打造瀑布、恢复湿地植被，改造红叶谷、白桦林等林区环境，建造植物园小区，假山、瀑布等景观。围绕“一山二园三水”（一山：青顶山，二园：苍鹭园、梅花鹿园，三水：保南风景区、寿山湖、大兴水库）旅游景观，开发绿色旅游，促进保护区生态发展。

**【保护区项目建设】** 2022年，河源保护区投资42余万元，重新修缮原保护站，完善电地热、更换门窗、吊棚换房盖、安装上下水和厨卫设施，安装铁艺栅栏和大门，补充内部办公和生活设施。投资45.7万元，新建苍鹭园内木栈道300余米，为保护区全域旅游增加硬件设施，方便游客近距离观赏苍鹭。

**【野生动物保护宣传活动】** 2022年9月15日，河源保护区管理局旅游开发科组织志愿者到苍鹭保护地开展“爱鸟护鸟”主题宣传活动。

（李宏玉）

# 科学技术

## 科技管理

**【科学技术发展规划编制】** 2022年，伊通根据《吉林省科学技术发展“十四五”规划》《四平市“十四五”科技发展规划》《伊通满族自治县国民经济和社会发展第十四个五年规划和二〇三五年远景目标纲要》，在调研和征求意见基础上，立足伊通实际，科学编制《伊通满族自治县科学技术发展“十四五”规划》，确定伊通在“十四五”期间科技发展工作目标、总体思路、重点任务和发展路径。引领重点产业创新发展；发展壮大企业创新主体；合力打造科技示范园区；稳步构建科技计划体系；全面建设科技服务平台；引育培养科技人才队伍；推动建立科技合作机制为重点工作任务。到2025年，原始创新能力不断增强，科技创新体系更加完善，产业技术创新取得较大突破，科技、产业、人才、金融协同发展，塑造科技竞争新优势，推动经济高质量发展。

**【全国科普示范县创建】** 2022年，伊通科协以“四个强化”为载体，加强科学普及工作，探索构建“一体两翼三覆盖四推动”全域科普伊通模式（即党建群建“一体”化，区域科普组织与科普基地“两翼”发展，教育、医疗、农业三覆盖，推动党群共建、队伍建设、机制创新和区域融合发展）。完善科普基础设施建设，伊通有1座科技馆；2个市级科普基地、6个县级科普示范基地；德利农产品开发有限责任公司、铠绎农牧业发展有限公司2家专家工作站、17个乡镇（街道）建成科普工作站及科普活动室，实现村、社区和学校全覆盖。伊通建立“科普+X”一体化发展模式，吸引更多社会力量参与科普和科技创新事业。结合“全国科普日”“科技活动周”“科技之冬（春）”等品牌科普活动，全年开展科普活动20余次，打造“科普+X”等特色科普活动模式，将送科技、送理论、送健康、送实践、送知识、送文化、送快乐等多项内容融为一体。8月，伊通满族自治县被中国科协评为第二批全国科普示范县。

**【科技创新资金投入】** 2022年，伊通落实各项科技发展扶持政策，推动科技创新体系建设。全年争取到吉林省科技厅《吉林省企业R&D投入补助资金》34.1万元。其中，亚泰集团伊通水泥有限公司18.7万元；吉林省立新汽车配件有限公司15.4万元。

**【科技成果利用和转化】** 2022年，伊通立新汽车配件有限公司完成科技成果转化和利用5项，分别为轮辋加工定位工装、双焊缝焊接工装、一种分体式轮辋结构、一种矿用车防锈轮辋、一种轮钢生产中使用的存放装置。全年实现经济效益236万元。

**【高新技术企业推荐申报】** 2022年，伊通开展高新技术企业认定申报材料辅导工作，至年末，伊通成功申报高新技术企业5家。分别为吉林钰兴机械制造有限公司、德元水利工程有限公司、吉林省玉竹源满族食品有限公司、吉林省天成天然气有限公司、亚泰集团伊通水泥有限公司。

**【科技示范基地申报】** 2022年，伊通建有科技示范基地1个，为玉竹源种植专业合作社。伊通按照《关于开展吉林省优质道地药材科技示范基地建设申报工作的通知》要求，开展道地药材示范基地申报工作。5月26日，推荐伊通满族自治县玉竹源种植专业合作社申报“吉林省优质道地药材（玉竹）科技示范基地”，上报吉林省科技厅。8月30日，玉竹源种植合作社被吉林省科技厅确定为“优质道地药材（玉竹）科技示范基地”。

**【科技人才培育】** 2022年，伊通明确县领导与科技人才之间联系责任，推进科技人才服务工作制度化、科学化、常态化。至年末，伊通有专业技术初中高级职称555人，高技能人才8人。实施“高层次人才引进计划”，面向国内外引进一批产业发展急需人才、社会事业高级管理人才、掌握核心技术的创新创业人才。县委、县政府设立3000万元人才引进专项资金，成立高层次人才引进评审委员会，对引进的各类人才根据人才层次分别在住房、工作津贴等方面给予补助。推出政务服务、医疗服务、学术交流服务、就业创业等21类服务事项。全年兑现40位人才个人奖励金和单位研究支持经费1355万元。推荐吉林钰兴机械制造有限公司王洪国1人为吉林省"长白山人才工程"科技创新领军人才。

2022年7月6日，钰兴机械制造有限公司工人在生产车间安装轮辋成型机
（王洪国 摄）

【致富带头人培育】 2022年，伊通确定3个乡镇、4个村创业致富带头人作为重点培育对象，培育内容有种植业、养殖业、农副产品加工业等科技知识。采取集中培训、分户指导、实地观摩交流和田间等方式进行培育，制订《2022年伊通致富带头人培训工作方案》，采取线上线下相结合方式进行培训。全年组织线上创业致富带头人培训10期，培训指导130人次。

（马征然 王 雪）

## 科技普及

【科普阵地建设】 2022年，伊通科协强化传统科普阵地建设，协调有关部门，对科普大篷车恢复使用。对全县企业院士工作站跟踪服务四家，为两家获批院士工作站争取扶持资金4.5万元。对全县15个乡镇13个科普宣传画廊进行维护、修缮，在河源镇制作科普画廊4个。

【"服务企业年"活动】 2022年，伊通开展"服务企业年"活动，24名"知心人"对伊通工业、企业进行走访，发现问题73个，其中解决问题50个，解决问题率68.49%；其中协调供电部门为伊通立新汽车配件有限公司敷设临时用电，指导吉林钰兴机械制造有限公司申报省级"专精特新"中小企业，帮助吉林省利霖再生资源有限公司解决企业排污问题。"四上"企业、规模以下抽样企业及重点培育入规入统企业发现问题43个，其中解决问题31个，解决问题率72.09%。

【科技活动周】 5月20日至31日，伊通科技局开展2022年度科技活动周系列宣讲活动。组织科技特派员到伊通二道镇等3个乡镇开展田间管理、农作物病虫害技术指导，把农业新成果、新技术、新信息快捷快速传递给农民，帮助农民解决生产中遇到的技术问题；组建科技进社区服务小分队，围绕健康知识、食品安全、减灾防灾等热点问题开展科普活动。

【科技培训】 2022年，伊通依托四平市科技局对全县企业开展服务企业周科技培训活动，举办高新技术企业认定政策培训会、高新技术企业认定政策及研发费用加计扣除视频培训会、高新技术企业申报认定辅导会、四平市科技致富带头人暨黑土地保护科技培训班等各类政策法规培训10余次，参加培训1000余人次。

（马征然 王 雪）

## 气象测报

【概况】 2022年，伊通气象局与水利局、自然资源局、森林防灭火指挥部等部门联合开展暴雨诱发中小河流山洪、地质灾害、森林火险气象风险等预警服务。发布《重要气象报告》《预警信号》《气象信息》等。全县纳入突发事件预警信息发布平台管理670人。开展气象科普与气象法规宣传"进学校、进农村、进社区、进企业"16次。

【预报预警】 2022年，伊通气象局开展年度暴雨气象服务应急演练。建立灾害性天气"叫应"服务制度。县气象局与县自然资源管理局联合建立地质灾害预警机制。与县应急管理局等部门建立气象灾害风险研判会商制度和应急联动机制。全年发布气象报告9期、气象信息140期、预警信号193期，发布预报预警短信20万余条次。与各部门联合

2022年3月24日，人工增雨高炮防雹设备维护　　（气象局 供图）

会商8次，联合调查3次，联合发布服务资料5期。汛期，伊通出现6次明显降水天气过程，其中最大降雨量出现在7月6日至7日，降雨量140毫米，县气象局提前发布雷电、暴雨预警，县直各部门、乡镇（街道）及时转移危险地带人员，无较大灾情险情，无人员伤亡和重大财产损失。

【气象服务】 2022年，春耕春播期间，伊通气象局制作发布春耕春播气象信息10余期，开展桃花水监测、土壤墒情加密监测20余次。4月10日至5月初，在伊通电视台新闻栏目插播农业气象信息，滚动播报天气预报5天、土壤墒情及春耕春播相关建议。在阶段性干旱、冰雹天气及时开展人工影响天气作业。春、秋季森林防火期，通过县森林防灭火工作微信群及时发布天气预报、大风、森林火险预警信号等气象信息，做好气象保障服务；夏季强降雨天气，冬季雨雪、寒潮天气及时向县委、县政府及相关部门提供降水实况和未来3小时天气预报，为防灾减灾决策提供依据。通过指导乡镇（街道）气象灾害防御指挥部成员单位落实灾害防御主体责任，完善气象防灾减灾体制机制，及时更新气象灾害预警联系人信息。全年通过预警信息发布平台向全县187名气象信息员发布预警短信和服务信息3万余条次。

【人工影响天气】 2022年，伊通出现阶段性干旱、局地雷电、冰雹等强对流天气，给人工影响天气工作带来挑战。气象局全体作业人员不忽视每一次有利天气过程。全县有人影作业流动作业点及标准化作业站点13个，其中标准化固定作业点6个，流动作业点7个；防雹高炮2门（其中全自动化高炮2门）；新型智能化播撒火箭发射装备7部（其中车载火箭1部，半自动火箭装备6部）；实现全县雹线影响区域经济作物、产粮区防雹增雨。伊通气象局开展人工防雹增雨作业，实施人工影响天气作业14次。其中，高炮作业7架次，火箭作业7架次。全县开展人工影响天气作业7次，缓解土壤缺墒情况。

（张　晶）

## 地震监测预防

【概况】 2022年，伊通实施地震监测，开展地震监测日常各项数据收集、整理、汇总、传输和上报工作。完善地震信息快速报送制度，及时快速报送地震参数，准确掌握社情、舆情，关注社会公众反应，为县委、县政府第一时间掌握地震信息和应对地震突发事件提供决策依据。

【防震减灾宣传】 2022年，伊通利用“5·12”防灾减灾日、安全生产月、“7·28”唐山地震纪念日、“10·13”国际减灾日等节点，采用广场集中宣传、科普知识讲座、“六进”（进社区、进企业、进机关、进学校、进农村、进媒体）宣传、电视及广场大屏幕播出动漫片、指导地震逃生演练等方式，开展防震减灾宣传教育，发放宣传品、宣传册1000余份，引导群众增强风险防范意识，提高应急避难和自救能力。

【地震群测群防体系建立】 2022年，伊通建立“横向到边，纵向到底”地震群测群防体系。全县15个乡镇2个街道有“三网一员”人数249名、地震宏观观测点17个，设地震宏观观测员1名。各乡镇（街道）分设防震减灾助理员、地震知识宣传员、地震灾情速报员各1名。

（李晓川）

# 教育

## 综述

**【概况】** 2022年，全县有各级各类学校243(含村小)所。有公办学校在职教职工5466名，其中，高级教师1195名，中级教师1997名，特级教师20名。在校学生39335名。其中，学前教育阶段在园幼儿4433名(公办幼儿园2637名、民办幼儿园1796名)、中小学学校在校学生3.49万名(小学生1.42万名、初中生9481名、普通高中学生9408名、职业高中学生1606名、特殊教育学校学生143名)。省级重点高级中学2所，省级重点中等职业学校1所。国家级百家示范区1个、足球示范校5所、冰雪示范校3所。国家级健康促进学校4所、青少年校园特色学校1所、青少年篮球特色学校3所。省级节约型示范学校3所、语言文字规范化示范校1所、教育系统精神文明建设示范校1所。省级冰雪特色校3所。市级中小学校园文化建设示范校1所、青少年“五好”小公民读书活动示范校1所。

**【“五育”发展】** 2022年，伊通坚持智育、体育、美育、劳育、德育“五育”发展。坚持德育为先。开展“与梦同行”和“读书教育”主题教育实践活动。31名学生参加2022年度四平市“新时代好少年”复选。3所学校申报文明校园。开展全国首个家庭教育宣传周活动。统筹中小学思政课一体化建设。坚持智育为重。树立“以生为本”理念，突出学生主体地位。注重学法指导。全面培育学生学科核心素养，开展线上线下衔接监测、毕业年级质量验收。加强对实验类课程教学监管，提高学生动手操作能力。坚持体艺为要。按照《吉林省义务教育课程计划》开设体、艺课程。继续开展“阳光体育进校园”大课间活动，确保学生每天1小时体育活动时间。开展儿童青少年近视防控工作。注重心理关爱，组建心理咨询志愿服务团队，解决学生心理失衡问题。开展人防知识教育，受教育率98%以上。坚持美育为辅。开展艺术节、艺术小组、艺术社团活动，丰富校园文化生活，提高学生艺术素养。强化美育课程落实和技能培养，举办第八届全县中小学生艺术展演活动。坚持劳动为本。探索劳动周或劳动月教育活动，将劳动教育融入学生日常学习和生活。重视劳动实践基地建设，帮助学生树立劳动观念、养成劳动习惯、提升劳动技能。

表33　　2022年伊通满族自治县各级各类学校基本情况统计表

| 学校类别 | | 学校数量(所) | 在校学生(人) | 教职工(人) | 其中专职教师(人) |
|---|---|---|---|---|---|
| 义务教育 | 学前 | 48 | 4433 | 893 | 456 |
| | 小学 | 163 | 14264 | 2246 | 2066 |
| | 初中 | 26 | 9481 | 1443 | 1066 |
| | 特殊教育学校 | 1 | 143 | 27 | 27 |
| 高中 | 普通高中 | 4 | 9408 | 722 | 694 |
| | 职业高中 | 1 | 1606 | 135 | 124 |
| 合计 | — | 243 | 39335 | 5466 | 4433 |

(伊通满族自治县教育局)

【教育经费投入】 2022年，伊通国家财政性教育经费总投入8.87亿元，全县一般公共预算教育事业费支出6.97亿元。全年拨付城乡义务教育经费保障机制资金3500.46万元，高中公用经费879.6万元，两项教育费附加700万元。推进“薄弱环节改善与能力提升”“支持学前教育发展”等重点工作，争取上级资金4417万元，新增政府债券资金5800万元。

【学校基础设施建设】 2022年，全县校舍建筑面积9.10万平方米。教育系统重点基建项目76个。其中，改造项目有县第四中学校教学楼、二道镇中心小学校教学楼、河源镇满族九年一贯制学校综合楼等59个。新建县小孤子镇中心小学、伊丹镇中心小学校综合楼、操场；黄岭子镇和平小学校室外厕所等项目17个。完成义务教育薄弱环节改善与能力提升项目；实施伊通第二中学校、伊通靠山镇中心校双优试点校信息化建设项目；完成公办普通高中理化生实验室化学实验仪器设备补充项目。

【推广普通话宣传周】 2022年9月12日至18日，伊通组织各学校开展主题为“推广普通话 喜迎二十大”第25届全国推广普通话宣传周活动。创新开展“六个一活动”(即进行一次以“推普”为主题的国旗下演讲；一次经典诵读活动；一次教师基本功展示活动；一次“推普助成长”主题班会活动；一次语言文字规范化知识宣讲活动；一次面向家长的推普宣传活动)，利用大型户外电子屏滚动刊播全国推普周宣传海报、公益广告。学校组织师生利用课余时间到街头、广场、社区开展广告语、店牌、墙体标语等社会用字纠错活动。

【教育资助】 2022年，全县推进各学段学生资助政策落实，实现原建档立卡、特困供养、低保、孤儿等重点保障人群“应助尽助”。全口径资助学生9851人次，资助资金796.18万元。其中，学前教育阶段125人次，资金9.38万元；义务教育阶段2536人次，资金100.44万元；普通高中阶段3846人次，资金350.96万元；中等职业教育阶段3344人次，资金335.4万元。大学生贷款492人，贷款金额528.93万元。

(路 遥)

## 教育管理

【校外培训监管】 2022年1月11日，伊通下发《关于印发〈伊通满族自治县教育局关于开展校外培训机构和在职教师违规补课办班、收受礼品礼金整治工作实施方案〉的通知》。加强对培训机构“隐形变异”以及非学科类机构从事学科类培训等情况督查，依法依规办学。规范校外培训机构教师行为。制定《校外培训机构监督管理制度》《校外培训备案制度》《校外培训机构黑白名单制度》，对校外培训进行全方位监管。向社会公布监督举报电话，组织社会监督员队伍，聘请8名社会监督员进行社会监督。全年开展对校外培训机构联合执法2次，依法依规处理在职教师违规办班行为1起，下达停止无证培训机构违法办学通知书5份，关停取缔无证培训机构3所。

【教育普法】 2022年，开展“法治思想进校园”活动，发挥课堂教学和学校教育主渠道作用，做到法治教育计划、教材、课时、师资、经费“五落实”；推动落实“谁执法谁普法”责任制，聘请69名公检法干部兼任全县57所中小学校、幼儿园法治副校长，覆盖率100%；开展2022“宪法小卫士”行动计划网上学习活动，2.77万名学生参加宪法知识挑战考试，平均得分83.65分。开展“学宪法讲宪法”演讲比赛，实验中学丁思予获第七届吉林省学生“学宪法讲宪法”演讲比赛一等奖。开展“宪法就在我身边”征文比赛，满族高级中学校宋昕孺和第二十七中学校柴懿双获第四届吉林省中小学生“宪法就在我身边”主题征文比赛二等奖。

【学生卫生教育】 2022年，伊通结合不同学段学生特点，开展新冠疫情防控、校园常见传染病防控、心理健康教育、青春期教育、应急救护等内容健康教育与健康促进活动。开展近视防控宣传教育活动，利用班队会、手抄报、校园广播、LED屏等多种途径开展青春期健康教育宣传活动，联合卫健部门和红十字会开展应急救护培训。组织指导、协调落实县域内各中小学校定期开展儿童青少年视力健康监测及数据报送工作，对全县52所学校中小学生开展视力筛查13万余人次。

【学校深化“放管服”改革】 2022年，伊通开展行政审批制度改革。落实省政府关于深化“证照分离”改革要求。编制省级“一网通办”行政许可事项清单，对标办事项实现“最多跑一次”，“零跑动”率100%，14所培训机构和1所民办高中审批后颁发办学许可。

【校园安全教育】 2022年，伊通健全中小学幼儿园安全风险防控体系。开展防范欺凌专题学习会58次，专题讲座58场。举行全县中小学生防溺水安全教育启动仪式暨防溺水工作推进会。开展安全教育专题研修。组织各校学习校车安全管理条例，开展校车事故应急演练。开展全县“校车”安全专项整治行动。全年未发生较大以上校园安全责任事故。

(路　遥)

## 学前教育

**【概况】** 2022年,全县有各类幼儿园48所。其中,公办幼儿园5所,校园代办幼儿园21所,在园幼儿2637人,教职工654人;民办幼儿园22所,在园幼儿1796人,教职工239人。

**【幼儿园建设】** 2022年,全县学前3年入园率96.97%,普惠幼儿园覆盖率100%,公办幼儿园在园幼儿占50.27%,3项指标提前完成国家规定标准。校园校舍改扩建及提升办学条件项目12个,投入资金1146万元。其中,改扩建校园校舍12个,投入资金893万元;为6所幼儿园购置课桌椅、教学生活设备等,投入资金253万元。

**【幼师培训】** 2022年,全县各类幼儿园教师参加"青年骨干教师能力提升培训""幼儿园教学指导能力研修""幼儿园骨干园长提升培训""幼儿园党组织书记研修"线下国家培训项目4个,培训14人、35天。"研培结合培训模式探索(幼小衔接模式探索项目)""民办幼儿园园长规范办园培训""幼儿园优秀园长深度研(省外)"等省级培训项目8个,培训60人、63天。

**【教研活动】** 2022年2月25日,伊通在县教师进修学校五楼多功能报告厅举办全县《幼儿园入学准备教育指导要点》培训会,150余人参会。6月28日,教师进修学校组织第一联盟园在线上召开《开展科学领域主题探究活动 助力幼儿科学做好入学准备》集体理论教研活动。8月至9月,第一联盟园所属13所幼儿园教师结合集体理论教研培训内容,选拔年轻教师在园内进行科学领域主题活动探究,发现问题并及时和盟主联系沟通。10月10日,在县幼儿园召开第三阶段园本互助教研。11月19日,在县幼儿园召开第四阶段集体反思提升,参与教师50余人。

(路　遥)

## 义务教育

**【概况】** 2022年,全县有完全中学2所,九年一贯制学校5所,普通初中19所,中心校级小学21所,村小学128所,民办十二年制学校2所,青少年校外教育活动中心1所,特殊教育学校1所。教师3716人,小学新招入学生1762人,初中新招入学生3155人。中考各高中录取分数线普遍提高,重点高中统招生分数线602.5分。

**【控辍保学】** 2022年,伊通印发《关于进一步做好义务教育控辍保学工作的实施方案的通知》等文件,完善辍学学生报告机制、辍学学生劝返机制等多项工作,强化依法控辍、制度控辍、情感控辍、扶贫控辍等方面具体措施。县教育局在春、秋两季开学前后重要时间节点开展控辍保学专项行动。3月,开展"义务教育宣传月活动"。9月,开展"动员流失生返校月"活动。比对脱贫家庭适龄儿童少年相关数据与学籍系统数据4次,核实数据441余条,掌握脱贫家庭孩子上学动向。全县义务教育阶段学生巩固率99.82%。推进随迁子女入学工程和留守儿童关爱工程,安置到公办学校就读随迁子女入学70名。

**【"双减"政策落实】** 2022年,伊通推进"双减"(减轻义务教育阶段学生过重作业负担和校外培训负担)工作落地落实。健全"一校一案"作业管理办法,实行作业公示,控制作业总量,精细作业批改,开展好课后服务,压减作业总量和时长,减轻学生作业负担。强化作业、睡眠、手机、读物、体质健康"五项管理",完成全县中小学专项督导工作。开展线上作业设计展示和学生优秀作业评选,3所学校"双减"案例被省教育厅推荐到教育部,4所学校做法在"四平教育发布"上刊登。

**【义务教育城乡一体化发展】** 2022年,伊通坚持"两个一致"(适龄儿童少年户籍与法定监护人户籍一致、适龄儿童少年户籍地址与法定监护人的房产证地址一致,且房产为完全产权。)"免试就近""统筹协调"义务教育招生原则,实施随迁子女入学工程和留守儿童关爱工程,促进教育公平。加强学籍管理,严格执行招生计划,均衡编班、阳光分班。制定并下发《伊通满族自治县推进乡村温馨校园建设实施方案》,以创建温馨村小为重点,将乡村学校建设成具有乡土化、温馨化、特色化乡村温馨校园。全年完成温馨校园创建工作38所。大孤山镇杨树小学被评为教育部第二批乡村温馨校园典型案例学校。开展校际联盟活动,提高农村学校办学水平。4月7日,满族小学等8所小学开展"以美育人向美而生"校际联盟教学研讨活动;6月14日,大孤山镇九年一贯制学校等5所小学举行主题"携手同行促发展,艺术园里呈芳菲"5校联盟活动。

**【课后托管服务】** 2022年11月22日,伊通联合7个部门制定下发《伊通满族自治县关于做好中小学生课后服务工作的实施方案》,为义务教育学校课后服务工作提供政策、资金保障。年内,全县50所学校全部践行“减返”政策实施课后服务，课后托管服务全覆盖，为学有余力学生拓展学习空间，开展科普、阅读、文体、艺术、劳动等兴趣小组、社团活动，服务学生1.6万余名。利用社会资源，发挥伊通少年活动中心及镇（乡）学校少年宫等校内外活动场所作用，拓展课后服务渠道。

【冰雪特色校建设】 2022年11月至12月末，11所冰雪特色学校利用校园广播、宣传栏、美篇、主题班会、LED屏、国旗下讲话等形式宣传活动。各冰雪特色学校结合本校实际情况，利用大课间、课间操或课后托管时间段，组织本校学生全员参与以滑冰、冰球等冰雪运动项目为主，以轮滑、滑轮、旱地冰球等替代项目为辅，以雪地球、雪合战、堆雪人、冰车等娱乐项目为补充的校园冰雪活动。学校开展“冰雪主题”诗歌朗诵、书画作品、文艺节目展演等冰雪文化活动。

【民办教育】 2022年，伊通不再审批新的民办义务教育学校（含九年一贯制学校、十二年一贯制学校和完全中学）。从党建、财务、招生、教育教学等方面加强对民办学校监管及督导。加强对民办教育机构办学行为监管，通过“双随机、一公开”执法检查、日常检查与定期检查相结合，督促民办学校加强食品卫生、防火设备及安全标识等安全设施的管理与维护。

【中小学民族教育】 2022年，伊通引导青少年牢固树立中华民族共同体意识。将民族团结教育与民族传统节日、民族体育、艺术等活动相结合。各满族学校开展满族剪纸、满文书法、衍纸画、吹画、砂画、纽扣画、扎染、黏土画等社团活动；组织学生利用课间十分钟进行抓嘎拉哈、丢手绢、丢沙包、跑马城、翻绳、夹兽跳、二人三足、滚铁环等民族游戏；组织“铸牢中华民族共同体意识”主题教育实践活动；编写《同心起航》学校民族教育工作宣传书籍。

【扶贫救助】 2022年，伊通按义务教育阶段学生人均公用经费标准，春季学期，生活补助城乡义务教育阶段家庭经济困难学生164人，资金5.37万元。其中，补助小学寄宿生20人，资金1万元（每人500元）；小学生非寄宿生96人，资金2.4万元（每人250元）；初中寄宿生15人，资金0.94万元（每人625元）；初中非寄宿生33人，资金1.03万元（每人312.5元）。秋季学期，生活补助城乡义务教育阶段家庭经济困难学生138人，资金4.35万元。其中，小学寄宿生20人，资金1万元（每人500元）；小学非寄宿生99人，资金2.48万元（每人250元）；初中寄宿生9人，资金0.56万元（每人625元）；初中非寄宿生10人，资金0.31万元（每人312.5元）。

（路　遥）

## 普通高中教育

【概况】 2022年，全县有普通高中4所，在校学生9408人，教师722人。新招入学生2900人。中考报名3430人，设置3个考点、115个考场。伊通一中统招分数线602.5分，录取1008人；满族高级中学统招分数线441分，录取819人；满族高中俄语班招生分数线218分；伊通二中招生分数线201.5分，录取313人；伊通三中招生分数线344分，录取440人。剩余考生录取到县职教中心。

2022年高考，全县最高分672分，600分以上31人，重点院校进线367人。全县重点本科上线率15.7%；全县普通本科上线率78.9%。

【教学教研活动】 2022年7月25日至8月3日，伊通组织158位教师参加教育部“2022年普通高中三科统编教材国家级示范培训”。10月，高中教研室10位教师到4所学校开展青年（新岗、特岗）教师线下教学指导工作1次。

表34　　2022年伊通满族自治县普通高中阶段教育学校统计表

| 学校 | 班数（个） | 在校学生数（人） | 教师数（人） | 专任教师数（人） | 占地面积（平方米） | 运动场面积（平方米） | 校舍面积（平方米） |
|---|---|---|---|---|---|---|---|
| 伊通满族自治县第一中学校 | 57 | 3035 | 257 | 250 | 45000 | 8600 | 23064 |
| 伊通满族自治县第二中学校 | 26 | 1257 | 99 | 97 | 30000 | 13000 | 10895 |
| 伊通满族自治县第三中学校 | 57 | 2683 | 169 | 157 | 77970 | 18000 | 21971 |
| 伊通满族自治县满族高级中学校 | 45 | 2433 | 197 | 190 | 96817 | 14284.19 | 33257.25 |

（伊通满族自治县教育局）

伊通满族自治县第一中学校　　（于金有　摄于2022年9月22日）

【普通高等学校招生考试】 2022年，全县参加高考和对口升学考生2954人。其中，高职分类考试提前录取563人；实际参加高考考生2391人。文科876人，理科1515人。设置考点2个，高考考场82个、对口升学考场3个。全县高考600分以上31人，进入重点本科录取线367人，进入普通本科录取线1188人，进入体艺特长生本科录取线242人。

【伊通满族自治县第一中学校】 学校始建于1925年，是一家省级重点高中。学校占地面积3.5万平方米，总建筑面积2.1万平方米。学校有新旧教学楼2栋、实验楼1栋，公寓楼1栋，可容纳住宿生900人。运动场面积23.68万平方米。学校有教学班55个，在校学生3035人，其中住宿生371人。有教职工257人，其中专任教师24人，正高级教师2人，高级教师93人。学校有吉林省专家型校长1人、全国优秀教师1人、吉林省学科带头人2人、省市劳动模范4人、省教学新秀及四平市教学标兵、教学精英、教学能手、骨干教师、优秀班主任等40余人。2022年，学校首次收到来自中国人民大学和天津大学的喜报。学校高考成绩600分以上31人，本科一批进线人数367人，本科二批进线人数993人。理科最高分672分，省内排名前100名；文科最高分591分，省内排名158名。1人考入北京大学。

（路　遥）

## 职业教育

【概况】 2022年，全日制中职在校学生1606人，秋季招生547人。毕业生539人，其中对口升学88人，校内技能班93人，中高职衔接转段358人，考入本科大学2人。对口升学和转段率均100%，中职学生就业率98%。通过中高职衔接“3+2”“3+3”和对口升学双轨升学培养模式招收学生457人。学校有教职工135人，其中新分配免费师范生教师6名。11月，伊通满族自治县职业技术教育中心新产教融合综合楼建设项目主体结构封闭。筹备老年人服务与管理专业老年人照护“1+X”职业技能等级证书考评前期准备工作。完成“VR虚拟仿真实训室建设项目”“多媒体直播电商实训建设项目”“无人机操控与维护实训基地项目”建设。

【“3+2”“3+3”升学模式】 2022年，伊通与吉林铁道职业技术学院、吉林交通职业技术学院、通化师范学院、松原职业技术学院、吉林工业职业学院、吉林电子信息职业技术学院、白城医学高等专科学校、长春金融高等专科学校等12所大学17个专业签订“3+2”“3+3”（“3+2”即五年制高等职业技术教育，3年中专，2年大专；“3+3”即中高职分段式培养，中等职业教育学习3年毕业后再进入高等职业教育学习3年）中高职贯通合作办学合作协议。2022年，中高职衔接招生录取454人。其中，报到386人，未报到68人。通过中高职衔接升入合作大学539人，转段率、升学率100%。

【教育教学改革】 2022年，伊通更新教育教学理念，以精品课程建设带动精品专业建设，以精品专业建设带动学校整体育人水平提升。推进现代学徒制试点工作。建立与吉林钰兴机械制造有限公司和吉林省惠民汽车维修服务有限公司现代学徒制试点，完善现代学徒制新型人才培养模式，探索1+X证书制度试点工作。老年人照护职业技能等级证书考核培训工作，职业技能等级证书考核准备工作完成。组织教师参加校级、市级、省级、国家级课题建设工作。9月，伊通满族自治县职业技术教育中心教师郝兆华《走进社会主义市场经济》思政课被选送参评市级示范课。全年成功申报立项国家级课题5项，省级课题1项，市级课题1项。结题国家级课题2项，省级重点课题1项，校级课题10项。

【办学条件优化】 2022年，伊通投入建设资金1484.31万元。其中，投入135.5万元，建设操场；投入700万元，建设产教融合实训楼；投入160.93万元，划拨土地。投入198.56

万元，建设VR虚拟仿真实训室。投资145.42万元，建设多媒体直播电商实训室。投入133.9万元，建设无人机操控与维护实训基地。

【教师技能提升】 2022年，伊通组织教师参加国家级培训25人次，省级培训12人次。电教部组织电子白板使用、超星学习通校本培训，培训200人次。组织专业教师到企业、高职院校实训5人次。聘请高级工匠技师指导老师实训、生产1000人次；组织教师到长春职业技术学院、洛阳牡丹通讯有限公司、吉林工程技术师范学院等院校实训、学习15人次。

【订单式培养】 2022年，伊通深化产教融合、校企合作，坚持育训结合，聘请2家企业工匠到校授课。与吉林钰兴机械有限公司、一汽轿车总装厂、宝捷集团、义涵教育等企业签订联合培养协议。根据岗位需求，学校与企业共同制订学生培养计划、实习计划，实现学生到职工转变。5月30日，学校安排2020级校内中专班50名学生赴青岛海尔公司、一汽轿车总装厂实习，实习期4个月，实习结束后可选择在实习单位就业，成为正式员工。实习就业率100%。每月平均工资5000余元。实习期间，学校为每名同学购买100元商业险，企业为进厂实习学生购买30万元意外险。

【招生就业】 2022年，伊通拓宽办学渠道，创新教育模式，秋季招生人数450人。539名毕业生在不同企业就业或升入高等院校继续深造。其中，93人直接就业，就业率100%（对口就业89人，就业率95.7%。本地就业39人，就业率41.94%）；对口升学88人（2人考入本科院校，86人升入专科学校，升学率100%）；中高职衔接汽修、数控、学前、会计、建筑等专业358人全部完成转段，转段率100%。

【职业技能比赛】 2022年9月，在四平市中等职业学校"青蓝杯"青年教师精品课评选活动中，伊通3人参赛，分别获一、二、三等奖。10月，在吉林省职业院校技能大赛优质课堂教学（专业课）比赛中，1位教师获省优质课堂教学（专业课）三等奖。11月，在全省职业院校技能大赛高职组无人机竞速赛项中，2人获二等奖。12月，在四平市体育与健康优秀教案评比中，1人被评为优秀教案奖；在吉林省职业院校技能大赛职业英语项目比赛中，2人获三等奖。

【校企合作】 2022年，伊通职业技术教育中心与伊通满族自治县惠民汽车维修服务有限公司、长春中车集团、义涵教育集团签订委培合同。引进吉林省钰兴机械制造有限公司，为数控专业学生提供"实战式"实训场所，校企共同制订人才培养方案，提升学生专业技能水平。与一汽轿车总装厂、义涵教育、北京长城汽车部件厂、深圳光宇激光设备有限公司、长春亚泰集团、一汽集团、吉林省钰兴机械制造有限公司、吉林省宝捷集团、吉林建龙钢铁有限公司、吉林鹿业集团等20余家企业长期合作，签署《合作办学协议》，企业每年接收相关专业学生顶岗实习，实习期满，在企业就业。

【社会职业培训】 2022年4月至5月，伊通举办新型农民技能培训1期，培训学员50人；7月30日至8月8日，举办创业培训1期，培训学员60人。伊通满族自治县职业技术教育中心通过省人社厅创业创新双创基地，市人社局职业技能培训基地复评验收。

（路 遥）

## 特殊教育

【概况】 2022年，全县适龄残疾儿童少年20人。其中，正常入学11人；申请延缓1年入学9人。全县特殊教育学校1所，教职工27人，其中专任教师27人。招生13人，在校生143人，毕业生36人。8名教师入选省级特殊教育学校教师教学基本功展示活动。1名教师获2022年四平市特殊教育学校教学经验交流会表彰。

【基础设施建设】 2022年，伊通投入139万元，完善特殊教育资源中心建设，改建感统康复教室、心理健康教室，新建录播教室，实现校园网络全覆盖。

【特岗教师培训】 2022年，伊通加强教师岗位培训，开展"三字一画"（钢笔字、毛笔字、粉笔字，简笔画）、说课、讲课、评课、个训课、康复训练等系列活动。培养教师教学设计技能、课堂调控技能、指导学生学习技能3项技能。

【特殊教育服务】 2022年，伊通引入学前康复"先感统康复，后文化认知"理念，坚持以文化教育为基础，艺术教育为亮点，康复训练为特色，生活技能为方向开展教学活动。借助绘画手工、唱游律动课程和第二课堂，对学生进行艺术熏陶，实施体育康复、绘画手工和简单厨艺教学。以生活为中心展开各科教学，注重知识的实用性和技能掌握，引导学生体验、向往、追求美好生活，给学生融入社会打下基础。

【伊通满族自治县特殊教育学校】学校占地面积1.35万平方米，建筑面积4451平方米，校内有先进多媒体教室、律动室、感统训练室、海豚室、言语康复室、运动康复室、蒙特梭利教室、艺术休闲室、家政教室、烘焙教室、多感观教室、汽车精洗教室等多功能教室，满足学生教育、康复和生活需要。全校有15个教学班，在籍学生143人。其中，在校生52人；“送教上门”学生91人。在编教师27人，其中特殊教育专业毕业教师6人。

（路　遥）

## 成人教育

**【成人高等学校招生考试】** 2022年11月5日至6日，伊通进行2022年成人高等学校招生考试。全县成人高考报名人数628人。其中，文科考生152人，理科考生476人。考点设在县实验小学，考场22个。其中，文科考场6个，理科考场16个。

**【社会教育】** 2022年，伊通依托职业技术教育中心成人教育办公室，开展继续教育和社区教育。全年成人学历提升（专科、本科函授、开放大学教育和高职扩招）招生232人，学员1008人。其中，成人继续教育学历学员859人，高职扩招全日制专科学员149人。社区教育辐射到乡镇、村屯。依托创新创业办公室，孵化小微企业。加强机关、企事业单位干部职工知识更新和补充培训、转岗再就业培训；常年开展新型职业农民培训，开办实用技术班，向农民推广新技术、新品种；发挥“县级职教中心+社区教育”职能，对建筑工匠、建档立卡户、下岗职工、退役军人等开展创新创业培训、技能培训。

**【成人教育教学研讨】** 2022年，伊通成人教育教师钻研教育理论和教学教材，贯彻新的教育理念，结合成人教育实际及学生特点，构建探索式教学模式。采取面授、远程、网络互动、电话答疑等相结合方式，创建灵活教学氛围，激发学生学习兴趣和热情，引导学生主动探究，自主获取知识。

（路　遥）

## 教师素质提升

**【师德师风评议】** 2022年，伊通完善师德师风长效机制建设，加强教师队伍管理，明确新时代教师职业规范，模范遵守教师职业行为十项准则。组织全县教育系统干部教师进行主题学习、研讨，推进“教体干部讲责任、讲团结、讲执行、讲争光、讲奉献”“教师爱学习、爱教育、爱学生、爱业务、爱自身”等核心素养提升。至年末，评选“四平好人·最美教师”暨黄大年式好老师1人，吉林省“囍源吉品”乡村振兴优秀教师2人，“四平市优秀班主任”5人，“全县优秀教师”105人，“全县优秀教育工作者”15人。

**【教师培训】** 2022年，伊通组织中小学幼儿园园长和教师363人参加国、省培项目123个。完成国家级培训1项，县本级培训1项。其中，国家级培训为G2001“国培计划（2022）”——“一校对一校”精准帮扶项目，帮扶安图县344名领导及教师开展小学数学、初中语文等20个学科“能力提升培训”。组织实施县本级培训“少数民族学校教师‘双语’培训”“满族语言与传统文化”系列研修班。培训设满族语言文化、满族剪纸、满族书法3个班，培训学员300余人。

**【乡村教师补充机制】** 2022年，伊通创新教师补充机制，充实农村师资力量，乡镇中心校和村小按照班职1:2.5比例核定。全年补充乡村教师121人。其中，招聘特岗教师110人，公费师范生教师11人。教师中，硕士研究生学历1人、本科学历95人、专科学历25人，本科及以上学历人数占79.34%，专业对口率100%。

**【教学研培】** 2022年，伊通组织线下教学研培活动8次，22所小学、20所初中和4所高中学校开展全口径教学指导，学段、学科、学年全覆盖。线上教学研培活动2次，听网课1300余节，在线指导教师800余名。在四平市中小学“名师评选”活动中，8名教师获“市教学精英”称号，12名教师获“市教学新秀”称号。组织教师参加国家“精品课”评选，7名教师获省级优质课，13名教师获市级优质课，51名教师获县级优质课，四平地区名列第一。

**【教师职称评审】** 2022年，全县中小学校高级教师和中级教师职称评聘，申报309人，通过评审219人；推荐吉林省第八批正高级教师5人，评审通过4人；推荐吉林省第九批正高级教师5人，评审通过3人；推荐吉林省第十批正高级教师6人，评审通过3人。

（路　遥）

# 文化

## 公共文化

【概况】 2022年，伊通综合文化站覆盖15个乡(镇)，187个行政村有农家书屋和综合文化活动室，行政村综合文化活动场所(地)覆盖率100%。每个点配送相应书柜、图书和音像制品及投影仪、锣鼓镲、电子琴、音箱、演出服装等文化器材，基层文化站全部免费开放。完成第七次全国县级以上公共图书馆评估定级工作。升级县级和乡村文化设施，实施文化馆总分馆制。完成9个乡镇图书馆分馆制建设。全县有全民健身广场舞点100余个，举办各类文艺活动60余场，参演人员3000余人，惠及群众5000余人。

【公共文化惠民工程】 2022年，伊通满族艺术团有限公司实施文化惠民工程，强化文化惠民与群众文化需求对接，丰富群众文化生活。在剧目创作上，传承经典的同时，开发、创排大型满族歌舞剧及满族特色二人转。创作满族特色歌舞类剧目2个；满族特色二人转、拉场戏各1部，"送戏下乡"50场。开展文化文艺培训，6月14日，举办"喜迎二十大 奋进新征程——全民艺术普及全县艺术骨干广场舞"培训班，全县近百名城乡艺术骨干参加培训。7月5日，举办全民艺术普及走基层文艺骨干广场舞培训班，文化馆舞蹈老师对全县17个乡镇(街道)广场舞爱好者进行培训，1200人参加。

【文化下乡服务活动】 2022年，伊通文旅局组织文化馆、满族艺术团、县书法协会组成"满乡佳节志愿红"文化小分队，到各乡镇开展文化下乡服务活动。1月18日，文化志愿者小分队一行22人分别到小孤山镇先锋村、马鞍山镇岗阳村，开展为省、市、县好人及村民送演出、送春联系列活动。演出文艺节目2场，送出印刷品对联、福字840套，现场书写对联、福字220套。活动期间，志愿者服务小分队到全县14个乡镇及部分敬老院送演出，送年画、对联、福字等一系列文化惠民活动。

【图书馆】 2022年，伊通图书馆有馆藏文献14万册，地方藏书2337册，期刊杂志5553册，视听文献353套；报刊征订45种；期刊征订90种。全年接待读者9000余人。网站、微信等远程访问读者近2万人次，外借纸质文献1300册。新建乡村图书分馆4家(营城子镇红塔村图书分馆、大孤山镇大榆树村图书分馆、西苇镇图书分馆、伊丹毯子房图书分管)，提供书籍3600册。全年开展"读书赢元旦，领取开年第一份成绩单知识答题活动""历届文津图书奖专题阅读"等线上活动5场；举办"百名摄影师聚焦新时代图片展"等线上展览2次；"4·23世界图书日"开展"伊"尘不染——伊美家园无疫小区换书大集活动。

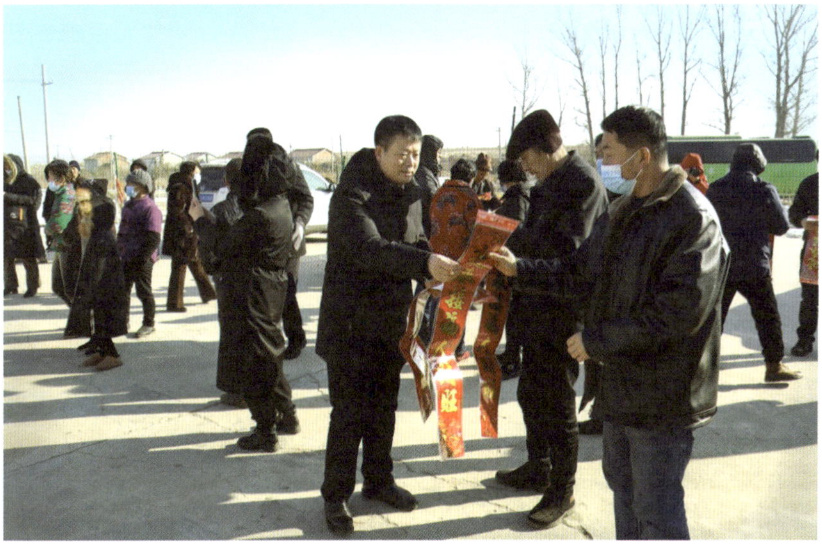

2022年1月18日，"满乡佳节志愿红"文化志愿者小分队到小孤山镇先锋村为村民分发春联 (荆少年 摄)

【文化馆】 2022年，伊通文化馆全年开展文化活动30次、举办文艺演出6场、举办书画笔会1次、书画展1次、摄影展1次。广场舞培训19次、美术班培训1次、剪纸培训班1次。文艺工作者创作作品28件。坚持公益性第一原则，开设艺术类免费培训班，主要包括青少年免费培训班、老年大学免费培训班，常设书法、美术、舞蹈、剪纸、吉他5个课程。全年开设21期公益培训班，培训1200人次。

【乡镇（街道）总分馆制建设】 2022年，伊通根据省文化和旅游厅关于做好全省公共文化服务体系建设工作要求，伊通图书馆依托总馆资源优势，开展乡镇（街道）总分馆制建设。全年新建乡村图书馆4个，总面积200余平方米。图书分馆建在村综合文化服务中心，有各类图书2000余册，内容涉及少儿、农业种植养殖技术、文化科技、历史、法律等各个领域，免费为当地群众提供借阅服务。

【中小学生寒假免费美术培训班】 2022年1月4日，伊通中小学生寒假免费美术培训班在县文化馆二楼多功能厅开班，培训班为期20天。招收10岁以上中小学生美术爱好者20名，由文化馆辅导教师李曼娣担任教学工作。围绕素描石膏几何形体、静物写生进行手把手教学。

（李　雪　臧隶广）

## 群众文化

【春节团拜会】 2022年，因疫情影响，由县委、县人民政府主办2022年春节团拜会采取录播形式，并于1月29日、30日在伊通电视台综合频道播出。新春团拜会节目时长约90分钟。演出节目有：传统二人转、二人转小帽、歌曲、舞蹈、三句半等。

【农民“村晚”】 2022年1月30日，二道镇石场村“喜迎冬奥会　欢乐过大年”——第六届农民“村晚”在庙驼腰子屯广场举办，当地农民自编、自导、自演歌舞、小品、快板、三句半、二人转等节目。“村晚”在常规节目之外增加冬奥元素。至2022年，二道镇石场村“村晚”已经举办6届。被吉林省文化和旅游厅评为全省公共服务高质量发展典型案例，并向中宣部推荐。

【端午节系列活动】 2022年6月2日，伊通文旅局组织文化馆、满族艺术团、图书馆举办“粽叶飘香·品味端午”系列活动。图书馆利用网络平台上线“龙吟端午”有奖答题活动，体育馆门前秧歌和广场舞表演同时进行。文化馆组织结对共建单位伊通镇村民举行包粽子比赛，比赛分为8组，根据包的速度和成品质量，分别为参赛各组评出奖次，并颁发奖品。在民族体育馆门前广场举办“粽情端午·尽情放粽”端午文艺晚会，表演歌曲、舞蹈、二人转等节目11个。

【“龙吟端午”有奖答题活动】 2022年6月2日，图书馆利用网络平台举办线上“龙吟端午”有奖答题活动，读者通过扫码进入答题页面。涉及端午诗词20道题，每位读者每天5次机会参与竞答，答错本次竞答结束。群众借助新媒体资源，在答题中了解学习端午文化知识，答题成绩“排行榜”前10名获礼品奖励，评奖结果在官方公众号公布。在线竞答时间持续3天，参与人数84人次。

【国庆文艺演出】 2022年9月30日，由伊通文旅局主办、文化馆承办的国庆文艺演出“喜迎二十大，奋进新征程”——庆祝中华人民共和国成立七十三周年群众文艺演出，在伊通文化馆公众号、吉林文旅云上发布。演出歌曲、舞蹈、三句半等文艺节目，线上观看1万余人。

【元宵节线上猜灯谜活动】 2022年2月11日至20日，伊通图书馆开展“我们的中国梦·文化进万家”活动，举办张灯结彩闹元宵——线上猜谜活动，162人参加活动，10名读者获奖。市民通过关注县图书馆微信公众号参与线上活动，以扫码进入活动界面方式参与答题，并在活动页面扫码收听民俗书籍，了解中华民俗知识。

【书画笔会】 2022年6月19日，伊通“翰墨飘香·伊鹿高鸽”书画笔会在县民族体育馆门前广场举办。全县书画家及书法爱好者22人参加笔会，创作书画作品120幅。

【“逐梦青春·伊路有你”街舞大赛】 2022年8月3日，伊通满族自治县“逐梦青春·伊路有你”第二届青少年街舞大赛在县运动场开幕。大赛有6支参赛队伍，分别来自长春、公主岭、四平、磐石、辽源、伊通。参加比赛队员298名，通过角逐，分别决出街舞和单项Jazz（爵士舞）、Breaking（霹雳舞）、Hip-Hop（嘻哈舞）Urban（编舞风格）四大类别冠、亚、季军。伊通ZYX紫依街舞培训学校的Realhiphop获冠军；伊通星起点艺术培训学校的《特别团体》获亚军。

【“书香涵泳”线上文学名著知识竞赛】 2022年4月11日至23日，伊通图书馆开展“书香涵泳”线上文学名著知识竞赛等线上系列活动。市民通过关注县图书馆微信公众号参与活动，每人每天限答5次。每次随机抽取15道单选题。参加比赛383人，10人获奖。

（赵麓雅）

表35 2022年伊通满族自治县文化活动一览表

| 序号 | 时间 | 活动名称 | 地点 | 主承办方 |
|---|---|---|---|---|
| 1 | 1月4日 | 2022年中小学生寒假免费美术培训班 | 文化馆 | 文化馆 |
| 2 | 1月18日 | “文化惠民小分队·满乡佳节志愿红”活动 | 小孤山先锋村、马鞍山镇北岗子村 | 文化馆 |
| 3 | 1月28日 | 县委、县政府举办2022年春节团拜会 | 伊通电视台综合频道播出 | 县委、县政府 |
| 4 | 1月30日 | 二道镇石场村举办第六届农民“村晚” | 二道镇石场村 | 文旅局 |
| 5 | 4月23日 | 世界读书日——换书大集活动 | 乾旭阳光城 | 图书馆 |
| 6 | 6月2日 | “粽情端午·尽情放粽”演出 | 体育馆前广场 | 文旅局 |
| 7 | 6月2日 | “粽叶飘香·品味端午”包粽子比赛 | 体育馆前广场 | 文旅局 |
| 8 | 6月9日 | 营城子镇红塔村——建设图书馆分馆 | 营城子镇红塔村 | 图书馆 |
| 9 | 6月14日 | 全民艺术普及——全县艺术骨干广场舞培训 | 体育馆冰球场 | 文化馆 |
| 10 | 6月19日 | “翰墨飘香·伊鹿高鸽”全县书画笔会 | 体育馆前广场 | 文化馆 |
| 11 | 6月24日 | 建设图书馆分馆——大孤山镇大榆树村 | 大孤山镇大榆树村 | 图书馆 |
| 12 | 7月3日—4日 | 河源镇榆树村“六月六虫王节”非遗活动 | 河源镇榆树村 | 非遗中心 |
| 13 | 7月5日—15日 | 全民艺术普及——走基层文艺骨干广场舞培训 | 全县 | 文化馆 |
| 14 | 8月3日 | “逐梦青春·伊路有你”伊通第二届青少年街舞大赛 | 运动场 | 文化馆 |
| 15 | 8月6日 | “魅力舞者·和谐伊通”第六届城乡广场舞大赛 | 运动场 | 文化馆 |
| 16 | 8月6日 | “满乡记忆·影动伊通”摄影、短视频展 | 运动场 | 文化馆 |
| 17 | 8月6日 | 第三届“伊鹿高鸽”消夏美食节开幕 | 运动场 | 文旅局 |
| 18 | 8月21日 | 伊通满族艺术团参加“精彩夜吉林”2022消夏演出季专场演出 | 长春文庙广场 | 艺术团 |

（伊通满族自治县文化和旅游局）

## 文学艺术

**【概况】** 2022年，伊通有新文艺组织、新文艺群体10家。美术家协会，有会员61名，现为第三届；书法家协会，有会员39名，现为第三届；作家协会，有会员136名，增补作家诗人薛伟民为名誉主席，编印《伊通文笔》3期；文艺志愿者协会，有会员40名；满族艺术团，有演员40人；摄影家协会，有会员43名。协会主要开展摄影创作和推广，举办各类摄影作品展览，开展文艺志愿服务和组织交流等活动。

**【文学活动与创作】** 2022年，伊通创作诗词作品2000余首，获奖作品10首。其中，获《中华诗词》学会优秀奖3人，获《征文天下》优秀奖3人。在省、市中华诗词论坛、《四平日报》等发表诗歌80余首。编辑微刊美篇25期（总101期），其中个人专辑8期，发表诗词歌赋1000余首。大部分微刊作品在文联公众号发表。3月，组织大型抗击新冠疫情先锋颁奖词及诗词活动，创作作品80余件，获市级奖作品10件。组织会员8人到河源镇保南村、公主岭梨园开展采风2次，创作作品20余件，在“爱汇益通”微信公众号发表。全年征创对联700余幅。创作以抗击新冠疫情为内容的对联微刊8期，120幅；创作迎接中国共产党的二十大召开微刊2期，楹联20幅。发表楹联微刊20期。戏剧创作室整理、编纂的《伊通满族自治县戏剧创作室优秀剧目汇编》出版，收录10余位剧作家创作的精品剧作60余部。

**【书法活动与创作】** 2022年7月，全县“河源盛境 庙顶风情”书法作品展在河源镇太湖宾馆举办。参展人员14人，展出作品50余幅。9月，围绕“推广普通话，铸牢中华民族共

伊通伊丹镇火红村民俗展览馆。图为扇车子

（于全有 摄于2022年8月23日）

同体意识”主题，由民宗局举办、博物馆承办的“普通话进万家 美好新伊通”书法作品展活动在伊通满族博物馆开展，展出优秀书法作品115件，参观群众4000余人。

**【摄影活动与创作】** 伊通文联打造满族民俗摄影传承基地，基地位于伊丹镇火红村。2022年，火红村申报省级非物质文化遗产村，摄影家协会助力补充“乡村记忆”——火红村博物馆馆藏。永盛街道福宁社区为县摄影家协会建立摄影之家——伊通摄影协会工作室，投入资金2万余元。工作室陈列有老相机展柜，老照片墙、摄影记事等。2022年，《伊通地域文化特征与摄影创作方向》摄影主题年会召开。6月，伊通文联与伊通文化馆在县体育场举办“喜迎二十大 奋进新时代”——“满乡记忆·影动伊通”摄影短视频大赛，展出摄影作品120件。6月12日，县总工会联合开展“喜迎二十大 建功新时代”全县职工摄影展。摄影展分为美好生活、新冠疫情防控、家乡美景和生产生活4个部分，展出作品120幅。6月至10月，伊通摄影家协会与长春市颐乐谷山水庄园联合举办“颐乐杯”“乐山乐水地 醉美颐乐谷”主题摄影大赛。选出获奖作品75幅。6月，参加四平市举办“喜迎党的二十大·共筑家乡那湾绿水长廊”摄影大赛，其中2幅作品分别获二、三等奖；6月，四平市摄影家协会举办的“最美家乡 鹰眼看春天”全民无人机航拍视频大赛中2人获三等奖。8月，伊通满族自治县举办“奋进新征程 建功新时代”建行杯摄影大赛，3人作品获二等奖，3人作品获三等奖。7月3日至4日，河源镇举办非遗文化——榆树村六月六“虫王节”活动，伊通摄影家协会参与《河源胜境—— 庙顶风情》主题摄影展，展出作品110幅，并开展摄影采风创作活动。8月，参加吉林省文学艺术界联合会、吉林省摄影家协会举办“喜迎二十大——幸福吉林”主题摄影作品展。孙铁石作品《咱们工人心向党》获银奖，关春作品《风雪无阻》获铜奖。9月，在“吉林省职工摄影微视频新媒体作品展”中，隋国民作品《电力工人》、关春作品《爱心施救》获摄影类铜奖。11月，《齐头并进奔小康》获第九届全国职工摄影展优秀奖。在四平市摄影家协会举办“喜迎二十大·奋进新征程”网络展中，伊通入选作品2幅。

表36　　2022年伊通满族自治县摄影家协会获奖作品一览表

| 级别 | 姓名 | 作品 | 题材 | 发布平台 |
|---|---|---|---|---|
| 优秀奖 | 关　春 | 《齐头并进奔小康》 | 农业 | 第九届全国职工摄影大赛 |
| 铜奖 | 隋国民 | 《电网工人》 | 工业 | 吉林省“喜迎二十大 建功新时代”职工摄影作品 |
| 银奖 | 孙铁石 | 《咱们工人心向党》 | 人文 | 吉林省摄影家协会特举办“喜迎二十大——幸福吉林”主题摄影作品展 |
| 铜奖 | 关　春 | 《风雪无阻》 | 人文 | 吉林省摄影家协会特举办“喜迎二十大一幸福吉林”主题摄影作品展 |
| 铜牌 | 隋国民 | 《电力工人》 | 人文 | 吉林省职工摄影微视频新媒体作品展 |
| 铜牌 | 关　春 | 《爱心施救》 | 人文 | 吉林省职工摄影微视频新媒体作品展 |
| 二等奖 | 张丽敏 | 《梦幻湿地》 | 生态 | 四平市举办“喜迎党的二十大·共筑家乡那湾绿水长廊”摄影大赛 |
| 三等奖 | 王振良 | 《伊通湿地》 | 生态 | 四平市举办“喜迎党的二十大·共筑家乡那湾绿水长廊”摄影大赛 |
| 二等奖 | 张丽敏 | 《伊通河码头》 | 生态 | 四平市举办“喜迎党的二十大·共筑家乡那湾绿水长廊”摄影大赛 |

续表36

| 级别 | 姓名 | 作品 | 题材 | 发布平台 |
|---|---|---|---|---|
| 二等奖 | 于金友 | 《醉美伊通河》 | 生态 | 四平市举办“喜迎党的二十大·共筑家乡那湾绿水长廊”摄影大赛 |
| 二等奖 | 曹　悦 | 《雾横满乡》 | 生态 | 四平市举办“喜迎党的二十大·共筑家乡那湾绿水长廊”摄影大赛 |
| 三等奖 | 王福建 | 《寿山福海》 | 生态 | 四平市举办“喜迎党的二十大·共筑家乡那湾绿水长廊”摄影大赛 |
| 三等奖 | 赵亚军 | 《梦幻伊通河》 | 生态 | 四平市举办“喜迎党的二十大·共筑家乡那湾绿水长廊”摄影大赛 |
| 三等奖 | 王振良 | 《寿山秋色》 | 风景 | 四平市举办“喜迎党的二十大·共筑家乡那湾绿水长廊”摄影大赛 |
| 二等奖 | 王振良 | 《伊通湿地》 | 风光 | 四平市建行杯“奋进新征程 建功新时代”摄影大赛 |
| 二等奖 | 孙铁石 | 《工人心向党》 | 人文 | 四平市建行杯“奋进新征程 建功新时代”摄影大赛 |
| 二等奖 | 关　春 | 《万家灯火时》 | 人文 | 四平市建行杯“奋进新征程 建功新时代”摄影大赛 |
| 三等奖 | 赵杰华 | 《逛夜市》 | 人文 | 四平市建行杯“奋进新征程 建功新时代”摄影大赛 |
| 三等奖 | 杨贵东 | 《播种希望》 | 人文 | 四平市建行杯“奋进新征程 建功新时代”摄影大赛 |
| 三等奖 | 隋国民 | 《全神贯注》 | 人文 | 四平市建行杯“奋进新征程 建功新时代”摄影大赛 |
| 三等奖 | 关　春 | 《最美家乡鹰眼看春天》 | 风光 | 四平市“最美家乡 鹰眼看春天”全民无人机航拍摄影大赛 |
| 三等奖 | 王福臣 | 《魅力伊通百废兴》 | 经济 | 四平市“最美家乡 鹰眼看春天”全民无人机航拍摄影大赛 |

（伊通满族自治县文学艺术界联合会）

【音乐活动与创作】 2022年，伊通音乐家协会词曲作者创作各类题材音乐作品100余件（首），创作歌词作品300余首，大部分作品在各类报刊、广播电视、网络上发表播放。为学校、企业、知名人气歌手、外地词曲作者、酷狗平台歌手谱曲、编曲、演唱，完成作品60首（部）。3月，在伊通驿站文学公众号平台，推出新冠疫情原创声乐作品精选展，创作《等春风温暖小城》《爱的火焰》《我们为你坚守》等作品20余首。5月，作品《近乡》获建德原创山水音乐季大赛最佳人气奖。6月末，协会为永盛街道党工委组织1台庆祝建党101周年文艺演出，协会原创歌曲、群口快板等参加表演。8月，参加吉林省第一期吉林省优秀词曲作家高级研修班学习活动，创作原创歌曲《请到满乡来》《幸福的我住在美丽的城》分别获伊通短视频大赛二、三等奖。10月，参加百乡（镇）百歌活动，创作乡村形象歌曲3首。

（刘琛伊）

表37　2022年伊通满族自治县音乐家协会获奖作品一览表

| 级别 | 姓名 | 作品 | 题材 | 发布平台 |
|---|---|---|---|---|
| 最佳人气奖 | 杨海城 | 《近乡》 | 赞美家乡 | 腾讯音乐 |
| 新作展演奖 | 陈艳杰 | 《自作自受》 | 食品浪费 | “四平市文化馆”微信公众号 |

（伊通满族自治县文学艺术界联合会）

【优秀作品展】 2022年1月20日，文联开展“春节七天乐 文化大拜年”线上活动，以优秀文艺作品向全县人民拜年，在微信平台等新媒体展播作品600件，展示各文艺协会风采。3月12日，开展“冰凌花开·鹭舞吉祥”等文艺作品征集活动，征集诗词、散文、歌曲、绘画、摄影等各种艺术形式作品200余件。3月25日，开展“七星踔厉 众志成城”抗击新冠疫情作品征集展播活动，各协（学）会投稿700余件，在省、市、县网络平台发布。9月27日，文联组织艺术家12人，到河源镇开展“醉美伊通”创作活动，创作以“河源镇生态之源”为主题的诗歌、创作散文70余首。10月25日至11月3日，文联以“驿路放歌新时代，满乡流韵民族魂”为主题，举办“驿路放歌书画摄影展”，全县艺术爱好创作者展出书画摄影作品100余幅。第九届全国职工摄影展中，关春《齐头并进奔小康》获优秀奖。

【主题创作活动】 2022年，文联组

2022年7月4日，摄影家协会在河源镇太湖宾馆举办“河源胜境 庙顶风情”书法绘画摄影作品展 （孙铁石 摄）

织部分文艺工作者开展主题创作，助力伊通发展。参加全省纪检系统开展的“喜迎二十大，建功新时代”艺术作品展活动，协会成员宋景彦的剪纸作品入选。开展“喜迎党的二十大”文艺作品征集活动，征集诗词、散文、美术等方面作品600余件，在“爱汇益通”公众号发表。6月，县文联组织美术家协会、书法家协会、诗词学会等参加河源镇榆树村“虫王节”活动，创作作品350余件。7月，在河源太湖宾馆举办“河源盛境 庙顶风情”书法作品展。

（刘琛伊）

## 满族文化研究与传承

**【满族传统文化挖掘】** 2022年，选派办公室人员寻访新家乡、马鞍山镇、西苇镇及伊通镇内一些满族耆老，了解伊通满族人口来源、清朝时期所任职务、伊通自清朝至民国和伊通解放前老作坊情况，形成文字资料，编入《伊通满族》期刊。为挖掘与传承满族文化，拟在伊通成立伊通满族文学研究院，起草《伊通满族文学艺术研究院章程（草案）》。制订《伊通河》大型文献资料编纂规划。从红色记忆、伊通满族发展历程到伊通皇家围场、大御路、柳条边3条主线，反映伊通各族人民共同建设伊通的奋斗历程。

**【《伊通满族》】** 2015年1月，《伊通满族》创刊，每半年1期。挖掘、研究、传承满族文化，作为内部资料服务于伊通政治、经济、文化工作。至2022年末，共出版16期。其中，第15期刊载《满族耆老话家事》；第16期刊载《正阳街老字号》，反映伊通自清代至解放初期经济发展状况。

**【满族文化艺术传承基地】** 2020年7月10日，八音赫赫满族文化艺术传承基地在伊通成立并举行揭牌仪式。县委、县政府相关负责人出席仪式。吉林省非遗评审专家组组长曹保明参加仪式。基地开展满族文艺讲座走进伊通满族小学、满族乐器奚吉利琴培训、民族音乐讲座等多项活动，为满族优秀文化艺术传承发展建立新摇篮。

**【伊通满族艺术团】** 2006年吉林省伊通满族艺术团成立，2012年更名为吉林省伊通满族艺术团有限公司。公司位于伊通民族体育馆一楼。有演职人员40余人，平均年龄25岁。结合满族地区特点和风土人情，挖掘传承经典满族文化艺术，开发大型满族歌舞剧及满族歌剧二人转。2015年12月，伊通满族艺术团被中共中央宣传部、文化部、国家新闻出版广电总局联合评为“第六届全国服务农民，服务基层文化建设先进集体”。被吉林省文联确定为满族歌舞培训基地。2019年，在吉林省第九届二人转戏剧小品·艺术节中，满族歌舞神话二人转《荷花棒槌》、二人转《仁宗认母》《别乌江》《邻里之间》获剧目奖；演员赵紫依、万美彤获个人表演奖。《荷花棒槌》演员崔鹏获省级大赛最高奖项“四大名丑”称号。2020年，《荷花棒槌》参加中曲协主办的第十一届牡丹奖大赛，剧目获“牡丹奖入围奖”，女演员郑岩获“牡丹奖入围奖”，男演员崔鹏获“牡丹奖提名奖”。2022年末，创排满族特色歌舞类剧目80余个，二人转、拉场戏等20余部。

**【满绣社团】** 2021年，新家满族中心小学校成立满绣社团。社团有单独活动室1间，各种器材212件，学校提供所需物品，满足活动开展。满绣社团分低、中、高3个组别。低年组学习简单针法和按图样简单刺绣；中年组刺绣较复杂图样；高年组自行简单创作。社团有学生16名，绘画专业教师王月任教，每周活动3次。各组在教师指导下制作，逐步呈现出满绣作品，并在学校少年宫活动展出。

**【珍珠球社团】** 2016年5月，伊通满族高级中学成立珍珠球社团，有学生16人，由专业教师指导，每周活动1次。2017年，四平市首届珍珠球邀请赛在伊通珍珠球馆开幕，参赛代表队有四平、吉林、通化等5支，伊通代表队获冠军。2018年，珍珠球社团迎接国家民委调研，作为非物质文化遗产项目，迎接内蒙古、辽宁学校参观，并进行表演。

【花棍舞传承校】 伊通满族初级中学校是伊通花棍舞主要传承保护单位。在花棍舞传承人武淑艳、唐雪带领下，花棍舞被列为该校大型团体操活动项目，全校学生全部掌握花棍舞动作，并熟练应用在大课间活动上。

（王智慧）

## 融媒传播

【概况】 2022年，伊通融媒体中心有调频广播频率1个，无线电视频道1个，有线电视频道1个，管理运营“新e通”App1个，“伊通发布”、伊通融媒体中心微信公众号各1个，“伊通融媒”官方抖音号、快手号各1个，广场跨街大屏幕3块。至年末，县融媒体中心播出时政类新闻700条；县区新闻200条；民生类新闻300余条；对农节目1000余条；专题节目《满乡神韵》52期。专题作品《润泽万物滋养满乡——追根溯源伊通河》《满族·年》《博物洽闻幽香氤氛》3部作品，分别获第33届吉林省广播电视文艺丹顶鹤奖短纪录片一、二、三等奖，实现该奖项零的突破。

【电视宣传】 伊通融媒体中心围绕迎接、宣传、贯彻党的二十大精神等重大主题和项目建设、生态建设、“12131415”等县委、县政府重点工作，开展宣传工作。在《伊通新闻》中推出《学习贯彻县八次党代会精神》《学习贯彻省第十二次党代会精神》《喜迎党的二十大　全县重点工作巡礼》《喜迎党的二十大　踔厉奋进向未来》《喜迎党的二十大　奋进新征程》《深入学习贯彻党的二十大精神》《图说美丽新伊通》等16个新闻专栏，制作《到吉林看伊通》《满乡神韵伊通相约》《浮翠流丹间　擘画生态画卷》《七星福地投资热土》《最美河源》等15部电视专题片，全年新闻播发量1200余条。

【伊通人民广播电台改版上线】 2022年11月1日，伊通人民广播电台全新改版上线，结束无直播历史。开设地域美食推荐类栏目《吃喝玩乐逛伊通》、基层医疗健康服务类栏目《第一人民医院专家在线》、法制类栏目《平安伊通》、情感读书类栏目《我读给你听》4档直播栏目。广播节目内容以“音乐、历史、评书、生活常识”等13档内容为主。自办节目时长由改版前的每天20分钟增加至13小时30分钟，打造更具地方特色的本土广播节目，传播伊通声音，讲好伊通故事。

【新媒体宣传】 2022年，伊通融媒体中心利用“伊通发布”微信公众号、“伊通融媒”抖音号、快手号、短视频号、“新e通”App平台，实现“一次采集、多种生成、多元传播”媒体融合。至年末，“伊通融媒”抖音号粉丝数量10.7万人，比2021年增加10.3万人，在全省39个县级融媒体官方抖音号中排名第一。快手号粉丝数量15.4万人，增加15.1万人。“伊通发布”关注用户3.5万人，增加4000人。“新e通”App关注用户6.8万人，增加2.5万人，在全市新媒体客户端中排名第一。11月，获全省县级融媒体排行下载量榜首。全年新媒体平台阅读量单条超过10万人次，短视频20余条，新冠疫情期间短视频发布量全省排名第一。

【直播活动】 2022年，伊通开展“英城满乡共奋进　同心携手战疫情”“勇士出征”“欢迎英雄回家”“5·12”护士节“护你一生　士为卿喜”集体婚礼大型直播活动3次，其中“勇士出征”短视频阅读量200万次。4月，单条短视频阅读量全省排名第一。

【对外宣传】 2022年，伊通围绕乡村振兴、重点工程建设、新时代文明实践等特色工作筛选新闻题材，学习、了解省、市电视台新闻宣传重点，向传统媒体、新媒体平台供稿，全年向省市级电视台发稿260条。其中，6条在《吉林新闻联播》播出，200余条在《四平新闻》中播出。全省第二家在“学习强国”学习平台开设县级融媒号，全年发稿45条。

【节目获奖】 2022年，伊通融媒体中心广播、电视、网络视听作品获奖35件。其中，新华社新闻信息中心新闻奖作品3件；省广播电视协会评比获奖作品28件；吉林新闻奖二等奖2件；三等奖2件。策划拍摄的《伊溪湿地四季之美》获新华社“千城美景”全国县级融媒体中心第三名，《黑土地丰收报告》在新华社信息中心获优秀作品奖，原创图文《伊通这场飞防作业：够排面！》获学习强国县级融媒号三等奖，电视专题节目“老兵访谈”“红色伊通”，被学习强国《文化吉林》版块采纳。

表38　2022年伊通满族自治县融媒体中心获吉林省新闻工作者协会吉林新闻奖评选委员会新闻奖作品一览表（电视新闻）

| 序号 | 项目 | 作品题目 | 报送单位 | 作者姓名 | 奖次 |
| --- | --- | --- | --- | --- | --- |
| 1 | 消息 | 《非遗木工匠心传承》 | 伊通满族自治县融媒体中心 | 刘春来、刘斌、尹香芬、郭昊、杨艳芹 | 二等 |

续表38

| 序号 | 项目 | 作品题目 | 报送单位 | 作者姓名 | 奖次 |
| --- | --- | --- | --- | --- | --- |
| 2 | 系列报道 | 《忆党史·红色伊通》之老兵访谈系列 | 伊通满族自治县融媒体中心 | 贾颜旭、王国伟、贾春旺、刘佳、张曦元、杨艳芹、陈海峰、张天英 | 三等 |

（伊通满族自治县融媒体中心）

表39　2022年伊通满族自治县融媒体中心获吉林省新闻工作者协会吉林新闻奖评选委员会新闻奖作品一览表（广播新闻）

| 序号 | 项目 | 作品题目 | 报送单位 | 作者姓名 | 奖次 |
| --- | --- | --- | --- | --- | --- |
| 1 | 新闻专题 | 《孙德霞卖粮记》 | 伊通满族自治县融媒体中心 | 李淼、闫光杰、郑聪、陈海峰、孙芳、赵丽 | 三等 |
| 2 | 评论 | 《让乡土人才成为乡村振兴的“香饽饽”》 | 伊通满族自治县融媒体中心 | 杨延君、杨艳芹、王国伟、尹香芬 | 二等 |

（伊通满族自治县融媒体中心）

表40　2022年伊通满族自治县融媒体中心获新华社新闻信息中心新闻奖作品一览表

| 序号 | 项目 | 作品题目 | 报送单位 | 作者姓名 | 奖次 |
| --- | --- | --- | --- | --- | --- |
| 1 | 短视频 | 《吉林伊通满乡雪景》 | 伊通满族自治县融媒体中心 | 贾延旭、王远、贾春旺、鲍科旭 | 优秀奖 |
| 2 | 短视频 | 《斗转星移 夜空澄净》 | 伊通满族自治县融媒体中心 | 贾延旭、王远、贾春旺、董澄岩、张曦元 | 优秀奖 |
| 3 | 短视频 | 《伊溪湿地四季之美》 | 伊通满族自治县融媒体中心 | 贾延旭、王远、贾春旺、鲍科旭 | 最佳创意奖 |

（伊通满族自治县融媒体中心）

**【云服务器与5G技术】** 2022年6月1日，伊通利用云服务器与5G技术在融媒体中心通过“屏对屏”形式召开“云招商”项目推介会议。通过云服务器与5G技术，在全省融媒体中心首次实现以“屏对屏”形式召开“云招商”项目推介会议，成为全省首家利用云服务器与5G技术的县级融媒体中心。云服务器与5G技术即采用1个主会场，多个分会场模式进行现场直播，实现视频语音无缝衔接。“云招商”项目推介会议直播为1个主会场，8个分会场。

**【域外融合】** 2022年3月，伊通与东辽县、敦化市、梨树县、长白县融媒体中心达成联合办栏目协议。共同开办乡村振兴和旅游推广类节目《嗨吉林》，使广大观众通过屏幕了解各地美食美景文化，风土人情故事，旨在以“城市＋特色宣传”模式实现交流互鉴。通过联合办栏目，实现域外融合、媒体深度融合。

（张天英）

## 文化遗产保护

**【概况】** 2022年，伊通文旅局定期对各文保单位进行检查督导，及时发现和排除问题隐患，加强对存在安全隐患不可移动文物的巡查力度，及时与属地及上级主管部门沟通，彻底排除安全隐患。发布《伊通满族自治县不可移动文物安全直接责任单位（人）清单》，按照属地管理文物保护工作原则，明确文物保护单位所在属地相关部门和责任人为文物安全直接责任人。成功申报“白石沟遗址”为第八批省级文物保护单位。

**【申报第五批市级非遗项目代表性传承人】** 2022年6月7日，四平市文化广播电视和旅游局发布四平市第五批市级非物质文化遗产项目代表性传承人名单，伊通赵丽萍、杨雪等4人入选为第五批市级非遗项目代表性传承人。伊通市级非遗项目代表性传承人有32名。所从事非物质文化遗产项目包括伊通满族剪纸、伊通满乡面塑、萨满文化遗存、满族民歌。1月，县文旅局启动市级第五批非物质文化遗产代表性传承人申报工作。根据《中华人民共和国非物质文化遗产法》《吉林省非物质文化遗产条例》

《吉林省非物质文化遗产代表性项目代表性传承人认定与管理办法（试行）》等法律法规和文件精神，按照传承人申报、项目保护单位推荐、文化部门审核，最终确定人员名单。

表41　2022年伊通满族自治县市级非遗项目代表性传承人名录

| 序号 | 项目基本信息 | | | 代表性传承人基本信息 | | |
|---|---|---|---|---|---|---|
| | 项目类别 | 项目名称 | 申报地区或单位 | 姓名 | 性别 | 当选市级传承人时间 |
| 1 | 传统音乐 | 满族民歌 | 伊通满族自治县文化馆 | 吕雯博 | 女 | 2022年 |
| 2 | 传统美术 | 伊通满乡面塑 | 伊通满族自治县文化馆 | 杨　雪 | 女 | 2022年 |
| 3 | 传统美术 | 伊通满族剪纸 | 伊通满族自治县文化馆 | 赵丽平 | 女 | 2022年 |
| 4 | 民俗 | 萨满文化遗存 | 吉林省乾元国学文化中心 | 曹　云 | 男 | 2022年 |

（伊通满族自治县非物质文化遗产办公室）

【申报第二批市级非遗传承基地】 2022年6月7日，四平市文化广播电视和旅游局公布市级非遗传承基地名单，伊通满族剪纸7家入选第二批市级非遗传承基地。1月5日，伊通开展市级非遗传承基地申报工作，市政府批准公布四平市第二批市级非物质文化遗产传承基地名录，两大类12项，其中传统美术3项；传统体育、游艺与杂技5项；传统舞蹈1项；传统技艺2项；民俗1项。

【非遗培训】 2022年，伊通文旅局非物质文化遗产办公室开办非遗培训班2期。其中，钩针编织1期、草编培训班1期。钩针编织培训时间为21天，培训300人次。草编培训班培训时间为7天，培训35人。

【非遗展示活动】 2022年8月13日，由吉林省文化和旅游厅主办的“精彩夜吉林·2022消夏演出季”在长春文庙广场开幕，第四届吉林非遗节同步开幕。伊通满族自治县传统木工技艺、传统油漆工艺2个非遗项目参加第四届吉林非遗节。设置展台2个，参展木工作品20余种，现场近1000人观展。8月18日，第二十一届中国长春国际农业·食品博览（交易）会在农博园开幕。参展的有钩针编织技艺、传统油漆工艺2个代表性非遗项目，参展作品30余种。钩针编织技艺吸引1万余人观看并购买。8月31日，伊通满乡面塑参加在长春国际会展中心举办的吉林省“技能中国行2022——走进吉林”技能展示交流暨吉林省第一届职业技能大赛获得优秀展演奖。在伊通展区的展示作品有京剧《贵妃醉酒》仕女人物、《红楼梦》金陵十二钗、孙悟空、《飞天》《萨满精灵》等作品。作者为市级传承人杨雪，其面塑作品由小麦粉制成，热水和面，加蜂蜜或盐，蒸制后调色，再进行捏制。

（王晓月）

2022年8月14日，伊通文旅局非物质文化遗产办公室在伊通盛恒培训学校开办草编培训班　（王晓月 摄）

## 文化市场管理

【概况】 2022年，伊通文旅局履行“扫黄打非”工作主体责任，开展网吧等互联网上网服务营业场所专项整治行动。成立检查小组，对歌舞娱乐场所开展专项检查。贯彻四平市《关于对书店、印刷企业开展大排查的方案》相关文件精神。6月2日，由县委宣传部牵头县文旅局、检察院、教育局组成联合检查组，对全县书店、印刷厂进行大排查。全年出动执法检查人员25人（次），检查车辆10台（次），检查场所25家（次）。

【文化市场“扫黄打非”】 2022年，伊通根据四平市扫黄打非办公室《关于深入清理KTV等娱乐场所及网络音乐平台传播有害歌曲的通知》要求，6月6日至8月8日，开展“清理KTV有害歌曲专项行动”。出动执法人员10人次，出动执法车辆3台次，检查歌舞娱乐场所6家次，未发现歌厅点歌系统含有有害歌曲。7月，开展整治网吧、娱乐场所行业乱象专项行动，打击赌博、色情陪侍、利用互联网从事赌博、淫秽色情活动等违法犯罪活动，开展突击检查3次，出动执法人员15人次，执法车辆3台次，检查互联网上网服务营业场所、娱乐场所30家次，未发现利用互联网从事赌博、淫秽色情活动等违法犯罪活动。

【出版物市场整治】 2022年6月2日，伊通组成联合检查组，对城区4家书店、2家复印社、1家印刷厂进行检查，要求教辅及儿童读物带有恶意丑化插图出版物立即下架，店主严把进货关，确保出版物市场规范有序经营。重点检查印刷厂未经许可超范围经营印刷业务及违法违规印刷带有有害信息宣传品、资料等非法出版物。

【校园周边文化市场整治】 2022年，伊通“扫黄打非”办公室制订《伊通满族自治县校园周边文化市场专项整治行动工作方案》，排查校园周边出版物经营单位、网吧经营场所等，重点查处“黑网吧”“黑游戏厅”“黑歌厅”。采取不定期抽查方式对网吧上网人员登录网站情况进行现场检查。全年开展清理校园周边文化市场专项整治行动1次，未发现中小学校园周边无证照经营娱乐场所。

（王晨曦）

## 地方志工作

【概况】 2022年，《伊通年鉴（2021）》在全省开展的吉林省年鉴编纂出版活动质量评审中被评为一等年鉴。1人被吉林年鉴编纂委员会评为《吉林年鉴（2022）》优秀撰稿人。完成《吉林年鉴（2022）》《四平年鉴（2022）》伊通部分供稿任务。伊通第十一中学校志编纂工作进行中。资料室新增图书近300本。《十年·伊通》画册出版发行。资料长编搜集时间跨度为2001年至2020年，编纂方式采取分散、指导、集中原则。至年末，全县112个承编单位中完成编写任务100个；尚在编写中的单位12个。2022年12月30日，伊通满族自治县地方志编纂委员会办公室被吉林省人力资源和社会保障厅、吉林省地方志编纂委员会评为吉林省地方志系统先进集体。

【《伊通年鉴（2022）》编纂】 2022年1月中旬，伊通地方志办公室下发《伊通满族自治县政府办公室关于做好〈伊通年鉴（2022）〉编纂工作的通知》。稿件征集部门涉及120家单位。为体现伊通进入新时代的新发展、新变化，对部分内容进行充实和调整。新增“法治政府”“新兴服务业”“电子商务”“物流业”“批发零售业”和“住宿餐饮业”“数字化建设”“互联网信息和广播业”等分目。将“石油产品销售”“烟草专卖”“盐务管理”合并为“专项经营”分目。“电信”“联通”“移动”分目降为条目。“金融”类目更名为“金融业”。拆分“邮政·通信”类目，将“邮政”与“交通运输”组成“交通运输·邮政业”类目。新增“经贸合作”类目。“开发区”类目降为分目。“满族文化传承”由类目降为分目。“卫生·体育”类目拆分为“卫生健康”和“体育”2个类目。“应急管理”分目升为类目。10月，吉林文史出版社下发书号；11月印刷。

【《伊通年鉴（2021）》被评为全省一等年鉴】 2022年9月16日，《伊通年鉴（2021）》在全省年鉴质量评审中被评为一等年鉴。《伊通年鉴（2021）》采用类目、分目、条目组成

2022年9月16日，《伊通年鉴（2021）》在全省年鉴编纂出版活动质量评审中被评为一等年鉴
（王智慧 摄）

的分类编辑法。全书设28个类目，214个分目，1045个条目，使用图片103幅。全面、客观记述2021年伊通满族自治县经济、政治、文化、社会和生态文明建设取得的重大成就，反映伊通全面实施“12131415”发展战略，全面建设社会主义现代化新伊通的新举措、新进展、新成效，充分体现时代特征、伊通特色和年度特点。年鉴文字量60万字，由吉林文史出版社出版，印制量500册。

**【《十年·伊通》画册出版发行】** 2022年，由伊通地方志办公室主编的《十年·伊通》画册出版发行。画册由农业、水利、工业、开发区、教育·科学技术、文化、卫生·体育、城乡建设·交通、生态环境、招商引资·旅游、社会生活及后记12个部分组成，辑录图片600余幅，通过今昔对比，反映伊通近十年在县委、县政府带领下全县各族人民踔厉奋发、笃行不怠、聚力谱写新时代伊通振兴发展新篇章的美好图景。

（郗淑艳）

## 档案管理

**【概况】** 2022年，伊通满族自治县档案馆馆藏文书、纪检监察、照片、脱贫攻坚、新冠疫情防控等12类档案40余万卷（件），馆藏资料1.2万余册。94个全宗、3.92万卷（件）满30年档案向社会公众开放。开放档案全部数字化。

**【新馆项目建设】** 2022年，伊通综合档案馆新馆项目纳入《伊通满族自治县国民经济和社会发展“十四五”规划》建设项目。新馆按照未来50年档案事业发展需求进行规划建设，建筑面积6000余平方米，其中库房面积2000余平方米，办公、档案业务及附属用房等4000余平方米。县委办公室（县档案局）、县投资控股集团有限公司负责新馆项目建设工作。

**【档案接收】** 2022年，伊通成立档案接收工作专班，开展档案接收进馆工作。全年接收县直机关、事业单位、乡镇文书档案1.2万件、电子档案17G。接收县脱贫攻坚和新冠疫情防控领导小组形成的脱贫攻坚和新冠疫情防控档案（简称“两类”档案）4000余件，电子目录2000余条，完成“两类”档案数据库建设。接收文书、扶贫、新冠疫情防控档案数字化副本总量85G。

**【档案收集】** 2022年3月，下发《关于面向全社会公开征收征集档案资料的通告》，在全县开展档案资料征收征集工作。至年末，征集图书《红色伊通记忆》24本、书画作品2幅、满族图书32本。

**【档案保护及开发利用】** 2022年，伊通升级档案管理软件，新增加人名卡片录入，方便查档者查阅利用档案。至年末，接待查档案者527人次，调阅馆藏档案1200（卷）件次，出证972份、1501页。新冠疫情期间，接待电话查档、档案咨询41人次。构建人防、物防、技防“三位一体”档案安全体系建设，强化档案安全日常管理，落实节假日巡查检查、领导带班和工作人员值班制度，责任落实到人，安全监管无死角。档案、资料库房建立安防、消防等安防管理系统，落实“八防”（防高温、防潮湿、防盗、防火、防霉菌、防光、防尘、防虫）措施，维护国家档案安全。

**【档案馆网站建设】** 2022年，伊通档案馆网站设有首页、档案馆简介、党建工作、美丽伊通、开放档案等8个版块。主要用于发布档案信息、馆藏开放档案目录、图书资料等。网站浏览量4.06万人次，发布工作信息80余篇，开放档案目录1万余条，图书资料目录1.3万条。提供网上档案查询11人次。

**【档案数字化建设】** 2022年，伊通推进档案数字化建设，组织工作人员对组织、人事部门移交进馆的死亡干部人事档案进行数字化加工。至年末，扫描馆藏死亡干部人事档案1544卷，形成数字化副本11.52万画幅。

**【档案法治宣传】** 2022年，伊通以“6·9”国际档案日为契机，举办“喜迎二十大·档案送辉煌”为主题系列宣传活动，宣传《中华人民共和国档案法》等法律法规。活动期间，设置档案宣传咨询台，制作宣传展板4块，悬挂宣传横幅标语6条、发放宣传资料2000余份，活动现场接待群众咨询300人次。利用6个版块集中宣传习近平总书记对档案工作重要指示、批示精神，讲伊通红色故事，传承红色基因、展示伊通档案事业发展和取得成就等。

（张中原　夏丹丹）

# 卫生健康

## 综　述

**【医疗卫生资源】** 2022年，伊通有医疗机构318个。其中，公立医疗机构209个（公立二级甲等医院2个，乡镇卫生院22个，村卫生室181个，妇幼保健计划生育服务中心1个，结核病防治所1个，疾控中心门诊部1个，卫生所1个）；私立医疗机构109个(私立医院3个，中医类门诊部及诊所38个，中西医结合诊所1个，口腔类门诊部及诊所27个，西医类门诊部及诊所37个，医疗美容诊所1个，其他2个)。全县卫生健康系统有专业技术人员2718人。其中，医生1072人、护士1322人、医疗技术人员157人、其他专业技术人员167人。有管理人员190人，工勤技能人员132人。有医疗床位2123张。其中，县级公立医院有医疗床位1010张、基层卫生医疗机构床位658张。公立医疗机构诊疗量28.54万人次，住院3.22万人次。全年预约诊疗267人次，全县双向转诊4426人次。全县医疗卫生机构收入8.4亿元。其中，公立医院收入6.2亿元，占74%；基层卫生医疗机构收入2.2亿元，占26%。财政拨款收入4.2亿元，占50%；事业收入4.2亿元，占50%。

（孙　岩　史　畅　侯淑梅）

**【"医联体"建设】** 2022年，省、市派出68名多学科专家教授坐诊县第一人民医院，县第一人民医院派出11名卫生技术人员到省中日联谊医院免费进修学习，方便群众就医。

**【"健康扶贫购药直通车"】** 2022年，伊通开展"健康扶贫购药直通车"服务，通过引导调度，推进"购药直通车"工作，脱贫群众对乡村振兴工作满意度提高。至年末，全县脱贫患者购药受益917人次，采买药品212种，采购金额10.79万元，脱贫患者自付费用2.54万元，享受医保部门报销政策。

（赵天子）

## 新冠疫情防控

**【新冠疫情防控组织体系建设】** 2022年，伊通疾控中心开展流行病学调查、网络直报、协查排查等工作。组建防控领导小组，主任担任组长，各分管主任任副组长，加快防控工作速度。

**【进口冷链物流检测】** 2022年，伊通要求进口冷链食品经营者采购前24小时内向属地市场监管部门报备，并通过"吉冷链"系统录入；索要进货凭证、进出口检验检疫证明、海关报关单、业经消毒证明；推进全县冷库、物、环境预防性集中消毒。全年全县开展冷库物表及环境核酸检测1.7万千克，送检核酸样本1654份，检测结果均为阴性。

**【院感防控】** 2022年，根据《医疗机构内新型冠状病毒感染预防与控制技术指南（第三版）》要求，对医疗机构院感防控、个人防护等方面进行再培训、再提高。全年组织培训3次，培训医务人员1000余人；开展督导检查100余次。做到"不培训不上岗、培训不合格不上岗"。工作人员院感防控意识和能力提高，保证各岗位工作人员做到正确佩戴口罩、手卫生、环境消毒等各项防控措施，降低职业暴露风险。按照要求规范处置医疗垃圾，防止院内交叉感染。

**【生活物资保供】** 2022年，建立常态化工作专班，健全监督检查工作机制。3月5日，新冠疫情发生后，伊通把生活物资保供作为防疫最重要一环，强化"1+N"机制（"1"是以大型蔬菜批发市场及大型商超保供为主，确保货源供应；"N"是挖掘拓宽各种供货渠道，保证米面油、肉蛋、蔬菜充足）。采取政府和商超"1+1"并行方式，县政府责成商务局组织打包队伍，商务局把保供蔬菜包信息推送给包保单位；商务局负责向各包保部门推送县内10家蔬菜批发站和50家保供商超、菜站信息，居民线上定购，包保单位工作人员配送。

（赵天子）

## 医疗卫生体制改革

**【脱贫患者先诊疗后付费制度实施】** 2022年，伊通落实脱贫人口"先诊疗后付费"及大病专项救治制度，并对执行情况进行月调度。至年末，全县"先诊疗后付费"脱贫患者2494人次。

**【分级诊疗制度】** 2022年，伊通落实分级诊疗制度，推动急慢分治、双向转诊，实现县域就诊率90%以上。至年末，全县诊疗量49.42万人次，县级医院上转患者4426人次。

**【家庭医生签约服务】** 2022年，伊通组建家庭医生团队115个，为辖区内居民提供常见病、多发病诊疗、基本公共卫生服务等全科医疗服务。全年签订家庭医生服务协议25.81万人，签约服务覆盖率77.78%。高血压等重点人群签约10.05万人，签约率90.94%。对8262名脱贫人口、1.29万名残疾人、1274名计划生育特殊家庭"应签尽签"。

**【短缺药品供应保障】** 2022年，伊通贯彻国家和省短缺药品保供稳价相关文件精神，提升短缺药品供应保障能力和水平，落实医疗机构短缺药品月上报制度，指导全县公立医疗机构利用直报系统开展短缺药品信息直报工作，同时卫健行政部门通过系统进行管理。各级医疗机构加强短缺药品库存管理，根据医院功能定位和临床实际使用情况，合理设置临床必需急(抢)救药品库存警戒线。

**【基本药物制度实施】** 2022年，伊通落实基本药物制度。规范基本药物管理和合理使用，实施药品网上采购、"零差率"销售。落实短缺药品上报及重点药物监测制度。加强县域医疗机构基本药物达标建设，两家县级医疗机构基本药物占比不低于40%，销售额占比不低于35%。22家乡镇卫生院及村卫生室除部分急救药品外，基本药物使用率100%。落实村卫生室基本药物补偿规定，按照补助标准核算，及时向县财政局申请村卫生室医疗基本药物补助款，并由乡镇卫生院依据要求下发村卫生室。

(赵天子)

## 疾病预防控制

**【概况】** 2022年，伊通组织辖区内疾病预防控制管理和落实、疫苗使用，实施免疫、消毒、控制病媒生物危害；对突发公共卫生事件监测调查和信息收集、报告，落实具体控制措施；开展病原微生物常规检验和常见污染物检验；指导医疗卫生机构、城市社区卫生组织和农村乡(镇)卫生院开展卫生防病工作，负责考核和评价，对从事疾病预防控制相关工作人员进行培训；开展卫生宣传教育和健康促进活动，普及卫生防病知识。

**【基础免疫疫苗接种】** 2022年，伊通开展基础免疫疫苗接种工作，保持接种率及建证率、建卡率。全年麻疹、脊髓灰质炎疫苗常规免疫全程接种率(以乡为单位)95%以上，及时接种率90%以上，其他各类常规免疫规划疫苗全程接种率(以乡为单位)90%以上。乙肝疫苗首针及时接种率(以乡为单位)95%以上。

**【传染病防控】** 2022年，伊通制定印发重点传染病防控工作方案，针对手足口病、流感、人禽流感等重点传染病加强防控措施。开展霍乱、流感、肾综合征出血热、手足口病、职业暴露人群血清学和环境高致病性禽流感等疾病监测工作并上报监测结果。健全突发公共卫生事件和传染病疫情报告网络，加强传染病疫情报告和管理，提高传染病疫情报告质量。每日动态监视传染病疫情，定期分析、预警传染病疫情。医疗机构网络直报正常运行率100%。2022年，全县报告乙、丙类法定传染病12种、565例，发病率174.71/10万，比2021年上升42.46%。

**【地方病防治】** 2022年，伊通疾控中心开展对布病信息报告、地方病防治知识技术指导、培训、宣传、数据库录入等工作。全年地方病办公室报告布病新发病例22例，比2021年上升10%，全县发病率6.63/10万。

(赵天子)

## 基层医疗卫生

**【概况】** 2022年，伊通有公立医院2所，民办医院1所，乡村医疗机构203所，包括乡镇卫生院22所，村级医疗卫生机构181所(其中6个乡镇卫生院所在地未设置村卫生室)。

**【基本公共卫生服务】** 2022年，伊通实施国家基本公共卫生服务项目，促进居民健康意识提高和不良生活方式改变，减少主要健康危险因素，预防和控制传染病及慢性病发生和流行。提升基本公共卫生服务均等化水平，增强人民群众获得感，以基层为重点，预防为主，推动高质量发展工作理念。2022年，全县服务人口33.19万人，建立居民健康档案33.01万份，建档率99.47%。儿童疫苗接种率95%以上，7岁以下儿童健康管理率98.56%，孕产妇早孕建册率95.76%；65岁及以上老年人规范健康管理率69.2%。全县登记高血压患者3.05万人,规范管理2.51万人,规范管理率82.09%;登记糖尿病患者1.11万人,规范管理8363人,规范管理率75.21%;在册居家严重精神障碍患者健康管理率92.96%;老年人中医药健康管理率73.67%;儿童中医药健康管理服务率87.63%。

【县域医共体信息化建设】 2022年,伊通建成县域医共体集成信息平台,建设数据共享中心、大数据分析、双向转诊、远程诊疗及"互联网+"医疗等服务,将基层医疗卫生机构和县级医疗机构互联,实现县、乡、村检查检验结果互认、电子病历共享。至年末,远程会诊197例,远程诊断270例。

【"优质服务基层行"】 2022年,伊通开展"优质服务基层行"活动和社区医院建设,强化功能任务、合理配置资源、提升医疗能力、优化服务流程、规范业务操作、完善综合管理。2022年,增加4家乡镇卫生院达到基本标准,新增马鞍山中心卫生院达到推荐标准,新增营城子中心卫生院建成社区医院。

(董　涛　于晓晶)

## 妇幼保健

【宫颈癌、乳腺癌筛查】 2022年,伊通推进适龄妇女"两癌"免费筛查工作,提高全县妇女乳腺癌和宫颈癌早诊早治率,降低死亡率。全年"两癌"筛查8000人。

【婚前医学检查】 2022年,伊通对所有参加婚前医学检查服务对象均按要求进行医学检查及个性化卫生咨询指导。推行免费孕前优生筛查项目,减少出生缺陷,提高新生儿出生趋势。全年婚检905人,检测率65.1%。

【助产机构督导检查】 2022年,伊通强化母婴安全形势跟踪监测,推动全县孕产妇危重症评审。组织危重孕产妇评审2次,重点突出多学科参与,实现综合研判和施策。助产机构每季度开展1次危重孕产妇评审和急救演练,县妇幼保健机构每季度指导县级助产机构相关妇幼工作,发现问题及时整改。

【孕产妇健康管理】 2022年,伊通加强孕产妇系统管理,重视高危孕产妇管理。2022年,全县活产825人,系统管理790人,系统管理率95.76%;产前检查811人,产前检查率98.30%;产后访视811人,产后访视率98.30%;高危孕产妇654人,检出率100%;高危孕产妇系统管理及住院分娩率100%,孕产妇无死亡。

【母婴安全】 按照母婴设施建设标准,对母婴室开展质量督查,对设施内设备安全、设备使用提醒、宣传品陈列等方面提出意见,指导做好日常管理和维护,确保母婴设施、设备整洁卫生,正常使用。实施母婴安全行动提升计划,落实母婴安全五项制度,聚焦服务质量、群众满意度提升,提高医疗机构服务能力,预防减少孕产妇死亡和儿童死亡。孕产妇"零死亡",婴儿"零死亡"。

【母婴室建设】 2022年,伊通卫健局与交通局、商务局等部门合作,建成县第一人民医院、县民族医院、伊通镇中心卫生院、大孤山镇中心卫生院、金港城超市、县客运站6家标准化母婴室,通过上级部门检查验收并投入使用。其中县民族医院、大孤山中心卫生院为省级试点母婴室。

【婴幼儿健康管理】 2022年,伊通7岁以下儿童7873人。其中,5岁以下5020人、3岁以下2741人。新生儿访视率99.88%。7岁以下系统管理7796人,健康管理率99.02%。3岁以下系统管理2676人,系统管理率97.63%。血红蛋白实查4339人,中重度贫血3人,中重度贫血患病率0.07%。婴幼儿无死亡。

【儿童眼保健】 2022年,伊通落实儿童眼保健服务,开展0—6岁儿童眼保健和视力筛查工作。全年0—6岁儿童眼保健和视力筛查7777人,覆盖率98.92%。

(赵天子)

## 职业健康

【概况】 2022年,伊通督促用人单位落实《中华人民共和国职业病防治法》和各级布置的职业病防治任务;开展《中华人民共和国职业病防治法》及其配套法规的宣传培训;受理并负责用人单位网上职业危害项目申报的行政审核;监督检查用人单位职业危害作业场所,查处相关领域违法违规行为;收集和管理职业病危害基础信息,评估职业健康风险和管理职业人群健康;落实职业卫生、放射卫生相关政策,指导职业病防治技术能力提升体系建设,开展职业病危害治理、防治;职业卫生监测、评价技术服务机构、职业健康检查机构资质核查和监督管理。

【职业健康危害治理】 2022年,伊通卫生监督执法机构对全县用人单位职业危害申报情况、危害告知合同、告知卡是否醒目位置悬挂,工作场所是否达到防尘、防毒效果,个人防护用品是否按标准发放佩戴,接害人员是否按期进行职业健康检查,接害场所是否按要求进行职业危害评价、检测,接害人员是否进行职业卫生培训等进行监督检查,从严处罚存在问题不整改的用人单位。

【职业性尘肺病患者数据交换】 2022年,伊通疾控中心开展职业性尘肺病患者随访调查与健康管理,对全县存活的2名尘肺病患者进行电话随访。了解患者生存与保障等情况,掌握存活患者户籍常住地址,通过省级平台向国家系统进行上报,为康复站(点)建设与管理奠定基础。

【用人单位职业健康执法检查】 2022年,伊通检查企业75家,下达监督意见书133份,出动工作人员665人次、车辆133台次。给每家企业下达监督意见书并要求整改,不整改企业按照《中华人民共和国职业病防治法》下达行政处罚,下达行政处罚按照《吉林省职业卫生自由裁量基准》予以底线处罚。

【卫生监督执法人员培训】 2022年,伊通卫生监督执法机构在伊通备案有资质的培训机构中进行挑选,经协调确定吉林省朗盛安全环境检测有限公司为伊通卫生监督执法机构及企业人员在伊通党校进行职业卫生培训,参加培训150余人次。

【职业病防治项目】 2022年,伊通疾控机构采用网络问卷调查方式开展吉林省重点人群职业健康素养监测与干预工作。全年收集职业健康检查机构各类职业健康检查个案卡237个,审核237个,退回信息不符23个。监测病种包括职业性放射疾病和所有法定职业病。全县接受职业健康检查劳动者200人,职业禁忌症检出0人。

(赵天子)

## 老年健康

【医养结合】 2022年,伊通有嵌入式医养结合机构1家、二级以上医院2家、一级医疗机构22家、公办养老机构17家、民办养老机构11家。县内18家一级医疗卫生机构与28家养老机构开展协议合作,明确双方责任。医疗机构为养老机构开通预约就诊绿色通道,为入住老年人提供医疗巡诊、健康管理、保健咨询、预约就诊及中医养生保健等服务;2家二级以上医疗机构均开设老年病科,助力老年慢性病防治和康复护理相关工作。60岁以上老年人享有就医、挂号、取药、交费、化验等优先待遇,鼓励医疗卫生机构和医务工作志愿者定期或不定期为老年人开展义诊服务。

【老年护理服务队伍建设】 2022年,伊通提升老年护理服务能力,落实护士行为规范,提高老年护理服务质量,保证老年病患者安全。至年末,伊通第一人民医院、伊通民族医院老年病科设置病床88张,护理服务人员20人。全年参加上级老年护理培训94人次。

【老年友好社会创建】 2022年,伊通老龄工作委员会下发《关于健全完善老龄工作体系的通知》《关于做好全县2022年老年友善医疗机构建设工作方案的通知》,要求开通"老年人就医绿色通道",放置老年人优先指示牌,各医疗机构预留现场号源,做好老年人权益保险工作。全县24家公立医疗机构获"吉林省老年友善医疗机构"称号。

【老年健康宣传】 2022年,伊通在元旦、春节、老年健康周、敬老月、老年节期间开展集中宣传。加强对"老年人健康知识""老年人权益保障""老年人防诈骗"等宣传,利用报纸、电视、电台、公益广告、手机短信及LED屏等各类宣传平台,采取多种形式宣传。54人获"全省敬老文明号"、27人获"吉林敬老好儿女"称号,先进事迹在《吉林日报》等媒体刊登。开展人口老龄化国情教育"进机关、进企业、进学校、进社区、进养老机构、进乡村"活动,开展人口老龄化国情市情专题宣讲活动。走进社区、街道、广场、机关、养老机构等宣传老年人健康知识。通过设立宣传板、发放传单、开展义诊咨询、医护人员讲座等形式,宣传老年人健康知识。

(赵天子)

## 健康促进

【"健康伊通"建设】 2022年,伊通实施健康中国行15项专项行动,将健康融入政策,推动以治病为中心向以人民健康为中心转变,完成《健康四平2030年规划纲要》阶段性指标任务。开展爱国卫生运动。伊通满族自治县被命名为省级卫生城市,实现四平市在县级城市创建省级卫生城市(县城)工作"零"的突破。营城子镇被命名为"国家卫生乡镇"。

【健康促进县项目】 2022年5月,伊通被确定为"2022年健康促进县"。县疾控中心作为项目执行单位,以"健康传播、健康生活、健康管理、健康发展"为主要内容,开展全民健康促进行动,传播健康理念,倡导健康文明生活方式。

【卫生城创建】 2022年,伊通爱卫会办公室落实卫生城、卫生乡镇创建及省级卫生县城复审工作任务,巩固提升卫生城、卫生乡镇创建硬件设施,做好省级卫生城复审准备。组织协调全县做好基础设施、美化绿化亮化改造和提升。2022年，乌苏大街—九开公路段、伊通大桥—三达污水厂段、伊通公园—库仑大路段污水管网改造完工。铺设人民大路—库仑大路段雨水、污水管网，完成伊通河北岸污水管网工程。完成县医院至华生段污水管网清淤疏浚。协同保定金迪地下管线探测有限公司普查县城排水管网。各乡镇开展环境卫生治理和改造，按照农村人居环境整治行动方案和倡导文明健康绿色环保生活方式推进各项工作。在全县村镇完成生活垃圾收运体系建设，保洁员制度、网格化管理全覆盖。全年出动车辆1.10万台次，出动人员2.30万人次，清理转运生活垃圾2100万余千克，新安路灯2004盏。

**【健康科普活动】** 2022年，伊通落实《四平市爱国卫生工作要点》，开展倡导文明健康绿色环保生活方式活动，加强健康城市、健康县区、健康乡镇、健康细胞建设。全年印制发放《爱国卫生运动70周年宣传手册》5万册。推出健康惠民访谈节目，提高文明健康绿色生活方式知晓率和推广率。开展禁烟控烟工作，加强控烟组织管理，加大禁烟控烟知识宣传。

**【病媒生物防治】** 2022年，伊通按照《四平市爱国卫生工作重点》要求，出动工作人员400余人次、车辆60余台次，投放鼠药3万千克，杀蟑胶饵1万支，灭蚊蝇药液6万千克，完成全县鼠、蚊、蝇、蟑螂“四害”消杀工作。病媒生物孳生指标控制在国家规定标准内，减少因病媒生物引发的各类传染病。

（金海鹰　臧文刚）

**【职业健康宣传】** 2022年，伊通职业病防治法宣传周活动采取线上活动方式，在企业群转发宣传通知、宣传展板、海报，组织企业观看活动周启动仪式。通过图解、动漫、短视频等形式推进网上宣传，要求企业负责人在本单位工作群及时转发，组织本单位职工在手机上观看、学习，并参与网上在线问卷活动，向企业负责人和劳动者宣传用人单位防治责任、劳动者健康权益。

**【职业健康保护】** 县卫生健康监督执法机构督促用人单位执行职业卫生“三同时”(新建、改建、扩建、技术改造和引进的工程项目，其劳动安全卫生设施必须与主体工程同时设计、同时施工、同时投产使用)制度，实施率95%以上。监督企业配置配备职业病防护设施设备和个人防护装备，建立健全职业卫生管理相关制度及检测要求，按规定进行职业健康体检。

（赵天子）

## 中医药事业

**【概况】** 2022年，伊通1家二级甲等中医院、22家乡（镇）卫生院均设置中医科室，公立村卫生室181个（其中137个村卫生室能够运用中医药），1家民营中医医院，3个中医门诊部，19个中医（综合）诊所，15个中医诊所，1个中西医结合诊所。全县注册临床执业医师（含执业助理医师）1079人。其中，中医专业执业医师（含执业助理医师）210人，中西医结合11人，西医学中医46人。中医临床执业医师占比19.46%。

**【中西医结合防控新冠疫情】** 2022年，伊通在新冠疫情防控工作中，中医药坚持以“关口前移、重心下沉，早期介入、全程干预”为原则，发挥中医药特色优势。协调县民族医院为11.33万人提供中医药干预服务，发放中药代茶饮66.51万份、连花清瘟颗粒8659盒。

**【满医药发展】** 2022年，伊通民族医院完善满族医药展馆建设，做好增加标本和标本更换。依托“满族医药研究室”，收集整理满族医药，研究民间传统“验方”“秘方”，开发出对高血压、糖尿病、失眠等疾病有治疗作用的代茶饮、药浴、药膳、艾灸等方法。

**【科研成果】** 2022年，伊通民族医院组织科研人员完成科研课题《满药活络接骨方剂治疗外伤性骨折临床研究》。10月，通过省中医药管理局科研课题结题验收，取得吉林省科学技术厅科研成果（证书2022330号）。全年在《医药卫生》专刊发表课题专业论文1篇。《强肾正骨法治疗股骨头无菌性坏死》获“吉林省中医药科学技术奖”三等奖。

**【健康管理】** 2022年，伊通卫健局中医药管理科组织县民族医院中医健康管理服务指导中心督导检查22家乡（镇）卫生院中医药健康管理项目。全县65岁及以上常住居民5.99万人，中医药健康管理服务4.41万人，服务率73.59%；0—36个月儿童3744人，服务3282人，服务率87.66%。中医基本公共卫生服务在四平地区获第二名。

**【中医馆建设】** 2022年10月，景台镇发展卫生院完成中医馆建设。实现22家乡（镇）卫生院中医馆全覆盖。大孤山中心卫生院、伊通镇中心卫生院、伊丹中心卫生院、马鞍山镇中心卫生院、靠山镇卫生院5家省级示范中医馆完成服务内涵建设项目。

**【中医医共体建设】** 2022年，伊通完成22家乡（镇）卫生院his（医院信息管理系统)、pacs(医学影像管理系统)安装,实现远程诊断、双向转诊、远程会诊,县级医院与乡镇卫生院信息互联互通。

【中医医疗机构安全管理】 2022年,伊通按照吉林省中医药管理局《关于在全省范围内开展中医医疗机构依法执业专项督导检查的通知》要求,县中医药管理局联合县卫生监督所对县内1家二级以上公立医疗机构、1家民营中医医疗机构和34家个体中医诊所进行督导检查,对存在误导诊疗、超范围执业的2家个体中医诊所予以停业整顿处理。

【人才培养】 2022年,伊通签订师承教育合同,跟师学习中医7人,签订订单定向免费中医专业医学生(本科)1人,参加中医全科医生转岗培训1人,参加中医馆骨干人才培训3人,到上级医院进修中医师5人。全年签订订单定向免费医学生3人(临床医学专业),通过公开招聘、定向招聘、专项招聘方式录用卫生专业技术人员65人。

(赵天子)

## 卫生监督

【医疗机构监管】 2022年,伊通卫生监督执法机构出动工作人员208人次、车辆52台次,检查督导辖区内22家乡镇卫生院、2家二级甲等医院、98家个体诊所和86家村卫生室的医疗机构资质、执业与保障管理、医务人员资质及执业活动、医疗文书管理、临床用血等,下达卫生监督意见书35份。

【医保基金监管】 2022年,伊通印发《关于做好2022年医疗保障基金监管工作的通知》《关于调整基金监管委员会成员通知》《关于2022年医保基金管理使用情况自查方案》。联合县公安、卫健等部门开展打击"假病人、假病情、假票据"和欺诈骗保专项整治行动。全年聘请45名社会监督员参与医保基金日常监督。通过现场检查、疑似数据核查及延伸检查,约谈28家医保"两定"(定点医疗机构、定点药店)机构,暂停12家医保定点零售药店医保服务1个月,追缴医保基金128.97万元。

【民营医疗机构整治】 2022年,伊通出动工作人员16人次、车辆4台次,检查督导辖区内2家民营医院医疗机构资质、执业与保障管理、医务人员资质及执业活动、医疗文书管理等,下达卫生监督意见书2份。

【生活饮用水卫生监督】 2022年,伊通监督检查全县在用小型集中式供水的15个乡(镇),全部建立基本情况档案和卫生安全巡查档案。全县二次供水单位10家,随机监督抽查全部合格。辖区内二次供水设施22个,抽查10个,全部合格。

【公共场所卫生监督】 2022年,伊通卫生监督执法机构对全县公共场所进行监督检查。全年出动工作人员212人次、车辆53台次,检查326家。其中,文化娱乐场所5家,公共浴室12家,美容美发店231家,宾馆旅店78家。

【学校卫生专项检测】 2022年,伊通落实"双随机、一公开",监督检查全县中小学校卫生情况。全年出动监督员45人次、车辆13台次。主要检查学校传染病防控措施、学习生活饮用水、环境卫生。90%以上学校卫生达到执行标准。

【打击非法器官移植】 2022年,伊通成立人体器官移植监管小组,明确相关工作人员责任,加强对人体器官移植工作监管。要求各级卫生行政部门组织各辖区内医疗机构开展自查、自纠工作,加强器官移植有关法律及医疗知识宣传教育。全年出动工作人员8人次、车辆2台次,检查医疗机构,未发现有从事非法器官移植的诊疗行为。

【医疗废弃物分类收集】 2022年,伊通出动工作人员184人次、车辆46台次,对辖区内22家乡(镇)卫生院、2家二甲医院、2家民营医疗机构、60家个体诊所和52家村卫生室进行医疗废弃物检查督导,下达卫生监督意见书68份。

(赵天子)

## 医政药政管理

【医疗救治】 2022年,伊通加强医疗资源及药品储备,优化救治流程,落实首诊负责制和急危重症抢救制度,对危重患者在保证生命安全基础上及时转至上级医院救治,最大限度减少重症死亡。

【药品集中采购】 2022年,伊通开展国家组织药品带量采购需求量填报及高值医用耗材集中带量采购工作,将采购使用情况纳入医保协议管理,鼓励定点医疗机构按期完成采购量、推动中选药品(中选药品是指由国家医保局通过招标、议价、谈判等形式确定的带量采购、量价挂钩、以量换价的集中采购药品品种)替换使用,加强医保基金预付,及时签订采购协议,确保医疗机构按期回款。全年采购2批中选药品103种,总量105万片、总金额874万元。落实省里组织药物球囊、起搏器、骨科创伤类,国家组织全髋、全膝关节4个品种医用耗材集中带量采购，年度约定采购总量580个，总金额247万元。核算拨付集采药品医保资金结余留用金额15.22万元。

【医疗行风】 2022年，伊通加强全县医务人员医疗行风“九不准”（合法按劳取酬，不接受商业提成；严守诚信原则，不参与欺诈骗保；依据规范行医，不实施过度诊疗；遵守工作规程，不违规接受捐赠；恪守保密准则，不泄露患者隐私；服从诊疗需要，不牟利转介患者；维护诊疗秩序，不破坏就医公平；共建和谐关系，不收受患方“红包”；恪守交往底线，不收受企业回扣）学习培训，查处收受红包、术中加价、欺诈骗取医保资金等。全年评选省、市、县优秀护理管理者49名、优秀护士226名。

【平安医院建设】 2022年，伊通按照安防系统建设标准，2家二级公立医院配备安保人员34人，规范设置警务室，全部安装监控系统和一键报警装置。2022年，全县2家县级医院、22家乡（镇）卫生院、181家村卫生室全部参加医疗责任保险。

（赵天子）

## 医疗机构

【伊通第一人民医院】 集医疗、教学、科研、预防保健、康复、急救于一体的二级甲等医院，是一所现代化综合医院。有伊通满族自治县120急救中心，伊通满族自治县孕产妇急救中心。伊通满族自治县公安损伤、交通损伤定点医院，伊通满族自治县城镇职工、居民医疗保险、新型农村合作医疗定点医院，老干部公费医疗定点医院，伊通满族自治县城乡低保、大病救助、“一站式”服务定点医院。医院占地面积1.6万平方米，建筑面积3.14万平方米。在岗职工832人，专业技术人员655人。其中，高级职称174人；中级职称132人。编制床位900张，开放床位500张。科室73个（临床科室32个，医技科室15个，后勤管理科室26个），住院疗区18个。门诊量22.04万人次、收治住院患者1.95万余人次、手术3666台次。2022年，经济收入1.77亿元。是吉林大学第一临床医院的“集团”医院，吉林省中日联谊医院定点帮扶医院。有县内唯一一家司法鉴定所（吉林威望司法鉴定所）。紧密型县域医共体总院，吉林大学白求恩第三医院航空紧急医学救援医联体成员单位。伊通满族自治县第一人民医院先后被市委、市政府授予四平市十佳优质医院、市精神文明单位、四平市职工职业道德建设十佳单位、全省文明单位、改善医疗服务行动计划工作先进单位。

【伊通民族医院】 集医疗、科研、教学、预防、保健为一体的二级甲等医院，被县委、县政府确定为重点发展医院。占地面积1.6万平方米，总建筑面积3.2万平方米。职工478人。其中，卫生技术人员349人、中级以上职称129人。编制床位510张。开设4大系统。其中，内儿科系统设神经内科、心血管内科、呼吸内科、消化内科、内分泌科、老年病科、介入科、儿科等；外妇科系统设外科、神经外科、脑外科、胸外科、泌尿外科、骨外科、妇产科、口腔科、耳鼻喉科、眼科、皮肤科、肛肠科等；医技系统设放射线科、磁共振科、胃肠镜科、电诊科、临床检验科、PCR实验室、病理科、输血科等；门诊急诊系统设中医、西医、各科急诊、120救护站等。开设血液透析中心、不孕不育中心、康复中心、健康体检治未病中心4个中心；1个满族医药研究室。先后与吉林大学附属一、二、三院及长春市妇产科医院等省内外多家医院合作。开展血液透析、介入治疗和微创外科手术。

【大孤山中心卫生院】 集医疗、预防、保健、康复于一体的一级甲等综合医院。占地面积6500平方米，建筑面积3900平方米。开放床位99张。职工108人。其中，在编74人、劳动合同17人、劳务派遣17人。卫生技术人员77人，主任医师3人，副主任医师18人，中级技术人员26人，初级技术人员30人，管理人员5人，工勤人员9人。村卫生室11个，村医24人。承担大孤山镇辖区及周边乡镇的医疗服务和急诊急救工作，为12万人提供基本医疗卫生服务，是无假日医院。开设内科、普通外科、妇科、儿科、骨科、中医科、眼科、口腔科、皮肤科、康复科、预防保健科、电诊科、医学影像科、医学检验科、急诊医学科等业务科室。医院有CT机、CR机、X光机、彩超机、心电机、24小时心电检测仪，妇科有可视人流机、利普刀机，口腔科有牙片机、牙科治疗椅，检验科有全自动生化分析仪、血液分析仪、尿沉淀分析仪、电解质分析仪、酶标仪、离心机，急诊科有洗胃机、急救吸引器、呼吸机、监护仪，眼科有裂隙灯显微镜、眼底镜，理疗科有电磁波理疗仪、红外线理疗仪、超脉冲治疗仪、中频治疗仪、牵引床等医疗设备。大孤山中心卫生院被称为“省级示范乡镇卫生院”“群众满意的乡镇卫生院”“大孤山社区医院”。

（赵天子）

# 体 育

## 体育设施

**【概况】** 2022年，伊通民族体育场改造工程，民族体育馆、民族体育场和全民健身中心（珍珠球馆）3座公共体育场馆智能化建设工程，60周岁以上老年人乒乓球馆扩建工程，小孤山镇健身广场，伊通镇、河源镇、二道镇多功能运动场、健身路径，全部完工并开放使用。由政府统一采购的台球桌、跑步机、杠铃、篮球等体育健身器材配发至县民族体育馆和各个乡镇（街道）、社区、村屯。其中，伊通满族自治县益通传媒有限公司添设体育器材35类、400余件；永盛街道、伊通镇配发台球桌、桌球各1张；伊通镇跑步机、排球架、排球网、军棋、围棋各2套。

**【民族体育场】** 位于民族体育馆北侧，与民族体育馆相连接，占地面积3.74万平方米。设有11人制标准足球场1个；乒乓球免费开放活动室1个，面积241平方米。可举办县市级、省级、国家级田径运动会等大型赛事活动。

**【民族体育馆】** 位于县库伦大路东段路北，伊通满族自治县职业技术教育中心西侧，建筑面积1.83万平方米。其中，篮球馆1个，面积3680平方米，看台座椅2800个；乒乓球馆1个，面积450平方米，场地10片；羽毛球馆1个，面积1120平方米，场地6片；网球馆1个，面积1120平方米，场地1片；仿真冰馆1个，面积602平方米；健身馆1个，面积1930平方米；满族艺术团排练室面积602平方米；老干部活动中心办公室及活动室5间，面积378平方米；八音赫赫满族文化传承基地办公室1间，面积56平方米。可承接乒乓球、羽毛球、篮球、排球等国家级单项比赛。

**【全民健身中心】** 全民健身中心即珍珠球馆，位于肃慎街与振康街交会处，建筑面积3247.76平方米，看台座椅488个。是吉林省内为数不多的室内珍珠球场地之一，可承接国家级珍珠球比赛。

（刘立伟）

## 全民健身

**【概况】** 2022年，伊通以吉林省“健康吉林·爽动盛夏”系列活动为主线，开展9项、12个场次全民健身赛事活动，常年参加体育锻炼人数占全县人口29%。伊通民族体育场完成升级改造，60周岁以上老年人乒乓球馆完成扩建工程，乡（镇）完成新建多功能运动场1座、笼式足球场4块、多功能球场4块，投放健身路径2套，人均体育场地面积2.14平方米。伊通民族体育馆、民族体育场和全民健身中心（珍珠球馆）完成公共体育场馆智能化建设，统一采购体育健身器材35类、440余件，配发至各个场馆、场地、乡镇（街道）。在全省青少年田径锦标赛上，伊通获团体总分第九名。在全省青少年柔道锦标赛上，伊通获全省第三名。

**【“体彩杯”大赛】** 2022年6月18日至19日，“体彩杯”全民羽毛球大赛、乒乓球团体赛在县民族体育馆羽毛球厅、乒乓球厅举行。赛事由县文旅局主办，县益通文化传媒有限公司承办。全民羽毛球大赛分设男子单打、女子单打、男子双打、女子双打、混合双打5个项目，100余人参加。乒乓球团体赛，参赛100余人。

**【伊通第二届3V3篮球精英争霸赛】** 2022年8月4日至20日，“吉林银行杯”伊通第二届3V3篮球精英争霸赛在民族体育馆前广场举行。赛事由县文旅局主办，县益通文化传媒有限公司承办，吉林银行伊通支行赞助。比赛项目有3V3争霸赛、三分球投手大赛。县域内及伊通籍在外地工作、学习的篮球爱好者200余人组队参加。

**【足球邀请赛】** 2022年9月，足球邀请赛在县民族体育场举行。赛事由县足球协会主导，县周边市、县及县内足球协会、机关单位足球爱好者组成6支队伍参赛。伊通满族自治县青年队获本次足球邀请赛冠军，双阳亚泰水泥足球联队获亚军。

**【伊通“悦如火山温泉杯”首届少儿乒乓球大赛】** 2022年9月15日，伊通满族自治县“悦如火山温泉杯”首届少儿乒乓球大赛在县民族体育馆举办，赛事由县文旅局主办，县乒乓球协会协办，伊通部分青少年乒乓球培训班及长春市部分6—12岁少年儿童参加。

**【广场舞大赛】** 2022年9月15日，全县千人广场舞大赛在民族体育场举行。赛事由县文旅局主办，县文化馆承办。17个乡镇（街道）、35支队伍、1800余人参加比赛。12支队伍获优胜奖，23支队伍获优秀表演奖。

（刘立伟）

## 竞技体育

**【概况】** “康比特杯”2022年吉林省青少年田径锦标赛，伊通田径代表队38名运动员参加比赛，以108分团体总分位列全省第九名；8名运动员个人成绩获全省前八名；4名运动员被授予国家二级运动员；1名运动员参加全省青少年柔道锦标赛，获全省第三名。

**【参加全省青少年田径锦标赛】** 2022年8月1日至4日，全省青少年田径锦标赛在长春市体育中心体育场举行。赛事由吉林省体育局主办，吉林省体育局田径自行车运动管理中心、吉林省田径协会、长春市体育局承办，长春市体育中心协办。伊通田径代表队25名运动员参赛，获团体总分第九名。

2022年8月1日至4日，“康比特杯”2022年吉林省青少年田径锦标赛在长春市举行。图为男子障碍跑 （吴金泽 摄）

**【参加全省青少年柔道锦标赛】** 2022年8月8日至12日，全省青少年柔道锦标赛在长春市体育馆举行。赛事由吉林省体育局主办，吉林省体育局重竞技运动管理中心、长春市体育局承办，吉林省柔道协会协办。伊通柔道运动员王轩萌参赛，获全省第三名。

（刘立伟）

## 体育产业

**【概况】** 2022年，伊通体育产业相关企业19家。其中，销售李宁、贵人鸟、361°等品牌运动服装个体工商户9家；健身场馆3家，工作人员100余人，会员3000人；体育培训机构7家，工作人员62人，培训学员2400余人次；拓展培训企业3家，工作人员26人，参与培训人员近2200人次。

**【体育彩票管理】** 2022年，伊通体彩中心研究体育彩票销售管理方向，拓宽宣传渠道，开展营销活动，推进体彩行业规范化建设。全年研究业务工作4次，与体彩从业者开展谈话3次，组织各类体彩培训5次。清理擅自利用互联网销售体育彩票的违法违规行为，全年对网点进行巡查30人次。开展日常打击“黑彩”专项巡查7次，夜间巡查3次。

**【体育彩票销售】** 2022年，伊通体育彩票销售总额1163万元。其中，电脑彩票1021万元，即开型彩票销量142万元。全县体育彩票发行网点23家。其中，实体店网点20家（县城内15家，乡镇5家）；安卓网点3家（县城内2家，乡镇1家）。

（刘立伟）

# 社会生活

## 人口　家庭

【概况】　2022年，伊通满族自治县有户籍家庭15.83万户、43.07万人。其中，城镇人口10.40万人，占总人口24.15%；乡村人口32.67万人，占总人口75.85%。城镇居民家庭平均常住人口3人、农村居民家庭平均每户常住人口3人。城镇人均居住面积33.74平方米、农村人均居住面积28.99平方米。

【人口信息管理】　推进全员人口平台数据比对、核实，加强出生人口信息管理，发现问题并及时解决，确保人口信息录入全面准确。2022年，全县总人口45.42万人，出生人口710人（政策内出生709人，政策外出生1人），政策生育率99.86%，出生人口男女性别比为1∶1.18。

【婚姻登记】　2022年，伊通办理结婚登记1984对，离婚登记788对；补发结婚登记469对，离婚登记138对。登记合格率100%。

【家庭文明建设】　2022年，伊通深化家庭文明建设，发挥家庭、家教、家风重要作用，下发《关于开展全县“中华好家风一体化建设”活动方案》，以“和美家风”为主线，致力于以家风带民风、促政风、正党风，营造风清气正社会风尚。开展活动70余场次，发放家风卡5万余张。2022年，获全国五好家庭1户、省级最美家庭1户、市级最美家庭4户。

【二孩、三孩政策落实】　2022年，伊通贯彻中央、省、市各项关于优化生育政策促进人口长期均衡发展的实施政策精神，实施三孩生育政策及配套支持措施，落实延长女方产假158天为180天和夫妻双方各10天育儿假，给予生育女性职业发展的必要支持，鼓励用人单位采取有利于照顾婴幼儿的灵活休假、远程办公和弹性工作方式，支持多孩家庭购房需求等规定。推进普惠性婴幼儿照护服务发展，以农村3岁以下困境婴幼儿、留守婴幼儿的早期发展为重点，开展优质托育服务机构优惠送托、照护关爱、亲子活动、公益课堂、科学育儿等服务，托育机构1家，2022年内新增托位99个，完成任务指标。推进落实普惠托育机构奖补措施，引导托育机构良性发展。年内总出生一孩486人、二孩184人、三孩35人、多孩4人。一孩、二孩、三孩占总出生人口比率分别为68.5%、25.9%、4.9%。

（赵天子）

【计划生育家庭奖励扶助】　2022年，全县符合农村部分计划生育家庭奖励扶助政策2.4万人，符合计划生育家庭特别扶助政策1274人（独生子女伤残466人，独生子女死亡808人），全年奖励金额3192.78万元。开展计划生育特殊家庭扶助工作，按照每人200元慰问金标准，慰问计划生育特殊家庭死亡人员686名，慰问品价值13.72万元。落实城镇独生子女父母退休后奖励工作，为无单位和单位破产人员226人发放45.2万元奖励，资金兑现率100%。

【流动人口服务管理】　2022年，伊通推进流动人口信息平台监管，对各类协查信息及时接收和反馈，保证系统平台数据完整性、准确性、真实性。采取“传统+科技”工作模式，通过查看互联网出租房屋信息和与出租房屋中介建立联系等方法，拓宽出租房屋信息来源渠道，调查辖区民用住宅已租和待租信息，及时将新增出租房屋信息录入系统，信息应采尽采。对已经采集录入系统出租房屋信息和承租人信息，派出所组织警力到民宅民房逐人、逐户进行核查，更新、撤销新入住或离开承租人信息，及时新增、撤销房屋性质变更的出租房屋信息，更新维护率100%。采集、更新和维护辖区内暂住、寄住流动人口信息，信息更新维护率100%。在户政大厅服务窗口增设“绿色通道”，老、残等特殊群体上门服务为其办理业务。全年登记流动人口1.12万人，出租房屋3134家，办理居住证48张。

【殡葬管理】 2022年，伊通成立殡葬改革管理服务工作领导小组，制定《伊通满族自治县民政工作发展“十四五”规划》（含殡葬管理工作），《伊通满族自治县殡葬服务设施布局专项规划（2022—2025）》编制工作完成。全年火化遗体761具。减免困难群体及无名尸、涉案遗体等丧葬费31例1.78万元，接待治丧群众1.27万人次。开展“活人墓”专项摸排。结合疫情开展“网络祭扫、预约祭扫”主题宣传活动，春节、清明祭扫无新冠疫情防控失责和安全责任事故发生。将丧葬礼俗改革内容纳入村规民约和居民公约，指导村（社区）建立红白理事会，劝导简办丧事300余例。

（孟立业）

## 收入　消费

【居民收入】 2022年，伊通满族自治县城镇常住居民人均可支配收入2.94万元，比2021年增长0.90%。其中，工资性收入下降0.52%，经营净收入增长11.48%，财产净收入增长0.52%，转移净收入增长1.33%。城镇居民人均消费性支出1.59万元，下降14.23%。农村常住居民人均可支配收入1.99万元，增长2.90%，工资性收入下降4.15%，经营净收入增长7.60%，财产净收入增长1.25%，转移净收入增长1.39%。农村居民人均消费性支出1.05万元，下降10.33%。

【城镇居民消费】 2022年，伊通城镇居民食品烟酒类人均消费5593.25元，比2021年下降68.11%；衣着类人均消费1643.05元，下降17.84%；居住类人均消费2961.12元，下降19.34%；生活用品及服务类人均消费748.96元，下降52.29%；交通通信类人均消费1470.72元，下降18.72%；教育文化娱乐类人均消费1559.71元，下降23.26%；医疗保健类人均消费1619.83元，增长44.23%；其他用品和服务人均消费313.55元，下降54.03%。

【农村居民消费】 2022年，伊通农村居民食品烟酒类人均消费3429.08元，比2021年下降10.92%；衣着类人均消费666.01元，下降17.35%；居住类人均消费2030.87元，增长9.22%；生活用品及服务类人均消费418.86元，下降29.34%；交通、通信类人均消费1441.24元，下降17.29%；教育、文化、娱乐类人均消费695.50元，下降31.42%；医疗保健类人均消费1542.23元，下降8.13%；其他用品和服务人均消费321.96元，增长47.43%。

【居民消费结构】 2022年，伊通城镇居民恩格尔系数35.16%，比2021年增长4.66%；农村居民恩格尔系数32.52%，比2021年下降0.18%。城镇居民人均消费支出中，衣着消费比重10.33%，居住消费比重18.61%，生活用品及服务消费比重4.71%，交通、通信消费比重9.24%，教育、文化、娱乐消费比重9.80%，医疗保健消费比重10.18%，其他用品和服务消费比重1.97%。农村居民人均消费支出中，衣着消费比重6.32%，居住消费比重19.26%，生活用品及服务消费比重3.97%，交通、通信消费比重13.67%，教育、文化、娱乐消费比重6.60%，医疗保健消费比重14.62%，其他用品和服务消费比重3.05%。

（隋丽娜）

## 劳动就业

【概况】 2022年，伊通城镇新增就业2762人，为目标任务131.52%；失业人员再就业530人，为目标任务106%；就业困难人员就业457人，为目标任务101.55%。农村劳动力转移就业7.18万人，为目标任务109%。其中，省外就业2.23万人；省内就业4.95万人；县域内就业2.55万人；乡镇内就业4105人。全年发放创业担保贷款2290万元。其中，发放个人贷款290万元；发放中小微企业贷款2000万元。农民工工资保证金现金缴存33家，返还保证金28家、金额1123.45万元。开展年度机关事业单位工人技术等级岗位考核工作，报名134人。其中，合格96人，不合格38人。伊通劳动就业局被评为“吉林省促进就业创业工作先进单位”，伊通人力资源和社会保障局获“吉林省第一届职业技能大赛‘特殊贡献奖’”。

【重点群体就业援助】 2022年，伊通按照《关于进一步做好“零就业”家庭认定和援助工作的通知》有关规定，将符合条件城镇“零就业”家庭成员（在法定劳动年龄内，有劳动能力和就业愿望并进行失业登记）全部纳入援助范围。至年末，消除“零就业”家庭4户，零就业家庭成员4人实现就业。就业援助率100%。全年为1771名就业困难人员发放社会保险补贴1077万元，为3家小微企业向财政申请高校毕业生社会保险补贴1.32万元。

【就业信息服务】 2022年，伊通推广线上、线下多渠道就业人员信息业务受理。落实失业登记全省通办政策，利用各级公共就业服务机构综合性服务场所和乡镇（街道）社区基层公共就业服务平台及城乡渠道（吉林智慧人社网上办事大厅、吉林人社微信公众号、吉林智慧人社手机App、吉林就业创业网）办理业务。通过信息共享、业务经办、走访调查等渠道采集城镇新就业和自然减员实名信息，依托吉林就业信息管理系统建立实名信息数据库。

【高校毕业生就业】 2022年，伊通人才交流服务中心实施高校毕业生就业信息动态化管理，建立实名制台账。将离校未就业毕业生信息录入网络平台，准确记录个人基础情况、求职意愿及其他就业服务需求。为未就业大学生推荐就业见习岗位。全年未就业高校毕业生实名登记964人。其中，未就业应届高校毕业生实现就业672人、实有未就业165人、其他127人，就业率82.88%。

【返乡创业基地建设】 2022年，伊通制定《伊通满族自治县2022年度返乡入乡创业基地建设行动方案》《伊通满族自治县2022年度县级返乡入乡创业基地建设标准和认定条件》，宣传返乡创业基地政策，了解企业用工需求及技术需求。创建省级返乡创业基地1个，市级返乡创业基地1个，县级返乡创业基地4个。农民工等人员返乡创业主体信息6948条。

【农民工就业培训】 2022年，全县开展农民工稳就业职业技能培训2358人次，完成任务102.52%；农村转移就业劳动者等重点群体职业技能培训1965人次，完成任务218.33%；家政从业人员培训992人次，完成任务198.4%。培训脱贫农村劳动力36人，脱贫农村创业致富带头人29人。培训内容为电焊、手工编织、中式面点、中式烹调、保健按摩、电商等专业。

【工伤保险办理】 2022年，全县办理工伤认定案件55件，其中死亡案件5件，结案率100%。全年新开工建设项目参保率100%；在建项目参保率100%。因病或因工伤残人员退休（退职）鉴定14人，其中鉴定合格8人，合格率57%。

【劳动保障监察】 2022年，伊通劳动保障监察支队通过专项检查、投诉、举报、欠薪案件平台线索反映等方式，检查各类用人单位251家，涉及劳动者1649人。接待群众来访172件，经立案查处、协调处理欠薪案件144件，为1060名劳动者追回拖欠工资1713.14万元。开展根治欠薪冬季攻坚行动，对欠薪高发领域预警监测，对查实欠薪行为做到"两清零"（2022年10月底以前发生的欠薪案件，在年底前全部"清零"，其他新增欠薪案件在2023年春节前"动态清零"）。全县各级劳动保障监察机构出动检查组2个，人员150人次。

【"春风行动"招聘会】 2022年2月，伊通就业局会同县总工会、妇联、乡村振兴办公室等部门，以"春风送温暖，就业送温情"活动为主题，举办"2022年春风行动"启动仪式。开展"春风行动""服务企业月专场招聘会"等系列招聘会10场。其中，开展"美篇"App线上招聘会6场；线下招聘会4场。提供招聘岗位4100个，发布招工信息205条，发放宣传材料5000份、招工简章6000余份。

【规模以上企业用工服务专项行动】 2022年，全县开展"规模以上工业企业用工服务专项行动"，组织人员对全县200家企业进行电话调研和实地走访，与企业部门负责人座谈，根据企业需求发布招聘信息。发布空缺工作岗位1900个。举办招聘会6场。其中，线上招聘会4场，线下招聘会2场。

（王镜波）

## 社会保险

【城乡居民基本养老保险】 2022年，全县城乡居民参保人数19.72万人，享受待遇人数7.72万人，支出养老金1.16亿元。完成退休人员养老金"调待"工作，实现自2005年伊通退休人员养老金"18次连涨"，定额调整每人每月增加30元，调整人数2.17万人，调整金额229万元。7月1日起，为全县7.72万名城乡居民基本养老保险享受待遇人员每人上调5元基础养老金。

【企业职工基本养老保险】 2022年，全县企业职工养老保险参保人数2.23万人。征收养老保险费1.7亿元。离退休人数2.27万人，养老金支出6.02亿元。

2022年7月2日，伊通劳动就业局在县人力资源市场举办"2022年服务企业月"专场招聘会
（李亚平 摄）

【机关事业单位养老保险】 2022年，伊通机关事业单位养老保险参保人数1.16万人，征缴养老保险费4.05亿元。享受待遇人数0.68万人，发放养老金4.22亿元。

【医疗保险】 2022年，伊通城镇职工基本医疗保险参保2.88万人。其中，在职1.89万人（包括生育险）；退休9831人。城镇职工基本医疗保险基金收入（包括生育险）1.18亿元。基金支出9140万元，新冠疫苗及接种支出248万元。至年末，结余基金2437万元。

【工伤保险】 2022年，全县工伤保险参保户数691户，参保人数2.02万人，工伤保险基金收入293.76万元，基金支出400.15万元。

【失业保险】 2022年，全县失业保险参保人数2.14万人，征缴保费1148.75万元。发放失业金95人、金额75.44万元，发放失业补助金302人、金额54.43万元。

【生育保险】 2022年，全县生育保险参保1.89万人，享受生育保险待遇职工1074人，支付生育费用212.79万元。

【社保基金监管】 2022年，伊通规范基金支出管理，加强养老保险基金预算管理，及时预警并化解基金支付风险。按月对企业养老保险基金运行和支撑能力进行监控分析，对存在风险及时预报预警，保障企业养老保险基金运行安全。完善风险防控方案，健全风险防控组织体系，落实风险防控“三道防线”（综合柜员事前预防控制、业务经办部门事中核验比对、审计内控部门事后监督检查），遏制社会保险基金案件发生。开展风险隐患大排查，重点检视业务经办合规合法、特殊业务办理、审计问题整改等。建立健全长期暂停领取待遇人员常态化清理机制，超过1个认证周期未认证，经核实后在网站进行公示，对丧失待遇领取资格人员做停发处理。至年末，企业职工基本养老保险认证2.2万人，认证率99%；城乡居民基本养老保险认证7.45万人，认证率98%。

【社保费缓缴政策】 2022年，伊通落实国家和省各项降费减负惠企政策，提高社会保险政策扶持水平。全年全县为470家企业减免失业保险费138.6万元；为685家企业及事业单位减免工伤保险费298万元；为208家企业发放普惠性稳岗返还资金169.43万元。

【社会保障卡应用宣传】 2022年，伊通采取在经办大厅张贴海报、显示屏滚动播放及微信公众号、微信群发布等方式，开展社会保障卡应用宣传。至年末，全县有9.2万人享受待遇人员使用社会保障卡领取养老金。

【全民参保扩面】 2022年，县社保局实施全民参保计划，持续推进精准扩面。开展“点线面”政策宣传，扩大社保政策知晓范围；开展扩面征缴专项行动，建立未参保企业信息台账，实行“一企一策”制定扩面推进方案，督促应参未参企业及时办理参保登记缴费，实现应参尽参。对自主申报企业进行实地审计稽核。2022年，伊通城镇职工养老保险新增扩面2069人，新增失业保险扩面850人，新增工伤保险扩面1678人。

（李亚楠）

2022年11月23日，伊通社保局工作人员在大孤山镇集贸市场开展全民参保宣传活动（郭旭东 摄）

## 医疗保障

【概况】 2022年，城乡居民参加基本医疗保险人员29.07万人。基金收入2.77亿元。其中，个人征收9878万元，中央配套1.1亿元，省级配套5410万元；县级配套1431万元（标准为每人每年970元，个人缴费360元，人均财政补贴610元。其中，中央财政366元，省级财政195.2元，市县财政48.8元）。基金支出2.57亿元，结余基金1959万元。城乡居民基本医疗待遇支出2.57亿元。其中，住院支出2.24亿元；门诊统筹1447万元；门诊特殊疾病1900

万元。城乡居民大病保险支出5368.2万元,新冠疫苗及其他接种支出248万元。统一规范医保基金统收统支管理,实现基本医保市级统筹。至年末,上解城乡居民基本医保基金1.13亿元,上解率100%。

【医保基金监管】 2022年,伊通制定《关于做好2022年医疗保障基金监管工作的通知》《关于调整基金监管委员会成员通知》《关于2022年医保基金管理使用情况自查方案》,会同县公安、卫健等部门开展打击“假病人,假病情,假票据”专项整治行动和欺诈骗保专项整治行动。聘请45名社会监督员参与医保基金日常监督。通过现场检查、疑似数据核查及延伸检查,约谈28家医保“两定”机构,暂停12家医保定点零售药店医保服务1个月,追缴医保基金128.97万元。

【医保培训会】 2022年8月22日,伊通召开全县医保定点零售药店规范化运行培训会,对《医疗保障定点零售药店管理暂行办法》及相关业务进行讲解,规范药店进销存管理及物品摆放和药店运行。8月25日,召开全县医保基金监管警示教育暨《医疗保障基金使用监督管理条例》宣传学习培训会。提升“两定”机构、村医对《医疗保障基金使用监督管理条例》及医保政策认知度。

【医保扶贫】 2022年,伊通有脱贫人口8262人、边缘易致贫人口262人、脱贫不稳定人口282人,做到应参尽参、应保尽保,参保率100%。通过县民政局和乡村振兴局认定符合条件的困难人员进行参保资助,资助人数1.64万人,医保参保缴费补助金额295.73万元。

【医保改革】 2022年,伊通制定《伊通满族自治县医疗保障局关于(DRG)支付方式改革三年行动计划的方案》。成立DRG(DRG是疾病诊断相关分组的缩写,是一种用于衡量医疗服务质量效率以及进行医保支付的一个重要工具)。支付方式改革项目工作领导小组,明确分工,指导各定点医疗机构加强专业能力建设、信息系统建设、标准规范建设示范点建设,确保完成支付方式改革各项具体任务,推动医保支付方式改革。

【参保就医服务】 2022年,伊通职工参保就医3.39万人次,支付金额4131.1万元。其中,县域内就医2.79万人次,基本医保支付金额2019.9万元;异地就医6006人次,基本医保支付金额2111.2万元。城乡居民参保就医17.95万人次,支付金额2.52亿元。其中,县域内就医16.91万人次,基本医保支付金1.66亿元;异地就医1.04万人次,基本医保支付金额8661.2万元。

2022年6月28日,伊通医疗保障局服务窗口工作人员为居民办理业务
(徐 慧 摄)

【脱贫人口医保监测】 2022年,全县有脱贫人口8262人。其中,参加基本医保8156人;参加异地医保106人。脱贫监测户282人。其中,参加本地医保281人,参加异地医保1人。边缘易致贫人口262人。其中,参加本地医保256人;参加异地医保6人。实现参保全覆盖,参保率100%。根据县乡村振兴局、民政局提供脱贫稳定人员、脱贫不稳定人员及边缘易致贫人员动态调整名单,每月进行动态管理、比对,组织各乡镇排查医保参保、缴费状态,动员未参保人员主动参保,落实资助参保,建立精准到人参保缴费台账。落实重特大疾病医疗保险和救助制度,将发生高额医疗费用易返贫致贫人口和因高额医疗费用支出导致家庭基本生活出现严重困难的大病患者纳入医疗救助范围,对符合规定个人自付费用在年度救助限额内按规定比例救助。以个人自付医药费用4000元为档,设置大额自付费用预警线,对监测中发现大额医药费用支出人员信息及时与县乡村振兴局进行数据交换。全年筛查“三户人员”(脱贫户、脱贫不稳定户、边缘易致贫户)237人次。

【脱贫人口医保报销】 2022年,经县民政部门认定的特困供养人员、低保和脱贫人口就医购药实现基本医疗保险、大病保险、医疗救助、托底救助待遇“一站式”结算。全年全县脱贫人口基本医保报销1.9万人次；基本医保报销金额3208.2万元；大病保险报销金额811.6万元；医疗托底救助报销金额951.6万元。

【医保信息平台使用】 2022年，伊通按照省、市医疗保障局要求，实时完善县域内医保从业人员国家动态库信息录入与调整工作；组织医疗机构和医药机构维护国家医保骨干网络安全和应用，解决吉林医保信息服务平台所遇到问题，与省、市相关部门沟通，对不能解决问题及时反馈平台运营公司工作人员。全县医保定点医疗机构28家，医保定点零售药店123家，为参保群众就医、购药便捷提供基础保障。国家医疗保障信息平台上线后，改变医保信息系统标准不统一、数据不互认、系统分割、难以共享和区域封闭弊端，实现全省范围内医保业务编码标准统一、医保数据规范统一和医保经办服务统一，为参保人提供“互联网+”医保服务。

（梁亿多）

## 住房保障

【概况】 2022年，伊通加强住房保障工作，对符合条件城市低收入无房家庭住房保障实现“应保尽保”，全县339户家庭解决住房困难问题。分配公租房39套，住房租赁补贴300户、44.96万元。公积金综合服务管理平台启用。

【保障性住房管理】 2022年，伊通按照“三审两公示”（街道办事处社区初审并公示，民政部门审核收入，不动产登记中心审核房产信息，保障性住房管理中心复审，保障性住房主管部门审批并公示流程程序，对保障家庭实行动态管理，在政府网站、指定场所设立公开举报电话），对入住公租房家庭采取不定期抽查、定期核查，清除不符合保障条件家庭。7月13日，伊通在县实验中学会议室举行公共租赁住房选房抽号仪式，在公证处等相关单位现场监督下分配39套公租房，全部办理入住手续。

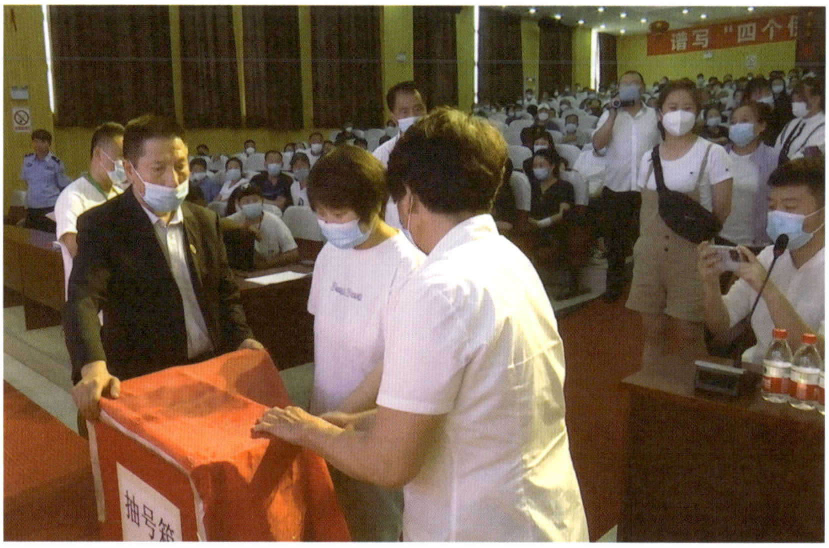

2022年7月13日，伊通在县实验中学会议室举行公共租赁住房选房抽号仪式。图为选房抽号现场 （刘 斌 摄）

【住房补贴发放】 2022年，伊通制定《伊通满族自治县城镇住房保障家庭租赁补贴实施方案》，扩大补贴保障范围。年内，全县城镇住房保障家庭租赁补贴在保家庭300户，其中，低保家庭290户；特困供养人员10户。发放补贴44.96万元，完成年度发放目标任务136.36%。

（赵云霞）

【公积金管理】 2022年，伊通归集住房公积金2.51亿元，比2021年减少485万元，下降1.89%。缴存人数1.53万人，减少13人，下降0.08%。发放个人住房公积金贷款3659.5万元，比2021年减少1.01亿元，下降73.33%。发放笔数150笔，减少416笔，下降73.49%。提取住房公积金总额度9663.1万元，比2021年增加664.1万元，增长7.38%。提取笔数1.8万笔，增加2424笔，增长15.51%。推进住房公积金综合服务平台建设，通过网上业务大厅、“12329”热线、微信平台、短信告知、“手机公积金”App等综合服务平台，实现公积金业务网上办理。全县393个缴存单位全部完成网厅数字证书注册，实现数字证书办理全覆盖。伊通管理部安排专人指导办理网厅业务，集中推广业务线上办。至年末，公积金业务网办率83%。

（尚 悦）

## 社会救助

【概况】 2022年，伊通开展特困人员供养审核、审批工作，全年发放低保金4241万元。推进困难群众临时救助、困难家庭经济认定和社会救助“一门受理，协同办理”工作。全县有救助管理站1个，全年救助53人（次）。特殊救助病人2人（次），妥善安置3人（次），分别安置到社会精神病院、社会福利院，享受特困供养政策。

【城乡居民最低生活保障】 2022年，城镇低保保障标准年人均6600元，农村低保保障标准年人均4860元。伊通城镇低保2210户、2380人,农村低保9275户、1.2万人。全年发放城镇低保金1721万元,农村低保金2520万元。

【特困人员供养】 2022年,伊通特困供养对象2874户、2898人。其中,城镇70人、农村2828人。全年县辖区城市、农村分散特困供养标准分别为城镇分散自理人员月人均879元、半自理人员月人均1043元、失能人员月人均1207元。农村分散自理人员月人均691元、半自理人员月人均855元、失能人员月人均1019元。城镇、农村集中特困供养标准:集中自理人员月人均1264元、半自理人员月人均1428元、失能人员月人均1592元。农村集中自理人员月人均974元、半自理人员月人均1138元、失能人员月人均1302元。

【慈善救助】 2022年,伊通推进慈善助医、"圆梦大学""情暖万家"等慈善品牌项目。至年末,慈善总会接收域内外慈善救助资金1万元,发放慈善救助资金30.8万元,惠及困难群众101人。其中,"情暖万家"活动支出18万元;临时助困支出3.6万元;助医项目支出1.2万元;助学项目支出款物8万元("圆梦大学"活动支出7.5万元、"困境儿童帮扶"项目善款支出0.5万元)。开展"99"公益日慈善募捐活动,募捐善款9万元。

【临时救助】 2022年,伊通对遭遇突发事件、意外伤害、重大疾病或其他特殊原因导致基本生活陷入困境,其他社会救助制度暂时无法覆盖或救助之后基本生活暂时仍有严重困难家庭或个人给予应急性、过渡性临时救助。取消户籍申请限制,由急难发生地实施临时救助。全年对723人(次)实施临时救助,发放临时救助金56万元。

【流浪乞讨人员救助】 2022年,伊通按照"自愿求助,无偿救助"原则,抓好城乡流浪乞讨人员接待、救助服务、宣传教育等工作。探索救助管理工作社会化救助模式,实现工作多元化格局。全年救助53人次。其中,男性求助者47人次;女性求助者6人次。特殊救助病人2人次,救助流浪未成年人1人次。单位派专人护送34人次,开过往票返乡10人次,家属接回3人次,妥善安置3人次,分别安置到社会福利院,享受特困供养政策。

【人道筹资】 2022年,伊通红十字会接收社会捐款捐物价值938.2万余元。接收51家企业,464名群众捐赠抗击新冠疫情款物,价值554.6万元。

【爱心救助】 2022年,伊通在元旦、春节期间开展"红十字博爱送万家"走访慰问活动,为各乡镇(街道)35户困难家庭、2家福利院、1所残疾人学校和135位血液透析患者送去米、面、饼干等救助物资,价值1.82万元。全年由庆阳社区红十字会发放米、面、油等救助物资,价值0.42万元。项目救助少儿白血病患者3名,先天性心脏病患者1名。

(孟立业)

## 社会福利

【高龄补贴发放】 2022年,伊通落实高龄补贴发放政策,督查管理高龄补贴申报、发放工作。督促、指导各乡镇(街道)按规定收集、审核、汇总和上报申报材料。规范高龄补贴发放程序,做到公开、公正、公平。全年发放高龄老人补贴764名,金额45.4万元。

【养老服务管理】 2022年,伊通按照"适应需要、质量优先、价格合理、多元供给"思路发展养老服务业。养老服务业补贴专项资金34.81万元,为养老机构发放补贴资金,支持养老机构发展;彩票公益金182万元用于支持真爱老年公寓和部分乡镇社会福利服务中心维修改造。依托吉林省居家老年人寻访关爱信息系统,围绕风险化解、困难帮扶、服务提升工作目标,对独居、空巢、留守、特困、高龄、失能(含失智)、重残和计划生育特殊家庭8类居家老年人健

2022年7月3日,伊通营城子镇社会福利服务中心老人在做户外活动

(县民政局 供图)

康、经济、安全、需求等开展巡访关爱，全年采集老人信息4908人次，探访722人次。排查全县31家养老机构非法集资和安全生产隐患。

【孤儿福利政策落实】 2022年，全县散居孤儿27人、事实无人抚养儿童64人。伊通足额落实各类孤儿补贴。其中，集中供养孤儿养育标准为每人每月1500元；散居孤儿养育标准为每人每月1100元；事实无人抚养儿童实施补差发放。

【孤弃及残疾儿童权益保障】 2022年，伊通对未成年人保护机构进行调整，推进孤、弃儿童和事实无人抚养儿童保障，伊通与长春市恒悦社会工作服务中心联合，组织全县各乡镇儿童督导员、儿童主任进行分批培训，开展农村留守儿童和困境儿童摸底排查，完善儿童信息档案，规范动态管理。全年排查640份儿童档案。留守儿童432名。其中，普通关注174名、重点关注157名、监护干预73名、个案管理28名。困境儿童490名。其中，孤儿25名、事实无人抚养儿童64名、自身困境65名、家庭困境189名、监护困境133名、其他困境14名。针对农村留守儿童、困境儿童，同长春恒悦社会工作服务中心开展“关爱服务活动”，至年末，开展服务活动7次，服务儿童122人，发放关爱服务慰问品122套。

【残疾人补贴制度落实】 2022年，伊通采取网上“跨省办理”方式，对残疾人“两项补贴”（困难生活补贴、重度护理补贴）进行审批，为重度残疾人申请“两项补贴”提供方便。至年末，全县为5.68万人次发放残疾人困难生活补贴454.12万元；为7.43万人次发放残疾人重度护理补贴594.4万元，发放残疾人“两项补贴”1048.52万元。

【社会福利彩票】 2022年，全县有福彩传统销售网点19个。全年彩票销售869.4万元，下降23.94%，其中电脑票销售717.8万元，下降21.85%，即开票销售151.6万元，比2021年下降32.5%。筹集公益金80万余元。

（孟立业）

## 老龄事业

【概况】 2022年，伊通根据第七次人口普查统计，60岁及以上人口8.76万人，占26.4%；65岁及以上人口6.17万人，占18.59%。全县百岁老人13人。

表42　　2022年伊通满族自治县百岁老人一览表

| 序号 | 姓名 | 性别 | 出生日期 | 家庭住址 |
|---|---|---|---|---|
| 1 | 聂　氏 | 女 | 1913年1月20日 | 大孤山镇 |
| 2 | 陈书俭 | 男 | 1917年9月01日 | 莫里青乡 |
| 3 | 董关氏 | 女 | 1918年9月17日 | 伊通镇 |
| 4 | 刘周氏 | 女 | 1920年7月19日 | 景台镇 |
| 5 | 孙喜山 | 男 | 1920年10月24日 | 伊通镇 |
| 6 | 单子云 | 男 | 1920年11月14日 | 伊通镇 |
| 7 | 刘国琴 | 女 | 1921年2月14日 | 小孤山镇 |
| 8 | 朱高氏 | 女 | 1921年4月18日 | 三道乡 |
| 9 | 胡纯金 | 男 | 1921年11月07日 | 伊通镇 |
| 10 | 关祥奎 | 男 | 1922年1月02日 | 营城子镇 |
| 11 | 谷青之 | 女 | 1922年2月15日 | 营城子镇 |
| 12 | 于显英 | 女 | 1922年3月22日 | 景台镇 |
| 13 | 安树海 | 男 | 1922年5月19日 | 景台镇 |

（伊通满族自治县卫生健康局）

【养老体系建设】 2022年，伊通调整老龄工作委员会组成人员及成员单位，由副县长任委员会主任，下设老龄工作委员会办公室，负责老龄日常事务工作，制定老龄工作委员会工作规则，成员单位按照工作职责开展工作。定期召开老龄工作会议，落实老龄工作任务，推进老年人社会保障、养老服务、健康支撑等服务体系建设。至年末，全县有31家成员单位，17个乡镇（街道）成立老龄工作委员会办公室。

【老龄补贴】 2022年，伊通满族自治县按照省标准或高于省标准发放高龄老年人生活津贴，津贴发放金额130.71万元。其中，80—89周岁老人高龄津贴每人每月50元（将非低保老人纳入发放范围）；90—99周岁老人高龄津贴每人每月100元；100周岁以上老人高龄津贴每人每月500元。

【老年人权益保障】 2022年，伊通宣传贯彻《中华人民共和国老年人权益保障法》《吉林省老年人权益保障条例》，发挥各级法律援助中心作用，为老年人提供法律援助，免费为老年人代写诉状，代理各类援助案件。设立法律援助办公室，特别关注高龄、失能半失能、贫困以及空巢老人法律需求，到敬老院、老年公寓和老年人家中为行动不便老年人提供上门法律帮助。县人民检察院和县人民法院，围绕老年人合法权益保护，联合开展专项法律宣传活动，在三道乡城子村签署第一份家庭老人赡养协议书。

【老龄健康服务】 2022年，伊通落实老年人健康管理国家基本公共卫生服务项目，开展65岁以上老年人体检工作，以基层医疗机构为中心，提供医疗保健服务。为老年人建立健康档案，定期对老年人进行体检、健康咨询服务和健康检查。为行动不便老年人提供上门服务。全县65岁以上常住老年人5.99万人，建立健康档案5.99万份。开展全县“老年健康宣传周”“敬老月”等宣传活动，通过集中宣传、大屏幕、展板、发放宣传单、健康体检等方式让老年人受益。乡镇（街道）卫生院到辖区敬老院为老人提供量血压、测血糖、心肺听诊、讲解签约政策等咨询服务。

2022年11月9日，县人民检察院在三道乡开展保护老年人合法权益专项法律宣传活动。图为工作人员向老人讲解保障老年人合法权益具体内容
（张熙紫 摄）

表43 2022年伊通满族自治县养老机构统计表

| 单位 / 乡镇 | 公办养老机构 | | | 民办养老机构 | | |
|---|---|---|---|---|---|---|
| | 数量（个） | 床位数（张） | 收养人数（人） | 数量（个） | 床位数（张） | 收养人数（人） |
| 永宁街道 | — | — | — | 4 | 614 | 431 |
| 永盛街道 | 1 | 188 | 132 | 1 | 28 | 15 |
| 伊通镇 | 2 | 118 | 33 | 1 | 160 | 121 |
| 黄岭子镇 | 1 | 50 | 16 | — | — | — |
| 营城子镇 | 1 | 50 | 14 | — | — | — |
| 西苇镇 | 1 | 50 | 22 | — | — | — |
| 小孤山镇 | 1 | 32 | 11 | — | — | — |
| 莫里青乡 | 1 | 54 | 19 | — | — | — |
| 新兴乡 | 1 | 56 | 5 | — | — | — |
| 伊丹镇 | 1 | 68 | 11 | — | — | — |

续表43

| 乡镇＼单位 | 公办养老机构 | | | 民办养老机构 | | |
|---|---|---|---|---|---|---|
| | 数量(个) | 床位数(张) | 收养人数(人) | 数量(个) | 床位数(张) | 收养人数(人) |
| 马鞍山镇 | 1 | 58 | 15 | — | — | — |
| 靠山镇 | 1 | 41 | 12 | 1 | 56 | 10 |
| 景台镇 | 1 | 50 | 27 | 1 | 240 | 80 |
| 三道乡 | 1 | 40 | 12 | — | — | — |
| 二道镇 | 1 | 40 | 14 | — | — | — |
| 河源镇 | 1 | 50 | 16 | — | — | — |
| 大孤山镇 | 1 | 42 | 23 | 1 | 45 | 32 |

（伊通满族自治县民政局）

**【走访慰问】** 2022年，伊通在元旦、春节、老年节等重大节日开展走访慰问。伊通满族自治县老龄工作委员会及成员单位负责人带头走访慰问百岁、高龄、特困、空巢、失能老年人及民办养老机构，为老人送去春联、福字、鲜花等慰问品和慰问金。在“老年健康周”期间，组织医疗专家服务团到社区，为老年人免费义诊。

**【“树敬老之风 促社会文明”主题宣传活动】** 2022年11月11日，伊通满族自治县人民检察院和人民法院，围绕老年人合法权益保护，以“树敬老之风 促社会文明”为主题，联合开展专项法律宣传活动，在“无讼村”——三道乡城子村，通过宣讲、座谈等形式，交流学习党的二十大精神，开展普法宣传活动。检法干警向村民发放民事检察工作宣传手册及赡养老年人相关法律宣传单，就村民关心、不懂的法规，现场解惑答疑。

（李林倩）

## 基层治理

**【社区治理】** 2022年，伊通加强城乡社区规范化、标准化建设，加强城乡社区服务体系建设，实施2022年社区服务质量提升行动。探索形成“一网治理、双应服务”治理新路，完成40个村级综合服务设施建设。至年末，全县有社区10个，其中8个社区获市级基层治理先进示范社区称号，2个社区获省级基层治理先进示范社区称号；创新实践治理机制，推行社区“一窗受理、全科服务”服务模式，简化居民办事流程，制定出台《乡镇（街道）村（社区）网格职责准入保留事项清单》。

**【网格治理】** 2022年，伊通完善城乡社区网格治理工作，明确网格各类事项，完善“一格三长”“网格长+村民代表”制度体系，以制度机制建设促进网格治理效能提升。全县城乡社区网格划分及编码工作完成，划分网格1583个，配备网格员1592名。

**【“社工岗”建设】** 根据《伊通满族自治县关于提升城市社区治理能力的实施方案（试行）》等相关文件要求，伊通通过转岗和招聘方式，招聘73名“社工岗”人员按时到岗工作。根据“社工岗”文件工资套改办法，薪酬标准参照本地2021年度事业单位管理岗位人员平均工资水平核定，执行新工资并与“社工岗”人员签订劳动服务协议。参照城镇企业职工社会保险体系，保证“社工岗”人员“五险一金”按时交付。

**【社工站建设】** 2022年，伊通永宁街道、永盛街道开展社会工作服务站试点工作。达到“有场地、有人员、有功能、有制度、有服务”的“五有”标准。以社工站为平台开展社区治理、养老服务、儿童福利、社会救助、社会事务领域社会工作服务，为困难群体提供服务。

**【村级综合服务设施建设】** 2022年，伊通按照每年不低于全县行政村总数（187个）20%的比例推进村级综合服务设施建设，达到每百户不低于30平方米，单体面积不低于200平方米，文化活动广场不小于1000平方米。全县40个村按照标准实施建设，至年末，完成达标建设。

**【社会团体组织管理】** 2022年，伊通贯彻《社会团体管理条例》和《民办非企业单位登记管理暂行条例》，宣传法律法规，发展民间组织，办理登记中依法办事，把关审查，严格登记程序。对社会组织实行双重管理，登记管理机关、业务主管单位通过随机抽查、年度检查、执法监察等方式依法监督社会组织负责人、资金、活动、信息公开、章程履行等情况，指导其依法依规开展活动。至年末，全县登记在册社会组织118家。其中，社会团体61家，民办非企业单位57家。

【区划地名管理】 2022年，伊通开展修改和完善地名词条工作。通过全国地名系统完善全县地名词条，修改完善名称、地址、成立时间等4000余条。开展区域界线划分确认工作。对伊通满族自治县永盛街道、永宁街道行政区域界线划分（乡级界线）的勘界确定工作完成，组织界线双方到实地勘界，涉及街道和乡镇核实确认工作完成。勘测界线229.8千米，界桩点36颗，涉及乡镇9个。

（孟立业）

## 民族宗教事务

【少数民族发展资金项目】 2022年，伊通满族自治县获国家省级少数民族发展资金1581万元，落实项目5个。其中，莫里青乡年产10万千克大樱桃产业项目投资金额700万元；年产2000万千克秸秆生物饲料生产建设项目投资金额170万元；三道乡基础设施项目投资金额219万元；小孤山镇基础设施改造项目投资金额335万元，河源镇榆树村少数民族特色村寨基础设施建设项目投资金额157万元。

【少数民族特色村镇保护与发展】 2022年，伊通支持三道乡三道村、城子村，小孤山镇街东村、东大有村、西大有村、街西村、山河村，河源镇榆树村、二道镇福安村加强基础设施建设，谋划实施建设项目5个，改善村民居住环境；支持马鞍山镇开展满族剪纸、伊通镇星光村打造少数民族特色村部；永宁街道福庆社区建设民族团结特色红石榴党群服务办事大厅；指导伊通镇建国村发展君子兰种植特色优势产业，开展民族风情乡村旅游，弘扬民族文化，打造少数民族特色村寨和特色小镇，扩大伊通民族乡镇知名度。伊通有1个民族乡镇（伊通镇）、5个民族村（伊通镇建国村、河源镇榆树村、靠山镇姜家村、伊丹镇火红村、小孤山镇山河村）被命名为吉林省少数民族特色小镇、特色村寨。

【巩固拓展民族乡村脱贫攻坚与乡村振兴衔接】 2022年，伊通用于巩固民族乡村脱贫攻坚成果投入衔接资金7896万元，实施项目34个，纳入监测帮扶台账55人，设置帮扶公益岗位1255个，新增加发放小额贷款1300万元，实现脱贫人口就业2380人。“雨露计划”补助266人、金额39.95万元。发放医疗保障救助金1.4万人、3985.4万元。改造危房36户、新建水源井9眼、改造水井房71座、铺设管网32千米，自来水普及率97.7%。农业总产值实现52.8亿元，比2021年增长13.9%。新建高标准农田5607公顷，完成保护性耕作4.13万公顷，农作物播种面积12.53万公顷，粮食产量11.5亿千克。肉牛养殖65万头。省内首个畜牧业发展促进中心挂牌成立，被列为全省“病死猪无害化处理与保险联动”唯一试点县。河源镇保南村、景台镇绿化村被评为“吉林美丽休闲乡村”。马鞍山镇被认定为国家级“一村一品”示范镇。伊通满族自治县被评为省级“休闲农业示范县”。“伊鹿高鸽”农产品品牌商标注册完成，打造四平市区域公共品牌“平地生香”授权企业10家，认证地理标志产品5个。增加省级龙头企业3家、市级2家。铠绎特种果品、黄牛现代农业产业园被评为省级现代农业产业园，成功申创国家级农业现代化示范区。

【宗教事务管理】 2022年，制订《伊通满族自治县宗教活动场所消防安全工作实施方案》。在全县宗教团体、宗教活动场所开展安全隐患问题排查整治，全县成立检查组3个，督导检查各场所消防安全4次，检查场所87处，排查消防安全一般隐患15处，均整改完毕。组织宗教系统消防安全培训。举办安全生产培训班，聘请省级专业部门对全县宗教场所负责人和安全员

伊通镇建国村君子兰花卉基地 （商万有 摄于2022年6月5日）

100余人，进行上门培训1次、开展演练，发放正规培训证书，做到持证上岗。

（陈菲菲）

## 精神文明建设

2022年11月4日，县委宣传部在县综合楼会议室举行"吉林好人·战疫先锋"证书颁发仪式（杨　鹤　摄）

【典型引领】　2022年，伊通精神文明创建工作围绕培育和践行社会主义核心价值观主线，推进新时代文明实践中心（所、站）建设，开展"同心工程"新时代文明实践活动，发挥典型引领带动作用。做好年度内"吉林好人""四平好人"候选人推荐工作，获评"四平好人"15人、"伊通好人"27人；获评"吉林好人·战疫先锋"6人、"四平好人·战疫先锋"14人；获评"四平市优秀抗疫志愿者"174人、县级"优秀抗疫志愿者"600人。

【未成年人思想道德建设】　2022年，伊通在未成年人思想道德建设中，重点开展好少年评选、主题教育实践等活动。在新时代好少年评选工作中，获评"新时代吉林好少年"称号8人、"四平好少年标兵"称号23人。开展"童心向党　立德树人"主题教育实践活动。上报"强国有我　不负韶华"主题征文18篇。

【文明集体创建】　推进市级文明集体换届，通过基层推荐、实地考察走访等流程，上报复审文明单位19个、新晋文明单位3个；复审文明村镇10个、新晋文明村镇10个；复审文明校园8个、新晋文明校园3个；复审文明家庭3个、新晋文明家庭3个。

【志愿服务】　2022年，伊通组织"志愿服务关爱行动"，报名志愿者6297人，为居民代买代送食品药品110余万次，消杀楼道120余万平方米。在2022年全县志愿服务先进典型宣传推选活动中，获市级优秀志愿服务组织4个、优秀志愿服务项目8个、优秀新时代文明实践所（站）18个。推进"吉事办"小程序志愿者专区培训及使用，建立志愿服务团队200余个。常态化开展"同心工程"志愿服务项目8个，开展"同心工程"志愿服务活动2000余场次，受益群众5万余人次。开展"文明经济"志愿服务项目、"和美家风"训练营志愿服务项目、"点爱心灯"志愿服务项目等50余个，帮助群众解决常见养老育幼帮困等问题。"文明经济"志愿服务项目鼓励、帮助农村文明户、干净人家、优秀志愿者等"好人"寻找"好项目"，整合"好资源"，获"好效益"，强化"好人标准"，带动更多人"争做好人"，培养基层治理体系骨干"好人队伍"。在试点村开展"黏玉米""黏豆包""文明经济大礼包"等项目，通过与"文明户"签订承诺书，号召参与新时代文明实践活动及社会基层治理活动，"文明经济"总销售额200余万元，受益农户188户，户均增收4000余元。

【文明祭祀】　2022年，伊通推进移风易俗，倡导群众文明祭祀，解决人民群众办理丧事困难，惠及困难群众37人，减免资金1.78万元。清明节期间，开展主题为"倡导文明丧葬新风尚"殡改宣传月活动，县殡仪馆接待祭祀群众3000余人次，依法宣传、文明服务、文明祭祀。

（刘　畅　孟立业）

# 应急管理

## 综　述

【概况】　2022年，在重要时段，向副县级以上负责人发送安全检查《提示函》，推动压实政府领导责任。全年召开全县安全生产防范会议21次、安全生产专题会议7次、专项行动动员及推进会议17次、安全生产协调会议28次，对各阶段工作作出安排。县委常委会听取安全生产工作汇报4次，召开安委会全体会议4次、安全生产专题会议6次。安委办结合各乡镇（街道）部门安全生产工作实际，分行业、分领域研究制定2022年度目标责任状，17个乡镇（街道）、21个部门与县政府签订责任状。各乡镇（街道）、各行业部门建立明督暗查机制，对重点企业蹲点驻企指导督查。

【安全责任落实】　2022年，伊通围绕天气变化、季节特点、重要活动、新冠疫情形势、复工复产印发各类通知、提示函187份。制作《县安委会2022年工作要点作战图》，从6个方面提出41条工作目标，逐项明确完成时限和责任单位，推动全年任务落实。实施滚动式安全生产隐患排查机制，实现月月有专项行动，开展"落责任、查隐患、除风险、促发展"和"安全生产百日攻坚"等各项整治行动。制定《落实国务院安委会15条硬措施工作实施方案》，从6个方面提出15项、91条具体措施，明确隐患排查重点和方向，强化建筑施工、道路交通、城镇燃气、消防等各行业领域监管，构建横向到边、纵向到底安全管理体系，防范、化解安全风险。全年发现一般问题隐患2312个，全部整改。

【基层应急能力体系建设】　2022年，伊通完善应急管理网格化建设，由17个乡镇（街道）、187个行政村和10个社区建立197支兼职应急救援分队，设置1411个应急管理网格，配备1411名网格员，将应急管理、安全监管、防灾减灾救灾工作纳入网格工作内容，构建上下贯通的应急管理组织体系，打通应急管理工作"最后一公里"。印发《乡镇（街道）、村（社区）应急管理体系、能力规范化建设推进方案》等文件，建立健全各项工作职责和工作制度。加强应急管理人员业务水平培训和应急处突能力建设，制定完善各项总体预案和专项预案、处置方案、岗位风险处置卡，建成县、乡、村三级联动，衔接有序应急管理预案体系。

【应急事项行政审批】　2022年，伊通应急局进驻政务大厅，政务服务事项包括烟花爆竹经营（零售）许可、危险化学品经营许可、生产经营单位应急预案备案、重大危险源及有关安全措施、应急措施备案等26项。全年行政审批办受理业务63件。完成省、市、县开展的无证明城市改革、清理中介服务、工程项目建设改革、数据共享、证照分离等政务服务相关改革工作。

【灾害普查】　2022年，伊通投入396万元，开展气象、地质灾害、全县房屋建筑、市政道路、桥梁风险普查工作，掌握伊通自然灾害风险隐患情况。在规定时限内，普查全县房屋建筑需普查图斑38.30万个、市政道路65条、桥梁10座，完成率100%。

（姜昕玥）

## 应急监管模式创新

【"线上+线下"监管】　2022年，伊通拓宽监管方式方法，通过"线上+线下"渠道，依托微信工作群、视频通话、企业录视频自述、线上传输图片等方式，对重点企业每日一调度。全年线上检查企业65家次，指导整改问题隐患68项，形成日总结40份上报四平市安全生产委员会办公室。紧盯涉疫环节和场所，做到新冠疫情防控和安全生产两手抓、两不误，突出抓好水、电、气、热、网保稳定工作。全年调拨、指导安装帐篷423顶、发放棉大衣198件、棉被516条、折叠床340张。

【应急执法监察】　2022年，伊通掌

握直接监管领域行业风险，聚焦危化、非煤矿山、工贸等领域，严把复工复产关。通过“干部+专家”模式，解决监管不专业、隐患整治不彻底问题。全年开展危险化学品专项清理、危化品安全仪表和自动化系统安全整治、粉尘涉爆“百日清零”等专项行动18次。立案调查31起，收缴罚款57.4万元。

【应急教育培训】 2022年，伊通举办安全知识培训班3期，培训900余人次。召开警示教育会13次，以案为鉴，对非煤矿山、化工企业主要负责人进行“一对一”现场约谈，组织观看警示教育片，签订安全生产承诺书76份；召开危险化学品安全生产规范化管理观摩会1次，邀请60余家企业现场分享交流安全生产规范化管理经验。入企开展安全生产指导服务及培训13次，协助整改问题隐患35个。

（姜昕玥）

## 应急救援

【概况】 2022年，伊通举办应急救援演练5次，分别为伊通满族自治县职业技术教育中心消防逃生疏散演练、伊丹镇中心小学校地震演练、利雅得能源公司联合站净化罐消防演练、亚泰集团伊通水泥有限公司非煤矿山坍塌事故应急救援演练、湿地公园防汛综合应急演练。

【地震应急避难演练】 2022年，伊通组织全县省级防震减灾示范学校（实验小学）开展教育宣传实践活动，通过开展防震避险疏散演练（演练全过程用时45分30秒，全校1200余名师生全部撤离到指定临时避险场所，演练全程没有发生碰撞、拥挤、踩踏）、开主题班会、参观吉林伊通火山博物馆、在图书室集中观看防震减灾专题片和防震减灾图书等形式，提高师生防震减灾意识和防震自救能力。

2022年6月30日，伊通地震监测中心在伊丹镇中心小学校开展师生防震应急避难疏散演练活动 （李晓川 摄）

【火灾预防及演练】 2022年，伊通制订2022年森林防灭火工作计划和演练计划，组织发放《吉林省人民政府防火命令》3000份，与磐石市、长春双阳区、辽源市、辽源市东丰县、辽源市东辽县、公主岭市签订森林防灭火联防协议。6月29日，在县职业技术教育中心举行消防逃生疏散演练；6月30日，在利雅得能源公司联合站罐区举行消防灭火应急演练。开展“防火一条街”宣传活动，发放宣传手册2000余份。

【抗洪抢险应急救援综合演练】 2022年，伊通吸取郑州特大暴雨灾害教训，从责任落实到位、隐患排查到位、物资储备到位、队伍组建到位、预案编制到位、实战演练到位、应急值守到位7个方面，防范、化解汛期各种突发事件。全年有效应对6轮强降雨。

【应急指挥】 2022年，伊通以权责一致、分级响应、分类处置、属地为主原则，印发《伊通一般及以上灾害事故处置现场指挥部工作预案》，推进联动机制建设，协调各乡镇（街道）成立应急联动小组，建立4个县直部门灾害影响损失协同调度机制，提升全县灾害防治和应急救援能力。各科室负责人配备呼叫机，确保灾害发生时通信安全畅通。

【应急值守】 2022年，伊通建立应急值守机制，建立24小时值守制度，确保365天24小时不间断值班。制定应急值班表，落实人员分工，做好统筹协调。在原有24小时值班制基础上，加强人员保障和信息交互，保证发生灾情险情及时处理不误时机。

【应急救援队伍建设】 2022年，伊通加强应急管理工作领导，编制完善应急预案，坚持信息报送制度，推进应急指挥平台和制度建设。开展宣传和业务培训，强化应急救援队伍建设，组织应急救援演练。实现应急队伍快速响应、资源共享、协调联动。下发通知，要求各乡镇（街道）建立相应应急救援队伍，进行演练培训，保证应急救援联动性。由原有建筑施工、医疗救护、森林防火、防汛抗旱、供电抢修、燃气抢修、供水抢修、油气管道抢修等5支专业应急救援队伍扩展至11支，有队员400余人。

【应急救援能力建设】 2022年，伊通下发《应急救援能力体系建设方案》，督促乡镇(街道)落实到位。按照“补短板、强能力、促协同”工作要求，推进基层应急管理体系、能力规范化建设，完善“统一指挥、反应灵敏、协调有序、运转高效”应急救援机制。各乡镇(街道)按20人至30人配备救援队17支，村(社区)组建10人至20人应急救援分队197支。

【应急保供】 2022年，伊通制定《伊通满族自治县粮食应急预案》《伊通城区应急成品粮油储备管理办法》。与承储企业签订《应急成品粮油预购、承储协议书》，不定期对应急库存粮油进行监督检查。重点时段执行粮油市场价格监测及粮油企业库存日报、周报制度，合理引导市场预期。推动粮油储运、加工、配送、供应等重点环节有效衔接。全县粮食应急供应网点22个(每个乡镇至少1个)、应急粮食加工企业3家、应急粮食调运准备企业1家。

(姜昕玥)

## 安全生产监督管理

【风险隐患排查】 2022年，伊通紧盯直接监管领域行业风险，聚焦危化、非煤矿山、工贸等领域，严把复工复产关，在国庆、党的二十大等节点，对3户重大危险源企业进行驻企盯守。全年迎接国家应急管理部督导组检查1次、省厅督导检查21次、市局检查42次，对86项移交问题全部按期整改完成。每月调度1次全县安全生产隐患排查情况，动态更新“问题隐患和制度措施”2张清单。协同属地政府、相关行业部门对照省安委办印发的《餐饮场所日常安全巡查检查参考模板》50条内容，对全县760家餐饮场所开展“地毯式”全覆盖检查。

【风险隐患治理】 2022年，伊通成立4个常态化督导组，分片对各乡镇(街道)和41个安全生产委员会成员单位工作开展情况进行跟踪督导。组织3户非煤矿山企业进行“一日三醒”(班前警醒、班中提醒、班后反醒)，接收、传达、落实省应急管理厅日点评30余次。依托安委会成员单位和企业14个工作群，一键下达信息指令、风险提示、天气预警300余条，远程调度83次，提出合理化建议79条。印发《全县消防等重点领域安全生产隐患大排查大整治工作方案》《开展特种作业安全专项整治行动实施方案》，对城乡消防、城镇燃气、新能源燃料、特种作业等重点领域进行清查整治。推动全县67家醇基燃料使用企业全部更换成其他燃料。

【工贸企业专项检查】 2022年，伊通安委会办公室成立专项行动检查组，以“干部+专家”模式对企业进行执法检查。要求企业加大安全投入、加大隐患排查力度，对工贸企业重大生产安全隐患自查情况进行验收核查。针对存在重大生产安全事故隐患企业，县安委会办公室跟踪督导企业落实整改情况，确保企业在整改完成前不得复工生产，确保企业在整改期间不发生生产安全事故。

【安全生产责任落实】 2022年，伊通提高企业安全管理能力，推动落实《企业安全生产主体责任“五个必须落实”》等规定，强化企业法定代表人、实际控制人的第一责任人法定责任，加强安全考核，落实全员安全生产责任制。针对高危工艺、设备、物品、场所和岗位等，加强动态分级管理，落实风险防控措施，实现可防可控。规范分级分类排查治理标准，明确“查什么怎么查”“做什么怎么做”，建立企业“一张网”信息化管理系统，做到自查、自改、自报，实现动态分析、全过程记录和评价，防止漏管失控。加强企业安全管理制度建设，完善和落实企业安全生产诚信、承诺公告、举报奖励和教育培训等制度，建立健全企业风险管控和隐患排查治理情况向负有安全生产监督管理职责的部门和企业职代会“双报告”制度，自觉接受监督。

【烟花爆竹安全监管】 2022年，伊通加强对烟花爆竹储存、运输、销售和燃放等各环节安全监管和旺季安全专项检查，打击非法运输、许可证过期等行为。完善烟花爆竹安全监管部门联动机制，对组织从事储存、运输、销售和燃放烟花爆竹单位或个人，依法依规严厉处罚，构成犯罪的，依法追究刑事责任。全县常年售卖烟花爆竹商店9个，烟花爆竹批发企业2家，春节期间乡镇烟花爆竹临时售卖点70个。组织烟花爆竹生产经营单位主要负责人、安全生产管理人员培训，140余人次参加并考核合格。10月至11月，根据应急管理部《关于切实做好当前烟花爆竹安全生产工作的函》，采取线上线下相结合方式进行安全检查。春节期间检查60余次。联合属地政府检查临时售卖点发现问题隐患30余个，现场整改30余个。查出1起超储存案件，行政处罚2000元。

【非煤矿山安全监管】 2022年，伊通严格监管非煤矿山建设项目安全设施设计审查和企业安全生产许可，推进整顿关闭。制定实施非煤矿山安全风险分级管控工作指南，严防地下矿山中毒窒息、露天矿山坍塌、爆炸等事故。打击外包工程以包代管、包而不管等违法违规行为。落实8部门印发的防范、化解尾矿库安全风险工作方案，落实地方领导干部尾矿库安全包保责任制，严格控制增量、减少存量。

【安全生产宣传教育】 2022年，伊通结合“安全生产月”“白山松水安全行”等活动开展宣传教育。建设灾害事故科普宣传教育、安全法治宣传和安全体验基地。在有条件的社区公园、广场、乡村服务场所等设置专题展板，宣讲习近平总书记重要论述。开展安全宣传进企业、进农村、进社区、进学校、进家庭“五进”活动。

【“安全生产月”活动】 2022年，伊通结合党史学习教育，安排理论学习中心组深入学习习近平总书记关于安全生产重要论述。学习《生命重于泰山——学习习近平总书记关于安全生产重要论述》电视专题片，教育引导领导干部强化“人民至上、生命至上”理念。利用早市、步行街、商场、医院、交通岗、广场等人员较集中场所，设立展板、咨询台，悬挂条幅、发放传单，宣传安全生产、应急管理、防灾减灾救灾知识和政策法规。

（姜昕玥）

## 危险化学品安全监管

【概况】 2022年，伊通有危险化学品企业2家，加油站企业46家。2022年，企业自查出隐患12项，危化科检查出安全隐患55项，聘请专家3次。处罚案件12起，罚款11.9万元。

【危险化学品行政审批】 2022年，伊通申请危险化学品经营许可证（不带储存经营）企业符合按照《危险化学品经营许可证管理办法》条件的，审批时限由法定时限的30个工作日，压缩到承诺时限的15个工作日。简化优化危险化学品经营企业变更等事项审批流程。

【危险化学品生产监管】 2022年，伊通有危险化学品生产企业1家，即伊通满族自治县坤泰洁能科技有限公司，主要生产天然气。全年迎接国家应急管理部组织的重大危险源交叉互检1次，省应急管理厅组织的重大危险源交叉互检2次。在国庆、春节等特殊时段，对重大危险源企业进行驻企包保。

【危险化学品运输监管】 2022年，伊通危险化学品运输企业3家，危险化学品运输车辆28台，全部安装动态监控系统，电子运单化管理。车辆位置及司机运营状态实时监控，发现风险及时告知，现场整改。全年无安全事故发生。

【危险化学品储存监管】 2022年，伊通开展各项专项行动。通过组织警示教育培训会、组织观看警示教育片，对全县危险化学品企业开展警示教育，提高企业主要负责人及从业人员安全防范意识。

（姜昕玥）

## 卫生应急

【卫生应急处置演练】 2022年，伊通完善传染病疫情和突发公共卫生事件分级应急响应机制，确定不同级别响应的启动标准和程序，处置突发公共卫生事件。组织疾控机构等相关部门制订演练计划，加强针对管理人员、专业人员和社会公众的突发事件应急培训和实战演练，开展不同场景下应急处置演练。

【传染病疫情和突发公共卫生事件评估及监测预警】 2022年，伊通完善传染病疫情和突发公共卫生事件监测系统，改进不明原因疾病和异常健康事件监测机制，增强传染病报告信息的时效性和敏捷性。建立疾病预防控制机构与医疗机构之间的协同监测机制，强化医疗机构发热门诊、药店等哨点作用。依托公共卫生信息系统，加强网络直报、医疗机构报告、群众个人报告、舆情监测等多渠道信息综合监测，建立完善新发未知传染病多点触发预警机制，实现县乡监测信息同步共享，加快构建全域监测、全程追踪的传染病疫情和突发公共卫生事件监测预警体系。

【《自然灾害应急预案》编制】 2022年，伊通编制《自然灾害应急预案》，3.9万余字，涵盖地震、地质灾害、洪涝灾害、林业、气象等方面的自然灾害应急预案及分工。

【鼠疫监测分析】 2022年，伊通按照《吉林省鼠疫监测方案》要求，结合伊通实际情况，全县设流动监测点3个。各乡镇（街道）在辖区内进行系统、全面监测，未检出阳性材料。

（姜昕玥）

## 消防救援

【概况】 2022年，伊通推动消防宣传、战备执勤和规范执法等重点工作，加强队伍正规化建设。至年末，全县接处警456起，出动工作人员2939人次、消防车575台次；应急救援23起，救助3人，保护财产价值1000余万元。全年在《央视媒体》发稿1篇，《应急管理报》发稿1篇，省级电视播报5条，在《吉林日报》、中国吉林网、人民号、《城市晚报》等省级媒体发稿13篇。

【公共消防器材设施建设】 2022年，伊通投资70万元，购置1辆18T

泡沫消防车，将该消防车使用管理权以赠予形式交付伊通消防救援大队。12月1日，伊通消防救援大队河滨南路消防救援站投入使用，增强主城区域“中心站+卫星站”消防救援力量覆盖面。河滨南路消防救援站占地面积2000平方米，建筑面积1000平方米。消防救援站驻有消防救援人员15名，配备消防车3辆(其中水罐消防车2辆)，登高平台车1辆，冲锋舟、艇各1辆，涵盖个人防护、常规灭火、破拆、救生、水域装备消防器材1000余套。全年新建水鹤3处，分别位于河滨南路小型消防救援站门口、伊通城东幼儿园门口、伊通满族博物馆门口。

**【消防基层基础建设】** 2022年，伊通消防救援大队依托乡镇(街道)消防救援委员会，明确工作职责、工作制度和组织构架图，加强基层消防安全管理，定期对基层工作人员在基层消防安全形势、消防法律法规、职责制度、消防器材设施讲解、档案建设、隐患排查整治、宣传教育等方面进行系统培训，重点就如何开展消防监督检查和对沿街商铺、人员密集场所等重点领域工作进行培训讲解，保障其具备开展日常消防安全工作能力，开启基层消防安全监管“末梢终端”新模式。

**【区域性火灾隐患整治】** 2022年，伊通召开全年消防工作会议暨春季防火工作会议，下发工作方案，每季度组织行业部门召开消防工作联席会议，督促行业部门落实监管责任。依托县消防救援委员，在全县各行业单位选出8名专家，组建全县消防安全工作专家库。开展消防安全专项整治行动、消防车通道集中曝光专项行动、消防百日安全大整治、消防安全大检查，养老院、高层建筑整治，电动自行车、物流等新业态新领域消防安全专项检查活动，完成党的二十大消防安保任务。大队每月初约谈拟检查单位法人代表，按照“双随机、一公开”系统生成单位进行检查，杜绝“体外循环”现象发生。全年检查单位830家次，督促整改火灾隐患789处，临时查封5家，责令“三停”(停产停业、停止施工、停止使用)1家，罚款20.49万元，个人警告38人。全年火灾调查率100%，举报投诉率比2021年下降13%。

**【社会单位消防管理】** 2022年，伊通消防救援大队以单位常态化消防工作为载体，开展全县消防安全重点单位集中约谈会，督促重点单位建立完善消防档案台账，推行单位风险隐患“自知、自查、自改”和承诺制度，引导各重点单位按照统一标准，结合本单位实际建立健全消防安全组织，明确消防安全职责，制定完善消防安全规章制度，把消防工作责任落实到领导、落实到岗位、落实到个人，提高单位对消防安全重视程度，严防因失控漏管、履职不到位导致火灾事故发生。坚持“火灾隐患零容忍”硬性措施，以突击检查、错时检查、上门指导等多种方式，对辖区内重点单位开展高频次检查，掌握各社会单位基本情况和消防安全状况。对检查中发现火灾隐患，督促整改工作。深化全县重点单位消防安全标准化管理达标建设，按照“单位全部培训一遍、员工全员接受教育、预案逐一拉动检验”原则，对重点单位消防安全责任人、重点行业、重点岗位从业人员开展消防培训。

**【执法服务环境优化】** 2022年，伊通坚持把优化营商环境纳入日常重点工作，成立领导小组，精心组织，落实制度，细化工作计划和进度，明确责任分工，坚持公开、公平、公正。从优化行政审批程序、实施预约消防监督检查、开展线上消防宣传培训、推行智慧消防监督管理等方面优化消防服务，并主动与县政务服务部门对接，对新申请开业的宾馆、饭店、餐饮娱乐等场所实行“容缺受理”，执行“一次性告知”制度，办理时限缩短为5个工作日。在规定期限内快捷办理，为企业提供全程指导服务，帮助企业制定整改方案，管控风险、解决问题，助力企业发展。利用互联网设立便民服务窗口网站，开辟警务公开、网上申报、结果查询、社会监督等栏目。设置电视语音系统，公布办事指南、举报电话“12345”，营造“透明消防”理念。

**【火灾风险防控】** 2022年，伊通消防救援大队建立县、乡(镇)、村三级消防安全组织机构，明确“一把手”为第一责任人，分管消防安全人员为直接责任人，细化各级消防安全职责；建立健全消防检查、督导、考评工作机制，落实领导分片包干、蹲点帮扶、定期考核制度；以应急、消防机构为主体，按照“各司其职、齐抓共管”原则，建立各部门分工协作、联动整治机制；落实分类排查、信息共享、定期通报、跟踪问效制度；明确各单位法人为单位自我管理负责人，定期对本单位进行消防隐患自查自纠，并填写自查自纠报告表报消防大队备查。对各类不放心场所区域进行实地调研，建立工作台账，落实跟踪服务、实时指导等措施；结合季节特点，采取“提前介入、监督跟进”模式，紧盯人员密集场所、新兴业态场所、居民住宅等突出风险场所，依法监管、精准治理；对重大火灾隐患，书面提请本级人民政府挂牌督办，形成强力打击火灾隐患高压态势；提醒县委、县政府组织召开安全工作协调会，带动县应急、教育、商务等相关职能部门参与火患排查整改工作，组成联合督查组，不定期开展火灾隐患联合排查行动；与县公安部门沟通协调，探索和总结派出所消防监督管理模式，明确派出所管区民警消防安全管理职责。

【消防宣传】 2022年，伊通采取多警联勤消防工作机制，将消防宣传纳入“网络化”管理。协助社区消防志愿者宣传，设置固定消防宣传栏。召集全县消防安全重点单位消防安全责任人和消防安全管理人进行集中约谈培训2次。分行业约谈社会单位负责人7次，集中培训全县乡（镇）长、街道办主任、“村两委”负责人和社区负责人。全年制作发放居民日常生活消防宣传品1万余份、传单2万余份，为全县物业企业发放消防宣传海报1000余份。在城区通往农村主干道设立永久性消防宣传阵地2处，宣传车深入农村宣传30余次。联合中国移动，选取手机拨打电话投送消防公益短片方式，向全县投放消防公益广告（冬季消防宣传提示）12万余条次。

【执勤战备】 2022年，伊通在重大节日、大风天气及特殊情况、特殊时期，进行执勤战备教育。落实干部值班制度，控制人员外出，检查车辆器材装备。按照《执勤战斗条令》要求，确保人员装备时刻处于战备状态，保证队伍“拉得出、打得赢”。对辖区内所有二级列管重点单位进行灭火演练，保证发生火灾事故及时出动、有效施救。根据抢险救援和处置各类灾害事故需要，组织指战员进行紧急拉动演练，保证发生应急事故快速集合出动。

【“119”消防宣传月活动】 2022年11月9日，伊通举办主题为“抓消防安全，保高质量发展”“119”消防宣传月启动仪式，发动社会各界关注消防安全，维护冬季火灾形势稳定。县消防救援大队全体消防救援人员、新闻记者及消防安全重点单位代表70余人参加活动。

【高层建筑消防安全】 2022年，伊通消防救援大队召开高层建筑消防安全行动部署会，要求各基层单位按照《高层民用建筑消防安全管理规定》要求，坚持“党政同责、部门联动、综合施策、协同发力”原则，落实相关主体责任，主动提请各地政府明确相关部门责任。多点驱动突出整改治理隐患，分析近年高层建筑火灾数据，明确隐患严重区域，联合县住建局、应急局、公安局、城管、供电等行业部门排查全县高层居民楼、办公楼、商场、娱乐场所等高层建筑；重点排查高层建筑消防设施维护保养、消防车通道治理、电动自行车管理、燃气管道设置、电气线路设置，指导整治隐患，定期开展“回头看”，通过“随机抽查、定期复查”等方式，形成对火灾隐患和消防违法行为重拳打击的高压态势；以集中约谈培训、随时重点约谈、上门督促约谈等方式，建立约谈培训机制，培训高层建筑消防安全责任人，讲解消防法律法规、告知火灾隐患及整改时限，帮助制定整改措施等。借助微信群、LED等媒介平台，宣传消防法律法规、灭火和疏散自救逃生知识；通过警示案例视频、图文推送、新闻报道方式宣传高层建筑防火知识，鼓励群众举报身边火灾隐患。组织辖区内物业开展消防安全“明白人”培训会、应急疏散演练等活动，督促高层建筑物业服务企业制定火灾扑救和应急疏散预案。

（杨　哲）

## 防灾减灾救灾

【消防车通道治理】 2022年，伊通消防救援大队联合公安交警大队、住建局、融媒体中心到乌苏大街、伊通大街、人民大路、在水一方小区等主要街道（小区）开展打通消防生命通道联合执法及曝光行动，加强消防车通道管理，解决占用、堵塞消防车通道“老大难”问题，融媒体中心跟踪曝光联合执法全过程。全年开展活动10次，发放宣传单700余份，现场教育驾驶员80人，劝导车辆200余台，处罚驾驶员24人。

【强降雨灾害救助】 2022年，伊通召开防汛工作部署会议10次、会商研判会议15次，启动四级应急响应3次，发布关于做好暴雨天气防范工作的风险预警、安全提示185份，调度各乡镇（街道）值守和雨情灾情等情况百余次。全县出动巡查人员4871人次，巡查车辆798台次，消除各类隐患102处。6轮强降雨期间，提前转移351户、1394人次，汛期“零伤亡”。县应急管理局争取国家自然灾害救助资金218万元，足额发放给受灾群众4679户、5898人。各乡镇（街道）配备专兼职灾害信息员、防汛信息员等人员，及时掌握乡村突发事件各类信息，为上级部门决策和应急指挥提供参考依据。

（姜昕玥）

【“全国防灾减灾日”宣传活动】 2022年5月12日，伊通消防救援大队联合应急管理局在伊通大街开展“全国防灾减灾日”主题宣传活动，“面对面”向群众讲解消防安全知识，提高群众防灾减灾意识。普及公众消防安全知晓率。通过消防常识宣传图板、宣传车LED大屏幕播放消防公益广告、介绍消防常识，发放《火场逃生手册》等宣传材料300余份，接受群众咨询100余人次。

（杨　哲）

# 乡镇 街道

## 伊通镇

【概况】 伊通镇位于伊通满族自治县中部，距省会长春48千米，距西北部公主岭市50千米，距南部辽源市65千米。面积262平方千米，其中耕地面积1.45万公顷。下辖23个行政村、125个自然屯、192个村民小组。辖区人口1.26万户、4.77万人。伊通镇地属丘陵地带，呈蝴蝶形分布，南部为丘陵山区，其余呈微起伏台地和平原。伊通河由东南至西北贯穿全境。境内有二道村靳家屯塘坝、南山旅游区金矿塘坝、东尖山三家子塘坝、东新料浅塘坝4座，有三联水库1座。镇内中学3所，在校学生520名，教职工108名；小学3所，幼儿园3所，在校学生739名，教职工238名。卫生院3所，病床76张，职工71名，专业技术人员40名。

【经济发展】 2022年，伊通镇落实粮食作物播种面积1.36万公顷。其中，玉米1.16万公顷；水稻1853.33公顷；大豆93.33公顷；其他经济作物33.33公顷。落实保护性耕作面积3800公顷，超额完成任务指标。新冠疫情期间，建立农机供应、农机服务单位通讯录，服务各类农资车辆2896辆，向农户输送种子28.5万千克、化肥4700万千克。招商引资到位资金1.52亿元，联系企业80余家，完成年初目标任务。其中，金夕阳养老院项目到位资金8183万元；田园综合体项目到位资金7000万元。伊通镇组织班子成员及部分村书记代表到吉林市、梅河口市考察藏香猪养殖项目，了解藏香猪养殖模式、项目优势、发展前景等，加强与该项目沟通对接。

【乡村建设】 2022年，伊通镇基础设施建设项目13个。修建道路25.7千米、边沟6850米、路灯470杆；争取资金5100万元，实施中部城市引水管道防护工程，修建伊通镇域内西苇河护坡项目，修复耕地50公顷；协调资金470余万元，修建永新村与新立村交界处小河沿子桥，改造升级桥内排水系统；与县相关部门协商，改建原国道G229河北至后范段为伊通镇沿线的东尖、任家、前范、后范等周边村“主干线”。镇党委、镇政府出资15万元，鼓励各行政村种花植树。春季造林任务36.82公顷，完成44.18公顷，栽植树木2.86万棵，完成率112%，其中完成道路绿化面积16.12公顷，栽植树木8260棵。清收林地补植面积25.4公顷，栽植树木2.03万棵。

【民生保障】 扩大社会救助对象范围，提高低保、特困供养人员及临时救助标准，落实农村低保和特困供养人员救助供养政策。全年低保救助57户、69人，特困供养8人，新增发放残疾人两项补贴38人、3.6万元，新申请高龄补贴4人、4800元，临时救助17人次、28万元。新增奖扶476人，特扶25人，发放补贴60.5万元。承接城乡低保申报审核、临

2022年6月8日，伊通镇组织干部到梅河口市参观学习（史 爽 摄）

时救助等政务服务事项117件，受理群众代办事项2697件。发放就业招聘宣传单500余份，利用网格化宣传方式进行就业宣传。动员全镇未就业劳动力参加就业局组织的“春风行动”招聘会，组织全镇23个村协管员进行农民工信息采集业务培训，实现供求对接。

【巩固拓展脱贫攻坚成果】 2022年，伊通镇落实“四个不摘”（摘帽不摘责任、摘帽不摘政策、摘帽不摘帮扶、摘帽不摘监管）。镇村干部与脱贫户、边缘户“一对一”结对帮扶262户、469人。全镇投资700万元，发展产业项目2个，全年分红52.5万元，带动脱贫户人均增收1197元。实施基础设施项目1个，铺设乡村道路21条，建设里程4.94千米。推进示范村建设，将“千村示范”创建作为推动乡村全面振兴重要载体。4个创建村（建国、五四、关家、兴隆）达到创建标准，全部通过验收，其中建国村代表全县接受省级查验，通过验收。创建示范村3个，栽种绿化树木1.49万棵，栽种花卉3.5万余株。创建村聚焦“九有六无”创建标准，推进“道德银行”“爱心超市”及“千村示范+”创建。

【秸秆综合利用】 2022年，伊通镇利用横幅、大喇叭、流动宣传车及线上微信群开展宣传，镇村分别成立秸秆禁烧巡逻队，负责辖区内秸秆禁烧巡查工作，做到禁烧无盲区、全覆盖。与华大生物质热电有限公司签订秸秆离田合同，提前为各村秸秆找到出口。全年完成秸秆离田1.33万公顷。

（季红丽）

## 大孤山镇

【概况】 大孤山镇位于伊通满族自治县西南部，是县城西部中心镇。距县城15千米，距省会长春63千米，距京哈铁路公主岭站30千米，距长白高速公路伊通出口16千米。面积214.12平方千米。耕地面积1.28万公顷，林地面积4063公顷，荒山荒坡4840公顷，荒滩荒沟440公顷，水库、塘坝307公顷。下辖17个行政村、1个街道办事处、1个朝鲜族直属社、84个自然屯、126个村民小组。全镇人口1.11万户、3.75万人。有满族、汉族、回族、朝鲜族、壮族等民族。地理概貌为“三山一水六分田”。境内有孤山河、新开河等大小河流4条，总水域面积730公顷。有欢欣岭水库1座，库容量1800万立方米。野生植物41科、300余种，其中药用植物上百种。工业原料类36种。有煤、大理石、天然气、麦饭石、玄武岩、纯净矿泉水等，其中麦饭石、天然气储量丰富。全镇有高级中学1所，在校学生902人，教职工62人；初级中学3所，在校学生773人，教职工145人；小学8所，在校学生1022人，教职工162人。卫生院2所，职工128人，专业技术人员92人。11月，大孤山中心卫生院移址大平公路东侧、大孤山国税所南侧，投资9982万元。长辽铁路在境内通车运行。省级公路伊公公路、九开公路在镇区交会，伊小公路自东向西贯穿全镇。在长春和伊通半小时经济圈内，接受长春市、辽源市、四平市、公主岭市、伊通辐射带动。

【经济发展】 2022年，大孤山镇玉米产量2.3亿千克、水稻产量153万千克、蔬菜产量1000余万千克。饲养黄牛6200头、猪1.70万头、羊1422头，鹿360只。吉林省天食三育饮品有限公司、伊兴源饮品有限公司、利雅得能源有限公司等20余家企业落户大孤山镇。推广黑土地保护性耕作、免耕播种、机械深松、秸秆捡拾打捆等新技术。帮助造林户解决造林苗木，做好造林技术指导。

【乡村建设】 成立环境卫生巡查队，督查各村、屯卫生。雇佣保洁员258名，负责打扫、清运垃圾。加大农村人居环境整治及河道“四乱”（乱占、乱采、乱堆、乱建）清理力度，健全常态化保洁和日常巡查机制。镇区有垃圾填埋场2个。全年清理河道60余千米、侧边沟24千米、垃圾堆258个、粪堆387个、柴草垛145个。利用标语、广播、印发宣传

大孤山中心卫生院移址工程

（摄于2022年11月29日 伊通卫生健康局 供图）

资料等形式进行环卫宣传。

【民生保障】 成立社会保障工作领导小组，镇长为组长，分管领导为副组长。下设劳动保障办公室，劳动保障员负责落实具体工作。通过宣传栏发布、发放宣传资料、召开村民大会等形式，宣传农保、农合、城镇医疗等民生社会保障政策、法规。惠民工程村民知晓率100%。排查失业人员，开展就业、失业登记和系统录入工作。定期组织村镇人员开展就业技能培训，邀请农业技术人员开展就业讲座，普及种养技术、农业知识等。及时调解就业劳动纠纷，履行属地管理职责。

【巩固拓展脱贫攻坚成果】 2022年，大孤山镇巩固脱贫攻坚成果，补短板，强弱项，防风险，保弱项。年度脱贫户及监测户人均收入1.14万元，比2021年增长19%。庭院经济涉及369户，发放奖励金19.87万元。其中，万福德村17户、奖励金9380元，陈家村23户、奖励金1.86万元。全年"雨露计划"涉及36人次，发放助学基金5.4万元。其中，万福德村2人次，发放助学金3000元。全年小额信贷涉及78户，贷款金额230.62万元，年度贴息金额4.87万元。其中，万福德村1户、贷款3万元，陈家村5户、贷款10万元。

【旅游开发】 境内大孤山以伊通"七星山"之首享誉国内外。大孤山镇利用独特自然资源，以火山科普游、民俗观光游、休闲度假游为发展方向，加大开发力度。吉林省九和通实业集团有限公司依托大孤山火山地热资源，打造大孤山温泉地热旅游开发项目，建设悦如火山温泉娱乐度假区、温泉养老度假区。悦如火山温泉度假区，是四平市、伊通满族自治县重点招商引资项目，列入《吉林省国民经济和社会发展第十四个五年规划和2035年远景目标纲要》文旅产业重点项目，深圳尚易集团投资建设，规划面积60平方千米，规划建设大孤山火山主题公园、悦如火山温泉文化旅游博览园、松斓医养社区、伊通职业教育基地、田园旅游度假生活区、四平浙江（金华）产业园、萨满文化博览园、满族风情小镇、高新农业示范区、欢欣岭旅游运动基地10个板块。

（战立凤）

## 伊 丹 镇

【概况】 伊丹镇位于伊通满族自治县东北部，东与长春市双阳区石溪乡为邻，西与伊通镇接壤，南与二道镇毗邻，北与新兴乡、长春市郊区接壤。面积150.5平方千米，其中耕地面积8280.10公顷。镇政府驻地伊丹村，距县城15千米。伊丹河（伊通河支流）纵贯伊丹南北，是新立城水库主要水源之一，全长8千米。辖12个行政村、79个自然屯、95个村民小组、1个街道办事处。人口2.32万人，有汉族、满族、回族、朝鲜族、蒙古族、壮族。中学1所，在校学生2680名，教职工163名；小学7所，幼儿园1所，在校学生526名，教职工124名；小学适龄儿童入学率100%。小学升初中入学率100%；卫生院1所，设病床50张，职工66名；村卫生所11所，专业技术人员51名。

【经济发展】 2022年，伊丹镇地区生产总值5.7亿元。全口径财政收入726万元。农民人均纯收入16100元，比2021年增长5.2%。推进秸秆资源化利用项目、安格斯肉牛养殖项目、安瑞建筑材料制造（吉林）有限公司新型建筑材料厂建设项目、鹿产品加工项目、二期医疗设备项目和基础设施建设6个项目。全年招商引资2.69亿元。修建毯子村9个屯高标准农田，铺设道路7500米、石砌排水沟3000米。全镇生猪存栏3.08万头、牛存栏5986头、羊存栏1577只、禽存栏24.69万羽、梅花鹿存栏1.59万只。

【乡村建设】 全年动用铲车、钩机630余台次，清理生活垃圾800万千克、畜禽粪污7000万千克，栽植花木2万株。重新划定停车位298个，设置垃圾收集点50个，制作树台围栏180个。

【民生保障】 城乡低保信息比对61户，新批7户。特困供养人员比对4户、4人，审批4户、4人；申请临时救助2户，发放临时救助金2550元。至年末，农村低保298户、497人，城镇低保31户、35人。落实独生子女扶助奖励制度，抓牢流动人口服务管理，网上便民办证。为建档立卡户提供就业信息，保障农民工劳动力有序转移，推动返乡农民工创业。全镇在外务工人员5209人。

【巩固拓展脱贫攻坚成果】 2022年，伊丹镇纳入监测帮扶台账1户、4人，申请防返贫保险2人，设置帮扶公益岗12个，新增发放小额贷款38笔、79万元，实现脱贫人口就业125人，"雨露计划"补助9人次、1.35万元。

【"千村示范"村创建】 2022年，伊丹镇创建伊丹村、曹家村2个示范村，制定"千村示范"长效机制。新建伊丹村、曹家村水泥路3.2千米，铺设水泥混凝土路面积1.29万平方米，培路肩土方5082立方米，新建排水管道4条，安装路灯150盏，实现村屯道路硬覆盖，排水设施顺畅，夜间道路明亮。修建文化广场2处，为村民提供休闲娱乐场所。

【少数民族特色村寨项目】 2022年，伊丹镇火红村6个自然屯安装

伊丹镇民俗展馆满族物件马拉轿子

（于金有 摄于2022年7月28日）

路灯100盏、美化绿化村屯道路10余千米，其中小上沟屯上游水沟至鲁家崴子下游河道栽种树木8900棵。在火红村徐家屯新建门球场1处。3月23日，火红村被四平市文化和旅游局评为非物质文化遗产特色村。建成民俗展馆1间，面积130平方米，馆藏马拉轿子、扇车子等满族物件120余件。

（宋红霞）

## 马鞍山镇

【概况】 马鞍山镇位于伊通满族自治县中北部，东北部与长春市朝阳区接壤。大黑山主峰坐落境内。东风、北岗子、马鞍、街里、铁炉、新发、岗阳等7个村分别位于伊范公路沿线。伊通至范家屯公路、马鞍至莫里公路穿境而过，因境内有“七星山”之一的马鞍山而得名。距县城13千米，镇政府距四长高速公路10千米，距长伊中线直线距离6.5千米，距长春市40千米。面积149平方千米，下辖13个行政村、78个自然屯；人口8083户、2.85万人。境内有硫铁、硅灰石、花岗岩、石油、天然矿泉、建筑用河沙、山沙等矿产资源，有温泉、莲花泡、七星山之一马鞍山、抗日英雄姬兴周历史遗迹等旅游资源。全镇有中学2所，在校学生413名，教职工84名；小学6所，在校学生545名，教职工128名；幼儿园2所，入园幼儿48名；小学适龄儿童入学率100%；初中升学率100%。卫生院1所，设病床51张，职工49名；村卫生所13个，卫生技术人员28名。

【经济发展】 2022年，全镇社会生产总值实现8.7亿元，比2021年增长8%。全口径财政收入3059万元。农业生产总值实现4.9亿元。人均收入15275元，增长6%。全镇13个村全部实现集体经济收入正增长，村均收入63.2万元。有农民专业合作社23家，家庭农场138家。土地流转面积1820公顷。优化种植业结构，种植大豆27公顷、高粱7公顷、杂粮杂豆2公顷。招商引资1.18亿元。投资170万元建设2000万千克秸秆生物饲料加工项目；投资150万元建设整镇养牛项目。发展特色农业产业，依托伊美生态园“伊通樱桃”特色小镇，建设大棚300栋，发展大樱桃果品经济和农业观光旅游，实现产值3.8亿元，带动就业1500人，人均增收3万元。增加农民非粮收入，发展棚膜和庭院经济，申报完成庭院经济奖补贴24户，发放资金1.76万元。落实黑土地保护“田长制”工作和粮食安全责任制，保护性耕作完成1360公顷，粮食作物种植面积0.87公顷。

【乡村建设】 投入资金230万元开展村庄清洁行动，出动车辆、机械900余台次，清理村屯垃圾40万千克、柴草垛135个、小广告130处。落实“河长制”工作责任制，常态化开展清河行动，出动人员1200人次、运输车130台次、机械设备50台次，清理各类河道垃圾720立方米，拆除厕所6座、造林绿化43.66公顷。其中，补植补造39.06公顷；更新造林2.6公顷。打造精品环线1条，道路绿化补植完成24条，栽种柳树5600棵，村屯绿化补植完成2公顷，栽种果树8480棵。修建户户通水泥路38.5千米、边沟24.4米，清理农村道路119.6千米、村内沟渠126.5千米。开展饮水巩固提升工程，新建返修水井房4个，伊通河堤防4期治理工程马鞍山段完成前期征地。

【民生保障】 开展低保核查认定工作，做到应退尽退，应保尽保、新增低保对象68户、95人。临时救助44人，发放资金3.91万元。足额发放残疾人“两项补贴”，护理补贴338人，生活补贴253人。办理就业创业证45人，灵活就业补贴27人，城镇新增就业120人，返乡创业83人，为群众代缴保费11万元。新参保登记360人，待遇核定403人，死亡注销352人，特殊认证31人，劳动力转移4200人。

【巩固拓展脱贫攻坚成果】 2022年，马鞍山镇巩固脱贫攻坚成果，改造建档立卡脱贫户危房3座。落实24名义务教育阶段贫困学生四免（免

2022年8月，马鞍山镇北岗子村村民侯志文种植的庭院经济作物——鲜食玉米丰收。图为侯志文一家收获玉米的场景 （杜丽新 摄）

水费、免校服费、免校车费、免伙食费）政策，享受“雨露计划”学生19人，每人每学期补助学费1500元。新农合参合率100%。安置脱贫人口稳定就业，设置帮扶公益岗99人、疫情临时公益岗14人。为37户脱贫户、监测户申请小额信贷90万元。安排6名脱贫人口在帮扶车间就业，每人年均增收2400元。

【新时代文明实践所】 2022年，马鞍山镇成立新时代文明实践所，13个村新时代文明实践站全部建设完成，76个自然屯全部设立新时代文明实践点。配套建成村级文体广场（新时代文明实践小广场）13个、乡贤门球场5个、文明超市1个。设立志愿服务岗480个，注册志愿者人数2460人，占常住人口比例18.9%。开展理论宣讲、环境保护、扶贫济困、文明创建、文化服务、满族剪纸等志愿服务项目50余场次。依托镇满族剪纸馆和《长白山的传说》《六合同春》《娶女婿》等作品，开展满族剪纸培训志愿服务活动10余次，参加培训群众1000余人。

【基层治理】 2022年，马鞍山镇开展“基层建设年”“我为群众办实事”活动。4个示范村完成阵地改善提升。推进乡镇管理体制改革，完善机构设置，建设党群、便民、行政执法、综合4个服务平台，将“两所五中心”（“两所”指财政所、司法所，“五中心”指农业发展服务中心、社会保障服务中心、乡村建设发展中心、宣传文化服务中心、农村集体经济服务中心）整合为镇综合服务中心。更新职责事项清单，镇级、村级便民服务中心（点）全部挂牌，政务外网全部铺设完成。划分网格13个，选配村级网格长13名、网格员86名，设置网格党小组72个。

【“千村示范”创建】 2022年，马鞍山镇巩固提升“千村示范”创建工作，聚焦“九有六无”标准，发放宣传单1700余份、张贴宣传海报14张，推动“道德银行”“爱心超市”“千村示范+”等方面创建提升。制定“一户一策”，督促村民按照“一户一策”提升整改，做到整洁院落、干净居室。结合“网格化包保”“十户联保”，压实责任，建立长效机制，形成群众自我管理、自我服务、自我监督的网格化乡村治理体系。3个村（北岗子村、东风村、铁炉村）达到创建标准。其中，北岗子村突出产业引领，发展种植、养殖产业项目，村集体收入100万元；东风村突出生态引领，依托伊美生态园发展特色乡村旅游项目，实现“农业—旅游业—餐饮业”一体发展；铁炉村突出党建引领，组建党员模范先锋队和村民志愿服务队。

【庭院经济】 2022年，马鞍山镇发挥北岗子村示范带动作用，将基层党建和美丽乡村建设结合起来，以发展庭院经济、增加农户收入为主线，将鲜食玉米种植融入人居环境提升和精神文明建设，把文明经济进行积分量化，按考评分数确定回收价格，形成“播种—指导—销售”一体化模式。北岗子村53户农户种植鲜食玉米2.2公顷，村集体种植鲜食玉米2.8公顷，产出鲜食玉米18.8万穗，销售额实现94万元，村集体增收25万元，每户均增收3000元。

【农田排涝】 2022年，全镇出现5次区域性强降雨过程。镇党委、政府把做好农田排涝工作作为重点工作，班子成员和站所成员包村、包地块，发动群众，挖排水沟疏通沟渠及利用机械排涝减少损失。清理沟渠168条、出动钩机和水泵等机械237台次。出动人员1110人次、无人机48架次，喷施叶面肥和调节剂278.33公顷。

（徐云航 杜丽新）

## 靠山镇

【概况】 靠山镇位于伊通满族自治县西北部，距县城25千米，东临莫里青乡，南与大孤山镇、三道乡接壤，西同公主岭市二十家子镇、龙山乡相邻，北连黄岭子镇。面积149.8平方千米。其中，耕地面积8089公顷（含一鹿场、原种场），林地面积3070公顷（其中一鹿场1238公顷），森林覆盖率23%。下辖9个行政村、94个村民小组、78个自然屯、2个社区（一鹿场、原种场）、1个街道办事处、7个居民小组。全镇8180户、2.45万人，常住人口1.32万余人。有蒙古族、朝鲜族、回族、满族4个少数民族，少数民族人口占总人口25%。境内有孤山河、杨树河、二十家子河、向阳河4条主要河流。山峰15座，“七星山”之一北尖山坐落在镇内。石油和天然气资源储量丰富。全镇有初中1所，在校学生440人，教职工61人；小学9所，在校学生562名，教职工124名。中心幼儿园1所，在园幼儿113名。小学适龄儿童入学率100%，小学升学率100%；初中学生升学率100%。镇卫生院设病床40张；职工44名，专业技术人员36名。其中，执业医师18名，执业助理医师4名，注册护士13名。村卫生所8所，卫生技术人员22名。新型农村合作医疗参合率96%，免费孕前健康检查率100%，奖励政策兑现率100%。

**【经济发展】** 全镇财政收入1490.5万元。个体工商户1643家，从业人员4890人，收入5000万元，主要产品有石油、天然气、有色金属、珍珠岩、草砖、白酒、绿色食品加工、塑钢门窗、水泥制品等。农作物播种面积8089公顷，粮食产量7818万千克。蔬菜种植面积103.57公顷，产量256.16万千克。猪、牛、羊、鹿、禽存栏分别为1.43万头、5683头、897只、1775只、3.14万只。农业机械4834台。其中，大型农业机械800台、收割机350台、打包机22台。机械化作业面积7278公顷。

**【乡村建设】** 争取基础设施项目资金149.3万元，建设靠山村道路19条、混凝土面积9911平方米、排水管涵8道。环境卫生整治投入资金48万元。出动劳动力5000余人次，各种清运车辆300台次，钩机铲车作业2500小时，清运垃圾、粪污1.5万立方米，拆除违建厕所、玉米楼子等违建物21个，清理柴草垛17个，清理碎石、砂土堆等建筑垃圾33处。开展进村入户宣传活动25场，发放宣传手册1500份，张贴宣传标语23处，参与群众3100人。实行三级“河长制”定期巡河，发现垃圾及时清理。对重点河道（孤山河、向阳河、杨树河、二十家子河）巡河。组织镇级4名河长巡河48次、村级河长11名巡河264次；全年清理河道两侧垃圾5000千克、柴草垛30个、清理养牛户75户，下发整改通知单50余份。

**【民生保障】** 全年临时救助12户、12人，救助金额19.25万元。为7名1级至5级残疾军人发放住院补助、交通补助，救助金额4万余元。享受残疾人“两项补贴”492人。其中，享受生活补贴66人、享受护理补贴151人、同时享受两补人员275人，发放盲表、盲杖、助听器、助视器、轮椅。农村低保清退60户、72人，新增23户、24人。分散特困户173人，集中供养12人，新增特困户4户、4人。办理灵活就业补贴53人，就业登记12人，失业登记19人，为低保户、脱贫户代缴保费3万余元。新参加城乡居民养老保险登记195人，待遇核定279人，死亡注销228人，劳动力转移5400人。举办技能培训班2次，培训11人次，劳务输出3人次。设置“三无”（无生活来源、无劳动能力、无法定抚养义务人或法定抚养义务人丧失劳动能力而无力抚养的公民）人员公益性岗位，公益性就业岗位比2021年增加2个。全镇参加养老保险1.26万人，享受待遇5129人，信息采集108人次。

**【巩固拓展脱贫攻坚成果】** 2022年，靠山镇有脱贫户275户、512人，监测户6户、14人。其中，脱贫不稳定户3户、7人；边缘户3户、7人。享受“雨露计划”6人，各项政策全部落实到位。义务教育11人全部入学，无一人辍学。脱贫户全部参加城乡居民基本医疗保险。危房改造158户。2022年，靠山镇太平村41头基础母牛养殖项目总投资100万元，贫困户分红6万元，受益78户、158人。安全饮水完成4677户，水井房均有水质安全鉴定报告。

**【换届选举】** 2022年9月8日，靠山镇第九届人民代表大会第二次会议召开，乡镇72名人大代表参加会议。补选任立勇为靠山镇第九届人民代表大会主席团主席；选举杨牧笛为靠山镇人民政府镇长，温健为靠山镇人民政府副镇长。会议举行庄严宪法宣誓仪式。

**【“党支部+合作社+农户”模式】** 2022年，靠山镇坚持党建引领乡村振兴发展，发挥基层党组织的组织优势，实施“党支部+合作社+农户”新模式，全镇各村建立党支部领办合作社8家，吸纳党员14人。以护山村党支部引领的红船农民种植合作社为经营主体，总投资73.2万元，入社农户52户，推广庭院内种植有机黑玉米，种植面积2.4公顷。合作社采用“六统一”（统一生产资料供应、统一播种、统一管理、统一收割、统一销售、统一结算）经营模式，收获黑玉米14万穗，每户增收3500元，村集体收入增加5万元。

**【民主法治示范村创建】** 2022年，靠山镇成立以镇党委书记任组长的法治建设领导小组，制订法治建设年度计划，明确法治建设工作任务。将村干部学法普法、依法治理与年终浮动工资挂钩，纳入年终绩效考核范畴。结合“一村一辅警”全覆盖，在全镇9个行政村建设人民调解室，各配备专职调解员1名。全镇划分91个网格，由村“两委”成员、党员或屯长担任网格长及各村辅警、网格员定期对辖区内各类矛盾纠纷进行摸底排查，发现苗头及时调处。全镇各村处理群众矛盾纠纷120例，无一例上访事件发生，矛盾纠纷调解成功率100%。培养“法律明白人”135人，骨干60人，建立法律志愿服务队3个，全镇有国家级民主法治示范村1个、省级1个、市级1个及县级5个，创建率100%。

**【田间排涝】** 2022年6月，靠山镇连续多场强降雨造成辖区内多处河流水位大幅上涨，田间地块积水严重，靠山镇党委、政府组织干部、群众到田间地头开展排涝工作。各村出动钩机42台、抽水泵65台、人员1800余人，挖排水沟44千米，排水面积1174公顷。协调县农业农村局对绝收地块测土，抢种萝卜、白菜、粘苞米、荞麦，对成灾地块用无人机喷洒叶面肥，降低涝灾影响。

**【“喜迎二十大　奋进新征程”系列活动】** 2022年6月30日，靠山镇举办“喜迎二十大 奋进新征程”庆“七一”系列活动。组织全体机关、站所党员干部及各村党员代表赴红色教育基地——营城子镇金昌根烈士殉葬地、河源镇李红光旧居纪念碑、伊通满族博物馆、伊通党史馆等地开展主题党日活动，缅怀革命先烈丰功伟绩。7月1日，靠山镇举行“光荣在党50年”纪念章颁发仪式，向5名党龄50年以上且表现一贯良好老党员颁发“光荣在党50年”纪念章。同日，靠山镇各基层党组织邀请包村负责人、党员，开展“喜迎二十大 奋进新征程”庆祝建党101周年党员大会，包村负责人为党员上党课，村支部书记总结上半年工作、安排下半年工作。

（郭　薇）

靠山镇姜家村法治文化广场（摄于2022年8月16日 县司法局 供图）

## 河　源　镇

**【概况】** 河源镇位于伊通满族自治县东南部，南、东南与磐石市朝阳山镇、吉昌镇接壤，北、东北与伊通满族自治县二道镇、长春市双阳区土顶子镇毗连，西北与营城子镇山水相连，西南与东丰县沙河镇为邻。地处长白山哈达岭余脉，南部多低山丘陵地，海拔均在300米左右。境内青顶山、庙顶山、苕顶山、四方台海拔均在500米以上；青顶山海拔611.4米，是全县最高峰，是伊通河发源地，河源镇因此而得名。镇政府驻地板石村距县城42千米。面积243平方千米。其中，耕地面积6895公顷，林地面积1.32万公顷，森林覆盖率58%。全镇辖12个行政村，68个自然屯，98个村民小组。全镇居民户籍数6744户，户籍人口2.07万人，其中，街道户籍人口772人。全镇常住人口1.46万人。矿藏有硅灰石、硅石、石墨等。旅游景点有青顶山森林公园、保南水库风景区、大兴水库、李红光烈士故居、省地税局泰湖宾馆观光区。境内有省级河流2条（伊通河、饮马河）；市级河流4条（保南河、大沙河、倒木河、伊丹河）；最大河流伊通河流经4个行政村，流经全境12千米。有小一型水库2座（保南水库、大兴水库），总集水面积33.2平方千米，设计总库容313万立方米，兴利库容279万立方米，防洪面积279平方千米，设计灌溉面积237公顷；有小二型水库8座。全镇有中学1所、九年一贯制学校1所，在校学生374人。小学8所。小学在校生465人，教职工142人。九年义务教育普及率100%。卫生院2所，病床40张。全镇独生子女户、双女户中60岁以上享受补助，49周岁以上享受特殊奖励优抚补助100%。

**【经济发展】** 2022年，河源镇全口径财政收入1106万元；固定资产投资349万元。辖区农民人均收入1.6万元，城镇居民人均可支配收入1.75万元。全镇农作物种植面积7208公顷，粮食总产量108.12万千克，农业总产值实现2097.44万元。其中，玉米种植面积6349.85公顷，水稻种植面积659.83公顷，大豆种植面积172.05公顷，种植结构调整面积17.03公顷。完成保护性耕作2513.33公顷。推进庭院养殖、舍饲养殖，牛存栏4500头、羊3500只、猪

6000余头、禽类1.5万只，动物疫病免疫率98%。投入中央衔接资金300万元，新建河源镇菌酶协同秸秆生物发酵饲料项目，项目初期在榆树村，占地1.02万平方米，购置设备40台（套），全镇236户、416人受益。全镇12个村，通过种植业、养殖业增加收入。全年集体总收入917.29万元，其中，超50万元村11个，100万元以上村1个。

**【乡村建设】** 全镇完成村屯绿化21公顷，栽植糖槭、云杉、紫叶稠李等绿化苗木2310株，红松、樟子松3万棵。推行"林长制"。各村林长组织村、屯干部，发动组织村民356人，出动农用车37台，通过增绿、补绿等措施，在国道边、村路、重要交通要道进行造林补植补造，购买林苗5万颗，补植造林59.93公顷，更新造林21.91公顷。利用微信、视频、标语等形式宣传，调动群众造林积极性，推进春季植树造林工作开展。落实"河长制"。开展秋冬季河道清淤工作，组织村民200余人对饮马河、伊丹河清淤，出动钩机31台次，全年清淤6千米。投资157万元，修建榆树村锅腔屯河道护坡517米。投资102万元，新建苇塘沟桥涵1座。投资87万元，新修流沙村流沙屯路边沟1120米。镇村两级环境卫生整治投入资金62万元，召开人居环境整治工作会议32次，出动群众2000余人次，车辆400余台次，大型机械100台次，清理生活垃圾100万千克，河道垃圾50万千克。

**【民生保障】** 10月，社会救助审核确认权限下放到乡镇，河源镇成立社会救助评审小组，依据县政府授权履行社会救助申请受理、调查、公示、确认等职责，依法依规出具审核确认意见，低保从受理申请到审核确认在30个至45个工作日内。不再将民主评议作为必须环节，只对公示有异议低保申请对象开展民主评议。利用政务公开、发放资料、政策咨询、悬挂条幅、微信公众号等多种方式，开展社会救助审核确认权限下放政策宣传，做到政策家喻户晓，"应保尽保、应救尽救"。全镇农村低保户602户、749人，新增43户、55人，死亡38人；城镇低保户26户、31人，无新增，死亡1人；农村五保户165户、165人，新增11人，死亡11人。推进农村低保与扶贫工作衔接，及时将符合条件的建档立卡贫困人口纳入农村低保范围。加强动态管理，做到保障对象有进有出、补助水平有升有降。规范社会救助管理，适时申报临时救助、残疾人生活补贴等。2022年，发放临时救助金3.3万元、残疾人生活补贴38.41万元。全年开发就业岗位2400个，计划完成100%，城镇增加就业160人，年计划完成100%。农村贫困劳动力就业74人，农村劳动力就业2000人，创业160人。培训农村劳务经纪人12人，经纪人组织外出务工人员1400人。

**【巩固拓展脱贫攻坚成果】** 2022年，河源镇对"两不愁三保障"（保障贫困人口不愁吃、不愁穿；贫困家庭孩子接受九年义务教育，确保有学上、上得起学；贫困人口基本医疗需求，确保大病和慢性病得到有效救治和保障；贫困人口基本居住条件，确保住上安全住房）进行排查，确保无返贫人口。压实包保责任，强化第一书记和驻村工作队伍管理，发挥乡村特派员作用，巩固脱贫攻坚成果同乡村振兴有效衔接。完善防返贫监测机制，脱贫户236户、420人均无返贫风险。全镇危房改造110户。其中，脱贫户危房改造66户；低保户危房改造32户；五保户危房改造12户。春季"雨露计划"政策受益学生6人，发放补助金9000元。全镇脱贫户全部参加城乡居民基本医疗保险，实现参保率全覆盖。

**【全域生态旅游推进】** 2022年，成立伊通青顶山文化旅游服务发展有限公司，委托北京旅游规划公司推进设计以板石璋地盟誓、流沙抗联烈士故居、榆树少数民族特色村寨、保南国家级生态村田园风光、吉祥苍鹭观赏为主要内容3个AAAA级旅游景区规划。以长春母亲河、伊通河源头为核心旅游规划编制工作，以"红色引领、思想铸魂"为主题，李红光烈士故居红色教育基地、青顶山密营、原生态动植物，伊通河源头、保南康养基地、满族风俗、稻米特产、吉祥艺术家村、榆树满族历史文化馆教育基地，成为各界人士缅怀先烈、重温革命历史爱国主义教育基地，各级党史研究基地和廉政教育基地。2022年，以红色教育基地、美丽乡村、整村推进等项目建设为契机，吉祥村完成道路硬化、饮水安全、美化绿化亮化提升等便民利民项目。利用河源镇自然资源优势，发展"露营"乡村休闲游，从健康养生，亲近自然旅游理念出发，鼓励乡村能人志士开展"露营+户外烧烤""露营+亲子游戏""露营+篝火晚会""露营+田园野趣""露营+户外拓展""露营+团建"等项目多样化"露营+"发展模式。根据游客需求，提供帐篷租赁、场地选址、交通接送、提供烧烤设施和食材，各种活动形式供游客选择，把夜排档啤酒、烧烤，亲子游戏、户外拓展、团队团建建到乡间田园，助推乡村旅游发展。全镇有露营点16处，农家乐8家，专营露营等户外拓展有限公司3家。打造以"青山碧水·河源风情"为特色颁金节、虫王节、吃住行游购娱农家乐、满族文艺节目表演等具有满族特色文体娱乐基地。构建以长春市、吉林市等周边市场为依托的生态观光科普民俗体验度假、红色教育研学农业观光休闲4大板块，形成集生态观光、民族民俗体验、红色研学、农业休闲为一体吉林省乡村生态旅游目的地。全年接待游客2万余人。

【富硒产业】 2022年，河源镇围绕富硒鸡蛋、富硒猪肉、富硒大米等特色产品创建“一村一品”示范村建设，至年末，河源镇2个村发展富硒产业70公顷。地局子村富硒养殖场，与吉林农业大学合作，投资120万元，建设5000平方米高标准鸡舍1栋，建成集饲料生产、青年鸡育雏、蛋鸡现代化养殖、鲜鸡蛋全自动化生产、电商等较完整蛋鸡全产业链。存栏蛋鸡1.5万羽，年产富硒鲜鸡蛋30.7万千克，通过吉林省产品质量监督检验院检测含硒量0.25毫克/千克，叶酸含量103.3微克/100克远高于同类产品含量。产品远销北京、上海、广州、深圳等地。保南村与北京中农博后农业科学研究院合作成立伊通满族自治县保南扶民种植合作社，采取“企业+基地+农户+电商”经营模式，打造富硒有机水稻示范基地70公顷，发展集种植、收储、烘干、加工、销售为一体富硒水稻产业链，辐射带动农民种植富硒水稻140余户，农民年人均收入增加5800元，村集体增加收入1万元。打造优质水稻品牌，设计包装和品牌标识，注册“河源香一号”商标。

【鲜食玉米试验田】 2022年，河源镇结合产业发展现状、地域优势，优化产业结构调整总体思路，联合中国战略规划乡村振兴品牌发展中心在保南村引进中国农科院种子50千克，以“村组织+农户”土地流转模式打造“河源甜糯1号”鲜食玉米试验田1.5公顷。从选种到育苗、栽植、病虫防治、施肥管理等由省农科院和村组织实行‘保姆式’服务，实现订单式销售，带动150人就业，人均增收300元。

河源镇地局子村富硒蛋鸡养殖厂 （陈万春 摄于2022年6月5日）

【乡村振兴全域推进会议】 2022年1月26日，河源镇召开秸秆变肉乡村振兴全域推进工作会议。副县长、河源镇党委书记孙大太主持会议。河源镇板石村股份经济合作社、吉林省绿秀牧业发展有限公司、吉牛牧安农牧（吉林）集团有限公司、伊通吉牛牧安农牧发展有限公司分别代表甲、乙、丙、丁4方签署合作协议。吉林省畜牧局饲料处，中国农业大学国家重点专项成果转化中心相关人员出席签约仪式。通过秸秆变饲料进行养牛，牛产生粪便加工成有机肥种植玉米，做到农牧循环经济发展。

【摄影创作工作室成立】 2022年9月29日，摄影助力乡村振兴暨赵春江工作室及吉林省摄影家协会（简称“省摄协”）乡村振兴摄影创作基地、吉林省女摄影家协会采风创作基地、四平市摄影家协会采风创作基地、伊通摄影家协会生态摄影创作基地揭牌仪式在河源镇吉祥村举行。工作室为爱好摄影农民提供学习、交流平台，定期举办农民摄影大讲堂摄影展、摄影比赛。

（李知轩）

## 西 苇 镇

【概况】 西苇镇位于伊通满族自治县南部半山区，东与东丰县那丹伯镇接壤、南与东辽县金州、足民乡相邻，西与大孤山镇毗连，北与伊通镇头道村相接，距县城16千米。长春至辽源高速横穿境内。面积129平方千米，其中，耕地面积5205公顷，林地面积3336.05公顷。下辖8个行政村、65个自然屯，81个村民小组。第七次人口普查居民5246户、1.42万人。2022年，玉米种植面积325公顷，水稻种植面积35公顷，大豆种植面积12公顷，杂粮种植面积8公顷。粮食总产量39.75万千克。机械化农田作业面积4200公顷。农村集体经济产权制度改革全部完成，成立农村股份经济合作社22个。其中，种植合作社17家、养殖合作社2家、种养合作社1家、其他合作社2家。家庭农场6家。其中，种植农场4家、中草药农场1家、林果农场1家。土地流转面积155.5公顷。养殖蛋鸡3.6万只，肉食鸡3万只，猪3600头，牛

5065头，羊460只，鹿255头。农机合作社1家，农资合作社1家。购置大中型农业机械6台（套）。土地确权登记户3835户、16825人。全镇有中学1所，教职工44名，在校学生296名，教学班7个。中心小学1所，村小学5所，在校学生420人，教学班33个。小学适龄儿童入学率100%。中、小学入学率100%。有幼儿园2所，在园幼儿68名，幼儿教师10名。卫生院1所，村级卫生所8所，注册护士16名，镇、村两级医疗机构完成诊疗患者221人次，治愈率100%。

【经济发展】 2022年，全镇生产总值2.7亿元，比2021年增长8%；财政收入2004.4万元，增收10.3%；农民人均收入增加1.48万元，增长8%。西苇镇以区位、交通、生态等优势资源为依托，突出特色产业招商引资。组织各村干部对在外创业人士进行登记，掌握在外成功人士信息、上门拜访，鼓励其返乡创业，带动家乡发展。主动到企业了解企业项目建设进度、手续办理进度、存在困难等，协助企业解决相关难题，帮助企业招工，打造亲商氛围。至年末，外出招商6次，在谈项目1个，全镇有产业分红项目6个。其中，整镇分红产业项目1个；整村分红产业项目5个。至年末，分红25.14万元，实现分红人口全覆盖。全镇8个村及2家作业主体（德泽牧业、龙源牧业）达成秸秆离田打包合作，作业打包机24台，作业能力覆盖2816公顷，占总面积55.38%。

【乡村建设】 集中开展“环境卫生整治”行动2次，完善常态化管理机制，全镇投入资金100余万元，出动钩机、垃圾清运车700余台次，人工800余人次，清理生活垃圾800万千克、建筑垃圾136万千克，柴草（秸秆打包处理）160垛，畜禽粪污365万千克，破损建筑16处，清理边沟23万米，清理河道36千米，植树台打草26千米，打造干净人家630户。全年清收林地还林21.4公顷，村屯绿化9.7公顷，栽植柳树4300株，经过省市林业部门验收，造林地块成活率75%，完成全年造林任务。落实河长工作责任制及镇村两级河长巡河制度。至年末，镇级河长巡河人均12次，村级河长人均巡河48次，清理河道各类垃圾149处、畜禽粪便68处。清理河道建筑垃圾出动人员159人次、车辆108台次，钩机27辆。

【民生保障】 投资4000万元的县级公路（西苇镇至宏伟桥段）竣工，全长12千米。西苇村“户户通”道路硬化工程列入“一事一议”财政奖补项目，争取财政资金20万元，修建全长7千米户户通水泥路。向上争取资金10万元，实施井房子改造饮水工程提升项目，全镇安全饮水巩固提升工程一、二、三期打水源井31眼（两眼备用井），建成水井房31座，铺设管线8万米，完成入户4100户，脱贫户实现全覆盖，常住人口入户率100%。其中，孤山河村并网改造3座井房，提升改造管线1.2万米，更换水龙头36个，水泵3台，新增水箱和过滤网1个。解决132户的饮水问题，受益人口264人。建设生活污水处理厂1座，设计处理规模为年处理生活污水2190万千克。厂区内建有地下混凝土浇筑的调节池150立方米、污泥池50立方米，地埋式日处理生活污水6万千克。设备2套，地下水池及设备采用全封闭式管理。投资14万元，修复蛤蟆塘村危桥，宽度增加8米，9月投入使用。全口径劳务输出1318人，转移劳动力1361人，其中省外输出328人，职业技能培训52人。召开2022年招聘会，全镇农民30人参加，签约就业合同21人。

【巩固拓展脱贫攻坚成果】 2022年，全镇有脱贫户391户、657人，边缘易致贫户7户、12人已消除风险。2022年，脱贫人口参加农村合作医疗率100%。中高职学生享受“雨露计划”11人，补助2.55万元。全镇脱贫户贷款星级评定2星以上有116户，发放贷款68户，贷款金额184.9万元。全年危房改造完成1户，建档立卡脱贫户3户全部完工。其中，自建2户，修缮1户；非建档立卡低保户修缮1户。

【德泽牧业】 2022年，西苇镇利用

西苇镇红光村德泽牧业有限公司。图为公司养牛场
（单郑扬 摄于2022年9月20日）

延伸阅读

## “啄木鸟小分队”

“啄木鸟小分队”：伊通满族自治县聚焦群众急难愁盼问题，结合自身实际，将坚持党建引领基层治理与“我为群众办实事”实践活动相结合，以党建引领为核心，针对困扰已久的基层矛盾纠纷排查化解难题，组建“啄木鸟小分队”，抓住党组织领导基层治理这条主线，依托乡镇（街道）党（工）委和村（社区）党组织，在每个村、每个社区均成立1支人员固定的“啄木鸟小分队”，形成“3+N”的人员组织架构，即以1名乡镇（街道）干部、1名包村（社区）民警、1名驻村（社区）辅警为主体，1209个屯长、38个委主任为机动力量，发挥驻村辅警与屯长、委主任人熟地熟、乡镇干部可多方协调的优势，逐村逐屯挨家挨户进行“拉网式”走访摸排，对辖区排查出来的矛盾纠纷等风险隐患逐一登记造册，逐人建立台账，超前落实预防和化解措施，完善多元化调处机制。

吉林省实施“秸秆变肉”暨千万头肉牛建设工程机遇，发展养牛业，增加农民收入，全镇有德泽牧业有限公司1家，育西门塔尔牛1360头，母牛400头。内蒙古分场育牛500头、马300匹、羊1万只。公司自主收储饲料，青贮200公顷、黄贮800公顷，在内蒙古地区覆盖周边10余个乡镇1500公顷，建贮室2座，收储量1000万千克。2022年，解决就业40余人，带动当地3户脱贫户年均增收5万元。

【矛盾纠纷排查化解】 2022年，西苇镇召开矛盾纠纷排查化解工作安排部署会议，对疑难、重大矛盾纠纷实行领导责任制，逐案化解，明确工作目标，压实工作责任。1月20日，“啄木鸟小分队”在辖区内开展矛盾纠纷摸底排查工作，公安局法制大队、镇派出所参加排查。小分队工作人员对邻里纠纷、夫妻矛盾、土地纠纷等情况进行摸排，对排查出的矛盾纠纷，进行登记，逐件落实责任到人。全年受理各类上访案件38件，化解各类矛盾纠纷1个，化解信访积案1个，建立综合治理三级网格员队伍66人。

【村办企业】 嘉喜嘉农业有限公司为西苇镇碱厂村村办集体企业，是省财政专项衔接资金扶持的产业项目。主要生产和销售物理压榨大豆油。公司优先采购本地农户种植的大豆。至年末，为全村7户脱贫户分红5万元，增加村集体经济收入40万元，返还建厂筹集资金12万元。在满足县域内笨榨大豆油供应基础上，拓展域外市场，打造具有伊通地域特色品牌。

（单郑扬）

# 小孤山镇

【概况】 小孤山镇位于伊通满族自治县西南部，地处长白山西部边缘，属长白山脉向松辽平原过渡的丘陵地带。距县城35千米，是吉林、辽宁两省和辽源、四平两市与东辽、伊通、公主岭、梨树、西丰五县交会处。东与三道乡为邻，南与东辽县甲山乡接壤，西、北邻二龙湖水库，环湖行政村6个。面积167.69平方千米。耕地面积9144.4公顷。其中，承包田面积8564.28公顷，其他580.12公顷。林地面积928.20公顷。下辖13个行政村、104个村民小组、1个街道办事处。辖区常住人口1.71万人。人口以汉族为主，少数民族有满族、回族、朝鲜族、蒙古族等。境内主要山峰小孤山坐落在小孤山镇街南。小孤山河自南向北注入二龙湖水库。境内有复升水库1座。探明玄武岩、大理岩等矿藏。镇内有中学1所，在校学生578名，2022年，升入重点高中60名，升入普通高中或职高128名，有教职工71名；小学12所，在校学生686名，教职工135名。小学适龄儿童入学率100%，九年义务教育覆盖率100%。卫生院1所，设病床32张，职工33人；村卫生所11个。社会养老院1个，入住社会供养老人12人。镇综合服务中心（文化广播服务站）1个，村文化室13个，文化广场19个。文化书屋13个，农民秧歌队10支，广场舞队6支，太极拳团队1支。

【经济发展】 2022年，小孤山镇地区生产总值11.69亿元，比2021年增长4.7%；财政收入1760万元，增长6%；城镇居民人均可支配收入1.21万元，农民人均纯收入9150元；社会消费品零售总额2.2亿元。全镇玉米种植面积8615公顷，水稻种植面积35.3公顷。农民专业合作社150家。其中，种植合作社127家；养殖合作社10家；农机合作社10家；农资合作社3家。家庭农场70个。土地流转面积3800公顷。大中型农业机械112台，补贴金额177.67万元。机械化作业面积80%，深松作

2022年4月20日，小孤山镇志愿者服务队开展环境卫生整治工作
（林　凤　摄）

业面积133.13公顷，补贴金额4.99万元。打捆作业面积2800公顷。

【乡村建设】 2022年，小孤山镇完成户厕改造375座。全年完成造林补植补造3.77万棵，更新造林2.72万棵，村屯绿化3000棵。开展环境卫生整治，清理农村生活垃圾1380万千克，清理村内淤泥25万千克，清理畜禽养殖粪污等农业生产废弃物8100万千克，迁移柴草垛12个。开展秸秆全域禁烧工作，按时间节点完成秸秆离田工作。

【民生保障】 全年发放低保金27.24万元、特困供养人员保障金11.47万元、残疾人各类补贴73.66万元。发放春季耕地地力保护补贴6575户、1254.36万元；发放种子化肥补贴三批次5756户、340.55万元；发放玉米大豆水稻生产者补贴6520户、975.75万元。全镇有劳动力资源1.17万人，转移就业5400人，就业率46%。新农保全民参保登记356人，录入系统356人。

【巩固拓展脱贫攻坚成果】 2022年，全镇建档立卡脱贫户411户、730人，监测户10户、22人。建档立卡脱贫户和监测户家庭子女在校生67名。其中，义务教育阶段学生32人，享受“雨露计划”补贴政策14人，每人每学期补贴1500元。扶贫产业项目运行良好，根据协议为建档立卡脱贫户分红71.49万元。

（林　凤）

## 景台镇

【概况】 景台镇位于伊通满族自治县北部，地处长白山余脉大黑山脚下。景台镇交通便利，地理位置优越，东北与省会长春市毗邻，西北与公主岭市相邻，南距伊通县城40千米。镇中心距离102国道12千米，紧邻抚长、京哈两条高速公路，景台镇辖区最近处距离抚长高速公路3千米，长伊中线（长春—伊通）经过镇内核桃背、永久、姚家3个村。镇中心距京哈高速公路14千米，景台镇辖区距离省会长春市公路最近处14.7千米。辖区面积248平方千米，镇区面积3平方千米。耕地面积9532公顷，林地面积6400公顷。辖17个行政村、1个街道、108个自然屯、152个村民小组。人口3.2万人，常住人口6975户、1.8万人。其中，农业人口3.21万人、非农业人口945人。民族以汉族为主，汉族人口1.94万人，占总人口60.78%；满族人口1.25万人，占总人口39.08%；蒙古族、朝鲜族、回族人口63人，占总人口的0.14%。景台镇地处大黑山山脉中段北麓，地形多以丘陵为主，其中塘坝、水库各一处。塘坝坐落于锦山村庙岭屯，水库坐落在东方红村。有商贸、餐饮服务业个体工商户1603户，从业人员4783人，年销售额3415万元。全镇有中学1所，九年一贯制学校1所，中心小学1所，村小学17所，教职员工293名，适龄儿童入学率100%，九年义务教育率100%。医院2所，医护人员58名，床位40张；17个村卫生室，村医33名。全部完成标准化卫生室建设。

【经济发展】 全镇财政收入2150万元，财政支出2135万元。全镇农作物播种面积9532.88公顷。其中，玉米播种面积9469.63公顷、产量9900万千克，产值2.55亿元；大豆播种面积40.9公顷、产量13.1万千克，产值91万元；其他农作物播种面积27公顷。牧业小区10个，各类养殖大户50户，生猪年出栏3.6万头，牛存栏8500头，禽存栏12.3万羽，畜牧业产值2.7亿元。

【乡村建设】 整修路边沟2千米；清理垃圾5万立方米，粪便2万余立方米。开展河湖“清四乱”（乱占、乱采、乱堆、乱建）行动，打击粪污水直排、河道污染、盗采河砂等违法行为。明确河道管护工作要求，建立巡河排查机制，定期进行巡查监管。重点抓河道污染源头整治，消除村民乱倒垃圾、放羊、放鸭现象。加强河道防汛，定期对河道堤岸进行巡查，设置明显沿河标志牌、警示牌。村屯绿化22.66公顷，道路绿化4公顷，义务植树13.33公顷。绿化美化示范村1个，打造3千米精品路线1条。落实林业政策，巩固林权改制成果，推进林地管护工作。全年完成清收还林造林4公顷，清收还林补植452.43公顷，农田防护林4公顷。

**【民生保障】** 政策补助补贴资金按要求发放到位，开展低保核查认定。全镇有低保家庭545户、708人。争取上级民政部门临时救助资金，全年临时救助422人，发放资金7.56万元。发放残疾人"两项补贴"，护理补贴383人，生活补贴323人。全镇劳务输出6808人。其中，省内劳务输出5210人；省外劳务输出1586人；国外劳务输出12人。外出劳务人口占农村劳动力61.80%，劳务输出收入2.64亿元。举办技能培训班4期，培训30人。

**【巩固拓展脱贫攻坚成果】** 2022年，全镇脱贫不稳定户7户、11人，边缘户25户、56人，消除返贫、致贫风险。开展全县脱贫后评估交叉互检反馈问题整改工作，发现问题全部销号整改完成。拓宽就业渠道，脱贫务工135人。其中，省外务工7人；省内务工41人；87人在村中设立专岗工作，分红款作为劳动报酬。

**【乡村旅游】** 满族风情园位于伊范公路道东，大榆树村青山屯，占地面积3000平方米，2处青砖和青瓦满族风情建筑院落初具规模。吉林省颐乐谷山水庄园，以自然环境为依托，集红色教育、党建团建、乡村旅游、绿色生态、森林养生、休闲度假、中小学生综合素质评价、研学实践为一体。占地面积76万平方米，全年接待游客8万人次。凯旋渔村农家乐承包前进水库面积15公顷，有6个活动区，容纳100人就餐，设有垂钓、篝火晚会、文艺表演休闲娱乐项目。

**【特色农业】** 吉林省北显文创乡村旅游开发有限公司位于范家村河西屯，面积26.60公顷。种植万寿菊花5公顷，主要用于提炼食品色素和生产鲜切花；订单栽植东北越冬菊花4公顷，制作菊花茶，同时供游人观赏采摘；其余面积种植各种果树及百合、蒲公英、桔梗、射干，供游客采摘食用。接待长春、公主岭周边游客6000余人，带动河西2户农民开办农家乐，为村集体分红3万元。种植黑玉米20公顷，真空包装青石玉米和黑谷杂粮、黑玉米楂子、黑玉米面产品，并注册范家村品牌商标，远销广州。

吉林省德盛农牧科技发展有限公司榛子基地

（徐洪阳 摄于2022年8月26日）

吉林省德盛农牧科技发展有限公司位于秀山村，是集科研、开发、品种改良、示范、榛子产品精深加工（推广、销售）于一体综合性科技企业。注册资金500万元，占地面积0.87公顷，榛子繁育区3.34公顷，栽植示范区21.67公顷。主繁育品种达维、B21、辽榛3。精深加工系列产品榛子油、榛子精油、榛子仁、榛子碎、榛子露、榛子酒、榛子酱、榛子粉、水果榛子、原味榛子、榛子碳木棒、榛子壳粉、榛子壳压塑木。有集装箱客房20间，大炕客房2间，可提供50人住宿、200人就餐。全年接待旅游团及农民培训团队32次、1832人，销售榛子及榛子油等榛子产品25万元。

**【林果业】** 2022年，依托规模种植优势，以专业合作社为载体，打造林果示范基地553公顷。栽植黑果花楸、黑枸杞、紫叶稠李、水曲柳、海棠、白桦、美人松、黑松、油松及元宝枫经济林木12万株、40公顷。其中，黑果花楸280公顷。果园35个，面积233公顷。梨5个品种有苹果梨、安果梨、苹香梨、青皮翠、飘靶梨；果5个品种有鸡心果、龙丰果、海棠、123小苹果、开酒果；李子4个品种有桃李子、晚红李子、2号李子、6号李子，村民收益88万元。

（徐洪阳）

## 二道镇

**【概况】** 二道镇位于伊通满族自治县东部，地处长白山余脉，属半丘陵地带，山间分布河谷平原。距县城15千米，北邻长春市40千米，东与长春市双阳区太平镇接壤。全镇面积162.4平方千米，耕地确权面积

7010公顷（水田150公顷），林地面积6987公顷，森林覆盖率21.5%。南部4个屯划入河源保护区。下辖10个村、52个自然屯、73个村民小组。户籍人口5995户、1.83万人。常住人口4556户、1.09万人，有满族、汉族、回族、朝鲜族、蒙古族5个民族，汉族人口占总人口85%。二道镇东部和南部地势较高，为连绵起伏丘陵地，山间分布河谷平原，土地肥沃、四季分明、光照充足，属大陆性季风气候。境内有柳树河、伊丹河、二道河大型河流3条，水域面积110公顷。3条河流在二道镇境内汇合后，经伊丹镇流入新立城水库。全镇探明矿藏4处，分别是长山屯石灰石矿，储量7500万立方米；胡家窝棚石灰石矿，储量7500万立方米；石场碾子山大理石矿，储量6500万立方米；吉兴大理石矿，储量7000万立方米。其中，长山屯石灰石矿品质优良，被亚泰集团伊通水泥有限公司作为主要矿区进行开采。全镇有幼儿园3所，小学校4所，初级中学1所，教职工150名，中小学在校学生1023名；适龄儿童入学率100%。文化站1个，村文化室10个，文化书屋10个，文化广场10个。有二道镇中心卫生院1所，医疗卫生机构床位19张，执业（助理）医师23名，设有10个村级卫生所。社会福利中心1所，特困人员17名。

【经济发展】 2022年，农业总产值2.1亿元，资产总额682.7万元，全口径财政收入1074万元，固定资产投资完成投资额650万元，发放各种补助资金2095万元。全镇农作物种植面积7010公顷，粮食总产量6200万千克。畜牧业产值5500万元。农民人均收入实现1.67万元。全镇村集体经济收入水平大幅度提升，7名村书记领办合作社，实现集体经济收入529.11万元，其中有7个村超过35万元。2022年，在石门村、二道村投资3613万元，实施1467公顷黑土地保护项目建设，项目7个施工标段，全年完成5个标段施工建设，完成投资1800万元，占投资比例50%；争取少数民族发展补助资金22万元，修建宏明村篮球场和足球场，美化福安村村部，设置法治宣传栏；投资10万元修建中心村、二道村拉地道两座石砌涵管桥，解决农民秋收出行难问题。

【乡村建设】 实行农村环境、河道清理、环境保护网格化管理，动用车辆、机械150台件，人工4000余人次，清理垃圾480立方米，清理粪堆300立方米，清理路边杂草32千米，公路两侧种植花卉，栽植鲜花1.4万株，美化长度100千米。落实畜禽粪污收集转运处理体系，设立粪污收集点46个。完成秸秆离田6860公顷。组织新时代文明实践志愿者服务队到村屯开展清洁环境志愿服务活动8次。

【民生保障】 城乡居民基本养老保险参保8297人，城乡居民基本医疗保险参保1.26万人，申报“雨露计划”补贴对象7人次，推进民政“应保尽保，主动保障”救助政策，落实低保户336户、501人享受低保待遇；享受五保政策待遇154户、160人。开展残疾人服务，全镇享受残疾人生活补贴208人、享受残疾人护理补贴258人。城乡养老保险完成费用收缴。推进民生工程，开展政策性农业保险、新农合、大病救助、临时救助、退役军人和其他优抚工作。新型农村合作医疗完成缴费。推动创业就业，发展家庭农场13个，农民专业合作社24个，农民专业合作社成员554人，解决富余劳动力就近就业问题；由镇劳动保障所牵头，做好培训机构信息对接，依托培训中心开展月嫂、育婴、钢筋工、焊工等劳动技术培训；探索农村劳动力转移就业途径，为劳务输出者搭建平台，40人与浙江省慈溪市恒进电子有限公司签订用工合同。

【巩固拓展脱贫攻坚成果】 2022年，全镇建档立卡脱贫人口254户、481人，脱贫不稳定人口4户、6人，边缘易致贫人口5户、8人。落实各项帮扶举措，开展防返贫动态监测，对存在致贫风险农户实现早发现、早干预、早帮扶，化解返贫、致贫风险。全年发放分红资金40.43万元，为

2022年10月25日，二道镇开展环境卫生整治工作。图为志愿者清理路边沟垃圾 （二道镇政府 供图）

16户脱贫户、边缘易致贫户发放扶贫小额信贷30万元。完善公益岗位管理制度，开展就业服务，人社局公益岗就业3人，镇内公益岗就业47人，省外务工31人，省内务工26人，县内务工11人。

【石门水库旅游区】 二道镇建有石门中型水库1座，位于石门村，伊丹河上游，蓄水2830万立方米。库内有垂钓台、游船、浴场。库旁建有佛教庙宇甘露寺、在河之洲度假村、石门水库旅游服务楼、"农家乐"餐饮。被省政府批准为旅游区。

【二道干豆腐】 二道镇依托优质矿泉水资源，发展豆制品加工业。其中，干豆腐采用传统老法制作，以食材优良，做工精细和干、薄、细著名。全镇从事干豆腐制作农户50余户，年产量45万千克，产值450万元，获地理标志证明商标。

（孙明辉）

## 黄岭子镇

【概况】 黄岭子镇位于伊通满族自治县西北部半山区，北和西北与公主岭市接壤，东北与景台镇接界，东和东南与莫里青乡毗连，南和西南与靠山镇相接。镇政府驻地魏家大院屯。公主岭至伊通县级公路横穿境内，全镇实现村村通水泥路。距县城35千米。距公主岭市15千米。面积128.69平方千米。至年末，耕地面积5085公顷，林地面积3327公顷。下辖7个行政村、68个自然屯，69个居民小组和1个街道。人口5287户、1.63万人。其中，农村人口1.37万人；城镇人口2646人。有满族、朝鲜族、回族等少数民族，满族人口占总人口20%。

全镇有初级中学1所、中心校1所、村级小学6所、中心幼儿园1所。义务教育阶段学生享受"两免一补"政策，有8名学生享受"雨露计划"，消除因贫辍学现象。学生入学率、巩固率、中小学毕业率、小学升初中升学率100%。黄岭子镇卫生院，面积1500平方米，设置科室24个。至年末，镇、村两级医疗机构完成诊疗患者8729人次，治愈率70%，好转率80%。落实计划生育二孩政策和各项计生优惠政策及时率、准确率100%。发放奖扶金134.56万元，奖励扶助1195人，特扶40人。其中，伤残11人，独生子女死亡29人。

【经济发展】 2022年，全镇生产总值1.16亿元，财政拨款收入111.3万元，农民人均纯收入1.1万元，全口径税收收入14.34万元，其中增值税9.35万元。耕地地力补贴5270.93公顷，补贴金额764万元；玉米生产者补贴5281.5公顷，补贴金额594万元。全镇以玉米种植为主，玉米种植面积5027公顷，总产量7815万千克，其他发包地种植面积529公顷，收入246.9万元。至年末，土地流转面积445.7公顷。农村集体经济产权制度改革全部完成，成立农村股份经济合作社7个。农民专业合作社137家，其中，种植合作社120家，养殖合作社17家。家庭农场19家。其中，省级示范家庭农场1家，县级示范家庭农场9家。饲养蛋鸡、肉食鸡4万只、鸭593只、鹅836只、猪7431头、牛2775头、羊2154只。购置大中型农业机械17台套，政府补贴40.04万元。免耕作业100.4公顷，政府补贴10.73万元。2022年，镇政府协调资金149.95万元，修建广场硬化面积615平方米，路边沟2557米，路灯120盏。协调44万元资金改扩建镇社会福利服务中心，改建地面硬化800平方米，铺设地热面积200平方米，更换彩钢瓦3000平方米，厨房改造30平方米，新砌围墙130米，增设体育器材9套。协调资金12万元改建便民服务大厅，面积270平方米。采取"协调企业捐助石料，百姓义务出工"模式，对汛期水毁路基自行应急修复完成6处，出动钩机3台、人工600余人次，使用编织袋1万余个、木桩400余根、防水无纺布8捆，迎风村道口公路桥头加固改造完成。烧锅村石砌护坡修复路基40余米。引进秸秆打包项目，镇林业站和畜牧站为企业提供办公场地，入驻企业向镇政府交保证金70万元，其中，支付给各村委会秸秆看管维护及打包场地管理费3万元，支付打捆码垛费每公顷300元。全镇村民增加收入210万元，人均收入提高300元。

【乡村建设】 黄岭子镇环境卫生整治，以农村垃圾、河道治理及村容村貌提升为重点，成立人居环境卫生整治工作领导小组，建立垃圾收集、清运管理制度，将"户前三包"责任制（户门前包垃圾清扫、包垃圾放进垃圾箱、包无污水溢流）纳入村规民约。按照镇、村、户三级联动，分级负责要求，实行户分类、村收集、镇转运、县处理的模式进行处理，解决垃圾出口问题。全镇清理生活垃圾1400万千克，畜禽粪便230万千克，清理村内沟渠55.2千米，拆除废弃房屋残垣断壁等建筑物29处，迁移柴草垛等乱堆杂物324处，公路两侧植树25.6千米，种植补植树木15万株，修建边沟6.12万米。河道治理护岸工程完成3处。其中，卡伦河黄岭子镇段治理工程，治理河道长度9.14千米，护岸长度15.23千米；兴隆河黄岭子镇段治理工程，治理河道长度16.09千米，护岸长度32.68千米；二十家子河黄岭子镇段治理工程，治理河道长度8.99千米，护岸长度28.87千米。排查河道垃圾及围垦开荒等"四乱"问题13处，全部整治完成并经省市河长办确认销号。强化日常巡查，由镇纪委牵头组成督查小组，不定期对全镇环境卫生进行检查，发现问题及时整改，整改不及时进行全镇通报。结合“美丽庭院·干净人家”评选活动，建立评选激励机制，发挥典型示范引领作用，管护并重，惩防并举，创建良好人居环境。

**【民生保障】** 落实社会救助政策，维护社会稳定，确保困难群众得到及时救助。至年末，在册低保户491户、746人、特困对象15人及临时救助对象26人发放临时救助金3.79万元。享受高龄津贴90岁以上老人24人。享受“两项补贴”残疾人312人。全年劳务输出全口径2956人，转移劳动力2956人，其中，省外输出1182人，失业人员再就业9人。全年召开招聘会6次，参会人员200余人。

**【巩固拓展脱贫攻坚成果】** 2022年，全镇有脱贫户230户、405人，监测户19户、37人，未消除风险2户、5人，因病致贫返贫率62%。村级监测员对脱贫户每半月进行排查一次，镇级乡村振兴工作人员每月将排查情况实时上报县乡村振兴局。全年2轮排查完成。带动脱贫户和监测对象发展庭院经济增加收入，全镇215户种植玉米、蔬菜等农作物，户均收入1.17万元，比2021年增加2000元。协调县、镇、村包保责任人开展消费帮扶活动，购买脱贫户、监测户自产白菜、土豆等农产品252.5千克，帮扶金额3350元。全镇脱贫家庭劳动力外出务工就业28人，设置公益岗位6个。

**【世外桃源景区】** 世外桃源景区为国家AA级旅游景区、吉林省AAAAA级乡村旅游经营单位，是集红色教育培训、乡村旅游、有机食品开发为一体综合性服务企业。位于黄岭子村，占地17万平方米，依山而建，草木茂盛，绿化覆盖面积80%，空气清新，是天然氧吧。游客服务中心综合楼，容纳400人就餐，120人住宿，集婚礼、聚会接待于一体。房车营地，设有大小房车4台，适合家庭，情侣出游。红色教育基地，占地2000平方米，以红军长征为主题，有长征路、延安抗大、中共党史、中共大事件、开国大典教育区。高空拓展项目适合不同类型体验式团队建设。户外营地，占地面积4000平方米，草坪种植面积3000平方米，设有天幕帐篷、打卡拍照景观。真人CS野战基地，采用先进专业军用伪装设备，野战场地根据军事训练场地演变而来，感受真实战场体验。景区建有休闲户外长廊、木栈道及鱼塘，供游客休息用餐、休闲垂钓。山中种植梨树、桃树、山楂树、李子树、樱桃树，供游客观赏采摘。

世外桃源景区户外营地　　（王　帅　摄于2022年7月21日）

**【鹏达农机专业合作社】** 鹏达农机专业合作社总投资400万元（库房+农机）。其中，享受农机补贴项目260万元；个人投资140万元。合作社主要组织机械化生产、收割服务。合作社有各类农业机械17台（套），其中，联合收割机7台，旋耕机2台，免耕机7台，秸秆打包机1台。合作社通过生产托管、订单服务等形式，为周边农民提供机耕、机收等农机社会化服务，全年完成机耕面积600公顷，机收面积340公顷，服务农户300余户。

（王　尧）

## 营城子镇

**【概况】** 营城子镇位于伊通满族自治县南部半山区，东与二道镇为邻，西与辽源市东丰县那丹伯镇一河之隔，南与河源镇接壤，北与伊通镇相连。面积265.6平方千米，耕地面积6565公顷，其中水田面积760公顷。林地面积9456公顷，森林覆盖率35%。全镇户籍人口1.26万户、3.42万人；常住人口5371户、1.57万人。辖14个行政村、1个街道、86个自然屯、124个村民小组。水利资源丰富，有全县四大水库之一寿山水库和8座小(2)型水库，有大小河流6条。探明矿产资源有金矿、石灰石矿、油页岩矿等矿产。二道岭金矿扩建后投入生产。地理位置优越，交通便捷，境内有省一级、二级公路各1条，县级公路2条，村级公路16条。长营、营白、营抚、营辽4条高速公路横穿境内，是东丰、辽源、磐石、梅河、通化、白山、靖宇等18个市县区通往吉林省省会长春市必经之地。

全镇有中学2所，小学13所。中学在校学生973名，在职教师96名，小学在校学生2108名，在职教师136名。适龄儿童入学率100%。2022年为符合“雨露计划”条件学生发放补助助学金3.60万元(春季发放补助助学金10人、秋季发放补助助学金16人)。小额信贷59人次，贷款116万元。

全镇建有“文化书屋”1个，文化活动广场13个，文化大院7个。镇文化站组织大家唱艺术团和东丰县那丹伯镇表演队、中老年秧歌队和各村秧歌队、健身操队、乒乓球队进行表演比赛。有卫生院2所，在职职工131名，成立卫生管理组织创建卫生示范屯18个。新型农村合作医疗农户参合率90%以上，为全镇90%农户免费建立健康档案。

【经济发展】 2022年，营城子镇生产总值10.3亿元，固定资产投资完成0.5亿元，全口径财政收入1677万元，农民人均纯收入2.45万元。全镇玉米种植面积0.99万公顷；水稻种植面积251.7公顷；大豆种植面积133.3公顷；杂粮种植面积8.86公顷。粮食总量1.05亿千克。种植业合作社146家，种植农场107家；农机合作社8家，农资合作社4家，其他合作社99家。农田机械化作业面积1万公顷，机械化作业率99%。全镇现代农业高效规模扩张粮食种植面积1.03万公顷，农机总动力7万千瓦，机械耕地面积1.00万公顷，机耕率97.2%。有拖拉机及大中型农机具230台(套)，玉米收割机75台(套)。发展农民专业合作社14家，家庭农场3个，营城子镇学习“梨树模式”，全年实施保护性耕作面积3252.22公顷。

【乡村建设】 2022年，营城子镇落实镇、村、屯三级河长、路长和保洁员责任制，“三级”河长人均巡河300人次。集中整治境内伊通河、屏风沟河、那丹伯河、王家炉河、打草沟河、柳树河6条河流及其他小河流。每条河道按河段安排河道卫生人员，定期维护卫生环境。集中整治村屯环境，清除小广告63处，清理垃圾堆144个、粪堆217个、柴草垛261个，柴草垛和玉米楼出屯率94.5%。落实镇、村、屯三级路长制，明确保洁员工作职责，清理境内伊营公路、营白公路两旁遗留垃圾、各村屯卫生死角及“历史”遗留垃圾问题得到解决。河道清淤清污长度98千米，解决旱厕占道违建等问题。

【民生保障】 2022年，营城子镇加强社会保障，全镇城乡居民医疗保险参保率90%以上。按照“按户保障、差额救助”原则，新一轮低保完成评定。至年末，全镇农村低保户537户、769人，城镇低保户52户、65人。农村特困人员189人。其中，集中供养14人；分散供养175人。全年临时救助8人，发放资金1.3万元；441人享受重度残疾护理补贴，发放资金3.53万元；313人享受生活补贴，发放资金2.5万元。3名孤儿享受上学资助，按时发放生活补助金；43人享受高龄补贴，每人每月100元。2022年，全镇劳务输出全口径6510人，转移劳动力6510人，其中省外输出2604人，失业人员再就业380人，职业技能培训720人。全年召开招聘会14场，720人参加，签约580人。

【基础设施建设】 2022年，营城子镇党委、政府协调乡村振兴服务中心在四间村、打草村实施“示范村照明”工程项目，投资135.19万元，新建350盏路灯；争取中央“衔接推进乡村振兴补助资金”实施营城子镇基础设施建设项目，建设新家村、营城子村、向前村、四间村等4个自然村镇村道路30条，长度7.3千米，铺设水泥混凝土路面面积2.94万平方米；争取县级“衔接推进乡村振兴补助资金200元”，开工建设营城子镇水泥路及排水沟工程建设项目，改造水泥混凝土道路1条，长度1.94千米，路面铺装面积7760平方米，改造排水沟长度2.57千米；实施2022年农村公路基础设施改建项目，建设前偏脸屯、望远楼屯、保山屯、太平桥屯、大兴隆泉屯、西城山屯、寿山屯等7个屯的水泥路，全长13.7千米。其中3个项目完成施工并投入使用。2022年，全镇境内农村公路长度83.6千米，村村通水泥路改造率、畅通率100%。

【巩固拓展脱贫攻坚成果】 2022年，营城子镇脱贫户364户、650人，其中边缘易致贫户10户、19人。全年开展防返贫监测大排查2次，无新纳入监测户和监测人员。享受6个整县项目分红59.25万元。发展红色旅游、休闲度假、产业扶贫等项目，完成砂古村、小桥子村、后柳村3个整村项目分红18.69万元，受益人口128户、235人，人均收益795元。符合“雨露计划”条件学生24人(春季10人，秋季14人)，全年补助3.6万元。为59户脱贫户开展小额信贷工作，贷款额度116万元。180名脱贫户申请庭院经济奖励资金9.3万元。营城子村、四间村、新家村、向前村和打草村5个“千村示范”村完成验收。

【基本农田保护】 2022年，营城子镇履行耕地保护责任，建立长效机制，设立永久基本农田保护标识牌，

延伸阅读

### “五个不准”“八不准”

“五个不准”：不准占用基本农田进行植树造林、发展林果业和林粮间作及超标准建设农田林网；不准以农业结构调整为名在基本农田内挖塘养鱼、建设用于畜禽养殖的建筑物等严重破坏耕作层的生产经营活动；不准违法占用基本农田进行绿色通道和城市绿化隔离带建设；不准以退耕还林为名违反土地利用总体规划，将基本农田纳入退耕还林范围；除法律规定的国家重点建设项目以外，不准非农建设项目占用基本农田。

“八不准”：不准占用永久基本农田建房；不准强占多占耕地建房；不准买卖、流转耕地违法建房；不准在承包耕地上违法建房；不准巧立名目违法占用耕地建房；不准违反“一户一宅”规定占用耕地建房；不准非法出售占用耕地建的房屋；不准违法审批占用耕地建房。

成立永久基本农田保护村级管护小组，落实村组一级责任人，建立动态巡查、定期报告等制度，推行保护基本农田“五个不准”、乱占耕地建房“八不准”，做到基本农田数量不减少、质量不降低、用途不改变。至年末，耕地保有量1.06万公顷，永久基本农田面积9510公顷，永久基本农田保护区情况在村级公示栏公示。

【黄牛养殖】 2022年，营城子镇有肉牛养殖户1858户，其中规模以上养殖户113户，肉牛存栏15万头，出栏量10万头。成立肉牛产销协会，推动全镇畜牧产业科学发展、规范经营。制定三年“出村入园”计划，规范化建设养殖小区，形成营城子镇立体化增收模式。镇域内肉牛生产、加工、流通、销售、服务有机衔接，初步形成“肉牛养殖—屠宰加工—餐饮服务—养殖粪污及屠宰加工废弃物综合利用”完整产业链条。2022年，黄牛现代农业产业园被评为省级现代产业园。

（王　帅　王安迪）

## 莫里青乡

【概况】 莫里青乡位于伊通满族自治县西北部，距县城23千米，东及东南与马鞍山镇相连、南与伊通镇接壤、西及西南与靠山镇接界、西北与黄岭子镇毗连、北及东北与景台镇接壤。乡政府驻地刘家村。面积98平方千米，辖7个行政村、36个自然屯。人口5098户、1.46万人，满族人口占总人口18%以上。境内有3条主要河流（丁家河、施家河、莫里河），长度35.8千米，流经莫里、施家、刘家、老虎沟、八家子5个村。县、乡、村三级道路纵横成网，交通便利，道路总长72千米。县级道路1条（马鞍山镇至靠山镇段），乡级主干路3条（莫里青乡至景台镇途经刘家村、老虎沟村、秀山村段，莫里青乡至景台镇、黄岭子镇途经刘家村、施家村段，莫里青乡至伊通镇途经刘家、八家子、兴宏、劳动4个村），村级公路硬化率100%，屯级公路硬化率80%以上。全年完成村屯绿化20公顷，栽植紫叶稠李1500株，果树1500株。义务植树8公顷。

莫里青乡有中小学校6所。其中，初级中学1所、中心小学1所、村小学4所。在岗教师79人。卫生院1所、村级卫生室7个，医务人员24人。新型农村合作医疗农户参合率90%以上，全乡90%农户免费建立健康档案。

【经济发展】 2022年，莫里青乡主导产业优质玉米种植面积5044公顷，产量4800万千克；水稻种植面积127.35公顷，产量7万千克。调

营城子镇黄牛交易市场　　（隋国民　摄于2022年4月20日）

整种植结构，杂粮、特色玉米（甜玉米）种植面积180公顷。棚膜经济发展建有标准温室5栋、标准大棚12栋、简易大棚22栋，面积5.46公顷。林果、菌菇、刺老芽等特色产业形成小规模种养，老虎沟村、莫里村和施家村大榛子种植产业初具规模。养殖业以猪、牛、羊、鹿及家禽为主，猪存栏8945头、牛存栏1.16万头、羊存栏1142只、鹿存栏52头、禽存栏9000余只，规模养殖场2个（宏盛养殖场、淞元养殖小区）。大型农机合作社2家（县泽农专业合作社、乡兴隆农民专业合作社），农机具70余台套。

【乡村建设】 2022年，莫里青乡组织包保干部、村组干部、农民群众，开展人居环境整治村庄清洁行动。7个行政村平均投入8万元至12万元，对所辖村屯垃圾进行清理。建立环境卫生整治长效管理机制，以村为单位，制定环境卫生整治方案。全乡投放垃圾桶180个（村屯按每10户投放垃圾桶1个标准投放）。配齐村级环境卫生保洁员和监管员，委托第三方垃圾收集车每天进行垃圾收集清理。以县级公路沿线屯组、示范村作为整治重点，拆除环线范围内柴草垛、玉米楼子、厕所等违规建筑，清理路边沟、植树台等。实行常态常效保洁措施，大环线环境卫生整治工作取得成效。开展“美丽庭院·干净人家”评选活动。

【民生保障】 2022年，莫里青乡有农村低保户340户、450人，特困人员分散户118人，集中供养14人。新增低保户14户、20人，有6户、10人进入审批流程中。核查城镇和农村低保户10户、13人，因死亡及其他原因撤销32人低保待遇。乡社会福利服务中心每季度为享受救济补助人员下发生活费2.4万元（县民政局拨款）。县民政局下拨3.8万元用于救灾工作，发放医疗临时救助款3.02万元，救助人口22人。新型农村合作医疗农户参合率90%以上，免费为全乡农户建立健康档案，建档率90%。投资470万元，修建莫里村、兴宏村、刘家村3个示范村水泥路6.28千米。劳务输出全口径3300人，转移劳动力3300人，其中省外输出380人。职业技能培训350人。

【巩固拓展脱贫攻坚成果】 2022年，莫里青乡建立乡村两级互通互联、信息共享、动态管理网格，开展防止返贫动态监测排查，采用“摸、排、走、访”四步走，发现问题现场指导整改，确保将因病因灾人口按时纳入帮扶对象。全乡有脱贫人口177户、301人。由村两委和驻村工作队摸排建档立卡户，剖析收支状况，确认收入来源是否稳定，巩固脱贫质量。6月，投资700万元，实施莫里青乡年产10万千克大樱桃产业项目。为7个行政村脱贫户购买树龄8年至12年大樱桃树苗2000棵，分红20.26万元（分红进行差异化分配，分别为A类500元，B类600元，C类700元），人均收益617元，受益人口328人。

【秸秆禁烧】 2022年，莫里青乡采取“线上线下”方式，落实秸秆禁烧和综合利用工作。线上利用微信群、朋友圈等多种方式宣传禁烧政策和焚烧秸秆危害；线下通过出动流动宣传车、大喇叭等方式，把焚烧秸秆弊端和回收还田政策宣传到户、到人。引导合作社和外部秸秆收割设备经营者到莫里青乡使用机械设备处理秸秆。开展山坡地阶梯分段式离田，鼓励村民使用自家秸秆喂养牲畜和日常生活。

【“全民爱阅读 书香溢满乡”阅读季活动】 2022年7月，莫里青乡开展“书香吉林”阅读季活动，依托新时代文明实践所（站），推广全民阅读，通过推荐好书、阅读打卡、感悟分享等形式，带动党员干部群众参与全民阅读活动，营造“书香社会”氛围。线上依托“咪咕阅读”“学习强国”等平台，鼓励、引领党员干部常读书、读好书，利用业余时间创新阅读形式、交流读书心得，线下采取组织集中阅读和自学阅读相结合方式，动员干部群众深入学习党的十九届六中全会精神、《习近平谈治国

2022年，莫里青乡开展“书香吉林”阅读季活动。图为11月6日村民在乡阅览室阅读 （莫里青乡政府 供图）

理政》第三卷、新《中华人民共和国民法典》，倡导读者每天读书1小时、每月阅读1本书。

**【刘家村村规民约】** 刘家村村民委员会是莫里青乡7个村委会之一，根据村情民意制订本村《村规民约》。内容分为社会治安、村风民俗、邻里关系、婚姻家庭4个方面17条内容。

（杨　野）

表44　　2022年伊通满族自治县莫里青乡刘家村村规民约一览表

| 条次 | 内　容 | | | |
|---|---|---|---|---|
| | 社会治安 | 村风民俗 | 邻里关系 | 婚姻家庭 |
| 第1条 | 1.每个村民都要学法、知法、守法、自觉维护法律尊严，同一切违法犯罪行为作斗争 | 1.提倡社会主义精神文明，移风易俗，反对封建迷信及其他不文明行为，树立良好的民风、村风 | 1.村民之间要互尊、互爱、互助，和睦相处，建立良好的邻里关系 | 1.遵循婚姻自由、男女平等、一夫一妻、尊老爱幼的原则，建立团结和睦的家庭关系 |
| 第2条 | 2.村民之间应团结友爱，和睦相处，不打架斗殴，不酗酒滋事，严禁侮辱、诽谤他人，严禁造谣惑众、拨弄是非 | 2.红白喜事由红白喜事理事会管理，喜事新办，丧事从俭，破除陈规旧俗，反对铺张浪费、反对大操大办 | 2.在生产、生活、社会交往过程中，应遵循平等、自愿、互惠互利的原则，发扬社会主义新风尚 | 2.婚姻大事由本人作主，反对包办干涉，男女青年结婚必须符合法定结婚年龄要求，提倡晚婚晚育 |
| 第3条 | 3.自觉维护社会秩序和公共安全，不扰乱公共秩序，不阻碍公务人员执行公务 | 3.不请神弄鬼或装神弄鬼，不搞封建迷信活动，不听、不看、不传淫秽书刊、音像。 | 3.邻里纠纷，应本着团结友爱的原则平等协商解决，协商不成的可申请村调解委调解，也可依法向人民法院起诉，树立依法维权意识，不得以牙还牙，以暴制暴 | 3.自觉遵守计划生育法律、法规、政策，实行计划生育，提倡优生优育，严禁无计划生育或超生 |
| 第4条 | 4.严禁偷盗、敲诈、哄抢国家、集体、个人财物，严禁赌博、严禁替罪犯藏匿赃物 | 4.建立正常的人际关系，不搞宗派活动，反对家族主义 | — | 4.父母应尽抚养、教育未成年子女的义务，禁止歧视、虐待、遗弃女婴，破除生男才能传宗接代的陋习。子女应尽赡养老人的义务，不得歧视、虐待老人 |
| 第5条 | — | 5.积极开展文明卫生村建设，搞好公共卫生，加强村容村貌整治，严禁随地乱倒乱堆垃圾、秽物，修房盖屋余下的垃圾碎片应及时清理，柴草、粪土应定点堆放 | — | — |
| 第6条 | — | 6.建房应服从村庄建设规划，经村委会和上级有关部门批准，统一安排，不得擅自动工，不得违反规划或损害四邻利益 | — | — |

（莫里青乡刘家村）

# 三道乡

【概况】 三道乡位于伊通满族自治县西27.50千米，东临大孤山镇，西临小孤山镇，南与东辽县足民乡相连。全乡面积110平方千米，耕地总面积6803公顷，其中种植水稻面积40公顷，玉米面积6642公顷，大豆面积34公顷。辖11个行政村和1个街道办事处。人口6195户、1.77万人。民族以汉族为主，少数民族有满族、回族、蒙古族、朝鲜族等，满族人口占总人口41%。东南部有猴山，是全乡最高峰，西北部是二龙湖。域内有东李河、西李河和小孤山河3条河流。有小(1)型水库1座(东李水库)。矿产资源有石油、油页岩、煤等。有县级公路1条，东临九开线，交通方便。

全乡有初级中学1所，在校学生227名，教职工41名；中心小学校1所，村小学6所，幼儿园1所，在校学生428名，教职工93名。小学适龄儿童入学率100%；九年义务教育覆盖100%。有乡文化站1个，村文化书屋11个，文化广场20个。有乡卫生院1所，职工17名；村卫生所11所，村医19名。

【经济发展】 2022年，全乡财政收入2312.2万元，财政支出2343.3万元。全乡农作物播种面积6803公顷。其中，玉米播种面积6642公顷、产量7401.9万千克，产值1.85亿元；水稻面积40公顷，产值105万元；大豆播种面积34公顷、产量8.5万千克，产值42.5万元；其他农作物播种面积87公顷。牧业小区7个，各类养殖大户7户，生猪年出栏1.8万头，牛存栏5800头，禽存栏16万羽，畜牧业产值2.12亿元。

【乡村建设】 2022年，三道乡以“干净整洁”为目标，以清垃圾、清河沟、清畜禽养殖粪污、清理庭院外杂物、清理乱搭乱建和废弃建筑物等为重点整治内容，建立村屯干部、保洁员网格化管理长效保洁机制，落实河长制工作责任，建立乡、村、巡河员三级“河长+巡河员”网格化工作体系，全年乡村两级河长App巡河570次，巡河员常态化巡河2000余次。乡农居办、河长办常态化督导村屯环境清理和河道卫生治理工作，对存在问题下发督办单，进行复查复检。投资72万元，清理村内沟渠27.5千米、路边沟37.3千米、田边沟49.5千米。出动机械700余台次，清理垃圾960万千克。聘用保洁员82人，清理畜禽粪污280万千克，清理院内杂物4000余处，清理垃圾、杂物等80万千克。联合县环保局、公安局环侦大队对违法养殖户进行处理，行政拘留2人次。

协调县交通局、水利局移民办开工建设农村公路项目。修建三道村前二道岗子屯、城子村泉眼沟屯、颜家沟屯、丁家屯、城子屯、西坡屯水泥路4.52千米；争取后瓦村“一事一议”项目，修建水泥路600米，边沟600米；新安装三道村路灯40盏。

2022年7月12日，三道乡开展环境卫生整治工作。图为村民清理路边沟 (刘宇恒 摄)

【民生保障】 2022年，三道乡按照要求发放政策补助补贴资金，开展低保核查认定工作。全乡有低保家庭460户、710人，新增低保人口24户、15人。争取上级民政部门临时救助资金，全年临时救助15人，发放资金1.8万元。发放残疾人“两项补贴”、护理补贴373人，生活补贴291人。办理灵活就业补贴9人。协助群众缴费300余人次。新参保登记188人，待遇核定248人，死亡注销210人，劳动力转移4100人。实施就业政策，落实各项创业扶持政策，推进再就业培训，全年劳动力输出2339人，参加招聘会2次。

【巩固拓展脱贫攻坚成果】 2022年，三道乡健全防返贫动态监测和帮扶机制，对全乡常住农村人口开展防止返贫致贫集中排查，对村监测员开展培训。至5月25日，三道乡排查人口3822户、9997人，完成全乡常住农村人口全覆盖。全年对脱贫户、脱贫不稳定户、低保户、特困供养户及多子女户、务工不稳定户、刚性支出较大户进行重点排查。全乡贫困学生73名，符合“雨露计划”中、高职学生13名。建档立卡贫困中小学生享受“四免”(免校车费、水费、午餐费、校服费)政策，确保贫困户子女不因贫困失学。建立长效机制，压实工作责任，对辍学学生进行劝返。至年末，全乡建档立卡脱贫户中无义务教育阶段辍学情况。推进鹿养殖项目投资200万元，养殖梅花鹿、杂交鹿86头。其中，梅花鹿种母鹿50头；公鹿30头；梅花鹿种公鹿6头。产业项目分红16万元。前瓦村养鹿项目投资113万元，养殖梅花鹿、杂交鹿46头。其中，梅花鹿种母鹿26头；公鹿17头；梅花鹿种公鹿3头。产业项目分红11.3万元。全乡推进牛养殖项目投资400万元，养殖繁殖母牛160头，产业项目分红24万元。全乡推进大樱桃种植项目投资200万元，采购5年生树苗1000棵，产业项目分红12万元。

**【法治宣传进村屯】** 2022年，三道乡结合当前家庭离婚率偏高、养老诈骗、电信诈骗、家庭暴力等重点问题，开展法治宣传活动。6月7日，乡司法干警和乡政府工作人员采取到各村屯发放宣传单、上门宣讲等形式向村民宣传《中华人民共和国民法典》《中华人民共和国反有组织犯罪法》、人民调解、法律援助等相关法律法规，围绕日常法律问题，用现实生活真实法律案例，以案释法，以法论事，告知村民在日常生活中要“办事依法、遇事找法、解决问题用法、化解矛盾靠法”。活动发放宣传手册300余份，宣传资料200余份，受教群众500余人次，现场接受群众咨询50余人次。

**【三道“八里香”香瓜】** 三道乡三道村香瓜种植是特色农业经济之一，该地香瓜口感爽脆、甘甜。三道乡土壤肥沃厚实、松软透气，光热资源充足，昼夜温差较大，是全县光热条件较好的乡镇之一。全乡有2个村种植香瓜，有香瓜大棚11栋，年产值40万元。乡政府通过引导服务，在伊小公路沿线设立2个香瓜售卖摊位，组织瓜农成立香瓜合作社、注册统一商标——“伊通河”牌香瓜，所产香瓜成为县内知名品牌，香瓜于每年6月上市，畅销省内外长春、沈阳等4个城市，深受消费者欢迎。

（刘宇恒）

## 新兴乡

**【概况】** 新兴乡位于伊通满族自治县东北部。西与长春市朝阳区接壤，北与长春市净月区新湖镇毗邻，东临长春市双阳区鹿乡镇，是四平地区与长春市3个区交会之处。面积65.05平方千米。新兴乡农作物种植面积5106.6公顷。其中，玉米面积4919.4公顷，水稻面积187.2公顷。辖8个行政村、54个自然屯、60个村民小组。人口4119户、1.37万人，其中常住人口8423人，流动人口3129人。人口出生率2.24‰，人口死亡率10.1‰，人口自然增长率-7.9‰。有汉族、满族、回族等民族。新兴乡地处长白山脉向松辽平原过渡丘陵地带。主要山脉有永胜南山、于岗山。境内主要河道有老龙湾、永胜河，最大河流为老龙湾，流经新兴乡远大村至新兴乡巩固村，长20千米，流域面积43平方千米，年均流量36平方米/秒。全乡有初级中学1所，在校学生145名，教职工38名；有小学6所，在校学生200名，教职工66名；有幼儿园2所，入园幼儿40余名。小学适龄儿童入学率100%；初中升学率100%。卫生院1所，设病床15张，职工32名；村卫生所7所，卫生技术人员18名。

**【经济发展】** 2022年，全乡地区生产总值7.6亿元。工业产值4.2亿元，畜牧业产值1.6亿元，个体私营经济产值3600万元。粮食产量5100万千克。农民人均纯收入1.75万元。全口径财政收入1510万元。推进养鹿项目、吉林省宇昊建材有限公司及吉林省新胜塑料制品有限公司新型环保材料重点项目建设。发展农业经济，稳定玉米种植，调增特色种植畜牧业养殖向规范化发展，全乡生猪存栏1.5万头、牛存栏4000头、梅花鹿存栏8.2万只，禽存栏8.83万羽，鹿产品加工向精细化发展。

**【乡村建设】** 2022年，新兴乡完善“四长”（河长、林长、田长、路长）协作模式，打造生态环境和黑土地资源保护共同体。全年投入55万元，聘用保洁员66名。对村屯道路两侧、河道、沟渠、地头等地带集中开展垃圾清理行动，清理垃圾960万千克，修整路边沟2.5万米，对道路两侧土地路肩进行修整，清除柴草垛10座、清理直排养殖场2处、小广告3000余处，投入人力4500人次，动用机械设备4800余台次，投放垃圾收集、运输车80余辆。实行购买社会化保洁服务，落实秸秆禁烧三级干部网格化包保责任，秸秆禁烧“零火点”；开展“清河、巡河、清废”3项行动，河道清淤、清污长度15千米，全年种植花卉17万株。其中，种植海棠花2万株，万年红10万株，菊花5万株。公路绿化240公顷，村屯绿化500公顷。向上级争取基础设施建设资金393万元，为新兴村、灯塔村、巩固村铺设水泥路4条。新兴乡街道污水处理厂二期建设工程推进中。

**【民生保障】** 2022年，新兴乡申报“雨露计划”补贴对象4人次；农村低保196户、337人，城乡低保11户、18人。农村分散特困人口142户、142人，农村集中特困人口10户、10人；城乡集中特困人口1户、1人。困难残疾人补贴122人。临时救助人口

80户、49人。补助金额17.97万元。实施就业政策，落实各项创业扶持政策，推进再就业培训，全年劳动力输出2700人，参加招聘会4次。

**【换届选举】** 2022年9月25日，召开新兴乡第九届人民代表大会第二次会议，84名代表出席会议，选举出乡长1人、副乡长1人。

**【巩固拓展脱贫攻坚成果】** 2022年，新兴乡对全乡常住农村人口开展防止返贫致贫集中排查，截至10月30日，排查2553户、7335人，实现全乡常住农村人口全覆盖。对2021年脱贫户、脱贫不稳定户、低保户、特困供养户及多子女户、务工不稳定户、刚性支出较大户进行重点排查。重点排查核查全乡建档立卡贫困户129户、239人，未发现有返贫致贫风险农户。坚持常态化监测帮扶，防止规模性返贫。落实医疗扶贫、教育扶贫政策，乡、村两级医疗机构达到"基本医疗有保障"要求，全乡13名义务教育阶段学生享受"四免"政策，4名中高职和大专学生享受"雨露计划"政策。提供小额贷款20户，金额45.5万元。

**【招商引资】** 2022年，新兴乡全年总投资2.42亿元，落实开工项目5个。其中，新胜塑料制品扩建项目、中天石油伊通分公司投资项目完工；吉林宇昊实业公司投资项目在建设中；世辉仓储项目二期工程、吉林省宇鑫实业有限公司工艺品及包装纸盒加工建设项目完成选址。达成战略合作意向1家，与中国农业科学院特产研究所签署协议。

**【孙氏鹿业】** 新兴乡朝阳村吉林孙氏鹿业有限公司地处长白山余脉，毗邻国家二级水源保护区。企业占地6.8万平方米，集梅花鹿养殖繁育、鹿产品深加工、稻谷种植加工和富硒产品研发生产销售于一体。是"吉林省农业产业化龙头企业""吉林省残疾人扶贫(创业)基地"。鹿茸生产工艺通过"ISO 9001"认证。孙氏鹿业基地位于伊通新兴工业园区，采用"科学饲养与驯化相结合"方式养殖梅花鹿。联合受益养殖农户成立"伊通万只梅花鹿行业协会"，以鹿业养殖带动农民创业增收。2022年，存栏养殖梅花鹿1685头。会员农户126户，辐射带动40人，年均增收3000元；其中，残疾人家庭15户；辐射带动40人；残疾人安置就业10人，年平均工资1.2万元/人。

（耿　新　付作仁）

新兴乡孙氏鹿业养鹿基地

（摄于2022年4月16日　新兴乡政府　供图）

## 永宁街道

**【概况】** 永宁街道位于伊通满族自治县中部，东至高速路，南至邵家村与伊通镇永新村接壤，西至伊通大街，北至河北村与东尖村接壤。面积15.7平方千米。耕地面积490公顷，林地面积58.9公顷。辖永青村、河北村、邵家村3个行政村，福康社区、庆阳社区、康泰社区、福庆社区、永宁社区、永青社区6个社区。常住人口2.29万户、5.05万人。其中，城镇人口2.23万户、4.90万人；农村人口528户、1453人。辖区内有机关企事业单位48家。有高中1所，在校学生2440名，教职工182名；伊通满族自治县朝鲜族九年一贯制学校1所，在校学生193名，教职工31名；初中1所，在校学生1300名，教职工126名；特殊教育学校1所，在校学生47名，教职工27名；小学2所，在校学生2839名，教职工219名；幼儿园6所，在园幼儿958名，教职工169名。医院1所，病床510张，在编147名(其中专业技术人员131名)，不在编312名；卫生院2所，病床68张，职工53名，专业技术人员30名。

**【经济发展】** 为增加贫困户经济收入，实现稳定脱贫，邵家村佳欣养老院配套设施扶贫项目申请扶贫资金40万元，实际使用38.45万元，覆盖街道全部贫困人口。第四年分红为扶贫资金5%，分红1.92万元。

**【乡村建设】** 投资5万余元，为邵家村、河北村配备保洁员15人、保洁车辆7台。至年末，动用机械50余台次，清理垃圾110万余千克，清除卫生死角30余处，清理村级公路

48千米。

【民生保障】 全年辖区内居民办理城乡居民养老保险新增参保85人，已到龄领取养老待遇人员去世死亡注销40人，到龄人员领取待遇核定74人；到达60岁未领取养老保险金人员落实按要求全部完成，下发数据102人，至年末，完成缴费57人，完成待遇核定20人；实现全年审批城镇低保37户、41人，农村低保11户、13人，申请特困人员11户、11人，申请临时救助40户、40人。完善育龄妇女登记制度，落实计划生育政策，及时掌控计划生育率，确保各项审批办理事项符合政策要求。全年为56对育龄夫妇办理一孩生育证，为21对育龄夫妇办理二孩生育证，为独生子女父母办理光荣证13份，办理城镇独生子女费奖励125人次。全年困难人员申请163人，办理灵活就业人员社保补贴702人，开展就业创业工作，为失地农民提供就业创业指导和服务，2022年新增就业人数540人，办理就业创业证196人。

【巩固拓展脱贫攻坚成果】 2022年，永宁街道结合防返贫动态监测和帮扶集中排查工作，运用排查结果，突出重点人群，对重病、重残、新纳低保人员、刚性支出较大人员再次排查。围绕“两不愁三保障”和饮水安全进行专项整改。以家庭为单位，对各村常住人口集中排查2次，关注8类重点人群和特殊群体，重点监测存在返贫、致贫风险人员。全年新纳监测对象3户、7人。其中，脱贫不稳定户1户、1人；边缘易致贫户2户、6人。为脱贫人口和监测对象开发帮扶公益岗位，全年招募聘用11人。其中，邵家村5人、永青村4人、河北村2人。

【征地拆迁】 2022年，伊通第一人民医院移址新建项目、高速出口转盘改扩建项目完成。项目占地18.4万平方米，涉及122户、15.84万平方米，拆迁房屋32户，农户宅基地及集体建设用地总面积4.04万平方米，发放土地补偿费2000万元。完成福安大街北段土地征收，农户补偿款发放到位。

【保护性耕作】 2022年，永宁街道推进黑土地保护性耕作，实行秋季深翻秸秆还田面积106.67公顷，秋季机械收获后秸秆覆盖面积20公顷，坡岗地带根茬抠瓣播种面积260余公顷。黑土地保护性耕作面积占总耕地面积80%以上。

【基层治理】 2022年，永宁街道优化管理体制，加强街道“四个平台”建设；按照《街道（乡镇）职责清单》，完善“街道吹哨、部门报到”机制；制定行政执法“三项制度”，推进行政执法权限和服务资源力量下沉；持续深化网格治理。全年有7人取得行政执法考试合格证。永宁街道划分网格24个，配备网格长24名，网格员87名，楼栋长376名，单元长1755名。推进“网格党建”建设，在网格中建立24个党小组、小区党支部155个、楼栋党小组56个，警员16名、辅警30名、员额法官6名、行政执法人员10名进驻网格，每个网格明确1名应急管理工作人员，村和社区政务外网全部连接，网格长、干警每天对片区进行排查，每周上报排查情况并建立台账，保证社会综合治理信息化平台运转正常。

【农村“三资”管理】 2022年，永宁街道推进农村产权流转交易，对街道所辖村组开展闲置资源、资产调查。各村签订其他方式耕地承包合同77份，面积34.5公顷，收取承包费16.32万元。活化固定资产（商品楼出租）11个，取得租赁收入20.7万元。华帮种植专业合作社、邵家村佳欣家庭农场经营情况正常，监测合格，备案至县级社会化服务主体名录库。核实清理农民专业合作社21家，确认其中17家为空壳社，2家为需整改社，2家正常运营。将华帮种植专业合作社推荐为县级示范社。2022年，各村农作物政策性保险参保面积415.6公顷，农民自缴保费8.27万元，参保率87.1%，比2021年增长18.4%；核准耕地地力保护补贴1187户、补贴面积477.71公顷；玉米、大豆、水稻等粮食生产者补贴1095户、补贴面积450.82公顷；第一次种粮一次性补贴577户、面积445.72公顷，第二次种粮一次性补贴580户、面积446.1公顷。

（刘　丹）

## 永盛街道

【概况】 永盛街道位于伊通大街以西，南至伊通大庙，北至北大桥，西至民族团结广场。面积20.7平方千米。耕地面积2003.8公顷，占总面积96.8%，农村人口平均耕地面积0.11公顷；林地面积3.2公顷；荒山荒坡面积8.4公顷；水域及水利设施用地16.4公顷；矿产占地面积6.4公顷。辖福宁社区、正阳社区、福安社区、庆德社区4个社区，庆德村、沈家村、东宋村3个村。人口5.61万人。其中，城镇人口5.35万人、农村人口2633人。辖区内有高中1所，在校学生3030名，教职工248名；初级中学1所，在校学生1715名，教职工156名；小学2所，在校学生3497名，教职工247名；幼儿园5所，在园幼儿1469名，教职工238名。

【经济发展】 营造良好招商环境，对准三大主导产业，利用“飞地经济”（指发达地区与欠发达地区双方政府打破行政区划限制，把"飞出地"方的资金和项目放到行政上互不隶属的"飞入地"方的工业基地，通过规划、建设、管理和税收分配等合作机制，从而实现互利共赢的持续或跨越发展的经济模式）政策，促进产业发展，推进现代化农业发展。采取资源招商、以商招商等方式，落实、跟进服务措施，确保项目早签约早落地。适应电商直播新形势，发挥电商直播带动产品销售优势。9月6日，永盛街道福宁社区联合辖区内非公企业驷达职业技能培训学校，举办"吉林网姐"电商直播技能培训班。讲解电商知识，教授电商技能、技巧。参加培训居民30人。

【乡村建设】 落实"河长制"责任，开展巡河治理。街道河长全年巡河12次，村屯河长全年巡河219次。常态化维护河道及周边环境卫生，做到堤绿水清，防止水土流失。落实黑土地保护政策，保护当地大气环境。永盛街道粮食种植面积1180.6公顷，秸秆综合利用离田面积1180.6公顷，综合利用离田率100%。整治辖区内河湖乱占、乱采、乱堆、乱建"四乱"问题。全年清理农村生活垃圾83车、92立方米，畜禽粪便9处、18立方米。

【民生保障】 终止发放城市低保待遇85户、118人，新申请26户、29人。永盛街道有城市低保户599户、706人，农村低保户123户、160人，特困户34户、34人，临时救助19人、临时救助金额28570元。全年一胎生育证办理25份，二胎生育证办理8份。奖励扶助59人，特别扶助11人。6对夫妇参加婚检和孕前优生健康检查，发放避孕药具66人，发放叶酸18人。为符合条件下岗职工及大龄失业人员办理社保返补贴1500人，发放就业创业证900余本。城镇新增就业人员960人，城乡养老保险新增参保30人。到龄待遇核定31人，变更登记10人，认证12人，死亡注销20人。

2022年8月30日，永盛街道便民服务大厅，工作人员为群众办理社保返补贴业务　　（金苗苗　摄）

【巩固拓展脱贫攻坚成果】 2022年，永盛街道有脱贫户32户、65人，边缘易致贫户3户、7人，"一户一档"及综合档案全部规范建档。建档立卡贫困户参加新农合、大病保险，参保率100%，家庭医生签约率100%。为符合条件的建档立卡贫困户42人办理兜底保障。评定小额信贷授信情况6户，已贷6户、10万元，无逾期还贷情况。

【"最多跑一次"改革】 2022年，永盛街道党工委成立"最多跑一次"改革工作领导小组，组建"最多跑一次"改革办公室和便民服务大厅组织机构。街道保留权责事项18项，保留政务服务事项39项，社区保留权责事项31项，村保留政务服务事项53项。街道便民服务中心电话公开式服务，居民电话预约办理，对材料齐全的即办件，服务窗口做到立办立结。

【"党建+物业"基层治理】 2022年，永盛街道探索"党建+物业"基层治理新模式。街道成立83个物业管理委员会和10个业主委员会，党员成员62名。庆德社区为锦城苑小区引进物业，年投资130余万元，改造小区基础设施。在物业建立爱心养老食堂。创建"兼合式"党支部，以"地缘"为纽带，融合组织在职党员、退休党员和流动党员，调动党员参与小区管理积极性，将"支部建在小区"，发挥在职党员8小时外先锋模范作用。

（金苗苗）

# 人物 荣誉

## 先进人物

### 全国优秀人民警察

鲍立军　伊通满族自治县公安局刑事侦查大队副大队长

### 全省优秀人民警察

欧林辉　伊通满族自治县交警大队副大队长

魏晓波　伊通满族自治县治安大队大队长

### 全省“扫黄打非”先进个人

尹　微　中共伊通满族自治县委宣传部宣传舆情与新闻出版科科长

### 吉林省乡村振兴优秀教师

李艳丽　伊通满族自治县景台镇中心小学校教师

刘　学　伊通满族自治县靠山镇中心小学校教师

### 吉林省农村供水保障工作先进个人

魏忠凯　伊通满族自治县自然资源局党组书记、局长

### 吉林省创业担保贷款突出个人

赵九州　伊通满族自治县人力资源和社会保障局创业担保贷款中心主任

### 吉林省金牌劳动关系协调员

赵鑫志　伊通满族自治县总工会经济事业部负责人

### 吉林省铜牌劳动关系协调员

王禹钧　伊通满族自治县景台镇人民政府劳动保障所所长

### 吉林省暴雪气象服务先进个人

张梦琦　伊通满族自治县气象局科员

### 吉林好人·战疫先锋

冯东霞　伊通满族自治县永宁街道庆阳社区党支部书记、居委会主任

李海艳　伊通满族自治县景台镇五台子村党支部书记、村民委员会主任

王　威　伊通满族自治县第一人民医院感染管理科主任

管续斌　伊通满族自治县“伊帮援助服务中心”负责人

刘　营　伊通满族自治县永盛街道庆德社区委主任

张东保　伊通满族自治县公安局永宁派出所所长

### 四平市劳动模范

魏晓波　伊通满族自治县公安局治安大队大队长

张晓东　伊通满族自治县农村信用合作联社党委书记、理事长

杨丽梅　伊通满族自治县融媒体中心科员

周冬辉　伊通满族自治县卫生健康局工会主席

胡景昆　亚泰集团伊通水泥有限公司制造车间主任

苏立伟　伊通满族自治县伊丹镇中心小学校校长

方海艳　吉林伊特胶管有限公司党支部书记

马淑霞　伊通满族自治县营城子镇红塔村村书记、主任

王鹏程　吉林钰兴机械制造有限公司技术员

## 2022年度 四平市三八红旗手

高 岩 伊通满族自治县永宁街道永青社区书记

## 四平好人

刘光颖 伊通满族自治县莫里青乡卫生院中医副主任医师
李 琳 伊通满族自治县马鞍山镇人民政府一级科员
王利国 伊通满族自治县三道乡农村集体经济服务中心主任
宫宏伟 伊通满族自治县实验小学校教师
张 丽 伊通满族自治县满族第二十中学校教师
郭 昊 伊通满族自治县融媒体中心新闻部主任
张海波 伊通满族自治县文化馆馆长
王文杰 伊通满族自治县民族医院检验科主任
任 圆 伊通满族自治县永宁街道庆阳社区两委成员
盖春海 伊通满族自治县马鞍山镇北岗子村第一书记兼伊通联社主任助理
马金龙 伊通满族自治县西苇镇西苇村村民委员会民兵连长
佟晓娟 伊通满族自治县大孤山镇中心校教师
牛 杨 伊通满族自治县地方志编纂委员会办公室主任
张 婷 伊通满族自治县第一人民医院检验科检验师
刘忠雪 伊通满族自治县满族第二十中学校教师

## 第三届“四平好青年”

史 策 伊通满族自治县黄岭子镇党委书记

## 四平市委、市政府记个人三等功

胡志良 伊通满族自治县人民法院立案庭庭长

## 争创“中国精品年鉴”工作先进个人

郭丽强 伊通满族自治县人民政府办公室副主任

## 四平市检察机关刑事检察业务竞赛十佳公诉人

李 静 伊通满族自治县人民检察院副主任
王天野 伊通满族自治县人民检察院副主任
陈 璐 伊通满族自治县人民检察院科员

## 四平市检察机关刑事检察业务竞赛优秀公诉人

宗成麟 伊通满族自治县人民检察院科员

## 四平市好记者

王 远 伊通满族自治县融媒体中心设备管理部负责人

## 四平市“三支柱一市场”农村普惠融资服务体系建设推广工作先进个人

赵铁成 伊通满族自治县金融服务中心负责人
孟祥龙 伊通满族自治县金融服务中心职员

## 四平市最美河长办工作人员

马 宁 伊通满族自治县大孤山镇人民政府武装部部长

## 2022年度 四平市“民族之星”

赵晓红 伊通满族自治县永宁街道福庆社区党支部书记

## 四平市精神文明建设家庭

檀百春家庭 伊通满族自治县大孤山镇万福德村

## 四平市优秀班主任

王立华 伊通满族自治县实验小学校教师
夏卫东 伊通满族自治县第三中学校教师
代 君 伊通满族自治县第一中学校教师
裴凤娇 伊通满族自治县二道镇满族中心小学校教师
杜 秋 伊通满族自治县河源镇满族九年一贯制学校教师

## 四平好人·战疫先锋

张东保 伊通满族自治县公安局永宁派出所所长
夏艳华 伊通满族自治县伊通镇综合服务中心副主任、财政所所长
管续斌 伊通满族自治县“伊帮援助服务中心”负责人
史 爽 伊通满族自治县伊通镇农业农村办公室主任
吴双双 中共伊通满族自治县委宣传部精神文明创建指导科科长
邹 威 伊通满族自治县机关事务服务中心车辆服务中心主任
董洪伟 伊通满族自治县伊通镇党委副书记

李　洋　伊通满族自治县吉大速递有限公司董事长
徐凤娟　伊通满族自治县景台镇卫生院医生
史　义　伊通满族自治县农村信用合作联社风险管理部经理
李海艳　伊通满族自治县景台镇五台子村党支部书记、村民委员会主任
刘春艳　伊通满族自治县庆阳社区居民
郭廷泽　中国共产主义青年团伊通满族自治县委员会书记
王　威　伊通满族自治县第一人民医院感染管理科主任

### 2022年伊通满族自治县退役军人嘉奖名单

赵慕天　吉林省"抗疫先锋"
米　超　三等功
田海强　嘉奖
刘云超　嘉奖
韩春鹏　嘉奖

## 人物简介

鲍立军　男，满族，1973年6月出生，中共党员，二级警督，痕迹检验高级工程师。1996年2月参加公安工作，历任伊通满族自治县公安局刑事侦查大队民警、技术中队中队长，现任伊通满族自治县公安局刑事侦查大队主管刑事技术工作副大队长。从警26年，他始终战斗在刑侦技术工作第一线，先后勘查各类现场9600余起，收集看守所在押人员信息8000余份，利用现场指纹、足迹、DNA等痕迹物证直接认定犯罪嫌疑人480余名，破获各类案件1160余起，多起案件在中央电视台《天网》《今日说法》等栏目播出，受到广泛关注。他在刑侦技术领域业务精湛，成绩突出，先后荣记个人二等功1次、三等功9次。他是全国公安机关刑事技术青年人才、公安部重点实验室课题组主要成员，曾被授予"全国公安机关成绩突出个人""全国公安机关'我为群众办实事'成绩突出个人""全国公安百佳刑警提名奖""全国公安刑事案件现场勘查优秀民警""全国公安现场勘查技术教官""吉林省优秀共产党员""吉林公安楷模""崔光日式好民警""吉林省优秀人民警察""吉林好人·最美警官""吉林省十大刑侦尖兵""四平市劳动模范""四平市管优秀专家"等荣誉。他带领的刑事技术团队连续四年被公安部评为全国现场勘查优秀县级公安基层单位，连续多年在吉林省公安县区级刑事技术工作考核排名首位。2022年，鲍立军被授予"全国优秀人民警察"称号。

魏晓波　市级劳动模范，男，满族，1971年1月出生，中共党员，伊通满族自治县治安大队大队长。2011年被四平市政府授予个人三等功；2013年、2014年被四平市公安局授予十佳派出所所长；2016年被伊通满族自治县政府授予安全生产先进个人；先后荣立个人二等功一次、三等功两次，所在集体荣立集体二等功一次、三等功一次。在2018年—2022年的打击防范违法犯罪工作中，他立足本职工作，身先士卒，打击违法犯罪分子200余名，办理拒不支付劳动报酬案件30余起，为农民工挽回经济损失4000万余元，获锦旗20余面。在2021和2022年度吉林省公安厅缉枪治爆专项行动中，他带领民警开展全县缉枪治爆工作，收缴枪支500余把、子弹1万余发、管制刀具600余把、爆炸物品200余千克。

王鹏程　市级劳动模范，男，1994年5月出生，2015年参加工作，中共党员，大学学历，吉林钰兴机械制造有限公司技术部技术员。他领导的小组连续多年被企业授予"工人先锋号""模范班组"等称号；他本人先后2次被企业评为创先争优先进个人；2021年获四平市五一劳动奖章。工作中，他恪尽职守、技能精湛，在技术创新方面研发出颗粒生产装置、轮辋刮渣装置、车轮挡圈滚圆装置、轮辐旋压装置、板材滚压轮辋制造设备专利产品，个人获5项实用新型技术专利。其中一种轮辋刮渣装置的创新，提高生产效率8倍至10倍，每年每台设备为用户降低生产成本50万元至80万元，使企业销售收入和营业利润得到大幅度增加，为公司创造了巨大的经济效益。

## 逝世人物

赵玉起　男，吉林伊通人，满族，1938年7月出生。1956年8月参加工作，1981年8月加入中国共产党。历任伊通统计局副局长、计委主任、政协伊通满族自治县委员会副主席、县委统战部部长、县人大副主任等职务。

2022年7月17日逝世，享年84岁。

## 先进集体

### 第十三届全国家庭工作先进集体

伊通满族自治县教育局

### 第九批全国民族团结进步示范区示范单位

伊通满族自治县伊通镇人民政府

## 2022年全国科普日活动优秀组织单位

伊通满族自治县科学技术协会

## 全省优秀公安基层单位

伊通满族自治县公安局刑警大队
伊通满族自治县公安局特警大队

## 全省“扫黄打非”先进集体

中共伊通满族自治县委宣传部宣传舆情与新闻出版科

## 吉林省文明村镇

伊通满族自治县伊通镇
伊通满族自治县马鞍山镇

## 2022年度全省政务服务中心政务服务评价工作考核全省先进档次

伊通满族自治县政务服务和数字化建设管理局

## 2022年全省公共资源配置领域政府信息公开和交易领域基层政务公开标准落实指引评估考核评级为A+，位列全省第一方阵

伊通满族自治县政务服务和数字化建设管理局

## 吉林省创业担保贷款突出贡献单位

伊通满族自治县财政局

## 吉林省促进就业创业工作先进单位

伊通满族自治县劳动就业局

## 吉林省第一届职业技能大赛“特殊贡献奖”

伊通满族自治县人力资源和社会保障局

## 吉林省地方志系统先进集体

伊通满族自治县地方志编纂委员会办公室

## 四平市2021—2022年度“青年文明号”

伊通满族自治县消防救援大队

## 四平市模范集体

伊通满族自治县伊通镇人民政府

## 第六届四平青年五四奖章集体

伊通满族自治县青年创业就业联合会

## 四平市“三支柱一市场”农村普惠融资服务体系建设推广工作先进集体

伊通满族自治县金融服务中心
伊通满族自治县伊通镇人民政府

## 四平市“2020—2022年度军(警)民共建精神文明先进单位”

伊通满族自治县消防救援大队

## 四平市社区治理示范单位

伊通满族自治县永宁街道永青社区

## 四平市“优秀新时代文明实践所(站)”

伊通满族自治县伊通镇新时代文明实践所
伊通满族自治县马鞍山镇新时代文明实践所
伊通满族自治县大孤山镇新时代文明实践所
伊通满族自治县伊丹镇新时代文明实践所

## 四平市精神文明建设先进文明村镇

伊通满族自治县黄岭子镇
伊通满族自治县黄岭子镇保家村
伊通满族自治县大孤山镇孟家村
伊通满族自治县大孤山镇万福德村

## 四平市文明单位

中共伊通满族自治县委机构编制委员会办公室
国网吉林省电力有限公司伊通满族自治县供电公司伊丹供电所

## 四平市第七次全国人口普查先进集体

伊通满族自治县小孤山镇人民政府
伊通满族自治县景台镇人民政府

## 四平市先进人大代表之家

伊通满族自治县小孤山镇人民政府

# 附 录

## 组织机构及负责人名录

### 中国共产党<br>伊通满族自治县委员会

书　　记　孙立阳
县委副书记　叶永兴(满族)
　　　　　宁文斌(满族)
县 委 常 委　孙立阳
　　　　　叶永兴(满族)
　　　　　宁文斌(满族)
　　　　　赵云安(满族)
　　　　　王　浩
　　　　　王　菲(女)
　　　　　刘敬涛(至5月)
　　　　　孙大太(满族,5月任)
　　　　　刘列军
　　　　　李　爽
　　　　　高跃永
　　　　　邹天永

### 县委工作部门及所属单位

**县委办公室**

主　　任　高跃永
常务副主任　张国东

**县委保密委员会**

副 主 任　康　波(满族)

**县委组织部**

部　　长　王　菲(女)
常务副部长　郑　良(6月任)

**非公党工委书记**

　　　　　王　睿(8月任)

**县委宣传部**

部　　长　刘敬涛(至6月)
　　　　　孙大太(6月任)
常务副部长　王　政

**县互联网信息中心**

主　任　雷雯淇(女,满族)

**县委统一战线工作部**

部　　长　赵云安(满族)

**县委政法委员会**

书　　记　杨文胜(至9月)
　　　　　邹天永(9月任)
常务副书记　王世清

**县委机构编制委员会**

主　　任　王　威(满族)

**县委关心下一代工作委员会**

主　　任　侯贵新

**县直属机关工作委员会**

书　　记　王树军(至8月)
　　　　　马丽娟
　　　　　(女,满族,8月任)

**县信访局**

局　　长　董宇恒

**县档案馆**

党支部书记、馆长
　　　　　张颖娜(女,1月任)

**县委党校**

校　　长　宁文斌
常务副校长　王胜杰

**县委党史研究室**

主　　任　卢　彬(8月任)

### 伊通满族自治县<br>人民代表大会常务委员会

主　　任　王振峰
副 主 任　邵春梅(女,朝鲜族)
　　　　　李彦龙(满族)
　　　　　朱　虹(女,满族)
　　　　　李　刚(满族,12月任)
办公室主任　任洪臣
民族侨务外事室主任
　　　　　董阿曼(女,满族)
研究室主任　田　涛(满族)
教科文卫室主任
　　　　　王素芹
　　　　　(女,满族,12月任)
　　　　　刘原野
　　　　　(女,满族,至12月)
信访室主任　周　明(满族)
人事代表选举委员会主任委员
　　　　　王英俊(满族)
财政经济委员会主任委员
　　　　　程文波(女,满族)
法制委员会主任委员
　　　　　孟永恒
　　　　　(满族,12月任)
　　　　　王素芹(至12月)
社会建设委员会主任委员
　　　　　刘原野
　　　　　(女,满族,12月任)

### 伊通满族自治县人民政府

县　　长　叶永兴(满族)

县委常委、副县长
王 浩
副县长 李瑞兴(至5月)
孙大太(至5月)
王建新(至5月)
张铁群(女,至12月)
姚宏宇(8月任)
艾四化
刘敬涛(5月任)
邵立夫(5月任)
费东佐(挂职,11月任)

## 中国人民政治协商会议伊通满族自治县委员会

主 席 张亚冰(女,满族)
副主席 姚宏宇(满族,至7月)
崔艳辉(满族,12月任)
马书贤(女)
欧阳纯才(满族)
办公室主任 倪志华(满族)
经济委员会主任
张文杰(女,满族)
社会法制委员会主任
向 前(满族)
台港澳侨民族宗教委员会主任
阎丽华(女)
科教文卫文史委员会副主任
崔丽艳(女)
提案委员会主任
连永军
政协常委委员
马书贤 马秀艳
马宏宇 王 野
王 琪 王艺霖
王秀斌 卢 彬
冯云飞 毕 尧
刘百玲 刘海英
刘雪蕾 苏云波
李 和 李志刚
李海艳 欧阳纯才
杨宜迪 杨珊珊
张亚冰 张 杰
张东旭 张光昕
张闰博 张国东
张银炉 周冬彬
周和影 周绍飞
房 丽 姚宏宇
赵春雷 郝长江
胡冰洁 侯程曦
姜 爽 夏艳辉
顾洁宇 倪志华
高宏飞 崔滨显
梁艳辉 焦振齐
蔡云飞 谭洪丽
滕云亮

## 中国共产党伊通满族自治县纪律检查委员会监察委员会

县委常委、纪委书记、监委主任
刘列军
常务副书记、监委副主任
李中武
纪委副书记、监委副主任
孟凡例(满族)
纪委常委、县委巡察办主任
苏云波

## 县政府工作部门及所属单位

### 县政府办公室
主 任 刘霄雷
### 县地方志编纂委员会办公室
主 任 牛 杨(女,满族)
### 县发展和改革局
局 长 马立国
### 县教育局
党委书记、局长
张金山(满族,至8月)
### 县工业和信息化局
党组书记、局长
黄大坤
### 县民族宗教事务局
局 长 于向阳(7月任)
### 县民政局
局 长 王秀斌
### 县司法局
局 长 李创业(1月任)
### 县财政局
局 长 裴 乐
### 县人力资源和社会保障局
局 长 刘立国(至8月)
陈 晓(8月任)
### 县自然资源局
党组书记、局长
魏忠凯
### 县住房和城乡建设局
党组书记、局长
王 俊(满族)
### 县城市管理综合行政执法大队
党组书记、大队长
尹树军
### 县交通运输局
局 长 刘 尧(至8月)
### 县交通运输综合行政执法大队
大队长 赵立秋
### 县水利局
局 长 王学锋
### 县农业农村局
局 长 崔艳辉
### 县农村经济管理站
副站长 郑立忠
马 岩
### 县乡村振兴局
局 长 荀洪义(至8月)
关 兵(9月任)
### 县商务局
局 长 李贵宾(满族)
### 县经济技术合作局
局 长 符 野
### 县文化广播电视和旅游局
局 长 刘万旭
### 县卫生健康局
党组书记、局长
于向阳(至7月)
刘立国(8月任)
### 县退役军人事务局
局 长 宋文福
### 县应急管理局
党委书记、局长
王 兵
### 县地震监测中心
主 任 王艺达

**县审计局**
局　　长　董　富
**县市场监督管理局**
党组书记、局长
　　李　生（至5月）
　　孙　光（5月任）
**县融媒体中心**
主　　任　刘春来
**县医疗保障局**
党支部书记、局长
　　赵永胜（1月任）
**县机关事务服务中心**
主　　任　孙　光（至5月）
　　聂　鑫（5月任）
**县政务服务和数字化建设管理局**
局　　长　胡冰洁（女，满族）
**县林业局**
局　　长　冯　猛（至8月）
　　荀洪义（满族，9月任）
**县供销合作社联合社**
理事会主任　吕　品
**吉林伊通经济开发区**
党工委书记、管委会主任
　　刘志杰
党工委副书记
　　金仙峰（女，朝鲜族）
管委会副主任
　　杨德志（满族）
　　谷　拓（满族）
　　刘剑哲（满族，6月任）

## 中省市直属单位

**国家税务总局伊通满族自治县税务局**
党委书记、局长
　　兰云学
**吉林伊通河源省级自然保护区管理局**
局　　长　李　刚（至12月）
　　董宇恒（12月任）
**吉林伊通火山群国家级自然保护区管理局**
局　　长　马振华
**四平市生态环境局伊通满族自治县分局**
局　　长　陆　平
**县统计局**
党支部书记、局长
　　孙晓华
**县社会保险事业管理局**
局　　长　王　晶（女，满族）
**县气象局**
局　　长　王月影（女）
**四平市住房公积金管理中心伊通管理部**
主　　任　周冬彬
**伊通满族自治县消防救援大队**
大 队 长　巩　巍（满族）
**中国银行保险监督管理委员会四平监管分局伊通监管组**
组　　长　高志军（至5月）
　　安　宁（5月任）

## 企　业

**中国人民银行伊通支行**
行　　长　李洪权
**中国银行股份有限公司伊通支行**
行　　长　谭　力
**中国工商银行股份有限公司伊通满族自治县支行**
行　　长　周海阔
**中国农业银行股份有限公司伊通满族自治县支行**
党委书记、行长
　　邹宏儒（至9月）
　　赵国锋（9月任）
**中国建设银行股份有限公司伊通支行**
行　　长　程玉凤（6月任）
**中国农业发展银行伊通满族自治县支行**
行　　长　张中明
**中国邮政储蓄银行股份有限公司伊通满族自治县支行**
行　　长　张　霄（至11月）
　　崔　勇（11月任）
**吉林银行股份有限公司四平伊通支行**
行　　长　赵飓风（3月任）
**伊通满族自治县农村信用合作联社**
理 事 长　张晓东
**伊通榆银村镇银行股份有限公司**
董 事 长　高端详
**中国人民财产保险有限公司伊通支公司**
经　　理　赵兴文
经理助理　杨　平
**中国人寿保险股份有限公司伊通支公司**
经　　理　孙　宇
**安华保险股份有限公司伊通支公司**
经　　理　齐伟多
**中航安盟财产保险有限公司伊通支公司**
经　　理　倪鸣浩
**烟草专卖局伊通满族自治县分公司**
局长、经理　赵洪双
**吉林盐业集团伊通有限公司**
经　　理　孙铁军（至7月）
　　魏艳彬（7月任）
**中国电信伊通满族自治县分公司**
经　　理　张兴丽
**中国联合网络通信有限公司伊通分公司**
总 经 理　杨　悦（1月任）
**中国移动公司伊通满族自治县分公司**
经　　理　于明俊
**中国邮政集团有限公司吉林省伊通满族自治县分公司**
总 经 理　郭双平
**国网吉林伊通满族自治县有限公司**
党委副书记、经理
　　潘　星
**国网四平供电公司伊通满族自治县供电中心**
主　　任　谢明磊

## 群众团体

**县总工会**
主　　席　邵春梅（女，朝鲜族）
党组书记、常务副主席
　　郑庆海（满族）
**共青团伊通满族自治县委员会**
书　　记　郭廷泽（满族，至8月）
　　赵希睿（满族，8月任）
**县妇女联合会**
主　　席　张艳文（女，满族，6月任）

**县残疾人联合会**

理 事 长 王瑞理

**县红十字会**

常务副会长 孙柏玲(女,满族)

**县科学技术协会**

主 席 江 涛

**县文学艺术界联合会**

主 席 李 和

**县工商业联合会**

主 席 冯云飞(满族)

## 政法各工作部门

**县公安局**

局 长 邵立夫

政 委 左 波

**县检察院**

检 察 长 王 鹏

**县人民法院**

院 长 徐 滢(女)

## 乡镇 街道

**伊通镇**

党委书记 姚宏宇(满族)

党委副书记、镇长

许林伟(满族,至8月)

徐大博(满族,8月任)

人大主席 李婧辉(女,满族,至8月)

谢长明(8月任)

**营城子镇**

党委书记 张 弓(满族,至5月)

王立新(满族,5月任)

镇 长 郭涵宇(至5月)

刘新雨(8月任)

人大主席 路 伟(至8月)

祝万利(满族,8月任)

常务副镇长

苗 荟(女,满族,至8月)

**大孤山镇**

党委书记 冯永生(满族,至1月)

刘铁柱(1月任)

党委副书记、镇长

焦咏靖

人大主席 于 浩(满族)

**靠山镇**

党委书记 张冠梁(满族)

党委副书记、镇长

杨牧笛(满族,9月任)

人大主席 任立勇(9月任)

**马鞍山镇**

党委书记 马丽娟(女,满族,至8月)

党委副书记、镇长

王 炜(8月任)

人大主席 白忠伟

**景台镇**

党委书记 孙鸿臣(满族,至1月)

冯永生(1月任)

党委副书记、镇长

王少军(满族,至6月)

李 勤(满族,6月任)

人大主席 杜 辉(满族)

**伊丹镇**

党委书记 孙大伟(满族)

党委副书记、镇长

姜佳宁

人大主席 张明辉(满族,至8月)

尚伟霞(女,8月任)

**河源镇**

党委书记 孙大太(满族,至8月)

郭廷泽(满族,8月任)

党委副书记、镇长

刘新雨(至6月)

张 进(6月任)

人大主席 吴志国(至8月)

路 伟(8月任)

**西苇镇**

党委书记 张铁群(女,至8月)

尹福春(8月任)

党委副书记、镇长

李 勤(至6月)

周立民(8月任)

人大主席 尚伟霞(女,至8月)

孙洪涛(8月任)

常务副镇长

王 昊(至8月)

**黄岭子镇**

党委书记 董苇晖(满族,至5月)

史 策(5月任)

党委副书记、镇长

赵忠臣(满族,至5月)

陈士刚(5月任)

人大主席 周立民(满族,至5月)

吴志国(5月任)

**小孤山镇**

党委书记 郑 良(至6月)

庞志忠(6月任)

党委副书记、镇长

史 策(至5月)

孙宏岩(满族,5月任)

人大主席 刘 波

**二道镇**

党委书记 刘铁柱(至5月)

邢 宏(满族,5月任)

党委副书记、镇长

邢 宏(满族,至5月)

未洪涛(满族,6月任)

人大主席 杨敬夫(满族)

**三道乡**

党委书记 黄国培(至1月)

王 炜(1月任)

乡 长 李婧辉(女,满族,8月任)

人大主席 张艳玲(女)

**新兴乡**

党委书记 王立新(至5月)

许林伟(5月任)

人大主席 耿 新

**莫里青乡**

党委书记 王 浩(至8月)

杨嘉龙(8月任)

乡 长 刘文举(至8月)

陈怀宇(8月任)

人大主席 张学伟

常务副乡长

张 啸

**永宁街道办事处**

党工委书记 徐 岩(满族)

党工委副书记、办事处主任

臧 微(女,至6月)

李会玲(女,6月任)

**永盛街道办事处**

党工委书记 张 弓(满族,5月任)

党工委副书记、办事处主任

赵书君(至5月)

臧 微(女,6月任)

# 重要文件

表45　2022年中共伊通满族自治县委重要文件一览表

| 文件号 | 文件名 | 发文日期 |
|---|---|---|
| 伊发〔2022〕1号 | 中共伊通满族自治县委伊通满族自治县人民政府转发《县委宣传部、县司法局关于在全县开展法治宣传教育的第八个五年规划(2021—2025年)》的通知 | 1月18日 |
| 伊发〔2022〕2号 | 中共伊通满族自治县委印发《关于建立营商环境激励和约束机制的五条措施(试行)》的通知 | 1月24日 |
| 伊发〔2022〕3号 | 中共伊通满族自治县委关于印发《伊通满族自治县贯彻落实“基层建设年”重点任务分工方案》的通知 | 5月19日 |
| 伊发〔2022〕4号 | 中共伊通满族自治县委关于印发《法治伊通建设实施方案(2020—2025年)》的通知 | 5月25日 |
| 伊发〔2022〕5号 | 中共伊通满族自治县委关于印发《伊通满族自治县法治社会建设实施方案(2020—2025年)》的通知 | 5月25日 |
| 伊发〔2022〕7号 | 中共伊通满族自治县委关于印发《孙立阳同志在县委八届六次全体会议上的讲话》的通知 | 7月5日 |
| 伊发〔2022〕8号 | 中共伊通满族自治县委印发《关于深入贯彻落实省第十二次党代会精神的实施意见》的通知 | 7月5日 |
| 伊发〔2022〕9号 | 中共伊通满族自治县委伊通满族自治县人民政府关于表彰优秀教师及优秀教育工作者的决定 | 9月9日 |
| 伊发〔2022〕10号 | 伊通满族自治县关于构建“1+9”监督体系的实施方案 | 9月9日 |
| 伊发〔2022〕11号 | 中共伊通满族自治县委关于全面贯彻党的二十大精神　加快推进伊通社会主义现代化建设的实施意见 | 11月25日 |
| 伊发〔2022〕13号 | 中共伊通满族自治县委印发《关于全面加强新时代少先队工作的实施方案》的通知 | 12月6日 |
| 伊发〔2022〕14号 | 中共伊通满族自治县委伊通满族自治县人民政府印发《关于落实“一主六双”战略　推进高质量发展的实施方案》的通知 | 12月16日 |
| 伊发〔2022〕15号 | 中共伊通满族自治县委印发《关于市委基层治理专项巡察反馈意见的整改落实方案》的通知 | 12月21日 |
| 伊发〔2022〕16号 | 中共伊通满族自治县委关于认真学习宣传贯彻党的二十大精神的通知 | 12月21日 |

(中共伊通满族自治县委办公室)

表46　2022年中共伊通满族自治县委办公室重要文件一览表

| 文件号 | 文件名 | 发文日期 |
|---|---|---|
| 伊办发〔2022〕1号 | 中共伊通满族自治县委办公室关于杨爽等同志任职的通知 | 1月4日 |
| 伊办发〔2022〕2号 | 中共伊通满族自治县委办公室关于调整县委办公室领导分工的通知 | 1月30日 |
| 伊办发〔2022〕4号 | 中共伊通满族自治县委办公室伊通满族自治县人民政府办公室关于印发《伊通满族自治县全面推行田长制的实施方案》的通知 | 7月5日 |
| 伊办发〔2022〕5号 | 中共伊通满族自治县委办公室伊通满族自治县人民政府办公室关于印发《伊通满族自治县贯彻落实第二轮中央生态环境保护督察报告整改方案》的通知 | 8月1日 |

续表46

| 文件号 | 文件名 | 发文日期 |
| --- | --- | --- |
| 伊办发〔2022〕6号 | 中共伊通满族自治县委办公室转发《县委宣传部、县委组织部关于认真组织学习〈习近平谈治国理政〉第四卷的具体举措》的通知 | 8月11日 |
| 伊办发〔2022〕7号 | 中共伊通满族自治县委办公室伊通满族自治县人民政府办公室关于调整伊通满族自治县“秸秆变肉”暨千万头肉牛工程领导小组的通知 | 9月16日 |
| 伊办发〔2022〕8号 | 中共伊通满族自治县委办公室关于董庆双等四名同志任职的通知 | 9月20日 |
| 伊办发〔2022〕9号 | 中共伊通满族自治县委办公室伊通满族自治县人民政府办公室关于印发《吉林伊通经济开发区财政管理体制改革实施方案（试行）》《吉林伊通经济开发区薪酬改革方案（试行）》《吉林伊通经济开发区岗位竞聘办法（试行）》的通知 | 9月30日 |

（中共伊通满族自治县委办公室）

表47　2022年伊通满族自治县人民政府文件一览表

| 文件号 | 文件名 | 发文日期 |
| --- | --- | --- |
| 伊政发〔2022〕1号 | 伊通满族自治县人民政府关于调整县政府领导同志工作分工的通知 | 8月10日 |
| 伊政发〔2022〕2号 | 伊通满族自治县人民政府关于调整县政府领导同志工作分工的通知 | 11月25日 |

（伊通满族自治县人民政府办公室）

表48　2022年伊通满族自治县人民政府办公室文件一览表

| 文件号 | 文件名 | 发文日期 |
| --- | --- | --- |
| 伊政办发〔2022〕1号 | 伊通满族自治县人民政府办公室关于印发伊通满族自治县落实新的组合式税费支持政策工作方案的通知 | 7月11日 |
| 伊政办发〔2022〕2号 | 伊通满族自治县人民政府办公室关于做好行政规范性文件全面清理工作的通知 | 9月16日 |
| 伊政办发〔2022〕3号 | 伊通满族自治县人民政府办公室关于印发伊通满族自治县行政许可事项清单（2022年版）的通知 | 9月30日 |
| 伊政办发〔2022〕4号 | 伊通满族自治县人民政府办公室关于印发社会救助审核确认权限下放工作实施方案的通知 | 9月30日 |
| 伊政办发〔2022〕5号 | 伊通满族自治县人民政府办公室关于印发伊通满族自治县建设占用耕地耕作层土壤剥离利用工作实施细则的通知 | 10月18 |
| 伊政办发〔2022〕6号 | 伊通满族自治县人民政府办公室关于印发伊通满族自治县贯彻落实《吉林省人民政府推进气象强省建设 助力吉林高质量发展意见》工作清单的通知 | 10月28日 |
| 伊政办发〔2022〕7号 | 伊通满族自治县人民政府办公室关于印发伊通满族自治县商品粮大省奖励资金使用与管理方案的通知 | 11月1日 |
| 伊政办发〔2022〕8号 | 伊通满族自治县人民政府办公室关于伊通满族自治县推进落实事业单位专业技术岗位分级聘用工作方案的通知 | 11月23日 |

（伊通满族自治县人民政府办公室）

# 文 献

## 在县委八届六次全体会议上的讲话

（2022年7月4日）

孙立阳

同志们：

这次会议主要任务是，深入学习贯彻中国共产党吉林省第十二次代表大会精神和市委八届四次全体会议精神，动员全县上下坚决扛起“新担当、新突破、新作为”重大职责使命，克难奋进、勇毅前行，奋力开创伊通全面振兴发展新局面，确保省第十二次党代会精神和市委八届四次全体会议精神在伊通落地落实落到位，以优异成绩迎接党的二十大胜利召开。

下面，我代表县委常委会，讲三个方面意见。

### 一、精准聚焦、深学细悟，坚持用省第十二次党代会精神凝心聚力

省第十二次党代会是在全省上下迈步全面建设社会主义现代化吉林新征程、喜迎党的二十大的关键时期，加快新时代吉林全面振兴全方位振兴的关键阶段，召开的一次重要会议。各乡镇街、各部门要把学习贯彻省党代会精神作为当前和今后一个时期的重大政治任务，迅速行动、精心组织、掀起热潮，凝聚起勇担新使命、奋进新征程、创造新辉煌的强大合力。

一要深刻领悟核心要义。省党代会全面总结了过去五年的奋斗历程、巨大成就和宝贵经验，精准把握新的历史条件下吉林省的发展定位和战略机遇，科学谋划了未来一个时期的奋斗目标、发展路径和重大举措，是我省未来五年振兴发展的行动指南和纲领性文件。我们一定要站在讲政治的高度，坚持领导带头学、原汁原味学、深入系统学、结合实际学，充分认识省第十二次党代会的政治意义、历史意义、现实意义，深刻领悟省第十二次党代会的丰富内涵、核心要义、实践要求，准确把握“八个方面”的显著成就、“八个必须”深刻启示的智慧力量、“六个显著跃升”擘画的宏伟蓝图、“七大重点任务”的实践路径，力求学深学透、入脑入心。

二要精心组织学习宣传。各级党组织要坚决扛起政治责任，把学习省第十二次党代会精神纳入理论学习中心组学习会、干部职工会、“三会一课”等重要内容，精心组织、系统推进，通过个人自学、专题培训、集中研讨等方式，确保省党代会精神传到每个支部、每名党员、每位干部，确保真学真懂、真会真用。宣传部门要充分发挥媒体作用，精心设计宣传内容，广泛拓展宣传途径，以更接地气、更聚人心的形式，让广大干部群众真正听得懂、能领会、记得住、可落实。广大党员干部特别是领导干部，要主动当好宣传员，结合基层调研、走访慰问、讲授党课等活动，向群众广泛宣传省党代会精神，推动党代会精神进机关、进校园、进社区、进企业、进农村。

三要积极全面贯彻落实。省第十二次党代会是对吉林全面振兴全方位振兴的全局性定位、全方位要求、全过程引领，是统一全省思想的“定盘星”、破解矛盾问题的“金钥匙”、加快振兴发展的“规划图”，也是伊通振兴发展的动员令、进军号。当前和今后一个时期是建设社会主义现代化新伊通的关键期、各项事业在省市争先晋位的攻坚期、实现全面振兴全方位振兴的决胜期，全县上下要始终保持高度的思想自觉、政治自觉和行动自觉，把贯彻落实省党代会精神与县第八次党代会精神紧密结合，紧抓伊通当前面临的紧迫课题，紧盯伊通未来发展的核心关键，把握进度要求、实施挂图作战，确保条条落实、件件落地、事事见效，真正把省委描绘的美好蓝图变成“实景图”。

## 二、锚定目标、担当作为，全力谱写伊通全面振兴发展崭新篇章

省第十二次党代会全面描绘了未来五年吉林振兴发展宏伟蓝图，为我们加快振兴、推动发展指明了方向、提供了遵循。结合伊通实际，当前，我们要在坚持“31345”总体布局前提下，按照“12131415”发展思路，谋划落实工作。

“12”就是围绕实现与长春深度融合这个中心任务，依托省级布局的“两廊”发展带动，建设好伊通“两轴”“两环线”。“两廊”即长春四辽吉松工业走廊、长辽梅通白敦医药健康产业走廊。“两轴”即伊通河沿岸和长伊中线两侧产业发展轴。“两环线”即长通白延吉长避暑冰雪生态旅游大环线伊通区间和正在建设的长春外环线，在发展上与大环境接上轨、与长春连成片，实现与长春产业格局、生产力布局的有机融合统一。

“13”就是围绕建设长春都市圈最美节点城市这个目标，实施绿色伊通、法治伊通和幸福伊通三大工程，走绿色发展之路，让绿色成为伊通最亮丽底色，彰显生态美；深化法治治理，让文明与法治成为公众自觉，展现和谐美；不断增进民生福祉，让经济社会发展成果更充分惠及人民群众，体验生活美。

“14”就是围绕做强以现代服务业为核心的县域支柱产业，加快推动伊通“四点四带四区”建设。“四点”就是县域经济发展的四个支撑点，也就是开发区的四个片区，即景台片区、新兴片区、长伊片区和城北片区。“四带”即长春都市圈外溢产业承接带、精品畜牧产品绿色发展带、火山温泉休闲旅游带、矿产文化研学旅游带。“四区”即长春都市圈田园生活体验区、林果采摘体验旅游区、满族民俗风情旅游区、伊通河源头生态功能区。通过“点线面”联动，形成更科学的产业空间布局和更强的产业发展合力，更好地融入长春及周边产业集群，在加速富民强县的同时，不断提升伊通的区域影响力和外在知名度。

“15”就是围绕推动高质量发展这个主题，统筹实施好县第八次党代会提出的产业提质增效、乡村振兴强基、改革创新攻坚、民生保障提升和思想文化铸魂“五大行动”，加快县域优势转化，补齐发展短板，让伊通充满活力、更具实力、展现魅力，更好地发挥长平一体化协同发展桥头堡作用。

整体来看，4个“1”是目标任务、是方向，“2345”是路径举措、是保障，构成了发展上的总体思路构架，更加契合伊通当前发展阶段性实际，能够更好地指导推动社会主义现代化新伊通建设。我们一定要坚定发展信心不动摇、保持战略定力不改变、咬定目标任务不放松，在全省全市大局中找准伊通方位，全力以赴把伊通的事情办好，坚决推动省党代会精神和市委八届四次全会精神落细落实，走出一条靠党建领航、规划引领、项目说话、工程推进、生态取胜、群众检阅的社会主义现代化新伊通建设之路。

**（一）贯彻落实新发展理念，拓宽高质量发展路径。**省党代会报告提出“必须把新发展理念贯彻到经济社会发展全过程，加快建设现代化经济体系，不断迈向更高质量、更有效率、更加公平、更可持续、更为安全的发展”。我们要坚持以发展“六新产业”和建设“四新设施”为主攻方向，加快构建现代产业体系，推动经济社会高质量发展。要全力以赴稳运行。围绕省委提出的“止跌、回升、增长”目标，以“服务企业年”活动为载体，积极对接“四上企业”，尽心竭力帮助企业破解要素供应、资金瓶颈、市场开拓、人才短缺、劳动力不足、供应链堵塞等各种难题，最大限度释放产能。要持续强化政策宣讲，通过“敲门行动”，向所服务的企业、经营主体逐户宣讲国家和省市县助企纾困的各项政策，帮助企业抓住机遇，用好用活用足政策。要抓好经济运行调度，实事求是填报各项指标，坚决杜绝弄虚作假，切实做到数有所依、应统尽统、颗粒归仓。要真抓实干上项目。牢固树立“项目为王”理念，一切围着项目转、一切为了项目干，切实增强发展内生动力。超前谋划项目。围绕工业技改，谋划储备一批项目，加强工业设计，深化产业融合，建立“专精特新”中小企业培育库，重点培育伊特胶管、锐特汽车零部件、钰兴机械、利雅得石油、德天诺、立新汽车配件等企业，促其快速做大做强，提升核心竞争力。围绕“两新一重”领域，谋划储备一批城市更新、县城改造、市政基础、公共服务设施项目。围绕民生保障，谋划储备一批保障性住房、医疗康养、职业教育、养老托育等项目。围绕国家、省出台支持政策和政府专项债券支持领域，聚焦发展4类县城，谋划储备一批城乡交通、水利、公共卫生等基础设施类项目。全年力争谋划储备项目总投资达到260亿元以上。全力推进项目建设。对汽车零部件产业园、农产品精深加工产业园、县医院异地新建等49个5000万元以上项目，细化工程进度，科学安排建设时序，特别是保投产项目要倒排工期、挂图作战，力争早投产、早达效；对长春工业大学人文信息学院新校区、黄牛现代农业产业园、安格斯牛养殖繁育、罗普特东北总部大厦项目等新签约项目尽快完善落地条件；对长春一汽四环发动机移址新建、关东印象体验地、垃圾焚烧发电等洽谈项目紧盯不放、持续跟进，切实形成滚动实施、梯次推进、衔接有序的良性格局。继续实行县级领导“点、线、面”包保机制，主动服务、靠前指挥，及时研究解决问题，推动项目顺利建设。力争年内开工项目总

投资150亿元以上，年度投资完成32亿元以上。坚持项目跟着规划走、资金要素跟着项目走，加强与省市部门对接，积极争取中央预算内投资和地方政府专项债券，为项目实施提供资金保障。精准招商引资。积极探索常态化疫情防控背景下的招商引资新路径，用足用好即将在长春、吉林等地陆续举办的5场专题招商推介会，围绕产业链、供应链、价值链、生态链、供给端、需求端“四链两端”开展精准招商，力争全年招商引资到位资金完成47亿元。要加快壮大服务业。把发展现代服务业作为推动经济增长的第一引擎，始终瞄准长春、融入长春、服务长春，全力实施“服务业攻坚三年行动”，以旅游产业为切入点，以地热资源为主攻点，以培育新产业和发展新业态为发力点，着力发展全域旅游、民俗美食、智慧物流、健康养老等现代服务业，加快构建“一城集聚—两带贯通—四区联动”的县域服务业发展新格局。要着力打造长春周边重要的物流集散中转地，重点培育发展智慧物流中心和冷链物流、食品配送专业市场；着力打造集养生养老、休闲度假、娱乐于一体的绿色生态养老养生休闲综合体，重点面向长春“一老一小”中高端消费市场，积极拓展消费渠道；着力打造“满族风情美食街区”“满族不夜街”，重点围绕长春都市圈消费需求，全面提升商贸、医养、旅游、餐饮等生活服务业水平；着力打造教育共享平台，重点推进蓝领技工培训教育基地建设，拓展延伸公共服务业。要多点发力促消费。抢抓疫情过后的消费机遇，穷尽消费手段，打造消费平台，让市场旺起来、人气火起来、消费热起来。以伊通大街、天馨商业街、在水一方步行街为载体，打造夜购物商圈群；以一毛街烧烤、伊鹿高鸽主题夜市、宝捷城市广场、西广场地摊为载体，打造夜美食街区；以湿地公园、伊通河畔公园、团结广场、永宁大桥等现有旅游景区资源为载体，打造夜旅游服务区。持续开展发放消费券、购房补贴、会展等系列消费活动，畅通消费渠道和环节，把杠杆支点用在拉动区域发展上，促进本地产品销售，帮助本地企业拓展市场。要围绕文化、餐饮、养老、教育、医疗、旅游及果蔬等领域，狠抓消费供给，健全消费业态，激活新的消费。

**（二）接续推进乡村振兴，加快实现农业农村现代化。**省党代会报告强调“必须全面推进乡村振兴，加快农业农村现代化，促进农业高质高效、乡村宜居宜业、农民富裕富足”。伊通作为农业大县，要聚焦创建农业现代化示范区，围绕打造全国现代优质肉牛全产业链发展示范高地、全国优势特色农业多种功能集成和乡村多元价值叠加先导区、全国半山区黑土地保护利用标杆区、全国产城融合型都市农业发展样板区“一地三区”，探索实行伊通黄牛全产业链耦合生态循环发展、特色果蔬多功能集群化发展、数字赋能半山区黑土地保护利用发展、产城融合型都市农业发展“四种模式”，着力推进农业设施化提升、园区化引领、融合化发展、绿色化推进、数字化示范、现代化建设“六大工程”，在实现农业高质量发展上走出自己的特色之路。要扛牢粮食安全重任。坚持“藏粮于地、藏粮于技”，加快推动保护性耕作“梨树模式”和秸秆深翻还田，优化农作物优良品种，提升农作物综合机械化率，持续开展高标准农田建设，保证每年建设面积稳定在10万亩左右，确保粮食播种面积稳定在188万亩，产量连年增长，正常年景下达到23亿斤以上阶段性水平。要大力发展乡村产业。坚持把发展畜牧业作为推动农业提质增效的关键一招，立足打造“中国伊通满族肉牛产业基地”区域公共品牌、国家级现代黄牛产业示范园区，深入实施“秸秆变肉”暨千万头肉牛建设工程，落实落细20条扶持措施，扎实推进以黄牛现代产业园为引领的黄牛产业带建设，推动肉牛养殖量年底达到65万头，加快193个畜禽规模化养殖场改扩建进度，确保畜牧业养殖量稳居全省第一方阵。积极发展温泉设施农业和果蔬仓储食品，持续深化农旅融合，抓实露美生态园、樱桃小镇、温泉小镇等特色项目，逐步形成特色农产品标准化生产区、名优品种展示区、生态旅游观光区等功能区，切实把农业优势特色产业做大做强。要加快推进乡村建设。紧盯垃圾污水治理、厕所革命、村容村貌提升等工作重点，持续实施农村人居环境整治提升五年行动、农村公路建设三年改造提升计划，高标准完成“千村示范”创建任务，推动农村尽快具备基本现代生活条件。要巩固拓展脱贫攻坚成果。严格对标“四个不摘”要求，紧盯脱贫户、边缘易致贫户和突发严重困难户等临贫易贫重点人群，健全防返贫监测帮扶机制，强化防贫保险救助、金融贷款帮扶、产业就业帮扶、包保帮扶等措施，通过产业和就业带动脱贫户、监测户实现稳定增收，坚决防止发生规模性返贫。要不断提升乡村治理水平。健全党组织领导的自治、法治、德治、智治相结合的乡村治理体系，扎实推进村党组织阵地标准化建设，持续整顿软弱涣散村党组织，发挥驻村第一书记、乡村振兴特派员、新型经济组织带头人的作用，组建战时预备队，确保乡村治理阵地好、组织强、力量足。坚持教育引导、实践养成、制度保障三管齐下，引导村民参与乡村治理，深化移风易俗，推动形成文明乡风、良好家风、淳朴民风。

**（三）持续深化改革创新，充分激发内生发展活力。**省党代会报告要求“必须推动更深层次改革，为实现高质量发展、创造高品质生活提供有力支撑”。我们要以改革促发展，加快构建有利于释放改革红利、激发市场主体活力的体制机制。要推动开发区改革。按照"扁平化管理、企业化运作"的发展模式，围绕机构设置、财政体制、薪酬制度、人事制度等方面，制定并落实"三方案一办法"，建设一支规范化、精细化、专业化队伍，健全项目建设、招商引资、投融资等运行机制，推动开发区回归本位、聚焦主业、重塑优势。要优化营商环境。深入开展"互联网+政务服务"，推动更多审批服务事项"一网通办""全城可办"，推动各部门审批职能进驻政务大厅，实现审批"一窗办理"。深化"证照分离"改革，强化事中事后监管，全面提升服务企业的精准性、时效性，打通服务企业"最后一米"。要深化农村综合改革。做好第二轮土地承包到期后再延长30年工作，建立健全城乡融合发展政策体系，促进城乡要素"双向"流动，推进承包土地经营权抵押融资，探索农村集体建设用地、宅基地入市，把土地资源转化为推动产业发展的有效动力，充分激发农业农村发展活力。要建设高标准市场体系。推进土地、资本、技术、数据等要素市场化改革，健全要素市场运行机制，提高资源配置效率。要激发创业创新活力。加大对"双创"企业支持力度，围绕政策、资金、技术、项目、人才等方面，健全体系、完善机制、建立制度。积极引导农民专业合作社、家庭农场、农业企业等创建"乡里农创园"，通过返乡创业基地认定、返乡创业联盟组建等措施，推动创业户入驻创业、吸纳劳动力就业。

**（四）扎实推进生态强县，厚植绿色发展亮丽底色**。省党代会报告提出"要忠诚践行习近平生态文明思想，推动绿色发展，筑牢生态安全屏障"。我们要认真落实生态强省建设要求，持续加强生态环境保护，让伊通的山更绿、水更清、天更蓝。要牢牢守住生态保护红线。深入践行"两山论"，高标准开展中小河流治理，扎实推进伊通河重点段治理、伊通河右岸河漫滩湿地、门屯河、三星河城市防洪综合治理等项目建设。深入实施第三个十年"绿美伊通"行动计划，巩固提升"三北"防护林建设成果。深化"河长制""湖长制""林长制""田长制"，建立最严格的生态保护机制，严惩涉山、涉水、涉林、涉矿等破坏生态环境行为。要坚决打好污染防治攻坚战。坚持精准治污、科学治污，加强重点流域污染防治、水源地保护及河滨带生态修复项目建设，推动全域水质不断改善。加强大气污染防治，深入开展污染源头治理行动，全力抓好全域秸秆禁烧，全年空气优良天数力争达到90%以上。加快补齐城乡基础设施短板，推动污水、垃圾、畜禽粪污有效处置，有效推广农药减量控害和化肥减量增效技术模式，持续巩固改善土壤环境质量。要科学有序实现"双碳"目标。紧抓"十四五"碳达峰机遇，大力发展绿色产业，全面推进清洁生产、重点行业和重要领域绿色化改造，淘汰落后产能和生产工艺，从源头减少物耗和污染物排放。着力发展清洁能源，积极推进光伏、华大生物质等项目建设。利用省启动林草碳汇交易试点有利契机，科学推动碳汇交易，提升生态碳汇能力。

**（五）深度挖掘文化内涵，不断擦亮民族特色品牌**。省党代会报告对文化自信、文化事业、文化产业各项工作提出明确要求，我们要以习近平新时代中国特色社会主义思想"立根铸魂"，坚定文化自信，扩大文化认同，擦亮文化品牌，铸牢中华民族共同体意识，打牢全县人民团结奋斗的共同思想基础。要守好意识形态阵地。弘扬社会主义核心价值观，打造伊通新时代文明实践中心升级版，挂牌成立新时代文明实践学院，加强与长春工业大学等高校合作，吸引更多优质资源。统筹推进理论学习和理论宣讲，上接天线、下接地气，让习近平新时代中国特色社会主义思想和中华民族共同体意识家喻户晓、深入人心。加强阵地建设和管控，壮大主流思想舆论，健全舆情引导机制，营造天朗气清的文化环境、媒体环境、网络环境。要提高社会文明程度。倡导与新时代相适应的思想观念、文明风尚和行为规范，加强爱国主义、集体主义、社会主义教育，以新时代文明实践试点为载体，开展好群众性精神文明创建活动，培树淳厚民风、优良家风，提高公民的道德水准、文明素养。要推动文化事业繁荣发展。深入实施优秀文化保护传承工程，充分挖掘满族文化、红色文化、火山文化、伊通河文化等资源，高质量开展文艺创作、宣传展示等活动，推出富有文化底蕴的旅游产品，不断提高伊通知名度。加快推进"三馆两中心"等文化基础设施建设，优化城乡文化资源配置，拓展群众文化活动，让群众精神文化生活更加丰富充实。

**（六）突出抓好普惠共享，持续增进民生福祉**。省党代会报告提出"必须坚持以人民为中心的发展思想，着力解决群众'急难愁盼'问题，更好地保障和改善民生"，要求"在高质量发展中促进共同富裕"。我们要始终坚守为民情怀，聚焦民生热点，全力办好民生实事，让发展实绩更有温度、民生答卷更有厚度、共富进程更有速度。要稳步提高居民收入。实施城乡居民收入十年倍增计划，通过拓宽居民住房、土地、金融资产等财产性收入途径，完善再分配机制，稳定和扩大农民工、高校毕业生等重点群体就业创业岗位，多渠道、持续性让人民群众的钱袋子更鼓、获得感更足。要常态抓好疫情防控。坚持"外防输入、内防反弹"总策略和"动态清零"总方针不动摇，加快构建体系完整、职责清晰、转换迅速、高效协同的基层治理平战结合组织架构，完善多渠道预警机制，持续做好重点部位、重点环节、重点人群的精准防控，全面提升疫情监测、应急和处置能力。依托互联网医院、卫生应急指挥中心、民族医院康养等项目，打造过硬专兼职队伍，提升医疗服务保障能力。要合理建设设置保供市场，建立健全保供体系，确保满足居民生活需求。要全面发展社会事业。加快推进技师学院、职业教育园区、蓝领技工培训教育基地建设，扩大教育资源供给，打造教育共享平台。深化医疗、医保、医药“三医”改革联动，组建省、市、县三级医疗联合体，建立优质高效的整合型医疗卫生服务体系。规范房地产市场秩序，高质量改造老旧小区，高标准整治自建房、危旧房，持续改善群众居住条件。统筹推进社区养老服务和康养项目建设，促进养老事业和康养产业协调发展。要大力推进城市更新。推动城市中心向北延伸，打造伊通河两岸产业带、生态带、文化带，不断优化城市空间格局。抢抓省建设“新基建”“新环境”设施有利契机，加快推进路桥管网等基础设施和智慧停车场等现代化设施建设，促进市政公用设施提档升级、公共服务设施提标扩面。依托“智慧伊通”平台，加快“智慧城市”建设步伐，不断提升管理效能。要全力营造安全环境。深入推进“平安伊通”“法治伊通”建设，突出抓好党的二十大期间安保维稳，集中开展信访安全“大排查、大化解”专项攻坚行动，切实加强安全生产、食品药品安全监管，持续开展普法活动，全面提升公民法治素养，常态化开展扫黑除恶斗争，以非常之力守护绝对安全。

## 三、从严从实、筑牢根基，切实保障各项重点任务落地见效

省第十二次党代会聚焦实现“党建引领能力显著跃升”，提出了一系列新目标、新任务、新要求，为我们全面从严加强党的建设提供了重要遵循。我们一定要深入贯彻新时代党的建设总要求，把各级党组织建设得更加坚强有力，把各级党员干部队伍建设得更加过硬有为，为落实落好省党代会精神、推动伊通高质量发展提供坚强政治保证。

一要坚持不懈强党性，筑牢忠诚信仰之基。把党的政治建设放在首位，纵深实施党的创新理论“铸魂”行动，全面落实“第一议题”制度，坚持用党的理论政策、纪律规矩、“四史”武装头脑，引导党员干部以实际行动拥护“两个确立”、坚决做到“两个维护”，确保工作不打折、思想不迷航、行动无偏差。要加强政治监督，综合运用开展政治表现反向测评、在重大斗争一线考察识别干部、从群众口碑中印证干部“八小时外”表现等多种方式，深化干部政治素质考察，坚决做到“五个必须”，坚决杜绝“七个有之”。

二要多措并举提素质，锻造过硬干部队伍。着眼打造“六个更加”的高素质干部人才队伍，坚持以发展论英雄、凭实绩用干部的鲜明导向，落实好省委“强基培苗”工程，鼓励干部到基层一线“练兵”，增强实战能力，丰富岗位经历，对能力强、成绩优、作风硬、口碑好的优秀干部大胆提拔使用。统筹抓好经常性教育和专业化培训，通过办短班、多办班的方式，开展专题培训，全面提升干部能力素质。用好用活“人才编制池”，深入实施“实用人才回引+招录”行动、开展“校地合作”等活动，全面做好引才、育才、留才工作，加快改变急需紧缺人才不足现状。

三要全面统筹固堡垒，提升基层党建质量。坚持大抓基层的鲜明导向，落实“基层建设年”活动要求，以新时代吉林党支部标准体系（BTX）建设为统领，统筹推进城市、农村、非公等各领域党建工作，全面提升基层党建引领基层治理效能。以“党建+志愿者在服务”“五星级”小区创建活动为载体，完善平战结合基层治理体系，做优基层治理品牌；以“村党组织阵地建设标准化提升年”“党建+任务清单”“党旗插在合作社”“典型示范村”评选等活动为载体，增强组织功能，带动乡村振兴。以打造“一廊一园一街”党建文化中心、“非公主题党建文化圈”为载体，强化新业态新就业群体“两个覆盖”，助力企业发展。

四要持之以恒转作风，永葆担当实干精神。持续巩固“作风建设年”成果，保持“严新细实”优良作风。要坚持“干”字为先，坚决摒弃“等靠推拖”思想，抢抓先机、争取主动，接到任务就动手、扛起担子就上路，确保工作第一时间启动、最高效率推进、最好效果呈现。要坚持深入一线，到田间地头、工厂车间、项目现场，“面对面”倾听民声、倾力惠企、倾情服务，真正用脚步丈量责任、以汗水浇灌发展。要弘扬抗疫精神，自觉到振兴发展第一线、转型攻坚主战场、安全稳定最前沿，担苦担难、担重担险。要砥砺拼搏品质，把问题导向贯穿事业发展全链条、各环节，主动发现问题、报告问题、研究问题、解决问题，主动攻坚“黑天鹅”“灰犀牛”“拦路虎”，在破局开路中建功立业、彰显价值。

五要持续发力严治党，营造良好政治生态。始终坚持严的主基调，严肃查处在行政审批、工程建设、执法司法等领域的腐败问题，加大粮食购销、黑土地保护等领域案件的查办力度，精准纠治民生领域“微腐败”，持续释放高压从严强烈信号，一体推进不敢腐、不能腐、不想腐。深入贯彻落实中央八项规定精神，深挖细查隐形变异“四风”问题，加大查处问责和通报曝光力度，坚决防止反弹回潮。始终树立廉洁自律意识，注重坚守党性本色，涵养高尚品德，树立良好家风，筑牢拒腐防变堤坝，做清正廉洁的表率。

同志们，风劲好扬帆，奋进正当时。全县上下要坚定不移以习近平新时代中国特色社会主义思想为指引，全面落实省第十二次党代会和市委八届四次全会精神，始终保持“时时放心不下”的责任感，勇于担责、善于履责、全力尽责，为建设社会主义现代化新伊通作出新的更大贡献！

名词释义

1.“八个方面”显著成就：各项事业发生历史性新变化、党的创新理论武装结出新硕果、高质量发展呈现新局面、三大攻坚战赢得新胜利、改革开放实现新突破、民主法治建设迈出新步伐，思想文化建设展现新风貌，人民生活品质得到新提升，全面从严治党取得新成果。

2.“八个必须”：必须坚决维护、长期坚持习近平同志党中央的核心、全党的核心地位；必须把习近平新时代中国特色社会主义思想作为强大思想武器；必须把习近平总书记重要讲话重要指示精神作为做好吉林一切工作的总纲领、总遵循；必须始终牢记江山就是人民，人民就是江山；必须完整、准确、全面贯彻新发展理念；必须统筹发展和安全；必须解放思想、深化改革、转变作风、狠抓落实；必须勇于自我革命。

3.“六个显著跃升”：综合发展实力显著跃升；社会文明程度显著跃升；共同富裕水平显著跃升；社会治理效能显著跃升；生态环境质量显著跃升；党建引领能力显著跃升。

4.“七大重点任务”：完整、准确、全面贯彻新发展理念，推动经济高质量发展；全面推进乡村振兴，加快实现农业农村现代化；加快生态强省建设，厚植吉林发展亮丽底色；坚定不移推进新时代改革开放，增强振兴发展的动力、活力；发展社会主义民主法治，汇聚推进吉林新时代振兴发展的磅礴力量；坚定文化自信，推动文化繁荣发展；持续增进民生福祉，在高质量发展中促进共同富裕。

5.“六新产业”：新能源、新装备、新材料、新农业、新旅游、新电商。

6.“四新设施”：新基建、新环境、新生活、新消费。

7.“四上企业”：规模以上工业企业、资质等级建筑业企业、限额以上批零住餐企业、规模以上服务业企业。

8.“专精特新”：专业化、精细化、特色化、新颖化。

9.“两新一重”：新型基础设施建设，新型城镇化建设，交通、水利等重大工程建设。

10.“一城聚集—两带贯通—四区联动”：“一城”指围绕永盛街道、永宁街道和伊通镇打造服务业示范企业、示范园、示范基地和示范街区。“两带”指围绕伊通河全线和伊通火山群打造服务业战略支撑带。“四区”指以县中心城区和伊通镇为核心，以大孤山镇、景台镇、河源镇、伊丹镇为四个增长极，打造服务示范基地和产业集聚区。

11.“梨树模式”：玉米秸秆覆盖免耕种植技术，包括收获与秸秆覆盖、土壤疏松、免耕播种施肥、防除病虫草害的全程机械化技术体系。

12.“千村示范”：择优选择1000个中心村庄，着力在发展现代农业、提高农民组织化程度、建设农村新社区、建立农民增收长效机制等方面加快发展，发挥示范带动作用。

13.“四个不摘”：摘帽不摘责任、摘帽不摘政策、摘帽不摘帮扶、摘帽不摘监管。

14.“三方案一办法”：吉林伊通经济开发区《财政管理体制改革实施方案》《薪酬改革方案》《派驻机构管理工作实施方案》《岗位竞聘办法》。

15.“双碳”目标：我国二氧化碳排放力争2030年前达到峰值，力争2060年前实现碳中和。

16.“三馆两中心”：文化馆、图书馆、档案馆、青少年活动中心、旅游服务中心。

17.“四史”：党史、新中国史、改革开放史、社会主义发展史。

18.“两个确立”：确立习近平同志党中央的核心、全党的核心地位，确立习近平新时代中国特色社会主义思想的指导地位。

19.“两个维护”：坚决维护习近平总书记党中央的核心、全党的核心地位，坚决维护党中央权威和集中统一领导。

20.“五个必须”：必须维护党中央权威；必须维护党的团结；必须遵循组织程序；必须服从组织决定；必须管好亲属和身边工作人员。

21.“七个有之”：无视党的政治纪律和政治规矩，为了自己的所谓仕途，为了自己的所谓影响力，搞任人唯亲、排斥异己的有之；搞团团伙伙、拉帮结派的有之；搞匿名诬告、制造谣言的有之；搞收买人心、拉动选票的有之；搞封官许愿、弹冠相庆的有之；搞自行其是、阳奉阴违的有之；搞尾大不掉、妄议中央的有之。

22.“六个更加”：政治更加忠诚、思想更加解放、能力更加出众、作风更加硬朗、做事更加严谨、行为更加自律。

23.“强基培苗”工程：即吉林省委优秀年轻干部“314151”选育工程，“31”是3个一百名年轻干部优选工程，“41”是4个一千名年轻干部优育工程，“51”是5个一万名年轻干部优储工程。

24.“新时代吉林党支部标准体系（BTX）建设”：做实标准（B），做优特色（T），做强先进（X）。

25.“五星级”小区：党建星、防疫星、治理星、物业星、服务星。

# 政府工作报告

县长　叶永兴

各位代表：

现在，我代表县人民政府，向大会报告工作，请予审议，并请县政协各位委员提出意见。

## 一、回顾2022年，我们坚持“统筹疫情防控和经济社会发展”，凝心聚力、苦干实干，各项工作取得较好成绩

过去的一年是伊通发展史上极不寻常、极具挑战的一年，面对经济下行、疫情肆虐、财政紧张等多重压力叠加，我们坚决落实市委市政府决策部署，在县委坚强领导下，全县上下攻坚克难、锐意进取，坚持“稳”字当头、稳中求进，统筹推进稳增长、调结构、防风险、保稳定、惠民生，为全面建设社会主义现代化新伊通奠定了坚实基础。

这一年，我们众志成城、苦战鏖战，疫情防控有力有效。面对新冠疫情大战大考，我们始终坚持“外防输入、内防反弹”总策略和“动态清零”总方针不动摇，同时间赛跑、与疫魔较量，迅速打响疫情防控阻击战歼灭战。特别是今年3月份疫情，传播速度快、感染范围广、防控难度大，我们克服重重困难，历尽千辛万苦，用15天实现社会面“清零”，21天实现全面彻底“清零”，47天逐步解除社会面管控，生产生活秩序及时有序恢复。通过这场战疫，我们各级干部得到政治历练、思想淬炼和实践锻炼，彰显了特别能战斗、特别能吃苦、特别能奉献的伊通抗疫精神。通过这场战疫，我们疫情防控体系补短板、强弱项，增强了平急转换、核酸检测、流调追阳、隔离转运等综合能力。通过这场战疫，我们社会治理能力受检验、快提升，积累了数据应用、信息共享、资源整合、联防联控的宝贵经验。在这场艰苦卓绝的抗疫斗争中，我们筑起了全民抗疫坚固屏障，守护了一方百姓幸福安康。一些疫情防控创新做法和工作成效，赢得了国家和省市督导组充分肯定、省市领导高度评价和社会各界广泛赞誉。这些成绩取得，离不开省市鼎力支持、离不开县委坚强领导，离不开全县人民守望相助，我们将把这些支持和鼓励转化为发展事业、振兴伊通的不竭动力。

**这一年，我们砥砺奋进、提质扩规，经济发展稳健向好。**经济运行平稳可控。前三季度，一产增加值同比增长6.5%，规模以上工业总产值和增加值分别同比增长22%和9.6%，限额以上社会消费品零售总额同比增长8.2%，增速均位居全市第一。预计年末，全县地区生产总值同比增长4.5%。社会消费品零售总额同比增长9.5%。固定资产投资同比增长14%。规模以上营利性服务业企业营业收入同比增长100%以上。地方级财政收入实现4亿元，同比持平。公共财政预算支出44.2亿元，同比增长3.4%。城乡居民人均可支配收入分别达到30580元和17430元，同比增长5%和6%。项目建设好于预期。全年开复工5000万元以上项目54个，完成投资33.2亿元。实施专项债券项目5个，总投资31.58亿元，发行债券6.47亿元。成功申报中央和省支持项目8个，争取资金3.13亿元。利雅得石油提产扩能、伊通河右岸河漫滩治理与水环境保护工程等14个省“三早”项目顺利开工建设。招商引资收获满满。疫情环境下，创新开展“云招商”活动。赴长春开展5场专题招商推介会，签约长春工业大学人文信息学院新校区建设、秸秆与建筑垃圾综合利用、景台生态谷现代服务业产业集群等一批高质量项目，合同引资额188.2亿元。预计全年实现招商引资到位资金47亿元，同比增长128.2%。

**这一年，我们把握机遇、乘势而上，产业转型加快升级。**工业产能提档增速。全县规模以上工业总产值预计实现19.7亿元，同比增长20%，规模以上工业增加值同比增长12%。利雅得能源公司实现打井52口，产值同比增长118%。立新汽车配件产业园完成技改项目，新增一条高度数控化、智能化生产线。宇昊建材产业园已顺利投产。优质粮油产业化示范推广建设项目已完成厂房、办公楼主体建设。兑现吉兴矿业、七星药业、永春米业等7户企业奖补资金71.9万元。新增模以规上工业企业2户。新认定省级“专精特新”企业1家，市级6家。服务业攻坚提质增效。全县服务业增加值预计同比增长2%。伊通火山温泉国际旅游度假区、黄岭子镇水上乐园风景区等重点项目快速推进，成功打造乡村旅游精品路线2条、红色旅游路线1条，全年旅

游接待人数累计372万人次，综合收入2.98亿元。大力培育新电商发展模式，年交易额2.96亿元。举办第三届“伊鹿高鸽”消夏美食节等活动，实现营业收入6200万元。世外桃源生态旅游有限公司、听山农业创业产业园分别被评为省AAAAA级、AAAA级乡村旅游经营单位。新增规上服务业企业3户。累计落实奖励资金236.5万元。开发区建设提速扩规。省级开发区考评排名较上年度提升38位。《景台区块控制性详规》编制完成。长伊中线污水处理厂尾水管线和景台区块永久村回迁楼项目全部竣工。长伊区块伊通镇雨水排水明渠项目主体已完工。投资10.85亿元的汽车零部件产业园项目，正在对厂房主体施工，已完成投资1.65亿元。投资4.91亿元的农产品精深加工科技产业园项目，正在进行附属钢结构配件安装，已完成投资1.22亿元。预计全年可实现主营业务收入15.68亿元，税收收入1.18亿元。

**这一年，我们聚焦“三农”、突出优先，乡村振兴强劲推动**。农业基础地位更加夯实。农业总产值预计实现52.8亿元，同比增长13.9%。新建高标准农田8.41万亩，完成保护性耕作62万亩，农作物播种面积188万亩，粮食产量23亿斤。综合机械化率达到90%以上，全省水稻机械抛秧现场会在我县成功召开，应用“北斗”智能导航插秧机作业得到省委景俊海书记肯定。全县棚室面积达到2746亩，经济作物产值实现2.5亿元。“公司+农户”模式得到推广，规模养殖场达到193家，农民专业合作社1862个、家庭农场2978个。乡村产业发展更加迅速。“秸秆变肉”暨千万头肉牛工程不断走深走实，发放黄牛活体抵押贷款13笔2147万元。肉牛养殖量达到65万头，居全市第一。省内首个畜牧业发展促进中心挂牌成立，被列为全省“病死猪无害化处理与保险联动”唯一试点县。河源镇保南村、景台镇绿化村被评为“吉林美丽休闲乡村”。马鞍山镇被认定为国家级“一村一品”示范镇。我县被评为省级“休闲农业示范县”。“伊鹿高鸽”农产品品牌商标注册完成，成功打造四平市区域公共品牌“平地生香”授权企业10家，认证地理标志产品5个。新增省级龙头企业3家、市级2家。铠绎特种果品、伊通黄牛现代农业产业园被评为省级现代农业产业园。我县成功申创国家级农业现代化示范区。脱贫攻坚成果更加巩固。累计投入脱贫衔接资金7896万元，实施扶贫项目34个。严格落实“四个不摘”要求，不断健全防返贫动态监测和帮扶机制，将55人纳入监测帮扶台账，设置帮扶公益岗位1255个，新增发放小额贷款1300万元，实现脱贫人口就业2380人。“雨露计划”补助266人次39.95万元。发放医疗保障救助金13966人次3985.4万元。改造危房36户、新建水源井9眼、改造水井房71座、铺设管网32公里，自来水普及率达到97.7%。

**这一年，我们守正创新、驱动蓄能，改革质效持续彰显**。“放管服”改革持续深化。构建完善“一站审批、一窗办理”服务模式，梳理完成政务服务事项1691项，进驻大厅1568项，进厅率91%。企业登记效率不断提高，办理时限缩短到6小时以内。审批流程不断优化，所有工程建设项目实现全流程线上审批。完成“收件即受理”省级试点，乡镇街在线办理本级政务服务事项40项，受理部门延伸事项44项，有效打通群众办事“最后一公里”。服务基层能力显著提升。农村产权制度改革快速推进，农村土地资源流转成果显著，在省平台成交面积3.87万亩，成交金额1724万元，居全市第一。大力开展“服务企业年”活动，派出企业知心人553名，帮助2054户企业解决问题264个。减税降费政策落实落地，减税额3.13亿元。鼓励激励双创力度不断加大。发放企业创业担保贷款2000万元。开展各类惠企职业技能培训240人次，为38家小型企业培训公共卫生辅助人员221人次。颐乐谷山水休闲养老庄园成功申报省级乡村型人才培养基地。

**这一年，我们全面统筹、一体推进，城乡区域联动发展**。城市品质持续提升。投资7亿元，新建福安街、乌苏大街北段、穆木街等7条道路，翻建赫哲街、长营大街、库仑大路3条道路。福安大桥建成通车，乌苏大桥主体完工，高速出口改造如期完成。铺设雨水管线2.1公里，更新改造老旧供热管网8.68公里。门屯河以北和天源热力南两个回迁小区主体已完工。投资1113万元，新建生态健身广场。成功创建“吉林省园林城市”。乡村建设持续强化。创建“示范村”26个，投入资金4070万元，实施基础设施项目12个，修建水泥路49.41公里、排水边沟6.91公里，安装路灯2004盏。建设农村精品廊道20公里，精品路线45公里。农村公路三年改造提升计划加速实施，完成改造261公里。投入8019万元，新建11公里长东线，已全线通车。深入开展农村人居环境整治五年提升行动。投入1140万元，清理生活垃圾10.3万吨、农村道路2700公里、沟渠1947公里。完成农村改厕1000户。深入推进农村“三线”维护梳理，新建改造10千伏线路54.56千米，低压线路190.6千米，通信线659千米，建设5G基站15座。生态环境持续向好。477个中央和省环保督察转办案件及反馈问题全部办结。全年造林绿化1.67万亩，森林覆盖率达到24.61%。大气环境不断改善，优良天数比例92.4%。健全河湖长制，星光出境断面水质均值达到三类标准。完成矿山生态修复5家。投资1.2亿元实施绿水长廊项目8个。投资5360万元，修建9860米的西苇河葺护工程全部完工。受污染用地安全利用及管控不断加强。县域经济生态环境指标考核进入全省前十名。

**这一年，我们心系百姓、厚植根基，民生福祉显著增进**。全年财政民生支出38.37亿元，同比增长2.2%，占一般公共预算支出的86.8%。着力推动就业创业。城镇新增就业2308人，农村劳动力转移就业6.9万人，登记失业率控制在4.5%以内。创建县级返乡创业基地4个，带动农村劳动力就业146人。开发就业见习单位9家、岗位231个，发放补贴146.17万元。着力促进教育发展。投入2547万元，实施校园维修改造项目35个面积6.5万平方米。新聘特岗教师110人，接收公费师范生24人。持续推进控辍保学，资助贫困学生5030人次403万元。“双减”政策落地见效，3所学校“双减”案例作为典型案例被推荐到教育部。高考成绩再创历史新高。着力强化医疗服务。县第一人民医院异地新建项目已完成投资1.4亿元。大孤山中心卫生院移址新建项目主楼主体基本完工。紧密型县域医共体加快建设，有力推动优质医疗资源下沉基层。着力加强社会保障。全年发放低保金4241万元、农村特困供养资金2236万元、高龄老人补贴45.4万元、困难残疾人生活补贴832.16万元、城乡居民基本养老保险1.15亿元、企事业单位养老保险10.3亿元。使用临时救助资金56万元。信访积案有效化解，安全生产形势稳定，政府债务风险总体可控，社会治安成效显著，民族宗教事业健康发展。

**这一年，我们牢记使命、尽心履职，政府效能明显提升**。始终把政治建设摆在首位，常态化开展“不忘初心、牢记使命”和党史学习主题教育活动。深入推广“五化”工作模式，形成重实干、求实效的浓厚氛围。严格落实行政复议、法治审核制度，受理行政复议案件12件，开展重大行政决策合法性审查6件。持续深化府院联动机制。自觉接受人大、政协和社会各界监督，办理人大建议52件、政协提案53件，办复率、满意率均为100%。全面加强党风廉政建设，健全完善“三重一大”决策机制，审计监督作用充分发挥，“三公”支出持续压减。

与此同时，统计、气象、残联、地方志、妇女儿童、红十字会、退役军人、人民武装等各项事业都取得了新成绩。

各位代表！看似寻常最奇崛，成如容易却艰辛。一年来成绩的取得，得益于县委的统揽全局、精准决策，得益于县人大、县政协的有力监督、鼎力支持，得益于全县人民的勠力同心、埋头苦干。在此，我代表县人民政府，向奋战在各条战线上的广大干部群众，向热情支持政府工作的各位代表和社会各界人士，表示衷心的感谢和崇高的敬意！

思危方能居安，知忧才能克难。直面存在问题，主要是：经济总量不大，产业结构不优，发展质量不高；项目建设进度不快、资金支出较慢、重大项目储备不足、项目前期工作不够扎实；公共服务整体水平与人民群众期盼还有差距；少数干部的担当意识和工作作风还需进一步加强。对此，我们将采取有力举措，认真加以解决。

## 二、展望2023年，我们围绕“高质量发展”主题主线，锚定目标、勇毅前行，奋力开创伊通全面振兴发展新局面

各位代表！当前和今后一个时期是建设社会主义现代化新伊通的关键期、各项事业争先晋位的攻坚期、实现全面振兴的决胜期。我们要准确识变、科学应变、主动求变，努力走出一条把握时代大势、符合发展规律、体现伊通特色、服务省市全局的现代化之路。

明年政府工作总体思路是：以习近平新时代中国特色社会主义思想为指引，全面贯彻党的二十大精神，以及省委十二届、市委八届和县委八届全会决策部署，坚持稳中求进工作总基调，把准中国式现代化本质要求，深入落实全省“一主六双”高质量发展战略、全市“三三九一”战略、全县“12131415”发展思路，聚焦“四高”目标，扎实做好“六稳”工作，全面落实“六保”任务，踔厉奋发、笃行不怠，聚力谱写新时代伊通振兴发展新篇章。

2023年主要预期目标是：全县地区生产总值同比增长7%；社会消费品零售总额同比增长10%；固定资产投资同比增长10%；城乡居民人均可支配收入同比分别增长7%和8%；地方级财政收入同比增长5%。

为实现上述目标，我们将重点抓好“八个聚力”。

**（一）聚力推进项目建设，以更大决心壮大实体经济**

要优化项目储备。牢固树立“项目为王”理念，发挥项目谋划的基础性、前瞻性、牵引性作用。围绕“一主六双”高质量发展战略，瞄准“六新产业”“四新设施”，谋划一批汽车、能源、文旅、商贸、农产品加工等产业项目；围绕“两新一重”领域，聚焦提升城市功能品质，谋划一批城市更新、县域改造、交通水利、公共卫生等基础设施项目；围绕民生保障，推动社会事业发展，谋划一批医疗康养、职业教育、养老托育等公共服务领域项目。全年力争谋划储备5000万元以上项目260

个，总投资实现300亿元。

要强化项目推进。始终坚持抓项目就是抓发展。紧紧聚焦汽车零部件产业园、黄牛现代农业产业园、农产品精深加工产业园、县医院异地新建等49个5000万元以上项目，细化进度、倒排工期、挂图作战，力争尽早投产达效；加快完成长春工业大学人文信息学院新校区等新签约项目前期准备工作，推动项目尽快落地。持续跟进关东印象体验地、垃圾焚烧发电等意向项目，形成滚动实施、梯次推进、衔接有序的良性格局。吃透用足国家政策，加快完善项目前期工作，积极争取中央、省预算内投资和政府债券，为项目实施提供资金支持。全年计划新建续建5000万元以上项目60个，亿元以上项目40个，完成投资35亿元。

要细化项目服务。加快建立项目保障机制，集中更多要素向优质项目倾斜。实施“四个一”专班化运作模式，落实“9+X”问题协调解决机制，对新项目实行审批事项“一站式领办代办”。落实好县级领导包保制、项目秘书领办制、项目推进联席会议制，做好全过程跟踪服务。强化全流程线上办理，力争将项目前期协同服务率提升至100%。持续开展“服务企业年”活动，真心实意帮助企业解难题、扩投资、疏堵点。

要大力招商引资。聚焦“四链两端”、汽车零部件制造、特色资源、满族文化等领域实施精准招商。深入推进对口合作，赴义乌、浦江进行叩门招商。深化与长春融合发展，大力引进符合县域产业发展需求的税源型企业、科技创新型企业和产业带动能力强的优质项目。全年力争新引进亿元以上项目5个，招商引资到位资金47亿元。

**（二）聚力打造核心产业，以更强力度推动转型升级**

全力促进工业提产扩能。全面实施“提质扩量增效行动”，动态监测18户规上工业企业生产经营、市场销售情况，充分利用国际石油价格上涨和建材市场需求紧俏机遇，推动利雅得能源公司、亚泰伊通水泥、吉兴矿业等企业拓展方向、释放产能、提升效益。加大培育力度，重点培育伊特胶管、七星山药业、新胜塑料等企业，力争评为省级“专精特新”中小企业1户以上、进入规上企业阵营3户以上。

全力推动服务业提质扩规。充分利用伊通优美田园风光，打造农业、文化、旅游“三位一体”的乡村旅游新业态，重点建设黄岭子镇世外桃源、马鞍山镇露美山庄、铠绎樱桃采摘园、河源镇绿之村生态园等特色突出、主题鲜明的休闲农业和乡村旅游精品产业。加快推进伊通火山温泉国际旅游度假区尽早建成运营，擦亮伊通火山温泉名片。谋划实施欢欣岭阿勒坦湖悦如冰雪欢乐颂项目，打造伊通冰雪经济新引擎。力争全年旅游综合收入达到3.27亿元。坚持服务长春、融入长春理念，面向长春“一老一小”中高端消费市场，着力打造集养生养老、度假、娱乐于一体的绿色生态休闲综合体。以培育新产业和新业态为发力点，推进企业与线上直播平台联动共赢，实现电商经济年营业额突破8000万元。重点推进投资21.63亿元的农副产品冷链物流仓储中心建设，推动物流产业重心向标准化、规模化转移。优化“村村通快递”网络布局，着力打造长春周边重要物流集散中转地。

全力激发市场消费活力。推动核心商圈建设，以伊通大街、天馨商业街、在水一方步行街为载体，打造夜购物商圈群；以一毛街烧烤、伊鹿高鸽主题夜市、宝捷城市广场为载体，打造夜美食特色街；以湿地公园、伊通河畔、团结广场为载体，打造夜消费服务区。大力开展促销活动，以惠民促销、家电下乡、汽车消费券等方式，推动消费市场迅速回暖复苏。

**（三）聚力夯实农业基础，以更实举措抓牢粮食安全**

坚决稳定粮食生产。深入推进黑土地保护“梨树模式”及秸秆深翻还田，全年计划实施保护性耕作30万亩，土地深翻面积17万亩，增施有机肥6000吨，切实保护好、利用好“耕地中的大熊猫”。坚持“藏粮于地、藏粮于计”，坚决制止耕地“非农化”，防止耕地“非粮化”，牢牢守住农作物播种面积188万亩红线，粮食产量稳定在23亿斤以上。计划实施补改结合整治旱田1万亩，新增优质水田0.89万亩。开展土地全域整治0.3万亩，新增高质农田0.26万亩。鼓励更多的优质家庭农场、农民合作社等新型农业经营主体发展壮大。严格落实“三大补贴”，持续激发农民生产积极性。

坚定加大技术攻关。严格落实粮食品种补助政策，加大对符合市场需求、质量高的优良品种扶持力度，实现良种覆盖率95%以上。不断提升农作物机械化水平，全县农业机械化率达到92%以上。推进全域秸秆禁烧综合利用，力争利用率达到93%以上。深入开展“三沟”及水网整治行动，强化农田抵御自然灾害能力。扎实开展农资打假治理行动，举办好科技下乡、放心农资进村宣传活动。

坚持扩大畜牧养殖。深入实施“秸秆变肉”工程，充分发挥营城子镇黄牛现代产业园对全县畜牧业发展辐射带动作用，全年肉牛养殖量力争达到73万头，稳居全市第一。依托孙氏鹿业、温氏集团、大北农公司扩大梅花鹿、生猪养殖规模，全年力争养殖数量分别达到10万只、165万头。加快193个畜禽规模化养殖场改扩建进度，确保畜牧业养殖量出栏量稳居全省第一方阵。

**（四）聚力促进乡村建设，以更高站位实施振兴发展**

抓好脱贫成果巩固衔接。严格落实“四个不摘”要求，紧盯脱贫户、边缘易致贫户等重点人群，完善防返贫监测机制，强化保险贷款、产业救治、包保救助等帮扶措施，着力推动“慰问式帮扶”向“消费式帮扶”转变，坚决防止发生规模性返贫。

抓实乡村产业发展壮大。依托农业现代化示范区及“一村一品”示范村镇创建，快速推进以黄牛现代产业园为引领的黄牛产业带建设，全力打造“中国伊通满族肉牛产业基地”区域公共品牌、国家级现代黄牛产业示范园区。谋划建设梅花鹿三产融合产业园，大力发展温泉设施农业和果蔬食品仓储，引导支持新型经营主体，培育生态观光、休闲康养、农业采摘等特色产业，推动露美生态园、樱桃小镇、温泉小镇等项目建设，加快打造特色产业小镇。大力发展智慧农场、田园综合体等产业融合载体，着力引进农副产品精深加工企业项目。全年计划申报市级龙头企业2家、省级龙头企业2家。

抓牢乡建行动走深走实。持续推进水、电、路、网等基础设施建设。计划新建改建乡村道路160.5公里，维修建设公路50公里，改造公交化线路6条；硬化户户通道路50公里，实现对50个村屯全覆盖。实施农村电路171公里、新建改造变压器61台。进一步加大农村地区新型通信基础设施建设。持续推进“示范村”创建，明年计划创建示范村26个。

**（五）聚力建设绿色伊通，以更严要求筑牢生态屏障**

牢牢把握生态保护主动权。深入践行“两山”理论，扎实推进生态强县建设，全面启动村屯小河流缓冲带生态保护修复项目，有序推动伊通河四期五期工程建设、门屯河三星河城市防洪综合治理。大力实施历史遗留矿山修复工程，计划完成治理面积115.49公顷，复绿面积63.92公顷。切实抓好87500亩封山育林、2000亩珍稀树种培育项目收尾工作。建立最严格的生态保护机制，深化“河湖长制”“林长制”“田长制”，严惩涉山、涉水、涉林、涉矿等破坏生态环境行为。

坚决打好污染防治攻坚战。持续抓好环保督察转办案件及反馈问题整改。深入打好蓝天、碧水、净土保卫战。加强重点流域污染防治、水源地保护及河滨带生态修复项目建设，推动全域水质不断改善。加强大气污染防治，全力抓好秸秆全域禁烧，全年空气优良天数力争达到93%以上。加快补齐城乡基础设施短板，推动污水、垃圾、畜禽粪污有效处置，大力推广农药减量控害和化肥减量增效技术模式，持续改善土壤环境质量。

着力构建绿色生态实景图。深入实施第三个十年“绿美伊通”行动计划，巩固“三北”防护林建设成果，全域森林覆盖率大幅度提升。积极创建国家绿色矿业发展示范区，带动山水林田湖草沙一体化修复，持续扩大生态环境优势。紧抓“十四五”碳达峰机遇，有序推动重点行业和重要领域绿色产业发展，积极推广清洁能源，着力推进光伏、生物质等项目建设。

**（六）聚力构建城乡融合，以更宽路径促进一体发展**

坚持规划引领城乡发展。准确把握“两轴”“两廊”“两环线”“四点四区四带”空间发展思路，全面实施以县城为重要载体的城乡一体化融合发展，高质量编制县、乡、村三级国土空间总体规划。推动城市中心向北延伸，谋划“一带一轴引领，五区多点协同”的中心城区空间布局，打造伊通河“城市会客厅”；统筹产业带、生态带、文化带城市功能布局，形成“中核心、北康养、西商贸、南教体、东创新”总体格局。充分发挥县城辐射带动作用，建立以伊丹、营城子、大孤山、景台为核心的4条乡村引领示范带，打造乡村全面振兴新格局。

全面加强城市更新建设。加快构建县城“五纵五横”路网体系，贯通福安大街、乌苏大街，完成福安大桥、乌苏大桥附属工程建设；开通将军路、状元路、河滨路等市政道路。大力推进天源热力南、翰林院回迁楼项目建设。统筹一毛街特色文化街区和城市地下停车场项目一体推进。加快建设“口袋公园”、生态广场，推动七星全民健身中心顺利开工。实施赫尔苏街、四个城区出入口改造提升及排水管网建设。加强对工地围挡、征地围挡、广告牌匾、违法建筑等管理。

全力整治农村人居环境。紧盯农村垃圾治理、厕所革命、村容村貌提升等重点任务，推动村庄环境从整洁干净向美丽宜居升级，农村人居环境垃圾转运机械化率达到100%，改造农村厕所1000个，畜禽粪污利用率达到96%。重点推动乡镇生活污水综合治理四期、二道镇生活污水治理项目建设，稳步推进大孤山污水处理厂提升改造。全年计划创建美丽庭院3000个、干净人家8000户。

**（七）聚力激活发展动力，以更优服务深化改革创新**

持续优化营商环境。纵深推进“放管服”“证照分离”“最多跑一次”改革，优化企业开办服务，完善领办代办机制，组织实施容缺承诺制度，实现市场监管领域所有行政许可“一网通办”“不见面审批”，打造高效服务环境。巩固推进行政检查执法备案智能改革，优化执法环境。深化农村集体经营性用地入市试点改革，把土地资源转化为推动产业发展的强大动力。

持续助推开发区改革。按照“扁平化管理、企业化运作”发展模式，全力推进开发区完成财政独立、竞聘上岗、薪酬改革等任务，健全绩效考核、项目建设、招商引资、投融资等运行机制，确保开发区快速回归本位、聚焦主业、重塑优势。

持续加强重点领域改革。加大对“双创”企业支持力度，充分发挥职教中心创业创新实训基地作用，打造产教融合现代化企业孵化器。紧紧围绕农村“双创”，进一步提升乡里人创业园创业孵化能力。深入开展“培育壮大市场主体三年行动”，对个体工商户和小微企业实施全链条、全周期扶持。围绕“三支柱一市场”提档扩面，全力提升农村普惠金融综合服务供给能力。统筹做好行政执法机构、生产经营类事业单位、乡镇（街道）管理体制改革。

**（八）聚力推动普惠共享，以更深感情增进民生福祉**

强化社会服务保障。统筹做好高校毕业生等青年群体以及退役军人、农村转移劳动力、城镇困难人员等重点群体就业工作，新增就业2300人以上。积极创建“高校毕业生创业就业实训中心”，提升高校毕业生综合素质和就业能力。稳步提高城乡低保和特困人员生活标准。完善“三孩”政策配套支持措施。推进社区嵌入式养老服务和村级养老大院建设。大力实施城乡居民收入十年倍增计划，多渠道、持久性增加群众收入。

优化公共服务供给。加快推进一中改扩建、职教中心产教融合楼、伊通镇满族中心小学综合楼等项目建设，着力推动技师学院、职业教育园区、蓝领技工培训教育基地创建，不断扩大教育资源供给。高标准建好县人民医院、大孤山镇卫生院，谋划推进传染病医院等项目，加快打造医联体、医共体，实现县域就诊率达到90%以上。持续推动“三馆两中心”等文化基础设施建设，让人民群众精神文化生活更加充实。

深化社会安全治理。始终坚持人民至上、生命至上，建立健全传染病防治和应急处置机制。深入推动安全生产整治，重点抓好非煤矿山、建筑施工、道路交通、燃气、食品药品等领域安全监管。推进“法治伊通”“平安伊通”建设，全力化解各类风险和信访难题，统筹推进城乡网格化治理，常态化开展扫黑除恶，以非常之力维护社会和谐稳定。

2023年滚动实施十大民生实事。1.完成县第一人民医院异地新建项目工程主体建设。2.完成第一中学教学场地及训练馆项目建设。3.完成乌苏大街、福安大街全线贯通。4.完成伊通河五期工程。5.启动“三馆两中心”建设项目。6.启动七星全民健身中心建设项目。7.新建状元路、将军路两条市政道路。8.继续实施2023年农村公路建设项目。9.完成门屯河全流域防洪治理工程。10.实施四个城区出入口提升改造项目。

**三、聚焦主责主业，强化担当作为，我们始终不忘初心、一如既往大力推进政府自身建设**

初心如磐，使命在肩。我们将保持高度清醒和坚定执着，全面推进政府治理体系和治理能力现代化，永葆忠诚、干净、担当、实干的服务型政府形象。

坚持忠诚为政。全面加强党的领导，始终坚持把学懂弄通做实习近平新时代中国特色社会主义思想作为首要政治任务，坚定不移做“两个确立”忠诚拥护者、“两个维护”示范引领者。不断提高政治判断力、政治领悟力、政治执行力，把为党分忧、为国尽责、为民奉献体现到实际工作中。心无旁骛谋发展，聚精会神搞建设，以实干实绩诠释对党绝对忠诚。

坚持依法行政。一体推进法治伊通、法治政府、法治社会建设，让法治思维贯穿政府工作全过程。依法全面履行政府职能，提高行政决策公信力和执行力。自觉接受人大法律监督、政协民主监督，主动接受人民群众和社会舆论监督，强化审计监督。办好人大代表建议、政协委员提案，规范行政决策程序制度，完善府院联动机制。推进“八五”普法，深化政务公开，强化政务诚信，让法治成为伊通核心竞争力的重要标志。

坚持为民施政。以人民日益增长的美好生活需要为政府工作的出发点和落脚点，真心真意深入开展“我为群众办实事”实践活动。聚焦群众所想、企业所需、基层所盼，优化提升政务服务水平。加大财政新增部分向民生和社会事业倾斜力度。大兴真抓实干之风，解决、办成一批关乎民生的难题实事，用政府“辛苦指数”换得百姓“幸福指数”。

坚持高效理政。牢固树立求真务实鲜明导向，增强只争朝夕的紧迫感，鼓足志在必得的精气神，知重负重担责任，动真碰硬解难题，让实干成为鲜明底色，让抓落实、重执行成为政府最鲜明的特质。以“五化”工作模式有力提升政府工作效能，全面构建抓落实完整闭环，做到工作项目化、项目清单化、清单责任化、责任实效化。

坚持从严治政。坚决扛起全面从严治党主体责任，纵深推进政府系统党风廉政建设和反腐败斗争。坚持以上率下，严格落实中央八项规定精神，驰而不息纠治“四风”，持续整治群众身边腐败，深化构建亲清政商关系。营造风清气正政治生态，打造为民务实清廉政府，厉行勤俭节约，以政府过“紧日子”换百姓过“好日子”。

各位代表！征程万里风正劲，重任千钧再出发。让我们在县委的坚强领导下，在县人大、县政协和社会各界的监督支持下，团结带领全县各族人民，坚定信心、赓续奋斗、勇毅前行，大力推动全县经济社会稳健发展，为建设社会主义现代化新伊通作出更大贡献！

名词解释

1.专精特新：专业化、精细化、特色化、新颖化。

2.秸秆变肉工程：是秸秆饲料化利用的重要行动，目的是有效利用秸秆、解决露天焚烧污染环境问题，推动肉牛等草食畜牧业发展、促进农民增收、助推乡村振兴。2020年10月，省政府办公厅印发《吉林省“秸秆变肉”工程实施方案》，提出力争到2025年全省饲料化利用秸秆占总量的60%左右等目标任务。

3.“一村一品”：在一定区域范围内，以村为基本单位，充分发挥本地资源优势，通过大力推进规模化、标准化、品牌化和市场化建设，使一个村(或几个村)拥有一个(或几个)市场潜力大、区域特色明显、附加值高的主导产品和产业。

4.“两品一标”：绿色食品、有机农产品和农产品地理标志。

5.四好农村路：建好、管好、护好、运营好农村公路。

6.“五化”工作模式：工作项目化、任务清单化、时序流程化、推进制度化、落实标准化。

7.“三重一大”：重大事项决策、重要干部任免、重大项目投资决策、大额资金使用。

8.“一主六双”高质量发展战略：“一主”是指以长春为主要区域，辐射带动吉林、四平、辽源、松原的“长春经济圈”。“六双”是指打造“双廊”(环长春四辽吉松工业走廊、长辽梅通白延医药健康产业走廊)、“双带”(大图们江开发开放经济带、中西部粮食安全产业带)、“双线”(长通白延吉长避暑休闲冰雪旅游大环线、长松大白通长河湖草原湿地旅游大环线)、“双通道”(白松长通至辽宁大通道、长吉珲大通道)、“双基地”(长春国家级创新创业基地、西部国家级清洁能源基地)、“双协同”(长春吉林一体化协同发展、长春四平一体化协同发展)。

9.“三三九一”战略：即实现“三个争先晋位”(经济发展速度和质量在全省争先晋位，县域经济发展在全省争先晋位，新经济、新产业发展在全省争先晋位)；坚持“三个坚定不移”(坚定不移贯彻习近平总书记“四个一定要”殷切嘱托，坚定不移落实“一主六双”高质量发展战略，坚定不移推进绿色低碳发展)；推进“九个现代化”(一体推进建设现代化富美乡村、构建现代化工业体系、培育现代化活力商区、释放现代化发展动能、创建现代化品质之城、绘就现代化绿色图景、叫响现代化文化品牌、打造现代化幸福生活、提升现代化治理水平)；强化“一个根本保障”(全面加强党的建设)。

10.“12131415”发展思路：“12”就是围绕实现与长春深度融合这个中心任务，依托省级布局的“两廊”发展带动，建设好伊通“两轴”“两环线”。“13”就是围绕建设长春都市圈最美节点城市这个目标，实施绿色伊通、法治伊通和幸福伊通三大工程。“14”就是围绕做强以现代服务业为核心的县域支柱产业，加快推动伊通“四点四带四区”建设。“15”就是围绕推动高质量发展这个主题，统筹实施好县第八次党代会提出的产业提质增效、乡村振兴强基、改革创新攻坚、民生保障提升和思想文化铸魂“五大行动”。

11.“四高”目标：高质量发展、高品质生活、高效能治理、高水平安全。

12.“六新”产业：新能源、新装备、新材料、新农业、新旅游、新电商。

13.“两新一重”：新型基础设施建设，新型城镇化建设，交通、水利等重大工程建设。

14.四链两端：产业链、供应链、价值链、生态链、供给端、需求端。

15.“两廊、两轴、两环线”：“两廊”即长春四辽吉松工业走廊、长辽梅通白延医药健康产业走廊。“两轴”即伊通河沿岸和长伊中线两侧产业发展轴。“两环线”即长通白延吉长避暑冰雪生态旅游大环线伊通区间和正在建设的长春外环线，在发展上与大环境接上轨、与长春连成片，实现与长春产业格局、生产力布局的有机融合统一。

16.“四点四区四带”：“四点”就是县域经济发展的四个支撑点，也就是开发区的四个片区，即景台片区、新兴片区、长伊片区和城北片区。“四带”即长春都市圈外溢产业承接带、精品畜牧产品绿色发展带、火山温泉休闲旅游带、矿产文化研学旅游带。“四区”即长春都市圈田园生活体验区、林果采摘体验旅游区、满族民俗风情旅游区、伊通河源头生态功能区。

17.“三支柱一市场”：农村基础金融支柱、物权融资增信支柱、信用信息支柱和农村产权交易市场。

18.“五纵五横”：长营大街、福安大街、伊通大街、乌苏大街、启明大街；库伦大路、人民大路、中华路、永宁路、将军路。

# 统计资料

表 49　　2022 年伊通满族自治县主要经济指标统计表

| 指标名称 | 单位 | 完成数 | 同比增长% |
|---|---|---|---|
| 地区生产总值 | 万元 | 1062612 | 2.9 |
| 第一产业 | 万元 | 501421 | 7.3 |
| 第二产业 | 万元 | 81858 | -2.6 |
| 第三产业 | 万元 | 479334 | -0.7 |
| 规模以上工业总产值 | % | — | 27.2 |
| 增加值 | % | — | 19.7 |
| 社会消费品零售额 | % | — | -7.5 |
| 固定资产投资 | % | — | 15.7 |
| 城镇常住居民人均可支配收入 | 元 | 29383 | 0.9 |
| 农村常住居民人均可支配收入 | 元 | 16928 | 2.9 |
| 粮食总产量 | 亿斤 | 22.86 | 0.18 |
| 年末人口 | 人 | 430743 | -0.2 |

（伊通满族自治县统计局）

表 50　　2022 年伊通满族自治县住户收支详情表

| 指标名称 | 单位 | 城镇 | | 农村 | |
|---|---|---|---|---|---|
| | | 2022 年 | 增幅(%) | 2022 年 | 增幅(%) |
| 可支配收入 | 元 | 29383.00 | 0.90 | 16928.00 | 2.90 |
| 一、工资性收入 | 元 | 18751.53 | −0.52 | 5106.16 | −4.15 |
| 二、经营净收入 | 元 | 2471.79 | 11.48 | 9521.88 | 7.60 |
| 三、财产净收入 | 元 | 802.24 | 0.52 | 130.19 | 1.25 |
| 四、转移净收入 | 元 | 7357.43 | 1.33 | 2169.79 | 1.39 |
| 消费支出 | 元 | 15910.19 | −14.23 | 10545.76 | −10.33 |
| （一）食品烟酒 | 元 | 5593.25 | −1.20 | 3429.08 | −10.92 |
| （二）衣着 | 元 | 1643.05 | −17.84 | 666.01 | −17.35 |
| （三）居住 | 元 | 2961.12 | −19.34 | 2030.87 | 9.22 |
| （四）生活用品及服务 | 元 | 748.96 | −52.29 | 418.86 | −29.34 |
| （五）交通通信 | 元 | 1470.72 | −18.72 | 1441.24 | −17.29 |
| （六）教育文化娱乐 | 元 | 1559.71 | −23.26 | 695.50 | −31.42 |
| （七）医疗保健 | 元 | 1619.83 | 44.23 | 1542.23 | −8.13 |
| （八）其他用品和服务 | 元 | 313.55 | −54.03 | 321.96 | 47.43 |

（伊通满族自治县统计局）

# 索 引

说明：

1. 本索引采取主题抽取法，按主题词汉语拼音字母顺序排列，主题词后面的数字表示所在页码位置，数字后面的英文字母(a、b、c)分别表示该页的左、中、右栏，无英文字母的表示当页各栏都有该主题词。

2. 特载、专记、大事记、人物 荣誉、附录、文献、统计资料以及图片内容不在标引范围内。

## 主题索引

### A



### B

## C

## D

## E



## F

## G

## H

## J

## K

## L

## M

## N

## O



## P



## Q

## R

## S

## T

## W

## X

## Y

## Z

# 表格索引